陈兴良刑法学
CHEN XINGLIANG CRIMINAL LAW

国家出版基金项目
NATIONAL PUBLICATION FOUNDATION

● 陈兴良 / 著

刑法研究（第三卷）

刑法绪论 III

Research on Criminal Law

中国人民大学出版社
·北京·

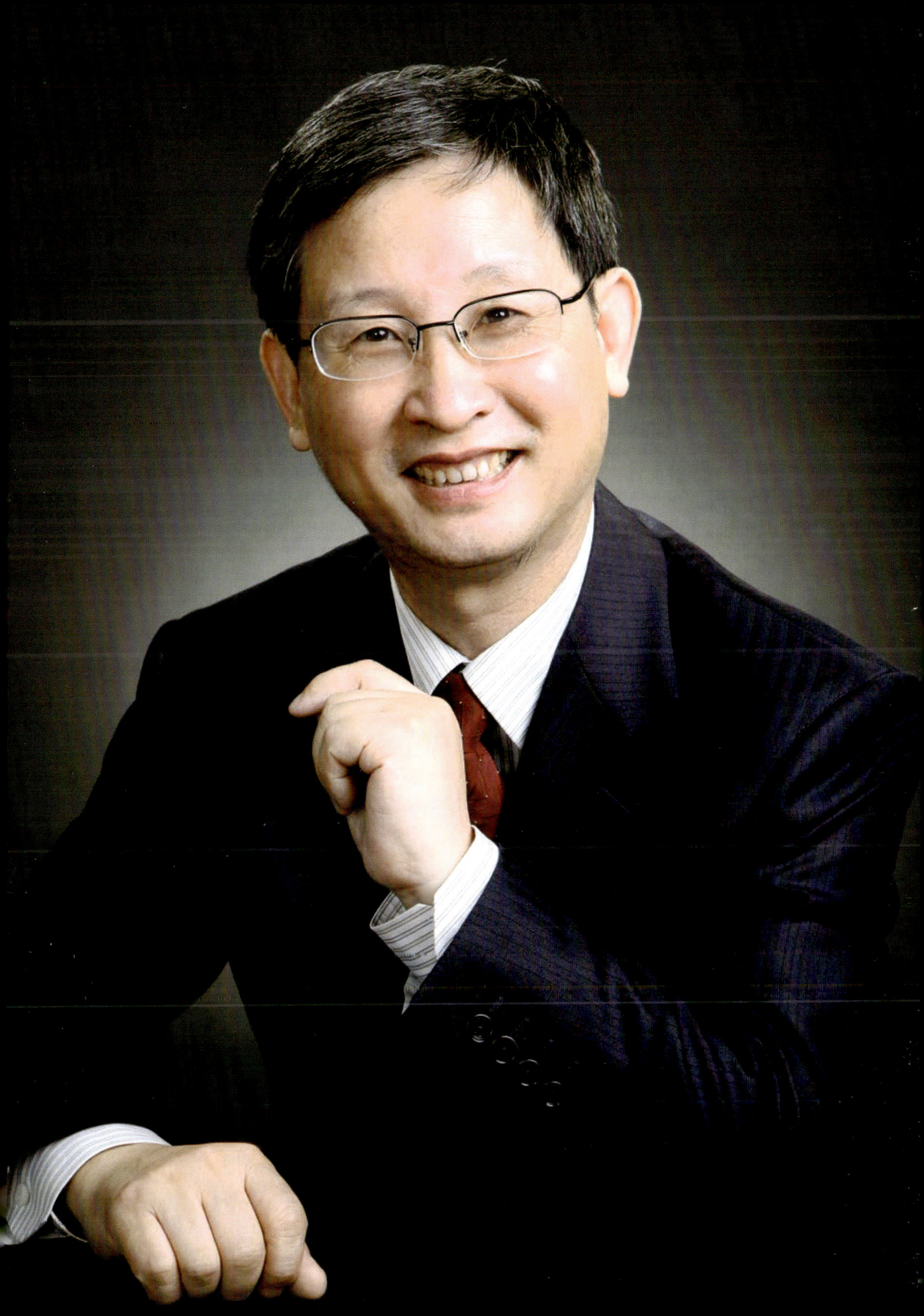

总　目　录

第一卷　刑法绪论 I

第一编　刑法绪论
　　一、刑法理念
　　二、刑事法治

第二卷　刑法绪论 II

　　二、刑事法治（续）
　　三、刑事政策
　　四、刑法立法

第三卷　刑法绪论 III

　　四、刑法立法（续）
　　五、刑法原则
　　六、刑法人物
　　七、刑法随笔

第四卷　刑法理论Ⅰ

第二编　刑法理论
　　一、刑法哲学
　　二、刑法教义学
　　三、刑法知识论

第五卷　刑法理论Ⅱ

　　三、刑法知识论（续）
　　四、判例刑法学

第六卷　刑法总论Ⅰ

第三编　刑法总论
　　一、犯罪概论
　　二、犯罪论体系
　　三、构成要件

第七卷　刑法总论Ⅱ

　　三、构成要件（续）
　　四、违法性

第八卷　刑法总论Ⅲ

　　四、违法性（续）
　　五、有责性
　　六、未完成罪

第九卷 刑法总论Ⅳ

七、共同犯罪
八、单位犯罪
九、竞合论

第十卷 刑法总论Ⅴ

十、刑罚概论
十一、刑罚体系
十二、刑罚适用

第十一卷 刑法各论Ⅰ

第四编 刑法各论
一、概述
二、公共安全犯罪
三、经济秩序犯罪

第十二卷 刑法各论Ⅱ

四、侵犯人身犯罪
五、侵犯财产犯罪
六、社会秩序犯罪

第十二卷 刑法各论Ⅲ

六、社会秩序犯罪（续）
七、贪污贿赂犯罪

本卷目录

四、刑法立法（续） ······ 1
 刑法修正案的立法方式考察 ······ 2
 犯罪范围的扩张与刑罚结构的调整
  ——《刑法修正案（九）》述评 ······ 14
 内地与香港之间刑事管辖权的冲突与协调 ······ 36

五、刑法原则 ······ 46
 论我国刑法的基本原则 ······ 47
 论我国刑法的发展完善
  ——关于罪刑法定、罪刑相适应原则的思考 ······ 63
 罪刑法定的当代命运 ······ 76
 罪刑法定的本土转换 ······ 140
 罪刑法定主义的逻辑展开 ······ 151
 入罪与出罪：罪刑法定司法化的双重考察 ······ 172
 罪刑法定的司法适用 ······ 178
 刑法的明确性问题
  ——以《刑法》第225条第4项为例的分析 ······ 193
 罪刑均衡的理论建构 ······ 214

罪刑均衡的价值蕴含 ……………………………………… 225
　　罪刑均衡的中国命运 ……………………………………… 238
　　罪刑均衡的立法确认 ……………………………………… 251
　　罪刑均衡的司法体认 ……………………………………… 265
　　类推适用论 ………………………………………………… 274
　　法律解释的基本理念 ……………………………………… 280
　　法的解释与解释的法 ……………………………………… 293
　　刑法司法解释的限度
　　　　——兼论司法法之存在及其合理性 ………………… 309
　　司法解释功过之议 ………………………………………… 327
　　相似与区分：刑法用语的解释学分析 …………………… 333

六、刑法人物 …………………………………………………… 344
　　基因的奴隶：龙勃罗梭 …………………………………… 345
　　刀好截秋光：储槐植教授学术印象 ……………………… 357
　　老眼空四海：马克昌教授学术印象 ……………………… 377
　　山色不言语：王作富教授学术印象 ……………………… 399
　　耶赛克教授与中国刑法学 ………………………………… 425
　　悼念西田典之教授 ………………………………………… 428
　　外国刑法学者的开拓者何鹏的治学之路 ………………… 433
　　怀念周振想教授 …………………………………………… 438
　　我所认识的邱兴隆：其人、其事与其书 ………………… 458
　　陈兴良：一个刑法学人的心路历程 ……………………… 472

七、刑法随笔 …………………………………………………… 535
　　呼唤法学研究的主体意识 ………………………………… 536
　　法学家的使命
　　　　——刑法的更迭与理论更新 ………………………… 541
　　法律在别处 ………………………………………………… 545

始于综述的刑法学术之路
　　——师从高铭暄教授研究刑法的个人经历……………… 551
法官的护法使命………………………………………………… 555
缅怀片面………………………………………………………… 558
为刑法学写史…………………………………………………… 560
论文写作：一个写作者的讲述………………………………… 564
法律图书的历史演变
　　——以个人感受为线索…………………………………… 577
司法的逻辑与个案的公正……………………………………… 589
法系与推理……………………………………………………… 592
死刑存废的艰难抉择…………………………………………… 595
论律师职业的定性……………………………………………… 598

四、刑法立法（续）

刑法修正案的立法方式考察

法律是随着社会生活的发展而不断演变的。法律的废、改、立是使法律保持长久生命力的必要途径。在法律的废、改、立过程中,"废"对待法律就像丢弃一件穿旧了的衣服;而"立"对待法律就像购买一件新衣;唯有"改"是一个技术活,对待法律就像缝补一件旧衣服,既要通过补丁遮住破洞,又要补旧如新。因此,对法律的修改方法作理性的考察具有十分重要的意义。

一、从单行刑法到刑法修正案

第一部《中华人民共和国刑法》(以下简称《刑法》)是 1979 年 7 月 1 日颁布、自 1980 年 1 月 1 日开始施行的。1979 年《刑法》施行恰逢我国进入改革开放的历史时期,社会形势发生重大的变化,各种犯罪包括刑事犯罪和经济犯罪随之滋生蔓延。在这种情况下,以 1982 年 3 月 8 日全国人民代表大会常务委员会颁布的《关于严惩严重破坏经济的罪犯的决定》和 1983 年 9 月 2 日颁布的《关于严惩严重危害社会治安的犯罪分子的决定》为标志,我国开启了一个"严打"的刑事周期。在此期间,全国人民代表大会常务委员会通过并颁布 22 个单行刑

法对刑法典进行修改。这里应当指出的是，修改和补充是两种不同的刑法修正方式：修改是指对原刑法条文的内容作变更性规定，而补充则是对刑法没有规定的内容作补充性规定。如果把与补充相对应意义上的修改称为狭义上的修改，那么包括补充在内的修改则是广义上的修改，也就是所谓修正。因此，22个单行刑法对刑法典进行的是广义上的修改。如果对22个单行刑法进行仔细分析就会发现，这些单行刑法具有以下三种形式：（1）条例。这是指1981年颁布的《惩治军人违反职责罪暂行条例》。这也是我国单行刑法中唯一以条例命名的法律。在我国古代，条例是刑事律条的代称。条指分条列举，例指形名体例。例如，《唐律疏议》中就有"名者，五刑之罪名；例者，五刑之体例"之语。我国有学者认为，唐代的条例是国家法律的补充法，具有法律实施细则的性质。[①] 在我国现代，条例是指通过一定的立法程序制定的规范性文件，条例的效力位阶低于法律但高于决定、规定等。作为单行刑法的《惩治军人违反职责罪暂行条例》具有军事刑法的性质，是一种特别刑法，相对独立于刑法典。（2）决定。决定作为我国单行刑法的一种形式，是就某个刑法专门问题所作的规定。例如，1995年我国在颁布《中华人民共和国公司法》（以下简称《公司法》）的同时颁布《关于惩治违反公司法的犯罪的决定》对公司犯罪作了系统规定。如果采用附属刑法的立法方式，那么完全可以将公司犯罪规定在《公司法》的有关章节之中，但是我国立法机关对附属刑法的立法方式采取较为谨慎的态度。当时，虽然也存在附属刑法这种立法方式，但是其一般仅限于比照性规定，具有立法类推的性质。如果是设置刑法没有规定的新罪和设置独立的法定刑，那么一般不采用附属刑法的方式，而是采用决定这种立法方式。（3）补充规定。补充规定也是我国单行刑法的一种表现形式，是对刑法所作的补充性规定。补充规定不同于决定之处在于：决定规定的内容是刑法典所没有的，具有较强的独立性；而补充规定规定的内容是原刑法典具有的，只是进行了不同程度的补充。因此，补充规定对刑法典具有一定程度的依附性。例如，1988年颁布的《关于惩治走私罪的补充规定》就是对刑法

---

① 参见杨一凡、刘笃才：《历代例考》，7~8页，北京，社会科学文献出版社，2012。

典中走私罪的一种立法补充。1979年《刑法》只是在第116条规定了一个概括性的走私罪，对于所有的走私行为（无论走私何种货物、物品）都以走私罪论处。1988年全国人民代表大会常务委员会颁布的《关于惩治走私罪的补充规定》对走私罪的罪名进行分解，分别设立走私国家禁止出口的文物、贵重金属、珍贵动物、珍贵动物制品罪，走私淫秽物品罪，走私货物、物品罪等。该补充规定具有对1979年《刑法》的规定进行补充的性质。

以上三种单行刑法的立法方式通过对刑法典进行修改，从而使1979年《刑法》更加适应惩治犯罪的实际需要。但是，我们也不可否认由于采用上述三种刑法修改方式制定的法律属于刑法之外的法律，因而其对刑法典具有某种肢解功能和架空功能。例如，22个单行刑法再加上数十个司法解释都存在于刑法典之外。如果说司法解释只是对刑法条文的解释，具有细则性规定的性质，可以形成对刑法规定的体例外补充的话，那么22个单行刑法或者取代刑法原规定或者补充刑法原规定，在大多数情况下都使某些刑法规定的效力丧失了。由于大量失效的僵尸条款存在于刑法典之中，而大量有效的刑法条款却存在于刑法典之外，因而刑法典在某种程度上被架空，出现了我国古代所谓以例破律的现象。我国古代的基本法律是"律"，具有较强的稳定性，极少修改，即使是在不同的朝代，"律"的承继性也极强。但是，为了适应司法活动的实际需要，各个时期的统治者又不得不颁布大量的"例"。随着时间的推移"例"的大量累积又导致出现瓦解和抵消"律"的结果。因此，要求对"例"加以某种限制，尽量发挥"例"的正面功能，即所谓以例补律，以例辅律。从法律形式看，就出现了以例入律乃至律例合一的现象。由于我国在1979年《刑法》颁布后不长的时间内就制定了22个单行刑法，因此亟待将其内容纳入刑法典，这就有了1997年的刑法修订。1997年，我国对刑法典进行了大规模的重新整理，22个单行刑法和其他大量附属刑法的内容经过筛选基本上都被纳入修订后的刑法典。

1997年《刑法》颁布不到一年，适逢1998年亚洲金融危机，需要在刑法中增加规定骗购外汇的罪名，以便应对金融危机。在这种情况下，当时的立法机关仍然沿袭了此前的做法，即以单行刑法的方式对1997年《刑法》进行修改补充。

1998年12月29日全国人民代表大会常务委员会颁布《关于惩治骗购外汇、逃汇和非法买卖外汇犯罪的决定》（以下简称《决定》）对1997年《刑法》进行了第一次修改。《决定》既对1997年《刑法》的原有条文进行了修改，又对1997年《刑法》作了补充性规定。对1997年《刑法》原有条文进行修改时，《决定》第3条采用的表述是："将刑法第一百九十条修改为：……"在这种情况下，编撰刑法典时可以用《决定》第3条的内容替换1997年《刑法》原第190条的规定。但是，《决定》第1条增设了骗购外汇罪，采用了直接规定的方式，对此无法将其纳入刑法典的条文体系中。例如，我国学者李立众在编辑《刑法一本通：中华人民共和国刑法总成》时将《决定》第1条关于骗购外汇罪的规定编为1997年《刑法》第190条之一，并为此专门作了一个注释。① 由此可见，采用单行刑法的修改方式增补的条文很难被纳入刑法典，不能与刑法原条文融为一体。

针对单行刑法修改方式自身存在的不足，我国学者赵国强较早提出可采用刑法修正案的立法方式。他在借鉴苏联通过颁布刑事法令的立法方式来修正刑法典的基础上，提出对我国单行刑事法律的名称和内部结构做以下调整，由此改为刑法修正案的方式：一是将法律名称统称为《关于刑法典第×××条修正案》、《关于在刑法典中补入第×××条修正案》或《关于废除刑法第×××条修正案》；二是在内部结构上开门见山地点出被修改或补充的条文序号，然后开首就写明，"刑法典第×××条补充如下"，接着列出补充的内容。赵国强认为，这样的内部结构既有助于点明主题，又便于在单行刑事法律中将新旧内容合为一体，从而使修正后的内容变得更加紧凑、规范。② 应该说，赵国强对刑法修正案的论述是具有启发意义的，立法机关今天采用的刑法修正案的方式与其设想也十分接近。

1999年12月25日全国人民代表大会常务委员会第一次采用刑法修正案的方式对1997年《刑法》进行修改，这在我国刑法立法史上具有里程碑的意义。我

---

① 参见李立众：《刑法一本通：中华人民共和国刑法总成 含〈刑法修正案（九）〉》，11版，239页，北京，法律出版社，2015。
② 参见赵国强：《刑事立法导论》，238～239页，北京，中国政法大学出版社，1993。

国在1988年修改宪法时就采用了修正案的立法方式，使1982年《中华人民共和国宪法》（以下简称《宪法》）得以保持长期稳定。采用修正案的立法方式修改刑法对于保持刑法典的长期稳定同样具有重要的意义。时任全国人民代表大会法律工作委员会刑法室主任的郎胜长期参与刑法立法工作，他在论及刑法的立法方式时指出，"我国的刑事立法……在修改刑法的立法形式上，从采取'决定'、'补充规定'这种制定单行刑法或者采用附属刑法的形式对刑法进行修改，过渡到采用刑法修正案修改刑法，从而使刑法更便于引用和今后的编纂"[1]。这种立法形式上的进步，为保持刑法典的长久稳定奠定了基础。

二、刑法修正案的优越性

刑法修正案的立法方式与单行刑法的立法方式相比具有以下三方面的优越性。

（一）法外与法内

从形式上看，单行刑法处在刑法典之外，即所谓法外；而刑法修正案则处于刑法典之内，即所谓法内法外与法内存在一定的差别，这种差别对于保持刑法典的稳定性具有重大的影响。正如笔者在前面所言，相对于刑法典来说，由于单行刑法具有独立性，是与刑法典并列的法律形式，因此其内容除非是对刑法典进行全面修订，否则不能进入刑法典之中。司法机关在引用条文时都要援引单行刑法的条文，因为在条文序号上单行刑法与刑法典是两套不同的体系。而刑法修正案与之不同，刑法修正案的内容具有对刑法典的依附性。刑法修正案如果修改了刑法条文，那么刑法修正案的条文会替换刑法的原条文。刑法修正案新增刑法条文的序号会被标注为刑法某条之一，由此插入刑法典的条文序号体系之中。在这种情况下，刑法修正案失效以后，重新对刑法典进行编撰，将刑法修正案的内容吸纳到刑法典之中，刑法修正案就丧失了其存在的意义。因为司法机关不再引用刑

---

[1] 胡康生、郎胜主编：《中华人民共和国刑法释义》，2版，郎胜序，2页，北京，法律出版社，2004。

法修正案的条文而直接引用修改或者新增的刑法条文。

（二）专门与综合

由于单行刑法是对刑法每一专门问题的规定，因此其往往是有标题的，标题概括了其主要内容。例如，虽然1979年《刑法》第171条规定了制造、贩卖、运输毒品罪，但是1990年全国人民代表大会常务委员会仍颁布了《关于禁毒的决定》（以下简称《禁毒决定》）。《禁毒决定》不仅将制造、贩卖、运输毒品罪的法定最高刑从15年有期徒刑提高到死刑，而且另外规定了非法持有毒品罪等其他毒品犯罪。此外，《禁毒决定》还对毒品犯罪的管辖、量刑等总则性问题也一并作出规定。从某种意义上讲，《禁毒决定》相当于一部禁毒刑法。值得注意的是，在《禁毒决定》中根本就没有提及1979年《刑法》第171条规定的存废问题。在司法实践中，只能按照新法优于旧法的原则处理该类案件。由此可见，单行刑法是对某一刑法专门问题的特别规定，同时具有特别法的性质。在一般情况下，一部单行刑法只会涉及一个专题，而不会涉及其他问题。只有在极个别单行刑法中才存在所谓搭车立法的现象，即在一部单行刑法中对某一专题以外的问题作出规定。例如，1991年全国人民代表大会常务委员会颁布的《关于严惩拐卖、绑架妇女、儿童的犯罪分子的决定》（以下简称《严惩拐卖、绑架的决定》）是对拐卖、绑架妇女、儿童的犯罪所作的专门规定，但其第2条第3款却顺带规定了绑架勒索罪，这个罪名只有行为方式——绑架——这一点与绑架妇女、儿童罪相关，其他方面都没有关联性。可以说，绑架勒索罪本来不属于《严惩拐卖、绑架的决定》所涉及的专题，但是立法机关却顺带作了规定，这是典型的搭车立法。而刑法修正案则具有综合性，其内容并没有专门限制，如《中华人民共和国刑法修正案（九）》[以下简称《刑法修正案（九）》]表明这是第9个刑法修正案。在这种情况下，刑法修正案在内容上没有限制，具有综合性，即可以规定任何相关问题，如《刑法修正案（九）》涉及的内容就具有广泛性，既有刑法总则的问题，又有刑法分则的问题。

（三）烦琐与简便

由于单行刑法具有单行法或者特别法的性质，是一部具有独立品格的法律，

在条文设计上要将某一专题的所有问题都要加以规定,因此显得较为烦琐。尤其是有些专题内容本来较少,但是为了凑数,有些没有太大关联的内容也出现在单行刑法中。例如,《禁毒决定》第8条第1款是关于吸食、注射毒品行为的治安处罚的规定,第2款是关于吸食、注射毒品成瘾的予以强制戒毒的规定。这些规定属于行政处罚或者行政强制措施,都不属于刑法的内容,而刑法修正案只规定刑法的内容,与刑法无关的内容则不能出现在刑法修正案的条文中。事实上,在我国立法机关对刑法采用修正案的立法方式进行修改之后仍然颁布了若干单行刑法,如2000年颁布的《关于维护互联网安全的决定》(以下简称《互联网安全决定》)。由于《互联网安全决定》的内容涉及网络犯罪,因此其具有刑法的性质。但是,《互联网安全决定》既没有增设罪名,也没有直接对原有规定进行修改,而是对惩治网络犯罪的有关问题作了规定,其内容具有解释性和引导性。从某种意义上讲,《互联网安全决定》没有采用刑法修正案的立法方式而是采用了单行刑法的立法方式。刑法修正案是针对刑法具体条文所做的修改,或者增加某些刑法条文,在内容上具有简便的特征。由于采用刑法修正案修改刑法不需要过多地考虑体系性,而是根据需要设置条文,因此刑法修正案的篇幅可长可短,如《中华人民共和国刑法修正案(二)》只有一个条文,而《刑法修正案(九)》则有52个条文。

采用刑法修正案的立法方式也存在某些缺陷。特别是通过修正案的立法方式修改刑法,随着某个条文的内容被废除会出现"废条",即没有内容的条文。例如,1997年《刑法》第199条是规定金融诈骗罪死刑的条款,但是随着金融犯罪的死刑被废除,该条文的内容也被全部删除。在这种情况下,1997年《刑法》第199条就变成了没有内容的空白条款。当然,对于这种条款以后能否规定其他相关的内容则是一个值得研究的问题。

三、刑法修正案的立法权限

如前所述,《刑法修正案(九)》对刑法典进行了较大规模的修改,其中,减

少9个死刑罪名，增设20个罪名，以及将某些行为犯罪化和降低入罪的门槛，都十分引人注目。当然，《刑法修正案（九）》也存在一些争议之处，如将预备行为正犯化、共犯行为正犯化以及设立所谓预防性措施和终身监禁等。这里涉及一个重要问题，那就是刑法修正案的立法权限问题。

我国学者曾经讨论过全国人民代表大会常务委员会是否享有刑法修正案的立法权问题。讨论这个问题的背景在于：由于全国人民代表大会常务委员会原先是采用制定单行刑法的立法方式对刑法典进行修改，而单行刑法是独立于刑法典之外的一部刑事法律，全国人民代表大会常务委员会具有制定单行刑法的权力，因此这样的修改不存在争议。但是，从1999年以后，全国人民代表大会常务委员会开始采用刑法修正案的方式对刑法典进行修改，这样的修改属于对刑法典进行的直接修改。对于全国人民代表大会常务委员会是否具有这样的修改权则一直存在争议。我国刑法学界对此存在两种截然不同的学说：第一种学说是"彻底否定说"，即全国人民代表大会常务委员会不享有刑法修正案的立法权。持这种学说的学者认为，刑法修正案的通过程序不同于单行刑法的通过程序，它应该更加严格。具体而言，刑法修正案的通过程序应当与刑法典的通过程序一样，即应由全国人民代表大会审议和通过。由全国人民代表大会常务委员会通过和颁布刑法修正案的做法，既与刑法修正案在整个刑法体系中的普通法典地位不相称，又与刑法典的通过程序必须具有严格性、民主性和代表性的要求不符，并且由全国人民代表大会常务委员会行使刑法修正案的立法权有可能导致出现全国人民代表大会的刑事立法权虚置的不利后果，因此应当由全国人民代表大会通过刑法修正案，由全国人民代表大会常务委员会主要负责对刑法规范进行立法解释。第二种学说是"部分否定说"，即全国人民代表大会常务委员会对采用刑法修正案创设新罪的情形不应享有立法权。持这种学说的学者认为，对于新增罪名的补充部分，不应由全国人民代表大会常务委员会以修改和补充的方式进行，而应当由全国人民代表大会制定。即使由全国人民代表大会常务委员会修改刑法中已经存在的罪名也应该慎重，不能频繁进行；否则，赋予其修改和补充基本法律的权力而不对其修改的内容进行限制，全国人民代表大会常务委员会的部分修改权侵蚀全国人民

代表大会的法律制定权就成为必然。① 以上争议虽然发生在《刑法修正案（九）》颁布之前，但是由于《刑法修正案（九）》在更大范围和更大规模上对刑法典进行了修改，因此这种争议的意义更加凸显。

这里首先涉及的是宪法确定的全国人民代表大会与其常务委员会在立法权限上的划分问题。虽然根据1982年《宪法》第58条的规定，全国人民代表大会及其常务委员会都是国家的立法机关，共同享有立法权，但是1982年《宪法》第67条又对全国人民代表大会常务委员会的具体立法权限作了规定。根据这一规定，全国人民代表大会常务委员会除有权制定和修改全国人民代表大会制定和修改的法律以外的其他法律，还有权在全国人民代表大会闭会期间对全国人民代表大会制定的法律进行部分补充和修改，但是不得同该法律的基本原则相抵触。由此可见，全国人民代表大会常务委员会对于全国人民代表大会制定的法律，无论是基本法律还是普通法律都具有广义上的修改权，只不过在行使修改权时应受到两个条件的限制：一是只能进行部分补充和修改，二是不得同法律的基本原则相抵触。据此，可以把全国人民代表大会的法律修改权与全国人民代表大会常务委员会的法律修改权合理地加以区分。

这里所谓部分修改与全部修改的区分标准就在于是否对刑法典进行了大修大改。由于经过大修大改的法律实际上已经是一部新法，因此具有重新制定法律的性质。刑法是国家的基本法律，其制定权应当属于全国人民代表大会。例如，1979年《刑法》在1997年进行了一次全面修订，经过修订以后的1997年《刑法》实际上是一部新刑法。从法律继承关系上讲，1997年《刑法》是对1979年《刑法》的修改。这种意义上的修改权限，当然不是全国人民代表大会常务委员会的立法权限。除此以外，对刑法作中等程度以下的修改，仍然属于全国人民代表大会常务委员会的立法权限范围。

至于这种修改是否同全国人民代表大会制定的法律的基本原则相抵触，关键要看如何理解这里所说的基本原则。笔者认为，这里所说的基本原则包括但不限

---

① 参见赵秉志主编：《刑法修正案最新理解适用》，245～246页，北京，中国法制出版社，2009。

于刑法规定的罪刑法定、罪刑平等和罪刑均衡三大基本原则，还应包括刑法的基本制度。例如，1979年《刑法》没有规定罪刑法定原则而是规定了类推制度，但是其规定了关于刑法溯及力的从旧兼从轻原则，这也是单行刑法不能抵触的。全国人民代表大会常务委员会1982年《关于严惩严重破坏经济的罪犯的决定》和1983年《关于严惩严重危害社会治安的犯罪分子的决定》都规定自该决定公布后审判的犯罪案件，一律适用该决定的规定。这实际上是在刑法溯及力问题上采用了从新原则，其与1979年《刑法》第9条规定的从旧兼从轻原则是相抵触的。[1] 对于这种相抵触的情形该如何处理，我国宪法并没有规定适当的程序。值得注意的是，我国宪法只是规定全国人民代表大会常务委员会对刑法的修改不能与刑法的基本原则相抵触，但是这并不能理解为对于刑法的基本原则或者基本制度，全国人民代表大会常务委员可以在没有抵触的情况下作补充性规定。

在《刑法修正案（九）》制定的过程中就存在这种顾虑。例如，从业禁止制度是《刑法修正案（九）》增设的一项重要制度。在草案拟订初期，立法工作机关提出在刑法中增设资格刑，即对于实施与职务相关的犯罪，被判处有期徒刑以上刑罚的犯罪分子，可以根据犯罪情况，同时禁止其在刑罚执行完毕后一定期限内从事相关职业或者担任特定职务，但是后来根据有关方面和专家学者的意见，立法工作机关将从业禁止措施的期限调整为自刑罚执行完毕或者假释之日起计算，从而在属性上定位于根据预防犯罪需要适用的措施（预防性措施），而非新的刑罚种类（资格刑）。[2] 立法机关强调预防性措施是刑法从预防再犯罪的层面针对已被定罪判刑的人规定的一种预防性措施，不是新增加的刑罚种类。[3] 由此可见，从业禁止制度从开始时拟规定为资格刑的设想到最后确定为预防性措施存在一个明显的演变过程。导致出现这种变化的原因，笔者认为还是在于全国人民代表大会常务委员会的立法权限问题，即对于增设刑罚种类是否属于全国人民代

---

[1] 参见陈兴良：《刑法哲学》，5版，706页，北京，中国人民大学出版社，2015。
[2] 参见喻海松：《刑法的扩张——〈刑法修正案〉（九）及新近刑法立法解释司法适用解读》，4~6页，北京，人民法院出版社，2015。
[3] 参见郎胜主编：《中华人民共和国刑法释义》，6版，37页，北京，法律出版社，2015。

表大会常务委员会的立法权限没有把握，因而将其变更为所谓预防性措施。

预防性措施是相对于惩罚性措施而言的，而惩罚性措施就是刑罚。刑罚在具有惩罚性的同时也具有预防性，如我国刑法中的资格刑就既具有惩罚性又具有预防性。那么，从业禁止作为预防性措施，其法律性质究竟该如何确定呢？我国有学者指出："预防性措施以预防为其直接、主要功能。囿于传统的刑罚体系设计，保安处分等预防性措施在我国刑法典中尚付阙如。"[①] 这种观点实际上把预防性措施定性为保安处分。此外，我国还有学者把《中华人民共和国刑法修正案（八）》规定的禁止令也视为保安处分，并为此指出："《刑法修正案（九）》中的从业禁止与《刑法修正案（八）》中的禁止令，标志着我国刑法中犯罪后果的双轨制正式形成，对部分犯罪行为法院既可以判处刑罚，还可以根据犯罪人的具体情况，从预防再犯罪的目的出发决定适用保安处分措施。再结合刑法第18条确立的针对实施危害社会行为但是不构成犯罪的无责任能力人的'政府强制医疗'措施，我国刑法中既有作为犯罪后果的保安处分措施，也有对不构成犯罪者的保安处分措施，这意味着《刑法修正案（九）》出台后，我国刑法中的保安处分体系已初步构筑起来。保安处分体系的逐步形成，将对我国的刑法学理论及刑法学教科书体系形成巨大冲击，此前的犯罪—刑罚体系将解体，而演变成形成犯罪—刑罚—保安处分体系。"[②] 如果赞同该学者的观点，那么增设预防性措施对刑法的影响其实比增设资格刑的影响还要更大。因为我国刑法中的资格刑在刑罚体系中是极为特殊的，只有剥夺政治权利这一种被纳入刑罚体系，而对犯罪的外国人适用的资格刑——驱逐出境——并没有被纳入刑罚体系，对犯罪的军人适用的资格刑——剥夺军衔等——甚至规定在《中国人民解放军军衔条例》之中。由此可见，我国刑法对资格刑采取了一种散在性的立法方式。换言之，如果从业禁止是作为资格刑被加以规定的，那么并不存在法律体例上的障碍，也没有超越全国人

[①] 赵秉志主编：《〈中华人民共和国刑法修正案（九）〉理解与适用》，349页，北京，中国法制出版社，2015。

[②] 邓楚开：《刑修九透露出来的刑法发展大趋势》，http://j.news.163.com/docs/99/2015100813/B5DHTTNO0514861D.html，2015-12-22访问。

民代表大会常务委员会的立法权限。现在将从业禁止作为预防性措施加以规定，反而与现行刑法的体例存在一定的不协调性。尤其是保安处分入刑涉及刑法的重大调整，最好由全国人民代表大会作出规定。其实，从业禁止既具有预防性又具有惩罚性，其资格刑的品格是极为明显的，在目前我国刑法体例中将其规定为资格刑是最为合适的，可惜立法机关在草案审议过程中改变了立法的发展方向。这也是《刑法修正案（九）》的缺憾之所在。

综上所述，笔者认为在将采用单行刑法改为采用刑法修正案的立法方式以后，原先采用单行刑法的立法方式对刑法典进行修改，其内容包括增设新罪和扩充旧罪以及对法定刑与刑罚制度进行修改，在采用刑法修正案的立法方式以后也还可以采用这些修改方式。我们不能认为，因为单行刑法是对刑法的间接修改，没有改变刑法典的条文体系，所以全国人民代表大会常务委员会可以在刑法典之外采用增设新罪等修改方式。而改为采用刑法修正案的立法方式以后，由于其是对刑法典条文的直接修改，因此就不能增设新罪；否则，就是超越了全国人民代表大会常务委员会的立法权限。根据我国宪法的规定，全国人民代表大会常务委员会享有对刑法典的修改权，只要其修改不同刑法典的基本原则相抵触。因此，通过采用刑法修正案的立法方式增设罪名和增加刑罚种类，完全属于全国人民代表大会常务委员会正常行使立法权的表现。

（本文原载《法商研究》，2016（3））

犯罪范围的扩张与刑罚结构的调整

——《刑法修正案（九）》述评

自从 1997 年刑法颁布以后，立法机关通过了 9 个《刑法修正案》对刑法进行了修订。当然，这种缝补有小修小补，也有大修大补。《刑法修正案（九）》可以说是中等程度的修补，是对刑法典的局部修订。《刑法修正案（九）》对刑法修订所涉及的内容较为广泛，在此，我简要地将其概括为犯罪范围的扩张与刑罚结构的调整这两个维度，并以此为视角，对我国刑法立法的发展方向进行描述与评论。

一、犯罪范围的扩张

犯罪范围是指一个国家刑法所设定的刑罚处罚的规模，也称犯罪圈。各个国家刑法所规定的犯罪范围是各不相同的，这主要取决于不同国家的历史传统和规训体制。我国刑法的犯罪范围相对来说是较小的，但近年来处于不断的扩张之中。《刑法修正案（九）》延续了这一犯罪化的趋势，通过增设新罪与扩充旧罪，在一定程度上扩大了犯罪范围。因此，犯罪化是我国刑法立法的主旋律。即使个别罪名被废除，例如嫖宿幼女罪，也并不是将嫖宿幼女行为非犯罪化，而是将其并入强奸罪，意在使其受到更为严厉的刑罚处罚。

(一) 增设新罪

《刑法修正案 (九)》增设罪名共计 20 个: (1) 准备实施恐怖活动罪; (2) 宣扬恐怖主义、极端主义、煽动实施恐怖活动罪; (3) 利用极端主义破坏法律实施罪; (4) 强制穿戴宣扬恐怖主义、极端主义服饰、标志罪; (5) 非法持有宣扬恐怖主义、极端主义物品罪; (6) 虐待被监护、看护人罪; (7) 使用虚假身份证件、盗用身份证件罪; (8) 组织考试作弊罪; (9) 非法出售、提供试题、答案罪; (10) 代替考试罪; (11) 拒不履行信息网络安全管理义务罪; (12) 非法利用信息网络罪; (13) 帮助信息网络犯罪活动罪; (14) 扰乱国家机关工作秩序罪; (15) 组织、资助非法聚集罪; (16) 编造、故意传播虚假信息罪; (17) 虚假诉讼罪; (18) 泄露不应公开的案件信息罪; (19) 披露、报道不应公开的案件信息罪; (20) 对有影响力的人行贿罪。以上 20 个新增的罪名, 可以分为以下三个主要罪名集群。

第一个集群是恐怖主义犯罪。恐怖主义是一个较为模糊的概念, 即使是在国际范围内也还没有完全达成共识。我国《反恐怖主义法》第 3 条明确规定: "本法所称恐怖主义, 是指通过暴力、破坏、恐吓等手段, 制造社会恐慌、危害公共安全、侵犯人身财产, 或者胁迫国家机关、国际组织, 以实现其政治、意识形态等目的的主张和行为。" 该条第 2 款还列举了以下 5 种恐怖活动: (1) 组织、策划、准备实施、实施造成或者意图造成人员伤亡、重大财产损失、公共设施损坏、社会秩序混乱等严重社会危害的活动的; (2) 宣扬恐怖主义, 煽动实施恐怖活动, 或者非法持有宣扬恐怖主义的物品, 强制他人在公共场所穿戴宣扬恐怖主义的服饰、标志的; (3) 组织、领导、参加恐怖活动组织的; (4) 为恐怖活动组织、恐怖活动人员、实施恐怖活动或者恐怖活动培训提供信息、资金、物资、劳务、技术、场所等支持、协助、便利的; (5) 其他恐怖活动。除了上述第 5 种恐怖活动以外, 其他 4 种恐怖活动都已经被《刑法修正案 (九)》规定为犯罪。恐怖主义犯罪具有暴力性和组织性。这里的暴力性表现为恐怖主义分子所实施的具体犯罪, 即杀人放火等。对于恐怖分子所实施的这些常规性的犯罪, 当然应该直接以常规性的罪名定罪处罚, 而不可能在刑法中另行设立恐怖主义杀人罪和恐怖主义

放火罪。而恐怖主义犯罪的组织性就表现为恐怖主义犯罪的共犯行为和预备行为，即组织、资助、指使、鼓励、宣扬、煽动恐怖主义犯罪的各种行为。恐怖主义犯罪的共犯行为和预备行为本来应当按照刑法总则关于共犯和预备犯的规定进行处罚，但为了有效惩治恐怖主义犯罪，立法机关对此作了共犯行为正犯化和预备行为实行化的规定。刑法典所规定的恐怖主义犯罪，主要就是指恐怖主义犯罪的共犯行为和预备行为。1997年《刑法》第120条规定了组织、领导、参加恐怖组织罪。及至《刑法修正案（三）》又增设了资助恐怖活动罪，将恐怖主义犯罪的帮助行为进一步正犯化。这次《刑法修正案（九）》集中规定了5个恐怖主义犯罪的罪名，将具有预备性质的策划行为犯罪化，并规定了恐怖主义的煽动型犯罪、宣示型犯罪以及持有型犯罪。通过这些罪名的设置，将恐怖主义的共犯行为和预备行为全部犯罪化。针对某一种犯罪，设立如此周全的罪名，设置如此严密的法网，恐怖主义犯罪独此一罪而已。由此可见，恐怖主义犯罪已经成为刑法惩治的重中之重。

第二个集群是考试作弊犯罪。考试越来越成为我国选拔人才的一种途径，对于具有上千年科举历史的中国来说，这种古老制度在当今重新焕发青春。相对于任人唯亲的做法，考试制度具有其合理性。然而，凡有考试，必有作弊。在中国古代，对于考试作弊历来实行严刑苛法。即使如此，科场弊案仍然层出不穷。随着我国国家考试在人才选拔中重要性的凸显，考试作弊沉渣泛起，并且日趋专业化、电子化和集团化。在这种情况下，惩治考试作弊犯罪也就十分必要。《刑法修正案（九）》新增了3个考试作弊犯罪的罪名，将国家考试中作弊的组织行为、帮助行为和替考行为规定为犯罪。

第三个集群是网络犯罪。网络犯罪是在计算机犯罪的基础上发展起来的，在我国刑法中规定了破坏计算机信息系统的犯罪，主要是针对计算机信息系统的犯罪。如果是利用计算机实施犯罪，《刑法》第287条对此作了提示性规定，指出："利用计算机实施金融诈骗、盗窃、贪污、挪用公款、窃取国家秘密或者其他犯罪的，依照本法有关规定定罪处罚。"因此，对于这种以计算机为工具的犯罪，刑法没有必要另行规定罪名，而是以刑法分则已经规定的相关罪名处罚。但随着

网络的普及，网络犯罪出现。为了有效地惩治网络犯罪，《刑法修正案（九）》新增了3个网络犯罪的罪名。网络犯罪与计算机犯罪这两个概念既相互关联，又存在些微的区别。网络犯罪是指在网络空间实施的犯罪，这个意义上的网络犯罪与计算机犯罪的含义基本重合。例如网络诽谤，是指发生在网络空间的诽谤犯罪，也就是利用计算机实施的诽谤犯罪。对于这种网络犯罪，其实刑法没有必要单独设立罪名，而是应当按照刑法现有罪名处罚。例如，利用网络实施诈骗以及其他犯罪的，完全可以按照诈骗罪或者其他犯罪进行处罚。但在网络犯罪实施传统犯罪的时候，出现了一些特殊情况。我国学者称为传统犯罪的网络异化，这里的网络异化是指由于网络因素的介入，传统犯罪内部的构成要件要素、犯罪形态等产生了不同于过去的新的表现形式，并使传统的刑法理论、刑事立法和司法规则处于难以适用的尴尬境地。[①] 这种异化表现在网络空间中共同犯罪的异化以及预备犯罪的异化等。就以网络诈骗（也称电信诈骗）而言，犯罪分子的主要手段是发布诈骗短信，然后坐等他人上当受骗。这种诈骗信息范围极为广泛，受骗人群分布极为分散。在这种情况下，仍然像传统诈骗罪那样，以骗取的数额作为定罪量刑的根据，显然不利于惩治网络诈骗犯罪。为此，《刑法修正案（九）》设立了非法利用信息网络罪，将设立实施传统犯罪的网站，发布违法犯罪信息等网络犯罪的预备行为单独设置为犯罪。并且，《刑法修正案（九）》还把网络犯罪的帮助行为正犯化，设立了帮助信息网络犯罪活动罪。除了以上网络犯罪以外，为了维护网络安全秩序，《刑法修正案（九）》还规定了专门针对网络服务商的义务犯，即拒不履行信息网络安全管理义务罪，这是一种中立帮助行为的犯罪化。

（二）扩充旧罪

除通过新设罪名扩大刑法处罚范围以外，《刑法修正案（九）》还通过对原有罪名的修改而扩充内容，同样达到了扩大刑法处罚范围的效果。如果说，通过新设罪名而扩大刑法处罚范围，是一种对旧衣服放大尺寸的做法，那么，通过扩充旧罪而扩大刑法处罚范围，就是一种对旧衣服打补丁的做法。在具体立法方法

---

① 参见于志刚：《传统犯罪的网络异化研究》，1页，北京，中国检察出版社，2010。

上，扩充旧罪存在以下三种形式。

第一种方法是增加行为方式。如《刑法》第133条之一的危险驾驶罪，原先只有追逐竞驶和醉酒驾驶机动车这两种行为方式，《刑法修正案（九）》增加了从事校车业务或者旅客运输，严重超过额定乘员载客，或者严重超过规定时速行驶的和违反危险化学品安全管理规定运输危险化学品，危及公共安全这两种行为方式，从而扩大了危险驾驶罪的罪体范围。

第二种方法是增加行为对象。例如，《刑法》第237条规定的强制猥亵罪是指强制猥亵妇女，《刑法修正案（九）》修改为强制猥亵他人，将强制猥亵对象从妇女扩大到男子，从而扩大了强制猥亵罪的罪体范围。

第三种方法是降低入罪门槛。例如，《刑法修正案（九）》删去了《刑法》第288条规定的扰乱无线电通讯管理秩序罪中的"经责令停止使用后拒不停止使用"的条件，并将造成严重后果修改为情节严重，由此降低了扰乱无线电通讯管理秩序罪的入罪门槛，从而扩大了扰乱无线电通讯管理秩序罪的罪体范围。

通过以上分析，我们可以看到，《刑法修正案（九）》主要是通过增设罪名和扩充旧罪这两种立法方式，由此而扩张了我国刑法的犯罪范围。我国学者提出了刑法的扩张的概念，认为自1997年刑法实施以来，立法机关先后通过了1个决定、9个刑法修正案和13个立法解释，这些规定的绝大多数内容是犯罪化，使刑法在经济社会中的规制领域不断拓展，法网日趋严密，尤其是《刑法修正案（九）》彰显了刑法扩张属性。[①] 我赞同以刑法的扩张来概括《刑法修正案（九）》所彰显的立法倾向。关键的问题在于：如何正确对待刑法扩张这一现象？

面对这种犯罪范围扩张的趋势，某些人表现出了极大的忧虑，发出了"刑法抬头是因为民法不张"的哀叹，指出："曾几何时我们宣扬刑法是调整和保护社会关系的最后一道屏障，我们也一直把刑法谦抑性挂在嘴边，但当我们的理想被一年一个《刑法修正案》唤醒后才发现，刑法不再是后置的保障性手段，而成了

[①] 参见喻海松：《刑法的扩张——〈刑法修正案〉（九）及新近刑法立法解释司法适用解读》，北京，人民法院出版社，2015。

很多人优先选择的手段。"① 这段话当然是有一些情绪在内的。现在需要理性思考的是：刑法抬头与民法不张之间存在因果关系吗？当然，在这段话语中，作者还是提出了一个令人深思的问题：究竟如何看待所谓刑法抬头，也就是犯罪范围的扩张这一现象。这一问题的背后，涉及我国刑法立法的走向，即在相当长的一个时期内，犯罪化还是非犯罪化是我国刑法立法的选择？这种选择背后的决定性因素又是什么？这些问题，是我国刑法学者需要直面回答的。

刑法抬头是因为民法不张这一提法，将刑法与民法界定为一种消长关系，它是以这样一个假设为前提的：如果民法对社会关系的调整作用充分发挥，就没有刑法介入的必要。但这个前置性的命题本身就是值得商榷的。其实，刑法与民法的交错并没有那么深入。因为民法的主要规范是任意性法律规范，只有极少数是强制性的法律规范。而刑法作为公法，都是强制性的法律规范。只有民法的强制性法律规范和刑法规范才有交错，而民法绝大多数任意性的法律规范与刑法规范并没有交错。因此，刑法与民法之间并非直接的消长关系，民法不张与刑法抬头之间的因果关系并不存在。这里值得关注的反而是行政法与刑法的关系，并且涉及整个国家公权力的配置问题。

对于犯罪范围的扩张，首先要从司法权与行政权的消长出发进行反思。长期以来，我国在立法权、司法权和行政权这三种权力的配置上，明显地表现为立法权虚化，司法权弱化，只有行政权得以强化，这三种国家的公权力之间极不匹配与互不协调。行政权和司法权的强弱关系表现在法律处罚上，就是较小的刑事处罚范围和极大的行政处罚范围，两者之间形成了鲜明的对比。因此，我国刑法中的犯罪范围较小，主要表现在罪名较少，而且犯罪概念中存在数量因素，即入罪门槛较高。与之相反，我国行政处罚权膨胀，不仅公安机关行使劳动教养决定权和治安处罚权，而且其他行政机关都依法行使行政处罚权。行政处罚的范围所及，大大超过刑法规定的犯罪范围。更为重要的是，行政处罚涉及对公民个人财

---

① 蔡正华：《刑法抬头是因为民法不张》，http://www.zgxbdlsw.com/html/Hot/dongtai/773.html，2015-12-17访问。

产权和人身权的限制,甚至剥夺。随着法治建设的发展,这种司法权弱而行政权强的国家权力配置模式显然不利于对公民合法权利的保护。因此,改变司法权与行政权的关系就成为法治建设的应有之义。

在司法权弱而行政权强这样一种公权力的框架中,我国采取的是三级制裁体制,这就是治安处罚、劳动教养和刑罚处罚。其中,治安处罚和劳动教养都属于行政处罚权的范畴,而且其行为种类繁多,处罚内容涉及对公民自由的限制与剥夺。尤其是劳动教养,由公安机关独家决定,在程序上缺乏应有的制约,容易被滥用而侵犯公民的合法权益,最受公众诟病。劳动教养因为与法治标准不符合,因而理所当然被废除。但劳动教养并不能一废了之,那些原先被劳动教养的行为都是一些较为严重的违法行为。这些违法行为仍然需要在法律上予以处理,如何对此加以承接,这是一个需要解决的问题。

早先的立法设想是制定一部"违法行为矫治法",将被劳动教养的违法行为纳入其中单独处理,由此取代劳动教养制度。例如,我国学者对制定《违法行为矫治法》的过程做了以下描述:2008年12月,第十一届全国人大常委会第六次会议通过《全国人民代表大会法律委员会关于第十一届全国人民代表大会第一次会议主席团交付审议的代表提出的议案审议结果的报告》,其中说明:关于制定劳动教养法的议案1件。按照将劳动教养制度改革为违法行为教育矫治制度的要求,拟制定"违法行为矫治法"。法制工作委员会已与中央政法委、最高人民法院、最高人民检察院、公安部、监察部等有关部门多次交换意见,还在进一步研究。2009年,部分第十一届全国人大代表再提关于制定违法行为矫治法的议案,《全国人民代表大会法律委员会关于第十一届全国人民代表大会第二次会议主席团交付审议的代表提出的议案审议结果的报告》指出:"关于制定违法行为矫治法的议案3件。议案提出关于改革劳动教养制度,制定违法行为矫治法,对社区矫治作出法律规定等建议。中央部署进行的司法体制和工作机制改革已明确提出'将劳动教养制度改革为违法行为教育矫治制度'。制定违法行为矫治法已经列入本届全国人大常委会立法规划。法制工作委员会将继续会同中央政法委、最高人民法院、最高人民检察院、公安部、司法部等有关方面调查研究,听取各方面的

意见，做好法律草案的起草工作。"在 2010 年的全国人大报告中，吴邦国委员长继续提出，要将"研究制定《违法行为教育矫治法》"列入今后一年的工作任务。是年 3 月 10 日，全国人大常委会法工委副主任李飞也表态，"违法行为矫治法"是对原来中国实行的劳动教养制度进行的改革和规范，已列入当年立法计划，立法速度会加快。由上可见，针对改革劳动教养制度的"违法行为矫治法"已先后被第十届、第十一届全国人大常委会列入立法规划，有关部门也给予了应有的重视。[①] 及至 2013 年 12 月 28 日，全国人大常委会通过《关于废止有关劳动教养法律规定的决定》，劳动教养制度被正式废止，但"违法行为矫治法"最终没有完成立法程序而中途夭折。

在这种情况下，立法的设想改变为通过降低入罪门槛，将原先因为没有达到犯罪的数额标准或者情节标准而按照劳动教养处罚的违法行为予以犯罪化。此外，把其他一些较为严重的违法行为转化为轻微犯罪，纳入刑法典。由此，我国开启了一个犯罪化的立法进程，逐渐形成我国刑法中的轻罪体系。正如我国学者指出："劳动教养制度废除前，我国刑法采用的是刑罚、治安管理处罚和劳动教养的三级制裁体制。刑罚和治安管理处罚主要是针对客观行为及行为的客观危害性；而劳动教养主要是针对行为人的人身危险性。劳动教养就是介于刑罚与治安管理处罚的中间地带，形成轻重有序的有机制裁体制。劳教废除后，刑法结构应由定罪量刑的单轨制模式向双轨制转变，由现有的三级制裁体制向二级制裁体制转换。具体而言，针对部分实施了轻微刑事犯罪行为的人员，可以考虑作为犯罪处理；而对于轻微违法行为，可纳入治安管理处罚范畴。"[②] 由此可见，我国目前刑法立法的犯罪化进程与劳动教养制度的废除之间具有一定的承接关系。《刑法修正案（九）》对于犯罪范围的扩大，在很大程度上与劳动教养制度的废除之间具有关联性。正如我国学者指出："劳教制度废除后，对于严重危害社会治安但尚不够罪的行为，只能给予治安管理处罚，难以适应打击和震慑这类行为的

---

① 参见刘仁文：《法律的灯绳》，285～286 页，北京，中国民主法制出版社，2012。
② 陈超：《劳教制度废除后的刑法结构调整及程序建构》，载《人民法院报》，2014-02-17。

现实需要。为填补治安管理处罚与刑罚处罚之间'断档',适当扩张刑罚的治理范围,对过去应予劳教的行为适度分流入罪,已是必然。《刑罚修正案(九)》将多次抢夺增加规定为犯罪,增加扰乱国家机关工作秩序罪,修改组织、利用会道门、邪教组织、利用迷信破坏法律实施罪等,无疑都是劳教制度后时代刑法适度扩张的体现。"[1] 以上对《刑法修正案(九)》扩张犯罪范围这一立法倾向的解读当然是合理的,对于我们理解《刑法修正案(九)》具有一定的参考价值。

对于这种犯罪门槛下降的立法趋势,我国学者存在不同观点。对此持谨慎态度的观点认为应当慎用入罪无门槛限制的立法模式。因为区分行政违法与刑事犯罪是我国法律的一贯传统,犯罪成立通常应当有一定门槛。而新近刑法扩张对不少犯罪未设入罪门槛,实际上是刑法的过度介入,会使行政处罚虚置。[2] 而另外一种观点则对犯罪门槛下降持积极的肯定态度,并且提出了我国从小刑法到大刑法的演变趋势,认为这符合法治的发展方向,指出:"犯罪门槛下降会导致犯罪圈扩大,这也就意味着刑事司法权干预范围的扩大,由此蚕食行政刑法(治安管理处罚法、行政处罚法)的适用范围,挤压检察权的适用空间。"[3] 我赞同对于犯罪门槛下降的肯定态度,它反映了司法权的扩张而行政权(警察权)的限缩,其对于我国刑法未来的发展具有不可估量的意义。

从近期我国刑法修正案新增的罪名来看,主要是轻罪,而增设重罪的情形则极为少见。我认为,这一进程还会进一步发展,因为从法治标准衡量,行政机关不应当享有对公民的财产权利和人身权利进行限制和剥夺的权力,这些权力都应当交由司法机关通过一定的司法程序来行使。而我国目前公安机关所具有的治安处罚权,可以剥夺公民自由,这种制度设计是与法治原则相背离的。因此,将来这些治安违法行为也应当纳入刑法典,通过司法程序进行处罚,由此限制行政机

---

[1] 喻海松:《刑法的扩张——〈刑法修正案〉(九)及新近刑法立法解释司法适用解读》,12~13页,北京,人民法院出版社,2015。
[2] 参见喻海松:《刑法的扩张——〈刑法修正案〉(九)及新近刑法立法解释司法适用解读》,16页,北京,人民法院出版社,2015。
[3] 卢建平:《犯罪门槛下降及其对刑法体系的挑战》,载《法学评论》,2014(6):68~76。

关的处罚权。当然，是否应当制定一部"轻罪法"，以及与之配套设立简易程序，并且专门设立治安法庭审理这些轻罪，这些问题都是值得研究的。

无论如何，从长远发展来看，我国犯罪范围的扩张将是一个持续的立法过程。对于这种刑法的扩张，不能简单地说其就是刑法过度侵入社会治理，必然不利于人权保障。事实上，对轻罪采取刑事化处理以后，被告人的合法诉讼权利得到法律的有效保护。相对于劳动教养制度下公安机关一家决定对公民劳动教养，剥夺人身自由达到1年至3年，这明显是一种法治的进步。

如上所述，我国实行的是三级制裁体制，即治安处罚、劳动教养和刑罚。而作为刑罚处罚对象的犯罪，其范围是较小的。但在其他国家，行政机关包括警察是不具有处罚权的，更不能享有剥夺公民财产权利和人身权利的处罚权。这些处罚权是司法机关所独享的权力，并且必须通过司法程序才能对公民进行处罚。因此，其他国家的制裁体制都是司法的一元制，所有行为都必须在刑法典中规定为犯罪，才能加以处罚。在这种情况下，其他国家刑法典所规定的犯罪范围是极为宽泛的，一般分为重罪、轻罪和违警罪。相反，我国刑法中的犯罪只相当于其他国家刑法典中的重罪和一部分轻罪，因而犯罪范围是极其狭窄的。不同国家犯罪范围或宽或窄，当然是与这些国家的历史传统相关的，不能断然地说孰优孰劣。但通过对我国的三级制裁体制的反思，可以得出结论：我国目前刑法中的犯罪范围过于狭窄这种现象，在很大程度上是司法管辖范围过小这一国家权力配置所决定的。

而随着法治水平的提升，这种现状会得到改变。对此，我国学者指出："从长远看，实现刑法结构的统一化应是我国刑法未来发展的一个方向。也就是说，将治安处罚、劳动教养连同其他保安处罚措施一并纳入刑法，分别组成违警罪、轻罪、重罪和保安处分等几块内容，都由法院来判处，这样就能理顺各块内容之间的关系，防止一行为受多个机关的不同方式的处理。"[①] 因此，随着限制和剥夺公民人身权利的行政性处罚刑事化，犯罪范围必将逐渐扩张，这是法治发展的必然后果。

犯罪范围扩张虽然有其必然性，但这并不是说，可以任意地将那些没有处罚必

---

① 刘仁文：《法律的灯绳》，13页，北京，中国民主法制出版社，2012。

要性的行为也规定为犯罪。在此，存在一个入罪的根据与标准问题。从《刑法修正案（九）》所增设的这些罪名来看，恐怖主义犯罪作为一种严重破坏公共安全的犯罪，刑法设置严密的法网予以打击，这是完全必要的。而考试作弊犯罪和网络犯罪都是随着社会生活的变化而出现的新型犯罪，刑法对其加以规定，是对这些新型犯罪的一种立法回应，同样具有立法的必要性。尤其是我国社会当前正处在一个转型时期，也是一个高科技不断进入人们日常生活的时期，因而会出现各种新型的犯罪形态，即使是一些传统犯罪也会发生变异。在这种情况下，刑法应当及时跟进，以应对犯罪情势的嬗变。就此而言，犯罪范围的逐渐扩张将是我国刑法立法在将来相当长的一个时期不可避免的趋势。对此，我们应当冷静面对，没有必要感到紧张。当然，过度犯罪化也是应当警惕的。在此，刑法立法的民主化和公开化，充分听取社会公众的意见，这对于保障刑法立法的合理性具有十分重要的意义。

二、刑罚结构的调整

刑罚结构是指一个国家的刑罚方法的组合形式。任何一个国家的刑罚方法都不是单独发挥作用的，而只能在一定的体系中发挥作用。因此，刑罚体系是一个国家的刑罚结构的基础。刑罚体系是各种刑罚方法的有机组合，表现为各种刑罚方法的一定排列顺序和比例分配。这些刑罚方法按照一定的内在逻辑合理地结合，就形成一定的刑罚结构。

我国现有的刑罚体系中包含五种主刑和三种附加刑，这些刑罚方法的轻重搭配形成了我国的刑罚结构。我曾经指出，从我国刑罚实际运作的状况来看，我国刑罚体系存在着结构性缺陷，这就是死刑过重，生刑过轻：一死一生，轻重悬殊，极大地妨碍了刑罚功能的发挥。[1]

这种刑罚结构的缺陷，其根本表现在于死刑与生刑之间的轻重失衡。这里的死刑是指死刑立即执行，而生刑是指管制、拘役、有期徒刑和无期徒刑，同时还

---

[1] 参见陈兴良：《宽严相济刑事政策研究》，14页，北京，中国人民大学出版社，2007。

包括死刑缓期执行。死刑缓期执行，简称为死缓，本来应该属于死刑的范畴，因为缓期执行只是死刑的一种执行方法。但被判处死缓的犯罪分子，基本上不会被实际执行死刑。从这个意义上说，死缓与其说是死刑，不如说是生刑。而这里所说的轻与重，是指刑罚在立法设置上的轻重，而不是指司法机关对具体案件在量刑上的轻与重。

这里所说的死刑过重，是指刑法规定的死刑罪名过多。在1997年刑法修订以后，我国刑法设立了68个死刑罪名。这一死刑罪名的数量，在国际范围内也属于较多的。尤其是在废除死刑的世界性潮流中，我国刑法保留较多的死刑罪名，有损于我国的大国形象。死刑对于我国来说是负面资产。因此，逐渐减少乃至最终废除死刑已经成为我国刑法的必然选择。

这里所说的生刑过轻，是指死缓和无期徒刑的实际执行期限过短。根据我国刑罚执行的实际状态，死缓的最长执行时间是24年左右，无期徒刑的最长执行时间是22年左右。而实际执行的时间则更短，死缓的实际执行时间是20年左右，无期徒刑的实际执行时间是18年左右。与之形成鲜明对比的是死刑立即执行，在最高人民法院核准以后，7日内应当执行。对于所犯罪行相差不大，都是罪该处死，但因为一个犯罪不是必须立即执行，另一个犯罪则必须立即执行，所以分别被判处死刑立即执行和死刑缓期执行。这两种情形涉及受到的处罚效果却大为不同：死刑立即执行是生命被剥夺，而死刑缓期执行则只要关押20年左右就能回到社会。一生一死之间，差距过大。正如立法机关指出："司法实践中对判处无期徒刑、死刑缓期执行的罪犯，绝大部分都适用了减刑，个别还适用了假释，很少有终身关押的情况。但是，在执行中也出现一些问题，如一些司法机关对减刑条件把握过宽，减刑频率过快、次数过多，假释条件掌握过于宽松，致使一些因严重犯罪被判处死缓或者无期徒刑的罪犯实际执行刑期过短，与被判处死刑立即执行的犯罪分子相比，法律后果相差太大的情况。"[①]

---

① 全国人大常委会法制工作委员会刑法室：《〈中华人民共和国刑法修正案（九）〉解释与适用》，217页，北京，人民法院出版社，2015。

在这种情况下，因为死缓和无期徒刑的实际执行期限过短，被害人强烈要求判处死刑立即执行，由此形成对死刑立即执行的巨大压力，导致我国大量适用死刑。这也是我国当前死刑立即执行案件数量居高难下的一个内在因素。因此，我们需要对刑罚结构进行适当的调整，调整的基本方向是：减少死刑，加重生刑，即减少死刑罪名，延长死缓和无期徒刑的实际执行期限。

我国从《刑法修正案（八）》就开始了减少死刑，加重生刑的立法进程。《刑法修正案（八）》减少了13个死刑罪名，首次开启了立法减少死刑之路。从1979年刑法到1997年刑法，在短短的18年时间中，我国死刑罪名从28个增加到68个，每年平均增加2个死刑罪名，这是一个死刑罪名不断增加的立法过程。从1997年刑法到2011年《刑法修正案（八）》颁布，又过去了14年。在此期间，我国刑法中的死刑罪名处于一种维持不变的状态。《刑法修正案（八）》减少13个死刑罪名，这是我国死刑立法史上的一个转捩点，标志着我国刑法中的死刑罪名从以往的增加开始转变方向，向着死刑罪名减少的趋势发展，这是具有十分重大意义的一个立法事件。

在《刑法修正案（八）》减少死刑的同时，也在加重生刑方面作出了努力。加重生刑的立法举措有三种。

一是延长死缓的实际执行期限。我国刑法原规定，死缓两年期满以后，如果没有故意犯罪的，减为无期徒刑；如果确有立功表现的，减为15年以上20年以下有期徒刑。《刑法修正案（八）》修改为：如果确有重大立功表现的，减为25年有期徒刑。经过修改以后，死缓考验期间，确有重大立功表现的，减为有期徒刑的刑期，从最低15年提高到25年。此外，对于普通的无期徒刑适用减刑的，刑法原规定，经过减刑以后，无期徒刑实际执行的刑期不能少于10年。《刑法修正案（八）》修改为：不能少于13年。

二是延长有期徒刑数罪并罚的最高限额。我国刑法原规定，有期徒刑数罪并罚的，决定执行的刑期最高不能超过20年。《刑法修正案（八）》修改为：有期徒刑总和刑期不满35年的，决定执行的刑期最高不能超过20年；总和刑期在35年以上的，最高不能超过25年。

三是规定了限制减刑制度。《刑法修正案（八）》规定：对被判处死刑缓期执行的累犯以及因故意杀人、强奸、抢劫、绑架、放火、爆炸、投放危险物质或者有组织的暴力性犯罪被判处死刑缓期执行的犯罪分子，人民法院根据犯罪情节等情况可以同时决定对其限制减刑。限制减刑的具体做法是：死刑缓期执行期满后依法减为无期徒刑的，减刑以后实际执行的刑期不能少于25年，死刑缓期执行期满以后依法减为25年有期徒刑的，实际执行的刑期不能少于20年。

通过以上修改，《刑法修正案（八）》在减少死罪罪名的同时，加重了生刑。《刑法修正案（九）》延续了上述减少死刑，加重生刑的立法进程。

（一）减少死刑

继《刑法修正案（八）》减少13个死罪罪名以后，《刑法修正案（九）》又减少了9个死刑罪名。这9个死刑罪名是：（1）走私武器、弹药罪；（2）走私核材料罪；（3）走私假币罪；（4）伪造货币罪；（5）集资诈骗罪；（6）组织卖淫罪；（7）强迫卖淫罪；（8）阻碍执行军事职务罪；（9）战时造谣惑众罪。虽然相比《刑法修正案（八）》减少13个死刑罪名，《刑法修正案（九）》减少9个死刑罪名，在减少死刑罪名的数量上有所下降，但减少的死刑罪名对司法活动具有实质性影响，因而更具有价值。在我国刑法中，死刑罪名可以分为三类：备而不用的死刑罪名；偶尔适用的死刑罪名；经常适用的死刑罪名。《刑法修正案（八）》减少的13个死刑罪名，基本上属于备而不用的死刑罪名，对于司法活动中减少死刑的实际适用并无实质性的影响。但《刑法修正案（九）》减少的9个死刑罪名，除少数是备而不用的死刑罪名以外，诸如集资诈骗罪、组织卖淫罪、强迫卖淫罪等都属于偶尔适用的死刑罪名，其废除对于司法活动中减少死刑适用具有实质性的影响。

（二）加重生刑

《刑法修正案（九）》的加重生刑的最为重要的立法举措就是对贪污罪和受贿罪设置了终身监禁。《刑法修正案（九）》规定：对犯贪污、受贿罪，判处死刑缓期执行的，人民法院根据犯罪情节等具体情况可以同时决定在其死刑缓期执行两年期满依法减为无期徒刑后，终身监禁，不得减刑、假释。同时，根据我国《刑事诉讼法》第254条的规定，可以暂予监外执行的对象是被判处有期徒刑或者拘

役的罪犯。因此，终身监禁的罪犯，也不得暂予监外执行。这就真正实现了关押终身，从而使无期徒刑在一定范围内名副其实化，由此加重了对贪污罪和受贿罪的处罚力度。

减少死刑，加重生刑的立法举措同样也存在不同见解。其中，既有对减少死刑罪名的不同意见，也有对加重生刑的不同观点。

在《刑法修正案（九）》草案的审议过程中，对于死刑罪名的减少并不是一片赞同，而是存在较为强大的反对声音。例如，全国人大常委会在审议《刑法修正案（九）》草案的时候，对某些死刑罪名的取消提出了不同意见，论及不应该废除死刑的罪名包括：（1）组织卖淫罪和强迫卖淫罪，认为该罪不应取消死刑，因为其主观恶意性、再犯可能等要素均具备。特别是在现实中，强迫幼女卖淫的现象层出不穷，民愤极大，建议对组织卖淫罪和强迫卖淫的死刑取消持慎重态度。（2）走私武器、弹药罪，认为对走私武器弹药这种行为，我们放松管理，起不到震慑作用，将给国家安全造成极大的安全隐患。（3）走私核材料，认为虽然在实践中较少适用，但如果发生，后果不堪设想。比如说走私核材料罪一经发生将造成巨大的社会危害。（4）走私伪造货币罪，认为该罪的行为和后果都很严重，对社会的损害更大。（5）战时造谣惑众罪，认为虽然现在是和平时期，但并不排除今后可能发生战争，如果不保留战时造谣惑众罪的死刑，不利于战时的执行。（6）集资诈骗罪，认为该罪不应该免除死刑，它最容易引起社会动荡、引发群体性事件，会干扰和危害国家的经济、金融安全。（7）伪造货币罪，认为该罪不应该免除死刑，其理由与集资诈骗罪的相同。因此，在《刑法修正案（九）》草案拟减少的9个死刑罪名中，除个别以外，基本上都提出了不同意废除死刑的意见。① 这些意见都是从9个死刑罪名废除以后，可能会对社会带来的消极影响的角度提出质疑的，其出发点当然是好的。但这些意见本身缺乏事实的根据与逻辑的支撑。因为这些意见所论及的废除死刑罪名以后可能具有的对社会的消极影

---

① 参见陈丽平：《一些常委委员建议认真研究减少死刑罪名原则，走私核材料罪等不应取消死刑》，载《法制日报》，2014-12-17。

响本身是假设性的，并没有实证资料支持。

事实上，某些犯罪不要说死刑案件没有发生过，即使是普通案件也没有发生过。例如，对走私核材料罪死刑废除的反对意见的逻辑思路是："如果发生，后果不堪设想。"显然，这里是以假设为前提的，如果这种假设不可能转化为现实，则结论就不具有真实性。更何况，在现实生活中走私核材料案件并没有发生。再如，走私武器、弹药罪死刑的废除，反对意见的论证方法是："对走私武器、弹药这种行为，我们放松管理，起不到震慑作用，将给国家安全造成极大的安全隐患。"① 事实上，走私枪支行为在现实生活中虽然存在，但所见案件基本上都是走私仿真枪，而没有见到走私军用武器的案件。而且，即使对走私武器、弹药罪废除了死刑，最高仍然可以判处无期徒刑。从逻辑上来说，不能把废除走私武器、弹药罪的死刑理解为是对走私武器弹药行为放松管理。如果这一逻辑能够成立，岂不是所有未设死刑的罪名，都是对这种犯罪行为放松管理的表现？这种意见几乎把废除某罪的死刑误解为取消该罪名，在此基础上的结论显然难以成立。从这种意见的背后，我们可以明显地发现在社会治理中对死刑依赖的心理。事实上，因为刑法对走私武器、弹药罪规定了较重的法定刑，所以某些军事爱好者走私仿真枪案件的量刑结果往往引起社会公众的非议。例如，四川19岁青年刘某通过网络向我国台湾地区卖家购买20支仿真枪，该仿真枪被鉴定为具有杀伤力。福建省泉州市中级人民法院经审理认为：被告人刘某违反海关法规，逃避海关监管，走私枪支20支入境，行为已构成走私武器罪，属情节特别严重。根据相关法律法规，判处无期徒刑，剥夺政治权利终身，并没收个人全部财产。该案上诉以后，福建省高级人民法院驳回上诉，维持了一审判决。类似这种所谓走私枪支案件，按照现有的司法解释判处如此重刑，已经极大地超出了社会公众所能接受的程度。因此，如果没有实际案例和资料支撑，所谓给国家安全造成极大的安全隐患，只存在于某些人的主观臆想之中。因此，对于是否废除死刑，我们不能抽

---

① 陈丽平：《一些常委委员建议认真研究减少死刑罪名原则，走私核材料罪等不应取消死刑》，载《法制日报》，2014-12-17。

象地谈论,而是要以具体案件或者实证资料为根据展开讨论。

值得注意的是,2015年6月24日《全国人民代表大会法律委员会关于〈中华人民共和国刑法修正案(九)(草案)〉修改情况的汇报》对前述针对废除死刑罪名的反对意见作了以下回应:"法律委员会经研究认为,'逐步减少适用死刑罪名'是党的十八届三中全会提出的改革任务,取消9个罪名的死刑,是与中央各政法机关反复研究、论证,并在广泛听取了人大代表、专家和各有关方面意见的基础上提出的,同时,为防止可能产生的负面影响,事先作了慎重评估。"对其中一些严重犯罪,取消死刑后,在法律上还留有从严处罚的余地,如取消了走私武器、弹药罪,走私核材料罪的死刑,仍保留了制造、买卖、运输、储存枪支、弹药、爆炸物罪和非法制造、买卖、运输、储存放射性物质犯罪的死刑;取消了以暴力方法阻碍执行军事职务并造成人身伤亡犯罪的死刑,仍保留了故意杀人罪、故意伤害罪的死刑。司法实践中如有走私武器、弹药、核材料、暴力阻碍执行军事职务的犯罪,情节特别恶劣,确需判处极刑的,还可以根据案件情况,依照刑法现有规定判处。其他取消死刑罪名也都有相应的范例安排,不会出现轻纵犯罪的情形。① 在这段话中,立法机关在论证死刑罪名废除的时候,还是尽量防止负面影响,避免轻纵犯罪。其实,死刑罪名的废除,肯定会产生一定的影响。对于那些备而不用的死刑罪名的废除,其所谓影响仅限于一般威慑。而对于那些偶尔适用的死刑罪名的废除,则会发生减少死刑适用的实质性影响。现在的问题在于:我们到底如何看待这种影响?死刑的存在当然能够起到一定的威慑作用,这也就是我们所追求的所谓死刑的正面作用。但是,这种正面作用的取得也是要付出一定代价的。死刑本身具有不可忽视的消极影响,例如,可能产生的死刑冤案对于社会公众的正义感具有严重的伤害。又如,对于死刑的过度依赖,会使社会治理产生惰性,社会治理能力难以提高,如此等等。至于从人的理性角度对死刑的思考,更是因为其抽象而不容易为社会公众所接受。但对于立法机关来说,

---

① 参见陈丽平:《一些常委委员建议认真研究减少死刑罪名原则,走私核材料罪等不应取消死刑》,载《法制日报》,2014-12-17。

死刑罪名的废除虽然应该考虑功利性的得失因素,但还是要回归公正性的理性思维。

就加重生刑而言,同样存在不同意见。如果是一般性的加重生刑,当然是与刑罚轻缓化的潮流相背离的,但我们是在作为减少死刑罪名的替代性措施这个意义上提出加重生刑的,因而不同于一般性的加重生刑。而且,这里的加重生刑,也并不是对所有的生刑都加重,而是加重无期徒刑和长期徒刑。至于对于那些较轻犯罪的刑罚不是应该加重,而是应该予以适当的减轻。

这里存在一个刑罚资源的配置问题。从总的情况来看,我国目前刑法中刑罚资源的配置既不合理,也不均衡。这种不合理性主要体现在生刑过轻与死刑过重的矛盾,不均衡性则主要体现在生刑的轻重分布上的轻罪过重与重罪过轻的矛盾。

这里所谓轻罪过重,是指较轻之罪所受到的刑罚处罚太重,动辄10年以上。轻罪过重的问题是应当引起我们重视的一个问题。例如,前段时间引起社会公众关注的掏鸟案,河南某地大一学生闫某被指控非法猎捕国家二级保护动物燕隼16只,卖给他人燕隼10只,另外向他人购买国家二级保护动物凤头鹰1只。河南省新乡市辉县市法院一审判决,以非法收购、猎捕珍贵、濒危野生动物罪判处闫某有期徒刑10年半。一审判决以后,被告人不服提起上诉,河南省新乡市中院对此案作出裁决,维持了河南省新乡市辉县市法院一审判决。该案的定罪与量刑,从现有的法律规定和司法解释来看,当然是没有问题的。但从立法上看,猎捕16只属于国家二级保护动物的鸟类而判处10年有期徒刑,从刑罚设置上说是过重的。10年有期徒刑在我国刑法中属于重刑的范畴,而非法收购、猎捕珍贵、濒危野生动物罪无论怎么说都不应该属于严重犯罪。对于珍贵、濒危野生动物的保护主要还是依靠相关行政措施而不是刑罚,对于这种犯罪虽然应当处罚,但也不应该予以如此严厉的处罚。尤其是考虑到被告人毕竟不是专门从事珍贵、濒危野生动物的非法猎捕和贩卖的犯罪分子,而且没有证据表明,这些珍贵、濒危野生动物均已死亡。在这种情况下,简单地根据珍贵、濒危野生动物收购、猎捕的数量,判处10年有期徒刑,反映了我国刑法对于此类犯罪设置了过重的刑罚。

因此，适当降低某些较轻犯罪的法定刑，使刑罚配置更加合理，确有其必要。

为了解决轻罪过重的问题，有必要设立轻刑。尤其是随着轻罪体系的形成，我国应当形成与之配套的轻刑体系。因此，应当考虑在我国刑法中设置适用于轻罪的轻刑。唯有如此，才能使犯罪与刑罚做到轻重相配，实现罪刑之间的均衡。应该说，我国目前重刑较为完整，而轻刑则有所缺失。在这种情况下，设立某些较轻的财产刑和资格刑是十分必要的。至于自由刑，也要扩大非监禁刑的适用范围。《刑法修正案（九）》规定了从业禁止制度，这一制度本来是作为资格刑设置的，但在审议过程中，出于各种因素的考虑，最后被定位为预防性措施。而这种所谓预防性措施，就是某些学者所说的保安处分，认为随着从业禁止制度在我国刑法中的设立，表明我国刑法中的保安处分体系已初步构筑起来。[①] 保安处分制度对于预防犯罪当然能够发挥积极作用，但我国目前的当务之急还是建立轻刑体系。而《刑法修正案（九）》规定的从业禁止本来是可以作为轻刑确立的，可惜丧失了一次极好的立法机会。

这里所谓重罪过轻，是指严重之罪所受到的刑罚处罚，除死刑立即执行以外，如果判处死缓或者无期徒刑，因其实际执行期限较短而显得太轻。加重生刑主要就是要解决重罪过轻的问题，以便与减少死刑的立法举措相衔接。

对于严重犯罪的刑罚应当适当加重，这种加重主要是通过提高有期徒刑的上限和增加无期徒刑和死缓的实际执行期限来达到的。因此，我国应当设置长期徒刑。甚至对于某些严重犯罪在尽量少判死刑的前提下，设立终身监禁的刑罚。对于这样一种立法构想，我国学者提出了不同意见。例如张明楷教授提出"死刑的废止不需要终身刑替代"这一命题，这里所说的终身刑，就是指终身监禁。张明楷教授指出："我国不存在终身刑，死刑的削减与废止，不需要也不应当由终身刑替代。15年左右的关押，已经属于相当严厉的惩罚，并且足以预防犯罪；更长时间的关押基本上属于残酷的、不人道的刑罚，而且不是保护法益与预防犯罪

[①] 参见邓楚开：《刑修九透露出来的刑法发展大趋势》，http://j.news.163.com/docs/99/2015100813/B5DHTTNO0514861D.html，2015-12-22访问。

所必需的刑罚。我国刑法规定了死缓制度与无期徒刑，对于已经执行15年左右的犯人，如果其再犯罪可能性已经丧失或者明显减少，就应当依法对之实行减刑或者假释。如果已经执行15年左右的犯人，其再犯罪可能性并未丧失和明显减少，那么，继续合理地执行所判处或者裁定的无期徒刑即可。所以，我国在限制与废止死刑的过程中，不必设置终身刑，也不必提高有期徒刑的最高期限。"①在废除死刑而又不需要替代措施的情况下，当然无须考虑终身刑。但在我国当前这种对待死刑还较为迷恋的氛围下，可能是一厢情愿，难以真正实现。在这种情况下，死刑替代措施的设计就成为不得不面对的一个问题。

  我国学者对死刑替代措施作了探讨，提出了各种设想。例如高铭暄教授提出了三种死刑替代措施：一是作严厉化调整后的死刑缓期执行制度，对死缓犯考验期满之后的无期徒刑，设置相对普通无期徒刑更为严格的假释、减刑期限。具体来说，普通的无期徒刑执行10年以上即可假释，但对死缓考验期满之后的无期徒刑，则可规定必须实际执行20年以上才可假释。而普通的无期徒刑，减刑后实际执行不能少于10年，但对死缓考验期满之后的无期徒刑，则可规定减刑后，实际执行的期限不能少于20年。这样，通过对被判死缓的犯罪分子设置相对于普通无期徒刑更为严格的假释、减刑期限，死缓犯关押的期限，上限将达到30年左右，通常应实际执行时间为25年左右，即使有立功等特殊情形，最少也需要执行20年才可重获自由。二是严格的无期徒刑，改革无期徒刑，区分出严格的无期徒刑与一般无期徒刑，将严格的无期徒刑作为中止适用死刑的某些犯罪的切实可行的替代措施。作为死刑替代措施的严格的无期徒刑的关押期限，上限将达到25年左右，通常应实际执行时间为20年左右，即使有立功等特殊情形，最少也需要执行15年才可重获自由。三是附赔偿的长期自由刑，就死刑替代措施而言，某些犯罪中，在充分尊重被害方意愿的前提下，可以以附赔偿的长期自由刑（例如15年以上20年以下有期徒刑）替代死刑立即执行。②对于这种死刑

---

① 张明楷：《死刑的废止不需要终身刑替代》，载《法学研究》，2008（2）：79～94。
② 参见高铭暄：《略论中国刑法中的死刑替代措施》，载《河北法学》，2008（2）：18～26。参见赵秉志：《中国死刑替代措施要论》，载《学术交流》，2008（9）：33～37。

替代措施的设想，我认为是极为务实的减少死刑的立法举措。因为，对于中国这样一个具有上千年死刑历史传统，并且目前社会心理还在相当程度上支持死刑的国度来说，死刑的废除注定了是一个漫长的过程。在目前所有支持死刑适用的因素中，法院面对的主要是来自被害方的要求判处死刑的巨大压力。而通过死刑替代措施，在一定程度上换取被害方对不适用死刑的理解，减轻被害方对法院适用死刑的压力。因此，在减少死刑罪名的前提下，适当加重生刑，主要是对死缓和无期徒刑进行改造，使之处罚的严厉性得以强化，我认为是可行之举。

刑罚结构的调整并不是一蹴而就的，而是需要通过立法活动逐步向前推进。从《刑法修正案（九）》的规定来看，并没有设立针对所有严重犯罪的终身监禁，而只是对贪污受贿数额特别巨大、情节特别严重的犯罪分子，特别是其中本应当判处死刑的，根据慎用死刑的刑事政策，结合案件的具体情况，对其判处死刑缓期两年执行依法减为无期徒刑后，采取终身监禁的措施，不得减刑、假释。所以，《刑法修正案（九）》关于终身监禁的规定是具有针对性的，也是有节制的立法措施。

一个国家的刑罚体系正常发挥作用的前提是，其内部保持均衡。只有在此基础上，才谈得上对刑罚价值的合理追求。也只有捋顺各种刑罚方法之间的关系，在均衡地配置刑罚资源的基础上，才谈得上刑罚的轻缓化问题。现在我国刑罚改革的主要矛盾还是死刑过重，因此在立法上减少死刑罪名，在司法上减少死刑适用是当务之急。刑罚结构的调整应当围绕这一问题展开，以此观察《刑法修正案（九）》减少9个死刑罪名和设置终身监禁，以及延长死缓依法减为无期徒刑以后的执行期限，可以看到我国刑法的发展方向。

通过刑法修正案的方式对刑法进行修订，虽然类似于给破旧的衣服打补丁，但打补丁只能是补漏式的消极应对，对修补衣服合适，对刑法修订就不能采取这种头痛治头、足痛治足的做法。刑法修订应当受到一定的刑事政策的指导，并且具有全局性和前瞻性。储槐植教授曾经批评厉而不严的立法倾向，倡导严而不厉的立法政策。储槐植教授所说的"厉"是指刑罚严苛，处刑过重。而"严"则是指起刑点低，法网严密。因此，厉而不严是指刑罚严厉但法网疏漏。反之，严而

不厉是指法网严密但刑罚轻缓。储槐植教授在论述严而不厉的立法政策时指出："刑法对这些危害甚大的犯罪应当两面夹击，而不是攻一面放一面。一方面适当提高法定刑在一定时期内是必要的，更重要的另一方面是防微杜渐，降低起刑线，扩大刑事法网，不放过小罪，从而减少发展为大罪的概率。"[1] 这些政策思想虽然是二十多年前提出的，但至今对于刑法的修订仍具有指导意义。

自1980年1月1日我国第一部刑法实施起，我国恰逢进入了改革开放的时代，犯罪现状发生了极大的变化。我国由此而进入一个严打的刑事周期，在立法上通过对刑法的修改补充，增设死刑和提高法定刑，使我国刑法演化为一部重刑刑法。直到我国提出宽严相济的刑事政策，这种立法政策思想在《刑法修正案（八）》开始产生效果，通过减少死刑罪名和适当地加重死缓和无期徒刑的实际执行期限，对我国轻重失衡的重刑结构进行调整，这是完全正确的。目前只是走出了调整的第一步，我相信，这种调整的努力还会持续下去。我们有理由期待，通过刑法修订将会使我国刑法朝着更为科学合理的方向发展。

（本文原载《法律科学》，2016（4））

---

[1] 储槐植：《严而不厉：为刑法修订设计政策思想》，载《北京大学学报》，1989（6）：99～107。

内地与香港之间刑事管辖权的冲突与协调

我国政府关于"一国两制"的构思，圆满地解决了香港、澳门回归祖国的问题。在这种"一国两制"的情况下，内地刑法就与港、澳刑法发生了管辖冲突的问题。随着1997年香港回归祖国的临近，解决内地与香港之间的刑事管辖冲突问题日益迫切。本文拟就内地与香港之间刑事管辖的冲突与协调略抒己见，以期这一问题的合理解决。

一

为解决内地与香港之间刑事管辖的冲突问题，首先有必要对两地之间这种刑事管辖冲突的性质加以科学界定。

刑事管辖（criminal jurisdiction）是指对刑事犯罪案件所进行的管理，亦即对刑事犯罪进行侦查、起诉、审判和惩治的追诉活动。刑事管辖是以一定的国家主权为前提的，是国家主权的重要内容之一。在这个意义上，可以把刑事管辖称为刑事管辖权。由此可见，刑事管辖权是与国家主权紧密联系在一起的，应当结合国家主权对刑事管辖进行考察。

在1997年前后，中国对香港的国家主权的实行状态存在重大差别。1997年之前，香港虽然是中国领土不可分割的一个重要组成部分，中国对香港具有名义上的主权，但其实际统治权掌握在英国政府手中。1997年香港回归祖国，中国恢复对香港行使主权。在这种情况下，中国对香港的刑事管辖权也随之而恢复。但是，根据中英关于香港问题的《联合声明》和《香港特别行政区基本法》，香港回归祖国后，在50年乃至更长时间内其资本主义社会制度不变，法律基本不变，当然刑法也会基本不变。这样，香港特别行政区就成为不同于中国内地的一个特殊法域，这个法域内的刑事管辖权由特别行政区司法机关行使。那么，在这种情况下如何理解中国对香港的刑事管辖权呢？我认为，在香港特别行政区实行不同于中国内地的刑法制度，这是由"一国两制"的方针所决定的，也是基于香港的特定情况作出的合乎实际的政策。从法律上来说，特别法优于普通法是中国对香港特别行政区具有刑事管辖权但又不适用中国内地刑法的理论根据。我国《刑法》（指1979年刑法，下同）第3条规定："凡在中华人民共和国领域内犯罪的，除法律有特别规定的以外，都适用本法。"这里的特别规定，除《刑法》第80条规定民族自治地方根据当地具体情况制定的变通或补充的特别规定，以及《刑法》第89条规定刑法颁布以后其他单行刑法有特别规定的以外，还应当包括特别行政区认可和制定的刑事法律。这里所谓认可，是指《香港特别行政区基本法》第8条规定："香港原有法律，即普通法、衡平法、条例、附属立法和习惯法，除同本法相抵触或经香港特别行政区的立法机关作出修改者外，予以保留。"这些保留下来的法律，包括刑事法律，将成为香港特别行政区法律的基本内容，经香港特别行政区认可而继续具有法律效力。这里的制定则是指香港特别行政区立法机关根据《香港特别行政区基本法》制定的刑事法律。以上香港特别行政区的刑事法律相对于中国内地的刑法来说，属于特别法，优先在香港地区适用，从而形成在同一主权的刑事管辖权内的不同刑事法域。

不同法域，必然存在法律上的差别。因此，我国刑法学界有些学者将内地与香港的刑事管辖冲突说成是刑事法律内容上的差异与冲突，指出：香港与内地刑法中存在差异就意味着两地间会发生法律上的冲突，就需要协调。两地的刑法存

在如此之大的差异，解决两地互涉刑事法律问题自然也会有相当的难度。我不同意这种观点，因为在不同国家或者不同法域之间，法律上的差别是客观存在的，这种差别并不必然导致法律冲突。因此，法律冲突不是法律内容上的差别而产生的冲突，而是适用法律上的冲突，其实质是刑事管辖权的冲突。在这一点上，刑事法律冲突与民事法律冲突是有所不同的。在法学理论上，往往将刑事法律称为公法或强行法，而将民事法律称为私法或任意法。民事法律的冲突，通常包括法律选择冲突、管辖权冲突以及判决的承认和执行方面的冲突。而刑事法律的冲突，则只是指刑事管辖的冲突。因此，民事法律的冲突的内涵比刑事法律冲突的更为广泛。两者的最根本区别在于：民事法律涉及各国（或各法域）承认外国（或外法域）的法律的域外效力，从而导致产生适用外国（或外法域）的法律的问题，产生涉及外国法（或外域法）适用的法律冲突问题，因而是各国（或各法域）在法律内容上的差异而产生冲突。但是刑事法律不存在外国（或外法域）的法律在本国（或本法域）适用的问题，因而刑事法律的冲突一般与刑事法律内容上的差异无关。在冲突法理论上，长期以来存在"公法无冲突"或"强行法无冲突"的观点。实际上，只能说在公法或强行法中没有由于法律差别而产生的冲突，这是"公法无域外效力"产生的必然结果，但绝不能由此否认刑事管辖上的冲突。

　　内地与香港之间刑事管辖的冲突不是国际刑事管辖的冲突，而是同一个国家内不同法域之间的区际刑事管辖冲突。在刑法理论上，刑法的时间效力与空间效力又称时际刑法与国际刑法。内地与香港之间的刑事管辖冲突，从内地来说，主要表现在对涉港刑事案件的管辖上。由于内地与香港不是国际关系，而是同一国家内部不同法域之间的一种区际关系，因而不能简单地适用解决国际刑事管辖冲突的原则。

　　内地与香港之间刑事管辖的冲突，也不同于刑事诉讼管辖的冲突。刑事管辖是指刑法的空间效力，解决的是行为人承担刑事责任的实体法依据问题；刑事诉讼管辖则是指根据刑事案件的不同情况和司法部门的职权，确定具体案件应由哪一个司法机关进行侦查、起诉和审判的制度，确定具体案件处理的程序问题。刑

事诉讼管辖的冲突是指对同一案件数个法院都有权管辖,在这种情况下,由哪一个法院优先管辖。对此,我国《刑事诉讼法》(指1979年刑事诉讼法,下同)第20条规定:"几个同级人民法院都有权管辖的案件,由最初受理的人民法院审判。在必要的时候,可以移送主要犯罪地的人民法院审判。"根据这一规定,可以顺利地解决刑事诉讼管辖的冲突。由此可见,刑事诉讼管辖的冲突是在具有同一刑事管辖权的前提下,各地区法院之间对刑事案件管辖上的重合。显然,内地和香港特别行政区之间在对刑事案件管辖上的冲突不能作如是观,前者属于刑事管辖的冲突,后者则属于刑事诉讼管辖的冲突,两者具有截然不同的法律属性。

根据以上对内地与香港之间的刑事管辖冲突的性质的界定,可以得出以下结论:(1)内地与香港之间的刑事管辖冲突是刑事管辖权的冲突,而不是刑事法律内容上的冲突。(2)内地与香港之间的刑事管辖冲突是同一国家内不同法域之间的区际刑事管辖的冲突,而不是国际刑事管辖的冲突。(3)内地与香港之间的刑事管辖冲突是一个国家内不同法域之间实体意义上的刑事管辖冲突,而不是一个国家内不同地区法院之间程序法意义上的刑事诉讼管辖冲突。基于此,我认为应当比照我国刑法关于刑法空间效力的有关法律规定,借鉴区际冲突法的理论,妥善解决内地与香港之间的刑事管辖冲突。

二

我国现行刑法对刑事管辖权的规定,是以属地原则为主,以属人原则、普遍原则和保护原则为辅建立起来的。在1997年香港回归祖国以后,内地刑法效力显然不及于香港特别行政区,但对于香港居民在内地犯罪或者内地居民在香港犯罪以及外国人在香港实施针对中华人民共和国的犯罪,应当如何处理呢?这里,需要结合我国刑法规定的刑事管辖原则加以具体考察。

属地主义的刑事管辖原则是我国刑事管辖的基本原则。根据国际法的一般原则,国家享有属地优越权。因此,在一国境内,不论是本国人还是外国人犯罪,该国均有刑事管辖权,可以对罪行适用本国刑法进行追诉。属地管辖之所以具有优先地位，主要理由有三：(1) 国家主权具有地域性，是在本国领域范围内的最高统治权，国家对在其境内的犯罪依照本国法律进行刑事追诉是国家行使主权权力的表现。(2) 生活在一个国家领域内的一切人（包括本国人和外国人）都有遵守该国法律的义务，凡是违反该国法律构成犯罪的，该国有权进行刑事追诉。(3) 发生在一个国家内的犯罪，由该国的司法机关进行刑事追诉，具有诉讼上的便利性，有关证据可以及时收集，对犯罪人可以有效缉拿。有鉴于此，各国一般都将地域管辖作为刑事管辖的基本原则。香港司法机关奉行属地主义原则，对在香港区域以内发生的一切犯罪行使管辖权，按香港刑法审判，而不论犯罪人或受害方中有无内地居民。由此可见，内地与香港在刑事管辖原则上都以属地管辖为基础。在刑事管辖范围的界定上，可以参照属地管辖原则加以确定，即在一般情况下，凡发生在内地的犯罪，无论犯罪人是内地居民还是香港居民，都由内地司法机关管辖；凡发生在香港的犯罪，无论犯罪人是香港居民还是内地居民，都由香港司法机关管辖。

属人主义是我国刑法中刑事管辖的辅助原则。属人主义又称国籍管辖原则：凡被告人是本国人，在外国犯罪，本国有权对其进行刑事追诉。这是被告人国籍管辖。凡被害人是本国人，在外国受到犯罪侵害，本国有权对该犯罪进行追诉。这是被害人国籍管辖。属人主义涉及对发生在本国领域之外而被告人或者被害人是具有本国国籍的人的犯罪案件的管辖。它超越地域管辖的界限，必然受到外国主权的限制。根据我国《刑法》第4条、第5条的规定：属人管辖的适用前提是：(1) 犯特定之罪，除第4条明文列举的犯罪以外，其他犯罪必须是按照我国刑法的规定最低刑为3年以上有期徒刑之罪。(2) 除第4条明文列举的犯罪以外，其他犯罪还必须是根据犯罪地法律也构成犯罪。由此可见，我国刑法对于属人管辖原则的适用作了一些限制。香港属于中国领土的一部分，因此，香港居民应视为具有中国国籍。在这个意义上，无法采用国籍原则。但香港特别行政区具有独立自治的地位，香港居民相对于内地居民来说，也是一种特定的身份。那么，对于内地居民在香港犯罪，内地司法机关是否应当主张刑事管辖权呢？我认为，对此应加以具体分析：香港居民在香港对内地居民犯罪的，内地司法机关不

主张刑事管辖权,而由香港司法机关管辖。同理,内地居民在内地对香港居民犯罪的,香港司法机关不主张刑事管辖权,而由内地司法机关管辖。内地一般居民在香港犯一般罪的,由香港司法机关管辖。

保护管辖是指对于发生在本国领域外的外国人侵害本国重大利益(主要是指国家安全)的犯罪案件,该国可以依照本国刑法予以处罚。我国《刑法》第6条规定:"外国人在中华人民共和国领域外对中华人民共和国国家……犯罪,而按本法规定的最低刑为三年以上有期徒刑的,可以适用本法;但是按照犯罪地的法律不受处罚的除外。"这一规定是采用了保护管辖原则,当然也有一定的限制。对于内地与香港的关系而言,不可简单地适用这一规定。这里涉及的主要问题是:在香港特别行政区发生的涉及危害国家安全的犯罪案件,如何解决其刑事管辖权?《香港特别行政区基本法》第23条规定:"香港特别行政区应自行立法禁止任何叛国、分裂国家、煽动叛乱、颠覆中央人民政府及窃取国家机密的行为,禁止外国的政治性组织或团体在香港特别行政区进行政治活动,禁止香港特别行政区的政治性组织或团体与外国的政治性组织或团体建立联系。"因此,香港特别行政区应制定相应的法律,对于上述危害国家安全构成犯罪的刑事案件,应由香港特别行政区的司法机关管辖。《香港特别行政区基本法》第18条第4款规定:"全国人民代表大会常务委员会决定宣布战争状态或因香港特别行政区内发生香港特别行政区政府不能控制的危及国家统一或安全的动乱而决定香港特别行政区进入紧急状态,中央人民政府可发布命令将有关全国性法律在香港特别行政区实施。"关于这里的全国性法律应当如何理解,我国法学界存在两种观点:第一种观点认为,此处所谓全国性法律,应理解为仅指与实施紧急状态有关的全国性法律,如战时兵员动员法、戒严法之类的法律、法令,除非这些法律、法令有明文规定,否则,全国性的刑法和刑事诉讼法在非常状态下也不会在香港特别行政区实施。第二种观点认为,该条中的全国性法律,应理解为包括刑事法律。因此,在上述法定的非常状态下,经中央人民政府发布命令,全国性的刑法和刑事诉讼法可以在香港特别行政区实施,中央司法机关有权在香港特别行政区行使刑事管辖权。我同意上述第二种观点,刑法应当包括在全国性法律之内。据此,中

央司法机关对发生在香港的危害国家的犯罪行为行使刑事管辖权,在一定意义上可以视为一种保护管辖。因此,在正常状态下,不存在保护管辖的问题;只有在非常状态下,根据《香港特别行政区基本法》第 18 条第 4 款的规定,才存在保护管辖的问题。

综上所述,我国刑法对于香港特别行政区的刑事管辖应以属地主义为主,兼采属人主义与保护主义。我国法学界有人认为,1997 年 7 月 1 日后,对于涉港刑事案件只能采用属地管辖原则,适用属人管辖与保护管辖这两条原则的前提和必要性是不存在的,倘若对涉港刑事案件也兼采属人主义和保护主义原则,使中华人民共和国刑法也适用于内地居民在香港犯罪的案件和香港居民在香港对国家和内地居民犯罪的案件,内地司法机关和香港特别行政区司法机关在刑事管辖上就必然会发生冲突,由此更可能引致内地法院与香港特别行政区法院相互推翻对方判决的结局。我认为,这一观点是值得商榷的。内地与香港的关系虽然不是国家之间的关系,但由于香港特别行政区享有独立的司法权,是一个相对独立于内地的法域,因而内地与香港的刑事法律关系是十分复杂的,很难用属地管辖原则将两者的刑事管辖界定清楚。依照我国法律规定及《香港特别行政区基本法》的精神,在一定的限度内兼采属人管辖原则和保护管辖原则是十分必要的。至于担心由此而引发内地司法机关与香港特别行政区司法机关在刑事管辖上各执一端,互相推翻对方判决的结局,主要可能是与将刑事管辖不确切地理解为司法管辖有关。事实上,刑事管辖应该指刑事立法管辖,是一个刑事管辖权的问题。而司法管辖则是指刑事司法系统在管辖刑事犯罪案件上的分工与协作的问题。在这个意义上,刑事司法管辖就是刑事诉讼管辖。刑事司法管辖是以刑事立法管辖为前提的,刑事管辖主要是界定国际或者区际的刑事管辖权,而刑事诉讼管辖只是一个国家或者地区领域内在管辖刑事案件上的分工。前者属于刑法,确切些说是国际刑法的范畴,后者是刑事诉讼法的内容。正因为刑事管辖是刑事立法管辖,可以通过立法确定国际或者区际之间的刑事管辖冲突。作为国际关系,刑事管辖权一般是自我限制,因而立法上的冲突仍然难以避免。而内地与香港作为一个国家内的不同法域的区际关系,则可以通过立法加以协调,这就不会发生互相推翻对方

判决的结局。

三

内地与香港之间的刑事管辖冲突是一个十分复杂的问题,除以上所确立的以属地管辖原则为主、兼采属人管辖原则和保护管辖原则以外,还存在一些特别问题需要加以研究。

属地管辖是根据地域界限划分不同国家或者不同区域之间的刑事管辖界限。但实际生活中,存在某些跨越地域的犯罪案件,主要有以下两种:一是行为与结果跨越两个地域,二是预备与实行跨越两个地域。对于这个问题,在刑事管辖理论上存在行为地主义、结果地主义和行为与结果择一的折中主义这样三种观点。我国《刑法》第3条第3款规定:"犯罪的行为或者结果有一项发生在中华人民共和国领域内的,就认为是在中华人民共和国领域内犯罪。"由此可见,我国刑法采行为与结果择一说。据此,行为或者结果只要有一项发生在我国境内,预备或者实行只要有一项发生在我国境内,我国就具有刑事管辖权。在内地与香港之间,这种跨越地域的犯罪也时有发生,我国刑法学界一般主张应根据犯罪结果地或者实行行为地确定刑事管辖。我赞同这种观点,因为内地与香港不同于国家之间的关系,完全可以通过协调确定共同的管辖原则。行为地与结果地、预备地与实行地相比较,由结果地或者实行地管辖是妥当的。当然,这里涉及两地之间的司法协助问题。尤其在行为地与结果地相分离的情况下,由结果地管辖,而犯罪人一般都在行为地,需要建立案犯移交制度。《香港特别行政区基本法》第95条规定:"香港特别行政区可与全国其他地区的司法机关通过协商依法进行司法方面的联系和相互提供协助。"我国学者就案犯移交制度作了有益的探讨,对于解决跨越地区的犯罪案件的管辖问题具有重要意义。

属人管辖是以国籍作为联系因素确定刑事管辖权。在单独犯罪的情况下,这个问题较好解决。那么,在具有不同国籍的人共同犯罪的情况下应当如何确定刑事管辖权呢?如果内地居民与香港居民共同犯罪,而犯罪发生在一地(内地或者

香港)的,可以按照属地管辖原则处理,无论犯罪行为所侵害的对象是中华人民共和国内地居民、香港居民或外国人,均由香港特别行政区司法机关管辖,依照香港特别行政区法律审判。同样,凡犯罪地在内地的港内互涉的共同犯罪案件,一概归内地司法机关管辖。如果港内互涉的共同犯罪分别发生在内地和香港两地,应以主要犯罪地为标准确定管辖权。如果难以区分主要犯罪地与次要犯罪地,以主犯的居住地确定管辖权;如果在共犯中主犯难以确定,按实际控制和先理为优的原则处理。总之,港内互涉的共同犯罪案件由于其所具有的复杂性,应当确立其特定的刑事管辖方法。

　　派驻香港特别行政区的军队人员犯罪的管辖是一个复杂的问题。我国刑法学界在讨论这个问题时,有人表述为香港特别行政区驻军人员犯罪适用刑事法律问题,指出:香港特别行政区驻军人员犯罪仅触犯了香港特别行政区刑事法律,基本适用香港特别行政区刑事法律。我认为,这里的"适用"是一个不太确切的用语,到底是军队司法机关适用还是香港特别行政区司法机关适用?其实,这应该是一个"刑事管辖"的问题。我国刑法学界有人指出:对于驻香港特别行政区的军队人员违反香港特别行政区的刑事法律,而《刑法》又不认为是犯罪的刑事案件,由香港特别行政区的司法机关享有独有的管辖权。以上探讨都涉及一个问题,就是在不违反我国刑法和《军人违反职责罪暂行条例》而仅触犯香港特别行政区刑事法律的情况下,是由香港特别行政区司法机关管辖还是军队司法机关管辖?主张在这种情况下应由香港特别行政区司法机关管辖的主要理由是,《香港特别行政区基本法》第14条第4款规定:"驻军人员除须遵守全国性的法律外,还须遵守香港特别行政区的法律。"既然驻军人员有义务遵守香港特别行政区的法律,因而违反这一义务构成犯罪的,应由香港特别行政区司法机关管辖。再者,从驻港英军犯罪案件的刑事管辖现状看,触犯军法的犯罪案件全由军事法院管辖,触犯普通刑法的犯罪案件中,只有犯罪行为是在军人执行其职务时发生的、军队对军队的其他成员犯罪、军队对军队或其成员的财产犯罪这三种情形由军事法院管辖,其他普通刑事案件由香港司法机关管辖。因此,参照目前驻港英军犯罪受管辖的这种状况来确定中国人民解放军驻港人员的犯罪案件的管辖权,

香港社会能普遍接受。我认为，《香港特别行政区基本法》规定，驻军人员必须遵守香港特别行政区的法律，违法而构成犯罪的，应适用香港特别行政区法律，这是没有问题的。但这类犯罪案件不应由香港特别行政区司法机关管辖，而应由派驻部队的军事司法机关管辖。因为在我国，军队系统的司法机关自成系统，不仅管辖违反军事刑法的犯罪案件，而且管辖违反普通刑法的犯罪案件。它的这种特殊性质决定了必须同时适用我国刑法等全国性法律、《军人违反职责罪暂行条例》和香港特别行政区刑事法律。

（本文原载《政法论丛》，1995（4））

五、刑法原则

论我国刑法的基本原则

刑法基本原则作为一个理论范畴的确立，是为社会主义国家的刑法理论所独有的。在资本主义国家的刑法理论中，虽然针对封建刑法的罪刑擅断、等级森严和刑罚残酷的特点，提出了公认的刑法三大原则：罪刑法定主义、罪刑等价主义和刑罚人道主义，但资本主义国家的刑法理论并未明确地将这三大原则概括为刑法的基本原则，并将其作为一个理论范畴进行研究，而是对这三大原则进行分别研究，尤其重视罪刑法定主义的研究。社会主义国家的刑法理论，在批判地借鉴资本主义国家刑法理论关于刑法的基本原则的具体内容的基础上，创立了刑法的基本原则这一范畴，并赋予其在刑法理论体系中的重要地位，从而进一步深化了对这一问题的理论研究。本文拟对罪刑法定原则和罪刑相适应原则进行历史的与逻辑的考察，以便丰富我国刑法基本原则的理论。

一、罪刑法定原则

（一）罪刑法定原则的历史沿革和理论基础

法无明文规定不为罪（nullum crimen sine lege）和法无明文规定不处罚（nulla poena sine lege）是罪刑法定的基本含义。罪刑法定的早期思想渊源，一

般认为是1215年英王约翰（John，1167—1216）签署的大宪章（Magna Carta）第39条，它奠定了"适当的法定程序（Due process of law）"的法的基本思想，该条规定："凡是自由民除经其贵族依法判决或遵照国内法律之规定外，不得加以扣留、监禁、没收其财产、褫夺其法律保护权，或加以放逐、伤害、搜索或逮捕。"

罪刑法定的思想，在17、18世纪资产阶级启蒙思想家的著作中得到了更加系统与全面的阐述，由此而形成了一种思想潮流，与封建社会的罪刑擅断相抗衡。例如，洛克指出："处在政府之下的人们的自由，应有长期有效的规则作为生活的准绳，这种规则为社会一切成员所共同遵守，并为社会所建立的立法机关所制定。"① 这些规则应该采取的形式是，"制定的、固定的、大家了解的、经一般人同意采纳和准许的法律，才是是非善恶的尺度"②。洛克虽然没有提及罪刑法定概念，但洛克关于以固定的规则作为生活的准绳与是非善恶的尺度的思想，无疑蕴含着罪刑法定的精神。孟德斯鸠也有类似的论述，指出："在共和国里，政制的性质要求法官以法律的文字为依据；否则，在有关一个公民的财产、荣誉或生命的案件中，就有可能对法律作有害于该公民的解释了。"③ 较为明确地阐述罪刑法定原则的是意大利著名刑法学家贝卡里亚，贝氏指出："只有法律才能规定惩治犯罪的刑罚……超出法律范围的刑罚是不公正的，因为它是法律没有规定的一种刑罚。"④ 贝卡里亚对封建社会的罪刑擅断进行了猛烈的抨击，表达了对实行罪刑法定原则的资本主义社会的无限向往："当法典中含有应逐字适用的法律条文，而法典加给法院的唯一职责是查明公民的行为并确定它是否符合成文法的时候，当所有的公民——由最无知识的人一直到哲学家——都应当遵循的关于什么是正义的和不正义的规则是毫无疑义的时候，国民将免受许多人的微小的

---

① ［英］洛克：《政府论》（下篇），16页，北京，商务印书馆，1964。
② ［英］洛克：《政府论》（下篇），16页，北京，商务印书馆，1964。
③ 《西方法律思想史资料选编》，248页，北京，北京大学出版社，1983。
④ ［意］贝卡里亚：《论犯罪和刑罚》，10页，重庆，西南政法学院，1980。

专制行为。"① 罪刑法定真正成为刑法的基本原则，是近代刑法学鼻祖费尔巴哈有力倡导的结果。费尔巴哈在《刑法教科书》（1801年）中开始明确记载了关于"罪刑法定原则"这一法律科学术语。在《对实证主义刑法的原则和基本原理的修正》一书中，他指出："每一应判刑的行为都应依据法律处刑。"而费尔巴哈"哪里没有法律，哪里就没有对公民的处罚"一语更是使罪刑法定原则的精神实质赫然显现。

罪刑法定从学说到法律的转变，是在法国大革命胜利以后完成的。1789年法国《人权宣言》规定："法律仅有权禁止有害于社会行为。凡未经法律禁止的行为即不得受到妨碍，而且任何人都不得被迫从事法律所未规定的行为"；"法律只应规定确实需要和显然不可少的刑罚，而且除非根据在犯法前已经制定和公布的且系依法施行的法律以外，不得处罚任何人。"在《人权宣言》原则的指导下，1791年法国制定了一部刑法草案（通称1791年《法国刑法典》），对各种犯罪都规定了具体的犯罪构成和绝对确定的法定刑，毫不允许审判官有根据犯罪情节酌情科刑之余地，这在刑法理论上被称为绝对罪刑法定主义。实践中绝对罪刑法定主义根本行不通。拿破仑专政时期制定了著名的1810年《法国刑法典》，除对少数犯罪规定绝对确定的法定刑以外，其余犯罪的法定刑都规定了一定幅度，在法律规定的幅度以内，审判官根据案件情节可以自由裁量刑罚，这在刑法理论上被称为相对罪刑法定主义。1810年《法国刑法典》一经颁行，成为世界上大多数国家仿效的范本，遂使罪刑法定主义成为在大陆法系国家刑法中通行的刑法基本原则之一。

在英美法系中，罪刑法定原则的具体体现不同于大陆法系。因为英美法系不实行成文法，而是实行判例法，所以，英美法系对当事人权利的保障主要是通过程序法，罪刑法定主义也在程序法中得以体现。1215年英国大宪章奠定的"适当的法定程序"的基本思想，经过1628年的"权利请愿书"、1688年的权利典章，在英国本土扎根，在英联邦也产生了广泛的影响。以后这一思想传入美国。

---

① ［意］贝卡里亚：《论犯罪和刑罚》，13~14页，重庆，西南政法学院，1980。

1787年美国宪法有"不准制定任何事后法",即不准制定有溯及力的法律的规定。1791年宪法修正案进一步规定:"不依法律规定,不得剥夺任何人的生命、自由和财产。"

罪刑法定原则的提出,不仅有着深刻的历史政治背景,而且有其坚实的理论基础。罪刑法定原则的理论基础可以归结为以下两点。

1. 三权分立论。三权分立是一种分权学说,是资产阶级最重要的政治理论之一。罪刑法定是以三权分立为前提的。在实行专制的社会,君主大权独揽,集立法权、司法权与行政权三权于一身,实行的是罪刑擅断。在中国奴隶社会,崇尚所谓"刑不可知,则威不可测",当然无所谓罪刑法定,而只有临事议制。而在中国封建社会,虽然公布了成文法,例如唐律,并且十分完备,但由于不存在立法权与司法权的分立,因而不可能真正依法办事,也谈不上罪刑法定。而根据三权分立说,立法机关应该依据宪法规定独立地完成立法任务;司法机关依据刑事法律的明文规定独立地执行审判职责;行政机关,如果是司法行政机关则负责执行审判和行刑的任务以及执行属于法律解释权内的法律解释任务,其他行政机关不能干涉立法与司法的活动。因此,只有在立法与司法分立的前提下,为了防止审判的擅断,就有必要把罪与刑用明文规定下来,从而确定了罪刑法定原则。因此,罪刑法定原则对于防止立法权与司法权的滥用,保障公民的正当权益具有十分重要的意义。

2. 心理强制说。德国著名刑法学家保罗·费尔巴哈是心理强制说的首倡者。费尔巴哈认为,所有违法行为的根源都在于趋向犯罪行为的精神动向、动机形成源,它驱使人们违背法律。国家制止犯罪的第一道防线便应该是道德教育。然而,总会有人不服教育而产生违法的精神动向,这就决定了国家还必须建立以消除违法精神动向为目的的第二道防线,即求助于心理强制。费尔巴哈认为,人之违法精神动向的形成并非无中生有,而是受了潜在于违法行为中的快乐,以及不能得到该快乐时所潜在的不快引起的诱惑与驱使,使违法行为中蕴含着某种痛苦,已具有违法精神动向的人就不得不在违法行为可能带来的乐与苦之间进行细致的权衡,当违法行为所蕴含的苦大于其中的乐时,主体便会基于舍小求大的本

能，回避大于不违法之苦的苦；而追求大于违法之乐的乐，自我抑制违法的精神动向，使之不发展成为犯罪行为，这就是心理强制说的全部内涵。那么，怎么才能实现心理强制呢？费尔巴哈认为，刑罚与违法的精神动向相联系必须借助于一定的中介，这就是市民对痛苦与犯罪不可分的确信，即确信一定的违法行为必将招致一定的刑罚制裁。没有这种确信，市民就不可能认识到违法行为中包含有痛苦，更不可能会出于回避这种痛苦的动机而放弃违法的精神动向。而建立痛苦与犯罪不可分的确信的唯一途径就是用法律进行威吓。费尔巴哈认为，法律明确规定各种犯罪应受的刑罚，同时就宣布了任何犯罪都必将受到惩罚。这样，试图犯罪的人不管他具有何种犯罪动向，都面临着刑罚的威吓，就会因该种威吓而不敢实施任何犯罪，从而达到国家预防犯罪发生的目的。由此，费尔巴哈主张罪刑法定，认为刑法应该具备确定性与绝对性这双重属性。确定性就是法律要明确，而不能含糊其词，捉摸不定。绝对性就是刑法要做到有罪必罚，具有权威性。只有罪刑法定才能做到这两点，因此，罪刑法定是费尔巴哈心理强制说的必然结论。

上述三权分立论与心理强制说的着眼点有所不同：三权分立论着眼于立法权与司法权、行政权的分立，为实行罪刑法定原则提供了政治制度的保证。而心理强制说着眼于对一般人的威吓功能，论证罪刑法定原则的实际效用。

资产阶级刑法中的罪刑法定原则是建立在三权分立论与心理强制说的理论基础之上，但三权分立论与心理强制说却不能成为我们社会主义国家刑法中的罪刑法定原则的理论基础。因为在我们社会主义国家，并不实行所谓"三权分立"的政治制度，而是实行议行合一的人民代表大会制度。而我国刑法虽然具有一般预防之功能，但从根本上否定费尔巴哈将所有社会成员作为威吓对象的所谓心理强制说。我认为，我国刑法之所以实行罪刑法定原则，归根到底是由社会主义刑法的性质所决定的，是以马克思主义刑法理论为基础的。我国是人民民主专政的国家，刑法是人民民主专政的保障。因此，刑法不仅是专政的工具，而且是民主的武装。并且，从民主与专政的关系来说，专政是手段，民主是目的。在我国当前社会主义初级阶段，敌对阶级已经不复存在，国家的中心工作是进行大规模的社

会主义商品经济建设，在这种历史条件下，就需要有一个安定团结的政治局面和有利于商品经济发展的社会秩序。我们应该实行罪刑法定原则，定罪量刑都必须严格依照法律的有关规定，防止出入人罪，这是社会主义法制原则的必然要求。根据马克思主义刑法理论，刑法作为上层建筑的重要组成部分，它既决定于经济基础又对经济基础具有巨大的反作用。但刑法对于经济基础的这种反作用，往往是通过一定的中介来实现的，并且，马克思主义还十分强调刑法作为法律规范其特有的性质即它对于一定的社会关系的特殊的调整作用。马克思曾经指出："法律是肯定的、明确的、普遍的规范，在这些规范中自由的存在具有普遍的、理论的、不取决于个别人的任性的性质。法典就是人民自由的圣经。"① 从这一论述出发可以得出下述必然的结论：刑法在通过惩罚违犯社会生存条件（无论这是一种什么样的生存条件）来保护其赖以存在的经济基础的时候，它是以肯定的、明确的、普遍的规范将一定的行为规定为犯罪，而不取决于个别人的任性。正是从这个意义上说，法典（尤其是刑法典）应该是人民自由的圣经。在此基础上，罪刑法定原则可以说是呼之欲出了。因此，我认为我国刑法实行罪刑法定原则不仅是我国社会主义初级阶段的法制建设的必然要求，而且是马克思主义刑法理论的题中应有之义。

（二）罪刑法定原则在我国刑法中的体现

目前世界上大多数国家都实行罪刑法定原则，但这一原则在各国法律上的反映都不完全相同。概而论之，大约有以下几种情况。第一种情况：在宪法中明确规定罪刑法定原则，刑法不再作具体规定。属于这种情况的有日本、丹麦、挪威、瑞典等国。第二种情况：罪刑法定原则明确规定在刑法中。属于这种情况的有联邦德国、荷兰、智利等国。第三种情况：罪刑法定原则既规定在宪法中，又规定在刑法中，例如意大利。

我国宪法和刑法对于罪刑法定原则都没有明文规定，但根据立法精神，我国

---

① 《马克思恩格斯全集》（第1卷），71页，北京，人民出版社，1956。

刑法是倾向于罪刑法定主义的。① 从我国刑法对犯罪与刑罚的具体规定来看，罪刑法定原则在我国刑法中确实得到了充分体现。

其一是罪之法定。罪之法定是刑之法定的基本前提，因此也是罪刑法定原则的根本要求之一。我国刑法中罪之法定，主要是通过以下三个层次的内容体现出来的。一是对犯罪概念的规定。我国《刑法》第 10 条对犯罪定义作了完整的、科学的规定，指出："一切危害国家主权和领土完整，危害无产阶级专政制度，破坏社会主义革命和社会主义建设，破坏社会秩序，侵犯全民所有的财产或劳动群众集体所有的财产，侵犯公民私人所有的合法财产，侵犯公民的人身权利、民主权利和其他权利，以及其他危害社会的行为，依照法律应当受到刑罚处罚的，都是犯罪。"这一犯罪的法定概念从根本上回答了什么行为是犯罪以及为什么这些行为是犯罪的问题，为划分罪与非罪的界限确定了原则性的标准。这一定义强调行为的社会危害性是犯罪的本质特征，同时又将具有社会危害性的行为规定为违反刑法的行为，使社会危害性与刑事违法性有机地统一起来，从而使犯罪概念具有以下积极意义：首先，立法者将具有社会危害性的行为有选择地赋予刑事违法性的属性，使社会危害性在刑法规范中得到明确具体的反映，这就为追究具有社会危害性的犯罪行为的刑事责任提供了法律依据，为司法工作人员认识社会危害性起到了指示作用。其次，通过刑事违法性反映社会危害性，是社会主义法制的必然要求。某种行为是否具有社会危害性，应以刑法的规定为准绳，司法人员只能依法定罪量刑，不能依司法工作人员的好恶而任意出入人罪，这就为无罪的人不受法律追究起到了保障作用。最后，立法者将具有社会危害性的行为确认为触犯刑律的行为，使之在刑法中得以否定的法律评价，这就为人们提供了一张应受刑罚惩罚的行为的清单，给人们提供了一个行为模式，对人们的行为起着指引作用。二是对犯罪构成要件的规定。犯罪概念是对犯罪特征的高度概括，它仅是区分罪与非罪的基本尺度。为了具体地区分罪与非罪的界限以及此罪与彼罪的界限，还必须有一个明确的法律规格，这就是犯罪构成。我国刑法对犯罪的构成要

---

① 参见陶希晋：《学习刑法中的几个问题》，载《法学研究》，1979（5）。

件作了明确规定：第 11 条规定了故意犯罪；第 12 条规定了过失犯罪；第 13 条是对无罪过的意外事件与不可抗力的规定，将其排除在犯罪之外；第 14 条是对刑事责任年龄的规定；第 15 条是对刑事责任能力的规定。上述规定，联系刑法第 10 条关于犯罪概念中对犯罪客体与犯罪行为的一般规定，就是我国刑法中犯罪构成的一般要件，它为认定犯罪提供了一般的标准。三是对具体犯罪的规定。我国刑法分则条文对各种犯罪都作了明文规定，从而为司法实践的定罪工作提供了具体标准。例如我国《刑法》第 156 条规定："故意毁坏公私共财物，情节严重的，处三年以下有期徒刑、拘役或者罚金。"根据这一规定，构成本罪主观上必须具有犯罪故意，客观上必须具有毁坏公私财物的行为。第 156 条对犯罪客体和犯罪主体虽然没有规定，但联系刑法总则的有关规定，可以确定：该罪的犯罪客体是公私财物的所有权；该罪的犯罪主体是年满 16 周岁具有辨认和控制自己行为能力的自然人。根据上述要件，就可以正确地认定故意毁坏公私财物罪。从上述三个层次的内容可以看出，我国刑法做到了罪之法定。

其二是刑之法定。只做到罪之法定，没有刑之法定，仍然不可能有效地保障公民的合法权益。因此，刑之法定也是罪刑法定原则的重要内容之一。我国刑法中刑之法定，主要是通过以下三个层次的内容体现出来的。一是对刑罚种类的规定。根据我国刑法的规定，刑罚分为主刑和附加刑。主刑包括管制、拘役、有期徒刑、无期徒刑和死刑。附加刑包括罚金、剥夺政治权利、没收财产。我国刑法不仅规定了刑罚种类，而且同时对适用某一刑种的条件作了限制规定。例如对死刑的规定，我国《刑法》第 43 条明确指出："死刑只适用于罪大恶极的犯罪分子。"第 44 条还规定："犯罪的时候不满十八岁的人和审判的时候怀孕的妇女，不适用死刑。"这些对死刑适用对象的规定，将死刑限制在一定的范围之内，体现了严格的罪刑法定原则。由于我国刑法对各种刑罚种类都作了明文规定，这就为司法工作人员依法适用刑罚提供了法律基础，要求司法工作人员只能根据案件具体情况，选择法定的刑罚种类，而不得滥施法外制裁。二是对量刑原则的规定。我国刑法对量刑原则作了具体规定，《刑法》第 57 条指出："对于犯罪分子决定刑罚的时候，应当根据犯罪的事实、犯罪的性质、情节和对于社会的危害程

度，依照本法的有关规定判处。"这是关于量刑一般原则的规定。刑法还对量刑的具体原则作了规定，例如未成年人犯罪的量刑原则，防卫过当、避险过当的量刑原则，犯罪预备、未遂与中止的量刑原则，主犯、从犯、胁从犯与教唆犯的量刑原则，累犯、自首犯的量刑原则，等等。这些规定使司法工作人员可以根据犯罪案件的各种不同情况正确地适用刑罚。三是对具体犯罪的法定刑的规定。对具体犯罪的法定刑规定的形式，从各国立法例来看，存在三种情况。第一是绝对确定的法定刑。绝对确定的法定刑严格限制了法官裁量刑罚的权力，扼杀了司法工作人员的主观能动性。正如苏联刑法学家 A. H. 特拉伊宁指出："在这种情况下，法院的活动仅仅归结为确定犯罪和具体犯罪人的存在，至于法院在审判前后评定犯罪的其他全部工作，都已由立法者完成了。"① 第二是绝对不确定的法定刑，即法律没有对刑罚的种类和幅度加以规定，由司法工作人员自由裁量。这种做法显然违反罪刑法定原则，因而一般为各国刑法所不采。第三是相对确定的法定刑，即在法律条文中规定一定的刑种、幅度，并确定其最高和最低期限。这是目前世界上通行的做法，它体现了相对罪刑法定的精神，既可以使司法工作人员在法定刑幅度内根据案情适当地确定宣告刑，又避免了司法工作人员因无法可依而滥施刑罚。例如，我国《刑法》第 163 条规定："违反枪支管理规定，私藏枪支、弹药，拒不交出的，处二年以下有期徒刑或者拘役。"凡是犯有私藏枪支、弹药罪的，司法工作人员就可以根据案情选择有期徒刑或者拘役适用，有期徒刑在 2 年至 6 个月的幅度以内确定宣告刑；拘役在 6 个月至 15 日的幅度以内确定宣告刑。从上述三个层次的内容可以看出，我国刑法做到了刑之法定。

罪之法定与刑之法定是罪刑法定原则的基本要求，我国刑法实现了这一要求。但是不可否认，由于我国刑法规定了类推制度，上述的罪刑法定只具有相对的意义，不能将它绝对化。但从我国刑法对类推的规定来看，从实体与程序两个方面作了严格的限制。因此，我国刑法是有控制地实行类推，并不会从根本上否定罪刑法定原则。而且，1979 年刑法颁行近十年来司法实践证明，适用类推定

---

① [苏] A. H. 特拉伊宁：《犯罪构成的一般学说》，19 页，北京，中国人民大学出版社，1958。

罪的案件是非常个别的，只是作为罪刑法定的补充而存在的。

二、罪刑相适应原则

（一）罪刑相适应原则的历史沿革和理论基础

罪刑相适应作为刑法基本原则是在资产阶级革命胜利以后确立的，但罪刑相适应的观念却具有源远流长的历史。在实行严刑苛罚的奴隶社会和封建社会，罪刑相适应只不过是善良人们的美好愿望而已。

罪刑相适应观念最早可以追溯到原始社会的同态复仇。在原始社会，同态复仇的习惯极为盛行。恩格斯在《家庭、私有制和国家的起源》中曾经指出："个人依靠氏族来保护自己的安全，而且也能做到这一点；凡伤害个人的，便是伤害了整个氏族……假使一个氏族成员被外族人杀害了，那么被害者的全氏族就有义务实行血族复仇。"① 显然，同态复仇是血族复仇的形态之一。在奴隶社会初期，同态复仇的习俗残存下来并被法律所认可。例如《汉穆拉比法典》（约公元前1792年—1750年）第196条规定："倘自由民损毁任何自由民之子之眼，则应毁其眼。"第197条规定："倘彼折断自由民（之子）之骨，则应折其骨。"《十二铜表法》（公元前451年—405年）第八表第2条规定："如果故意伤人肢体，而又未与（受害人）和解者，则他本人亦应遭受同样的伤害。"这些规定追求罪与刑的绝对均衡，是罪刑相适应思想的最原始也是最粗俗的表现形态。

在理论上对罪刑相适应进行探讨，在西方首推亚里士多德。亚氏指出："击者与被击者，杀人者与被杀者，行者与受者，两方分际不均，法官所事，即在施刑罚以补其利益之不均而遂均之。"② 此后，古罗马哲学家西塞罗在其名著《法律篇》中也明确地表达了罪刑相适应的思想，指出："对于违犯任何法律的惩罚应与犯法行为相符合。"③ 应该指出，上述古代思想家虽然十分朦胧地论述了罪

---

① 《马克思恩格斯选集》（第4卷），2版，85页，北京，人民出版社，1995。
② 《西方法律思想史资料选编》，32页，北京，北京大学出版社，1983。
③ 《西方法律思想史资料选编》，32页，北京，北京大学出版社，1983。

刑相适应的思想，但在实行严刑峻罚的奴隶社会与封建社会，这些思想并没有为统治者所接受成为刑事立法与刑事司法的原则。

　　罪刑相适应成为刑法的基本原则是 17、18 世纪的启蒙学家倡导的结果。启蒙学家猛烈地抨击了封建社会的严刑峻罚，表达了资产阶级对于罪刑相适应的基本要求。孟德斯鸠指出："惩罚应有程度之分，按罪大小，定惩罚轻重。"① 意大利著名刑法学家贝卡里亚最为系统地阐述了罪刑相适应的思想。贝卡里亚指出："遭受侵害的福利愈重要，犯罪的动机愈强烈，阻止人们犯罪的阻力就应当愈强大。这也就是说，刑罚同犯罪应当相均衡。"② 为了实现罪刑相适应，贝卡里亚别出心裁地设计了一个罪刑阶梯③，直接破坏社会存在本身的行为，是最高梯级，一切可能产生侵害个人权利的最无关紧要的行为是最低梯级。在这两端中间，由上到下排列着一切违反公共福利的犯罪行为——由最大的一直到最轻微的犯罪行为。那么就应当有一个相应的刑罚从最重到最轻的阶梯。④ 它不仅为人们提供了一张确定某一行为是否犯罪的清单，而且给人们提供了一张犯罪的价目表，起到遏制犯罪的作用。

　　启蒙学家所倡导的罪刑相适应的思想在资产阶级刑事立法中得到充分体现。例如法国 1789 年的《人权宣言》第 8 条指出："法律只应当制定严格的、明显地必需的刑罚。"第 15 条规定："刑罚应与犯法行为相适应，并应有益于社会。"1810 年的《法国刑法典》虽然改绝对确定的法定刑为相对确定的法定刑，但却贯彻了罪刑相适应的原则，成为后世刑事立法的楷模。尽管当今世界各国对罪刑相适应的理解有所差别，法律对犯罪与刑罚的规定也不完全相同；保安处分的盛行，不定期刑的引入，更使罪刑相适应原则受到排挤。但是，罪刑相适应仍是刑法的基本原则之一。

　　罪刑相适应原则的理论基础，主要有两种学说：一是报应主义；二是功利主

---

① ［法］孟德斯鸠：《波斯人信札》，141 页，北京，商务印书馆，1962。
② ［意］贝卡里亚：《论犯罪和刑罚》，16～17 页，重庆，西南政法学院，1980。
③ 参见［意］贝卡里亚：《论犯罪和刑罚》，16～17 页，重庆，西南政法学院，1980。
④ 参见［意］贝卡里亚：《论犯罪和刑罚》，16～17 页，重庆，西南政法学院，1980。

义。这两种观念互相对立,各自从自己的前提出发得出了罪刑相适应的结论,但内容却大相径庭,而它们对于理解罪刑相适应原则有着重要的意义。

报应主义以德国古典哲学家康德、黑格尔为巨擘,认为刑罚是对犯罪的一种回报,因此刑罚的质和量完全以犯罪为转移,即犯罪对社会所造成的损害应当成为刑罚的尺度。康德指出:"惩罚的方式和尺度是什么?公共的正义可以把它作为原则和标准,这就是平等的原则,根据这个原则,在公正天平上的指针就不会偏向一边。换句话说,任何一个人对别人所作的恶行,可以看作他对自己作恶……这就是报复的权利。"① 康德甚至认为这是支配公共法庭的唯一原则,据此原则可以明确地决定在质和量两个方面都公正的刑罚,由此而引申出等量报应的原则。黑格尔虽然也是一个报应主义者,但他对罪刑相适应的理解又不同于康德。黑格尔反对康德等量报应的观点,主张等质报应,他认为:"犯罪的基本规定在于行为的无限性,所以单纯外在的种的性状消失得更为明显,而等同性则依然是唯一的根本规则,以调整本质的东西,即罪犯应该受到什么刑罚,但并不规定这种科罚的外在的种的形态。单从这种外在的种的形态看来,一方面窃盗和强盗,他方面罚金和徒刑等等之间存在着显著的不等同,可是从它们的价值即侵害这种它们普遍的性质看来,彼此之间是可以比较的。"② 因此,黑格尔主张从犯人的行为中去寻找刑罚的概念和尺度,以便做到罪刑相适应。从以上分析可以看出,尽管康德的等量报应与黑格尔的等质报应存在差别,但他们所主张的罪刑相适应都是指刑罚与已然的犯罪相适应。

功利主义有规范功利主义与行为功利主义之分,前者以贝卡里亚、边沁等人为代表,注重刑罚的一般预防功能。后者以龙勃罗梭、菲利等人为代表,注重刑罚的个别预防效果。贝卡里亚指出:"要使刑罚成为公正的刑罚,就不应当超过足以制止人们犯罪的严厉程度。"③ 边沁则将刑罚预防犯罪的必要限度作为确定罪刑相适应的标准。根据规范功利主义的观点,刑罚不是与已然的犯罪相适应,

---

① 《西方法律思想史资料选编》,425 页,北京,北京大学出版社,1983。
② [德] 黑格尔:《法哲学原理》,10 页,北京,商务印书馆,1961。
③ [意] 贝卡里亚:《论犯罪和刑罚》,59 页,重庆,西南政法学院,1980。

而是应当与足以有效地制止其他人犯罪相适应。行为功利主义又不同于规范功利主义，他们注重的是刑罚对犯罪人再犯可能性的遏制，因此，所谓罪刑相适应，在行为功利主义看来，应该是刑罚与再犯可能性相适应，即与犯罪人的人身危险性相适应。例如龙勃罗梭认为刑罚的目的不是报应，而是为了防卫社会。为了防卫社会，对有人身危险性的人可采取预防性措施；对刑罚执行完毕的犯人，如果人身危险性依然存在，还可以继续服刑或给予保安措施。① 菲利则明确指出："对于遗传的或先天的犯罪人，或者由于习惯或精神病而倾向于犯罪的人犯下的重大罪行，实证派犯罪学主张保留不定期隔离的方式，因为在犯了重大罪行的危险退化者的案件中，事先规定出期限是不合理的。"② 由此可见，行为功利主义摒弃了报应主义关于刑罚与已然的犯罪相适应和规范功利主义关于刑罚与初犯可能性相适应的罪刑相适应原则，而主张关于刑罚与再犯可能性相适应的罪刑相适应原则。确切地说，行为功利主义转换了确立罪刑相适应的标准，这是刑法的价值观变换的必然结果。

我认为，上述报应主义与功利主义对罪刑相适应的理解都有偏颇。报应主义使刑罚的分量完全以已然的犯罪为转移，忽视乃至排斥刑罚对于犯罪的预防作用，可谓得之公正而失之功利。尽管它在强调刑法的公正性方面具有一定的积极意义，但它把公正与功利人为地对立起来，否认两者的同一性，使刑罚的公正性失去了应有的社会价值。功利主义强调刑罚的分量应该决定于足以防卫社会（规范功利主义重视一般预防，行为功利主义重视特殊预防）的需要，否认已然的犯罪对于刑罚分量的决定作用，可谓得之功利而失之公正。尽管它紧密联系社会生活的需要，注重刑罚的社会效益，不失其一定的合理性，但因无视社会报应观念的存在，忽视刑罚的公正性，导致重刑威吓（规范功利主义）与刑及无辜（行为功利主义）。在我们看来，报应与功利是具有不可分割的内在联系的，因为两者的根据是共存的。报应观念与功利观念分别代表着特定社会的公正要求与价值尺

---

① 参见刘麟生：《朗伯罗梭犯罪学》，北京，商务印书馆，1938。
② ［意］菲利：《实证派犯罪学》，50页，北京，中国政法大学出版社，1987。

度,两者统一于统治阶级的利益与意志之中。在社会主义国家,既不能排斥报应追求不公正的功利,也不能否定功利追求无价值的报应,而应当把两者有机地统一起来。而且,报应与功利之间存在手段与目的的关系,国家设立刑罚的根本目的还是在于通过惩罚已然的犯罪(报应)达到预防未然的犯罪(功利)的目的。因此,我们在理解罪刑相适应的时候,应当以报应为主而兼顾功利,从而使两者结合起来。任何犯罪都有一定否定的价值,以此为尺度可以确定与之相适应的刑罚,这就是以报应为主。但正如在经济学中价格并不完全等同于价值一样,在刑法中,刑罚的分量也不能与犯罪本身具有的社会危害性画等号,它还取决于一般预防与特殊预防的需要,这就是要兼顾功利。因此,罪刑相适应的内涵绝不是重罪重刑、轻罪轻刑这样一个简单公式所能包容的,更不是意味着不考虑其他社会因素与个人因素的无差别的同罪同罚。罪刑相适应应该是在确定犯罪与刑罚的关系的时候,以报应为主,适当地兼顾功利。这就是我国刑法中的罪刑相适应原则的理论基础。

(二)罪刑相适应原则在我国刑法中的体现

罪刑相适应作为我国刑法的基本原则之一,在我国刑法中得到了充分的体现。如上所述,我们所理解的罪刑相适应,是指刑罚既与已然的犯罪的社会危害性程度相适应又与未然的犯罪的可能性大小相适应,而这两个方面在我国刑法中得到了有机的统一。

在刑法总则中,我国刑法确定了一个科学的刑罚体系,这个刑罚体系按照各种刑罚方法的轻重次序分别加以排列,并且各个刑罚方法互相区别而又互相衔接,结构严密,主附配合,能够根据犯罪的各种情况灵活地运用,这就为实现罪刑相适应奠定了基础。这个刑罚体系中规定的刑种,既能根据已然的犯罪的社会危害性程度予以适用,具有给犯罪人带来一定痛苦的惩罚性,从而体现报应的意蕴,又能根据未然的犯罪的可能性大小加以适用,例如剥夺自由、限制自由、剥夺能力与财产等刑罚,都具有剥夺再犯可能性与遏制初犯可能性的功能,从而达到功利的目的。此其一。

我国刑法总则还根据各种犯罪形态的社会危害性程度不同,规定了轻重有别

的处罚原则。例如,防卫过当、避险过当应当酌情减轻或者免除处罚(第17条、第18条);预备犯可以比照既遂犯从轻、减轻处罚或者免除处罚(第19条);未遂犯可以比照既遂犯从轻或者减轻处罚(第20条);中止犯应当免除或者减轻处罚(第21条)。在共同犯罪中,规定主犯除该法分则已有规定的以外应当从重处罚(第23条);从犯则应当比照主犯从轻、减轻处罚或者免除处罚(第24条);胁从犯比照从犯减轻处罚或者免除处罚(第25条);教唆犯应当按照他在共同犯罪中所起的作用处罚(第26条);犯有数罪的则要实行并罚(第64条);在数罪并罚中,又根据后罪是判决宣告以前所犯还是在刑罚执行过程中所犯,分别规定先并后减与先减后并(第65条、第66条)。以上种种,都体现了我国刑法中罪刑相适应原则。此其二。

我国刑法总则又根据未然犯罪的可能性大小,规定了一系列刑罚制度,例如累犯制度(第61条、第62条)、自首制度(第63条)、缓刑制度(第67条、第68条、第69条、第70条)、减刑制度(第71条、第72条)、假释制度(第73条、第74条、第75条)。在这些刑罚制度中,累犯因再犯可能性大而从重处罚,自首因人身危险性小而从轻处罚,适用缓刑的根本条件是根据犯罪分子的犯罪情节和悔罪表现认为适用缓刑确实不致再危害社会,减刑是因为犯罪分子在刑罚执行期间确有悔改或者立功表现,假释也是因为犯罪分子在刑罚执行期间确有悔改或者立功表现。这就说明,这些刑罚制度是适应犯罪分子的人身危险性大小而设置的,如果把罪刑相适应仅仅理解为刑罚与已然的犯罪相适应,那么这些刑罚制度的确定是对这种所谓罪刑相适应的否定,但如果把刑罚与未然的犯罪相适应也理解为罪刑相适应的内容之一,那么就应当把根据犯罪分子的人身危险性的大小确定刑罚的轻重以及对原判刑罚所作的适当调整视为罪刑在新的基础上的相适应。此其三。

在刑法分则中,罪刑相适应原则是建立刑法分则体系的根据之一。根据我国犯罪构成理论,犯罪行为危害的客体不同,其社会危害性程度也不同,因而所处的刑罚也就不同。刑法分则各类罪的排列和各类罪名体系的建立,基本上是按照犯罪的社会危害性的大小、罪行的轻重决定的。但同时,我国刑法分则对各种犯

罪规定了相对确定的法定刑，并且根据情节轻重，分别规定了两个甚至三个量刑幅度，这样就为司法工作人员根据犯罪分子的人身危险性大小正确地适用刑罚留下了余地。因此，我国刑法分则的规定也体现了罪刑相适应原则。

　　刑法颁行以后，随着犯罪情况的发展变化，全国人大常委会对刑法进行了修改、补充，其中重要内容之一就是根据某些犯罪的罪刑不相适应的情况，提高了法定刑。例如我国《刑法》第134条规定，对故意重伤罪处3年以上7年以下有期徒刑。但从司法实践的情况来看，对那些情节十分恶劣、后果相当严重的故意重伤罪最高只能判处7年有期徒刑，显然过轻，一方面不能惩治罪恶重大的故意重伤罪，另一方面不足以遏止故意重伤罪的发生。为了纠正这种罚不当罪的现象，全国人大常委会颁行的《关于严惩严重危害社会治安的犯罪分子的决定》将故意重伤罪的法定最高刑提高到死刑，做到了罪刑相适应。

（本文原载《社会科学战线》，1989（2））

论我国刑法的发展完善

——关于罪刑法定、罪刑相适应原则的思考

自从我国刑法1979年颁行以来,将近十年过去了。随着体制改革的深化,社会生活(包括政治生活与经济生活)发生了巨大的变化。现行刑法已经在很大程度上不能适应社会生活的需要,这一点越来越为大家所认识,立法机构也在做修改刑法的准备工作。在这种情况下,探讨我国刑法(包括刑事立法与刑事司法)发展完善的问题,就成为刑法理论工作者责无旁贷的任务。本文仅从刑法基本原则的角度,对我国刑法的发展完善问题略抒管见,就正于刑法学界。

一

罪刑法定,是我国刑法的基本原则之一。关于罪刑法定的内涵与外延、沿革与发展问题,我国刑法学界已经作了较为深入的探讨。本文所要研究的问题是:如何立足于罪刑法定这一刑法基本原则,促进我国刑法的发展完善。以下便是我们对这个问题的初步思考。

(一)罪刑法定与法律类推

类推在我国具有悠久历史,中国古代社会本位的价值观决定了以个人本位的

价值观为基础的罪刑法定原则难以成为我国法律文化的题中应有之义，而体现社会本位价值观的法律形式——类推，则有着根深蒂固的思想基础。罪刑法定与类推的矛盾，不仅是刑法的保障机能与保护机能的矛盾，而且是西方法律文化与中国传统法律文化的矛盾。

　　罪刑法定的思想在清末就传入了中国，著名法学家沈家本是中国接受这一思想的第一人。沈家本不赞成清律关于"断罪无正条，用比附加减之律"的规定。在沈家本主持下制定的《大清新刑律》，在中国刑事立法史上首次采用了罪刑法定主义。此后，中国半殖民地半封建的刑事立法虽然在形式上宣布了罪刑法定主义，但在实际上法外制裁从未根绝，其恶劣甚于法律明文规定的类推。中华人民共和国成立后，我国长期没有制定刑法典，因此根本谈不上罪刑法定。我国第一部刑法颁行以后，曾经对于罪刑法定是否作为我国刑法的基本原则有过激烈争论。现在，这一争论虽然已经平息，但思想问题并没有彻底解决。我国刑法学家在讨论罪刑法定与类推问题时，常以"法有限，情无穷"来论证类推的必要性并否认罪刑法定的可能性。我认为，这种观点的背后实际上隐藏着一种显然是错误的观念：任何行为都可能构成犯罪，都需要用刑罚来调整。但是，刑法并不是用来管理全社会所有的人类行为的，而只是管理那些由国家经立法者之考虑所认为犯罪而应受处罚的行为。人类日常之事，只要未犯刑法所定之罪，并不涉及刑法之任何问题。[①] 因此，我认为，刑法的特点是运用刑罚的手段来调整一定的社会关系，它是统治阶级维护其政治上与经济上的统治的最后法律防线，而且关系到对一个人的生杀予夺。质言之，统治阶级只有在不得已的情况下才动用刑罚。在这个意义上说，采刑罚谦抑主义是必要的。但由于我国长期的封建社会的法律传统，习惯于将刑罚作为调整一切社会关系的法律手段，从而以类推弥补法律规定之不足。这样一种刑法万能观念，在我看来是与我国社会主义性质格格不入的，应在破除之列。事实上，刑法的调整范围是有限的，以罪刑法定加以限制也是必

---

　　① 参见陶龙生：《论罪刑法定原则》，载《刑法总则论文选辑》（上册），112页，台北，五南图书出版公司，1984。

要的。类推只是在第一部刑法规定不可能完备的情况下才有其存在的余地。而且，即使在目前法律规定类推的情况下，对于类推适用也应严加控制。但我国当前的刑法理论上却存在一种无限制地扩大类推适用的倾向。这固然有一定的历史背景，因为近年来随着体制改革的深入发展，出现了诸如破坏个体生产行为应如何定性等问题。由于刑法没有规定，所以提出类推定罪。我认为，刑法落后于社会生活应该通过修改刑法或颁布单行刑事法规来解决法律与社会生活之间的矛盾，而不能用类推来维护法律的稳定性。否则，法律的稳定性虽然保持下来了，但不受控制的类推却可能使法律的严肃性破坏殆尽。在这种情况下，法律的稳定性又有何价值可言？总之，我们应该正确认识罪刑法定与类推的关系，不能以类推破坏罪刑法定。

（二）罪刑法定与刑事立法

罪刑法定首先是一个立法问题，我国刑法虽然体现了罪刑法定原则，但除类推制度的规定以外，在某些方面还有必要根据罪刑法定原则进一步发展完善。

1. 刑法的完备问题。我国现行刑法是不够完备的，这是一个不争的事实。但如何看待这种不完备性，却存在不同的认识。有些学者认为，不可能有一部永远都是完备的刑法典。刑法的这种相对完备性，说明了类推制度的不可避免性，采用类推就是为了克服这种相对性。[1] 我认为，承认刑法的相对完备性是正确的，但刑法的相对完备性本身也是随着现实发生的犯罪情况而发展的，不能因为刑法的完备是相对的，就放弃了对刑法完备性的追求，而永远依赖类推。目前我国刑法的不完备性还是明显的，人们近年来提出了一系列立法建议，涉及补充新罪名的达数十个之多，例如通奸罪、浪费罪、危害环境罪、重大医疗责任事故罪、掳人勒赎罪、侵占罪、劫持交通工具罪、抢劫枪支弹药罪、卖淫罪、抗拒改造罪等。这些犯罪在现实生活中时有发生，完全可以及时补充规定到刑法中，而没有必要以类推来补救。因此，我认为，根据罪刑法定原则的要求，应该不断地对刑法进行补充规定，使之适应社会生活的需要。

---

[1] 参见张明楷：《关于类推的几个问题》，载《法学研究》，1987（2）。

2. 刑法的繁简问题。我国刑法条文之简约，也是有目共睹的。从条文数量来看，在世界各国刑法典中可以说是最少的，仅192条，而在外国刑法中条文多的如印度刑法达551条，较少的如蒙古国刑法也有225条。我国第一部刑法，缺乏刑事立法经验，不可能十分详细，这也情有可原。但我国在刑事立法上存在一种片面满足于"简明扼要"的倾向，甚至把条文简约作为我国刑法的一大特色，这一点却是实堪忧虑的。立法是从成百上千的案件事实中抽象出适用于所有案件的法律原则，因此具有高度的概括性。但立法又必须具有明确性，这是罪刑法定原则的基本要求。明确性（definiteness）作为罪刑法定的派生原则，是美国刑法学家在20世纪初提出的，又称"不明确而无效的理论（Void-for-vagueness doctrine）"。根据明确性原则，罪刑虽然是法定的，但其内容如不明确，就无法防止刑罚权的滥用，罪刑法定主义保障公民自由的目的也就无法实现。为此，刑法规范必须明确，不明确的刑法规范应该认为是不符合宪法的。明确性作为罪刑法定主义派生原则，应该说是罪刑法定的题中应有之义。当然，我们也不应该将明确性绝对化：适应社会生活，创设一些概括性的规定，采取空白罪状等立法技术，以强化刑法的适时性与超前性，不应被认为是违反罪刑法定原则的。问题在于，我国目前的刑法为避免烦琐，片面追求简明，其结果却是简而不明。例如，我国刑法中随处可见的"情节严重"一词，其内涵与外延都极为含糊，它既可以是区分罪与非罪的界限，又可以是区分重罪与轻罪的界限，至于含义是什么，完全在于司法工作人员的理解，而一般公民则无从了解。因此，我认为，对于某些外在特征不像传统刑事犯罪那样明确的犯罪，在立法上不宜采用简单罪状，而应采用叙明罪状，不厌其详地描述其构成特征。在立法技术上，尽可能地采取列举等方式，使之清楚明了，这也是罪刑法定原则的必然要求。

3. 类推立法的问题。类推立法是指犯刑法分则中没有明文规定的犯罪，通过其他法律的规定，比附在刑法分则最相近似的条文中，比照该条文类推定罪判刑。例如，1984年《专利法》第63条规定：假冒他人专利，情节严重的，对直接责任的人员比照《刑法》第127条的规定追究刑事责任。而《刑法》第127条规定的是假冒商标罪。类推立法近几年来已经成为我国法律，尤其是一些经济

法、行政法规定各种新的犯罪所广泛采用的形式。陈丕显同志在第六届全国人大第二次会议上代表全国人大常委会作的工作报告中指出:"在经济法、行政法中关于追究刑事责任的问题,常委会在审议时……对刑法没有明确规定刑罚的,尽量规定比照刑法中最相近的条款追究刑事责任。"但我认为,类推立法的效果如何,是一个很值得研究的问题。有些类推立法破坏了刑法典中内部的协调统一,造成有法难依的局面。例如我国《刑法》第187条规定了玩忽职守罪,属于过失犯罪。但全国人大常委会1982年颁布的《关于严惩严重破坏经济的罪犯的决定》和一些行政、经济法规条例中,规定国家工作人员某些职务上的危害行为,比照或者依照《刑法》第187条论处。在这些危害行为中,有些主观上是故意的。例如,《森林法》第35条规定:"违反本法规定,超过批准的年采伐限额发放林木采伐许可证或者超越职权发放林木采伐许可证……情节严重,致使森林遭受严重破坏的,对直接责任人员依照《刑法》第一百八十七条的规定追究刑事责任。"有鉴于此,有些同志提出玩忽职守罪在主观上也可以由间接故意构成的论点。[①]我认为,玩忽职守罪的罪过形式只能是过失,这是没有疑问的。如果包括故意,为什么过失犯罪与故意犯罪共用一个法定刑呢?这显然是难以自圆其说的。问题在于,如何解释法律的这些规定。我认为,法律的这种所谓类推立法是不妥的,根据罪刑法定原则,每个犯罪都应该有与之相应的法定刑,这已经成为刑事立法的一般常识。司法上的类推是因法律没有明文规定而不得已比照最相类似的条文定罪判刑。而在立法上,立法者完全有权创立新罪名并规定相应的法定刑,又有什么必要实行所谓类推。在我看来,类推立法之所以采用,这与立法者主观上没有很好地解决在经济、行政法规中能否规定刑事罚则(包括创立新罪名与规定相应的法定刑)这个问题有关。应该认为,立法者在宪法赋予的权限之内,是可以在经济、行政法规中规定刑事罚则的。而类推立法应当废止,它与罪刑法定原则是背道而驰的,也不利于我国刑事立法的发展完善。

(三)罪刑法定与刑事司法

自刑法颁行以来,我国司法机关是能够按照罪刑法定原则严格执法的,但对

---

① 参见刘佑生:《论依法查处玩忽职守案件》,载《中国法学》,1988(1)。

照罪刑法定原则的要求，也还存在一些有待发展完善的地方。

1. 法律解释的问题。如前所述，条文简约是我国刑法的一大特点，由于我国刑法过于简约，给司法造成了一定的困难，而立法者又忙于其他法律的制定而无暇顾及立法解释，因而司法解释就成了沟通立法与司法的桥梁。近几年来，最高人民法院和最高人民检察院分别就审判工作和检察工作中具体应用刑事法律的问题作了不少解释，这些解释，对于统一司法机关的认识，加强办案工作，提高检察和审判工作质量，起着十分强有力的指导作用。但毋庸讳言，个别司法解释超越权限，违反了罪刑法定原则。例如，最高人民法院、最高人民检察院1986年6月21日公布的《关于刑法第一百一十四条规定的犯罪主体的适用范围的联合通知》将《刑法》第114条规定的重大责任事故罪的犯罪主体由工厂、矿山、林场、建筑企业或者其他企业、事业单位的职工（特殊主体），扩大解释为包括群众合作经营组织或个体经营户的从业人员（一般主体）。[①] 我认为，这一司法解释的精神是正确的，但它超越了司法解释的权限。司法解释应严格根据罪刑法定原则，只能就检察工作与审判工作中的有关问题作出解释。

2. 类推适用的问题。罪刑法定原则要求司法机关对于法律有规定的犯罪严格依法追究刑事责任。法律没有规定但社会危害性确已达到应当追究刑事责任程度的行为，应当依法适用类推定罪。但在司法实践中，如何正确适用类推，是一个值得研究的问题。我认为，在这个问题上，应当纠正两种错误倾向：第一是应当类推而不类推。例如1985年7月18日最高人民法院印发的《关于破坏军人婚姻罪的四个案件》中的赵松祥破坏军人婚姻案。最高人民法院审判委员会第227次会议讨论该案时指出：被告人赵松祥明知马玉兰是现役军人的配偶而与之长期通奸，破坏军人的婚姻家庭，造成军人夫妻关系破裂的严重后果，已构成破坏军人婚姻罪。由于过去在审判实践中对属于这种情况的案件可否适用《刑法》第181条在理解上不够明确，当时未予定罪的，现在不必重新追究刑事责任。今后在办理破坏军人婚姻案件中遇到类似情况的，应当适用《刑法》第181条的规定

[①] 参见《中华人民共和国最高人民法院公报》，1986（3）。

予以判处。我认为,《刑法》第 181 条所规定的同居与通奸是有区别的。同居是指一定时期内姘居且共同生活在一起,具有一定的公开性,而通奸是指在一定时期内非法保持婚外的两性关系,具有一定的隐蔽性。因此,对长期通奸造成军人婚姻破裂直接以《刑法》第 181 条论处是不妥的。对于这种情况,只能按照《刑法》第 79 条进行类推,并且以前也曾经有过这方面的类推案例。但由于该司法解释的颁行,使应当类推的案件不经过类推,直接依照《刑法》分则最相类似的条文论处,这是违反刑法规定的。第二是不应当类推而类推。例如严根成出售被狂犬咬伤的肉猪案,某基层检察院于 1985 年 4 月 20 日以严根成犯贩卖假药罪向法院起诉。5 月 23 日某基层人民法院经过审理,认为被告人严根成犯危害公共安全罪,判处有期徒刑 4 年。被告人严根成不服,上诉于中级人民法院。1985 年 3 月 30 日,中级人民法院以"部分事实不清,证据不足"为由,裁定撤销一审判决,发回重审。1985 年 4 月 19 日,某基层人民法院经过再审,对严根成的罪行,依照《刑法》第 79 条的规定,比照《刑法》第 178 条类推违反国境卫生检疫规定罪,判处被告人严根成有期徒刑 2 年,并报最高人民法院核准。同年 7 月 15 日,最高人民法院核准对该案适用类推,以违反卫生防疫规定罪判处被告人严根成有期徒刑 2 年。我认为,本案被告严根成在明知被狂犬咬伤的猪不能出售的情况下,私自出售,造成 23 万元高温无害消毒费的损失,其性质属于以其他危险方法危害公共安全的行为,与出售其他有病毒的肉类危害公共安全的行为并无二致。因此,一审法院原来的判决并无不妥。而按照类推适用《刑法》第 178 条,比照违反国境卫生检疫规定罪论处则是值得研究的。因为违反国境卫生检疫规定罪的客体是国境卫生检疫制度,而严根成的犯罪行为违反食品卫生检疫制度,实行客体类推违反类推的一般原理。更为重要的是,严根成行为的社会危害性主要体现在对不特定的多数人的生命健康的危害上,属于危害公共安全方面的犯罪,刑法已经有明文规定,从而违反《刑法》第 79 条只有在刑法没有明文规定的情况下才能适用类推的规定。

二

罪刑相适应是我国刑法的基本原则,这在我国刑法学界几成通说。但在刑法理论上,如何科学地理解罪刑相适应的原则,在刑事立法与刑事司法中如何贯彻罪刑相适应原则,也还存在一些值得研究的问题。而这些问题的解决,对于我国刑法的发展完善无疑具有重大意义。

(一) 罪刑相适应与刑罚目的

在我国传统法律文化中,报应的思想占有十分重要的地位,杀人者死、伤人者刑,似乎成为一条刑法的定律。虽然先秦也有人提倡以刑去刑,但占统治地位的还是杀人抵命式的报应观念。由于受这种传统法律文化的影响,我们对罪刑相适应的理解往往拘泥于重罪重判、轻罪轻判的解释,甚至引用早期马克思的论述作为根据。例如马克思指出:罪犯应"受惩罚的界限应该是他的行为的界限。犯法的一定内容就是一定罪行的界限。因而衡量这一内容的尺度也就是衡量罪行的尺度"①。应该指出,早期马克思的这一思想是受了黑格尔的报应主义的影响,并且借用了黑格尔刑法思想的思辨表述。此后,马克思清算了黑格尔的报应主义思想,指出:这种把刑罚看成是罪犯个人意志的结果的理论只不过是古代"报复刑"——以眼还眼、以牙还牙、以血还血——的思辨表现罢了。②

由于对罪刑相适应原则的这种片面理解,因而现在的刑法学体系出现了一个难以解决的矛盾:在犯罪论中强调罪刑相适应,主张刑罚以已然的犯罪为转移,在刑罚论中强调刑罚目的,主张刑罚以未然的犯罪为转移。这样,罪刑相适应与刑罚的目的之间就发生了矛盾。有鉴于此,有些学者对罪刑相适应是否为我国刑法的基本原则提出了怀疑,并提出刑罚个别化原则与罪刑相适应原则并列,以解决罪刑相适应与刑罚目的之间的矛盾。而在我看来,刑罚个别化只包括量刑时应

---

① 《马克思恩格斯全集》(第1卷),141页,北京,人民出版社,1956。
② 参见《马克思恩格斯全集》(第8卷),579页,北京,人民出版社,1961。

该考虑的犯罪人的个人情况即再犯可能性的内容,这是刑罚目的之一——特殊预防,而没有考虑犯罪人以外的其他社会因素,例如形势、民愤等内容,这是刑罚目的之二——一般预防,因而是不够全面的,没有从根本上解决罪刑相适应与刑罚目的的矛盾。何况这些学者是把刑罚个别化作为罪刑相适应的对立面,是在坚持罪刑相适应原则的前提下使刑罚个别化。

我认为,罪刑相适应,一方面是指刑罚与已然的犯罪的社会危害性程度相适应;另一方面是指刑罚与未然的犯罪的可能性大小相适应。这里所谓未然的犯罪的可能性包括再犯可能性——犯罪分子本人再次犯罪的可能性与初犯可能性——社会上其他不稳定分子的犯罪可能性。如此理解罪刑相适应,就把报应与功利两个方面的因素都考虑进去了,因而包括了刑罚个别化的内容,比较科学全面。由此再来看罪刑相适应与刑罚目的的关系,我们就可以发现:两者不是并列的,更不应把两者对立起来,罪刑相适应是刑罚目的的上位概念,刑罚目的是罪刑相适应的应有的内容。

(二) 罪刑相适应与刑事立法

不应否认,我国刑法体现了罪刑相适应原则,但严格地按照罪刑相适应的原则来衡量,我国刑法中也还确实存在有悖于罪刑相适应原则的地方。因此,今后我国刑事立法的发展完善,十分重要的内容之一就是确定一个罪刑相适应的刑事法律体系。

1. 法条竞合的问题。我国刑法分则中,刑法为了体现对不同社会关系的保护,常常采用法条竞合的立法方法,即一行为侵犯两种社会关系,触犯两个法条的规定,而这两个法条在内容上具有重合或者交叉关系。在这种情况下,依法只能适用其中的一个法条,排斥适用另一个法条。例如我国刑法规定的制造、贩卖假药罪,不仅侵犯了国家工商管理秩序,而且侵犯了国家药品管理秩序。立法者将制造、贩卖假药罪规定为独立的犯罪,目的是要重点保护药品管理秩序。相对投机倒把罪的法条而言,它是特别法,投机倒把罪的法条是普通法。在行为人制造、贩卖假药的情况下,一行为同时触犯上述两个法条,形成法条竞合。根据特别法优于普通法原则,应构成制造、贩卖假药罪。但刑法规定投机倒把罪法定最

高刑为10年有期徒刑,全国人大常委会《关于严惩严重破坏经济的罪犯的决定》规定,犯投机倒把罪情节特别严重的,处10年以上有期徒刑、无期徒刑或者死刑,可以并处没收财产。而刑法规定制造、贩卖假药罪法定最高刑却为7年有期徒刑。事实已经证明,投机倒把罪与制造、贩卖假药罪之间处罚如此悬殊,不利于打击制造、贩卖假药罪。类似的情况还发生在其他具有法条竞合关系的犯罪中,这显然是违背罪刑相适应原则的。因此,我认为,采取法条竞合的立法方法,特别法的法定刑应当高于普通法,至少等于普通法,以便真正做到罪刑相适应。

2. 法律协调的问题。行为的社会危害性是随着社会生活的变化而变化的。因此,从纵向发展来看,罪刑相适应是一个不断发展变化的过程。为此,法律需要经常修改、补充,以便在刑事立法上保持罪刑之间的均衡。这几年我国人大常委会在这方面做了许多有益的工作,但也必须看到,由于在修改刑法的时候,未能顾及罪刑横向之间的适应,因此,出现了犯罪之间处罚不相协调的问题,这也是有悖于罪刑相适应原则的,应当引起立法者的高度重视。例如全国人大常委会的《关于严惩严重破坏经济的罪犯的决定》将投机倒把罪的法定最高刑上升为死刑后,伪造国家货币等犯罪的法定最高刑依然如故,两罪刑罚显失平衡。恩格斯曾经指出:在现代国家中,法必须是不因内在矛盾而自相抵触的一种内部和谐一致的表现。[1] 在刑法中,这种内部和谐一致的重要标志就是要做到罪刑相适应——不仅孤立地看每个具体犯罪与其相应的法定刑相适应,而且联系地看各个犯罪之间的刑罚协调统一。所以,今后修改刑法的时候应当全盘考虑,以免牵一发而动全身,破坏了刑法典原有的内部协调,从而影响刑法的社会效果。

3. 区别对待的问题。罪刑相适应的前提是对犯罪的各种情况区别对待,没有这种区别,就没有政策,也就没有罪刑相适应的原则。但近年我国在对刑法进行补充、修改中,没有很好地注意这个问题。例如我国《刑法》第61条规定了累犯制度,根据这一规定,被判处有期徒刑以上刑罚的犯罪分子,刑罚执行完毕

---

[1] 参见《马克思恩格斯选集》(第4卷),2版,702页,北京,人民出版社,1995。

或者赦免以后在3年以内再犯应当判处有期徒刑以上刑罚之罪的,是累犯,应当从重处罚。实践证明,我国刑法中的累犯制度在与犯罪作斗争中是发挥了很好作用的。但1981年6月10日全国人大常委会通过的《关于处理逃跑或者重新犯罪的劳改犯和劳教人员的决定》(以下简称《决定》)规定:刑满释放后又犯罪的,从重处罚。这一规定实际上否定了我国刑法中的累犯制度,而且又没有刑期、时间、罪过形式等限制条件,这就意味着只要犯过罪,不论处以何种刑罚,不论是何时所犯,也不论是故意犯罪还是过失犯罪,以后再犯罪的,都应当从重处罚。这种不考虑差别的处罚原则,显然是违背罪刑相适应原则的。马克思曾经指出:"不论历史或是理性都同样证实这样一件事实:不考虑任何差别的残酷手段,使惩罚毫无效果,因为它消灭了作为法的结果的惩罚。"① 马克思的这一论述是对罪刑相适应原则的最好说明,应该引起我们的深思。我认为,全国人大常委会的《决定》的立法精神是要打击那些重新犯罪的人,尤其是屡教不改的"几进宫"的犯罪分子。这一立法精神是无可非议的,但在采取具体立法措施的时候未能对这些人区别对待。实际上,立法者可以通过设立再犯制度的方法解决这个问题。累犯是应当从重处罚,符合累犯条件的按累犯从重处罚;再犯是指犯罪经判决后又犯罪的人,法律规定对再犯可以从重处罚,以示在法律效果上区别于累犯,既能打击那些屡教不改但符合累犯条件的犯罪分子,又能体现罪刑相适应的原则。

(三) 罪刑相适应与刑事司法

刑事立法上的罪刑相适应是实现罪刑相适应的前提,罪刑相适应的最后实现还有赖于刑事司法。因为刑事立法的任务是创制一定的法律规范,设立一种假定的罪刑关系。在这种情况下,所谓罪刑相适应也只是粗线条的、概括的。尤其是我国采用相对确定的法定刑,对某一犯罪根据犯罪情节的轻重设立几个量刑幅度。例如我国《刑法》第160条规定的流氓罪,最低只能判处管制,而根据全国人大常委会1983年《关于严惩严重危害社会治安的犯罪分子的决定》最高可以判处死刑。从立法上来说,根据流氓犯罪情节的轻重,规定了轻重不同的法定

---

① 《马克思恩格斯全集》(第1卷),139~140页,北京,人民出版社,1956。

刑，这体现了罪刑相适应原则，但它虽然为司法实践中做到罪刑相适应提供了法律基础，却不能保证每个案件的审理结果都能做到罪刑相适应。因为犯罪总是具体的，量刑也只能根据犯罪的具体情节。正如马克思指出："法律是普遍的。应当根据法律来确定的案件是单一的。"① 因此，对于具体犯罪来说，只有通过对案件情节的综合考察，才能真正做到罪刑相适应，所以，只有刑事立法上的罪刑相适应而没有刑事司法中的罪刑相适应，罪刑相适应原则也还是不可能最后实现。应该指出，我国司法机关在刑事审判工作中，基本上是能够做到罪刑相适应的，但也还存在一些有待研究的问题。

1. 量刑适当的问题。对罪刑相适应的思想认识，是一个首先需要解决的问题。在司法实践中，有些同志对于定罪往往比较重视，将其作为检验刑事审判工作质量的一个重要标准。而对罪刑相适应则仅仅看作多判几年与少判几年的问题，认为无关紧要。二审法院在对上诉案件进行审理的时候，也往往注重定性是否准确，对于量刑，只有在畸轻畸重的情况下才予改判。至于一般的偏轻偏重则不予纠正，这也在一定程度上强化了基层司法工作人员重定罪轻量刑的思想认识。我认为，定罪与量刑是刑事审判工作的两个基本环节，定罪是否准确固然重要，量刑是否做到了罪刑相适应也具有同等重要的意义，两者不可偏废。刑法颁行不久，由于适用刑法的司法实践经验不足，强调与重视定罪问题，也是可以理解的，但随着社会主义民主与法制的发展，司法实践经验积累，量刑适当即量刑的精确化问题也应提上议事日程。而量刑适当实际上就是一个罪刑相适应的问题，应该把量刑适当与定罪准确并列为检验审判工作质量的标准。

2. 刑罚适用的问题。在司法实践中要做到罪刑相适应，还必须正确适用有关刑罚制度。我认为，报应因素对于刑罚具有决定性意义。因此，在量刑时，应该主要考虑刑罚与已然的犯罪的社会危害性程度相适应。在此基础上，再考虑功利因素，例如犯罪人的再犯可能性与其他人的初犯可能性。我国刑法规定的累犯、自首等刑罚制度，就是以犯罪分子的人身危险性为根据的，在适用这些刑罚

---

① 《马克思恩格斯全集》（第1卷），76页，北京，人民出版社，1956。

制度的时候，必须受已然的犯罪的社会危害性的制约，否则将会导致罪刑失衡。例如，有些司法机关为了片面追求一般预防的社会效果，对个别罪行十分严重但投案自首的犯罪分子一概免予刑事处分。显然，这是不符合我国刑法关于自首的规定的，也违反罪刑相适应的原则。

（本文原载《中国法学》，1989（3））

罪刑法定的当代命运

自从刑事古典学派提出罪刑法定主义并将之确立为刑事立法与刑事司法的经典原则,已经过去了一个半世纪。其间,世界发生了剧烈的变动。罪刑法定主义经受了历史的考验,同时也面临着时代的挑战。在这种情况下,罪刑法定的当代命运到底如何,这是一个亟待回答的重大问题。

一、罪刑法定的价值蕴含

罪刑法定的基本含义是"法无明文规定不为罪(nullum crimen sine lege),法无明文规定不处罚(nulla poena sine lege)"。这一法律格言本身并无高深可言,但它所体现的价值蕴含却是十分丰富的,只有从历史的深度与社会的广度才能正确地求得。

罪刑法定的思想渊源虽然可以追溯到1215年英王约翰签署的大宪章(Magna Carta),但它作为刑法基本原则的确立,却是17、18世纪启蒙运动的产物。启蒙运动是对中世纪封建专制主义的反动,因而它以人的解放为追求的价值目标,由此确立个人本位的政治法律思想,从而为罪刑法定主义提供了理论基础。

美国法理学家博登海默曾经把启蒙思想的主要理论形态——古典自然法的发展分为三个阶段：第一阶段是文艺复兴和宗教改革后发生的从中世纪神学和封建主义中解放出来的过程，以格劳秀斯、霍布斯等人为代表的自然法思想，其理论的特点就是认为，实施自然法的最终保证应当主要从统治者的智慧和自制中去发现。因此，这一阶段更倾向于安全。第二阶段约始于1649年英国的清教改革，这一阶段以经济、政治及哲学中的自由主义为标志。洛克和孟德斯鸠等人试图用分权的方法来保护个人的自然权利，反对政府对个人权利的非法的侵犯。因此，这一阶段更注重的是自由。第三阶段的标志乃是强烈主张人民的主权和民主，自然法取决于人民的"普遍意志"和大多数人的决定。这一阶段最杰出的代表人物是法国政治思想家让·雅克·卢梭。因此，这一阶段的中心是民主。① 应该说，自然法发展的以上三个阶段分别强调的安全、自由和民主三种价值中，自由最能反映自然法的精神。因而，以洛克、孟德斯鸠为代表的是成熟与纯正的自然法理论形态。

　　自由一词在英文中有两个义词形，即 freedom 和 liberty。据考证，在古代西方，自由概念最早曾被用来表示原始社会无任何羁束的自然生活状态。在现代社会，自由作为一种公民权利而存在，这个意义上的自由不是仅指人身自由，而是包括在社会活动的各个方面自主地决定自己的行为。古典自然法对自由范畴所做的最主要的规定，就是把它宣布为人的天赋权利或自然权利；而这种天赋权利或自然权利在实际社会中又表现为社会权利。霍布斯在论及自由时指出：自由这个词，按照其确切的意义说来，就是外界障碍不存在的状态。自由首先以自然权利而存在，自然权利就是一个人按照自己所愿意的方式运用自己的力量保全自己的天性——也就是保全自己的生命——的自由。因此，这种自由就是用他自己的判断和理性认为最适合的手段去做任何事情的自由。②

　　继霍布斯之后，洛克对这种自由权利范畴作了进一步的说明，指出：人的自

---

① 参见［美］博登海默：《法理学—法哲学及其方法》，37页以下，北京，华夏出版社，1987。
② 参见［英］霍布斯：《利维坦》，165页，北京，商务印书馆，1985。

然自由，就是不受人间任何上级权力的约束，不处在人们的意志或立法权之下，只以自然法作为他的准绳。处在社会中的人的自由，就是除经人们同意在国家内所建立的立法权以外，不受其他任何立法权的支配，除立法机关根据对它的委托所制定的法律以外，不受任何意志的统辖或任何法律的约束。洛克还论及自由与法律的关系，指出：处在政府之下的人们的自由，应有长期有效的规则作为生活的准绳，这种规则为社会一切成员所共同遵守，并为社会所建立的立法机关所制定。这是在规则未加规定的一切事情上能按照自己的意志去做的自由，而不受另一人的反复无常的、事前不知道的和武断的意志的支配；如同自然的自由是除自然法以外不受其他约束那样。① 在这里，洛克明确指出了"凡是法律没有规定的，便是允许去做的"这样一个命题，从而为公民自由留下了广泛的空间，即使法律的规定，也并不是要限制自由。因此，洛克指出：法律按其真正的含义而言与其说是限制还不如说是指导一个自由而有智慧的人去追求他的正当利益，它并不在受这法律约束的人们的一般福利范围之外作出规定。假如没有法律他们会更快乐的话，那么法律作为一件无用之物自己就会消灭；而单单为了使我们不致坠下泥坑和悬崖而作的防范，就不应称为限制。所以，不管会引起人们怎样的误解，法律的目的不是废除或限制自由，而是保护和扩大自由。这是因为在一切能够接受法律支配的人类的状态中，哪里没有法律，哪里就没有自由。这是因为自由意味着不受他人的束缚和强暴，而哪里没有法律，哪里就不能有这种自由。② 根据洛克的观点，自由不是为法律而存在，恰恰相反，法律是为自由而存在的。只有在这个意义上，我们才能明晰洛克关于"哪里没有法律，哪里就没有自由"这句名言的真谛。

那么法律又是什么呢？这里涉及洛克关于社会契约的思想。洛克指出：任何人放弃其自然自由并受制于公民社会的种种限制的唯一的方法，是同其他人协议联合组成为一个共同体，以谋他们彼此间的舒适、安全和和平的生活，以便安稳

---

① 参见［英］洛克：《政府论》（下篇），16页，北京，商务印书馆，1964。
② 参见［英］洛克：《政府论》（下篇），36页，北京，商务印书馆，1964。

地享受他们的财产并且有更大的保障来防止共同体以外任何人的侵犯。[①] 不仅如此，社会还从公民个人中通过权利转让获得了立法权，从而制定法律并用法律来解决公民之间的纠纷，以及依照法律处罚违法者。正如洛克指出：真正的和唯一的政治社会是，在这个社会中，每一成员都放弃了这一自然权力，把所有不排斥他可以向社会所建立的法律请求保护的事项都交由社会处理。于是每一个别成员的一切私人判决都被排除，成了仲裁人，用明确不变的法规来公正地和同等地对待一切当事人；通过那些由社会授权来执行这些法规的人来判断该社会成员之间可能发生的关于任何权利问题的一切争执，并以法律规定的刑罚来处罚任何成员对社会的犯罪。[②] 在此，洛克阐明了刑罚权的起源，它来自在自然法状态下为执行私人判决而处罚违犯自然法的行为的权力。洛克以自然权力与社会契约建构起来的以自由为精神的政治哲学理论，成为罪刑法定主义的主要理论支撑。

继洛克之后，孟德斯鸠进一步发展了自然法理论。孟德斯鸠十分注重自由与法律的关系，指出：在一个国家里，也就是说，在一个有法律的社会里，自由仅仅是一个人能够做他应该做的事情，而不被强迫去做他不应该做的事情。自由是做法律所许可的一切事情的权利；如果一个公民能够做法律所禁止的事情，他就不再有自由了，因为其他的人也同样会有这个权利。孟德斯鸠认为，一个公民的政治自由是一种心境的平安状态，这种心境的平安是从人人都认为他本身是安全的这个看法产生的。要享有这种自由，就必须建立一种政府，在它的统治下一个公民不惧怕另一个公民。[③] 由此可见，孟德斯鸠把公民的自由归结为一种不受侵犯的安全，这也正是政治上的自由与哲学上的自由的主要区别。哲学上的自由，是要能够行使自己的意志，或者，至少（如果应从所有的体系来说的话）自己相信是在行使自己的意志。政治的自由是要有安全，或是至少自己相信有安全。孟德斯鸠认为，这种安全从来没有比在公的或私的控告时受到的威胁更大的了。因此，孟德斯鸠得出结论：公民的自由主要依靠良好的刑法。因为当公民的无辜得

---

① 参见 [英] 洛克：《政府论》(下篇)，59 页，北京，商务印书馆，1964。
② 参见 [英] 洛克：《政府论》(下篇)，53 页，北京，商务印书馆，1964。
③ 参见 [法] 孟德斯鸠：《论法的精神》(上册)，154 页以下，北京，商务印书馆，1961。

不到保证，自由也就没有保证。孟德斯鸠指出：如果刑法的每一种刑罚都是依据犯罪的特殊性质去规定的话，便是自由的胜利。一切专断停止了，刑罚不是依据立法者一时的意念，而是依据事物的性质产生出来的；这样，刑罚就不是人对人的暴行。①

孟德斯鸠还从政体的角度阐述了罪刑法定的思想，指出：当一个人握有绝对权力的时候，他首先便是想简化法律。在这种国家里，他首先注意的是个别的不便，而不是公民的自由，公民的自由是不会受到关怀。孟德斯鸠还把国家政体分为专制国、君主国和共和国三种，阐述了"在什么政体与情况之下法官应按照法律的明文断案"，指出：专制国是无所谓法律的，法官就是法律。君主国是有法律的，法律明确时，法官遵照法律；法律不明确时，法官则探求法律的精神。在共和国里，政体的性质要求法官以法律的文字为依据；否则在有关一个公民的财产、荣誉或生命的案件中，就有可能对法律作有害于该公民的解释了。②孟德斯鸠还引证历史资料加以说明：一个政体越接近共和政体，裁判的方式也就越确定。在拉栖代孟共和国，民选长官断案是武断的，没有任何法律作依据。在罗马，法官只能够宣告被告犯了某一罪行，而这罪行的处罚，法律是有规定的，这从当时所制定的各种法律可以看到。同样，在英国，由陪审员根据向他们提出的事实，认定被告是否犯罪。如果他们宣告犯罪属实，法官便按照法律的规定宣布刑罚，做这件事，法官只要用眼睛一看就够了。③

古典自然法在个人与社会的关系上，体现了个人本位的原则。政府和社会的存在都是为了维护个人的权利，而个人权利的不可取消性则构成政府与社会权威的限度。个人及其权利以终极原则的地位出现。④

罪刑法定主义作为近代刑法基本原则的诞生，完全体现了古典自然法所确立的个人本位的价值观念，以人权保障为己任。贝卡里亚就是秉承古典自然法思

---

① 参见［法］孟德斯鸠：《论法的精神》（上册），188、189页，北京，商务印书馆，1961。
② 参见［法］孟德斯鸠：《论法的精神》（上册），76页，北京，商务印书馆，1961。
③ 参见［法］孟德斯鸠：《论法的精神》（上册），76、77页，北京，商务印书馆，1961。
④ 参见［美］萨拜因：《政治学说史》（下册），590页，北京，商务印书馆，1986。

想，建构了刑事古典学派的理论体系，因而首先明确地提出罪刑法定的原则。贝卡里亚认为，在自然状态下，人人都享有自然权利。但是连续的战争状态使个人无力享受那种由于朝不保夕而变得空有其名的自由。只有通过社会契约，才能使人们联合起来建立政治社会，法律就是把这些人联合成社会的条件。为此，人们必须把自己的一部分自由转让给社会。贝卡里亚指出：正是这种需要迫使人们割让自己的一部分自由，而且，无疑每个人都希望交给公共保存的那份自由尽量少些，只要足以让别人保护自己就行了。这一份份最少量自由的结晶形成惩罚权。一切额外的东西都是擅权，而不是公正，是杜撰而不是权利。如果刑罚超过了保护集存的公共利益这一需要，它本质上就是不公正的。刑罚越公正，君主为臣民所保留的安全就越神圣不可侵犯，留给臣民的自由就越多。[1] 为此，必须在政府的权力与公民的自由之间划分出一条界线，而罪刑法定就是这条界线的一个明确的界标。贝卡里亚将其视为刑法之第一要义，指出：只有法律才能为犯罪规定刑罚。只有代表根据社会契约而联合起来的整个社会的立法者才拥有这一权威。任何司法官员（他是社会的一部分）都不能自命公正地对该社会的另一成员科处刑罚。超越法律限度的刑罚就不再是一种正义的刑罚。因此，任何一个司法官员都不得以热忱或公共福利为借口，增加对犯罪公民的既定刑罚。[2] 及至费尔巴哈，罪刑法定被确立为实证刑法的原则，并以"哪里没有法律，哪里就没有对公民的处罚"这样通俗的语言著称于世。

从刑法价值论考察，刑事古典学派宣扬的罪刑法定主义是以个人自由为价值取向的，体现的是刑法对人权的有力保障。刑法的这种人权保障机能又通过罪刑法定得以实现，主要表现为对立法权与司法权的限制，即以法律限制权力，从而保障了个人自由。

罪刑法定主义的首要使命是对立法权的限制。在罪刑法定的构造中，刑事立法者绝不是一个任意恣行的人，而是处于限制与被限制的复杂关系之中。立法者

---

[1] 参见［意］贝卡里亚：《论犯罪与刑罚》，9页，北京，中国大百科全书出版社，1993。
[2] 参见［意］贝卡里亚：《论犯罪与刑罚》，11页，北京，中国大百科全书出版社，1993。

规定对某一行为以犯罪论处，这当然是对个人自由的一种限制，但它并不能无限制地扩张这种权利。申言之，这种权力本身同时受到个人自由的限制。自由本身即意味着限制，没有限制就没有自由。因为社会自由的存在前提是，人们都通过一定的社会关系形式而同其他人发生联系，而联系本身就意味着相互制约。而且，社会自由既然是一种自主活动状态，那么人们在行使自由权利进行社会活动时，必须考虑他的活动对其他人的存在和他人各方面利益的影响，否则，社会会由于妨害他人所应该享有的社会利益而遭到抵制。由此可以引出以下结论：人们所能享有的自由最终是有限制的，这个限制在它本身所存在的社会关系中来自其他人的存在和利益。而这一限制正体现了社会自由的最本质的界限，亦即它的原则界限，这便是：社会自由必须以不妨害他人应有的利益为界限。①

对个人自由限制的需要，也正是刑罚权存在的理由与根据。但是，对个人自由的限制本身并非目的，目的恰恰在于使个人更加充分地与最大限度地享有自由。由此，刑罚权本身又应该受到限制。罪刑法定主义最大的价值就体现于此，这也是单纯地从罪刑法定的字面上无从寻得而隐含在这一原则背后的深层价值意蕴。贝卡里亚就曾经指出，衡量犯罪的真正标尺是犯罪对社会的危害。为了正确地区分（立法意义上而非司法意义上）罪与非罪的界限，贝卡里亚设计了一个由一系列越轨行为构成的阶梯，它的最高一级就是那些直接毁灭社会的行为，最低一级就是对于作为社会成员的个人所可能犯下的最轻微的非正义行为。在这两极之间，包括了所有侵害公共利益的、我们称之为犯罪的行为，这些行为都沿着这无形的阶梯，从高到低顺序排列。贝卡里亚满怀深情地指出：如果说，对于无穷无尽、暗淡模糊的人类行为组合可以应用几何学的话，那么也很需要一个相应的、由最强到最弱的刑罚阶梯。有了这种精确的、普遍的犯罪与刑罚阶梯，我们就有了一把衡量自由和暴政程度的潜在的共同标尺，它显示了各个国家的人道程度和败坏程度。贝卡里亚毫不含糊地说：任何不包含在上述阶梯之内的行为，都

---

① 参见贾高建：《三维自由论》，112 页，北京，中共中央党校出版社，1994。

不能被称为是犯罪,或者以犯罪论处。① 在贝卡里亚所处的立法暴虐、司法专横的时代,这些掷地有声的话不啻是在乌云荫翳的黑夜划过一道理性的闪电。今天读来,仍然使人怦然心动。

罪刑法定主义对立法权限制的思想在1789年法国《人权宣言》中得以确认,宣言规定:自由就是指有权从事一切无害于他人的行为(第4条)。法律仅有权禁止有害于社会的行为。凡未经法律禁止的行为即不得受到妨碍,而且任何人都不得被迫从事法律所未规定的行为(第5条)。法律只应规定确实需要和显然不可少的刑罚,而且除非根据在犯法前已经制定和公布的且系依法施行的法律以外,不得处罚任何人(第8条)。

罪刑法定主义还意味着以立法权限制司法权。司法如果没有立法的限制,擅断就不可避免,专横也在情理之中。对司法权的限制,始终是刑事古典学派考虑的一个根本问题,其目的就在于保障公民的个人自由不受司法侵犯。罪刑法定,就成为刑事古典学派为防止司法权侵犯个人自由的一种制度设计。罪刑法定主义通过罪刑的法定化,为公民提供了行为模式,从而使公民对自己的行为具有可预见性。因此,只有确定性的刑事规范,才能为公民提供安全的保障。孟德斯鸠指出:法律的用语,对每一个人要能够唤起同样的观念。在法律已经把各种观念很明确地加以规定之后,就不应再回头使用含糊笼统的措辞。路易十四的刑事法令,在精确地列举了和国王有直接关系的讼案之后,又加上了一句:"以及一切向来都由国王的判官审理的讼案。"人们刚刚走出专横独断的境域,可是又被这句话推回去了。② 孟德斯鸠还以中国古代法例来说明刑法的明确性对于保障个人自由的重要性,中国的法律规定,任何人对皇帝不敬就要处死刑。因为法律没有明确规定什么叫不敬,所以任何事情都可拿来作借口去剥夺任何人的生命,去灭绝任何家族。如果大逆罪含义不明,便足以使一个政府堕落到专制主义中去。③

由此可见,刑法的明确性是罪刑法定的题中应有之义,它的要旨就在于限制

---

① 参见[意]贝卡里亚:《论犯罪与刑罚》,66、69页,北京,中国大百科全书出版社,1993。
② 参见[法]孟德斯鸠:《论法的精神》(上册),297页,北京,商务印书馆,1961。
③ 参见[法]孟德斯鸠:《论法的精神》(上册),195页,北京,商务印书馆,1961。

司法权的滥用。贝卡里亚也表现出对法官极大的不信任，将法官的使命严格限定在判定公民的行为是否符合成文法，并且竭力否认法官解释刑事法律的权利，指出：严格遵守刑法文字所遇到的麻烦，不能与解释法律所造成的混乱相提并论。这种暂时的麻烦促使立法者对引起疑惑的词句作必要的修改，力求准确，并且阻止人们进行致命的自由解释，而这正是擅断和徇私的源泉。① 人们正是通过罪刑法定的方式获得人身与财产的安全，固守着作为社会的一个分子所应当享有的自由的疆域，而不受任何非法的侵入。

刑事古典学派以个人为本位的罪刑法定主义在世界各国产生了深远而广泛的影响，成为刑法的铁则。然而，时代的变迁，导致个人本位向社会本位嬗变。这一价值观念的重大转变，同样对法律产生了根本性的影响，出现了所谓法律社会化的运动。例如美国法学家庞德指责 19 世纪个人自由发挥能动性的神话使我们过分热衷于抽象的人的抽象的自由，而看不到在具体的人的人类生活中的社会利益。庞德指出：标志 20 世纪法理学特点的整个世界法律思想中的态度的变化，以承认个人生活中的社会利益为基点，认为它比个人自我主张观念更宽广，范围更大。② 庞德甚至认为，19 世纪法律的历史，主要是有关日趋承认个人权利——这些权利常常被看作是自然和绝对的权利——的记录；在 20 世纪，应该用更加广泛地承认人类的需要、要求和社会利益这方面的发展来重复这段法律历史。

社会本位的法律观念强调的是社会秩序，通过社会协调一致的行动，使得社会利益最大化。社会本位的价值观的确立，对建立在个人本位价值观之上的罪刑法定主义是一次严重的挑战。刑事实证学派就是在这种历史背景下产生的，它所确立的社会防卫论体现了社会本位的价值取向。例如菲利坚决否定刑事古典学派倡导的个人责任论，从而提出社会责任论，认为对犯罪人适用刑罚，必然考虑导致犯罪的犯罪人本身的个人因素，更重要的是要考虑导致一定的犯罪人实施一定的犯罪的社会诸条件，从社会环境中寻找犯罪原因或根源，从而社会就有责任以

---

① 参见 [意] 贝卡里亚：《论犯罪与刑罚》，13 页，北京，中国大百科全书出版社，1993。
② 参见 [美] 庞德：《法律史解释》，143、144 页，北京，华夏出版社，1989。

相应的刑事政策并用相应的处遇,改造教育犯罪人,履行对犯罪人实施拯救责任,以使其复归社会,排除对社会的侵害。[①] 社会责任论从社会出发责难犯罪人,使刑罚从消极的限制机能向积极的促进机能扩张,个别刑事实证学派的学者由此提出松弛、批判甚至取消罪刑法定的主张。例如牧野英一认为,利用刑法对犯罪人进行社会防卫是一种现代思潮,是19世纪的个人本位时代向20世纪的社会本位时代进化的结果。刑法是为保卫社会才规定对犯罪人予以处罚的,所以,行为受刑法限制的不是法官,只能是犯罪人,这是不言自明的。[②] 在这种情况下,通过罪刑的法定而制约的形式上的法律关系的要求,将起阻碍作用,乃至成为桎梏。日本刑法学家中山研一在论及牧野英一关于罪刑法定主义思想时指出:如果认为牧野英一博士完全否定并主张放弃罪刑法定主义原则,则是不正确的。莫如说,牧野英一博士的目的是把罪刑法定主义原则按照新的时代要求加以修正,变更其面目,进而赋予其崭新的内容。中山研一进一步评论道:然而,从结论上看,牧野英一主张罪刑法定主义的派生原则的某些问题具有一定的缓和可能性,是通过将罪刑法定主义贬低为形式上的法定原则而悬置其实质内容;牧野英一提出在罪刑法定主义原则已有的限制机能之上增加促进机能,是将人权包含在国家刑罚权的一般增长机能中,无异于取消人权。[③] 这一评论可谓入木三分。确实,罪刑法定主义经过牧野英一的如此改造,已经是名存实亡。

进入20世纪,罪刑法定主义命途多舛。在价值取向上,体现个人本位的罪刑法定主义难以适应时代的需要,这是一个客观的事实,但是个人自由与社会秩序是否完全对立,人权保障与社会保护是否不能并存,因而罪刑法定主义是否已经不能容纳时代内容应该退出历史舞台,这些都是我们需要研究的问题。

我认为,个人与社会、自由与秩序是辩证统一的。人既具有个体性,又具有社会性。正如英国哲学家格林指出:个人生命与社会生命之间存在必不可少的关系(唯有社会生命才使人具有价值和意义,因为唯有社会生命给了个人以充分道

---

① 参见甘雨沛、何鹏:《外国刑法学》(上册),137页,北京,北京大学出版社,1984。
② 参见[日]牧野英一:《刑事学的新思潮和新刑法》,14页以下。
③ 参见[日]中山研一:《刑法的基本思想》,8页,北京,国际文化出版公司,1988。

德发展的力量);个人及其全部权利和全部自由对于其社会成员资格的依赖性;与此互相关联的社会所负的保证个人全部权利的义务(个人全部权利,换句话说,就是个人的充分道德发展,因而也就是社会的道德发展所必要的一切条件)。① 古典自然法主张天赋人权,由此论证个人自由的神圣性。这种观点过于强调人的个体性,忽视了个人自由只有在一定的社会关系中才能求得。按照马克思主义观点,只有从现实的人所处的现实的社会关系出发,才能科学地界定个人自由。在这个意义上,个人自由只不过是现实的人的现实权利。这种权利的实现,不可能超出一定的社会结构所提供的条件。因此,马克思指出:自由就是从事一切对别人没有害处的活动的权利。每个人所能进行的对别人没有害处的活动的界限是由法律规定的,正像地界是由界标确定的一样。② 及至19世纪与20世纪之交,由于生产社会化的进一步发展,垄断取代竞争,因而本位思想得以滥觞。应该说,这种社会本位的价值取向是对以往个人本位的价值取向的一种反动,虽然存在矫枉过正之嫌,但从本质上并没有否认个人自由而只不过是在个人自由与社会秩序这两种价值中更偏重于后者而不是前者。不仅个人与社会是统一的,而且自由与秩序也具有其内在的同一性。因为秩序意味着按照一定的规范和准则,对社会系统进行有效的控制,使社会按其特定的秩序轨道正常运行。因此,秩序是自由的前提或基础,同时秩序本身也包含着自由。自由与秩序就其本性而言,并不是截然对立的,而是存在一种有机的、相互包容的关系。正如美国学者库利指出:只有糟糕的社会秩序才是和自由对立的。自由只有通过社会秩序或在社会秩序中才能存在,而且只有当社会秩序得到健康的发展,自由才可能增长。③

既然个人自由与社会秩序是统一的,因而刑法的人权保障与社会保护这两大机能也是不可偏废的。因为法律的任务就是努力地在尊重个人自由和维护社会根本制度之间保持平衡。对这个问题的立法决策应事先经过充分讨论,然后再以稳

---

① 参见[英]欧内斯特·巴克:《英国政治思想》,4页,北京,商务印书馆,1987。
② 参见《马克思恩格斯全集》(第1卷),438页,北京,人民出版社,1956。
③ 参见[美]库利:《人类本性和社会秩序》,278页,北京,华夏出版社,1989。

健的方式作出。只有这样,才能防止产生对某些法律的不合理性视而不见的现象,这些法令可能根本达不到自己的预定目的,或者将会产生在某种程度上为实现其造福于社会的目的而过分地牺牲个人利益的后果。[①] 因此,刑法既要通过其人权保障机能,成为公民自由的大宪章,又要通过其社会保护机能,成为社会利益的捍卫者。我们说刑法的两大机能不可偏废,并不是说两者不存在冲突,在冲突中不能有所选择与丧失。刑事古典学派强调的是刑法的人权保障机能,因而刑法制度的设计完全从保障个人自由出发。例如贝卡里亚把全部思想归结为以下这条被他认为是颇为有益的普遍公理:为了不使刑罚成为某人或某些人对其他公民施加的暴行,从本质上来说,刑罚应该是公开的、及时的、必需的,在既定条件下尽量轻微的、同犯罪相对称的并由法律规定的。[②] 而刑事实证学派所宣称的基本目标是从罪犯本身及其生活于其中的自然和社会环境方面研究犯罪的起源,以便针对各种各样的犯罪原因采取最有效的救治措施。[③] 因此,刑事实证学派设计的刑法制度必然以社会保护为重心。但这也不是对个人的完全否定。例如菲利就明确地说,从贝卡里亚时代起,刑法通过反对中世纪专断和残暴的刑罚得到了发展,刑罚逐渐减轻了。与此相似,从逐渐加强保证个人免受社会统治的制度的意义上讲,19世纪的法定刑事诉讼程序一直是而且现在仍然是反对中世纪滥用审判制度的产物。就刑法而言,为了社会自卫的利益,有必要反对古典学派过分强调个人主义的做法。而实证学派,恰恰因为它旨在寻求个人和社会权利的均衡,所以不满足于支持社会反对个人,它也支持个人反对社会。[④] 这就是被菲利称为个人权利与权利均衡的原则,以此与以个人主义理论为基础的刑事古典学派相抗衡。

罪刑法定主义的古典形态无疑是建立在个人自由与人权保障的基础之上的。

[①] 参见[英]彼得·斯坦、约翰·香德:《西方社会的法律价值》,181页,北京,中国人民公安大学出版社,1990。
[②] 参见[意]贝卡里亚:《论犯罪与刑罚》,109页,北京,中国大百科全书出版社,1993。
[③] 参见[意]菲利:《犯罪社会学》,1页,北京,中国人民公安大学出版社,1990。
[④] 参见[意]菲利:《犯罪社会学》,103、105页,北京,中国人民公安大学出版社,1990。

罪刑法定是深受中世纪刑罚权无节制扩张和滥用之苦而作出的价值选择，就其基本属性而言，它倾向于保障人权、实现一般正义和增强社会安全感。可以说，罪刑法定是价值偏一的选择，而并非兼顾各种价值目标和利益。[①] 那么，罪刑法定主义能否容纳社会保护的价值内容呢？我的回答是肯定的。如前所述，社会利益与个人自由不是完全对立的。社会保护与人权保障也并非不可两立，罪刑法定经过自身的完善与变化能够适应社会需要，兼顾人权保障与社会保护。事实上，罪刑法定主义也不是一成不变的，从提出初始的绝对罪刑法定主义到后来的相对罪刑法定主义的修正，表明它具有内在的完善机制，可以跟上时代的发展与社会的变迁。

现在通常所说的从绝对罪刑法定主义到相对罪刑法定主义的变化，主要是指从完全取消司法裁量到限制司法裁量；从完全否定类推到容许有限制的类推适用，即在有利于被告的场合容许类推适用；从完全禁止事后法到从旧兼从轻，即在新法为轻的情况下刑法具有溯及力等，都没有违背人权保障的宗旨；同时增加了刑法的灵活性与适应性，以求得个人自由与社会秩序之间更好的平衡，实现刑法的人权保障与社会保护的双重机能。因此，罪刑法定主义从绝对到相对的变化，并非自我否定，而是自我完善。尤其是经过第二次世界大战纳粹法西斯践踏法制、侵犯人权的血的教训，人们更加认识到罪刑法定主义的重要价值。法国1994年3月1日生效的新刑法典第1113条明确规定了罪刑法定原则，指出："构成要件未经法律明确规定之重罪或轻罪，不得以其处罚任何人；或者构成要件未经条例明确规定之违警罪，不得以其处罚任何人。如犯罪系重罪或轻罪，法律无规定之刑，不得以其处罚任何人。如犯罪系违警罪，条例无规定之刑，不得以其处罚任何人。"该法典第1114条还规定"刑法应严格解释之"。由此可见，罪刑法定主义不仅没有过时，而且不会过时，因为它是刑法的内在生命。那种认为罪刑法定主义从命运说，已是日薄西山、气息奄奄之势的评价，如果不是囿于偏见，至少也是危言耸听。

---

① 参见宗建文：《刑罚正义论——罪刑法定的价值分析》，载《刑罚专论》，31页，成都，四川大学出版社，1995。

二、罪刑法定的制度构造

罪刑法定不仅是一个刑法价值的取向问题，而且是一个刑法制度的构造问题。从制度构造上来说，罪刑法定是法治主义在刑法领域中的表现。

罪刑法定的制度构造，主要涉及立法与司法的关系问题。确切地说，是规则与裁量的关系问题。刑事古典学派确立罪刑法定主义，十分明显的用意就在于以立法权限制司法权，因而主张严格规则主义，否定法官的自由裁量权。因而，罪刑法定的制度构造中，明显地包含着权力制衡的思想设计。显然，这一思想来自古典自然法学派。例如洛克首先提出了分权的思想，指出：如果同一批人同时拥有制定和执行法律的权力，这就会给人们的弱点以绝大诱惑，使他们动辄要攫取权力，借以使他们自己免于服从他们所制定的法律，并且在制定和执行法律时，使法律适合于他们自己的私人利益。因而他们就与社会的其余成员有不相同的利益，违反了社会和政府的目的。[①] 根据洛克的看法，只有分权，使权力之间互相制约，才能免于权力的诱惑，从而保障公民的个人自由不受权力的侵犯。

孟德斯鸠进一步提出三权分立的学说，把一个国家的政权分为立法权、司法权和行政权，认为这三种权力应当由三个不同的机关来行使，并且互相制约。因为在孟德斯鸠看来，一切有权力的人都容易滥用权力，这是万古不易的一条经验。有权力的人们使用权力一直到遇有界限的地方才休止。因此，孟德斯鸠认为，从事物的性质来说，要防止滥用权力，就必须以权力约束权力。孟德斯鸠企盼有这样一种政制：它不强迫任何人去做法律所不强制他做的事，也不禁止任何人去做法律所许可的事。[②] 如果没有权力制衡，当立法权和行政权集中于同一个人或同一个机关之手时，自由便不复存在了；因为人们将要害怕这个国王或议会制定暴虐的法律，并暴虐地执行法律。如果司法权不同立法权和行政权分立，自

---

① 参见［英］洛克：《政府论》（下篇），89 页，北京，商务印书馆，1964。
② 参见［法］孟德斯鸠：《论法的精神》（上册），154 页，北京，商务印书馆，1961。

由也就不存在了。如果司法权同行政权合而为一，法官便将握有压迫者的力量。有鉴于此，孟德斯鸠提出以权制权的制衡原理，指出：这三种权力原来应该形成静止或无为状态。不过，事物必然的运动促使它们前进，因此它们就不能不协调地前进了。①

根据这种权力制衡的思想，贝卡里亚得出结论：代表社会的君主只能制定约束一切成员的普遍性法律，但不能判定某个人是否触犯了社会契约。由于国家可能分为两方：君主所代表的一方断定出现了对契约的侵犯，而被告一方则予以否认，所以，需要一个判定事实真相的第三者。这就是说，需要一个作出终极判决的司法官员，他的判决是对具体事实作出单纯的肯定或否定。②显然，贝卡里亚这里所说的是司法权对于立法权的制约，即立法者只能制定法律，而不能自己去执行法律。同时，贝卡里亚更重视的是立法权对于司法权的制约，指出：刑事法官根本没有解释刑事法律的权利，因为他们不是立法者。根据贝卡里亚的构想：法官对任何案件都应进行三段论式的逻辑推理。大前提是一般法律，小前提是行为是否符合法律，结论是自由或是刑罚。③根据这一司法模式，法官只是法律的机械执行者，没有任何自由裁量权。总之，刑事古典学派从罪刑法定主义出发，都主张严格限制法官的权力。

罪刑法定主义对法官权力的限制，主要通过成文法，因而，古典作家们表现出对于成文法的无限推崇。例如孟德斯鸠要求法官判案应当以法律的文字为依据，否则在有关一个公民的财产、荣誉或生命的案件中，就有可能对法律作有害于该公民的解释了。④意味深长的是，孟德斯鸠的代表作书名虽然是《论法的精神》，但他十分反对法官探求法律的精神，因为文字比精神更为确切与确定。这一观点在贝卡里亚那里得到更加淋漓尽致的发挥。贝卡里亚指出，"法律的精神需要探寻"，再没有比这更危险的公理了。采纳这一公理，等于放弃了堤坝，让

---

① 参见［法］孟德斯鸠：《论法的精神》（上册），156、157页，北京，商务印书馆，1961。
② 参见［意］贝卡里亚：《论犯罪与刑罚》，11页，北京，中国大百科全书出版社，1993。
③ 参见［意］贝卡里亚：《论犯罪与刑罚》，12页，北京，中国大百科全书出版社，1993。
④ 参见［法］孟德斯鸠：《论法的精神》（上册），12页以下，北京，商务印书馆，1961。

位给汹涌的歧见。因为,每个人都有自己的观点,在不同的时间里,会从不同的角度看待事物。因而,法律的精神可能会取决于一个法官的逻辑推理是否良好,对法律的领会如何;取决于他感情的冲动;取决于被告人的软弱程度;取决于法官与被侵害者间的关系;取决于一切足以使事物的面目在人们波动的心中改变的、细微的因素。所以,我们可以看到,公民的命运经常因法庭的更换而变化。不幸者的生活和自由成了荒谬推理的牺牲品,或者成了某个法官情绪冲动的牺牲品。因为法官把从自己头脑中一系列混杂概念中得出的谬误结论奉为合法的解释。我们还可以看到,相同的罪行在同一法庭上,由于时间不同而受到不同的惩罚。原因是人们得到的不是持久稳定的而是飘忽不定的法律解释。因此,贝卡里亚认为对于一部业已厘定的法典,应当逐字遵守。法官唯一的使命就是判定公民的行为是否符合成文法律。[①] 甚至,贝卡里亚推广到对一切成文东西的崇拜,认为一个社会如果没有成文的东西,就绝不会具有稳定的管理形式。在稳定的管理形式中,力量来自整体,而不是局部的社会;法律只依据普遍意志才能修改,也不会蜕变成私人利益的杂烩。经验和理性告诉我们:人类传统的可靠性和确定性,随着逐渐远离其起源而削弱。如果不建立一座社会契约的坚固石碑,法律怎么能抵抗得住时间和欲望的必然侵袭呢?[②] 由此可见,贝卡里亚之所以推崇成文法,主要是因为以文字记载的法律具有稳定性,可以抵御各种欲望的侵蚀。在这种绝对罪刑法定主义的支配下,1791年法国制定了一部刑法典,对各种犯罪都规定了具体的犯罪构成和绝对确定的法定刑,毫不允许法官有根据犯罪情节酌情科刑之余地。

以严格规则主义为特征的绝对罪刑法定主义受到刑事实证学派的抨击,刑事实证学派主张扩大法官的自由裁量权,降低刑法典的意义。菲利对刑事古典学派无视犯罪人的个性差别因而否定法官具有依照这种差别进行自由裁量的观点作了以下评论:实际上,古典学派犯罪学认为所有的盗窃者都是"盗窃犯",所有的

[①] 参见 [意] 贝卡里亚:《论犯罪与刑罚》,12页以下,北京,中国大百科全书出版社,1993。
[②] 参见 [意] 贝卡里亚:《论犯罪与刑罚》,15页,北京,中国大百科全书出版社,1993。

谋杀者都是"谋杀犯",在立法者的心目中不存在任何具体的人,只有在法官面前才重现这种具体的人。在学者及立法者面前,罪犯只是一种法官可以在其背上贴上一个刑法条文的活标本。除刑法典所提及的例外的和少有的人类心理状况的情况之外,其他所有案件仅作为供法官从刑法典中选择某一适用于犯罪标本之条文的理由。如果在其背上贴的不是第407条而是第404条,上诉法院则反对再进行任何数目上的更改。如果这个标本还活着而且说道:"对我适用哪一条文,对你来说可能十分重要,但如果你仔细研究一下各种迫使我夺取他人财物的条件,你就会意识到这种重要性是图解式的。"法官会回答说:"将来的司法或许这样,但现在的司法并非如此。你触犯的是第404条,是依法在你背上贴上这一号码。在你离开法庭进入监狱时,将被换成另一个号码或其他数字,因为你的人格在代表社会正义的法律面前完全消失了。"这样,此人的人格便被不合理地抹杀掉了,并被留在监狱里接受对退化的治疗。如果他再回到令其多难的旧路上去,又犯一新罪,法官则简单地将另一个条文贴在原有的罪名上,如把规定累犯的第80条或第81条加到第404条规定的罪名上。①

菲利还从刑事司法的特殊性方面,论述了应当扩大法官的自由裁量权。菲利指出:在刑法中,将法令适用到具体案件中去不是或不应当像在民法中那样,仅仅是一个法律的和抽象的逻辑问题。它必须从心理学角度把某个抽象的条例适用于活生生的人。因为刑事法官不能将自己与环境和社会生活割裂开来,成为一个在一定程度上有一些机械性质的法律工具。每一个刑事判决对人的灵活鉴定都取决于行为、行为人和对其作用的社会状况等,而不取决于成文法。

在此,我们有一个解决法官权力(指自由裁量权——引者注)这一古老问题的机会。在这个问题上,我们曾经从一个极端走向另一个极端,从中世纪的专断到培根认为应当尊重法律和法官的格言。按照培根的格言,留给法官的思考余地最小的法律是最好的法律,留给自己的独立判断余地最小的法官是最好的法官。如果刑事法官的职能像现在这样,总是根据有关未遂、共犯和对抗性犯罪等罪的

---

① 参见[意]菲利:《实证派犯罪学》,37页以下,北京,中国政法大学出版社,1987。

拜占庭式的等量规则，对被告的道义责任进行虚幻的定量研究，也就是说，如果法律适用的对象是犯罪而不是罪犯，那么法官的权力应当限制在法律条文规定的应当判处多少年、多少月和多少天监禁的数量范围之内，就像中国法律非常精确规定竹棍的长短和粗细一样。但此外，如果刑事审判应当是对被告和被降到次要地位的犯罪——从刑罚角度看罪犯应当被提到前面——的一次生理心理学的审查，那么刑法典显然应当被限制在关于防卫和社会制裁方式以及每个重罪和轻罪的构成要素这样几个基本规则的范围之内，而法官则应当在科学的和实证的审判资料允许的范围内具有更大的自由，因此他可以运用人类学知识来审判他面前的被告。① 因此，刑事实证学派力图贬低成文法典的意义，主张从罪刑法定的死框框的束缚中解脱出来，给予法官更大的自由裁量权。

罪刑法定主义面对法官自由裁量权的挑战，那么，罪刑法定与自由裁量是否可以相容以及相容到什么程度，这个问题直接关系到罪刑法定的当代命运。我认为，刑事古典学派与刑事实证派关于严格规则与自由裁量之争，主要在于如何看待司法活动中人的因素，而这个问题又与对人性的理解具有直接的关联。

司法活动中要不要人的因素？这里涉及人与法的关系，从更广泛的意义说，涉及人治与法治的关系。如果不从这样一个理论的深度上考察，就难以把握罪刑法定的发展前途。

在中国古代就存在法治与人治的争论，尽管这种争论在内容上完全不同于现代意义上的法治与人治的概念，但多少涉及法与人孰重孰轻的问题。春秋战国时期的法治，是指以法治国、重法而治、缘法而治，为法家所主张。作为其对立面的有三：一是礼治，二是德治，三是人治。法治与人治的对立，是就人和法的关系说的，具有法理学的性质，即人和法在治理国家方面究竟谁是第一性的、起决定作用的？是人的作用重要，还是法的作用重要？一般说来，法家主张法治，因而赞成成文法，认为法是衡量功过、决定刑赏的客观标准，是天下之程式，万事之仪表。儒家则主张人治，因而反对成文法，认为颁布成文法，对人民的控制权

---

① 参见［意］菲利：《犯罪社会学》，120 页以下，北京，中国人民公安大学出版社，1990。

将仅仅局限于成文法所规定的界限之内，从而使人民恣意横行于成文法之外。应该说，儒法两家对于人治与法治各执一端，存在认识上的片面性。荀况可以被视为是沟通这两种倾向的桥梁，因为他认识到成文法和不成文法都有其存在的必要性。[①] 换言之，人治与法治各有道理。当然，荀况更为偏重的还是人治。荀况对治理国家方面起决定作用的究竟是人还是法的问题作了分析，其基本观点有三：（1）荀况开宗明义便提出"有治人，无治法"，意思是治理好国家的关键是人而不是法，必须有好的统治者才能治理好国家。法对治理好国家虽然很重要，所谓"法者，治之原也"，但法的好坏最后还是要取决于作为统治者的人的好坏，因而治法不如治人。（2）即使有了良法，还得靠人来掌握和贯彻，否则便成一纸空文。正所谓"法不能独立，类不能自行；得其人则存，失其人则亡"。（3）国家大事非常复杂而又经常变化，法律既然不能概括无遗，又不能随机应变，完全仰仗人的灵活运用和当机立断。因此，荀况说："故法而议，职而通，无隐谋，无遗善，而百事无过，非君子莫能。"有了君子，即使法有不至，职有不通，也可以"其有法者以法行，无法者以类举，则法虽省，足以遍矣"。没有君子，"则法虽具，失先后之施，不能应事之变，足以乱矣"。由此得出结论说："故有良法而乱者，有之矣；有君子而乱者，自古及今，未尝闻也。"[②] 荀况看到了法的有限性与稳定性和社会的复杂性与多变性之间的矛盾，为克服这一矛盾，必须强调人的作用。为此，荀况提出了一系列重要的法理学命题，"徒法不能自行"，就是对司法中人的因素的重视。"有法者以法行，无法者以类举"，就是要通过对法无明文规定的情况按照最相类似的律文进行类推，以弥补法之不足。由此可见，法治的观点强调"经"，而人治的观点强调"权"。"经"是由法来确定的，而"权"则是由人来操作的。"经"而不"权"，有失于机械；"权"而不"经"，则有失于灵活。因而，从制度构造上来说，两种观点都具有一定的片面性。

在古希腊，人治与法治的争论同样存在。一般认为，柏拉图是人治论者，亚

---

① 参见［美］金勇义：《中国与西方的法律观念》，80页，沈阳，辽宁人民出版社，1989。
② 张国华：《中国法律思想史新编》，87页以下，北京，北京大学出版社，1991。

里士多德是法治论者。柏拉图的人治思想，主要反映在《理想国》一书中。柏拉图主张贤人政治，以哲学家治国，认为对于优秀的人，关于商务、市场、契约、公安、海港的规则等，无须一一订成法律，需要什么规则，他们自己会容易发现的。而且，国家统治当局，特别是哲学家——国王和法官在无法律规定的情况下，拥有很大的自由裁量权，可以随意发布命令和司法。[①] 柏拉图之所以主张人治，主要是认为法律是刻板和固定的，不能适应变化的情况；法律又是原则性很强的东西，不能应用于每一个特殊事例。概括地说，法律是具有刚性（reidity）的，它会束缚政治家统治的手脚，所以反对法治。相反，政治家的统治，全凭政治家的知识，可以随机应变，制定出一切必要的措施；能够适应变化了的情况和满足特殊的需要。所以，柏拉图竭力主张实行人治。当然，在柏拉图晚年所著的《法律篇》中，对法律的认识有所提高，承认法律的统治是"第二等好的"政治。

亚里士多德反对人治论，明确提出"法治应当优于一人之治"。法治之所以优于人治，主要理由在于：（1）法律是经过众人或众人的经验审慎考虑后制定的。众人的意见同一个人或少数人的意见相比，具有更多的正确性。（2）法律没有感情，不会偏私，具有公正性。（3）法律不会说话，不能像人那样信口开河，不能今天这样讲，明天那样讲，具有稳定性。（4）法律是借助规范形式，特别是借助文字形式表达的，具有明确性。当然，亚里士多德也看到了法律的局限性，因而重视司法活动中人的因素。亚里士多德指出：法律是一种公共的尺度，但是它就像一个单个的人，不能预见到生活中可能发生的一切具体情况。然而，即使具有这样普遍的不确定性，法律依然是政治关系的不可替代的调节器。当法律的普遍原则在局部场合不适用时，就必须去修正缺点和填补原立法者留下的空白。亚里士多德把这种克服法律的一般性不良后果的方法称为循理。循理的本性如下：当法律由于自身的一般性而不能令人满意时，对法律进行修正就是循理。循理也是公正的，但不是从法律的字面含义去理解，而是从立法者本人的精神去理

---

① 参见王人博、程燎原：《法治论》，5~6页，济南，山东人民出版社，1989。

解。一个公正的人，即使有合法的权利，也不会按照法律的字面含义去损害他人，而是像立法者本人在立法时所做的那样，根据情况自由运用法律。①

从以上人治与法治的争论可以看出，在人与法的关系问题上，除极个别极端的人治论者根本否定法的作用、个别极端的法治论者根本否定人的作用以外，大多数人都同时肯定人与法的作用，只不过强调的重点有所不同：人治论者重人轻法，法治论者重法轻人。

无论是重人轻法还是重法轻人，都涉及对人性的认识。法治论者的人性假定有二：（1）对人的理性的偏好与推崇，认为法可以规范一切人的行为，中国古代所谓"法网恢恢，疏而不漏"就反映了这种观念。根据对立法者理性人的假定，法典试图对各种特殊而细微的实情开列出各种具体的、实际的解决办法，它的最终目的是想有效地为法官提供一个完整的办案依据，以便法官在审理任何案件时都能得心应手地引律据典，同时禁止法官对法律作任何解释。②（2）人性恶的推断。例如法家韩非断言"人人皆挟自为心"，人的这种自私自利的本性不能通过后天人为的力量加以改变，也就是根本不可能"化性起伪"，只有利用法律加以约束。人治论者的人性假定则正好相反：（1）对人的理性能力的怀疑，肯定人的经验性。因此，法的局限性是不可避免的，正所谓"法者限，情无穷"，以有限之法规范无穷之情是不可能的。例如柏拉图指出：人们之间和他们行为中的差异，以及人事中的无限的不规则的活动，都不允许有一种普遍和单纯的规则。并且没有任何技术能够制定出一种应付千变万化的原则。③（2）人性善的推断。例如孟子的王道即所谓"不忍之政"就是以人性善为依据的，正因为人性本善，社会秩序便可建立在统治者道德人格的感召力之上，自律强于他律。

当然，人性的善恶不是绝对的，性善论与性恶论可以转变甚至合流。例如，柏拉图早期的贤人政治显然是以性善论为根据的，因而认为用法律条文来束缚哲学家——国王的手脚是愚蠢的，就好像是强迫一个有经验的医生从医学教科书的

---

① 参见［苏］涅尔谢相茨：《古希腊政治学说》，194页，北京，商务印书馆，1991。
② 参见［美］梅里曼：《大陆法系》，42页，重庆，西南政法学院印行，1983。
③ 参见张宏生主编：《西方法律思想史》，36页，北京，北京大学出版社，1983。

处方中去抄袭药方一样。① 但在其晚年，柏拉图转向性恶论，认为人的本性只考虑个人利益而不谋求公共的利益，所以必须有法律，通过法律可以制裁或者惩罚人们的不善行为。

应该说，法律的局限性是客观存在的，这是由人的理性能力的有限性所决定的，因而必须承认司法活动中人的因素具有积极的作用，法官的自由裁量权是司法的必要前提。在这个意义上说，刑事古典学派完全否认司法活动中人的因素的绝对罪刑法定主义确实过于机械。当然，人性是善还是恶这是一个难以实证的问题，但与其假定人性善，不如假定人性恶。权力不受制约，必然受到腐蚀。因而，法官的自由裁量权又不能是无限的，而应该有所节制。这种节制，正来自相对罪刑法定主义所界定的罪刑范围。因此，在罪刑法定主义的内容里，法与人是可以统一的。

如果我们进一步考察，就可以发现，刑法领域中，从刑事古典学派否定自由裁量权到刑事实证学派肯定并扩大自由裁量权的转变，是以刑法观念的重大变化为基础的。对此，苏联著名刑法学家特拉伊宁有过十分精辟的论述：如果像古典学派所说的那样，刑事责任的根据应当是由事先在法律中确切描述的行为的话，那么，法院的作用就可以缩小到最低限度即归结为正确地适用法律。（实证学派）把犯罪人的人身危险性提到首要的地位后，就造成了完全不同的情况：立法者不可能见到犯罪人，而同犯罪人打交道的是法院，因而就扩大了法院的权限。②

刑事古典学派以犯罪作为认识对象，又把犯罪归结为纯粹的法律范畴，只注重对犯罪作法理分析。正如菲利所言：古典学派把犯罪看成法律问题，集中注意犯罪的名称、定义以及进行法律分析，把罪犯在一定背景下形成的人格抛在一边。在这种情况下，整个刑法典在其最后的分析中仅为一个计算刑罚的对数表而已。③ 法官的工作也只是在认定已经发生的犯罪事实的基础上，对刑期的简单折算。因此，在这种司法模式之下，法官的作用是极其有限的。正如梅里曼所指

---

① 参见［美］萨拜因：《政治学说史》（上卷），92页，北京，商务印书馆，1986。
② 参见［苏］特拉伊宁：《犯罪构成的一般学说》，24页，北京，中国人民大学出版社，1958。
③ 参见［意］菲利：《实证派犯罪学》，24、39页，北京，中国政法大学出版社，1987。

出：大陆法系审判过程所呈现出来的画面是一种典型的机械式活动的操作图。法官酷似一种专门的工匠，除很特殊的案件外，他出席法庭仅是为解决各种争讼事实，从现存的法律规定中寻觅显而易见的法律后果。他的作用也仅仅在于找到这个正确的法律条款，把条款与事实联系起来，并对从法律条款与事实的结合中会自动产生的解决办法赋予法律意义。①

刑事实证学派完成了从犯罪到犯罪人的重大转变，将刑事司法的对象从犯罪转移到犯罪人，尤其是注重犯罪人的人身危险性，主要以人身危险性的程度作为确定犯罪人责任大小的依据。这就是所谓刑罚个别化，它必然要求给予法官较大的自由裁量权，强调法官在刑事司法中的主观能动性。正如菲利指出：如果没有好的法官来实施，最有学术价值和崇高的法典也不会产生多大的效果。但是，如果有好的法官来实施，即使法典或法令不太完美也不要紧。②

此后，自由法学更是进一步强调司法的作用而贬低立法的功能，甚至主张法律的自由发现。例如自由法学派创始人欧金·埃利希认为，法官仅依靠国家制定的成文法规则是不够的。每一种制定出来的规则，从本性上说是不完整的；一旦它被制定出来，就已过时了，它既难管现在，更不用说管将来。负责适用法律的人是本民族和本时代的人，他将根据本民族和本时代的精神，而不是根据立法者的意图，依以往世纪的精神来适用法律。为此，埃利希提出了两种判决方式：一种是传统的技术主义的判决方法，即严格按照成文法规则的判决方法。在这种情况下，法官手脚被绑住，必须服从预先决定所有事情的一条规则。另一种是他所支持的自由的判决方法，即不是根据成文法规则而是根据法官自由发现的法律。这两种判决方法的区别主要不在于自由判决方法可能超出成文法规定，而在于这样做的方式。技术主义判决方法要求这一工作只能通过一成不变的法律手段来实现，而自由判决方法却考虑到法官个人的巨大的创造力因素，所以，自由判决方法绝不意味着法官专横而主张发挥法官的个性。③应该说，以上观点强调人在司

---

① 参见［美］梅里曼：《大陆法系》，39页，重庆，西南政法学院印行，1983。
② 参见［意］菲利：《犯罪社会学》，120页，北京，中国人民公安大学出版社，1990。
③ 参见沈宗灵：《现代西方法理学》，276页以下，北京，北京大学出版社，1992。

法活动中的创造力是可取的，因为法律毕竟是通过司法活动而现实化的，但司法本身的性质决定了它具有对立法的一定从属性。如果过分强调司法的自由裁量权，不能不说潜藏着司法擅断的危险性。正如我国学者指出：法定的量定也好，酌量或裁量的量定也好，似乎都是为了使法定的刑罚，尽量能与个别的具体的犯罪相适应，即罪刑相适应以确保刑罚上的法制原则。由此正面却出现了较为严重的反面，即扩大了裁量权，敞开了量定刑罚中的畸轻畸重的破坏法制原则的大门。因此，法官的裁量权是确保刑法法制的锁头，同时是违法擅断、破坏刑法法制的钥匙。这个锁头和钥匙都是拿在裁判官的手中的。① 由此可见，对法官的自由裁量权应当予以必要的限制。

以罪刑法定限制自由裁量的必要性，还来自刑法的特殊性。刑法是以刑罚性强制为内容的，它涉及对公民的生杀予夺。因此，如果对刑事司法不加限制，危险是显而易见的。这一点，刑法与民法有着明显的差别。

我国学者徐国栋研究了民法基本原则，认为大陆法系民法中的基本原则是诚实信用和公序良俗。民法基本原则所用的法律概念具有"空筐结构"的特征，可以作不同的理解而立法者未以权威的方式确定其法律意义上的理解，对之加以解释就自然地成为法官的工作。通过这种并非明示的方式，立法者就把根据新的时代精神的需要补充和发展法律的任务交给了法官，后者将把社会发展产生的新要求以解释的形式充实于那些抽象的"空筐结构"中，完成使法律追随时代发展的使命。因此，民法基本原则的不确定性和衡平性规定性质，具有授权司法机关进行创造性司法活动的客观作用；民法基本原则中的法律补充原则，更是直接授予司法机关在一定范围内创立补充规则的权力。通过这些途径，民法基本原则起到了克服法律规定的有限性与社会关系的无限性的矛盾、法律的相对稳定性与社会生活的变动不居性的矛盾、法律的正义性与法律的具体规定在特殊情况下适用的非正义性的矛盾的作用。概言之，民法基本原则具有成文法局限性之克服的

---

① 参见甘雨沛、何鹏：《外国刑法学》（上册），537页，北京，北京大学出版社，1984。

功能。①

　　无疑,这一论述对于民法而言是完全正确的。在民法中,基本原则具有扩张机能:一切民法条文都是基本原则的具体化;在没有明文规定的情况下,按照基本原则可以处理。因而,民法基本原则具有拾遗补漏的作用,它为法官自由裁量提供了根本准则。而在刑法领域内,则与此完全不同。罪刑法定作为刑法基本原则恰恰具有限制机能,它不允许法官超出成文法的规定。因此,如果说民法是一个相对开放的规则体系,那么,刑法就是一个相对封闭的规则体系。就法官的自由裁量权而言,在民事司法中的远比在刑事司法中的要大。在民法中更需要从基本原则中引申出实质判断;而在刑法中,基本原则本身要求不能作出超法律的实质判断而只能依法作出形式判断。因此,罪刑法定具有明显的形式意义,它要求犯罪的形式概念。而类推则是对法无明文规定的行为根据犯罪的实质概念作出判断,因而与罪刑法定主义是格格不入的。我同意以下观点:在刑事法庭上,只要对刑法的干涉范围究竟如何存在一丝疑问,人们就会要求法庭将个人自由价值观放在第一位。任何行为,只要对社会构成危害,刑法就可以予以禁止。但是,刑法必须对此事先精确地加以规定,这一点是至关重要的。②

　　因此,不能将民法中立法与司法的构造照搬到刑法中来,这是由刑法的性质决定的。与民事司法相比较,刑事司法的自由裁量权要小一些。我国学者徐国栋对刑法与民法的法律价值选择以及实行法定主义的可能性作了比较,认为在刑法这样关乎人的生命和自由的法律部门,把安全价值看得至高无上是自然之事。刑法调整非正常社会关系的特性,也使它基本上有可能做到罪刑法定,因为犯罪这种反社会行为的种类毕竟有限。而民法调整正常社会关系的特性使其面临着无限广阔的调整范围,做到法定主义实不可能,因此民法更为强调灵活性。应该说,这一比较是十分精辟的。但徐国栋又认为,在兼顾个人权利和社会利益的法律制

---

① 参见徐国栋:《民法基本原则解释——成文法局限性之克服》,18、30页,北京,中国政法大学出版社,1992。
② 参见[英]彼得·斯坦、约翰·香德:《西方社会的法律价值》,177页,北京,中国人民公安大学出版,1990。

度中，对安全与灵活加以调和，兼采罪刑法定主义和经严格限制的类推制度。①显然，这一观点还是没有完全考虑到刑法的特殊性。事实上，个人权利和社会利益只能在罪刑法定的范围内兼顾。因而，在刑事司法活动中，有必要对法官的自由裁量权以罪刑法定加以限制。总之，罪刑法定在刑法中具有终极的意义。

庞德指出：有关对稳定性的需要与对变化的需要之间的妥协问题，变成了规则与自由裁量权之间的调整问题。② 按照庞德的观点，甚至整部法学历史都可以归结为似乎就是宽松的自由裁量和严格的具体规则、无法司法和严格依法司法之间不断循环反复的运动过程。但严格规则与自由裁量的关系不仅在不同的历史时期存在变化，而且在不同的法律领域也存在差别。在刑法中，罪刑法定主义并不排斥在一定限度内的自由裁量，以此增加刑法的适应性，但严格规则对于刑法来说，永远居于更为重要的地位。如果说，求得刑法正义性的过程也就是平衡自由裁量和严格规则的过程③，那么，这种平衡并不是平分秋色，而只能在罪刑法定的原则基础之上得到统一。因此，从刑法的制度构造上来说，以罪刑法定的严格规则限制司法的自由裁量；同时在罪刑法定的界域之内予以法官一定的自由裁量权，应该是最佳选择。从这个意义上说，罪刑法定主义将会随着刑事立法与刑事司法的不断发展而进一步自我完善。

三、罪刑法定的立法机理

罪刑法定主义的价值首先表现在立法中，可以说，刑法典是罪刑法定主义的基本法律载体。刑事古典学派首倡罪刑法定主义，首先诉诸刑法典。考察罪刑法定的当代命运，必然涉及这样一个问题：在罪刑法定的制度构造中，应当如何认识刑法典的立法机理？

---

① 参见徐国栋：《法律的诸价值及其冲突》，载《法律科学》，1992 (1)。
② 参见［美］庞德：《法律史解释》，1页，北京，华夏出版社，1989。
③ 参见宗建文：《刑罚正义论——罪刑法定的价值分析》，载《刑罚专论》，32页，成都，四川大学出版社，1995。

英国学者梅因指出：世界上最著名的一个法律学制度从一部"法典"（Code）开始。梅因所说的这个法律学制度，指的就是罗马法；而梅因所说的这部法典，指的是《十二铜表法》（Twelve Decemviral Tables）。罗马法的实体制度建筑于《十二铜表法》，因此也就是建筑于成文法的基础上的。在罗马，对于《十二铜表法》以前的一切制度，除一特殊之点外，都不予承认。但正如梅因所说，法典不是法之发展的起点，因为在法典的后面，存在许多法律现象，这些法律现象在时间上是发生在法典之前的。① 在人类初期，不可能存在任何立法机关，因而也就不可能存在现代社会意义上的法典。但原始社会仍然存在一定的自然秩序，自然法学家称之为自然法，实际上是世代相传的习惯。我们可以称之为习惯法。习惯法以其自然生成的原始形态存在，对各种社会关系加以调整，从而保障着原始社会的生存条件。随习惯的世代累积，尤其是文字的发明与文明的发展，习惯向法律进化，只有当这种进化达到一定程度，立法才可能出现。而最初的立法主要是对原始习惯的确认，立法者的意志不得不屈从于历史的惯性。即使是像《十二铜表法》这样成熟的法典，也大量地夹杂着或者说记载着习惯的内容。正如意大利学者格罗索指出：在《十二铜表法》中，人们还可以看到一些残酷的原始规范（比如在数名债权人之间划分债务人躯体的规定），这种现象反映出"法"（ins）的最古老原则的顽固性，它本身体现着原始人的冷酷逻辑，人们仍然尊重这种逻辑；同时，规定诉讼程序这一事实本身就是在对擅断加以限制。② 当然立法者一旦形成，它在顺应社会历史的习惯势力的同时，也必然以其创造性在一定程度上改变着社会生活，并使社会生活去适应法典的建构。最初的法典往往以严格的法律程式著称，它反映的是一个同狭窄的社会、简朴的乡村生活相适应的法律制度。例如以《十二铜表法》为代表的早期罗马法，由于它建立在实质上的农业经济、以农业利益为基础的所有权之上，因而采用固定套语的法律程式，如要式买卖（mancipatio）、誓约（sponsio）或市民法的要式口约（stipalatio iuris civilis）、

---

① 参见［英］梅因：《古代法》，1页，北京，商务印书馆，1959。
② 参见［意］朱塞佩·格罗索：《罗马法史》，83页，北京，中国政法大学出版社，1994。

誓金之诉（actio sacramenti）等。① 这种苛刻的法律程式反映了法典的极端的形式化倾向：它既梳理了社会关系，从而起到了稳定社会生活的作用；同时，它又使社会关系封闭在法典的桎梏之中，阻碍了社会生活的蓬勃发展。法典诞生之初，就充分地表现出它的利弊，这就是法典的强烈的形式冲动与社会的剧烈的内容嬗变之间的矛盾。

社会生活的发展是不以人的意志为转移的，因而必然突破法的桎梏。而法典的稳定性又使其不能与社会生活同步变动，因而法典不可避免地具有保守性。为此，立法又向前迈进了：它并不是直接推翻法典，而是在法典之外制定个别法。在这里，法律的逻辑与生活的逻辑在矛盾中共生，在对立中共存。因而，在任何一个社会，法典都不是法的唯一渊源，大量的个别立法成为法的重要内容。法典反映的是法的一般规则，因而它是共同法（ins commune），它在更广泛的范围内被加以适用。一般必有例外，共同必有个别。对某个一般规范加以变通的个别规范，即由于特殊原因而表现为一般规范的例外的个别规范，在罗马法中被称为个别法（ins singulars）。特殊规范和一般规范都具有相同的根据，即为了所有人的利益，对每个人谋求本人利益的活动确定最适当的限度。功利理由是这两者的依据，同样，两者也应当尽可能地按照符合"公正"（aequitas）的方式设置自己。② 但个别法的大量出现必然对法典形成冲击，使法典的效力范围大为缩小。在罗马法中，最突出的个别法是那些在某些情形中适当软化对一般原则的严格适用的照顾性条款。这些例外形成一个广泛的范畴，被称为"照顾"（beneficia legis）。

在中国古代法中，一般规范与个别规范的辩证发展勾勒出了整个法律样式的进化史。中国古代法律可以分为三种样式：（1）稳定型的法律规范——成文法典。成文法典是封建王朝的基本大法，它由朝廷按一定立法程序制定并颁布，对所有臣民具有普遍约束力，也是法官司法审判的主要依据。成文法典一经制定、颁行，便不能轻易更改、删增，从而在比较长的时期内保持相对的稳定性。

---

① 参见［意］彼德罗·彭梵得：《罗马法教科书》，7页，北京，中国政法大学出版社，1992。
② 参见［意］彼德罗·彭梵得：《罗马法教科书》，10页以下，北京，中国政法大学出版社，1992。

(2) 半稳定型的法律规范——法令。成文法典一经颁布便不可轻易变动，但社会生活不可能因此而停下脚步，因而便产生半稳定型的法律规范——法令。法令之所以被称为半稳定型的法律规范，是因为它是动态的法律形式，兼有向稳定型和不稳定型法律规范发展的趋势。法令是抽象的规范，法令的集约化就是单行法规，这实际完成了法令的"半法典化"。（3）非稳定型的法律规范——判例。[①]法典、法令的局限性与社会生活的复杂性，使判例随时都可能被创制出来。判例是一事一时的产物，随着时间的延续，一批批新的判例被创制了，一批批旧的判例被删除了，这就使判例始终处在运动之中。这种判例，也被称为"例"，它是一种在过去某个诉讼案件中作出的、对于后来一些诉讼案件的审判具有参考价值的判决，在这个意义上，不妨称之为"亚律"（sub-statute）。"例"对"律"起到一种补充作用。有美国学者指出：在一个存续较久的法律体系中，从其第一次编纂法典开始，它就需要一种能够补充正式法律条文的辅助性法律形式，以适应变化中的社会环境。以皇帝诏令或法院判决为其实际内容的"例"，最初可能只是针对某些非常具体的特定事项，它们必然要比它们所依附的"律"的适用面狭窄得多。在清代，普遍遵循这样一条原则。对于某一案件可以同时适用"律"和"例"时，通常以"例"为依据进行判决，而不是以"律"为依据；在"例"与"律"内容不相吻合，甚至互相发生冲突时，仍适用"例"，而不是适用"律"[②]。应该说，"例"的制定者的初衷虽然是发"律"所不及，而不是要废弃"律"，但其结果却是出现了因"例"而破"律"，"律"成虚文的混乱局面。为了改变这种状况，又需要对法律进行重新清理，从而再次提出了制定法典的任务。因而，法典既是一个法律逻辑进程的开始，又是这个进程的归宿。

　　刑法典的存在仅仅是罪刑法定主义的前提，决不能由此得出结论，认为只要存在完备的刑法典就是实行罪刑法定主义。我国个别学者认为，在中国古代刑法中存在罪刑法定主义，这种罪刑法定主义是伴随春秋战国时期公开颁行成文法运

---

① 参见武树臣等：《中国传统法律文化》，466页以下，北京，北京大学出版社，1994。
② [美] D. 布迪、C. 莫里斯：《中华帝国的法律》，62页，南京，江苏人民出版社，1993。

动而产生的，并发展成为系统的理论。例如，在秦朝的司法实践中，司法官吏对少数的刑事案件，虽然没有排除适用类推原则，但对绝大多数的刑事案件的定罪科刑是根据事前公开颁行的成文法或经过官府认可的廷行事。因而，秦律基本上实行罪刑法定主义原则。而且，秦朝统治者在司法实践中，不断地总结经验，以廷行事和认定类推案例的形式，订正、补充和扩展成文法的内容。这种不断完善法律制度的努力，也是不断扩大实行罪刑法定主义范围的表现。① 我认为，罪刑法定主义不仅是一定的法律形式，更重要的是它所体现的价值内容。诚然，成文法的颁布是在一定程度上限制了罪刑的擅断，相对于"临事议制，不预设法"的前成文法时代来说，是一种历史进步，但它和罪刑法定主义还有着天壤之别。因为罪刑法定主义是以限制刑罚权，防止司法擅断，保障个人自由为其价值内涵的，舍此价值内涵就根本谈不上罪刑法定主义。在中国封建社会，正如论者所分析的那样，提倡实行罪刑法定主义的法家学派，都是极端的绝对君权论者。之所以主张限制各级官员的擅断权力，完全是为了加强和扩大专制君主的绝对权力。专制君主拥有立法权、司法权、行政权等一切权力，因而在事实上拥有不受法律限制的罪刑擅断权力。在我国整个封建社会，皇帝的这种罪刑擅断权力，是不容置疑的，在人们的观念中，也不曾动摇过。② 既然君主的权力不受任何限制，又怎么能说是罪刑法定主义呢？

　　罪刑法定主义是在近代启蒙学派的推动下，伴随着 18 世纪末至 19 世纪初西方的法典化运动而上升为刑法原则的，因而它的历史命运与刑法典紧密地联系在一起。在 18 世纪与 19 世纪之交，欧洲大陆出现了一场声势浩大的法典编纂运动。法国刑法典的编纂，拉开了近代大规模刑法典编纂的序幕。法国制宪议会于 1791 年 10 月 6 日颁布了近代法国第一部刑法典，这就是 1791 年法国刑法典。这部刑法典在体例上首次分为总则与分则两篇。总则（标题 Sentences，直译是格言）规定刑法的一般原则；分则是关于具体犯罪与刑罚的规定。这部刑法典坚决

---

① 参见栗劲：《秦律通论》，182 页以下，济南，山东人民出版社，1985。
② 参见栗劲：《秦律通论》，189 页，济南，山东人民出版社，1985。

彻底地实行罪刑法定主义，对各种犯罪的刑罚均作硬性规定（绝对确定法定刑），没有最高限与最低限之分，法官的职能实际上就是确定是否犯罪；若构成犯罪，即对犯罪人处以法典规定之刑罚。由于取消了法官的自由裁量权，因而这部刑法典刚性有余，韧性不足，从绝对的自由裁量主义走向了绝对的严格规则主义。拿破仑上台以后，重新开始编纂刑法典。在刑法典修改过程中，提出讨论的一个重要问题就是：是否应授予法官在刑罚的最低限和最高限之间以某种自由裁量权？讨论的结果是仍然坚持罪刑法定主义原则，但给法官以有限的自由裁量权。1810年《法国刑法典》第4条规定："不论违警罪、轻罪或重罪，均不得以实施犯罪前未规定的刑罚处之。"这一规定确立了罪刑法定主义原则，但刑法典在把罪刑法定原则具体化时，并不像1791年法典那样硬性地给每一种犯罪只规定一种刑罚，而是规定了刑罚的最高限和最低限（相对确定法定刑）；对某些犯罪还规定了两种不同的刑罚（例如，剥夺自由或罚金），法官可以在自由刑的最高限和最低限之间确定刑期，在不同刑罚中选择一种适用。这样，既贯彻了罪刑法定原则，又克服了1791年刑法典刻板规定带来的弊端。因而，这部刑法典以术语准确、概念简明、结构合理、体系严谨而著称于世，成为当时各国仿照的摹本。例如1871年《德国刑法典》，在很大程度上受到《法国刑法典》的影响，尤其是关于罪刑法定主义的规定，直接继承了《法国刑法典》。《德国刑法典》第2条规定："非犯罪行为完成前法律有惩罚的规定者，不得受罚。从犯罪行为完成至判决宣告之期间，法律有变更者，适用最轻之法律。"

如果说，大陆法系的罪刑法定主义是借助于刑法典而得生存与发展，那么，英美法系的罪刑法定主义则体现在判例法的"遵循先例"（Stare Decisis）的制度之中。一般认为，先例制度具有稳定性、精密性、灵活性等优点。如果发生的法律争执法院先前已作解答，则法官必须一仍其旧。在这一意义上说，至少理论上构成了法律的稳定性。载明对一切特定的法律部门所发生的无数现实纠纷的解决方法的判例汇编的鸿篇巨制，构成了法律的精密性。最后，判决被否决的可能性

以及识别的限制错误判决的效力的可能性，构成了法律的灵活性。[①] 在刑法领域，推翻先前判例的情形已经十分罕见。因为创制新罪的司法权的存在，违背了任何人都不应该因行为实施时并非犯罪的行为而受到刑罚处罚的原则。该原则体现在"法无明文规定者不处罚"这句拉丁语箴言里，它有时也被称为法制原则。在英国，自从1972年上议院在"克努勒股份有限公司诉检察长"一案中作出否决以来，法院创制新罪的情况不可能继续了。在该案中，上议院一致否决了法院在创制新罪或扩大现有罪名以致把那些迄今还不受罚的行为规定为应受处罚的犯罪行为方面所残留的权力。[②] 在美国，1820年最高法院在威特伯杰案的判决中指出："是立法机关，而不是法院，确定什么是犯罪并规定它的刑罚。"因此，美国宪法虽然没有明文规定罪刑法定主义原则，但它实际上被体现在禁止追溯既往和剥夺公权法案以及有关宪法修正案中，特别是由于正当程序条款的建立而使这一法制原则得到进一步的法理上的发展。[③] 由此可见，英美法系虽然在法律制度上有别于大陆法系，但在罪刑法定这一点上，两大法系可以说是殊途同归。尤其是英美法系国家在刑法领域中的成文化程度越来越高，制定法成为定罪量刑的主要依据，这与罪刑法定主义对于刑法的内在要求不无关系。

成文化的刑法典（大陆法系）和制定法（英美法系）使罪刑法定化，将罪刑限定在法律所规定的范围之内，成为一个相对封闭的规则体系。而刑法典（包括制定法，下同）又不可能将社会上的一切危害行为包罗无遗，即使对刑法典规定的犯罪，也只能是原则概括的，而不能细致入微。这样，就势必影响刑法典的适用效果。由此产生了对刑法典价值的贬低与怀疑的倾向。例如菲利指出：法律总是具有一定程度的粗糙和不足，因为它必须在基于过去的同时着眼未来，否则不能预见未来可能发生的全部情况。现代社会变化之疾之大使刑法即使经常修改也赶不上它的速度。例如，就像在巴伐利亚和法国那样，巴伐利亚在一个世纪之内

---

① 参见［英］沃克：《英国法渊源》，155页以下，重庆，西南政法学院印行，1984。
② 参见［英］普珀特·克罗斯、菲利斯·A. 琼斯：《英国刑法导论》，11页以下，北京，中国人民大学出版社，1991。
③ 参见储槐植：《美国刑法》，38页，北京，北京大学出版社，1987。

就制定了三部刑法典,法国的特别法每天积累在欧洲最古老的法典的原文上面。因此,菲利直言不讳地指出:实证理论大大降低了刑法典的实际意义。① 刑法典至尊地位的动摇,一个直接后果就是罪刑法定主义意义的贬低。在这种情况下,如何弥补刑法典之不足的问题就摆到了我们的面前。

为此,首先提出的一种立法设计就是在刑法典中规定类推制度。刑事类推是一项源远流长的法律适用制度,从一开始它就是为弥补成文法之不足而发明出来的。它的存在,使成文法成为一个开放的规则体系:有法者以法行,无法者以类举。因而,在相当程度上,扩大了成文法的涵盖面。

在中国古代,刑事类推一直受到肯定,它以"比附援引"的形式存在。《唐律·名例律》规定:"诸断罪无正文,其应出罪者则举重以明轻,其应入罪者则举轻以明重。"这里,对于法无明文规定的行为通过"举轻以明重"的逻辑推理入罪,实际上就是刑事类推,而不能视为当然解释。此后,宋、元、明、清历代都有此类规定。

刑事类推的精神实质在于:法律不能将犯罪可能采取的每一种形式都作出规定,因此,对于某些案件来说,可能没有相对应的法律条款可作审判依据。处理这类案件,可以通过精确的比较,从已有的法律条款中选取最接近现审案件案情的条款作为根据,以便确定轻重适当的刑罚。②

如前所述,刑事类推存在的价值在于弥补成文法之不足。中国古人早就认识到了成文法的局限性,例如,"法之设文有限,民之犯罪无穷,为法立文不能网罗诸罪,民之所犯不必正与法同,自然有危疑之理"③。又云:"先王立法置条,皆备犯事之情也。然人之情无穷,而法之意有限,以有限之法御无穷之情,则法之所以不及人情也。"④ 为了克服这种法与情的矛盾,就需要刑事类推。刑事类推以不变应万变,使有限的法律从容应付人类无穷无尽和变化多端的各种行为。

---

① 参见[意]菲利:《犯罪社会学》,101、125页,北京,中国人民公安大学出版社,1990。
② 参见[美]D. 布迪、C. 莫里斯:《中华帝国的法律》,422页,南京,江苏人民出版社,1993。
③ 孔颖达疏:《左传·昭公六年》。
④ 佚名:《别本刑统赋解》,载《枕碧楼丛书》,13页。

毫无疑问，刑事类推对于成文法的局限性确是一剂良药。但是，刑事类推由于没有明确的法律标准，本身潜藏着司法擅断的危险性。

随着罪刑法定主义的确立，刑事类推已为各国刑法所不取。尽管某个时期某个国家曾有刑事类推的规定，但其后果十分恶劣。例如在德国法西斯时期，1933年发表了《国社党刑法》（Nationalsozialitische Strafrecht, Denkschrlft des Preussischen Justizministers）。纳粹党上台以后，根据这一文件，对1871年《德国刑法典》进行了修改，其中重要内容之一就是完全抛弃罪刑法定主义原则，在很大程度上倒退为罪刑擅断。《国社党刑法》从刑法的中心任务是保护"国民全体"（指社会）和"国家"（国家是保护国民的手段）的基本观点出发，否定了罪刑法定主义原则，认为这个原则可能因保护个人而侵害"国民全体"；声称罪刑法定主义之命题，可以使公共危险者潜伏法网，以达成反国民目的之可能。因此，它主张如果一种行为法律上没有规定为犯罪，但是法律为了保护"国民全体"和"国家"的利益，可以在法律内选择一种刑罚加以惩罚。根据《国社党刑法》的这一原则，1935年6月把1871年《德国刑法典》第2条关于罪刑法定主义之规定修改为："任何人，如其行为依法律应受处罚者，或依刑事法律的基本原则和人民的健全正义感应受处罚者，应判处刑罚。如其行为无特定的刑事法律可以直接适用者，应依基本原则最适合于该行为的法律处罚之。"这一条文实际上承认了法官在审理案件中高于立法者的地位，使法官在确定犯罪和刑罚问题上的专断权力进一步合法化。[①] 直到第二次世界大战以后，德国才废弃了这一规定，重新在刑法典中确认罪刑法定主义原则。从这一历史教训可知，尽管刑事类推可以强化刑法典的适应性，但它所内在潜含着的司法擅断的危险性较之罪刑法定主义带来的刑法典的僵硬性，弊大于利。两相权衡，宁可实行罪刑法定而使个别潜伏性犯罪人逍遥法外，也不能采用刑事类推导致司法擅断而使更多的无辜者遭受非法侵犯。

概然条款是为弥补刑法典之不足提出的第二种立法设计。刑法典是以文字记

---

① 参见由嵘主编：《外国法制史》，336页以下，北京，北京大学出版社，1992。

载与表达的，同时与立法者的抽象能力有关。梅因曾经指出：我以为可以这样说，法典愈古老，它的刑事立法就愈详细、愈完备。这种现象常常可以看到，并且这样解释无疑地在很大程度上是正确的：由于法律初次用文字写成时，社会中经常发生强暴行为。① 以犯罪行为经常发生来解释古代刑事立法的详细是十分牵强的，更为恰当的解释应当是古代立法者的抽象能力低下。因此，立法往往十分具体与个别，一事一法，刑法典焉能不烦琐。例如《萨利克法典》有这样两个条文：(1) 如有人偷窃一只小猪而被破获，罚款120银币，折合3金币。(2) 如有人偷窃一头公牛或带犊的母牛，应罚付1 400银币，折合35金币。按照这样的立法例，现代刑法典中的一个盗窃罪条文就要用几十个甚至上百个条文来表述。在这种情况下，实行罪刑法定是不可能的，比附援引也就具有其存在的合理性。因此，罪刑法定主义的确立不仅具有政治历史背景，而且有其法律文化上的深刻原因。随着人类认识水平的提高，概括能力达到一定程度，在刑法典中更为抽象的一般规定取代了个别规定。在中国，《唐律》达到了相当高的立法水平，例如六赃的规定，囊括了各种财产犯罪，简明概括，令人惊叹。不幸的是从一个极端走向了另一个极端。为尽量扩大刑法典的适用范围，防止犯罪遗漏，也出现了个别过于概括的罪名，《唐律·杂律》规定的"不应得为"可以说是一个典型。在《唐律》中，杂律涉及范围十分广泛，规定的内容是他律所不及者。《唐律疏议》对此解释云："诸篇罪名，各有条例，此篇拾遗补阙，错综成文，班杂不同。"尽管如此，立法者还唯恐律条不能将所有的犯罪包罗详尽，因而在杂律的最后一条规定："请不应得为而为之者，笞四十。事理重者，杖八十。"《唐律疏议》对该罪的立法理由解释说："其有在律在令无有正条，若不轻重相明，无文可以比附。临时处断，量情为罪，庶补遗阙，故立此条。"因此，这是一个兜底的犯罪，一切不能入罪者，只要法官认为不应得为，均可以本罪网罗。美国学者D. 布迪把这一规定称为"Catch-all"②（"盛装杂物的箱子"），相当于我们现在所说的"口

---

① 参见〔英〕梅因：《古代法》，207页，北京，商务印书馆，1959。
② 高道蕴等编：《美国学者论中国法律传统》，316页，北京，中国政法大学出版社，1994。

袋罪"，可以说是十分生动形象的。

概然条款虽然可以增加刑法典的涵括力与包容量，但由于它是以不明确为代价，因而也无法保证刑罚权不被滥用。诚然，立法是从千姿百态的案件事实中抽象出适用于所有案件的法律原则，因此具有高度的概括性。但立法又必须具有明确性，正如马克思指出："法律是肯定的、明确的、普遍的规范，在这些规范中自由的存在具有普遍的、理论的、不取决于个别人的任性的性质。"① 只有在这个意义上，法典才可以真正称得上是人民自由的圣经。因而，过于概然的条款是违反罪刑法定主义的，因为罪刑法定主义要求刑法典具有明确性。明确性（definiteness）作为罪刑法定的派生原则，是美国刑法学家在 20 世纪初提出的，又称为"不明确而无效的理论"（Voicl-for-Vagllelless doctfille）。根据这一原则，罪刑虽然是法定的，但其内容如不明确，就无法防止刑罚权的滥用，罪刑法定主义保障公民自由的目的也就无从实现。我们认为，过于概然的条款虽能弥补刑法典的僵硬性，使之柔软化，但不能防止司法擅断，因而代价太大。当然，罪刑法定主义也并不是刻意追求刑法典的刚性，它仍然允许为适应社会生活，创设一些概括性的规定，采取空白罪状等立法技术，以强化法典的适应性。但这里存在一个度的把握问题，这是一个难题，同时是一个不能不解决的问题。

无论是类推制度还是概然条款，都建立在这样一种认识之上：一切事实上的犯罪，都应当处在刑罚权的管辖范围之内。当法条不能明定时，以类推制度与概然条款补充之。我认为这是一种绝对主义的认识论。绝对主义认识论曾经是自然法学派的哲学基础，它夸大人的理性能力，追求刑法典规范内容上的完整性。自然法的倡导者们认为，仅用理性的力量，人们能够发现一个理想的法律体系。因此很自然，他们都力图系统地规定出各种各样的自然法的规则和原则，并将它们全部纳入一部法典之中。② 显而易见，这只是一种法律乌托邦，在现实面前无可奈何地破灭了。因而，刑法典规范内容的不完整性，已经成为共识。刑法事实上

---

① 《马克思恩格斯全集》（第 1 卷），71 页，北京，人民出版社，1956。
② 参见［美］博登海默：《法理学——法哲学及其方法》，67 页，北京，华夏出版社，1987。

不可能将所有应予刑罚制裁之不法行为，毫无遗漏地加以规范，因为犯罪之实质内涵并非一成不变，而是随着社会状况及价值观，相对地呈现浮动现象。① 但主张类推制度与概然条款的观点虽然承认刑法典规范的内容的不完整性，但却追求刑罚权功能的完整性：一切犯罪都应当受到刑罚处罚，这本身也是一种绝对主义。事实上，不仅刑法的规范内容是不完整的，而且它的规范功能也是不完整的。刑法只是所有社会控制体系或社会规范体系中最具强制性的一种法律手段。刑事司法制度需与其他社会控制之机构，如家庭、学校、工厂、工会、商会、农会、宗教团体与社团等之密切合作，始能有效维持社会共同生活所必需之法社会秩序。因此，刑法只不过是整个社会规范体系中之一大重要环节，其在规范功能上具有相当之不完整性，故在设置反犯罪政策与措施上，绝不可唯刑法是赖，而应在刑法手段之外，另配合其他社会控制手段。② 这种刑法规范内容的不完整性与刑法规范功能的不完整性的统一，就是刑法的不完整性（fragmentarische charackter）观念。

刑法不仅具有不完整性，而且具有最后手段性（ultima ratio）。刑法规定之法律效果，乃所有法律规范中最具严厉性、强制性与痛苦性之法律手段。刑法乃以刑罚作为规范社会共同生活秩序之最后手段。若以刑罚之外的法律效果，亦能有效防止不法行为时，则应避免使用刑罚，唯有在以其他法律效果未能有效防止不法行为时，始得以刑罚作为该行为之法律效果，此即刑法之最后手段性。③ 应该说，在古代社会法律手段单一化，例如《唐律》将所有社会关系都纳入法典调整范围而事实上成为一部刑法典的历史背景下，对于违法行为，不处以刑罚，别无其他法律制裁方法可供选择。在这种情况下，采用类推制度与概然条款，使法律调整的触须伸向社会生活的各个领域和各个角落，尚存一定的历史合理性。那么，在法制发达的当代社会，法律调整方法丰富，刑法作为最后手段，实在应当有所节制。因此，罪刑法定主义所体现的限制机能，不仅是正义之所归，而且是

---

① 参见林山田：《刑法通论》，2 版，14 页，台北，三民书局，1986。
② 参见林山田：《刑法通论》，2 版，14 页，台北，三民书局，1986。
③ 参见林山田：《刑法通论》，2 版，15 页，台北，三民书局，1986。

法理之所至。

　　1855年，智利总统向国会提交的一份要求制定民法典的咨文的开场白指出："绝大多数文明的现代社会里，都有将它们的法律法典化的感性需求。我们可以说这是社会的一种周期性要求。"如果说，在19世纪的法典编纂运动中，人们对法典还具有神圣的崇敬心情的话，那么，现在我们对法典已经有了更为理智的认识。加拿大学者保罗—A.克雷波指出：法典编纂可被认为是一个社会的巨大成就，事实上它总是作为特定法律制度发展过程中的一个重大事件。克雷波对法典编纂的利弊作了客观分析：法典编纂最大的功绩之一，就是将一种法律制度隶属于立法制定的民主程序。由此，法律政策的表述结果被认为是立法机关而不是司法机关的作用。进一步说，法典编纂——特别是当一个国家的指导思想是制定"大众化"法典而不是"高深"法典时——提供了相当大程度的可预测性。当法典用具体规则或甚至一般标准允许公民预先知道他应如何行为时，情况就是如此。这样一种立法制定的法律制度对于调整社会成员之间的日益复杂的关系越来越重要。然而，法典编纂自身的缺点也是确实存在的。缺点之一是法律"结晶化"的极端倾向，这种"结晶化"常常使政策"冻结"。这便导致珍藏于法典中的立法政策与法典旨在调整的社会现实之间产生"裂隙"的潜在危险。毫无疑义，当法律规范与社会现实和社会习俗脱节时，这种不一致的最好结果只能是产生对法律的不尊重，最坏的结果则是导致对法律的侵犯。[①]

　　尽管法典利弊兼具，但对于一个现代社会来说，没有法典是不可想象的，因而法典不会因其局限性而被废弃，只能通过法律改革使之完善。在刑法领域中，刑法典更是必不可少。尽管中国曾经30年（1949年至1979年）没有刑法典也过来了，但无法无天的结果不仅使普通百姓付出了沉重的代价，同时使执政者本身深受其害，社会也处于瓦解崩溃的边缘。痛定思痛，一部坚持罪刑法定主义的刑法典成为别无选择的选择。尽管在罪刑法定的建构中，刑法典会存在过于僵硬的

---

　　① 参见沈宗灵等编：《比较法学的新动向——国际比较法学会议论文集》，100页，北京，北京大学出版社，1993。

缺陷，但这种缺陷是可以通过能动的司法活动在一定程度上得以弥补的。退而言之，这也是为保障个人自由与保护社会利益所作出的不得已的"必要的丧失"。因而，刑法典是人民正义的必然要求。它虽然会被修改补充，但它的价值却是永存的，罪刑法定主义也将与刑法典同在。

四、罪刑法定的司法运作

如果说，刑事立法只是使罪刑法定主义法典化的话，那么，刑事司法就是罪刑法定主义的现实化。但是，绝不能由此得出结论：刑事司法天然地能够实现罪刑法定主义。事实上，刑事司法是一种适用法律的独立的实践活动，具有其内在规律性。它既可能使罪刑法定化的"死法"转化为"活法"，实现刑法的人权保障与社会保护的双重机能，也可能破坏罪刑法定，使刑法成为具文。考察罪刑法定的当代命运，无法回避的一个问题就是：在罪刑法定的制度构造中，应当如何塑造刑事司法的品格？

梅因在考察古代法时揭示了这样一个事实：判决先于习惯，司法先于立法。梅因认为，所有对于人类原始状态的忠实观察者现在都能清楚地看到，在人类的初生时代，人们对于持续不变的或定期循环发生的一些活动只能假用一个有人格的代理人来加以说明。在荷马诗篇中，"地美士"（Themis）是指后期希腊万神庙中的"司法女神"（Goddess of Justice）。当国王用判决解决纠纷时，他的判决假设是直接灵感的结果。把司法审判权交给国王或上帝的神圣代理人，万王之中最伟大的国王，就是地美士。这个概念的特点，表现在这个字的复数用法："地美士第"（Themistes），意指审判本身，是由神授予法官的。在古代社会的简单结构中，类似的情形可能比现在还要普遍，而在一系列的类似案件中，就有可能采用彼此近似的审判。我们由此就有了一种"习惯"的胚种或者雏形。梅因指出：由于我们的现代联想，我们就先天地倾向于以为一个"习惯"观念是先于一个司法判决的概念，以为一个判决必然是肯定一个"习惯"，或是对于违犯"习惯"的人加以处罚。但历史顺序却恰恰相反，"习惯"是"判决"之后的一种概

念。由此可以得出结论：对于是或非唯一有权威性的说明是根据事实作出的司法判决，并不是由于违犯了预先假定的一条法律。① 这一古代法的事实使我们想到：原始司法是无法司法。无法而又司法，这两个概念之间就是矛盾的，但如果我们不去咬文嚼字而是关注实际内容，那么可以说：原始司法，法官具有绝对的自由裁量权。这里的绝对自由是相对于有法司法而言的，它表明当时是或非的裁决标准还没有达到习惯的程度，它只是一种惯行。用一句法国成语来说，它还只是一种"气氛"，法官凭借自己对这种气氛的感受作出司法判决，因而法官具有更大的自由裁量权。

　　司法先于立法这一历史事实表明，司法具有独立于立法的品格。在一定意义上说，法是由法的实践者（法官）创造出来的：从成案到先例，从先例到规则，从规则到原则，这也许就是法典形成的过程，它符合从具体到抽象的思维逻辑。即使在成文法时代，司法仍然起着不可忽视的作用。美国学者霍贝尔指出：人们的思想往往满足于以成文法典这种消极的观念准则作为真正的法律的代表。成文法犹如一个法律的编织物，如果有编织者的话，它在任何程度上也不影响成文准则的变化形式，即使有也难以用案例来验证那些不成文是否符合于实际情况。② 因此，法律作为一个编织物，立法一旦完成，它就自在于编织者。法官是这一法律编织物的使用者，在使用过程中，这个编织物还会发生变形。在这个意义上，毋宁把法律视为一件未完成的作品，法官恰恰是这件作品的最后完成者。但是，法官在完成一件法律作品时，并非总是能够与立法者的意图保持和谐一致。因为司法并不像贝卡里亚所描述的那样，是一个简单的三段论式的逻辑推理。由于法律规定的粗疏乃至于缺漏，案件性质的复杂，法官的司法裁量是一个包括认知、心理、逻辑等各种因素的法律操作过程；因此，法官的一定程度的自由裁量权是必要的。例如，黑格尔提出了"法的偶然性"的观点，指出，法律和司法包含着偶然性，这本质上是它们的一个方面。其所以如此，乃由于法律是应用于个

---

① 参见［英］梅因：《古代法》，2、3、5页，北京，商务印书馆，1959。
② 参见［美］E. 霍贝尔：《原始人的法》，26页，贵阳，贵州人民出版社，1992。

别事物的一种普遍规定。如果有人表示反对这种偶然性,那他是在谈一种抽象的东西。例如,刑罚的分量就不可能使之与任何概念的规定相适合,从这方面看,一切裁决终难免是一种任性,然而这种任性本身却是必然的。黑格尔这里所说的任性,指的就是司法裁量权。当然,这里的法官裁量,只能是在法律范围之内进行的。这主要是因为法律大抵对于现实所要求的这种最后规定性并不加肯定,而听由法官去裁决,它仅限定他在一个最高和最低限度之间。但这并不解决问题,因为这个最低和最高限度本身又各是一个整数,于是并不阻止法官作出这样一个有限的、纯肯定的规定;相反地,这乃是必然属于法官职权范围内的事。[①] 显然,由司法活动的性质所决定,法官的自由裁量权是必要的,绝对罪刑法定主义否定这种裁量权违背了司法活动的内在规律,而相对罪刑法定主义能够为法官提供一定的自由裁量权。

司法运作中的罪刑法定不同于制度上的罪刑法定,后者是相对静态的,而前者却是动态的。从制度上的罪刑法定向司法运作中的罪刑法定的转换,表现为一个十分复杂的法的适用过程。法的适用是法律调整的重要内容之一,它以自己的行使权力的属性补充着法律规范的行使权力的属性,保证着法律规范的实现、贯彻,以个别法律的、从属于规范的方式积极保证对相应关系的调整,并使之继续进行和结束。在法理学中,法的适用可以分为三个基本的阶段:(1)确定事实情况(确定案件的事实根据)。这里包括对事实——证据、证明的过程等进行分析,即取得关于事实的信息的行为。(2)选择和分析法律规范(确定案件的法律根据)。这个阶段是指与法律规范本身有关的行为——查找规范性文件的确切文本、检查该文件的法律效力、解释文件等。这个阶段还包括与填补法中的漏洞有关的行为。(3)在适用法的文件中反映出的对案件的决定。这时,要在分析事实和法律规范的基础上,对法律案件作出决定,这个决定反映在适用法的文件中。该决定具有一定的形式,并应予实际贯彻执行。上述前两个阶段在很大的程度上具有准备的性质。它们主要是反映法律认识,并构成适用法的根据——事实根据(第

---

① 参见 [德] 黑格尔:《法哲学原理》,223 页以下,北京,商务印书馆,1961。

一阶段）和法律根据（第二阶段）。对案件作出决定，适用法的过程即告结束，这也就是真正的法的适用。① 刑法的适用具有法的适用的一般性，又具有特殊性。因而，在司法运用中贯彻罪刑法定主义，既要考虑法的适用的一般性，又要兼顾刑法适用的特殊性。

首先，刑事司法是一个法的吸纳过程。司法运用中坚持罪刑法定主义，第一步就是完成"找法"任务。法只有在适用中才对社会生活产生作用，离开了法的适用，法只是一种纯粹的语言条文形态，是一种没有生命力的"死法"。法的适用，正是完成从"死法"向"活法"转化的前提。

法的吸纳，对立法提出了可操作性的要求。法的可吸纳性，实际上就是法的可操作性，活法应该是司法运作中的法。事实上，并非制定出来的一切法律都具有可操作性，不可操作的法律往往难以被吸纳，因而无法适用，导致法律虚置，亦即产生法律自动无效的结果。法的可操作性，是指法律在操作上的可能性或可行性，泛指法律适用的可能性。一般地，如果存在可行的方法，将某法律条文适用于具体案件，则称该法律条文是可操作的。如果不存在可行的方法，将某法律规范适用于具体案件，则称该法律规范是不可操作的。不失一般性，法律概念和法律规范的不可操作性，统称为法律的不可操作性。② 法律的不可操作性，在刑法中主要是指法律条文内容的不明确因而难以判定，从而无法在司法中适用，这种情况在刑事司法中时有发生。在这种情况下，法不能直接适用，而需要加以解释。实际上，不仅缺乏可操作性的法律需要解释，一切法律在适用中都需要解释。正如英美法系学者和法官所指出的那样：适用法律就意味着去"理解"和"解释"法律条款。③ 关键在于如何解释。在刑事司法中，这种解释不能不受到罪刑法定主义的限制。

如前所述，刑事古典学派坚持绝对罪刑法定，因而否认法官具有对法律解释

---

① 参见［苏］C.C. 阿列克谢耶夫：《法的一般理论》（下册），714 页以下，北京，法律出版社，1991。
② 参见王洪：《论法律中的不可操作性》，载《比较法研究》，1994，8（1）。
③ 参见陈金钊：《成文法在适用中的命运》，载《法律科学》，1992（6）。

的权力。但现在世界各国通行的相对罪刑法定主义，已经不再反对法官的解释，重要的是这种解释应当有一定的限度。关于法律解释，存在一种激进理论，认为所谓立法意图只是一个纯属虚构的概念。从否定立法意图开始，法官对法律的解释逐渐演变成在法律解释的名义下对法律的创造，即法官造法。① 我认为，这种关于法律解释的激进理论有悖于解释一词的原意，混淆了立法与司法的界限，违背了罪刑法定主义原则。根据罪刑法定主义原则，法律解释只是法律意蕴的一种阐发，使之从隐到显。在解释过程中，当然会涉及对法律条文含义的限制或者扩张，但以不违背立法意蕴为限。正如英国丹宁勋爵形象地指出：如果立法者自己仍然遇到法律织物上的这种皱褶，他们会怎样把它弄平呢？很简单，法官必须像立法者们那样去做。一个法官绝不可以改变法律织物的编织材料，但是他可以，也应该把皱褶熨平。②

在刑法解释中，存在的一个重大问题是如何看待类推解释的性质。日本刑法学家牧野英一认为，刑法解释所依据的原则是：在形式上要有科学的逻辑，在实质上要符合社会的需要和时代的趋势。法律本身虽然是过去制定的，但也不能拘泥于立法者的意志。既然符合现阶段的具体情况是大家都承认的问题，那么，采用进化的解释和目的论的解释也应是理所当然的了。牧野英一由此推导出一个结论，类推解释实质上也属于社会的需要，作为解释，只要是使用逻辑的方法，它便和其他一般法规一样，在刑法中也应被容许。③ 我认为，类推解释尽管可以扩张刑法的适用范围，但从根本上说，它是违反罪刑法定主义原则的，因而不应被允许。

那么，不允许类推解释，会不会以扩张解释之名而行类推解释之实呢？这里涉及扩张解释与类推解释之间的界限。尽管扩张解释与类推解释的区分是一个难题，但两者并非不可区分。例如，日本刑法学家木村龟二认为，二者的区别在于是否超出法律的明文规定。扩张解释只以条文词句为形式界限，局限在由此决定

---

① 参见黄茂荣：《法学方法与现代民法》，增订3版，278页，台北，台湾大学印行，1993。
② 参见［英］丹宁：《法律的训诫》，10页，北京，群众出版社，1985。
③ 参见［日］中山研一：《刑法的基本思想》，9页，北京，国际文化出版公司，1988。

的范围以内；相反，类推解释则超出法律的明文规定，甚至在法律未明文规定的领域扩充法律的精神。① 应该说，扩张解释与类推解释的区分不仅在字面上，更为重要的区分是在思路上的相反：类推并不是对某个词句进行解释，看某种行为是否包括在此解释内，而是从国家、社会全体的立场来看某一行为的不可允许，然后再设法找出类似的法条以资适用。与此相反，扩张解释完全是从能否纳入法律条文解释的范围这一观点出发来考察社会生活中的各种行为。这种思路的不同，在权力与权利的紧张关系激化的场合，极有可能形成实质上的差异而表现出来。② 因此，扩张解释并不违反罪刑法定主义，而类推解释违反罪刑法定主义；前者应当允许，后者应当禁止。当然，如果是有利于被告人的类推解释，一般也认为不违背罪刑法定主义因而被允许，这主要是由罪刑法定主义的限制机能所决定的。在这种情况下，罪刑法定原则成为有利于行为人之保护原则（Schutzprinzipien zugunsten des Täters）。

与法律解释相关的是一个法律漏洞（Gestzeslücken）问题。法律漏洞是指现行法体系上存在影响法律功能且违反立法意图之不完全性。③ 无论何种法律，都不可避免地存在法律漏洞，十全十美的法典只是一种幻想。法律漏洞之所以存在，原因是十分复杂的，例如立法政策上的考虑、立法技术上的困难、犯罪现象的变化等，这些因素都使立法者不可能在立法时对各种情况都作出毫无遗漏的规定。因此，法律漏洞的存在具有某种客观必然性。在司法活动中，为了准确地适用法律，就需要填补法律漏洞。在民法解释学中，法律漏洞的含义比刑法要广泛一些。因此，某些法律漏洞的填补具有一种造法的意蕴在内。尤其允许采用习惯补充方法与类推补充方法来填补漏洞，都可以视为对法律的一种发展形式，已经超出法定主义的范围。但在刑法中，由于刑法本身具有规范内容的不完整性，罪刑限于法定的范围之内，因此，法定范围之外的法律盲区尽管在一定意义上也可

---

① 参见［日］中山研一：《刑法的基本思想》，13 页，北京，国际文化出版公司，1988。
② 参见［日］西原春夫：《罪刑法定主义与扩张解释、类推适用》，载《中日刑事法若干问题——中日刑事法学术讨论会论文集》，24 页，上海，上海人民出版社，1992。
③ 参见梁慧星：《民法解释学》，251 页，北京，中国政法大学出版社，1995。

以说是一种法律漏洞，但法官却无权去填补。法内漏洞属于法律解释的范围，可以通过解释方法予以填补。所谓法内漏洞，是指须以评价予以补充的法律概念和法律标准。就法律概念而言，有确定与不确定之分。确定的法律概念内涵清楚，外延明确，无须更多解释而可以直接操作；而不确定的概念，或者内涵不确定，或者外延不确定，都有待于予以评价地补充，才能被适用到具体案件中去。就法律标准而言，也有确定与不确定之分。确定的法律标准可以直接遵循，而不确定的法律标准则只有经过填补使标准明确化才可被适用。例如刑法中常见的"应当预见""必要限度"等，都属于不确定的法律标准。在这种情况下，立法者只是规定一个认定原则，具体内容则授权司法机关予以补充。至于我国刑法中的"情节严重""情节较轻""数额较大""罪大恶极"等，更是如此。

在刑法中，还有一个专门问题值得讨论，就是空白罪状。空白罪状又称参见罪状，在这种情况下，立法者对某一犯罪的构成特征未予具体描述，只是指明了为确定这一犯罪构成特征所要参照的法律或者法规。空白罪状具有稳定性、包容性与超前性等优点，因而在对法定犯的立法中往往受到立法者的青睐。应该说，空白罪状并不违反罪刑法定主义原则。只不过在空白罪状的情况下，罪并非由刑法直接规定，而是一种间接规定，也在法定范围之内。但对空白罪状还是应当有所限制，不可滥用，因为过多地采用空白罪状，会降低刑法的明确性程度。对于空白罪状所形成的法律漏洞，应当通过进一步的造法活动或者司法解释加以填补。总之，在罪刑法定主义的制约下，刑法解释在原则上不得超出法条文字所容许之范围，而以条文之可能文义（möglicher wortsinn），包括文字之自然意义、各文字间之相关意义，以及贯穿全部文字之整条意义等，作为解释之最大界限。[1]通过刑法解释，完成法的吸纳过程，条文上的法转变为司法运作中的法。

其次，刑事司法还是一个事实的识别过程。司法裁量是要解决法律规范对具体案件的适用问题，因此，对案件事实的识别就具有十分重要的意义。在司法运作中坚持罪刑法定主义，就是要对事实在法定的范围内予以认定。

---

[1] 参见林山田：《刑法通论》，2版，37页，台北，三民书局，1986。

事实的识别，指的是案件事实的认定。因此，应当对认定的对象有所界定。在适用法律规范中，与法律案件有关的客观现实的一切事实都是真相判断的对象。客观现实的概念，不仅包括单纯的事实本身，而且包括事实的社会法律意义（特别是违法行为的社会危害性）。客观现实的事实，也包括法本身、主体的权利和义务。总之，我们认识中的构成适用法活动内容的理性方面的所有客观事实，在适用法时，都是真相判断的对象。① 在刑法中，需要认定的是定罪事实和量刑事实，即在法定的罪刑范围认定与定罪量刑有关的基本事实。定罪事实是指犯罪构成的事实，这种事实与犯罪构成本身有所不同。犯罪构成，又称构成要件，是一种将社会生活中出现的事实加以类型化的观念形象，并且进而将其抽象为法律上的概念。如此一来，它就不是具体的事实。② 因此，构成要件是法律规定的认定犯罪的规格或者标准，凡是符合构成要件的事实，就称构成事实。在定罪过程中，事实的识别主要是正确地认定构成事实。量刑事实除构成事实以外，还包括其他影响刑之轻重的情节。这些情节既可能是法定的，也可能是酌定的。无论是法定情节还是酌定情节，都应当是客观存在的案件事实，而且必须依法予以认定。

最后，刑事司法是一个法律规定与案件事实的耦合过程。这是刑事司法的最重要的一个阶段，在这一阶段坚持罪刑法定主义，就是要依法对案件事实作出定性与定量的评判，然后依法作出裁量。

在查清案件事实的基础上，需要对案件事实进行法律评价。评判表现的是：法律工作者关于事实情节和刑法法律规范之间的联系的观念。在哲学意义上，这一联系不是别的，正是个别与一般之间的联系。由一般规范引向具体事件，意味着承认具体事件中的那些要件和该规范中的要件相符合。③ 由此可见，法律规定

---

① 参见 [苏] C.C. 阿列克谢耶夫：《法的一般理论》（下册），706 页以下，北京，法律出版社，1991。
② 参见 [日] 小野清一郎：《犯罪构成要件理论》，6 页以下，北京，中国人民公安大学出版社，1991。
③ 参见 [苏] B.H. 库德里亚夫采夫：《定罪通论》，49 页，北京，中国展望出版社，1989。

与案件事实的耦合实际上是一个使一般性的法律规范适用于个别性案件的过程。这个过程是司法权的具体运作,同时包含复杂的法律推理(legal reasoning)。罪刑法定主义原则,正是在这种法律推理中得以实现的。

在罪刑法定制约下的司法运作,法律推理的主要方法是演绎推理。一个由前提逻辑地推导出结论的推理称为演绎推理(deductive inference)。在演绎推理中,前提或前提的合取是理由,而结论则是从理由逻辑地推导出的推断;这种推理是按照推导方向进行的。按照逻辑规律进行的推理保证演绎推理的必然性。任何给定的演绎推理的前提如果是真的,那么结论就一定是真的,演绎推理是属于不可错的推理类型。① 正是因为演绎推理具有这种不可错性,因而能够保证刑法在适用中不致被歪曲,也能够对司法活动起到规制作用。在贝卡里亚设定的绝对罪刑法定的司法框架中,演绎推理成为法律推理的唯一形式。这种传统的法律推理理论,常常将立法规则适用于某一具体案件的过程单纯地描绘为传统演绎推理。在其中,立法的规则或原则是大前提,案件中一致同意或确立的事实是小前提,而法院的判断就是结论。在这种推理中,如果大、小前提是严格地按照三段论的规则要求来进行的,那么法院所作出的判决显而易见是从大、小前提中所得出的无懈可击的逻辑结论。因此,为了保证绝对罪刑法定的实现,法官每审理一个案件,都要严格刻板地进行一次始自法条的演绎推理,以确保每一个判决结论的合法性。

但是,尽管传统演绎推理的结论具有形式上的完全必然性,却不能对它的作用作过分夸大的理解。因为,事实上传统演绎推理在大多数情况下仅仅适用于简单案件,即那些立法规则或原则清楚明白、案件中的事实被一致同意或被认定的案件。② 在复杂的案件审理过程中,仅仅进行演绎推理是不够的,实际上必须以其他推理方法为补充,例如,在案件审理中,归纳推理也同样是重要的。在逻辑学中,归纳推理是从推断真到理由真的一种特殊的推理。根据陈述某类的个别对

---

① 参见[波]齐姆宾斯基:《法律应用逻辑》,196页,北京,群众出版社,1988。
② 参见王鸿貌:《论当代西方法学中的法律推理》,载《法律科学》,1995(5)。

象具有某特征的若干前提，并且在没有相反陈述的情况下，得出该类每个对象都具有该特征的一般性结论，这样的推理就叫归纳推理（inductive inference）。① 如果说，演绎推理是从一般到个别，表现在司法活动中是从法条到个案的过程，那么，归纳推理就是从个别到一般，表现在司法活动中是从个案到法条的过程。

在刑事司法活动中，刑法条文与案件事实的耦合就是加以认识上的同一化。在这同一化的过程中，存在两个思维过程：一是由抽象到具体（或由一般到个别），即把刑事法律规定的犯罪落实到现实的某一犯罪中去；二是由具体到抽象（或由个别到一般），即把现实中某一具体犯罪抽象为刑事法律规定的犯罪。② 显然，在这同一化过程中，演绎推理与归纳推理都是必要的。

在严格的成文法制度下，判例不起作用，因而没有必要采用类比推理法。但当代各国，即使是大陆法系国家，也都十分重视判例，以其作为成文法补充。在这种情况下，类比推理越来越重要。我认为，类比推理不同于类推推理。类推推理是指将一条法律规则扩大适用于一种并不为该规则的措辞所涉及的但却被认为属于构成该规则基础的政策原则范围之内的事实情况。正如美国学者博登海默指出：在运用类推推理的情形下，构成最终判决基础的扩大了的基本原理或扩展了的原则并不是以逻辑的必然性而强迫决策者接受的。③ 因此，类推推理之结论并非法条范围之内的，显然有悖于罪刑法定主义。而类比推理是建立在相似性的概念基础之上的，这类推理的根据是这样一种假定：我们考虑属性之间存在某种本质的联系。④ 美国学者波斯纳曾经对法律中的类比推理作了深刻分析：在为类比推理辩解时，一种诱人的辩解是指出人类具有一种内在的对态势（pattern）进行识别的能力，一种内在的关于相似性的标准。将一个问题看作与另一个已经解决的问题相类似，事实上就将这个新问题置于通向解决的道路上。⑤ 因而，类比推

---

① 参见［波］齐姆宾斯基：《法律应用逻辑》，242 页，北京，群众出版社，1988。
② 参见王勇：《定罪导论》，57 页，北京，中国人民大学出版社，1990。
③ 参见［美］博登海默：《法理学——法哲学及其方法》，475 页，北京，华夏出版社，1987。
④ 参见［波］齐姆宾斯基：《法律应用逻辑》，475 页，北京，群众出版社，1988。
⑤ 参见［美］波斯纳：《法理学问题》，117 页，北京，中国政法大学出版社，1994。

理是指在司法活动中，正在审理的案件事实与已经依法审结的案件事实具有相似性，因而以已经审结的案件处理结论作为类比对象和正在审理的案件处理的参照对象的情形。类比推理表明即使在成文法的制度之下，先前的判例仍然对于司法活动具有可参照性，因而成为演绎推理的必要补充。由于类比推理不是司法活动中唯一的推理方法，而且被类比的判例是依法作出的，因而类比推理并不违背罪刑法定主义。

司法品格的塑造，始终是当代法制社会的一个难题。在绝对罪刑法定主义的司法制度下，法官是一个适用法律的工匠：刻板、毫无生气、严格地按照法律规定进行逻辑推理。美国霍姆斯法官语出惊人地提出了"法律的生命并不在于逻辑而在于经验"这一经典格言，司法机械主义受到了司法能动主义的有力抨击，罪刑法定主义也随之面临挑战。考察司法机械主义与司法能动主义，对于回答罪刑法定的当代命运这个问题具有重要意义。早在1748年，孟德斯鸠就提出了他对司法机构的作用的看法。他说，法官应当"只是法律的传声筒，处于无法减轻法律的力量或严格性的被动地位"。这种对法官作用的看法，在现代可以被称为法学的机械理论。法官仅仅被看作精通法律的专家，他们熟悉一整套的法律条文，然后几乎是机械地把法律应用到具体的案件中去。从这个观点来看，法官是一个中立的工具，当他根据法律的一般条文处理实际问题时，不必提出自己个人的观点。[①] 在这种司法机械主义的理论中，法官无个性化，似乎只要一穿上法官的黑色长袍，法官的个性就消失了。行为主义"发现"了法官的个性，他们试图分析法官的个人特点、社会背景和受教育的情况，或者分析他们对政党的倾向性和思想态度，来解释司法行为，就像解释其他类型的政治行为一样。因此，行为主义撩开了蒙在法官头上的神圣面纱。在这种情况下，司法与立法关系被重新认识了，司法不再是立法的附庸，因而发展出一种司法能动主义的理论。根据这种理论，法官甚至被看作不过是穿着法官长袍的政治活动家，法官不仅仅是在司法，而且在造法。格雷认为，法官们所立的法甚至要比立法者所立的法更具有决定性

---

① 参见［美］维尔：《美国政治》，220页，北京，商务印书馆，1990。

和权威性，因为法规是由法院解释的，而且这种解释决定了法规的真实含义，其重要意义要比原文的更大。[1]

我认为，司法机械主义过于贬低法官在司法活动中的作用，而司法能动主义则又过于夸大法官在司法活动中的作用，都具有一定的片面性。美国学者博登海默对法官行为的以下分析当是公允之论：既然法官的主要职责是裁定基于昔日的纠纷，那么作为一般原则，我们便不能分配他去承担一份建立未来法律制度的正式任务。从大体上来讲，他必须留在现存社会组织框架之中，并凭靠过去与当今历史向他提供的资料进行工作。法官可以在一定的界限范围之内，为防止法律大厦或该大厦之大部分腐朽或崩溃而进行必要的修正与弥补工作。他可以扩大或缩小现行的补救方法，偶尔还可以创设一种新补救方法或辩护，如果正义要求使这种措施成为必要。然而，就法律制度的基本结构改变而言，法官通常必须依赖于外界援助。他本人则不能拆毁法律大厦或该大厦之实质性部分，也不能用新的部分替代这些部分。[2] 因此，法官在司法活动中不是木偶与摆设，其能动性是应当被承认的。但法官的司法权力又不是不受限制的，其只能在法定范围之内行使这种权力。以此考察罪刑法定的当代命运，我们认为绝对罪刑法定由于完全束缚了法官的手脚，违背司法活动的内在规律，因而已被历史所淘汰。而相对罪刑法定已经为法官的定罪量刑留下了足够的裁量余地，因而是具有生命力的，它能够与当代司法活动同构共存。

五、罪刑法定的中国命运

经过漫长的理论跋涉，我们终于触及了罪刑法定在当代中国的命运这个具有现实意义的重大问题。或者说，前面的讨论无非都是为回答这个问题而进行的必要的理论铺垫。

---

[1] 参见［美］博登海默：《法哲学——法理学及其方法》，539页，北京，华夏出版社，1987。
[2] 参见［美］博登海默：《法哲学——法理学及其方法》，543页，北京，华夏出版社，1987。

(一) 罪刑法定的价值取向

对于中国来说,罪刑法定主义是舶来品。我国在清朝末年,罪刑法定思想由日本传入,光绪三十四年(1908年)颁布的《宪法大纲》规定:"臣民非按照法律规定,不加以逮捕、监察、处罚。"此后在宣统二年(1910年)颁布的《大清新刑律》中规定:"法律无正条者,不问何种行为,不为罪。"1935年《中华民国刑法》第1条规定了罪刑法定主义,指出:"行为之处罚,以行为时之法律有明文规定者为限。"尽管在刑法中规定了罪刑法定主义,实际效果却并不理想。这不由得使人想起这样一个典故:南橘北枳——"橘生淮南则为橘,生于淮北则为枳,叶徒相似,其实味不同,所以然者何?水土异也"(《晏子春秋·杂下之十》)。在具有几千年的比附援引的法律传统的中国,可以说存在一个"类推情结"。在这种情况下,罪刑法定主义在中国因水土不服而难以生根开花应在情理之中。更何况,罪刑法定主义引入的不仅仅是一句法律格言,甚至也不仅仅是一套法律规则,而是蕴藏其后的价值观念。加拿大学者克雷波曾经正确地指出将具有某种社会价值的法律引入不存在这种价值的其他法律管辖区中的困难性。[①] 考察罪刑法定主义引入中国近一个世纪而近乎只是成为一句法律标语的历史,可以发现,其重要原因在于中国古代社会本位的价值观决定了以个人本位的价值观为基础的罪刑法定原则,难以成为我国法律文化的题中应有之义;而体现社会本位价值观的法律形式——刑事类推,则有着根深蒂固的思想基础。罪刑法定与刑事类推的矛盾,不仅是刑法的保障机能与保护机能的矛盾,而且是西方法律文化与中国传统法律文化的矛盾。

我国学者梁治平通过考察中国法律文化中个人在社会中的地位,得出如下结论:中国传统文化完全不承认个人的存在。[②] 在这种社会(包括家族、集团)本位的法律文化中,个人是十分渺小和微不足道的,它融化在庞大而发达的以伦理

---

① 参见[加]克雷波:《比较法、法律改革与法典编纂——国内和国际透视》,载沈宗灵等编:《比较法学的新动向——国际比较法学会议论文集》,102页,北京,北京大学出版社,1993。
② 参见梁治平:《寻求自然秩序中的和谐——中国传统法律文化研究》,122页,上海,上海人民出版社,1991。

为纽带的社会关系的汪洋大海之中,社会秩序对于个人自由永远具有终极意义。1840年以后,中国传统社会受到强大的外部压力,开始了一个以现代化为目标的漫长而痛苦的嬗变过程。西方法律文化的引入,强烈地冲击着中国传统法律文化的根基。由于延续了数千年的中华法系在风雨飘摇中濒于消亡,中国法制开始了其现代化的艰难进程。在这个进程中,个人本位的价值观念得以倡导,但始终未能占据统治地位。我国学者夏勇从社会正义的角度分析了20世纪中国社会存在的抑制个人权利生长的各种因素,指出:社会正义以主张群体权利为核心,以至于压倒并替代个人权利。由于深重的内忧外患,社会正义的核心可以说是民族的正义和阶级的正义,即群体的正义。从社会变迁的角度看,个人从家族的血缘纽带中分离出来,并非像西方社会变迁中所发生的情景那样,开始个人的"原子化",并由此形成市民社会。① 由于受到社会与政治的双重压抑,个人自由十分有限,得不到法律的有效保障。在这种情况下,体现个人自由的罪刑法定主义难以成为近代中国刑法的基本精神。

中华人民共和国成立以后经济上实行高度集中的计划体制;与之相适应,政治上实行中央集权制。因此,国家整体利益得以一再强调,个人对于国家的依附性越来越强。这种整体主义的价值观曾经在相当长的时间内支配着我国的社会生活,并且在1979年制定的第一部刑法中留下深刻的烙印。刑事类推制度的规定,就是一个典型的例子。例如,我国著名刑法学家高铭暄教授在论及刑事类推制度的立法理由时指出:为了使我们的司法机关能及时有效地同刑法虽无明文规定,但实际上确属危害社会的犯罪行为作斗争,以保卫国家和人民的利益,就必须允许类推。② 因此,刑事类推制度设立的主要根据就在于保卫国家和人民的利益。基于这种社会本位的价值观,刑事类推制度就有其存在的充足理由。

随着经济体制改革的实行,尤其是市场经济的推行,我国社会进入了一个转型期。在这个社会转型进程中,传统文化的观念最先受到挑战,进而涉及一系列

---

① 参见夏勇主编:《走向权利的时代——中国公民权利发展研究》,26页以下,北京,中国政法大学出版社,1995。

② 参见高铭暄:《中华人民共和国刑法的孕育和诞生》,126页,北京,法律出版社,1981。

更加广泛的相关观念,这意味着观念背后的基本准则、价值尺度失去了吸引力,开始被怀疑、被抛弃。[①]在这种情况下,社会本位的传统价值观受到挑战,个人本位的价值观受到肯定,中国进入一个"走向权利的时代"。在法理学中,引发了权利本位与义务本位之争。例如我国学者张文显指出,由于法律的价值取向不同,权利与义务何者为本位,是历史地变化着的:现代法制是或应当是权利本位。[②]

权利本位论虽然也受到来自义务本位论的质疑和诘难,但大体上成为我国法理的主流观点。权利本位论尽管在其内部理解上还存在某种分歧,有些观点也还值得推敲,但它的确立表明在权利与权力的关系上,已经发生了某种变动,人们的权利意识正在觉醒,以权利限制权力并要求权力以保障权利为使命。正如我国学者指出:权利本位论的理论意义不在于它确立了一种新的法学体系,而在于它的分析时时蕴含着一种精神——一种与时代息息相关的民主精神。权利本位论的命题已经超出了它的法律含义,它表明的是人作为自然界和社会的主体摆脱了对外界物的依附,而作为理性动物的存在物。权利本位作为一个命题,它标志着个体在社会中的自主地位并非完全是一种抽象的哲学意义上的价值判断、一种对应然的期待,而是在一定的价值判断基础上形成的可证实的具体命题。[③]

在这种法律文化的氛围下,我国刑法学界对罪刑法定与刑事类推的关系进行了广泛而深入的讨论,其中不乏激烈而尖锐的争论。尤其是在当前刑法修改已经提到立法部门的议事日程的情况下,争论的焦点也十分明确,这就是在将来的新刑法典中是继续保留刑事类推制度还是予以废弃而明文规定罪刑法定原则。尽管在这场讨论中,还存在对罪刑法定只作制度考察而缺乏观念反省的局限。[④]但不管我们是已经意识到还是没有意识到,这场讨论正在重塑我国当代刑法理论的文

---

① 参见陆学艺等主编:《转型中的中国社会》,239页,哈尔滨,黑龙江人民出版社,1994。
② 参见张文显:《法学基本范畴研究》,87页,北京,中国政法大学出版社,1993。
③ 参见程燎原、王人博:《赢得神圣——权力及其救济通论》,301页以下,济南,山东人民出版社,1993。
④ 参见宗建文:《刑罚正义论——罪刑法定的价值分析》,载《刑罚专论》,69页,成都,四川大学出版社,1995。

化品格。它对我国刑法理论的深远影响，随着时间的推移必将日益显现出来。

历史有着惊人的相似之处，而这种相似性又是不可以机械比较的。因为从否定之否定的历史辩证法来看，尽管两个否定或者两个肯定是相似的，但它们处于螺旋式上升的历史发展的不同序列。事实已经证明，迟发展社会尽管可以借鉴与吸收早发展社会的价值、制度与技术，从而加速发展进程，但历史阶段又是不可超越的：早发展社会的昨天才是迟发展社会的今天，而早发展社会的今天则是迟发展社会的明天。如果不考虑各个社会历史发展阶段上的差别，而盲目地坐井观天、管窥蠡测，只能得出荒谬的结论。

以上这些感想，也许大而失当，但这不是空话，实在是有感而发。我国刑法学界在关于罪刑法定与刑事类推的讨论中，就存在这个问题。类推论者主张保留刑事类推有一个重要理由（其他理由另当别论）是西方国家已经否定罪刑法定主义。例如，我国学者侯国云指出，从19世纪末20世纪初起，罪刑法定已度过它的隆盛期而开始走向衰亡。所谓"法无明文规定不为罪"已不复存在，罪刑法定在事实上正在走向衰亡。既然如此，我们又何必去步他人后尘，搞那个形式上的、名不副实的罪刑法定呢？[①] 这里首先有一个事实的把握问题：西方国家是否已经废弃罪刑法定主义？作为肯定说的一个根据，是西方国家在不同程度上已从罪刑法定主义绝对禁止类推的束缚中解脱了出来，允许有限制的类推或者是类推解释。其实，这里允许有限制的类推或者类推解释，其所谓限制就是指允许有利于被告人的类推或者类推解释，而不利于被告人的类推或者类推解释则仍然是确然禁止的。由于罪刑法定主义体现的是刑法的限制机能，因而有利于被告人的类推或者类推解释并不违背罪刑法定主义保障个人自由的精神实质。由此而引出的西方国家的罪刑法定主义已是徒有虚名仅剩一个美丽的外壳的结论，很难说是精当之论。不可否认，西方国家在19世纪末20世纪初，确实发生了从绝对罪刑法定主义到相对罪刑法定主义的演变，在理论上也产生了对罪刑法定主义的动摇、怀疑乃至否定的观点，但最终罪刑法定主义仍然不可撼动，其从绝对到相对的变

---

① 参见侯国云：《市场经济下罪刑法定与刑事类推的价值取向》，载《法学研究》，1995 (3)。

化也不过是罪刑法定主义的自我完善。而我国由于深受传统法律文化的影响,刑事类推观念根深蒂固。在这种情况下,正在经历的是以罪刑法定主义取代刑事类推制度这样一个西方在19世纪就已经完成的历史进程。因此,即使西方国家现在已经否定罪刑法定主义(更何况并未否定,而是进一步完善),也不能作为我国现在也应当否定罪刑法定主义的根据。因为这是处在两个不同的历史发展阶段,不能简单地类比;否则,就是以并未出现的明天来否定自己的今天。显然,这是令人难以接受的。如果我们抛开具体制度不谈,分析这种制度变迁背后的价值观的嬗变,那么,如同我们在前面所述的那样,从绝对罪刑法定主义到相对罪刑法定主义的演化,是由价值观的变化而引起的。由于绝对罪刑法定主义过于强调个人自由,因而在社会秩序的保障上有所缺憾。伴随着生产社会化的加剧,社会本位取代个人本位而占据优势地位,但这一价值观的转变绝不可以理解为是以社会本位否定了个人本位,而只是为适应社会发展的需要,适当地调整个人与社会的关系。事实上,在20世纪以后,个人自由在西方的价值观中仍然具有十分重要的优先地位。而在我国,由于传统文化的影响和现实结构的决定,社会本位的价值观一直占据主导地位。随着市场经济的发展,个人自由越来越被摆到一个重要的位置。在这种情况下,个人与社会的关系应当向个人倾斜。因此,个人本位的价值观在当代中国具有历史进步的现实意义。体现个人自由价值观念的罪刑法定主义是当代中国的必然选择。当然,矫枉容易过正。为此,有必要借鉴与吸收西方国家相对罪刑法定主义,在保障个人自由的同时保护社会秩序,使刑法的双重机能并重,兼顾个人自由与社会秩序。由此观之,罪刑法定主义在当代中国,正如同旭日东升,具有蓬勃的生命力。

(二) 罪刑法定的制度保证

我国学者在界定罪刑法定的含义时,曾经把罪刑法定区分为观念意义上的罪刑法定、原则意义上的罪刑法定、制度意义上的罪刑法定与司法运作上的罪刑法定。[①] 这一区分具有十分积极的意义,因而值得肯定。观念意义上的罪刑法定是

---

① 参见宗建文:《罪刑法定含义溯源》,载《法律科学》,1995(3)。

罪刑法定之形而上，指蕴含在罪刑法定之中的价值内容，可以称之为"道"。原则、制度与司法运作上的罪刑法定是罪刑法定之形而下，指罪刑法定的制度保证，可以称之为"器"。就我国当前对罪刑法定主义的认识现状而言，轻"道"重"器"是一种值得注意的倾向。因此，我们首先应当揭示罪刑法定的价值蕴含，以此肯定罪刑法定主义在当代中国必将有着美好的发展前途。但同样值得注意的是，又不能重"道"轻"器"，走向另一个极端。因为，如果没有具体制度的保证，罪刑法定主义也有落空的危险。因此，考察罪刑法定在当代中国的命运，不能不着眼于制度保证问题。

德国著名学者马克斯·韦伯曾经对在中国的儒教与西方的清教塑造的两种不同的法律制度进行过比较，指出：中国的家产政体，在帝国统一之后，既没有考虑到强而有力且不可抑制的资本主义利益，也没有估计到一个自主的法学家阶层。然而，它必须考虑到能保证其合法性的传统的神圣性，同时必须顾及其统辖组织的强度界限（Intensitätsgrenze）。因此，不仅形式的法学未能发展，而且它从未试图建立一套系统的、实在的、彻底理性化的法律。总的看来，司法保持着神权政治的福利司法所特有的那种性质。就这样，不仅哲学的和神学的（Theologisch）"逻辑学"（Logik），而且法学的"逻辑学"（法逻辑，Rechtslogik——引者注），都无法发展起来。而西方现代法律的理性化是两股同时起作用的力量的产物，一方面是资本主义的力量，它关心严格的形式法与司法程序，倾向于使法律在一种可计算的方式下运作，最好就像一台机器一样；另一方面是专制主义国家权力的官吏理性主义的力量，它所关心的是系统地制定法典和使法律趋于一致，并主张将法律交由一个力争公平、地方均等之升迁机会的、受过合理训练的官僚体系来执行。只要这两股力量缺少其中之一，便无法产生现代的法律体系。[1]

经过比较，韦伯指出了中国法与西方法之间的一个明显差别：中国法基于信念伦理而注重对事物的主观价值判断，因而是一种价值合理性的实质伦理法——追求道德上的正义性而非规范的法律。西方法基于责任伦理而强调一个行为的伦

---

[1] 参见［德］马克斯·韦伯：《儒教与道教》，174、175页，南京，江苏人民出版社，1993。

理价值只能在于行为的后果,因而是一种工具合理性的形式法。中西法律在文化品格上的这种差别决定了中国法尽管有一套完备的规范体系,但由于宗教家族伦理被视为法的最高价值,伦理凌驾于法律之上,伦理价值代替法律价值,伦理评价统率法律评价,立法与司法都以伦理为转移,由伦理决定其取舍。正如韦伯所说,十分重要的是立法的内在性质;以伦理为取向的家产制,无论是在中国还是在其他各地,所寻求的总是实际的公道,而不是形式法律。① 正是由于对形式法律的排斥,决定了中国传统法律文化中不存在容纳罪刑法定主义的文化氛围。因为罪刑法定主义就是以形式理性为基础的,它来自从罗马法的形式主义原则中发展出来的现代西方的理性法律。D·M. 特鲁伯克对形式理性的含义解释为:法律思维的理性建立在超越具体问题的合理性之上,形式上达到那么一种程度,法律制度的内在因素是决定性尺度;其逻辑性也达到那么一种程度,法律具体规范和原则被有意识地建造在法学思维的特殊模式里,那种思维富于极高的逻辑系统性,因而只有在预先设定的法律规范或原则的特定逻辑演绎程序里,才能得出对具体问题的判断。② 这种形式理性要求法律的实质内容和程序状态是具有合理性的。在这种合理性的法律秩序中,个人的权利和义务是由某种普遍的并能被证实的原则决定的,这一点是必须和绝对的。取消合法秩序裁决判定,或使这些制度只适用于特殊场合和确认不是来自规定的可证实原则作出判定的合法性,都被看作非理性的。③ 在这个意义上,形式本身就意味着合理性。形式理性在追求价值理性的时候,尽管有所丧失,但这是与保证最大限度地实现价值理性所必不可少的代价。中国传统法律文化追求实质伦理,轻视形式理性,因此虽然近代引入了罪刑法定主义,但由于它与中国传统法律文化相抵触,因而实际上并没有真正成为刑法的精神实质。

中华人民共和国成立以后,经济上追求绝对平等,政治上实行集中统一,法的地位始终没有在我国社会生活中树立起来。我国学者武树臣生动地把中华人民

---

① 参见〔德〕马克斯·韦伯:《儒教与道教》,122页,南京,江苏人民出版社,1993。
② 参见〔美〕艾伦·沃森:《民法法系的演变及形成》,29页,北京,中国政法大学出版社,1992。
③ 参见苏国勋:《理性化及其限制——韦伯思想引论》,220页,上海,上海人民出版社,1988。

共和国成立以来的法律实践样式称为"政策法"。所谓政策法,是指在管理国家和社会生活的过程中,重视党和国家的政策,相对轻视法律的职能;视政策为法律的灵魂,以法律为政策的表现形式和辅助手段;以政策为最高的行为准则,以法律为次要的行为准则;当法律与政策发生矛盾冲突时,则完全依政策办事;在执法的过程中还要参照一系列政策。① 这种政策法在刑法领域中的突出表现是:以政策指导刑事司法,可以在没有刑法典的状态下进行30年。即使在1979年制定刑法以后,刑事政策仍然对刑事立法与刑事司法产生不可低估的影响。例如"从重从快"等刑事政策成为刑事司法的指导方针。行文至此,我们不禁想到德国著名刑法学家李斯特的一句名言:刑法是刑事政策不可逾越的樊篱。尽管李斯特十分重视刑事政策,首倡刑事政策学,但他仍然认为罪刑法定是刑事政策无法逾越的一道屏障,是保护公民免受国家权威、多数人的权利、利维坦的侵害的制度的基础。②

  自改革开放以来,法治日益受到重视。由于市场经济对于法治的天然要求,走向法治已经成为历史的必然。在这种情况下,法制现代化问题受到我国法理学界的极大关注,并成为探讨的热点问题之一。法治的核心价值意义就在于:确信法律能够提供可靠的手段来保障每个公民自由地、合法地享有属于自己的权利,而免受任何其他人专横意志的摆布。因此,以法治为关键性变项的法制现代化便蕴含着一个判定标准,这就是实证标准。从实证意义上探讨法制现代化的标准,提出了法律形式化的必然要求。法律的形式化意味着确证法律权威的原则,意味着从立法到司法的每一个法律实践环节都必须遵循法定的程序,意味着将国家权力纳入法律设定的轨道并且不同机关的权力均由法律加以明文规定,也意味着社会主体在这一有序化的法律体系中获得最大限度的自由。因之,法律的形式化之实质乃是法治原则的确证与实现。③ 在刑法领域中,从法制现代化的实证标准中引申出的必然结论就是要坚定不移地实行罪刑法定主义。

---

① 参见武树臣等:《中国传统法律文化》,772页,北京,北京大学出版社,1994。
② 参见[日]庄子邦雄:《刑罚制度的基础理论》,载《国外法学》,1979(3)、(4)。
③ 参见公丕祥主编:《中国法制现代化的进程》(上卷),85页以下,北京,中国人民公安大学出版社,1991。

那么，在市场经济的条件下，怎么克服罪刑法定主义对罪刑范围的严格限定与随着经济关系的剧烈变动而产生的新型犯罪层出不穷之间的矛盾呢？我认为，市场经济的本性要求赋予个人更大的自由度，因而应该适当地调整以往在计划经济体制下形成的个人与国家的关系，以便形成一个有利于市场经济生长的较为宽松的社会环境。因此，国家对经济生活以及社会生活的刑事干预不应当扩张与加强，而恰恰相反，应当有所收缩与限制。而罪刑法定主义所具有的限制机能正好符合这一发展趋势。至于市场经济条件下出现的各种新型犯罪，应当经过慎重考虑纳入刑法典。更为重要的是：刑法的最后手段性决定了不能把刑法奉为治理经济与管理社会的圭臬。对于当前我国经济生活与社会生活中出现的各种失范现象，只有通过理顺经济关系，调整社会结构才能从根本上得以解决。因而，隐藏在否定罪刑法定主义观点背后的泛刑主义恰恰是与市场经济的内在要求背道而驰的。我们严重地关注，在当前我国刑事司法与刑法理论中存在一种可能导致法律虚无主义的倾向，这就是在经济犯罪的认定标准中，提出所谓生产力标准，并以此冲击犯罪构成的法律标准。在这种情况下，个案处理虽然可能实现个别公正，但由此弥散蔓延开来的法律虚无主义却有可能摧毁整个法制大厦，从而使法制建设毁于一旦，社会公正无从实现。为此，有必要重申罪刑法定主义，建立一套严密的刑法规则体系，以形式合理性作为价值合理性的制度保证。

严密的刑法规则体系的建构，是罪刑法定的制度保证之根本。这里涉及立法能力的问题，毫无疑问，罪刑法定的制度保证提出了更高的立法要求。因此，在罪刑法定主义是否可行的争论中，经常涉及的是一个立法经验的问题。否定论者认为，实行罪刑法定，必须制定一部十分完备的刑法典，但那是不切实际的。因为我国刑事立法经验不足，立法机关不可能把各种各样，甚至现在尚未出现但将来有可能出现的犯罪都包罗无遗地规定在一部刑法典中。[①] 而肯定论者则认为，在一个国家是否实行罪刑法定，与立法经验没有联系，而是一个价值取向和立法

---

① 参见侯国云：《市场经济下罪刑法定与刑事类推的价值取向》，载《法学研究》，1995（3）。

思路问题。更何况，立法经验也是逐渐积累的，是一个相对的概念。① 我认为，立法经验归根到底是一个立法能力问题。刑事古典学派夸大立法者的理性建构能力，当然是有所缺憾的。但并不能由此而完全否认立法者的立法能力，在理性所及的范围之内，制定一部符合社会实际状况的刑法典，应该是可能的。至于说到立法经验，世界上第一部实行罪刑法定的刑法典是1791年《法国刑法典》，难道我们的立法经验还不如二百年前的立法者的吗？事实上，立法不仅是一个经验积累的问题，更是一个理性建构的问题。如果我们坚持经验型的立法指导思想，刑事立法尾随司法实践，那么，一部完备的刑法典就永远可望而不可即。只有在立法中最大限度地发挥立法者的理性洞察力，才能制定出一部实行罪刑法定的刑法典。因此，我国刑法实行罪刑法定主义，不仅是价值取向之必然，而且还具有制度保证上的现实可能性。

（三）罪刑法定的司法建构

罪刑法定的制度保证不能离开人，这里的人就是司法活动的主体——法官。因此，罪刑法定在当代中国的命运如何，在很大程度取决于对法官行为的认识。美国学者 D. 布迪在考察中国古代刑法时指出：中华帝国的法律体制要求司法官吏严格地依法办事；实际上，任何一名司法官在任何一段时间，都在致力于理解并运用法律条款的真实含义（当然并不总是限于法律条款的文字本身）。与其他任何国家的法官一样，中国的司法官吏也非常注重于依法判案，甚至有过之而无不及。中国的法典编纂者们并不强求制定一部包罗万象的法典，他们打算通过比照适用以及援引概括性禁律的方式，消除法律上的盲点。在司法官员们着手堵塞法律上的漏洞的时候，这个规定明确而详尽的法律体系本身，便是有益和有效的指南。② 因此，中国古代法官的司法行为是机械性与能动性并存：在法律范围之内机械地司法，在法律范围之外能动地司法。我们关心的重点是中国古代司法的能动性，因为它带来了与罪刑法定主义相悖的司法文化传统的基因。韦伯认为中

---

① 参见胡云腾：《废除类推及刑法科学化》，载《法学研究》，1995（5）。
② 参见［美］D. 布迪、C. 莫里斯：《中华帝国的法律》，443页，南京，江苏人民出版社，1993。

国古代的司法在很大程度上保持着"卡地"（Kadi，原指伊斯兰国家的审判官）司法的性质。这种司法的特征就在于，不是从普遍性的法规在实际事实的应用中得出判决，而是根据执行法官对"特定场合中公正的意义"的理解而进行裁决。韦伯指出，中国古代的司法尽管是传统主义，却没有官方的判例搜集（Präjudizien-Sa-mmlung），因为法律的形式主义的性质遭到拒斥，并且特别是因为有像英国那样的中央法庭。官吏在地方上的"牧人"（Hirte）是知道先前那些判例的。这些"牧人"向他们的主子官吏劝告，要按照行之有效的审判模式行事。这在外表上和西方的陪审推事引用"类似事件"（Similia）的裁判习惯相同。只是西方陪审推事的软弱无能，在中国却是无上的美德。①

尽管韦伯对中国古代司法制度的评价具有一定的独断性，但他还是正确地揭示了中国古代的司法依赖于一种实在的个体化与恣意专断。因为中国古代司法中，法官不限于适用成文法，还有更为强烈与沉重的伦理使命，使法无明文规定的各种行为都应当得到合乎伦理正义的处理。我国清末在沈家本的主持下修订刑律，其中一大改进就是删除比附，克服传统"司法而兼立法"和"审判不能统一"的流弊，采用罪刑法定主义。但这一旨在限制司法权的改革由于与中国传统法律文化相抵触，受到保守派的攻击。例如时任江苏巡抚陈启泰对此批驳道：犹是司法之向例，与立法迥乎不同，岂得指比附为司法而兼立法，与三权分立之义不符，竟可删除不用。乃独于第 10 条著明，凡律例无正条者，不论何种行为，不得为罪，转似明导人以作奸趋避之路。此失于太疎者一。② 此后，罪刑法定主义虽然明定于刑法，但囿于中国传统的司法观念，仍难有效地制约司法主体的行为。

中华人民共和国成立以后，在相当长的一个时期内法制阙如，以政策治理国家。司法活动也以政策为导向，成为贯彻政策的工具。在这种政策法的状态之下，司法运行难免陷入困境。当法律政策确定之后，由于种种原因，既没有通过立法渠道及时制定相应的法律、法规、条例，也没有通过司法渠道形成判例法体

---

① 参见［德］马克斯·韦伯：《儒教与道教》，122 页，南京，江苏人民出版社，1993。
② 参见张培田：《中西近代法文化冲突》，171、178 页，北京，中国广播电视出版社，1994。

系。这就使国家的司法活动仅仅以十分抽象、笼统的法律政策、法律原则、法律精神作为依据，从而给法官的个人主观因素留下广阔的用武之地。加之司法官员的政治、业务素质差别较大，不可避免地造成司法混乱。①

自1979年刑法颁行以后，司法工作开始进入一个基本上有法可依的法制轨道，但依法独立行使审判权依然十分困难。为一个时期一个地区的中心工作服务，常常使司法活动难以正常开展。在刑事司法中，来自"打击不力"的压力，也往往使司法活动以运动式的节奏进入"严打"状态：一个战役接一个战役，一个专项斗争继续一个专项斗争。在这种情况下，司法不自觉地或者说被迫地呈现出一种被动的态势，疲于奔命。而法官行为则表现出机械司法与能动司法的双重品格：在法律规定明确的情况下，存在法律教条主义；在法律规定不明确或者法无明文规定的情况下，则由司法行为的工具性所决定，存在缺乏有效限制的自由裁量权。为避免打击不力的责难，不利被告的越权司法解释时有发生，刑罚趋重的审理结果也在所难免。这在一定程度上增加了法官行为的任意性和随机性，个人自由难以受到切实保障。当社会上发生危害社会的行为时，缺乏"法无明文规定不为罪，法无明文规定不处罚"的罪刑法定意识，而是千方百计、绞尽脑汁地寻找所谓法律根据，似乎不将其入罪就是法官的失职。在市场经济大潮的冲击下，传统的刑事司法模式和法官的行为品格受到严重的挑战。随着人权意识的觉醒，要求司法行为法定化的呼声日益高涨。在刑法领域中，就是要实行罪刑法定主义，在授予法官必要的自由裁量权的同时应依法限制法官的自由裁量权。为此，我国学者提出了"改造法官行为"的命题，从法官活动的正义性出发，提出法官应该有节制地运用刑罚权。② 我认为，应当以罪刑法定主义的观念、制度、原则改造法官行为，使刑事司法运作遵循罪刑法定主义的精神。只有这样，才能重塑我国法官行为的品格。因此，对于我国刑事司法来说，罪刑法定主义所昭示的价值蕴含是它的内在要求。

---

① 参见武树臣等：《中国传统法律文化》，778页，北京，北京大学出版社，1994。
② 参见宗建文：《刑罚正义论——罪刑法定的价值分析》，载《刑罚专论》，97页，成都，四川大学出版社，1995。

改造法官行为的基本内容是以罪刑法定原则规范法官行为。在我国刑法学界，无论是主张罪刑法定还是主张刑事类推的学者，都肯定了这样一个事实，虽然我国刑法规定了类推制度，但在司法实践中适用类推的案件十分有限。但对这一事实却得出截然不同的结论：主张罪刑法定的学者以此为根据，认为类推制度形同虚设，实无继续保留之必要；而主张刑事类推的学者则认为，导致类推数量极少的原因，并非因为需要类推的案件少，而是由其他人为的因素造成的。这些因素主要是：有些本应类推定罪的案件未以类推定罪，或者不以犯罪论处，或者直接适用有关刑法条文定罪，或者通过司法解释使司法机关直接适用某个刑法条文定罪。因此，不能以此否定刑事类推。①

我认为，确如主张刑事类推的学者所言，当前司法实践中大量需要类推的案件因为有些司法机关嫌费事费时而未适用类推，而是直接援引有关刑法条文定罪，甚至最高司法机关也以司法解释的形式确认了这一点。应该说，这是极不正常的。主张罪刑法定的学者以类推案件少为理由否定刑事类推，确有简单化之嫌，难以令人信服。但如果我们进一步考察这种现象产生的原因，就会发现：它的存在还是由类推制度造成的。正因为刑法规定了刑事类推，司法机关才敢于对法无明文规定的行为直接援引最相类似的刑法条文未经类推程序而予以定罪。因为在类推制度的司法建构中，法官头脑中缺乏"法无明文规定不为罪"的观念。如果刑法废除类推制度，明文规定罪刑法定，并以此规范法官行为，那么司法上的恣意性就会受到严格限制。因此，类推制度之存在本身，就对法官具有"法无明文规定可以入罪"的引导与示范的效应。

当然，我也承认严格限制的刑事类推与罪刑擅断不可同日而语，但我国个别学者由此得出结论，认为我国的具有严格限制条件的类推制度不但不会侵犯人权，反而能防止司法人员擅自对刑法条文作扩张解释，从而起到保护人权的作用。② 应该说，这一观点是我们绝对不能苟同的。这里涉及的问题是：在罪刑法

---

① 参见侯国云：《市场经济下罪刑法定与刑事类推的价值取向》，载《法学研究》，1995（3）。
② 参见侯国云：《市场经济下罪刑法定与刑事类推的价值取向》，载《法学研究》，1995（3）。

定与刑事类推这两种司法建构中,到底在哪一种司法建构中的法官行为受到的控制更为严格?结论不言自明。类推定罪,即使具有严格限制,不说侵犯人权,至少也可以说是对人权保障不力,岂谈得上保护人权。至于有学者认为即使有恣意违法擅断,也是个别"执法人"本身的问题,而不是类推制度的问题。[①] 这种把人与制度截然分开的观点,也是不能成立的。事实上,只有在罪刑法定的司法建构中,法官行为才能在法制的范围内运作,人权才能得到更为切实的保障。

我国著名刑法学家高铭暄教授指出:罪刑法定原则是一项进步的原则。它既不妨碍统治阶级根据自己的利益制定法律规定"罪"和"刑",同时对于公民的权利来说是一种切实有效的保障。因为法律要求公民的是遵守法律的规定:明文授权做的他就有权做;明令要求做的他就有义务做;明令禁止做的他就有义务不做。特别是禁止事项,包括一切构成犯罪的行为,如果不是法律明文规定,公民将无所适从,因为他不知道这样做是法律所不容许的。高铭暄教授认为,在全面修改刑法时,应在刑法中明确规定罪刑法定原则,不再规定类推制度。[②] 可以毫不夸张地说,罪刑法定主义已经成为我国刑法学界的共识,尽管对它的理解上可能存在一定程度的差异。我们坚信,存活了数千年的刑事类推制度在中国行将寿终正寝,我们将迎来一部明文规定罪刑法定主义的新刑法典,从而使我国刑法进入一个罪刑法定主义的黄金时代。

(本文原载《法学研究》,1996(2))

[①] 参见甘雨沛、何鹏:《外国刑法学》(上册),225页,北京,北京大学出版社,1984。
[②] 参见高铭暄:《略论我国刑法对罪刑法定原则的确立》,载《中国法学》,1995(5)。

罪刑法定的本土转换

一、罪刑法定原则的艰难突破

罪刑法定主义对于我国刑法来说，完全是舶来品。我国古代刑法中，存在"断罪引律条"的规定，同时又存在"断罪无正文"者得"比附援引"的规定，此外还有"违令""不应为"等完全空白的罪状。对此，我国学者指出："从'断罪无正条'到'断罪引律令'，再到'违令'、'不应为'，有一个问题自然无法避免，那就是传统中国是否存在罪刑法定？以现代法的视角观之，'断罪引律令'的确存在法定主义的特征，而'比附援引'则不可否认具有类推的性质，'违令'、'不应为'显然也不符合罪刑法定构成要件明确性的基本要求，以此观之，传统法之内在逻辑，似乎存在某种吊诡。"[①] 我国学者将"断罪引律令"归纳为

[①] 陈新宇：《从比附援引到罪刑法定——以规则的分析与案例的论证为中心》，24～25页，北京，北京大学出版社，2007。

"援法定罪"原则,认为这是我国古代刑法中的罪刑法定主义。[①] 我国著名刑法学家蔡枢衡则对以下两种罪刑法定主义加以区分:一种是限制官吏强调君权的罪刑法定主义,另一种是限制统治者强调民权的罪刑法定主义,指出:"这个罪刑法定主义(指《大清新刑律》第 10 条——引者注)实是近代民主和法治思想在刑法上的表现。过去的罪刑法定主义,都是对官吏强调君权,这次的罪刑法定主义,却是破天荒第一次对君和官强调民权。刑法是立法机关经过一定程序制定的法律,不再是统治者恣意的命令,实际上成了保护犯人的大宪章。"[②] 以上论述把中国古代"断罪引律令"的规定视为罪刑法定主义,只不过不是现代刑法意义上的罪刑法定主义。作如上区分,当然是完全正确的,但将"断罪引律令"的规定称为罪刑法定主义,还是多少亵渎了罪刑法定主义这一命题。实际上,在"断罪无正条"情况下的"比附援引"与"断罪引律令"之间,根本不存在内在矛盾,甚至外在矛盾都不存在。因为无论是"断罪有正条"还是"断罪无正条",这两种情况都是"断罪",所以都存在"断罪引律令"的问题。就此而言,"比附"也同样须"援引"法条,因而比附与援引并称为"比附援引"。由此可见,"断罪引律令"只是一个司法技术规范,而"比附"则是法律原则。

《大清新刑律》第 10 条则明文规定:"凡律例无正条,不论何种行为不得为罪。"此一法条对于我国传统刑法观念的冲击可谓甚巨,因而引起异议,亦在情理之中。例如,清末大臣张之洞在议论《新编刑事、民事诉讼法草案》第 76 条关于"凡裁判均须遵照定律,若律无正条,不论何项行为不得判为有罪"的规定时,提出了以下颇具代表性的反对意见:"春秋比事不废属辞,折狱引经备传……律例无可引用,援引别条比附者,于疏内声明:律无正条,今比照某律某例科断,或比照某律某例加一等减一等科断,详细奏明,恭候谕旨遵行……若因律无正条,不论何项行为概置不议,虽循东西各国之律,施诸中国,适开刁徒趋避之端,恐为法政废弛之渐。"[③]

---

① 参见张晋藩:《中国法律的传统与近代转型》,323 页,北京,法律出版社,2009。
② 蔡枢衡:《中国法制史》,131~132 页,南宁,广西人民出版社,1983。
③ 《张文襄公全集》,卷六十九,13~14 页。

虽有反对之声，但主持清末修律的沈家本不为所动，在阐述《大清新刑律》第 10 条关于"凡律例无正条者，不论何种行为不得为罪"规定的立法理由时指出："本条所以示一切犯罪须有正条乃为成立，即刑律不准比附援引之大原则也。凡刑律于无正条之行为，若许比附援引及类似之解释者其弊有三：第一，司法之审判官得以己意，于律无正条之行为比附类似之条文，致人于罪，是非司法官直立法官矣。司法立法混而为一，非立宪国之所宜有也。第二，法者，与民共信之物。律有明文乃知应为与不应为。若刑律之外参以官吏之意见，则民将无所适从。以律无明文之事，忽援类似之罚，是何异于以机阱杀人也。第三，人心不同，亦如其面。若许审判官得据类似之例，科人以刑，即可恣意出入人罪，刑事裁判难期统一也。因此三弊，故今惟英国视习惯法与成文法为有同等效力。此外欧美及日本各国无不以比附援引为例禁者，本案故采此主义，不复袭用旧例。"①

以上论述包含了立法与司法分立的分权思想、法律与人民之间关系上的契约论思想，以及对司法权限制的宪政思想。对罪刑法定主义的接纳，在某种程度上说，也就是对上述政治理念的认同，并且是以此为基础的。正是在这个意义上说，《大清新刑律》虽然颁布以后未及生效，清王朝即告覆灭，但该法所包含的民主与宪政的观念却并没有随之消灭，而是在此后的刑事立法中得以承袭。

《大清新刑律》改名为《暂行新刑律》而得以名亡实存，一脉延续，罪刑法定主义由此生根中华。正是在这个意义上，将《大清新刑律》视为近代我国刑法的开山之作，并不为过。中国人有信而好古的心理，中国历史上的改革变化，也大多采取了托古改制的策略。远有汉代的王莽，近如清末的康有为，都是典型的范例。沈家本主持的法律改革，似乎也难脱此嫌。如《晋书·刑法志》中刘向说："律法断罪，皆当以法律令正文，若无正文，依附名例断之，其正文、名例所不及，皆勿论。法吏以上，所执不同，得为异议。如律之文，守法之官，唯当奉用律令。至于法律之内，所见不同，乃得为异议也。今限法曹郎令史，意有不

---

① 沈家本：《历代刑法考》（四），385～386 页，北京，中华书局，1985。

同为驳,唯得释法律,以正所断,不得授求诸外,论随时之宜,以明法官守局之分。"沈家本对此的按语是:"今东西之学说正与之同,可见此理在古人早已言之,特法家之论说无人参究,故称述之者少耳。"① 托古改革而使改革有复古之形,由此减少改革的阻力,真乃用心良苦。然而,策略毕竟是策略,其能成功还是取决于时之所需。《大清新刑律》改比附援引为罪刑法定,阻力并没有涉及伦理纲常有关改革的那么大,这与当时宪政思想的传播亦有相当关系。我国学者描述了清末随着西学东渐,自然法思想的传入,个人本位价值观的确立,对清末刑律改革产生了深刻影响,指出:"国人对西方自然法思想的吸纳和升华为国内的思想意识领域营造了这样的氛围:利用天赋人权思想去批判、痛斥中国封建的统治制度,批判、痛斥中国法律制度的不合理性与滞后性,为清末刑法改制铺设了思想理论基石。"② 可以想见,如果没有西学提供的思想资源,无论如何托古改制也是不可能成功的。

二、罪刑法定思想的本土转换

《大清新刑律》在引入罪刑法定原则的同时废除比附,这是我国从封建专制刑法向现代法治刑法转变的一个标志,其革命意义毋庸置疑。当然,罪刑法定主义毕竟不是一条法律标语,在司法技术上如何能够保障其实现,这又是不能不存疑问的。例如,自然解释与类推解释如何区分就是一个难题。在《新刑律草案》补笺中,沈家本指出:"本律虽不许比附援引,究许自然解释。自然解释者,即所犯之罪与法律正条同类,或加甚时,则依正条解释而用之也。同类者,例如正筑马路,正条禁马车经过,则象与骆驼自然在禁止之列。加甚者,例如正条禁止钓鱼,其文未示及禁止投网,则投网较垂钓加甚,自可援钓鱼之例定罪也。"③

以上所论及的自然解释,在刑法理论上被称为当然解释,是指刑法条义表面

---

① 李贵连:《沈家本评传》,南京,南京大学出版社,2005。
② 徐岱:《中国近代化刑法论纲》,35页,北京,人民法院出版社,2003。
③ 黄源盛:《传统中国"罪刑法定"的历史发展》,载《东海法学研究》,1996(11)。

虽未明确规定，但实际上已全含于法条的文义之中，依照当然解释的道理解释法条意义的方法。当然解释之当然，包括事理上之当然与逻辑上之当然，只有在具有逻辑上之当然解释的情况下，才可成立不违反罪刑法定主义之当然解释。解释如果只具有事理上的当然，例如同类或者加甚，则属于违反罪刑法定主义之类推解释。同类属于类推解释没有问题，因为它是建立在类似性基础之上对法条的扩张适用。加甚则稍微复杂一些，要看所加之甚与所引之正条之间是否存在包含关系，若不存在包含关系，则仍然是类推解释。例如以禁止钓鱼之文而禁止投网，只考虑法条之目的性，而忽视了法条对手段的特殊限制。

应当指出，沈家本对于比附援引存在一个认识上的转变过程，这也是一个将《唐律》轻重相举制度从比附中分离出来，赋予其正当性的过程。[①] 其实，在沈家本删除比附的奏折中，对于比附的历史叙述，汉代乃为比附之始，但仍仅限于疑狱，至隋代而著为定例，《唐律》规定轻重相举，至《明律》改为引律比附，一路数落下来，显然是把轻重相举视为比附的一种表现形式的。《唐律》关于轻重相举的规定，在刑法理论上是被视为类推的，例如我国学者指出："《名例律》（第50条）承认对所谓'断罪无正条'的法律上无规定的犯罪，即'一部律内，犯无罪名'的犯罪，仍是可以处罚。但是同现行刑法（指我国1979年《刑法》——引者注）不同，唐律中规定的这种类推，既可以推为有罪、罪重而加以处罚，也可以推为无罪、罪轻而予以释放或减轻刑罚。律条规定：'其应出罪者，举重以明轻；其应入罪者，举轻以明重。'所以，唐律中的类推，要求在所举的相类成例与待处理的案犯间，存有鲜明的可推断的类差，以此来限制类推的滥用。但是，一旦使用起来，二者之间到底是否可类比，则法律无详细的规定。所以，司法实践与律条精神势必脱节，是可想而知的。"[②] 以上将《唐律》关于"出罪，举重以明轻"的规定称为类推并不妥切，因为根据现代无罪推定原则，无罪本身不需要证明，通行的是"不能证明有罪即为无罪"的规则。因此，《唐

---

① 参见陈新宇：《从比附援引到罪刑法定——以规则的分析与案例的论证为中心》，91页，北京，北京大学出版社，2007。

② 钱大群、夏锦文：《唐律与中国现行刑法比较论》，23页，南京，江苏人民出版社，1991。

律》规定"出罪,举重以明轻",是以有罪推定为其逻辑前提的。至于"入罪,举轻以明重",确实具有类推入罪之蕴意,但也并不尽然。《唐律疏议》在解释"其应入罪者,则举轻以明重"时,曰:"案贼盗律:'谋杀期亲尊长,皆斩。'无已杀、已伤之文;如有杀、伤者,举始谋是轻,尚得死罪;杀及谋而已伤是重,明从皆斩之坐。又例云:'殴告大功尊长、小功尊属,不得以荫论。'若有殴告期亲尊长,举大功是轻,期亲是重,亦不得用荫。是'举轻明重'之类。"在以上疏文中,谋杀之"谋"是指"二人对议",即阴谋策划,因而谋杀是指现代刑法中的预备杀人。杀、伤是在"谋"的基础上的"实行",其中,杀是杀人既遂,伤是杀人未遂。杀、伤必然经过"谋"的阶段,满足"谋杀"的构成要件。因此,对杀、伤按照谋杀人的规定处罚,属于当然解释。但如果轻重行为之间不是这种包含关系,而是牛马与骆驼之间的这种相似关系,则举轻明重就属于类推解释。由此可见,对于《唐律》关于轻重相举的规定,既不能一概斥为比附,也不能一概称为罪刑法定主义所容许的当然解释。

沈家本试图对《唐律》中的轻重相举与比附援引加以一定程度的区分,这是正确的,但他却一概否认轻重相举具有比附性质,难免偏颇。沈家本认为《唐律》的"举重而明轻,举轻而明重"乃用律之例,而非为比附加减之用也,指出:"观《疏议》所言,其重其轻皆于本门中举之,而非取他律以相比附,故或轻或重仍不越夫本律之范围。其应出者,重者且然,轻者更无论矣。其应入者,轻者且然,重者更无论矣。"[①] 沈家本把轻重相举称为用律之例,是一种司法技术,由此区别于比附,但其所述理由是不能成立的。沈家本认为《唐律》的轻重相举"非取他律以相比附",因而不是比附。那么,"取本律以相比附"难道就不是比附了吗?更何况,所谓"本律"与"他律"的区分本身就是虚幻的。我认为,比附援引与罪刑法定的本质区别,并不在于援引他律还是本律,而恰恰在于:法律有规定还是没有规定。《唐律》"举轻以明重",正是以"一部律内,犯无罪名"为前提的。对于法律没有明文规定为犯罪的行为,通过一定的解释方法

[①] 沈家本:《历代刑法考》(四),1813~1814页,北京,中华书局,1985。

使之入罪，这不正合比附之义吗？应当指出，沈家本的上述观点在一定程度上受到了当时参与修律的日本学者冈田朝太郎的影响。例如，冈田氏曾经指出："希腊格言，无法无罪，故刑法不许类似解释。类似解释，即比附援引。中国司法办案，无律则引例，无例则援案，皆类似解释也……然不可误解，谓刑法禁止类似解释，亦竟不得为何等解释也。有类似解释而实非者，当然解释是也。当然解释为拉丁语，例如为保护道路起见，禁止车马往来，驼象之妨害道路，甚于车马。虽无明文，亦必在禁止之列。又如池塘禁止钓鱼，以网取者甚于钓，虽无明文，亦必在禁止之列是也。或疑刑法以无律无罪为原则，同一律无正条，乃不许类似解释，而许当然解释何也。不知律无正条，就事实言之，有两种原因，一因其事实为刑法所放任，刑法既认为无罪，故不复列正条，若任意类推，将刑法所认为无罪者，裁判官得认为有罪也，可乎？一因其事实为事理之当然，无庸有明文之规定，故亦无正条，如上举道路、池塘二例，害之轻者，且有罪矣，害之重者，自不待言也……诸断罪而无正条，其应出罪者，则举重以明轻，其应入罪者，则举轻以明重，与当然解释之意，恰相符合。就法理言之，亦有二种区别。法律有形式，有精神。文字者，法律之形式也，文字之原理，法律之精神也。类似解释，不过条文偶相类似，而精神未尝贯注其中。当然解释，虽文字上未能赅备，而精神上实已包括无遗。故二者不可同日而语也。"① 冈田氏所称类似解释，就是指类推解释，他是想把类推解释与当然解释加以区分的，把类推解释归入比附援引，而把当然解释当作正确的解释方法。从以上冈田氏对当然解释的评论来看，采用的是一种实质解释论的立场。正如我在上文指出，当然解释根据事理上之当然与逻辑上之当然，与类推解释的关系有所不同：事理上的当然解释是类推解释，逻辑上的当然解释则非类推解释。沈家本在冈田氏的影响下，试图通过为《唐律》中的轻重相举正名，保留我国传统刑法文化中的司法技术因素，但对于罪刑法定主义而言，这是一种不彻底性的表现。

尽管如此，《大清新刑律》引入的罪刑法定原则在民国刑法中得以延续。

---

① 参见［日］冈田朝太郎讲述，熊元翰编辑：《京师法律学堂笔记》之《刑法总则》，18~20页。

1928年民国《刑法》与1935年民国《刑法》都在第1条规定了罪刑法定主义："行为时之法律，无明文科以刑罚者，其行为，不为罪。"但是，对于罪刑法定主义的争论从来没有停止过，当然，这不是在否定罪刑法定主义意义上的争论，而是在重新解释罪刑法定意义上的争论。其背景是从刑法客观主义向刑法主观主义的转变。例如蔡枢衡指出：《大清新刑律》颁布于1910年，斯时国际资本主义已经有长足发展，李斯特的刑法目的观念之提倡已是30年前的陈迹。19世纪末期及20世纪初期各国刑法之改正，无不以主观主义及保护刑论为修正客观主义及报应刑论之指导原理。故当时的刑法理论、刑法草案以及新产生的刑法中，基于客观主义的诸原则已经丧失其统治的地位，退而与主观主义的原则平分秋色地矛盾地对立着。因为模仿最新之立法例，遂使《大清新刑律》中的罪刑法定主义于克服罪刑擅断主义之际，即已与刑罚个别主义形成对立的存在。换言之，旧的矛盾之统一与新矛盾的开始是同时发生的。在观念上虽可认为克服罪刑擅断主义在先，容纳刑罚个别化主义在后，事实上实不容易区分先后。① 在此，蔡枢衡提出了"新与旧"这一对矛盾。这可以说是清末民初中国所面临的一个选择，当时的人们在"新与旧"的对立中不知所措。当西方从绝对罪刑法定主义变为相对罪刑法定主义的时候，我们会说以前者为旧后者为新，急切地求新的结果是没有经过绝对罪刑法定主义阶段，就直接迎来相对罪刑法定主义，其结果是罪刑法定主义的根基不稳，类推解释得以复活。例如民国学者王觐基于相对的罪刑法定主义而主张类推，指出："殊不知绝对法定主义，乃擅断主义之反动，刑法解释从严，乃法定主义之遗物，是则舍去历史上之理由，别不见有深意存在，余以为刑罚法规之目的，求社会与犯人双方得其平，民事法规之适用，为原告被告昭大公。民事法规，可用类推解释，而独于刑罚法规，严加限制，诚令人百思不得其解。况类推解释，有时与扩张解释，徒有形式上之区别，苟不逸出论理所许容之范围，善为运用，确能随犯罪进步，社会发展，收措置得宜之效，又何必狃于十九世纪

---

① 参见蔡枢衡：《中国法理自觉的发展》，268页，北京，清华大学出版社，2005。

之旧思想而不能理解法律之进化乎。"①

为什么民法可以类推，刑法却禁止类推？类推解释与扩张解释究竟如何区别？绝对罪刑法定主义之于我国到底是旧思想还是新理念？这些问题，都是值得研究的。民法可以类推，作为刑法亦应容许类推的理由，只能说明对于民刑分界之未能洞察。以类推解释与扩张解释难以区分作为容许类推解释的根据，只能是一种推托。至于绝对罪刑法定主义与相对罪刑法定主义的新旧不应以其发生地时序为标准，而应以我国的实际需求为考量。实际上，相对罪刑法定主义之所谓容许类推，并非容许入罪类推，而是有利于被告人的类推。因此，在人权保障观念上绝对罪刑法定主义与相对罪刑法定主义并无根本区别。这种对罪刑法定主义的误读，到20世纪90年代我国1997年《刑法》修订之际，仍见其踪影。

三、罪刑法定原则的百年轮回

1949年，中华人民共和国成立以后，以《大清新刑律》为开端的我国近代刑法史戛然而止，罪刑法定原则也随之被废弃。1979年制定的刑法规定了类推制度，罪刑法定不见踪影。当然，这也并非我国古代比附援引的复活，而是师法苏俄的结果。因为苏俄刑法典长期以来一直都有类推规定，一直到1958年12月通过的《苏联和各加盟共和国刑事立法纲要》中，类推才被取消。② 而在我国，罪刑法定原则被列为旧法观念，从一开始就被禁止。在1997年《刑法》修订中，在《刑法》中明确规定罪刑法定原则，同时废除类推的呼声高涨，虽然也有个别主张保留类推的观点，但那只是极个别说。③ 最终，1997年《刑法》第3条规定了罪刑法定原则。

---

① 王觐：《中华刑法论》，姚建龙勘校，42页，北京，中国方正出版社，2005。
② 参见：[苏] A.A. 皮昂特科夫斯基等：《苏联刑法科学史》，曹子丹等译，35页，北京，法律出版社，1984。
③ 参见彭凤莲：《中国罪刑法定原则的百年变迁研究》，219页以下，北京，中国人民公安大学出版社，2007。

罪刑法定的本土转换

尽管在我国刑法学界对罪刑法定原则还存在各种不同解读,但我认为罪刑法定主义立法化以后,学术的关注点应当从立法向司法转移,这就是从罪刑法定主义的立法化到罪刑法定的司法化。就罪刑法定主义的立法化与司法化这两者而言,也许司法化是更为重要的。因为如果罪刑法定主义不能在司法实践中加以贯彻,罪刑法定主义的规定只不过是一纸具文而已。而正是在罪刑法定主义的司法化上还存在某种担忧之处,因为在司法实践中,违反罪刑法定主义的类推适用还大行其道。

例如肖永灵投寄虚假炭疽杆菌案就是生动的一个案例:2001年10月,被告人肖永灵通过新闻得知炭疽杆菌是一种白色粉末的病菌,国外已经发生因接触夹有炭疽杆菌的邮件而致人死亡的事件,因此,认为社会公众对收到类似的邮件会产生恐慌心理。同年10月18日,肖永灵将家中粉末状的食品干燥剂装入两只信封内,分别邮寄给上海市人民政府某领导和上海东方电视台新闻中心陈某。相关部门采取大量措施后,才逐渐消除了人们的恐慌心理。上海市某中级人民法院于2001年12月18日以(2001)沪二中刑初字第132号刑事判决书对肖永灵作出有罪判决,认定其行为触犯了《刑法》第114条的规定,构成以危险方法危害公共安全罪,判处有期徒刑4年。在法定上诉期间,被告人肖永灵未提起上诉。[1] 对于本案,我国学者明确指出:"在肖永灵'投寄虚假的炭疽杆菌'一案中,法院将'投寄虚假的炭疽杆菌'的行为解释为《刑法》第114条中的'危险方法',这既不符合此种行为的性质,也不符合《刑法》第114条的立法旨趣,已经超越了合理解释的界限,而具有明显的类推适用刑法的性质。"[2] 我认为,以上评论是一针见血的。因为投寄虚假的炭疽杆菌行为在客观上根本不具有危害公共安全的性质,它的性质与投寄炭疽杆菌行为的性质根本不同,连类似关系都不存在,称之为类推适用已经是一种客气的说法。后来的立法补充规定,也说明了这一

---

[1] 参见游伟、谢锡美:《"罪刑法定"原则如何坚守——全国首例投寄虚假炭疽杆菌恐吓邮件案定性研究》,载游伟主编:《华东刑事司法评论》(第3卷),256页,北京,法律出版社,2003。

[2] 周少华:《罪刑法定在刑事司法中的命运——由一则案例引出的法律思考》,载《法学研究》,2003(2)。

点。在上述判决作出后的 11 天，即 2001 年 12 月 29 日，全国人大常委会通过的《刑法修正案（三）》就增设了故意传播虚假恐怖信息罪，立法理由指出：……这种投放假炭疽菌或者编造假信息的行为，会使人们难辨真假，危害更大，应当予以刑事处罚。由于这种行为不可能实际造成传染病的传播，不属于危害公共安全方面的犯罪，难以适用危害公共安全罪的规定，而当时刑法中又缺乏相应的规定，因此，《刑法修正案（三）》增加了对这种犯罪的规定。① 而正是在这种当时刑法没有规定的情况下，肖永灵被定罪了，其与罪刑法定原则的冲突十分明显。罪刑法定主义的司法化绝非一日之功。它涉及刑事司法理念的转变、刑事司法制度的改革和刑事司法技术的提升。由此可见，我国罪刑法定主义司法化之路途，坎坷且遥远，绝非一蹴而可就也。

（本文原载于《法学》，2010-01-20）

---

① 参见全国人大常委会法律工作委员会刑法室编：《中华人民共和国刑法条文说明、立法理由及相关规定》，604 页，北京，北京大学出版社，2009。

罪刑法定主义的逻辑展开

  1949年，中华人民共和国成立以后，以《大清新刑律》为开端的我国近代刑法史戛然而止，罪刑法定主义也随之被废弃。1979年制定的刑法规定了类推制度，罪刑法定主义不见踪影。当然，这也并非我国古代比附援引的复活，而是师法苏俄的结果。因为苏俄刑法典长期以来一直都有类推规定，一直到1958年12月通过《苏联和各加盟共和国刑事立法纲要》，类推才被取消。[①] 而在我国，罪刑法定主义被列为旧法观念，从一开始就被禁止。在刑法起草过程中，虽然在类推与罪刑法定主义之间曾经存在过争论，但类推的主张始终占上风。高铭暄教授对此作了生动的描述："我国刑法在罪刑法定原则的基础上，应当允许类推，作为罪刑法定原则的一种补充……为了使我们的司法机关能及时有效地同刑法虽无明文规定、但实际上确属危害社会的犯罪行为作斗争，以保卫国家和人民的利益，就必须允许类推。有了类推，可以使刑法不必朝令夕改，这对于保持法律在一定时期内的相对稳定性是有好处的。而且，有了类推，可以积累同新的犯罪形

[①] 参见［苏］A.A.皮昂特科夫斯基等：《苏联刑法科学史》，曹子丹等译，35页，北京，法律出版社，1984。

式作斗争的经验材料,这就为将来修改、补充刑法提供了实际依据。"[①] 可见,在当时的历史条件下,类推制度在打击犯罪的名义下获得了政治上的正确性。尽管如此,以类推为补充的罪刑法定主义是前所未闻的,因为罪刑法定主义与类推之间存在逻辑上的矛盾:一部刑法只要是规定了类推,就不可能是罪刑法定主义的;一部刑法只要是标榜罪刑法定主义,就必然是禁止类推的。而在相当长的一个时期内,我国1979年《刑法》却被称为实行以类推为补充的罪刑法定主义。在1997年《刑法》修订中,在《刑法》中明确规定罪刑法定原则,同时废除类推的呼声高涨,虽然也有个别主张保留类推的观点,但那只是极个别说。[②] 最终,1997年《刑法》第3条规定了罪刑法定原则。尽管罪刑法定主义已经被我国刑法所采用,然而,在罪刑法定主义的理解上,仍然存在模糊之处。近年来,我国刑法学界围绕着罪刑法定主义的含义以及我国刑法关于罪刑法定原则规定的理解,展开了具有深度的学术争议,这对于加深我们对罪刑法定主义的正确理解具有重要意义。

一、绝对的罪刑法定与相对的罪刑法定

罪刑法定主义存在一个从绝对的罪刑法定到相对的罪刑法定的嬗变过程,其内容主要表现为:从完全取消司法裁量到限制司法裁量;从完全反对法官对刑法进行解释到允许法官对刑法进行严格解释;从完全否定类推到容许对被告人有利的类推;从完全禁止事后法到从旧兼从轻;从绝对确定的法定刑到相对确定的法定刑。这些变化使罪刑法定主义更加适应保障人权的需要,同时克服其僵硬性,获得了一定的灵活性。因此,从绝对的罪刑法定到相对的罪刑法定,并不是罪刑法定主义之死亡,而恰恰是罪刑法定主义之再生。

在相对的罪刑法定的语境中,法律专属主义的相对化是一个显著的特征。罪

[①] 高铭暄:《中华人民共和国刑法的孕育和诞生》,126页,北京,法律出版社,1981。
[②] 参见彭凤莲:《中国罪刑法定原则的百年变迁研究》,219页,北京,中国人民公安大学出版社,2007。

刑法定主义以"法无明文规定不为罪"为其基本内容，那么，这里的"法"并非一般意义上的"法"，而是特指法律。这也就是所谓法律专属主义。法律专属主义被认为是罪刑法定主义的应有之义，即只有法律才能规定犯罪。这里的法律，是指刑法，包括形式刑法与实质刑法。我国采取统一的刑法典的立法方式，即我国只有形式刑法，而不存在实质刑法。因此，在我国的法律语境中，罪刑法定主义中的"法"是指刑法典。就此而言，我国刑法是坚持法律专属主义的。

法律专属主义可以分为绝对的法律专属主义与相对的法律专属主义。绝对的法律专属主义认为法律专属性具有绝对的意义，即行政机关无权制定与犯罪和刑罚有关的法规。而相对的法律专属主义则认为在法律规定了犯罪的基本特征和法定刑的情况下，可以授权其他机关规定具体的犯罪要件。[①] 就此而言，我国刑法显然是采取相对的法律专属主义的。因为我国刑法分则存在大量的空白罪状，它只规定了某一犯罪的基本框架，该犯罪的具体内容有待于行政法规加以填充。例如，我国《刑法》第225条规定的非法经营罪，是指违反国家法律，进行非法经营，扰乱市场秩序，情节严重的行为。刑法分四项列举了非法经营行为，其中前三项是具体行为，但第四项是空白规定，其内容为，"其他严重扰乱市场秩序的非法经营行为"。在认定这里的"其他扰乱市场秩序的非法经营行为"的时候，"违反国家规定"是一个重要的参照依据。因为《刑法》第225条规定了"违反国家规定"这一要素，它同样适用于第225条第4项。也就是说，《刑法》第225条第4项"其他严重扰乱市场秩序的非法经营行为"，必须具备"违反国家规定"这一前提。那么，如何理解这里的"违反国家规定"呢？对此，我国《刑法》第96条专门对违反国家规定的含义作了规定，指出："本法所称违反国家规定，是指违反全国人民代表大会及其常务委员会制定的法律和决定，国务院的行政法规、规定的行政措施、发布的决定和命令。"由此可见，违反国家规定中所称国家规定，只限于国家立法机关制定的法律和国家行政机关制定的行政法规的规

---

① 参见［意］杜里奥·帕多瓦尼：《意大利刑法学原理》，注评版，陈忠林译评，23页，北京，中国人民大学出版社，2004。

定。这里的国家规定属于认定具体犯罪的参照法规，刑法对某一构成要件行为规定不明确的情况，通过参照法规予以明确。因此，参照法规就在某种意义上承担了实质上对构成要件予以明确化的职能。尤其是在空白罪状的情况下，刑法空白完全有赖于参照法规来填补，因而参照法规的层级直接关系到法律专属性原则。在我国刑法采取相对的法律专属主义的情况下，尽管行政性法规和司法解释不能直接规定犯罪，但实际上具有间接地规定犯罪的功能，是认定犯罪的规范根据。在这个意义上，行政性法规对于犯罪成立具有重要影响。

在某些情况下，行政性法规的变更会直接影响犯罪的成立。例如，我国刑法中的非法经营罪，就和行政许可制度有着密切的关联。非法经营行为在很大程度上是以违反行政许可为前提的。因为非法经营罪中的经营并非一般性的经营行为，而是指需要经过行政许可的经营行为，因此，非法经营是指未经行政许可的经营活动。2003年8月27日中国颁布了《行政许可法》，这一法律的颁布对刑法第225条第4项的解释必将带来重大影响。因为在该法颁布之前，中国的行政许可散见于相关法律、法规之中，《行政许可法》对行政许可作了统一规定，是行政许可领域的基本法律。在1997年制定《刑法》第225条的时候，我国行政许可制度尚不健全，第225条第1项和第2项是根据当时的行政许可状况设置的，第3项是此后补充的。而对第4项的其他非法经营行为究竟如何认定其是否违反了国家法律规定，还是不明确的。在《行政许可法》通过以后，理应根据违反行政许可作为确认其非法性的根据。[①] 在现实生活中，行政许可是会发生变动的，这种变动将对非法经营罪的认定产生直接的影响。例如于润龙非法经营案[②]，就是认定犯罪所依据的行政法规发生变更导致行为无罪的适例。

  吉林省吉林市丰满区人民法院经审理认为：被告人于润龙在无黄金许可证的情况下大肆收购、贩卖黄金的行为，严重扰乱了市场秩序，情节严重，

---

① 参见王作富，刘树德：《非法经营罪调控范围的再思考——以〈行政许可法〉若干条款为基准》，载《中国法学》，2005 (6)。

② 参见陈兴良等：《人民法院刑事指导案例裁判要旨通纂》，270页，北京，北京大学出版社，2013。

已构成非法经营罪。虽然2003年年初国务院下发了国发[2003]5号文件取消黄金收购许可证制度，但对于国内黄金市场的发展运行，还有行政法规、政策及相关部门的规章加以规范，不许任其无序经营。《金银管理条例》在废止前，该条例的其他内容仍然有效。于润龙的行为在目前的情况下也属违法行为。公诉机关指控的事实清楚，证据充分，罪名成立。被告人的辩护人的观点，不予采纳。鉴于本案审判时国家关于黄金管理的行政法规发生变化及被告人于润龙的犯罪情节轻微，黄金在途中被扣，没有给黄金市场带来不利后果，可从轻处罚。据此，依照《刑法》第225条第1项、第12条、第37条之规定，判决如下：被告人于润龙犯非法经营罪，免予刑事处罚。

宣判后，被告人于润龙不服，提出上诉。上诉人于润龙诉称，原判决适用法律完全错误，上诉人的行为在审判时不具有违法性，更不是犯罪。于润龙的辩护人辩称：一审法院判决上诉人的行为犯非法经营罪，无论是在行政法上，还是在刑法上都于法无据，应改判上诉人无罪。

吉林省吉林市中级人民法院经过二审审理后，认定了一审判决所认定的事实及证据。另查明，该案被移送起诉期间，2003年2月27日国务院以国发[2003]5号文件发布了国务院《关于取消第二批行政审批项目和改变一批行政审批项目管理方式的决定》，其中涉及黄金审批项目共四项，即停止执行关于中国人民银行对于黄金管理的黄金收购许可、黄金制品生产加工批发业务审批、黄金供应审批、黄金制品零售业务核准四项制度。吉林省吉林市中级人民法院认为：原审判决认定事实清楚，审批程序合法，但定性不准，适用法律错误。上诉人于润龙收售黄金的行为发生在2002年8~9月，即国务院国发[2003]5号文件发布前，依照当时的法律，构成非法经营罪。但在一审审理时，国务院发布了国发[2003]5号文件，取消了中国人民银行关于黄金管理的收售许可审批，导致《刑法》第225条第1项所依据的行政法规——《金银管理条例》发生了变化，其行为按照现在的法律，不存在"违反国家规定"或"未经许可经营法律、行政法规规定的专营、专卖物品或其他限制买卖的物品"的性质，不符合非法经营罪的构成要件，其行

为不构成非法经营罪。据此，依照《刑事诉讼法》第189条第2项、第162条第2项及最高人民法院《关于执行〈中华人民共和国刑事诉讼法〉若干问题的解释》第176条第3项和《刑法》第12条之规定，判决如下：

上诉人（原审被告人）于润龙无罪。

我认为，以上二审判决是完全正确的。在作为有罪判决依据的行政法规发生变更的情况下，理应作出无罪判决。因此，行政法规不仅在入罪时可以作为依据，而且在出罪时也应该作为依据。这才是法律专属主义的应有之义。

事实上，不仅行政法规对于犯罪的认定具有规范根据的功能，而且司法解释在很大程度上也是认定犯罪的根据。可以说，司法解释对于空白罪状的犯罪要件的明确化与具体化，也具有重要意义。在我国司法实践中，大量的空白罪状都是通过司法解释予以充实的，从而为司法机关适用空白罪状提供了法律根据。例如，对于我国《刑法》第225条第4项的"其他严重扰乱市场秩序的非法经营行为"，迄今为止，最高人民法院将以下9种行为解释为《刑法》第225条第4项规定的其他严重扰乱市场秩序的非法经营行为：（1）非法经营出版物；（2）非法经营电信业务；（3）非法传销或者变相传销；（4）在生产、销售的饲料中添加盐酸克伦特罗等禁止在饲料和动物饮用水中使用的药品或者销售明知是添加有该类药品的饲料，情节严重的行为；（5）非法经营互联网业务；（6）非法经营彩票；（7）非法经营非上市公司股票；（8）违反国家规定，使用销售类终端机具（POS机）等方法，以虚拟交易、虚开价格、现金退货等方式向信用卡持卡人直接支付现金；（9）擅自发行基金份额募集资金。由此可见，在我国司法实践中，司法解释对于认定犯罪具有第二法源的性质，即间接法源。

这里应该指出，司法解释对于"其他严重扰乱市场秩序的非法经营行为"的规定，也同样应当受到"违反国家法律规定"这一前置性要件的限制。但在1997年《刑法》适用以后，在最高司法机关陆续颁布的关于《刑法》第225条第4项的司法解释中，有些并不具有与行政许可的相关性，甚至连违反国家规定这一前置性条件也不具备。在上述司法解释对《刑法》第225条第4项的规定中，存在着不具备"违反国家规定"这一前提的情形。例如2000年4月28日

《关于审理扰乱电信市场管理秩序案件具体应用法律若干问题的解释》（法释〔2000〕12号）第1条规定，违反国家规定，采用租用国际专线、私设转接设备或者其他方法，擅自经营国际或者涉港澳台电信业务进行营利活动，扰乱电信市场管理秩序，情节严重的，依照《刑法》第225条第4项的规定，以非法经营罪定罪处罚。但2000年9月25日国务院颁布的《电信条例》第59条才将上述行为规定为禁止性行为，且只对其中三种行为规定可以追究刑事责任，而并未涉及上述非法经营行为。非法经营行为是否只有法律、法规明文规定应当追究刑事责任才能纳入其他非法经营行为的范围，这当然是可以讨论的，但仅就司法解释和《电信条例》出台时间来看，司法解释颁布于2000年4月28日，生效于2000年5月24日，早于《电信条例》（2000年9月25日颁布）出台。对此，我国学者指出：该解释制定之时尚没有明确的行政法规作为参照规定，该解释第1条中的"违反国家规定"也就没有相关法规作依据，该解释第1条严格来说是"无效条款"[①]。我以为，以上质疑是能够成立的。至少2000年5月24日至2000年9月25日这一期间，上述司法解释属于内容超前的无效条款。因此，"违反国家规定"是其他非法经营行为构成犯罪的前置性条件。如果这个问题不解决，司法解释虽然试图解决刑法的明确性问题，但却与罪刑法定原则所派生的法律专属性原则相悖。

二、形式的罪刑法定与实质的罪刑法定

形式的罪刑法定又称罪刑法定的形式侧面，而实质的罪刑法定又称罪刑法定的实质侧面。形式的罪刑法定与实质的罪刑法定这对范畴，涉及对罪刑法定主义精神的理解，这也是日本学者山口厚教授所说的罪刑法定主义的思考方法问题。[②]

可以说，形式的罪刑法定与实质的罪刑法定的提法主要来自日本。日本学者

---

① 刘树德，王冕：《非法经营罪罪状"口袋径"的权衡——对法释〔2000〕12号第1条的质疑》，载《法律适用》，2002（10）。

② 参见〔日〕山口厚：《刑法总论》，2版，付立庆译，10页，北京，中国人民大学出版社，2011。

曾根威彦教授曾经提出，罪刑法定原则可以分为形式内容与实质内容。其中，罪刑法定原则的形式内容基本上是传统的"法无明文规定不为罪"，而罪刑法定原则的实质内容则是指人权保障。曾根威彦教授指出："罪刑法定原则要成为实质的保障人权原理，除了仅仅要求在行为时存在规定有犯罪和刑罚的法律还不够，而且，该刑罚法规还必须是适当的。"① 曾根威彦将刑法用语的明确性和刑法内容的适当视为罪刑法定原则的实质内容。应该说，曾根威彦在罪刑法定原则的形式内容与实质内容之间建立了某种递进关系：罪刑法定原则的形式内容是其基本之义，而罪刑法定原则的实质内容是其补充之义，这是完全正确的。但日本学者前田雅英教授提出了罪刑法定主义的实质化的命题，在这一命题下，除刑法用语的明确性和刑法内容的适当性以外，还提出了实质的刑法解释的概念，认为解释容许范围与处罚必要性成正比，而与可能语义的边界成反比。② 在此，前田雅英将处罚必要性当作了实质的刑法解释的核心概念，以此确定刑法解释的标准。可以看出，前田雅英教授以处罚必要性为核心的罪刑法定主义的实质化命题，本身包含着突破罪刑法定主义的危险性。究其原委，是这种所谓处罚必要性没有受到罪刑法定主义的形式内容的限制，由此而使处罚必要性具有了相当程度上的入罪功能。恰恰在这一点上，日本的其他刑法学者是将处罚必要性作为限制处罚的实体根据而确立的。日本学者山口厚教授在论及罪刑法定主义的思考方法时指出："罪刑法定主义并不是单纯的形式原理，而有必要作为实质的处罚限定原理加以理解。"③ 在这个意义上理解罪刑法定主义的实质内容当然是没有问题的，因为在罪刑法定主义的形式要素的限制下，处罚必要性就成为进一步出罪的实质根据。换言之，按照罪刑法定主义的形式内容，只要有法律的明文规定，在具备其他犯罪成立要件的情况下，就可以构成犯罪。而按照罪刑法定主义的实质内容，则即使法律有明文规定，也并不一定具备了犯罪成立的构成要件，还要根据是否具有实质上的处罚必要性加以进一步的排除。因此，罪刑法定主义的形式内容与

---

① ［日］曾根威彦：《刑法学基础》，黎宏译，12页，北京，法律出版社，2005。
② 参见［日］前田雅英：《刑法总论讲义》，4版，78~79页，东京，东京大学出版社，2006。
③ ［日］山口厚：《刑法总论》，2版，付立庆译，10页，北京，中国人民大学出版社，2011。

罪刑法定主义的实质内容之间存在逻辑上的递进关系。根据罪刑法定主义的实质内容所确定的犯罪范围明显要小于根据罪刑法定主义的形式内容所确定的犯罪范围。

我国学者张明楷教授较早地从日本引入了罪刑法定主义的形式内容和实质内容的学说,张明楷教授称之为罪刑法定的形式侧面和实质侧面。但在对罪刑法定的形式侧面与实质侧面的理解上,张明楷教授的观点更加接近前田雅英教授的。在一定程度上,其以处罚必要性为核心概念强化了罪刑法定的实质侧面的功能,并且在此基本上倡导刑法的实质解释论。张明楷教授指出:罪刑法定原则的具体内容分为形式侧面与实质侧面。法律主义、禁止事后法、禁止类推解释、禁止不定(期)刑,是罪刑法定原则的传统内容,被称为形式侧面。罪刑法定原则的形式侧面的法律主义,要求司法机关只能以法律为根据定罪量刑,而不能以习惯等为理由定罪判刑,以及法官不得溯及既往、不得类推解释法律、不得宣告不定期刑等,都是为了限制司法权力,保障国民自由不受司法权力的侵害。所以,罪刑法定原则的形式侧面,完全体现了形式法治的要求。而罪刑法定原则的实质侧面包括两个方面的内容:一是刑罚法规的明确性原则;二是刑罚法规内容的适正的原则。实质侧面主要在于限制立法权,充满了对立法权的不信任。换言之,实质的侧面反对恶法亦法,这正是实质法治的观点。[①] 张明楷教授将罪刑法定原则的形式侧面与形式法治相连接,而又把罪刑法定原则的实质侧面与实质法治相连接,并对罪刑法定原则的形式侧面与实质侧面的功能做了分工:前者限制司法权,后者限制立法权。至此,张明楷教授的逻辑推演均没有问题。问题出在罪刑法定原则的形式侧面与实质侧面的关系上,正是对两者关系的论述暴露了对罪刑法定原则的实质侧面的推崇,以及以处罚必要性为根据的强势介入,形成对罪刑法定原则的形式侧面的消解。张明楷教授提出了罪刑法定原则的形式侧面与实质侧面之间具有冲突性的命题,认为在形式侧面与实质侧面之间存在以下两个方面的冲突:一是成文法的局限性决定了刑法不可能对所有犯罪作出毫无遗漏的规定,即存在实质上值得科处刑罚,但缺乏形式规定的行为;二是成文法的特点决

[①] 参见张明楷:《罪刑法定与刑法解释》,27、46~47页,北京,北京大学出版社,2009。

定了刑法条文可能包含了不值得科处刑罚的行为，即存在符合刑法的文字表述，实质上却不值得处罚的行为。对于这两方面的冲突，不可能仅通过强调形式侧面，或者仅通过强调实质侧面来克服；只有最大限度地同时满足形式侧面与实质侧面的要求，才能使冲突降到最低限度。[①] 罪刑法定原则的形式侧面与实质侧面，本来是分别限制司法权与立法权的，具有各自独立的机能，但关于罪刑法定原则的形式侧面与实质侧面的冲突的论述，则完全破坏了两者之间的逻辑关系，其所反映的是一种强烈的贬罪刑法定原则的形式侧面而褒罪刑法定原则的实质侧面的思想倾向。例如，我国学者刘艳红教授指出："形式的罪刑法定原则过分钟情于形式法治国的形式与程序，远离法律的自由与价值，特别是缺乏限制立法者的立法权限的机制，容易使刑法成为统治者推行自己意志的工具，将不公正的规则制定为强有力的国家法律，以合法的形式干涉公民正常的生活。"[②] 以上从罪刑法定原则的实质侧面对形式侧面的指摘，是十分吊诡的。按照以上学者对罪刑法定原则的形式侧面与实质侧面的功能分工，形式侧面的功能本来就是限制司法权，限制立法权的职责是由实质侧面来承担的，缺乏对立法权的性质机能何以成为形式侧面的罪过？更甚之，罪刑法定原则的形式侧面"远离法律的自由与价值"的缺陷何以存在？其实，在对罪刑法定原则的内容的理解上，"法无明文规定不为罪，法无明文规定不处罚"本身就包含了对司法权与立法权的双重限制。其中，刑法不得溯及既往的派生原则，并不仅仅是对司法权的限制，同样具有对立法权的限制功能，即立法者不得制定事后法。而刑法的明确性，也完全可以包含在罪刑法定原则的明文规定这一要素之中，即可以通过对刑法规定的明文性的解释而获得。至于刑罚处罚的合理性问题，并不完全是由罪刑法定原则解决的，罪刑法定原则主要是构成要件的原则，它主要解决的是刑法的形式合理性问题。而刑法的实质合理性，还有赖于第二阶层的违法性的判断原则——法益保护原则和第三阶层的有责性的判断原则——责任主义共同发挥作用。如果以为罪刑法定

---

① 参见张明楷：《罪刑法定与刑法解释》，68页，北京，北京大学出版社，2009。
② 刘艳红：《实质刑法观》，68页，北京，中国人民大学出版社，2009。

原则可以解决刑法中的所有问题，这是对罪刑法定原则功能的误解。罪刑法定原则的重要性，并不在于它能够解决刑法中的所有问题，而在于它所解决的是犯罪成立的第一阶层的问题，是为入罪所建构的第一道法律防线。

建立在罪刑法定原则的形式侧面与实质侧面的冲突这一虚幻的理论判断的基础上，为克服这一冲突，张明楷教授倡导刑法的实质解释论。实质解释论所要解决的问题是：实质上值得科处刑罚，但缺乏形式规定的行为如何入罪？形式上符合刑法的文字表述，实质上却不值得处罚的行为如何出罪？正如我前文所言，后一个问题本来并不是罪刑法定原则所要解决和所能解决的问题，它是法益保护原则所要解决的问题，本来就与罪刑法定原则无关。而前一个问题如何解决，才是刑法价值观的分歧之所在。正是在此基础上，在张明楷教授与我之间展开了实质解释论与形式解释论之争。① 在我看来，以上形式解释论与实质解释论的对立，其实质是对罪刑法定原则的理解之辨。

对于实质上值得科处刑罚，但缺乏形式规定的行为，按照形式解释论的立场当然是不能入罪的。因为这里的没有形式规定，就是没有法律的明文规定。事实上，法律规定本身并不能分为形式规定与实质规定。法律有没有规定，当然在一定程度上取决于对法律的解释。但是，刑法的解释是有限制的，这一限制就是可能语义。凡是超出可能语义的解释都是违反罪刑法定原则的，因而就是不被允许的。这是形式解释论的基本立场，这一立场的原理是罪刑法定原则的形式理性与限制机能。罪刑法定原则的形式理性，是罪刑法定原则所具有的思维方式：只有法律规定为犯罪行为的，才能定罪处刑；法律没有规定为犯罪行为的，无论该行

---

① 这场争论的缘起是刘艳红教授《实质刑法观》（中国人民大学出版社2009年版）与邓子滨研究员同年出版的《中国实质刑法观批判》（法律出版社2009年版）的交锋。此后，我和张明楷教授同时在《中国法学》2010年第4期发表了《形式解释论的再宣示》与《实质解释论的再倡导》两文，由此引起学术围观，并先后有评论性论文问世。例如，周详：《刑法形式解释论与实质解释论之争》，载《法学研究》，2010（3）；刘树德：《学派如何形成——刑法学争中的形式与实质》，载陈兴良主编：《刑事法评论》（第28卷），北京，北京大学出版社，2011；崔家鲲：《实质解释论——一种无法克服的矛盾》，载陈兴良主编：《刑事法评论》（第28卷），北京，北京大学出版社，2011；程红：《形式解释论与实质解释论对立的深度解读》，载《法律科学》，2012（5）；等等。

为具有多么严重的社会危害性，都不能定罪处刑。也就是说，为获得形式合理性，在某些情况下，我们不能不以丧失实质合理性为必要的代价。① 按照这种形式理性的刑法思维方式，对于法律没有规定的行为，不予定罪处刑是理所当然的。从罪刑法定原则的形式理性，可以合乎逻辑地引申出罪刑法定原则的限制机能。这里的限制机能，主要是指对司法机关入罪的限制，即对那些法律没有规定的行为，即使具有社会危害性，也不能入罪。应当指出，罪刑法定原则的限制机能，是对入罪的限制，但对于出罪并不限制。罪刑法定原则的限制机能体现了其所具有的人权保障价值，是罪刑法定原则的应有之义。

对于实质上值得科处刑罚，但缺乏形式规定的行为，按照实质解释论的立场，应当在不违反民主主义与预测可能性的原理的前提下，对刑法作扩大解释。张明楷教授指出："就一个行为而言，其离刑法用语核心含义的距离越远，被解释为犯罪的可能性就越大。所以，不能只考虑行为与刑法用语核心含义的距离远近，也要考虑行为对法益的侵犯程度；因此，处罚的必要性越高，对与刑法用语核心含义距离的要求就越缓和，作出扩大解释的可能性就越大。"② 对于以上论述，可以从三个方面进行分析。

首先，法律的明文规定是否可以分为实质规定与形式规定？这个问题的引申含义是：缺乏形式规定是法律有规定还是没有规定？法律规定是以文本为载体的，法律文本是一种规范性文本。因此，法律规定的文本又是通过语言与逻辑完成的。法律是否有规定的问题，就是一个某一行为是否被法律文本的语言或者逻辑所涵摄的问题。就此而言，法律规定只有显形规定与隐形规定之分。凡是被法律文本的字面所记载的，就可以说是法律有显形规定，凡是法律文本的字面所未能载明，但被其逻辑所包含的，就可以说是法律有隐形规定。无论是显形规定还是隐形规定，都是法律的明文规定，这是没有疑问的。那么，何谓法律的形式规定？显然，形式规定是相对于实质规定而言的。就文义本身而言，形式是指现

---

① 参见陈兴良：《罪刑法定主义》，34页，北京，中国法制出版社，2010。
② 张明楷：《罪刑法定与刑法解释》，68～69页，北京，北京大学出版社，2009。

象,而实质是指现象背后的根据。在形式与实质相对应的情况下,实际上已经预设了贬褒,即形式是表面的东西,而只有实质才是决定事物性质的东西。所谓形式规定就是法律的明文规定,而没有形式规定,就是指没有法律的明文规定。所谓实质规定就是虽然没有法律的明文规定,但根据行为性质应当予以入罪的情形。这里的行为性质,就是指处罚必要性。基于处罚必要性的实质考量,而将法律没有规定的行为予以入罪或者加重罪责,这就是实质解释论的必然结论。

其次,如何确定可能语义的边界?任何用语都存在核心含义与边缘含义,当某一行为处于用语的核心地带的时候,该行为被某一用语所涵摄,这是没有问题的。关键在于,该行为是否被某一用语所涵摄,就要看是否超出可能语义的边界。而该可能语义的边界是先在的、客观的,并且是可以确定的。但是,按照张明楷教授的观点,可能语义的边界并不是先在的、客观的,而是取决于处罚必要性的大小:当处罚必要性较大的时候,可能语义的边界就越远;当处罚必要性较小的时候,可能语义的边界就越近。这种可能语义边界的可伸缩性也是实质解释论的一个特色。

最后,如何看待扩大解释?扩大解释是相对于缩小解释而言的,其扩大与缩小是以某一用语的核心语义为基准的:将某一用语的语义缩小为比核心语义更小,就是缩小解释;将某一用语的语义扩大为比核心语义更大,就是扩大解释。与缩小解释与扩大解释相对应的是平义解释:以核心语义解释某一用语,既不缩小也不扩大。因此,扩大解释无论如何扩大,其解释都不能超出可能语义的边界。目前刑法学界一再讨论扩大解释与类推解释之间的关系。我认为,类推解释可以行扩大解释之名,但超出可能语义边界的所谓扩大解释并不都是类推解释。类推解释是指基于类似关系所作的解释,将与法律规定的内容具有类似关系但已经超出可能语义边界的行为,解释为法律已有明文规定。这个意义上的类推解释,就已经超出可能语义边界而言,已经不是扩大解释而是类推解释。如果将已经超出可能语义边界的行为解释为法律已有明文规定,但该行为与法律规定的内容之间并没有类似关系,则不仅不是扩大解释,也不是类推解释。就此而言,对于扩大解释与类推解释的关系不能认为是非此即彼的关系:套用出礼入刑的句

式，就是出扩大解释入类推解释。其实不然。对于被告人不利的扩大解释并不违反罪刑法定原则，因为没有超出可能语义的边界。但是，如何把握可能语义的边界确是一个较为疑难的问题。过分强调处罚必要性，则可能消解可能语义的边界。

在实质解释论中，处罚必要性始终是一个极为强势的概念，它以一种实质合理性的名义在很大程度上主导着解释的方向，这也就潜藏着突破可能语义边界的危险。例如，我国《刑法》第263条关于抢劫罪的规定，将冒充军警人员抢劫的作为法定的加重处罚事由。如何理解这里的冒充军警人员抢劫？一般都认为，非军警人员假冒军警人员抢劫的，就是这里规定的冒充军警人员抢劫。但是，张明楷教授认为，对真正军警人员抢劫的，也应适用《刑法》第263条关于冒充军警人员抢劫的规定。其理由如下："从实质上说，军警人员显示其真实身份抢劫比冒充军警人员抢劫，更具有提升法定刑的理由。因为，刑法将'冒充军警人员抢劫'规定为法定刑提升的条件，主要是基于两个理由：其一，由于军警人员受过特殊训练，其制服他人的能力高于一般人，故冒充军警人员显示军警人员身份抢劫给被害人造成的恐怖心理更为严重，因而易于得逞。其二，冒充军警人员抢劫，会严重损害国家机关的形象。然而，真正的军警人员显示军警人员身份抢劫时，同样具备这两个理由。而且，非军警人员抢劫后，由于被害人及其他人事后得知行为人的真相，可以挽回国家机关的形象；而真正的军警人员抢劫，对国家机关形象的损害更为严重。既然如此，对真正的军警人员显示军警人员身份抢劫的，应当比冒充军警人员抢劫的，受到更为严厉的制裁。由此可见，根据举轻以明重的当然解释原理，对真正的军警人员抢劫适用'冒充军警人员抢劫'的规定，具有实质上的合理性。"[①] 在此，张明楷教授提到了当然解释。对于当然解释，我在前文已经论及。关于当然解释与罪刑法定原则的关系，比类推解释与罪刑法定原则的关系更为复杂。首先涉及的一个问题就是，当然解释是否以法律没有明文规定为前提。对此，张明楷教授指出："当然解释（当然推理），也是以刑法没有明文规定为前提的。亦即，在所面临的案件缺乏可以适用的法条时，通过

---

① 张明楷：《刑法分则的解释原理》（上册），2版，67页，北京，中国人民大学出版社，2011。

参照各种事项,从既有的法条获得指针,对案件适用既有法条的一种解释。"① 按照以上理解,当然解释是对于法律没有明文规定的行为,依照当然解释而予以入罪。既然是法律没有明文规定,又怎么能够通过法律解释的方法而以犯罪论处呢?这难道不是与罪刑法定原则相矛盾吗?其实,当然解释可以分为两种情形:一是事理上的当然解释,二是逻辑上的当然解释。就前者而言,是以法律没有明文规定为前提的,因而是违反罪刑法定原则的;但就后者而言,是被法律规定所涵摄的,并非法律没有规定。因此,按照逻辑上的当然解释入罪,并不违反罪刑法定原则。如果对当然解释不加以区分,以事理上的当然解释,亦即所谓事物的本质作为入罪解释的根据,我认为显然是不妥的,为罪刑法定原则所禁止。

对于真正的军警人员显示军警人员身份抢劫,是否应当加重处罚,这是一个立法上应该考虑的问题。至于能否通过解释的方法予以论处,则要看能否被法律规定所涵摄。具体地说,就是要看《刑法》第263条所规定的冒充能否分别解释为假冒与充当。因为张明楷教授认为非军警人员冒充军警人员抢劫的是所谓假冒,而真正的军警人员显示军警人员身份抢劫的则是充当。② 但是,这种解释显然超出了冒充一词的可能语义的边界。在此,首先需要进行的是以语义分析为内容的文理解释。显然,文理解释只能将冒充解释为假冒而不能包括充当。③ 在这种情况下,通过衡量非军警人员假冒军警人员抢劫与真正的军警人员显示军警人员身份抢劫的轻重,采用举轻以明重的当然解释方法予以入罪,就涉及是否超出可能语义的边界的问题。就此而言,我认为这是一种事理上的当然解释而非逻辑上的当然解释,因此已经超出了可能语义的边界。

三、消极的罪刑法定与积极的罪刑法定

消极的罪刑法定与积极的罪刑法定是一个极具中国特色的命题,是我国学者

---

① 张明楷:《刑法学中的当然解释》,载《现代法学》,2012(4)。
② 参见张明楷:《刑法学》,4版,864页,北京,法律出版社,2011。
③ 参见程红:《形式解释论与实质解释论对立的深度解读》,载《法律科学》,2012(5)。

基于对我国《刑法》第 3 条关于罪刑法定原则规定的解读而得出的结论。

罪刑法定主义的基本含义是"法无明文规定不为罪,法无明文规定不处罚"。我们往往把这一含义中的前半句称为犯罪的法定性,后半句称为刑罚的法定性。因此,罪刑法定主义是指犯罪的法定性与刑罚的法定性之统一。"法无明文规定不为罪"是罪刑法定主义的基本含义。在狭义上,罪刑法定主义都是指"法无明文规定不为罪",但"法无明文规定不处罚"是对"法无明文规定不为罪"的必要补充。因为在某些情况下,即使刑法明文将某一行为规定为犯罪,但这一规定发生在行为发生以后,对此,同样不能对该行为加以处罚。不仅如此,而且在法律加重既有犯罪的法定刑的情况下,只有根据"法无明文规定不处罚"的原则,才能禁止加重的刑法溯及既往。对于以上两者之间的关系,德国学者罗克辛曾经指出:"没有法律就没有犯罪"这个原理通过"没有法律就没有刑罚"(法无明文规定不处罚)这个公式得到补充。在这里指的是:不仅一种确定的举动行为是否应受刑事惩罚的情形,必须在这个行为实施前在法律中加以规定,而且刑罚的种类和其可能的严厉程度,必须在行为实施前在法律中加以规定。[①] 因此,只有结合以上两个方面,才能完整地理解罪刑法定主义。当然,不可否认的是,"法无明文规定不为罪"是罪刑法定主义的基本含义。从世界各国刑法关于罪刑法定原则的立法规定来看,尽管具体表述有所不同,但基本上都是采用"法无明文规定不为罪"这样一种反向的句式来规定罪刑法定原则。然而,我国刑法对罪刑法定原则的规定则采取了一种极为特殊的表达句式。我国《刑法》第 3 条规定:"法律明文规定为犯罪行为的,依照法律定罪处刑;法律没有明文规定为犯罪行为的,不得定罪处刑。"我国学者正是根据这一规定,得出了罪刑法定原则可以分为消极的罪刑法定与积极的罪刑法定的命题。

我国刑法关于罪刑法定原则的规定可以明显地分为前后两段。我国学者何秉松教授将前段称为积极的罪刑法定原则,将后段称为消极的罪刑法定原则。[②] 应

[①] 参见[德]克劳斯·罗克辛:《德国刑法学总论》,王世洲译,78 页,北京,法律出版社,2005。
[②] 参见何秉松:《刑法教科书》(上卷),修订版,63 页,北京,中国法制出版社,2004。

该说，积极规定与消极规定这一概括是恰当的，但对于所谓积极的罪刑法定原则如何理解则是值得商榷的。那么，什么是积极的罪刑法定原则呢？我国学者认为，积极的罪刑法定原则是从扩张刑罚权的方面，积极地运用刑罚，惩罚犯罪，保护社会。[①] 因此，积极的罪刑法定原则是倾向于扩张刑罚权的，它与倾向于限制刑罚权的消极的罪刑法定原则是对应的。对于积极的罪刑法定与消极的罪刑法定这样一种说法，在我国刑法学界受到一些学者的肯定，认为这是从《刑法》第3条的文字表述中引申出来的结论。例如我国学者曲新久教授指出："罪刑法定的历史以及蕴含于历史之中的防止刑罚权滥用以保障人权的意义告诉我们，罪刑法定原则显然不包括所谓的积极的罪刑法定原则。但是，我国刑法学界一些刑法学教科书借此否定我国《刑法》第3条关于罪刑法定的观点，则是不妥当的。从刑法解释学上讲，《刑法》第3条明显地是将罪刑法定原则区分为两个基本方面，即积极的罪刑法定和消极的罪刑法定，这是《刑法》第3条的实然状况。"[②] 曲新久教授的这一论述是认同积极的罪刑法定与消极的罪刑法定的命题的。

对于所谓积极的罪刑法定与消极的罪刑法定之间的关系，何秉松教授作了以下阐述，"从这个意义来说，正确运用刑罚权，惩罚犯罪，保护人民，这是第一位的；而防止刑罚权的滥用，以保障人权，则是第二位的。但是两者都是非常重要的，二者是密切联系，不可分割的"[③]。根据何秉松教授的这一论述，对于积极的罪刑法定与消极的罪刑法定这两者而言，积极的罪刑法定是更为重要的，应该放在第一位。尽管曲新久教授承认存在积极的罪刑法定原则与消极的罪刑法定原则之分，但在两者的关系上，曲新久教授认为积极的罪刑法定原则和消极的罪刑法定原则并非不可分割的两个基本方面，这两个基本方面是对立统一的关系。尤其注意以下这段话："当罪刑法定原则的积极方面与消极方面发生冲突的时候，也就是刑法的社会保护机能与人权保障机能之间出现对立的时候，应当以罪刑法

---

① 参见曲新久：《刑法学》，35页，北京，中国政法大学出版社，2004。
② 曲新久：《刑法学》，35页，北京，中国政法大学出版社，2004。
③ 何秉松：《刑法教科书》（上卷），修订版，67页，北京，中国法制出版社，2004。

定的那个的消极方面为优先考虑,在此前提下寻求个人自由与社会秩序的统一。"① 显然,在曲新久教授看来,积极的罪刑法定原则与消极的罪刑法定原则并非积极的罪刑法定是第一位而消极的罪刑法定是第二位的;恰恰相反,在两者发生冲突的情况下,消极的罪刑法定原则的价值优先于积极的罪刑法定原则。只有在不发生冲突的情况下,两者的价值才是相同的。

如果按照积极的罪刑法定原则的理解,它是要为司法机关扩张刑罚权提供法律根据,只要刑法规定为犯罪的,就应当追究,定罪处刑,即所谓有罪必罚,否则就是有法不依,执法不严。那么,如今的刑事和解,难道不正是在一定条件下的有罪不罚吗?这样说来刑事和解是违反积极罪刑法定原则的。积极的罪刑法定原则难道真是一条错误的法律?我认为,在一定意义上说,法律本身无所谓对错,关键是如何解释。其实,积极的罪刑法定与消极的罪刑法定是一种反向解释。对此,我国学者指出:"法无明文规定不为罪"的反向解释是"只有法律才能规定犯罪";"法无明文不处罚"的反向解释是"只有法律才能规定刑罚"。其核心内容在于禁止没有法律规定的处罚,保障个人不受法外之刑。而如果把"法无明文规定不为罪,法无明文规定不处罚"的反向解释理解成是"必须用法律对犯罪作出规定,必须对犯罪作出处罚",则是对罪刑法定原则的错误理解,因为这种理解强调了对刑罚权的促进,而不是限制,实际上等于剔除了罪刑法定的内核,而只保留了"罪刑法定"的皮囊。② 这一解读是合理的。当然,所谓积极的罪刑法定是对一般意义上的罪刑法定,也就是所谓消极罪刑法定的另一种反向解释,这也是不可否认的。关键在于,积极的罪刑法定是否符合法律文本的含义。对所谓积极的罪刑法定原则究竟应当如何评判呢?先来看一下立法机关对此的解释:"本条规定的罪刑法定的内容有两个方面:一方面是只有法律将某一种行为明文规定为犯罪的,才能对这种行为定罪处刑,而且必须依照法律规定定罪处刑。另一方面,凡是法律对某一种行为没有规定为犯罪的,对这种行为就不能定

---

① 曲新久:《刑法学》,35~36 页,北京,中国政法大学出版社,2004。
② 参见周少华:《刑法理性与规范技术——刑法功能的发生机理》,266 页,北京,中国法制出版社,2007。

罪判刑。这是一个问题的两个方面。"① 如何理解这里的"一个问题的两个方面"呢？我们再来听一下直接执笔撰写这一条文的郎胜（时为全国人大法工委刑法室副主任，现为全国人大法工委副主任）的说法："其实，我前面讲话的时候，并不很赞成将《刑法》第3条前半句理解为积极意义上的罪刑法定原则，为什么呢？因为如果按照积极意义上的罪刑法定和消极意义上的罪刑法定，那么罪刑法定应当这样表述：法律明文规定为犯罪的，应当定罪处刑；法律没有明文规定的，不得定罪处刑。这样，才能说前半句是积极的，后半句是消极的。而我国《刑法》第3条前半句恰恰讲的不是这个，而讲的是法律明文规定为犯罪行为的，依照法律定罪处刑，因此，它强调的是'依法'，而不是所谓的积极意义上的'应当'。"② 以上是郎胜对我关于《刑法》第3条规定如何正确理解的一个解答。因此，"法律明文规定为犯罪的，依照法律定罪处刑"的含义是指："只有法律明文规定为犯罪行为的，才能依法定罪处刑。"这一含义与后半段相比，是完全相同的，都是为了限制国家的刑罚权。当然，这一条文的表述如果作以下调整，也许更为明确，"法律没有规定为犯罪行为的，不得定罪处罚；法律明文规定为犯罪行为的，依照法律定罪处刑"。由此可见，我国刑法关于罪刑法定原则的表述虽然不同于其他国家，但其基本精神是完全一致的，即通过限制国家刑罚权，尤其是司法机关的定罪量刑权，保障公民个人的权利与自由。

所谓积极的罪刑法定之所以不能得到认同，我认为其最大的问题是对罪刑法定原则会产生误读。这种误读在我国司法实践中本来就已经存在，这就是"出罪需要法律规定"。罪刑法定原则的"法无明文规定不为罪"也可以解读为"入罪需要法律规定"。这也是所谓消极的罪刑法定的应有之义。那么，能否将与之相对应的"出罪需要法律规定"也视为罪刑法定原则的内容呢？我的回答是否认的。概言之，出罪根本就不须要法律根据。正如我国学者指出："入罪必须法定，出罪无须法定，这是本书一贯强调的理念，也是世界各国刑法实践所一致赞同

---

① 胡康生、郎胜：《中华人民共和国刑法释义》，3版，4页，北京，法律出版社，2006。
② 张军等：《刑法纵横谈》（总则部分），修订版，19页，北京，北京大学出版社，2008。

的。例如，超法规的违法阻却事由，即是没有法律规定却能出罪的范例。而作为罪刑法定的派生原则的禁止类推，也只是禁止不利于被告人的类推（即入罪类推），而允许有利于被告人的类推（即出罪类推）。因此，法定原则，亦即只有法有明文规定才可作出有效裁判的原则，只是限制入罪判断的原则，而不是限制出罪判断的原则。"① 这于这一观点，我是完全赞同的。我国刑法规定了某种出罪事由，这是法定的出罪事由，包括正当防卫、紧急避险等法定的违法阻却事由，是有法律明文规定的。但除法定的出罪事由以外，还存在非法定的出罪事由，可以说，出罪事由是一个开放性的体系。

如前所述，罪刑法定原则中"法无明文规定不为罪"，不能反向解读为"法有规定即为罪"。这里涉及对"法"的理解、对"明文规定"的理解以及对"罪"的理解。"法"是指刑法，但刑法可以分为总则与分则。那么，罪刑法定主义的法定是指整个刑法，包括总则与分则的规定，还是仅指刑法分则的规定？"明文规定"，是指对犯罪成立的全部要件的规定，还是指对于犯罪成立的构成要件的规定？"法无明文规定不为罪"中的"罪"是指构成要件意义上的犯罪，还是指构成要件、违法、有责意义上的犯罪？以上三个问题存在直接的关联性。对此，需要从罪刑法定原则的起源说起。

罪刑法定原则的起源一般都追溯到费尔巴哈，费尔巴哈将罪刑法定原则称为刑法的最高原则。这一原则又可以分为三个从属原则，这就是：（1）无法无刑（法无明文规定不处罚）；（2）无法无罪（法无明文规定不为罪）；（3）有罪必罚。② 这一论述虽然还是标语口号式的，但已经具备了罪刑法定主义的雏形。尤其是，费尔巴哈在解释无法无罪时指出："法律规定对特定的行为给予刑罚威慑，是法律上的必要的前提条件。"而这一特定行为特征的整体，或者包含在特定种类的违法行为的法定概念中的事实，叫作犯罪的构成要件。费尔巴哈指出："客观的可罚性取决于犯罪构成要件是否存在，而具体法律的适用则取决于拟适用法

---

① 方鹏：《出罪事由的体系与理论》，306 页，北京，中国人民公安大学出版社，2011。
② 参见［德］安塞尔姆·里特尔·冯·费尔巴哈：《德国刑法教科书》，14 版，徐久生译，31 页，北京，中国方正出版社，2010。

律已将其作为法律后果的条件加以规定的构成要件的特定事实。"[1] 在此，费尔巴哈将刑法的明文规定与构成要件相勾连，使我们体会到其所称刑法的明文规定是指刑罚法规，即刑法分则条文，也就是中国古代刑法所称之正条，对特定行为的构成要件的规定。但是，在费尔巴哈时代构成要件的概念并没有成熟，因此，罪刑法定主义与构成要件之间的关联也处在晦暗不明的状态。及至贝林，将构成要件确定为犯罪类型的指导形象，构成要件对于罪刑法定主义的保障功能才得以明确。所谓刑法的明文规定，实际上就是对构成要件的规定。而这种规定是通过刑法分则完成的，因为构成要件本身就是一个分则性的概念。贝林的构成要件并非直接等同于犯罪类型，而是犯罪类型的指导形象，它虽然不能直接等同于犯罪，但却是犯罪成立的前置性要件。因此，贝林指出："法定构成要件就被证实为刑法的根源概念，其他刑法概念无一例外地都发源于这一概念，没有它，其他概念根本就不能得出确定的、最终有效的刑法性结论。"[2] 贝林在这里所说的法定构成要件就是构成要件，其法定是指刑法分则的规定。贝林将构成要件描述为客观的、叙述性的犯罪图景，这是在第一个阶层上的犯罪，也是犯罪的基础。正是构成要件成为罪刑法定主义的明文规定的载体，从而为罪刑法定主义的实现提供了保障。因此，罪刑法定主义之所谓法律的明文规定，是指刑法分则对构成要件的规定，而不是对犯罪成立的全部要件的规定。在这个意义上的犯罪，是指具备构成要件的行为。在这个意义上，罪刑法定主义的"无法，则无罪"也可以表述为"没有构成要件，则没有犯罪"，但不能反过来说"有法，则有罪"。因为，具备构成要件的行为是否构成犯罪，还要看是否具备犯罪成立的其他两个阶层的要件，即违法性与有责性。

(本文原载《法制与社会发展》，2013（3）)

---

[1] [德]安塞尔姆·里特尔·冯·费尔巴哈：《德国刑法教科书》，14 版，徐久生译，83～84 页，北京，中国方正出版社，2010。
[2] [德]恩斯特·贝林：《构成要件理论》，王安异译，12 页，北京，中国人民公安大学出版社，2006。

入罪与出罪：罪刑法定司法化的双重考察

罪刑法定原则于 1997 年在我国刑法中得以确立，它是我国刑法在法治化进程中的一座里程碑。当然，我们不能满足于罪刑法定原则的立法确认，更应关注罪刑法定原则的司法化问题，否则，罪刑法定原则只能成为一纸具文。

综观世界各国刑法，罪刑法定原则都是以"法无明文规定不为罪"为其精髓的。我国刑法表述为："法律没有明文规定为犯罪行为的，不得定罪处刑。"这一规定反映出罪刑法定原则对于司法权的一种限制：法律没有明文规定的行为，绝对不能入罪。因此，将司法机关的定罪活动严格限制在法律明文规定的范围之内而不得超越法律的规定。在入罪问题上坚持罪刑法定原则，我认为存在以下三个问题值得研究。

（一）依法独立审判

罪刑法定原则当然要涉及立法与司法的关系，体现了立法权对司法权的限制，司法机关只能根据法律规定认定犯罪。但在现实生活中，司法机关的定罪活动往往受到外界的干扰，尤其是来自长官意志的影响。由于我国目前司法机关的人、财、物都受掣于有关行政机关，因此没有真正实现依法独立审判。在这种情况下，罪刑法定原则的实现是不可能的。罪刑法定原则并非只是一句法律口号，

如果没有制度保证，罪刑法定原则只能流于形式。事实上，法只是对各种权力（权利）关系的一种确认，法律的实施，关键在于这种权力运作本身。因此，法律规定仅是罪刑法定原则的必要前提，但绝不能认为只要有法律规定就必然实行罪刑法定原则。中国封建专制社会也是有法律规定的，例如《唐律》甚至是规定得十分完备的。但中国封建专制社会之所以不可能实行罪刑法定原则，主要是因为当时并不存在依法独立审判。在封建统治者将立法权、司法权、行政权三权独揽的专制社会里，法官不可能完全依照法律规定认定犯罪，而是往往听命于长官意见，因此，定罪活动并非严格意义上的司法活动，而是上命下从的行政活动。在这种情况下，法官往往要面对是服从长官意志还是服从法律的两难选择。法是死的，人是活的，长官掌握着某种决定法官命运的权力。在这种情况下，必然的逻辑后果是法屈从于人。我认为，罪刑法定的司法化，尤其是定罪活动的法治化，首先需要解决的是法官行使审判职权的问题。在这个意义上说，法院不能审判、法官不能独立定罪刑法定司法化的最大障碍。自从 1997 年《刑法》确认罪刑法定原则以来，司法机关在贯彻罪刑法定原则方面作出了巨大的努力。但也必须看到，某种体制上的障碍还没有消除，定罪活动并没有严格按照罪刑法定原则，被纳入法治的轨道，而是在很大程度上受到来自外界的干扰。尤其是在政治运动式的打击犯罪的活动中，罪刑法定原则面临着严峻的挑战。对此，必须要有清醒的认识。

(二) 司法观念

罪刑法定原则在刑法中的确认，必然带来一场司法理念的重大革命，这就是从以前的以实质合理性为价值诉求的司法理念向以形式合理性为价值取向的司法理念转变。在过去专政的司法理念中，刑法被认为是打击犯罪的工具，强调行为的社会危害性，将其视为犯罪的本质特征。这种实质合理性的司法观念在中国是具有义化传统的。在中国封建专制社会里，重礼轻法，法律只是维护统治的工具。当法与礼发生冲突的时候，必然选择就是法服从于礼，法是可以随意违背的。在这种伦理至上的实质合理性的司法理念中，法律是没有至上地位的，而在过去专政的司法理念中，法律同样只是执行政策的工具，当法律与政策发生冲突

的时候，政策往往战胜法律。政策被认为是法的灵魂，言下之意，法只是政策的躯壳，躯壳当然只不过是灵魂的载体，它必然受灵魂的主宰。在这种情况下，认定犯罪往往不是严格地依照法律规定，而是根据政策所昭显的行为的社会危害性。在某一行为虽然具有社会危害性，但法律并未明文规定为犯罪的情况下，即实质合理性与形式合理性发生冲突的情况下，根据罪刑法定原则，法无明文规定不为罪，形式合理性是唯一的选择。但在实质合理性的司法观念中，这种选择是难以被接受的。因此，法官往往不惜曲解法律，也要把这种行为认定为犯罪。由此可见，实质合理性的司法观念在入罪问题上是与罪刑法定原则相矛盾的。唯有建立起形式合理性的司法观念，罪刑法定原则才能得以实现。

（三）司法水平

罪刑法定原则对于司法人员的业务素质提出了更高的要求。可以说，罪刑法定原则的实现程度与司法水平具有密切关系。罪刑法定原则在定罪活动中的贯彻，关键是要解决找法问题。罪刑法定原则要求入罪以法的明文规定为根据，而法是否有明文规定，这是一个找法的问题。由于犯罪案件的复杂化与法律规定的复杂化，因而找法活动也十分艰难。如果不能正确地找法，罪刑法定原则就会成为一句空话。我认为，在罪刑法定原则下，法不是现成地放在那里等着我们去找，法律适用也绝不是一个机械地对号入座的过程，而是包含着司法人员的主观能动性。司法人员只有具备了相当高的司法水平，法才能被正确地找到，才不至于违反罪刑法定原则。例如，某地曾经发生过这样一起案件，某被告人从香港乘坐飞机回内地，未经报关，随身私自携带十多斤黄金入境，因案发被抓获。这一行为显然是一种走私黄金进口的行为，具有一定的社会危害性。那么，该行为应如何定罪呢？由此开始找法。《刑法》第 151 条第 2 款规定了走私贵重金属罪，这里的贵重金属包括黄金。那么，走私黄金进口的行为是否可以被认定为走私贵重金属罪呢？根据《刑法》第 151 条第 2 款之规定，走私贵重金属罪是指走私国家禁止出口的黄金、白银和其他贵重金属的行为。显然，只有走私黄金出口才构成走私贵重金属罪，走私黄金进口则并不构成该罪。而且，刑法在走私贵重金属罪中规定走私黄金出口才构成犯罪，这也并非立法的疏漏。因为在同一款中规定的

走私珍贵动物、珍贵动物制品罪，刑法明文规定为走私国家禁止进出口的珍贵动物及其制品。那么，就此是否可以得出结论说，走私黄金进口的行为于法无明文规定因而不构成犯罪呢？回答是否定的，找法活动仍须继续进行。我们再来看《刑法》第153条规定的走私普通货物、物品罪。根据《刑法》第153条之规定，走私普通货物、物品是指走私《刑法》第151条、第152条、第347条规定以外的货物、物品。黄金在《刑法》第151条第2款已有规定，因此似乎应当被排除在普通货物、物品之外。但我认为，《刑法》第153条规定的走私普通货物、物品中"走私《刑法》第151条、第152条、第347条规定以外的货物、物品"，其含义是被《刑法》第151条、第152条、第347条规定为犯罪以外的犯罪行为。走私黄金出口已经被《刑法》第151条规定为走私贵重金属罪，当然不能再被包含于走私普通货物、物品罪中。但走私黄金进口并未被《刑法》第151条规定为犯罪，因而在逻辑上完全可以被涵括在《刑法》第153条规定的走私普通货物、物品罪中，关键在于其行为是否符合走私普通货物、物品罪的特征。走私普通货物、物品罪中的普通货物、物品是一般的应税货物、物品，走私这种物品的危害性主要在于偷逃应缴税款。因此，刑法规定，对于走私普通货物、物品的，以偷逃应缴税额作为定罪量刑的标准。走私黄金进口的行为，实际上是一种偷逃应缴税款的行为，完全符合走私普通货物、物品罪的特征。而且，根据我国海关法，海关监管的物品可以分为两类：一类是国家禁止进出境的物品，另一类是国家允许进出境的物品。前者的危害性在于破坏海关监管制度，后者的危害性在于偷逃应缴税款。由于两者的性质不同，刑法分别设立了不同的走私罪名。大多数物品，要么是国家禁止进出境的物品，要么是国家允许进出境的物品，二者必居其一。但黄金恰恰是一个例外，它属于国家禁止出口而允许进口的物品。因此，当走私黄金出口的时候，构成走私贵重金属罪，而当走私黄金进口的时候，由于偷逃应缴税款，因而应定为走私普通货物、物品罪。经过上述艰难的找法，我们终于发现，对于走私黄金进口行为，虽然法律没有显性的规定，但它应被包括在走私普通货物、物品罪中，并非法无明文规定。显然，在这种复杂的找法活动中，司法水平之高低就直接关系到能否正确地找到法律规定。

罪刑法定原则的本义是"法无明文规定不为罪",那么,罪刑法定原则是否包括"法有明文规定即为罪"的含义呢?这里涉及出罪与罪刑法定原则的关系问题。

我国《刑法》第 3 条关于罪刑法定原则的表述,不同于世界各国刑法。《刑法》第 3 条规定:法律明文规定为犯罪行为的,依照法律定罪处刑;法律没有明文规定为犯罪行为的,不得定罪处刑。由此可见,我国刑法对罪刑法定原则内容的表述,分为两层含义。其中,"法律没有明文规定为犯罪行为的,不得定罪处刑",也就是法无明文规定不为罪,对此并无异议。关键在于,如何理解"法律明文规定为犯罪行为的,依照法律定罪处刑"。立法者在解释这一规定时指出:"只有法律将某一种行为明文规定为犯罪的,才能对这种行为定罪判刑,而且必须依照法律的规定定罪判刑。"[①] 从立法本意来看,这一规定同样是对司法机关的一种限制,要求司法机关在法律有明文规定的情况下应当依照法律规定定罪判刑。我国学者将《刑法》第 3 条规定的罪刑法定原则的两层含义,分别称为积极的罪刑法定原则与消极的罪刑法定原则,认为我国《刑法》第 3 条克服了西方刑法的片面性,在刑法史上第一次把正确运用刑罚权打击犯罪、保护人民作为罪刑法定原则的重要方面明确规定,而且把它放在第一位。这是罪刑法定原则的新发展。[②] 我认为,强调在法律有明文规定的情况下,司法机关应当依照法律规定定罪处刑当然是正确的,但能否将法律有明文规定的必须定罪处刑理解为罪刑法定原则的应有之义,却是值得商榷的。实际上,罪刑法定原则只是限制法官对法无明文规定的行为入罪,但并不限制法官对法有明文规定的行为出罪。正如日本学者指出:在保障国民的自由以及基本的人权方面,对罪刑法定的内容本身提出了更高的要求。也就是说,不能简单地认为,"只要有法律的规定,对什么样的行为都可以科处刑罚,而且可以科处任何刑罚"。根据犯罪的内容,判断是否有必要用刑罚进行处罚(处罚的必要性和合理性),而且对于该种犯罪所定的刑罚是否与其他犯罪相平衡(犯罪上刑罚的均衡),亦即从所谓实体的正当程序的角度

---

① 胡康生、李福成主编:《中华人民共和国刑法释义》,5 页,北京,法律出版社,1997。
② 参见何秉松主编:《刑法教科书》(上卷),68 页,北京,中国法制出版社,2000。

来强调罪刑法定的意义。① 因此，如果法律虽然将某一行为规定为犯罪，但在某一案件中，该行为并无实质上的权益侵害性，对这一行为不认定为犯罪，这并不违反罪刑法定原则。

这里涉及形式合理性与实质合理性的关系。在刑法中，形式合理性与实质合理性的冲突存在以下两种情形：一是某一行为具有社会危害性，但却未被刑法明文规定为犯罪。在这种情况下，根据罪刑法定原则，法无明文规定不为罪，即应适从形式合理性。二是某一行为具有刑事违法性，却无社会危害性。依照罪刑法定原则，这种情况是否必须作为犯罪来认定呢？如果坚持形式合理性，则似乎应当依照法律认定为犯罪。但是，将这种情况作为犯罪处理显然不具有实质上的正当性。因此，对这种行为不按犯罪处理也并不违反罪刑法定原则。正如罪刑法定原则禁止类推，这种类推是指不利于被告人的类推而不包括有利于被告人的类推，换言之，有利于被告人的类推并不违反罪刑法定原则。

在法有明文规定情况下的出罪是否会导致司法擅断？这是在论及这个问题的时候首先会提出的一种担忧。我认为，在目前的情况下，提出这种担忧是有一定道理的，因为我国法官素质还不高，司法腐败还大量存在。如果允许司法机关在法有明文规定的情况下，对某一行为不作为犯罪处理，就有可能造成对刑事法治的破坏。考虑到这一点，我认为，在目前我们还是应当更多地强调形式合理性，但也应给法官的自由裁量留下一定的余地。在一般情况下，法有明文规定行为的出罪应通过司法解释加以规定，在条件成熟以后，再将这种自由裁量权交给法官。实际上，在以往的司法解释中，也曾经有过这样的规定。例如，最高人民法院曾经规定：对于有些农村妇女因严重自然灾害、生活困难等原因，外出与他人重婚或者同居的，应向其严肃指出重婚是违法犯罪行为，但一般可不以重婚犯罪论处。在这种情况下，行为人实施了重婚行为，但考虑到这种重婚是为生活所迫，对其不以重婚罪论处显然是正确的。如果按照所谓积极的罪刑法定原则，对于这种明显构成犯罪的行为不以犯罪论处是不允许的，但积极的罪刑法定原则有可能导致刑法的僵化，不利于个别公正的实现。

(本文原载《法学》，2002（12）)

---

① 参见［日］野村稔：《刑法总论》，全理其、何力译，46页，北京，法律出版社，2001。

罪刑法定的司法适用

新刑法废除了1979年刑法中的类推制度,在我国刑法中首次确立了罪刑法定原则。这在我国刑事立法中具有里程碑的意义,表明我国刑法向民主与法治的方向迈出了历史性的一步。但罪刑法定原则不是一条法律标语,只将其在刑法中确认下来就万事大吉了。比在刑法中确立罪刑法定原则更为重要的,是在司法实践中贯彻罪刑法定原则。本文拟对罪刑法定原则在司法适用中的疑难问题加以探讨。

一、罪刑法定与司法认定

司法认定包括对法律的认定与事实的认定两个方面。在此,我们所要探讨的是法律的司法认定。

法律的司法认定,是以法律规定为客体的。在罪刑法定原则指导下,要求法律规定具有明确性。我国1979年《刑法》条文之少,是有目共睹的事实。从条文数量来看,在世界各国刑法典中可以说是最少的,仅192条。而外国刑法条文多的如印度的达551条,较少的如蒙古国的也有225条。我国第一部刑法,缺乏刑

事立法经验，不可能十分详尽，这也情有可原。但在刑事立法上存在一种片面满足于"简明扼要"的倾向，甚至把条文简约作为我国刑法的一大特色，这都是实堪忧虑的。立法是从千姿百态的案件事实中抽象出适用于所有案件的法律原则，因此具有高度的概括性。但立法又必须具有明确性，这是罪刑法定原则的基本要求。明确性作为罪刑法定的派生原则，是美国刑法学家在20世纪初提出的，又称"不明确而无效的理论"。根据明确性原则，罪刑虽然是法定的，但其内容如不明确，就无法防止刑罚权的滥用，罪刑法定主义保障公民自由的目的就无法实现。为此，刑法规范必须明确，不明确的刑法规范应该认为是不符合宪法的。明确性作为罪刑法定主义的派生原则，应该说是罪刑法定的题中应有之义。法国著名启蒙思想家孟德斯鸠指出："在法律已经把各种观念很明确地加以规定之后，就不应再回头使用模糊笼统的措辞。路易十四的刑事法令，在精确地列举了和国王有直接关系的讼案之后，又加上了这一句：'以及一切向来都由国王的判官审理的讼案。'人们刚刚走出专横独断的境域，可是又被这句话推回去了。"[①] 但是，明确与不明确又是相对的，往往是根据需要来安排的，为了适应社会生活的实际需要，有些资产阶级刑法学家强调，今后刑法有必要创设柔软的、概括性的规定，即所谓"规范性的构成要件""开放性的构成要件"。有些法学家甚至主张经济刑法的立法者应有意识地订出一些界限不明的行为构成要件，而使潜伏性的犯罪行为人不能明确地知道刑罚的范围，在这种情况下，可使具有犯罪意图者的行为，止于合法的领域里。[②] 这种观点当然是似是而非的。总之，根据罪刑法定原则，刑法规范要有一定的明确性，但又不应该将明确性绝对化。为适应社会生活，创设一些概括性规定，采取空白罪状等立法技术，以强化刑法的适时性与超前性，不应认为这是违反罪刑法定原则的。但问题在于，我国1979年刑法为避免烦琐，片面追求简明，其结果却是简而不明。例如，刑法中随处可见的"情节严重"一词，其内涵和外延都极其含糊，它既可以是区分罪与非罪的界限，又

---

① [法] 孟德斯鸠：《论法的精神》（下册），297页，北京，商务印书馆，1961。
② 参见林山田：《经济犯罪与经济刑法》，修订3版，103页，台北，三民书局，1981。

可以是区分重罪与轻罪的界限，至于其含义是什么，完全在于司法工作人员的理解，而一般公民则无从了解。我认为，对于某些外在特征不像传统刑事犯罪那样明确之犯罪，在立法上不宜采用简单罪状，而应采用叙明罪状，不厌其详地描述其构成特征，在立法技术上，尽可能地采取列举方式，使之清楚明了，这也是罪刑法定原则的必然要求。

现行刑法条文已经增加到452条，在立法指导思想上摒弃了"宜粗勿细"原则，而且追求明确性，使刑法具有可操作性。这种明确性主要体现在以下几个方面。其一，新刑法以明文列举规定替代了原刑法总则中的"其他规定""在必要的时候"以及其他概然性规定。例如，原《刑法》第71条规定："在执行期间，如果确有悔改或者立功表现，可以减刑。"应该说，这里对减刑条件的规定是极为笼统的，缺乏可操作性。新《刑法》第78条将减刑分为两种。一是在执行期间，如果认真遵守监视，接受教育改造，确有悔改表现的，或者有立功表现的，可以减刑。二是有下列重大立功表现的应当减刑：（1）阻止他人重大犯罪活动的；（2）检举监狱内外重大犯罪活动，经查证属实的；（3）有发明创造或者重大技术革新的；（4）在日常生产、生活中舍己救人的；（5）在抗衡自然灾害或者排除重大事故中，有突出表现的；（6）对国家和社会有其他重大贡献的。将两部刑法关于减刑条件的规定加以比较，新刑法在明确性上的进步是显而易见的。其二，以列举规定取代刑法分则中的"情节严重"等概括规定。例如原《刑法》第150条规定："以暴力、胁迫或者其他方法抢劫公私财物的，处三年以上十年以下有期徒刑。犯前款罪，情节严重的或者致人重伤、死亡的，处十年以上有期徒刑、无期徒刑或者死刑，可以并处没收财产。"在此，对判处10年以上的抢劫罪的加重构成要件的规定是十分概括的。新《刑法》第263条修改为："以暴力、胁迫或者其他方法抢劫公私财物的，处三年以上十年以下有期徒刑，并处罚金；有下列情形之一的，处十年以上有期徒刑、无期徒刑或者死刑，并处罚金或者没收财产：（一）入户抢劫的；（二）在公共交通工具上抢劫的；（三）抢劫银行或者其他金融机构的；（四）多次抢劫或者抢劫数额巨大的；（五）抢劫致人重伤、死亡的；（六）冒充军警人员抢劫的；（七）持枪抢劫的；（八）抢劫军用物资或

者抢险、救灾、救济物资的。"在此,对判处10年以上的抢劫罪加重构成情节作了明文列举,便于司法机关正确掌握。其三,取消与分解口袋罪。在原刑法中存在三大口袋罪:投机倒把罪、流氓罪和玩忽职守罪。这些犯罪规定比较原则,界限不太清楚,司法机关不好掌握,随意性较大,影响了严肃执法。在刑法修订中,对三大口袋罪都作了适当的处理①,从而使刑法更为明确,有利于对法律的司法认定。但明确只是相对的,在新刑法中仍然存在一些概括性的规定。有些地方是无法明确的,例如正当防卫的"必要限度",在立法上不可能作出确切规定,只能由司法机关认定。还有些地方是应当明确但尚未做到明确的,例如在刑法分则中还存在许多"情节严重"之类的规定。因此,对法律的司法认定还是极为重要的。

在罪刑法定原则之下,法之明文规定是司法活动的根据。为了正确地贯彻罪刑法定原则,需要从以下两个方面对法的明文规定进行研究。

(一)对"法"的理解

在适用罪刑法定原则的时候,首先要确定的一个概念是"法"。毫无疑问,这里的法,首先是指刑法,包括刑法典、单行刑法和附属刑法。② 罪刑法定之所谓法律规定,一般情况下是指刑法典的规定,包括刑法总则和刑法分则的规定。单行刑法,是指立法机关为应付某种特殊情况而专门颁布的,仅限于单纯地规定犯罪与刑罚的规范性文件。自1979年刑法颁布以后,到新刑法颁布前我国又先后颁布了23个单行刑法。由于这些单行刑法的有关内容已经被吸收到新刑法中来,因而新《刑法》附则第452条规定,对其中附件一所列的8个单行刑法有关行政处罚和行政措施的规定继续有效;有关刑事责任的规定予以废止。目前单行刑法中关于刑事责任的规定尽管都已经废止,但不能排除在新刑法适用中,犯罪情况出现新变化,又需要通过单行刑法对刑法典进行修改补充。因此,罪刑法定原则中的法律规定,理所当然地包含单行刑法的规定。附属刑法是相对于单一刑

---

① 参见周道鸾等主编:《刑法的修改与适用》,29~30页,北京,人民法院出版社,1997。
② 参见周道鸾等主编:《刑法的修改与适用》,58页,北京,人民法院出版社,1997。

法（刑法典、单行刑法）而言的，是指在非刑事法律中，为了保护该法律所确定的社会关系而规定的，刑法典和单行刑法不具有的有关犯罪和刑罚的规范的总和。自原刑法颁布以来，我国在有关经济、行政法规中以依照、比照的方式规定了一百多个附属刑法。新刑法生效以后，这些附属刑法从法理上来说都归于无效。但今后在经济、行政法的立法活动中，还会根据实际情况创制一些附属刑法。根据我们的研究，附属刑法具有以下几种规定方式：（1）解释性规定方式，这种规定结合非刑事法律的内容，对刑法原有规范的罪状进行阐明，以便使原有规范更为具体化。（2）创制性规定方式，即通过类推立法的方式创制新罪名。（3）修改式规定方式，指对原来规定的罪状或法定刑的废除，而设立新规定。（4）补充性规定方式，是指在刑法原有规定的基础上，增加新内容，包括对原刑法规定的犯罪构成要件的补充和对法定刑的补充。[①] 由此可见，附属刑法的规定涉及对刑法典的修改补充，因而是刑法的重要组成部分。罪刑法定原则中的法律规定，毫无疑问也包括附属刑法的规定。

那么，刑法（刑法典、单行刑法与附属刑法）以外的其他法律，是否属于罪刑法定原则中的法律规定呢？我们认为，根据罪刑法定原则，只有刑法才能成为定罪量刑的根据，其他法律不能规定犯罪与刑罚，因而也不属于罪刑法定原则的法律规定之列。但是，我们又必须看到，刑法规定与其他法律的规定是紧密联系的，甚至是以其他法律为基础的，这是由刑法作为一种特别法在一个国家的法律体系中的地位与作用所决定的。尤其是在法定犯的情况下，其犯罪性质的认定更是离不开其他法律规定。当然，其他法律规定只是对刑法规定具有参照作用，罪刑法定之规定，仍然须是刑法规定。

（二）对"法定"的理解

法定是指法律规定，如前所述，这种法律规定，是指刑法（包括刑法典、单行刑法与附属刑法）的规定。根据罪刑法定原则，其内容包括两个方面：一方面是只有法律将某一种行为明文规定为犯罪的，才能对这种行为定罪判刑，而且必

[①] 参见陈兴良主编：《刑法各论的一般理论》，493~495页，呼和浩特，内蒙古大学出版社，1992。

须依照法律的规定定罪判刑；另一方面，凡是法律对某一种行为没有规定为犯罪的，对这种行为就不能定罪判刑。① 由此可见，法律规定就成为区分罪与非罪的根本准则。在这种情况下，如何理解法律规定就成为一个关键的问题。如果已有法律明文规定，但却没有予以认定，而误以为没有法律明文规定，就会放纵罪犯。如果没有法律明文规定，但却误认为已有法律明文规定，就会冤枉无辜。那么，如何理解法律的明文规定呢？

我认为，法律明文规定不仅指法律的字面规定，并且指法律的逻辑包括。也就是说，法律规定包括两种情况：一是显形规定，二是隐形规定。显形规定是指字面上的直观规定，而隐形规定是指内容上的包容规定。显形规定通过字面就可以确定，而隐形规定则一般通过字面难以确定，须通过对内容的逻辑分析才能确定。显形规定固然是法律明文规定，隐形规定也是法律明文规定。为了使我们更为确切地了解法律明文规定，下面我对如何认定法律明文规定的问题分别加以探讨。

（1）空白罪状的立法方式，因为其具有包容性、超前性等特点，所以是协调刑法与其他经济、行政法规之间关系的一种有效手段。修订后的刑法中也采用了空白罪状。例如新《刑法》第225条规定："违反国家规定，有下列非法经营行为之一，扰乱市场秩序，情节严重的，处五年以下有期徒刑或者拘役，并处或者单处违法所得一倍以上五倍以下罚金；情节特别严重的，处五年以上有期徒刑，并处违法所得一倍以上五倍以下罚金或者没收财产：（一）未经许可经营法律、行政法规规定的专营、专卖物品或者其他限制买卖的物品的；（二）买卖进出口许可证、进出口原产地证明以及其他法律、行政法规规定的经营许可证或者批准文件的；（三）其他严重扰乱市场秩序的非法经营行为。"这是关于非法经营罪的规定，在此采用了空白罪状的立法方式。这里的违反国家规定，是指违反国家的有关法律、行政法规的规定。例如，这里法律、行政法规规定的专营、专卖的物品，是指由法律、行政法规明确规定的由专门的机构经营的专营、专卖的物品，

---

① 参见胡康生、李福成主编：《中华人民共和国刑法释义》，5页，北京，法律出版社，1997。

如食盐、烟草等。其他限制买卖的物品，是指国家根据经济发展和维护国家、社会和人民群众利益的需要，规定在一定时期实行限制性经营的物品，如化肥、农药等。专营、专卖物品和限制买卖的物品的范围，不是固定不变的。随着社会主义市场经济的发展，法律、行政法规的规定可以出现变化。由此可见，非法经营罪的范围不是一成不变的，而是随着市场经济的发展而变化的。在这种情况下，刑法的明文规定只具有"形式"的意义，其实质内容取决于参照法规，即法律、行政法规的规定。

（2）概括规定与法律明文。所谓概括规定，是指法律对某一问题所作的不是明确而是抽象的规定，这些规定具有一定的弹性，允许司法机关根据实际情况作出相应的解释。例如，《刑法》第 225 条第 3 项规定的"其他严重扰乱市场秩序的非法经营行为"，这是针对现实生活中非法经营犯罪活动的复杂性和多样性所作的概括性的规定。我国有些学者将这些非法经营行为解释为：垄断货源，囤积居奇，哄抬物价；倒卖外汇、金银及其制品；倒卖国家禁止或者限制进口的废弃物；非法从事传播活动、钞票交易；倒卖汽油制品、许可证、执照或者有伤风化的物品；非法买卖国家重点保护的珍贵野生动物、珍稀植物、国家统一收购的矿产品等。无论具体实施上述哪一种行为，只要达到上述情节严重的程度，都构成本罪。[①] 上述解释多有不妥，主要是没有严格依照法律、行政法规的规定进行理解，而且内容过于宽泛。照此解释，非法经营罪仍有成为口袋罪之虞。例如，非法买卖国家重点保护的珍贵野生动物的行为，已经在《刑法》第 341 条被规定为非法收购、运输、出售珍贵、濒危野生动物及其制品罪，岂能再以非法经营罪论处？因此，我认为，并非任何扰乱市场秩序的行为都可以构成非法经营罪。《刑法》第 225 条第 3 项规定的其他非法经营行为应当具备以下条件：第一，这种行为发生在经营活动中，主要是生产、流通领域。第二，这种行为违反法律、法规的规定。第三，具有社会危害性、严重扰乱市场经济秩序。[②] 在这三个条件中，

[①] 参见赵秉志主编：《新刑法教程》，526 页，北京，中国人民大学出版社，1997。
[②] 参见胡康生、李福成主编：《中华人民共和国刑法释义》，318 页，北京，法律出版社，1997。

违反法律、法规的规定，不仅是指这些法律、法规将某一行为规定为违法行为，而且应有明文规定对这种违法行为应当依法追究刑事责任。只有这样，才能体现罪刑法定原则。总之，在概括规定的情况下，虽然刑法规定得笼统，但仍然可以通过其他法律、法规的规定使之明确化。

（3）案例示范与法律明文规定。在我国当前的司法体制中，虽然还没有建立判例制度，但最高人民法院经常发布一些典型案例，指导各地司法实践。这些案例中，有的涉及法律适用问题。法律规定不明确的，通过案例示范予以明确。我认为，在没有违反刑法规定的前提下，案例示范是对法律明文规定的一种阐释方法，具有法律效力。

二、罪刑法定与司法解释

由于原刑法规定得过于简约，给司法活动造成了一定的困难，而立法机关又忙于其他法律的制定而无暇顾及立法解释，因而，司法解释就成了沟通立法与司法的桥梁。原刑法施行以后，最高人民法院与最高人民检察院分别就审判工作和检察工作中具体应用刑事法律的问题作了司法解释，例如，最高人民法院《关于人民法院审判严重刑事犯罪案件中具体应用法律的若干问题的答复》、最高人民检察院《关于在严厉打击刑事犯罪斗争中具体应用法律的若干问题的答复》。特别是最高人民法院、最高人民检察院还就某些犯罪案件如何具体应用法律问题多次联合作出解释，如关于拐卖人口案件、关于强奸案件、关于流氓案件、关于集团犯罪案件、关于盗窃案件、关于经济犯罪案件等。这对于统一司法机关的认识，加强办案工作，提高检察和审判工作质量，起着十分强有力的指导作用。[1]但毋庸讳言，在司法解释中，也还存在一些问题。例如，最高人民法院、最高人民检察院对某些问题作出的解释之间存在分歧与矛盾，全国人大常委会又没有及

---

[1] 参见高铭暄主编：《新中国刑法学研究综述（1949—1985）》，13页，郑州，河南人民出版社，1986。

时进行协调，导致下级司法机关无所适从，造成司法活动的一定程度的混乱。更值得研究的是，个别司法解释超越权限，违反了罪刑法定原则。例如，最高人民法院、最高人民检察院1986年6月21日公布的《关于刑法第一百一十四条规定的犯罪主体的适用范围的联合通知》将1979年《刑法》第114条规定的重大责任事故罪的犯罪主体由工厂、矿山、林场、建筑企业或者其他企业、事业单位的职工（特殊主体），扩大解释为包括群众合作经营组织或个体经营户的从业人员（一般主体）。我认为，这一司法解释的精神是正确的，但它超越了司法解释的权限。现行刑法明文规定了罪刑法定原则，在这种情况下，越权的司法解释更应避免。

在罪刑法定制度的构造中，如何确定司法解释的限度问题，值得深入研究。关于司法解释的限度，在刑法理论上存在严格解释论与自由解释论之争论。严格解释论为刑事古典学派所主张。古典学派的刑法学家深感罪刑擅断的危害，强烈要求定罪和判刑都应以法律的明文规定为依据，并以三权分立和理性主义证明其合理性与可行性。其认为，为了防止权力的专横和司法腐败以确保人权，必须实行权力的分离与制衡，司法机关只有以法律判案的权力，而无立法的权力。并且，由于理性万能，立法者完全可能制定出内容完整、逻辑严密的刑法典，司法者只需在认定案件事实后，到刑法典中寻找相应的法律后果即为已足。所以，完全排除司法者在刑法解释和适用中的创造性不仅是必要的，而且是可行的。正是从这种思想基础出发，刑事古典学派的思想家们强烈要求在刑法解释中实行严格解释，刑法解释只能就刑法条文进行解释，不能进行法律规范解释，更不能进行规范意义、内容的解释。自由解释论为刑事实证学派所主张。刑事实证学派的思想家们将刑法从概念的天国拉回到了充满矛盾的现实世界，不再相信立法者单凭其理性的力量就能够对现在和将来的社会予以完全的把握，因而也不再认为坚定不移地固守刑法的明白规定是合理的了。为了使刑法的解释和适用符合刑法的社会目的，赋予法官较大的自由裁量权，实行刑法解释上的自由主义是完全必要的。应该说，以上两种解释理论都有一定道理，但过于极端的严格解释与自由解释都是不可取的。绝对的严格解释实际上取消了刑法解释的必要性。那么，刑法

是否需要解释呢？答案是不言而喻的。因为刑法条文具有一定的抽象性，而现实生活却是千姿百态的，为了使抽象的法条适用于具体的案件，就需要对刑法规范进行解释，而且刑法条文具有一定的稳定性，现实生活则具有变动性，为了使司法活动能够跟得上客观情况的变化，可以在条文内容许可的情况下，对某些条文赋予新的含义。但是，完全脱离了刑法文本的绝对的自由解释也是不可取的。因为这种自由解释实际上是混淆了司法与立法的界限，否定了作为刑法解释客体的法律文本的存在，因而容易导致法律虚无主义，导致对罪刑法定原则的否定。我认为，刑法解释是有限度的，这个限度就是罪刑法定原则。

那么，如何以罪刑法定原则限制刑法的自由解释呢？我国学者提出以自律原则和可预测原则作为刑法自由解释的限度。凡是符合自律原则和可预测原则的刑法解释就是没有越权的解释；反之，则是不能被接受的越权解释。也就是说，刑法上所说的自由解释是相对的，在自律原则和可预测原则的限度内是自由的，反之，则是不自由的。在刑事立法领域自律原则主要是对立法主体、立法程序的限制，否定司法机关、行政机关或个人制定刑事规范；可预测原则主要是对立法技术的要求，要求规定尽可能地明确、具体，排斥过于概括、模棱两可的词句。在刑事司法领域，自律原则要求解释结论必须是刑法规定可能涵盖的，反对法官立法；可预测原则要求解释结论对于一般国民而言都不是感到意外的，换言之，必须是一般国民根据一般语言习惯都可能预料到的结论，唯其如此，才能符合罪刑法定原则的避免国民由于国家滥用刑罚权而遭受意外打击的初衷。[①] 无疑，这一结论是正确的。实际上，对刑法解释中的罪刑法定原则的把握，关键在于解释的合理性与合法性之间的矛盾如何协调。下面，分别就扩张解释、限制解释、当然解释和类推解释与罪刑法定原则的关系加以考察。

（一）扩张解释与罪刑法定

在刑法理论上，扩张解释是指将刑法条文的含义作扩大范围的解释。由于在

---

① 参见陈兴良主编：《刑事司法研究——情节·判例·解释·裁量》，418页，北京，中国方正出版社，1996。

扩张解释的情况下，解释的内容已经超出了刑法条文的字面含义。这种超出条文字面含义的解释之所以是合法的，主要是因为所解释的法律条文上的种概念与被解释的事实上的属概念之间具有某种性质上的联系，否则就有可能超出法律规定的要求去解释法律，导致一些不应发生的错误。[1] 尤其值得注意的是，刑法条文的某些文字的文义并不是非常清楚、毫无争议的，因为文字的含义一般并不是一个具体的点，而是一个意文域。正如日本学者加藤一郎所说："法律规范的事项，如在'框'之中心，最为明确，愈趋四周，愈为模糊，几至分不出框内框外。"[2] 由文字边缘的模糊性这一特征所决定，在符合可预测性原则的前提下对刑法条文进行极尽词义的，甚至溢出词义的扩张解释，只要内容具有合理性，就应当具有形式的合法性，即并不违反罪刑法定原则。我们认为，在罪刑法定原则下，一般来说，扩张解释应当限于对被告有利的情形。对被告不利的扩张解释，似有悖罪刑法定原则，应当十分慎重。

（二）限制解释与罪刑法定

在刑法理论上，限制解释是指对刑法规范所表达的含义，作限制范围的解释，即解释的内容较之刑法条文的词义范围为小。限制解释主要是基于合理性的考虑，同时它没有超出法律条文的字面含义，因而不存在违反罪刑法定原则的问题。

（三）当然解释与罪刑法定

在刑法理论上，当然解释是指法条表面上虽未明确规定，但实际上已包含于法条的意义之中，依照当然的道理解释法条意义的方法。当然解释之当然，是事理上之当然与逻辑上之当然的统一，两者缺一不可。事理上的当然是基于合理性的推论，如法条记载禁止牛马通过某路，依当然解释，像骆驼之类较牛马为大者亦在禁止之列；如法条仅记载禁止以钩钓之法捕鱼，依当然解释，投网捕鱼之方法亦在禁止之列。这里的当然，仅是一种事理上的当然。[3] 即是，从立法原意上说，牛马禁止通过，体积与重量超过牛马的骆驼自然亦在禁止之列。但仅此还不

---

[1] 参见王勇：《定罪导论》，197页，北京，中国人民大学出版社，1990。
[2] 杨仁寿：《法学方法论》，128页，台北，三民书局，1987。
[3] 参见陈朴生、洪福增：《刑法总则》，9页，台北，五南图书出版公司，1982。

能视为当然解释，还要看是否存在逻辑上的当然。我国学者认为，当然解释之逻辑上之当然包括以下两种情况：一种是种属关系的解释，另一种是发展关系的解释。种属关系的解释，如同把火车站、汽车站解释为车站一样，是指把种概念范围内的属概念予以具体化、明确化的解释。发展关系的解释，是指被解释的事实上的事项是所解释的法条上的事项的发展。① 显然，这种发展关系实际上是一种时间的递进关系，因而属于逻辑上的当然。因此，如果两个事项是同级并列的关系，就不能通过当然解释使之同一起来。在前述骆驼能否通过的例子中，由于骆驼与牛马是并列关系而非从属关系，因而不能通过当然解释使之纳入禁止之列。《唐律》中出罪"举重以明轻"，入罪"举轻以明重"的规定，也只有在具有逻辑上的当然根据的情况下适用，才能被认为是合法的，否则便违反了罪刑法定原则。例如《唐律疏议》规定："案贼盗律：'谋杀期亲尊长，皆斩'。无已杀、已伤之文，如有杀、伤者，举始谋是轻，尚得死罪，杀及谋而已伤是重，明从皆斩之坐。"在谋杀和已杀的关系中，谋杀是已杀的开端，已杀是谋杀的发展，它们不是两个并列的事项，而是一个事物的两个发展阶段，因而可以适用"举轻以明重"之原则，即既然法律规定谋杀可以定罪，那么经过了谋杀而发展到已杀就更应当定罪。此种当然解释在现行刑法中也存在。例如，《刑法》第277条第4款规定："故意阻碍国家安全机关、公安机关依法执行国家安全工作任务，未使用暴力、威胁方法，造成严重后果的，依照第一款的规定处罚。"在此，刑法规定未使用暴力、威胁方法构成本罪，那么，使用暴力、威胁方法呢？更应构成本罪。因为后者是前者的更进一步发展，可以适用"举轻以明重"的原则。但在不具有这种逻辑上的当然根据的情况下，如禁止牛马通过、骆驼能否通过的事例中，就不能适用"举轻以明重"的原则。

（四）类推解释与罪刑法定

在刑法理论上，类推解释是指对于法律无明文规定的事项，就刑法中最相类似的事项加以解释的方法。我认为，类推解释是以法律无明文规定为前提的，如

---

① 参见王勇：《定罪导论》，199～200页，北京，中国人民大学出版社，1990。

果法律有明文规定，尽管是一种概括规定，也不得视为类推解释。而有的学者认为，我国存在着一种依照法条的规定而独立存在的类推解释。这种类推解释以法律条文规定有某种抽象、笼统而需按法条列明的事项给予类推的情况为前提条件。例如，对于刑法中的"其他方法"，法律的规定是不明确的，这就需要进行解释，而解释的方法又离不开法律前面所列举的"暴力""胁迫"，也就是说："其他方法"应当是和"暴力""胁迫"相类似的其他情况，这就形成了类推解释。[1] 我认为，这种观点是值得商榷的。在解释"其他方法"的时候当然会参照"暴力""胁迫"等概念，尽量与之相类似。但所解释之事项与被解释之事项之间应存在从属关系。例如，"将人灌醉"是"其他方法"中的一种，两者之间存在种属关系，这才是这种解释的根本。因而，不能把这种具有填补空白性质的解释视为类推解释。被类推解释的事项是法律没有规定的，类推解释使刑法适用于法律没有明文规定之事项，因而有悖于罪刑法定原则，是不被允许的。

三、罪刑法定与司法裁量

如何认识罪刑法定与司法裁量之间的关系，是一个值得研究的问题。贝卡里亚等人的绝对罪刑法定主义，是完全排斥法官的自由裁量的，认为法官应当逐字适用法律。例如，贝卡里亚指出："法官对任何案件都应进行三段论式的逻辑推理。大前提是一般法律，小前提是行为是否符合法律，结论是自由或者刑罚。"[2] 在这种司法结构中，法官成为一个机械的法律适用工具，没有任何司法裁量权。体现绝对罪刑法定主义的1791年法国刑法典，就通过规定绝对确定的法定刑，实际上取消了法官的司法裁量权。我认为，司法裁量权作为司法权的一种，对于案件的正确处理是十分必要的。我国学者对法官刑事自由裁量权的价值作了以下论证：（1）实现个别正义的手段。制定法是立法者针对普遍的对象就一些共同性

---

[1] 参见王勇：《定罪导论》，201页，北京，中国人民大学出版社，1990。
[2] ［意］贝卡里亚：《论犯罪与刑罚》，12页，北京，中国大百科全书出版社，1993。

的问题所定的规范,只对社会关系作类的调整,而不作个别调整。刑法不可能是对具体个人的单独立法,因而也必然包含着对特殊社会关系的舍弃。这就是说,制定法律体现一般正义,对大多数人来说可以获得各得其所的分配结果。但是具体情况并非总是典型的,相对于典型情况存在许多差异,如果将个别情况与典型情况适用同一法律,必然牺牲个别情况而导致不公正。这就是说,制定法在实现一般分配公正的同时,并不能保证每一次的分配是公正的。对个别正义的追求如前所述单靠法律是不能实现的,必须引入人的因素——尽管这种因素是危险的、需要严加防范的,因为只有人才能做法律不能做的事,能够度量事物之间的差别并作出适当的裁判。(2)法律灵活性的保证。刑法是制定于过去、适用于现在、规制着将来的行为规范,这一特点决定其具有稳定性,它体现了刑法的安全价值。刑法的安全价值要求把各种行为的法律后果明确于社会,使人们在行为之前即可预料刑法对自己行为的态度,不必担心突如其来的打击,从而起到防范权力阶层滥用权力的作用。然而刑法适用于现在又规制着未来,它又必须具有适应社会发展的职责。社会生活是发展变化的,要求刑法也应该是发展的、具有灵活性的。排斥灵活性的刑法是僵硬的、凝固的刑法,它同时就失去了生命力,为社会所抛弃。如上所述,刑法的灵活性蕴含于具有稳定性的法律中,而保证刑法灵活性的实现还得引入人的因素,由法官在运作中发挥主观能动性,因为法律不可能自我调节以实现与发展的社会生活相一致。(3)突变性立法的避免。法律作为一定经济基础之上的上层建筑,必须为之服务。一般情况下,一定社会经济基础的发展是渐进的,剧烈的社会震动性的变革在历史发展的长河中不能成为一种主要形式。社会的渐进发展决定法律发展的渐进性。法律如果不能适应这种需要,势必阻碍经济的发展,问题的积累使法律不进行大量修改甚至废除重立便无存在的余地。这种突变立法的形式尽管最终满足了社会的需要,但是,这样的立法社会震动大,而震动与损失成正比,社会所遭受的损失也大。刑法与其他制定法一样,它的特点决定其不可能自行渐进地变化以适应经济基础的发展,渐进变化的任务主要靠法官来完成。换言之,法官在刑事审判中正当地行使自由裁量权,按社会发展的需要补之以新的内容,使法律与社会同步渐进地发展,从而避免突变

性立法，引起不必要的社会震动，阻碍经济发展。① 我认为，以上对法官的自由裁量权之必要性的论证是十分正确的。这里主要涉及人与法的关系。徒法不足以自行，法律的实施离不开人的因素。在司法活动中，法官的能动作用是保证法律实施的重要因素。罪刑法定并不排斥法官的司法裁量，它能够也应当容纳司法裁量。

尽管罪刑法定与司法裁量并不矛盾，能够共存，但罪刑法定制度下的司法裁量是应当受到限制的，因而罪刑法定对于绝对的自由裁量是不能容忍的。绝对的自由裁量是一种无法司法，是一种人治的表现。刑法上罪刑法定原则的确立，必然要对这种绝对的自由裁量予以否定。不仅如此，严格的罪刑法定原则，还要求将司法裁量权限制在一定的合理范围之内。只有这样，罪刑法定原则才有可能真正实现。

(本文原载《华东政法学院学报》，1998（1）（创刊号））

---

① 参见陈兴良主编：《刑事司法研究——情节·解释·裁量》，467～469页，北京，中国方正出版社，1996。

刑法的明确性问题

——以《刑法》第 225 条第 4 项为例的分析

我国《刑法》第 3 条规定了罪刑法定原则，在此条中，立法机关采用了"明文规定"这一措辞。当然，明文（德文 geschrieben）与明确（德文 bestimmt）还是存在区别的。我国刑法中的罪刑法定原则首先解决明文的问题，在此基础上才能逐渐地解决明确性的问题。因此，我国刑法中的明确性是相对的，甚至还存在着大量概然性规定，这在一定程度上与罪刑法定原则的明确性要求相抵触。本文拟在对我国刑法的明确性问题进行一般性论述的基础上，以《刑法》第 225 条第 4 项规定为中心，结合司法解释进行法理探讨。

一、罪刑法定背景下的刑法明确性观念

我国《刑法》第 3 条的罪刑法定原则，在条文表述上与德国和其他大陆法系国家是有所不同的。《德国刑法典》第 1 条规定："只有在某行为被实施之前法律已经确定了其可罚性时，该行为才能受到处罚。"我国《刑法》第 3 条后半段"法律没有明文规定为犯罪行为的，不得定罪处罚"的含义与上述《德国刑法典》的规定相同。但我国刑法除没有法律就没有犯罪这一层含义以外，还规定"法律

明文规定为犯罪行为的，依照法律定罪处刑"。对此，我国刑法学界存在这样一种认识：认为我国刑法规定的罪刑法定原则可以分为积极的罪刑法定原则（前半段）与消极的罪刑法定原则（后半段）。所谓积极的罪刑法定原则，是指只要法律有明文规定，就应当定罪处罚。我国学者认为，消极的罪刑法定原则要求限制刑罚权的适用，防止国家滥用刑罚权侵犯人权，而积极的罪刑法定原则则要求正确运用刑罚权，惩罚犯罪，保护人民。关于积极的罪刑法定原则与消极的罪刑法定原则之间的关系，我国学者作了以下论述："如果不是为了惩罚犯罪，就没有必要在刑法上明文规定犯罪和刑罚，也就是说，没有必要动用刑罚权。如果不动用刑罚权，也就用不着对刑罚权加以限制，以防止其滥用了。从这个意义上说，正确运用刑罚权，惩治犯罪，保护人民，这是第一位的；而防止刑罚权的滥用，以保障人权，则是第二位的。但是两者都是非常重要的，而且是密切联系、不可分割的，它们是罪刑法定原则的两个方面，就像一个银币的两面一样。"[①] 对于这种观点，笔者并不赞同。问题在于能否把我国《刑法》第3条的前半段理解为"只要法律有明文规定，就应当依照法律定罪处刑"？这里涉及的问题是：立法机关规定第3条前半段的目的是督促司法机关在法律有明文规定的情况下应当定罪处刑，还是要求司法机关依照法律明文规定定罪处刑？对此，我国立法机关对《刑法》第3条作出了以下解释："本条规定的罪刑法定内容有两个方面：一方面是只有法律将某种行为明文规定为犯罪的，才能对这种行为定罪判刑，而且必须依照法律的规定定罪判刑；另一方面，凡是法律对某种行为没有规定为犯罪的，就不能对这种行为定罪判刑。这是一个问题的两个方面。"[②] 根据上述解释，我国《刑法》第3条前半段的含义是：只有法律有明文规定，才能依照法律规定定罪处刑。显然，"只要"与"只有"是完全不同的。因此，我国《刑法》第3条的前半段与后半段是从正反两个方面阐述"法无明文规定不为罪"这一罪刑法定原则的基本含义的，体现的是对刑罚权的限制，防止刑罚权滥用的人权保障理

---

① 何秉松主编：《刑法教科书》（上卷），6版，67页，北京，中国法制出版社，2000。
② 全国人大法工委刑法室编：《中华人民共和国刑法条文说明、立法理由及相关规定》，6页，北京，北京大学出版社，2009。

念，而不能认为第 3 条前半段要求司法机关在法律有明文规定的情况下，必须依照法律规定定罪判刑。

既然我国《刑法》第 3 条关于罪刑法定原则规定的目的在于限制刑罚权，保障人权，那么，其基本内容与各国刑法关于罪刑法定原则的规定是相同的。我国立法机关认为，实行罪刑法定原则就要做到以下五点：（1）法不溯及既往；（2）不得类推；（3）对各种犯罪及其处罚必须明确、具体；（4）防止法官滥用自由裁量权；（5）司法解释不能超越法律。[①] 在以上五个罪刑法定原则的要求中，第三点就涉及刑法的明确性问题。由此可见，明确性是我国《刑法》第 3 条规定的罪刑法定原则的应有之义。在我国刑法学界，刑法的明确性是一个受到广泛关注的问题。如前所述，我国《刑法》第 3 条关于罪刑法定原则的表述，采用的是明文一词，明文更注重的是形式意义，强调的是法律有规定，从而解决有法可依的问题。明确当然是以明文为前提的，但明确又不能等同于明文。我国学者对明文与明确作了区分，指出"'明文'只是'明确'的前提，即使具备'明文'规定也并不意味着一定能够达到'明确'，因为即使刑法对构成要件作出了明文规定，但这种规定若在含义上是模糊的，人们无法据此判断行为后果，同样应认为是不明确的。在这个意义上讲，'明确'无疑比'明文'具有更高的要求。意大利刑法 2001 年草案第 1 条规定，任何人不得因未被行为前生效的法律明确规定为犯罪的事实而受处罚。这一规定将意大利现行刑法典第 1 条中的'明文'（espressamente）改为了'明确'（tassativamente）"。[②] 在意大利刑法学界，明确性（tassativita）与确定性（determinatezza）是分开的：前者的作用在于从刑法规范的内部限制犯罪构成的结构，并借此约束立法者表述刑法规范的形式；后者则是从刑法规范的外部限定犯罪构成的范围，目的在于防止司法者将抽象的法律规范适用于其应有的范围之外。因此，明确性强调在立法过程中，立法者必须准确表

---

① 参见全国人大法工委刑法室编：《中华人民共和国刑法条文说明、立法理由及相关规定》，6 页，北京，北京大学出版社，2009。
② 参见杨剑波：《刑法明确性原则研究》，31 页，北京，中国人民公安大学出版社，2010。

195

述刑法规范的内容；确定性则是指在司法过程中，法官对刑法规范不得类推适用。① 上述区分是否必要是可以讨论的。基本上来说，刑法的明确性本身不仅指法条表述明白确切，而且具有法条内容确实固定之意蕴。因此，明确性可以包含确定性。当然，刑法的明确性究竟是立法原则还是同时可以被认为是司法原则？对此，我国学者认为刑法明确性具有立法原则与司法原则的双重属性。② 但笔者认为，刑法明确性主要是对立法的要求。当然，刑法明确性会对司法裁判活动产生正面的、积极的影响，但不能由此认为刑法的明确性同时是司法原则。

应当指出，《德国刑法典》第 1 条关于罪刑法定原则的规定采用了明确（bestimmt）一词，该词作为动词使用，译为中文就是确定。在这个意义上，明确与确定是同义词。中国刑法并没有使用明确或者确定一词，而是使用明文一词，因此，对《德国刑法典》第 2 条的 bestimmt 一词如何汉译，我国学者曾经专门撰文加以辨析。对于 bestimmt，我国学者既有译为明文的，也有译为确定（即明确）的。我国有学者对以上两种译法作了比较，主张将 bestimmt 译为明确或确定，指出：德语中并没有将明文与明确混为一谈，而是严格区分了各自的用法，德语中的明文有自己特定的表述方法，即 geschrieben，因此，明确的含义无须明文来替代。可见，将 bestimmt 译为明文或者认为哪种译法均无所谓的观点，不仅背离了 bestimmt 的德语语法含义，而且没有正确理解罪刑法定原则的明确性要求（明文不可能与构成要件的定型性机能相连接）与构成要件定型性机能直接的映射关系。③ 由此可见，中德之间的语言差异是客观存在的，但这并不妨碍透过语言表象对德国刑法的明确性思想的借鉴。可以说，虽然目前我国刑法关于罪刑法定原则的规定采用的是明文一词而非明确，但我们仍然可以将刑法的明确性要求纳入罪刑法定原则之中，并对此展开法理上的探讨。

---

① 参见［意］杜里奥·帕多瓦尼：《意大利刑法学原理》，注评版，陈忠林译评，24 页，北京，中国人民大学出版社，2004。
② 参见杨剑波：《刑法明确性原则研究》，49 页，北京，中国人民公安大学出版社，2010。
③ 参见邵栋豪：《从明文到明确：语词变迁的法治意义：Beling 构成要件理论的考察》，载《中外法学》，2010（2）。

刑法的明确性问题

明确性成为我国学者在讨论罪刑法定原则时的一个重要问题。例如张明楷教授将明确性作为罪刑法定原则的实质侧面加以讨论,并从法治原则的高度确认其价值。① 当然,我国学者是在当前中国刑法尚未完全实现明确性要求这样一个背景下讨论明确性问题的,因此更强调刑法明确性原则的相对意义。我国学者把刑法的明确性区分为绝对明确与相对明确,对绝对明确的观念进行了批判,认为刑事立法永远不可能达到绝对明确,要求绝对明确的刑法只可能是一种不切实际的幻想,动辄对刑法不明确提出批评是值得反思的。② 同时,这种观点还对刑法的相对明确性作了辩护与论证。在笔者看来,这当然是可以理解的。但也有学者在讨论刑法的明确性问题时,引入与明确性相对应的模糊性概念,指出:"在刑事立法中,既要以刑法规范的明确性为目标,又要注意充分利用和发挥刑法规范模糊性的积极功能,二者的协调与平衡是刑事立法的理想目标。任何一端的偏废都将导致立法效益的降低及法律功能的萎缩。这就要求我们在立法实践中必须努力谋求明确性与模糊性这两个彼此矛盾的力量之间的和谐与平衡。"③

对于上述似是而非、模棱两可的观点,笔者难以苟同。从科学或哲学上说,明确性与模糊性本身的界限是难以划分的,因为明确性的另一半是模糊性,但在法律上,明确性与模糊性还是可以界分的,即使是相对明确,也还属于明确性的范畴。如果以明确性与模糊性的对立统一与互相转化之类庸俗的辩证法作为阐述明确性原则的根据,那必然陷于虚幻,失之荒谬。值得注意的是,以上观点是以科学上的模糊论作为理论根据的。④ 笔者认为,在科学上,模糊论也许是能够成立并且具有适用范围与功用的,但不能将模糊论照搬到刑法学中来。正如王世洲教授指出:"刑法的本身的性质,要求刑法学应当是最精确的法律科学。含糊的刑法无异于否定罪刑法定原则以及否定刑法存在的价值。显然,最精确的刑法只

---

① 参见张明楷:《罪刑法定与刑法解释》,50~51页,北京,北京大学出版社,2010。
② 参见杨剑波:《刑法明确性原则研究》,72页,北京,中国人民公安大学出版社,2010。
③ 杨书文:《刑法规范的模糊性与明确性及其整合机制》,载《中国法学》,2001(3)。
④ 关于模糊论在刑法学中的运用,参见杨书文:《复合罪过形式论纲》,134页,北京,中国法制出版社,2004。

能来自最精确的刑法学,因为刑法学是研究和构造刑法领域的思维方式的,刑法的条文乃至刑法典不过是这种思维方式的结晶,甚至司法判决也是自觉不自觉地运用这种或那种思维方式所得出的结论。很难想象,一个不严谨、不精确的思维方式能够产生和支持一部严谨、精确的刑法。"[1] 笔者认为所言甚是。

由此可见,在我国刑法学界,明确性原则本身就是一个有待明确的问题。对于明确性原则的模糊认识的存在,若不从观念上加以澄清,则对刑法明确性的追求无异于缘木求鱼,终不可得。

二、刑法明确性的立法模式考查

应该说,我国 1997 年刑法为实现刑法的明确性作出了重大努力,然而,中国刑法在立法体例上采取了单一制,即试图将所有的犯罪行为都包含在刑法典中,建立一部统一的刑法典。从世界各国刑法的立法体例来看,除刑法典以外,还包括单行刑法和附属刑法。尤其是大量存在的附属刑法,为犯罪行为的具体规定提供了法律载体。但在我国刑法中,自 1997 年刑法修订以后,不再采用单行刑法与附属刑法的立法方式,只是通过颁布刑法修正案的方式对刑法进行修订。目前我国刑法分则条文〔截止到 2011 年 2 月 25 日《刑法修正案(八)》〕共计 374 条。在如此少的法律条文中,立法机关要想把所有可能发生的犯罪都毫无遗漏地加以规定,这显然是力不从心的。此外,目前我国正处于社会转型与经济转轨的剧烈变动时期,犯罪情势发展变化快,使刑法对于犯罪的变化具有一定的滞后性。在这种情况下,我国刑法对犯罪的规定难以做到完全的明确,而是有相当的概然性。在我国刑法中,以下三种立法方式与明确性的关系曾经引起讨论。

(一)空白罪状

空白罪状,相当于德国刑法学中的空白刑法规范。这里的刑法规范是指刑罚

---

[1] 王世洲:《刑法学是最精确的法学》,载〔德〕克劳斯·罗克辛:《德国刑法学总论》(第 1 卷),王世洲译,1 页,北京,法律出版社,2005。

法规，即刑法分则条文。由于罪状是对构成要件的规定，因此，空白罪状也可以说是空白的构成要件。在空白罪状中，立法机关对构成要件未作规定或者只作部分规定，参照其他法律、法规对构成要件加以确定。在我国刑法中，空白罪状是大量存在的，尤其是对行政犯或者法定犯的规定，广泛地采用了空白罪状。我国刑法学中的空白罪状可以分为绝对空白罪状与相对空白罪状两种情形，它们虽然都属于空白罪状，但在空白程度上有所不同。

绝对空白罪状是指刑法分则对构成要件行为未作任何规定，完全通过参照其他法律、法规加以明确。而相对空白罪状是指刑法分则对构成要件的部分行为要素作了规定，但其他行为要素则需要通过参照其他法律、法规加以明确。[①] 在我国刑法中，空白罪状大都属于相对空白的情形。例如我国《刑法》第133条规定：违反交通运输管理法规，因而发生重大事故，致人重伤、死亡或者使公私财产遭受重大损失的，处3年以下有期徒刑或者拘役；交通运输肇事后逃逸或者有其他特别恶劣情节的，处3年以上7年以下有期徒刑；因逃逸致人死亡的，处7年以上有期徒刑。这是关于交通肇事罪的规定。从这一规定中可以看到，刑法将交通肇事行为描述为"违反交通运输管理法规"，这是一种参照性规定。也就是说，刑法并没有对交通肇事行为进行具体描述，而是指明了其所参照的交通运输管理法规，应当按照交通运输管理法规的规定确认交通肇事行为。按照《道路交通安全法》的规定，饮酒或者醉酒驾驶机动车、未取得机动车驾驶证、机动车驾驶证被吊销或者机动车驾驶证被暂扣期间驾驶机动车的、机动车行驶超过规定时速的、驾驶拼装的机动车或者已达到报废标准的机动车上道路行驶的，都属于违反道路交通安全法的行为。由此可见，虽然在刑法中未对交通肇事罪的行为作具体描述，但可以参照交通运输管理法规认定这些行为。在这种情况下，刑法关于交通肇事罪规定之"空白"是通过交通运输管理法规来加以"填补"的。

我们可以把中国刑法关于交通肇事罪的规定与《德国刑法典》第315条C关

---

① 关于绝对空白罪状与相对空白罪状的论述，参见刘树德：《空白罪状——界定·追问·解读》，65~68页，北京，人民法院出版社，2002。

于危害公路交通安全罪作一个对比。其一，有下列行为之一，因而危及他人身体、生命或贵重物品的，处5年以下自由刑或罚金：（1）具有下列不适合驾驶情形之 a. 引用酒或其他麻醉品，或 b. 精神上或身体上有缺陷。（2）具有下列严重违反交通规则及疏忽情形的：a. 未注意优先行驶权；b. 错误超车或在超车时错误驾驶；c. 在人行横道上错误驾驶；d. 在不能看清的地方、十字路口、街道、铁路交叉道口超速行驶；e. 在不能看清的地方，未将车停放在车道右侧，f. 在高速公路或公路上调头或试图调头；g. 刹车或停车时未保持交通安全所必需的距离。其二，犯第1款第1项之罪而未遂的，亦应处罚。其三，犯第1款之罪有下列情形之一的，处2年以下自由刑或罚金：（1）过失造成危险的，或（2）过失为上述行为，且过失造成危险的。

从以上我国《刑法》第133条关于交通肇事罪和《德国刑法典》第315条 C 关于危害公路交通安全罪的规定来看，我国刑法采用的是空白罪状，而《德国刑法典》采用的是叙明罪状。因此，《德国刑法典》的规定更具有明确性。当然，我们也必须注意，我国《刑法》第133条规定的交通肇事罪是过失犯罪，即虽然违反交通运输管理法规的行为是故意的，但对于重大事故后果则是过失的。在这种情况下，对于故意违反交通运输管理法规的行为，只有造成重大事故，致人重伤、死亡或者使公私财产遭受重大损失的后果，才应当追究刑事责任。而对于故意违反交通运输管理法规但尚未造成重大事故的情形，在我国是作为一般违法行为，由公安交通管理部门予以行政处罚的。当然，由于近年来我国发生的某些醉驾、飙车案件，造成重大事故，因而在2011年2月25日通过的《刑法修正案（八）》规定了危险驾驶罪，将在道路上驾驶机动车追逐竞驶和醉酒驾驶机动车的行为规定为犯罪，但并不要求造成重大事故。尽管如此，我国《刑法》第133条关于交通肇事罪的空白罪状的明确性问题仍然是值得推敲的。

关于空白罪状是否违反明确性原则的问题，在我国刑法学界是存在争议的，通说认为空白罪状，尤其是相对空白罪状并不违反明确性原则："从'应然'角度来讲，空白刑法规范并不违反刑法明确性原则，而是刑法相对明确的一种立法体现。但是，从'实然'角度来看，我国空白刑法规范的具体参照内容是否符合

明确性原则，还值得进一步研究。"① 上述观点把刑法的明确性问题转换为参照法规的明确性问题。我国学者认为，立法者将空白罪状的具体犯罪构成的行为要件交由相关的规范或制度来确定实质上是一种授权行为。② 因此需要追问参照法规的明确性问题（当然，这里不仅涉及刑法的明确性问题，而且涉及法律专属性问题，对此将在后文专门予以探讨）。笔者基本上赞成通说，当然前提是参照法规应当明确。近些年来，我国立法机关注重刑法与相关法律、法规的协调，因而对于提高空白罪状的明确性程度具有一定意义。

（二）罪量要素

罪量要素又称犯罪量化要件，是指刑法分则性罪刑条文规定的、以明确的数量或其他程度词标明的、表明行为程度的犯罪成立条件。③ 我国《刑法》第13条关于犯罪的法定概念规定，"情节显著轻微危害不大的，不认为是犯罪"，这一规定被我国学者称为但书规定，它表明我国刑法中的犯罪概念具有数量要素。在我国刑法分则中，大约三分之一以上的犯罪都规定以情节严重（情节恶劣）或者数额较大等罪量要素作为犯罪成立的条件。因此，情节犯和数额犯是以罪量要素作为犯罪成立条件的两种具有类型性的犯罪类型。

在我国刑法中，情节犯是指刑法分则中明文规定以"情节严重（情节恶劣）"作为犯罪成立条件的犯罪类型。④ 例如《刑法》第252条规定，隐匿、毁弃或者非法开拆他人信件，侵犯公民通信自由权利，情节严重的，构成侵犯通信自由罪。因此，该罪属于情节犯。在我国刑法中，数额犯是指刑法分则明文规定以一定的经济价值量或者行为对象的物理量作为犯罪构成要件的犯罪类型。⑤ 例如《刑法》第264条规定，盗窃公私财物，数额较大的，或者多次盗窃、入户盗窃、携带凶器盗窃、扒窃的，构成盗窃罪。其中，数额较大是普通盗窃罪成立的必备

---

① 杨剑波：《刑法明确性原则研究》，99页，北京，中国人民公安大学出版社，2010。
② 参见刘树德：《空白罪状——界定·追问·解读》，147页，北京，人民法院出版社，2002。
③ 参见路军：《中国刑法犯罪量化要件研究》，40页，北京，法律出版社，2010。
④ 参见李翔：《情节犯研究》，21页，上海，上海交通大学出版社，2006。
⑤ 参见唐世月：《数额犯论》，22页，北京，法律出版社，2005。

条件。如果盗窃数额没有达到较大程度，则只有在多次盗窃、入户盗窃、携带凶器盗窃、扒窃等四种情况下才构成盗窃罪。因此，上述四种情形是对作为数额犯的盗窃罪的例外规定。对于普通盗窃来说，只有达到"数额较大"才构成犯罪，否则只能作为违反治安管理行为（相当于大陆法系国家刑法中的违警罪），受到治安处罚。

关于情节犯、数额犯之数额等罪量要素在犯罪论体系中的地位，在我国刑法学界是存在争议的，有些学者认为它属于构成要件要素[1]，也有些学者认为它属于可罚的违法性要素[2]，还有学者认为是一种客观处罚条件。[3] 尤其值得注意的是，有学者从情节犯与可罚的违法性具有类似性的意义上论证了情节犯的情节属于开放的构成要件。[4] 然而，将情节作为开放的构成要件，已经与开放的构成要件的本义相去甚远。即使把情节作为情节犯的构成要件要素，也没有必要认为它是开放的构成要件。因为只要达到情节严重程度，其违法性自在其中，无须另行判断。虽然在我国刑法学界对罪量要素的体系性地位问题存在较大分歧，但罪量要素的明确性问题仍然是一个不容回避的问题。对此，我国学者通常都是从相对明确的视角肯定罪量要素规定的明确性。例如有学者指出："情节本身内容确有其模糊的一面，但是这种模糊不等于情节犯的构成要件也具有模糊性，因为情节犯的构成要件和其他犯罪类型的构成一样，其基本要件都是明确的，这并未给司法留下难以捉摸的难题。"[5]

上述论证有些偏颇，笔者认为不能以情节犯的基本构成要件明确否认情节规定本身的模糊，数额犯也是如此。这里涉及如何看待情节和数额等罪量要素对于情节犯和数额犯构成的意义。如前所述，关于罪量要素在犯罪论体系中的体系性

---

[1] 参见唐世月：《数额犯论》，29～30页，北京，法律出版社，2005。
[2] 我国学者刘为波采用可罚的违法性论阐述犯罪概念中的但书规定。参见刘为波：《可罚的违法性论——兼论我国犯罪概念中的但书规定》，载陈兴良主编：《刑事法评论》（第10卷），67页以下，北京，中国政法大学出版社，2002。
[3] 参见熊琦：《德国刑法问题研究》，85页，台北，台北元照出版公司，2009。
[4] 参见刘艳红：《开放的犯罪构成要件理论研究》，241页，北京，中国政法大学出版社，2002。
[5] 李翔：《情节犯研究》，61页，上海，上海交通大学出版社，2006。

地位，存在构成要件要素说、可罚的违法性说和客观处罚条件说等观点。笔者过去曾经批评客观处罚条件说，并把情节和数额等犯罪成立的数量要素称为罪量，独立于罪体与罪责。① 现在笔者认为，罪量在性质上类似于客观处罚条件。因此，如果采用三阶层的犯罪论体系，将情节和数额等罪量要素作为客观处罚条件来看待是妥当的。实际上，在大陆法系国家也并非任何细微的不法行为都受刑罚处罚，只不过是将是否受刑罚处罚交由司法机关裁量。甚至在个别刑罚分则条文关于犯罪的规定中，偶尔也有关于罪量要素的规定。② 但在我国，刑法把这一本来应当完全交给司法机关裁量的内容在刑法中加以规定，这种规定又并非绝对具体，而是以"情节严重"或者"数额较大"这样一种框架性模式出现的，至于其具体标准，则由最高司法机关通过颁布司法解释的方式予以明确。例如关于盗窃罪的数额较大，1997年11月4日通过的《关于审理盗窃案件具体应用法律若干问题的解释》规定：个人盗窃公私财物价值人民币500元至2 000元以上的，为"数额较大"。此外，最高人民检察院和公安部还分别在2008年6月25日和2010年5月7日颁布《关于公安机关管辖的刑事案件立案追诉标准的规定》之一、之二，对数百种公安机关管辖的刑事案件的立案追诉标准作了具体规定。这里的立案追诉标准，就是我们在这里讨论的罪量要素。由此可见，我国刑法把本应由司法机关具体裁量的罪量要素加以框架性规定，然后再由司法机关加以解释，这一立法模式并不违反刑法的明确性。

（三）兜底条款

兜底条款是指刑法对犯罪的构成要件在列举规定以外，采用"其他……"这样一种概然性方式所作的规定，以避免列举不全。因此，兜底条款在本质上属于概然性规定，也被我国学者称为堵漏条款。

刑法对犯罪行为的规定天然地具有不周延性、不完整性。对此，中国古代曾采用"比附援引"的类推方式加以弥补。此外，还设立兜底罪名以备不时之需。

---

① 参见陈兴良：《规范刑法学》（上册），2版，193页，北京，中国人民大学出版社，2008。
② 参见熊琦：《德国刑法问题研究》，63页以下，台北，台北元照出版公司，2009。

例如《唐律疏议》曾经设立不应得为罪，这是一个典型的口袋罪，具有对整部法律的兜底功能。《唐律·杂律》不应得为条规定，"诸不应得为而为之者，笞四十（谓律、令无条，理不可为者。）事理重者，杖八十"。我国台湾地区学者黄源盛教授在评论上述规定时指出："理论上，《唐律》之所以设'不应得为罪'，简单说，实由于立法者难以掌握万千变化的人事状况。如不用这种概括性条款'以不变应万变'，实在无法符合当时统治者君临天下以治万民的需求。也可以说，如果没有运用这种'不确定法律概念'来调剂，整部律典势将沦于僵化，甚至窘于与时更转。"①

我国台湾地区学者黄源盛教授揭示了不应得为罪设立的立法指导思想，即以刑驭民，使民处于疏而不漏的法网之中。这样一种立法指导思想，显然是前罪刑法定主义时代的产物，亦即专制思想的体现。从立法技术上来说，不应得为罪起到一个兜底作用，使所有不合法理的行为均落入彀中，难以脱罪。美国学者D.布迪把这一规定称为"catch-all"（盛装杂物的箱子）②，相当于我们现在所说的口袋罪，可以说十分生动形象。

在我国现行刑法中，虽然不存在上述绝对的兜底罪名，但仍然存在着兜底条款，甚至存在相对的兜底罪名。我国刑法中的兜底条款主要存在以下三种情形。

1. 相对的兜底罪名

兜底罪名可以分为绝对的兜底罪名和相对的兜底罪名。所谓绝对的兜底罪名是指像不应得为罪那样，对整部刑法起到堵漏作用的兜底罪名；而相对的兜底罪名是指对某一条款起到堵漏作用的兜底罪名，它较之绝对的兜底罪名而言，所兜底的范围更小一些。例如，我国《刑法》第114条规定，"放火、决水、爆炸以及投放毒害性、放射性、传染病病原体等物质或者以其他危险方法危害公共安全，尚未造成严重后果的，处三年以上十年以下有期徒刑"。以上条文设立了放火罪、决水罪、爆炸罪、投放危险物质罪和以危险方法危害公共安全罪。其中，

---

① 黄源盛：《汉唐法制与儒家传统》，222页，台北，台北元照出版公司，2009。
② 参见高道蕴等编：《美国学者论中国法律传统》，316页，北京，中国政法大学出版社，1994。

以危险方法危害公共安全罪的构成要件行为是"放火、决水、爆炸、投放危险物质以外的其他危险方法"。在此，刑法完全没有描述其他危险方法的具体行为，而只是指明这里的其他危险方法具有与放火等方法的相当性。至于具体内容，完全授权司法机关加以认定。除上述以危险方法危害公共安全罪以外，我国《刑法》第115条第2款还设立了过失以危险方法危害公共安全罪。

2. 兜底的行为方式

在某些犯罪中，刑法列举了各种行为方式，为防止遗漏，又设兜底条款。例如：(1)《刑法》第169条之一背信损害上市公司利益罪，列举了五种背信损害上市公司利益行为，其后又规定："(六)采用其他方式损害上市公司利益的。"(2)《刑法》第182条操纵证券、期货市场罪，列举了三种操纵证券、期货市场行为，其后又规定："(四)以其他方法操纵证券、期货市场的。"(3)《关于惩治骗购外汇、逃汇和非法买卖外汇犯罪的决定》第1条之一骗购外汇罪，列举了两种骗购外汇行为，其后又规定："(三)以其他方式骗购外汇的。"(4)《刑法》第191条洗钱罪，列举了四种洗钱行为，其后又规定："(五)以其他方法掩饰、隐瞒犯罪所得及其收益的来源和性质的。"(5)《刑法》第193条贷款诈骗罪，列举了四种贷款诈骗行为，其后又规定："(五)以其他方法诈骗贷款的。"(6)《刑法》第195条信用证诈骗罪，列举了三种信用证诈骗行为，其后又规定："(四)以其他方法进行信用证诈骗活动的。"(7)《刑法》第225条非法经营罪，列举了三种非法经营行为，其后又规定："(四)其他严重扰乱市场秩序的非法经营行为。"

3. 兜底的行为方法

这里的行为方法与上述行为方式有所不同，行为方式是单独可以构成犯罪的行为类型，而行为方法只是某种行为类型所采取的具体方法，这种方法从属于一定的行为类型，因而不能单独成为一种犯罪的行为类型。例如，《刑法》第236条强奸罪，规定的行为方法是"以暴力、胁迫或者其他手段强奸妇女"。又如，《刑法》第263条抢劫罪，规定的行为方法是"以暴力、胁迫或者其他方法抢劫公私财物"。在以上规定中，"其他方法"是强奸行为与抢劫行为的具体方法，具有与法条所列举的"暴力、胁迫"在性质上的相当性，但刑法对此并没有明确规

定。这种立法例,在中国刑法规定中十分常见。

对于以上三种兜底条款的规定,由于刑法的规定是概然性的,因而明确性程度较低,某些情形,例如相对的兜底罪名,甚至完全没有明确性可言。笔者认为,兜底条款的明确性问题是我们应该重点讨论的,因为这些兜底条款在司法适用中往往存在争议,也是我国刑法的罪刑法定原则的软肋。

三、以《刑法》第 225 条第 4 项为例的具体分析

我国《刑法》第 225 条关于非法经营罪的规定是讨论我国刑法的明确性问题的一个绝佳范例。因为这一规定既有空白罪状,又有罪量要素,同时还有兜底行为方式和行为方法,几乎汇集了所有与刑法明确性相悖的立法方式。因此,本文以《刑法》第 225 条,尤其是第 225 条第 4 项为线索,对我国刑法的明确性问题进行深入探讨。

我国《刑法》第 225 条是关于非法经营罪的规定,该罪的前身是 1979 年《刑法》第 117 条的投机倒把罪,该罪采用绝对空白罪状,对投机倒把行为未作任何规定,只是规定参照工商金融管理法规,因而被认为是一个口袋罪。口袋罪的意思是对入罪行为未作明确规定,致使敞开口袋,使更多违反工商金融管理法规的行为得以入罪。因此,口袋罪是对不具有明确性的罪名的形象比喻。在 1997 年刑法修订中,取消了投机倒把罪,把原投机倒把罪中所包括的犯罪作了具体分解规定,《刑法》第 225 条就是其中之一。[①] 从《刑法》第 225 条关于非法经营罪的规定来看,采用的是明文列举的方式,对非法经营行为加以描述。但是,在前 3 项中,除第 3 项以外,前 2 项都包含着"其他……"这样一种措辞,表明其对非法经营行为的描述是不周延的,可以由司法机关随时续造。当然,其续造的行为性质受法律规定的限制。例如,第 1 项的"其他"只限于限制买卖物

[①] 参见全国人大法工委刑法室编:《中华人民共和国刑法条文说明、立法理由及相关规定》,459 页,北京,北京大学出版社,2009。

品,而第2项的"其他"只限于经营许可证或者批准文件。因此,这是一种有限度的续造。从明确性的角度来说,是一种相对明确。在此,尤其引起我们注意的是第4项,该项是一种完全的概然性规定,对非法经营罪起到一种兜底作用。由于该项规定的存在,非法经营罪仍然保留着某种口袋罪的特征。那么,如何理解这里的"其他严重扰乱市场秩序的非法经营行为"呢?对此,立法机关指出:"这是针对现实生活中非法经营犯罪活动的复杂性和多样性所作的概括性规定,这里所说的其他非法经营行为应当具备以下条件:(1)这种行为发生在经营活动中,主要是生产、流通领域。(2)这种行为违反法律、法规的规定。(3)具有社会危害性,严重扰乱市场经济秩序。"[①] 上述规定虽然为认定"其他严重扰乱市场秩序的非法经营行为"提供了一般原则,但具体如何认定,仍然存在很大的裁量空间,足以出入人罪。

应该指出,其他非法经营行为虽然是一种概然性的刑法规定,但最高人民法院采用司法解释的方式对此作出规定,使其内容逐渐明确。迄今为止,最高人民法院将以下9种行为解释为《刑法》第225条第4项规定的其他严重扰乱市场秩序的非法经营行为:(1)非法经营出版物。1998年12月17日最高人民法院《关于审理非法出版物刑事案件具体应用法律若干问题的解释》,将非法从事出版物的出版、印刷、复制、发行业务,严重扰乱市场秩序,情节特别严重的行为,规定以非法经营罪定罪处罚。(2)非法经营电信业务。2000年5月24日最高人民法院《关于审理扰乱电信市场管理秩序案件具体应用法律若干问题的解释》规定,违反国家规定,采用租用国际专线、私设转接设备或者其他方法,擅自经营国际电信业务或者涉港澳台电信业务进行营利活动,扰乱电信市场管理秩序,情节严重的,以非法经营罪定罪处罚。(3)非法传销或者变相传销。2001年4月10日最高人民法院发布《关于情节严重的传销或者变相传销行为如何定性问题的批复》规定,对从事传销或者变相传销活动,扰乱市场秩序,情节严重的,以

---

① 全国人大法工委刑法室编:《中华人民共和国刑法条文说明、立法理由及相关规定》,158页,北京,北京大学出版社,2009。

非法经营罪定罪处罚。(4) 在生产、销售的饲料中添加盐酸克伦特罗等禁止在饲料和动物饮用水中使用的药品或者销售明知是添加有该类药品的饲料，情节严重的行为。上述行为在我国刑法中本来并未被规定为犯罪，但 2002 年 8 月 16 日最高人民法院、最高人民检察院发布《关于办理非法生产、销售、使用禁止在饲料和动物饮用水中使用的药品等刑事案件具体应用法律若干问题的解释》，将上述行为规定为《刑法》第 225 条第 4 项的"其他严重扰乱市场秩序的非法经营行为"，应以非法经营罪论处。(5) 非法经营互联网业务。2004 年 7 月 16 日最高人民法院、最高人民检察院、公安部发布的《关于依法开展打击淫秽色情网站专项行动有关工作的通知》规定，对于违法国家规定，擅自设立互联网上网服务营业场所，或者擅自从事互联网上网服务经营活动，情节严重，构成犯罪的，以非法经营罪定罪处罚。(6) 非法经营彩票。2005 年 5 月 11 日最高人民法院、最高人民检察院发布的《关于办理赌博刑事案件具体应用法律若干问题的解释》规定，对未经国家批准擅自发行、销售彩票，构成犯罪的，依照《刑法》第 225 条第 4 项的规定，以非法经营罪定罪处罚。(7) 非法经营非上市公司股票。2008 年 1 月 2 日最高人民法院、最高人民检察院、公安部、中国证券监督管理委员会发布的《关于整治非法证券活动有关问题的通知》规定，对于中介机构非法代理买卖非上市公司股票，涉嫌犯罪的，以非法经营罪定罪处罚。(8) 违反国家规定，使用销售类终端机具（POS 机）等方法，以虚拟交易、虚开价格、现金退货等方式向信用卡持卡人直接支付现金。2009 年 12 月 3 日最高人民法院、最高人民检察院发布的《关于办理妨害信用卡管理刑事案件具体应用法律若干问题的解释》规定，对上述行为，情节严重的，以非法经营罪处罚。(9) 擅自发行基金份额募集资金。2010 年 12 月 13 日最高人民法院发布的《关于审理非法集资刑事案件具体应用法律若干问题的解释》规定，违反国家规定，未经依法核准擅自发行基金份额募集资金，情节严重的，以非法经营罪定罪处罚。

这份清单随着时间的推移还可以不断地拉长，因为司法解释规定的只是"其他严重扰乱市场秩序的非法经营行为"中的一种，不可能穷尽非法经营行为。由此可见，《刑法》第 225 条第 4 项虽然采用的是堵漏式的立法方式，从刑法层面

来看，确实缺乏明确性，但在司法运作中，对这一兜底条款，通过颁布司法解释的方法加以明确是必要的。在我国的法律体系中，司法解释虽然不属于法律、法规，但立法机关授权最高司法机关（最高人民法院和最高人民检察院）行使司法解释权，因而司法解释具有法律拘束力，法官可以在个案判决中援引其作为判案根据。可以说，通过司法解释对刑法的兜底条款加以明确，是具有中国特色的刑法明确性问题的解决之道。在此，我们围绕着司法解释在刑法明确性中的功能重点讨论以下三个问题。

（一）关于违反国家规定

我国刑法罪状中大量存在违反国家规定之类的规定，在有些情况下具体指明了其所违反的法律，例如《刑法》第 343 条第 1 项规定的非法采矿罪，刑法明文规定"违法矿产资源法的规定"。但是，《刑法》中更多的只是笼统地规定"违反国家规定"，并未指明具体违反何种国家规定。对此，我国《刑法》第 96 条专门对违反国家规定的含义作了规定，指出：本法所称违反国家规定，是指违反全国人民代表大会及其常务委员会制定的法律和决定，国务院制定的行政法规、规定的行政措施、发布的决定和命令。

由此可见，违反国家规定中所称的国家规定只限于国家立法机关制定的法律和国家行政机关制定的行政法规的规定。这里的国家规定属于认定具体犯罪的参照法规，在刑法对某一构成要件行为规定不明确的情况下，通过参照法规予以明确。因此，参照法规就在某种意义上承担了实质上对构成要件予以明确化的职责。尤其是在空白罪状的情况下，刑法空白完全有赖于参照法规来填补，因而参照法规的层级直接关系法律专属性原则。

应该指出，我国《刑法》第 96 条的规定对参照法规的层级提出了较高要求，只有法律、法规才能作为参照的法律依据。《刑法》第 225 条规定了"违反国家规定"这一要素，它同样适用于第 225 条第 4 项。也就是说，《刑法》第 225 条第 4 项"其他严重扰乱市场秩序的非法经营行为"必须具备"违反国家规定"这一前提。但在上述司法解释对《刑法》第 225 条第 4 项的规定中，存在不具备"违反国家规定"这一前提的情形。例如 2000 年 4 月 28 日通过的《关于审理扰

乱电信市场管理秩序案件具体应用法律若干问题的解释》(法释［2000］12号)第1条规定，违反国家规定，采用租用国际专线、私设转接设备或者其他方法，擅自经营国际或者涉港澳台电信业务进行营利活动，扰乱电信市场管理秩序，情节严重的，依照《刑法》第225条第4项的规定，以非法经营罪定罪处罚。但2000年9月25日国务院发布的《电信条例》第59条才将上述行为规定为禁止性行为，且只对其中三种行为规定可以追究刑事责任，而并未涉及上述非法经营行为。非法经营行为是否只有法律、法规明文规定应当追究刑事责任的，才能纳入其他非法经营行为的范围，这当然是可以讨论的，但仅就司法解释和《电信条例》出台时间来看，司法解释颁布于2000年4月28日，生效于2000年5月24日，早于《电信条例》(2000年9月25颁布)出台。对此，有学者指出：该解释制定之时尚没有明确的行政法规作为参照规定，该解释第1条中的"违反国家规定"也就没有相关法规作依据，该解释第1条严格来说是"无效条款"[①]。笔者认为，以上质疑是能够成立的，至少在2000年5月24日至2000年9月25日这一期间，上述司法解释属于内容超前的无效条款。因此，违反国家规定是其他非法经营行为构成犯罪的前置性条件。如果这个问题不解决，司法解释虽然试图解决刑法的明确性问题，但却与罪刑法定原则所派生的法律专属性原则相悖。

(二)关于司法解释的溯及力

在某些情况下，通过司法解释对刑法的兜底条款加以明确，其实质是细则化立法，即将刑法没有明确规定为犯罪的行为纳入刑罚处罚的范围。在这种情况下，就涉及这种司法解释是否具有溯及既往的效力问题。2001年12月7日最高人民法院、最高人民检察院发布《关于适用刑事司法解释时间效力问题的规定》，对适用刑事司法解释时间效力问题作了以下一般性规定：司法解释是最高人民法院对审判工作中具体应用法律问题和最高人民检察院对检察工作中具体应用法律问题所作的具有法律效力的解释，自发布或者规定之日起施行，效力适用于法律

[①] 参见刘树德、王冕：《非法经营罪罪状"口袋径"的权衡——对法释［2000］12号第1条的质疑》，载《法律适用》，2002(10)。

的施行期间。

根据这一规定,司法解释具有溯及力。因此,对于司法解释实施前发生的行为,行为时没有相关司法解释,司法解释施行后尚未处理或者正在处理的案件,依照司法解释的规定办理。除非新旧司法解释规定不一致,才采从旧兼从轻原则,即对于新的司法解释实施前发生的行为,行为时已有相关司法解释,依照行为时的司法解释办理,但适用新的司法解释对犯罪嫌疑人、被告人有利的,适用新的司法解释。司法解释具有溯及力的根据在于:司法解释是对法律文本的解释,因而司法解释的效力是从属于法律的,只要法律有效则对该法律的司法解释在法律实行期间亦为有效。这一规定当然是有法律根据的,对于一般司法解释确实是适用的,但在类似于《刑法》第225条第4项的情况下,司法解释是将法律未作明确规定的行为规定为犯罪,如果这种司法解释具有溯及力,显然违反法的可预测性,因不明确而违反罪刑法定原则。对此,我国学者认为应当在司法解释中设立有关溯及力的特别条款,明确规定关于《刑法》第225条第4款的司法解释不具有溯及力,而只对该项司法解释发布之后的行为有效,从而防止与罪刑法定原则相冲突。[①] 笔者认为这一观点是极有见地的,但目前并未被我国最高司法机关采纳。因此,这些司法解释虽然试图解决刑法的明确性问题,但却与罪刑法定原则派生的禁止事后法原则相悖。

(三) 关于司法解释的越权

刑法司法解释在我国司法活动中发挥着重要的作用,它实际上是细则化了的刑法,因而被我国学者称为副法体系。[②] 司法解释对于司法机关的定罪量刑来说是必不可少的法律依据。尤其是在刑法规定不明确的情况下,都有待于司法解释加以明确。从这个意义上说司法解释通过续造司法规则,对于刑法明确性的实现发挥着重要作用。但是,司法解释在对刑法概然性规定予以明确的过程中,因为缺乏刑法文本的参照,所以往往出现越权。这里的越权是指司法解释超越司法权

---

① 参见彭辅顺等:《非法经营罪专题整理》,39页,北京,中国人民公安大学出版社,2007。
② 参见林维:《刑法解释的权力分析》,441页,北京,中国人民公安大学出版社,2006。

而对立法权形成某种侵犯。

在对《刑法》第 225 条第 4 项"其他严重扰乱市场秩序的非法经营行为"的司法解释中,涉及非法经营行为的范围十分广泛,但这些行为是否完全符合非法经营的特征?这是值得推敲的。应该指出,这里的经营并非一般性的经营行为,而是指需要经过行政许可的经营行为,因此,非法经营是指未经行政许可的经营活动。2003 年 8 月 27 日中国颁布了《行政许可法》,这一法律的颁布对《刑法》第 225 条第 4 项的解释必将带来重大影响。因为在该法颁布之前,我国的行政许可散见于相关法律、法规之中,《行政许可法》对行政许可作了统一规定,是行政许可领域的基本法律。在 1997 年制定《刑法》第 225 条的时候,我国行政许可制度尚不健全,第 225 条第 1 项和第 2 项是根据当时的行政许可状况设置的,第 3 项是此后补充的,而对第 4 项的其他非法经营行为究竟如何认定其是否违反国家法律规定还是不明确的。在《行政许可法》通过以后,理应根据违反行政许可作为确认其非法性的根据。[①] 但在 1997 年刑法适用以后,最高司法机关陆续颁布的关于《刑法》第 225 条第 4 项的司法解释中有些并不具有与行政许可的相关性,甚至连违反国家规定这一前置性条件也不具备。这些司法解释具有越权性,对此如何进行审查是一个值得关注的问题。目前,我国存在司法解释备案制度,根据最高人民法院《关于司法解释工作的规定》第 26 条的规定,司法解释应当自发布之日起 30 日内报全国人民代表大会常务委员会备案。当然,这种备案是否包括对司法解释进行超权性审查则尚无先例。我国学者提出了构建完善的越权刑法司法解释撤销机制的建议,该建议的主要内容是:全国人大可以决定提起对刑法司法解释是否越权的审查。全国人大对决定立案审查的司法解释先交由法制工作委员会进行审查,并提出建议,委员长会议决定提交常委会会议审议的,提出撤销该司法解释的表决草案,由常务委员会全体成员过半数通过。全国人大常委会一旦通过撤销刑法司法解释的决定,该司法解释立即失效。通过撤销刑法司

[①] 参见王作富、刘树德:《非法经营罪调控范围的再思考——以〈行政许可法〉若干条款为基准》,载《中国法学》,2005(6)。

法解释的决定后,由全国人大常委会公告。① 当然,这只是一种建议,还停留在纸面上。我们可以期待,随着我国法治进程的发展,司法解释的越权问题必将受到有效的控制。

从以上论述中可以看出,我国《刑法》第3条虽然确认了罪刑法定原则,但罪刑法定原则所要求的刑法明确性问题在我国尚未获得圆满解决。在这种情况下,通过法教义学的解释克服刑法明确性的不足是一个重要途径。

(本文原载《中国法学》,2011(4))

---

① 参见陈志军:《刑法司法解释研究》,420页,北京,中国人民公安大学出版社,2006。

罪刑均衡的理论建构

刑事古典学派确立的罪刑均衡原则，在 19 世纪末，随着社会价值观念的嬗变，受到了来自刑事实证学派的有力挑战。在这种情况下，如何认识罪刑均衡的历史命运，就成为一个十分重大的理论问题。

一

刑事实证学派是在否定刑事古典学派的基础上发展起来的一个刑事法学派。如果说，刑事古典学派是客观主义刑法理论，那么，刑事实证派是主观主义刑法理论；刑事古典学派与刑事实证学派在刑法一系列基本问题上存在深刻的对立，由此导致刑事实证学派对刑事古典学派建立起来的罪刑均衡理论的解构。

（一）犯罪观的变化

刑事古典学派的罪刑均衡，是建立在对犯罪的客观分析的基础上的。尽管报应刑论与预防刑论在对犯罪本质的认识上不尽一致，但在犯罪概念的客观建构这一点上却殊途同归。报应刑论，无论是康德的道义报应，还是黑格尔的法律报应，都认为应当以客观尺度来衡量犯罪。这里的客观尺度是指犯罪的行为特征。

因为基于意志自由的假设，行为人在理性能力上是平等的，所以刑罚只能以犯罪行为表现出来的客观危害为尺度，这就是行为责任的原则。就预防刑论而言，无论是贝卡里亚还是边沁，都具有明显的客观主义倾向，以行为为基石建构罪刑均衡的理论大厦。贝卡里亚明确指出衡量犯罪的真正标尺是犯罪对社会的危害。由于贝卡里亚反对以罪孽和意图作为衡量犯罪的尺度，因此这里的对社会的危害带有显见的客观意蕴。贝卡里亚认为，犯罪意图只是对客观对象的一时印象和头脑中的事先意念，而这些东西随着思想、欲望和环境的迅猛发展，在大家和每个人身上都各不相同。意图的这种可变性决定了它不能作为衡量犯罪的客观标准，而只有行为是客观存在的。

刑事实证学派从根本上改变了对犯罪的看法，完成了从犯罪行为到犯罪人的历史性转变。菲利指出：古典派把犯罪看成法律问题，集中注意犯罪的名称、定义以及进行法律分析，把罪犯在一定背景下形成的人格抛在一边。[1] 因此刑事古典学派关注的是已经完成的犯罪事实，主要表现在行为上；而刑事实证学派重视的则是犯罪人的人身危险性，并以此作为犯罪的本质特征。正如刑事社会学派思想的拥护者普林斯指出：“这样一来，我们便把以前没有弄清楚的一个概念，即犯罪人的社会危险状态的概念，提到了首要的地位，用危险状态代替了被禁止的一定行为的专有概念。换句话说，孤立地来看，所犯的罪行可能比犯这种罪的主体的危险性小。如果不注意主体固有特征，而对犯这种违法行为的人加以惩罚，就可能是完全虚妄的方法。”[2] 犯罪主体的危险状态，是一种主观的东西，因而刑事实证学派主张主观主义的刑法理论，由此否定以行为为中心的刑事古典学派的犯罪概念，这集中体现在李斯特的一句名言中："应受惩罚的不是犯罪行为而是犯罪人。"因此，犯罪本质就从社会危害性转换到人身危险性。

(二) 刑罚观的变化

刑事古典学派的罪刑均衡，是以刑罚一般化为前提的。尽管报应刑论与预防

---

[1] 参见[意]菲利：《实证派犯罪学》，24页，北京，中国政法大学出版社，1987。
[2] [苏]特拉伊宁：《犯罪构成的一般学说》，22~23页，北京，中国人民大学出版社，1958。

刑论在对刑罚性质的认识上并非一致，但在刑罚一般化这一点上却完全相同。在报应刑论中，康德的等量报应主张报应之刑与已然之罪的绝对等同，最终导致其刑罚理论向古代同态复仇的形式的回归。在康德的报应观念中，之所以对罪行之间外在形式上的等同性不懈追求，主要就是基于他以一般化为意蕴的绝对公平的原则。黑格尔的等价报应摈弃了康德的同态报应的思想，主张报应之刑与已然之罪的相对等同，这是一种价值上的等同，而非外在性状上的等同。同样，黑格尔的报应观念也体现了对刑罚一般化的追求。总之，无论是康德还是黑格尔，在他们的报应主义刑法理论中，都具有刑罚一般化的内涵，而这种一般化正是罪刑均衡的价值标准。在预防刑论中，贝卡里亚和费尔巴哈都主张刑罚不应该是对已然之罪的报应，而是为了预防犯罪的发生。因此，罪刑的均衡性表现在制止犯罪发生的必要刑罚与犯罪发生的可能性的相对称上。而犯罪发生的可能性，又是以已然之罪的社会危害性为标志的。贝卡里亚由此得出结论：犯罪对公共利益的危害越大，促使人们犯罪的力量越强，制止人们犯罪的手段就应该越强有力，这就需要刑罚与犯罪相对称。[①] 因而，在贝卡里亚看来，刑罚一般化是罪刑均衡的应有之义。

刑事实证学派从根本上改变了对刑罚的看法，完成了从刑罚一般化到刑罚个别化的历史性转变。刑罚个别化强调的是刑罚与犯罪人的人身危险性相适应，而这种人身危险性是通过犯罪人的各种人格因素表现出来的，因而具有个别性的特征。由于刑事实证学派倡导刑罚个别化而否定刑罚一般化，所以刑事古典学派所确立的罪刑均衡原则受到了严峻的挑战。

二

从刑事古典学派到刑事实证学派，关于罪刑均衡的认识发生了重大的变化。那么，刑事实证学派是否从根本上否认了罪刑均衡原则呢？我认为，刑事实证学

[①] 参见［意］贝卡里亚：《论犯罪与刑罚》，65页，北京，中国大百科全书出版社，1993。

派只是摒弃了刑事古典学派所主张的罪刑均衡原则。确切地说,其摒弃了报应刑论关于刑罚与已然之罪相均衡和预防刑论关于刑罚与初犯可能相均衡的内容,而主张刑罚与再犯可能相适应的罪刑均衡。概言之,刑事实证学派转换了罪刑均衡的标准,这是刑法的价值观念变换的必然结果。

刑事古典学派确立的罪刑均衡是一种客观标准,即刑罚与犯罪的客观因素(行为及其结果)相适应,这种客观标准强调的是行为的危险而非行为人的危险。在刑法理论上,行为危险与行为人危险是两种性质完全不同的危险。行为危险是一种客观危险,指其危险在于行为;而行为人危险是一种主观危险,指其危险在于行为人。确切地说,行为危险指实施之行为有发生结果之可能性,而行为人危险乃指行为人有实施犯罪行为或反复为犯罪行为实施之可能性。根据刑事古典学派的观念,犯罪是行为人意志自由选择的结果,因而应对其行为所造成的危险结果承担道义责任。人的意志自由是相同的,所以责任的确立只能根据行为对社会造成的危害结果,这就是行为危险,也是客观危险,由于这种危险是可以通过对行为加以客观分析而确定的,这就为罪刑均衡提供了客观标准。而刑事实证学派则否认人的意志自由,主张行为决定论,认为犯罪是由各种生理、心理和社会的因素造成的。之所以处罚犯罪人,是出于社会防卫的需要。而行为只是犯人状态的表征,应当受到处罚的不是行为本身而是行为人之状态。行为人之状态表现为人身危险性,这是一种主观危险,刑罚应当同犯罪人的人身危险相适应。由于人身危险性主要是指通过犯罪人的各种人身特征表现于外的再犯可能性,而这种再犯可能性不像行为危险那样可以直观地把握,具有根据犯罪的客观情形加以推断的意蕴,所以是罪刑均衡的主观标准。从刑事古典学派的客观标准到刑事实证学派的主观标准,它蕴含着刑法价值观的重大变化。客观标准强调罪刑均衡的客观性,有利于限制法官的权力,保障被告人的合法权益不受非法侵害,因而体现了个人本位的价值观念。而主观标准虽然没有完全否定客观行为在定罪量刑中的意义,但更为注重犯罪人的人身危险性,赋予法官更大的自由裁量权,以有效地保护社会不受犯罪侵害,因而体现了社会本位的价值观念。

三

刑事古典学派的罪刑均衡与刑事实证学派的罪刑均衡在内容上各有不同,由此产生了罪刑均衡的理论重构问题。

在我国刑法学界,如何正确认识与评价罪刑均衡是一个存在重大分歧的问题。由于将罪刑均衡理解为刑事古典学派所主张的行为中心论为基础的罪刑相适应论,因而我国刑法学界有人明确提出否定罪刑均衡,认为要实现中国刑法现代化,就必须进行刑法观念的更新,必须抛弃罪刑相适应的观念和原则,实行刑法"行为中心论"向"犯罪人中心论"的转轨,向刑罚个别化发展。[①] 显然,这种观点看到了刑事古典学派的罪刑均衡与刑事实证学派的刑罚个别化之间的对立性,但没有看到刑事实证学派的刑罚个别化实际上也是具有罪刑均衡的意蕴,只不过它所主张的均衡标准——人身危险性不同于刑事古典学派的均衡标准——社会危害性,更没有看到这两种均衡不仅具有对立性,而且具有内在统一性。我国刑法学界有人对此作了正确的论述,指出:罪刑相适应原则并非不顾罪犯人身危险性情况,相反,它们不仅要求考虑犯罪行为的客观社会危害性,而且要求考虑罪犯的人格特征的人身的主观危险性的大小。因此,罪刑相适应与刑罚个别化并不矛盾,不存在罪刑相适应向刑罚个别化发展转变的问题。如前所述,罪刑相适应已经考虑了每个案件的社会危害、情节、性质和罪犯的主观人身危险的大小,行为人罪过形式、目的、动机等情况,它本身已包含了刑罚个别化,它是在个别化基础上的罪刑相适应。而且,刑罚个别化也不是毫无边际的个别化,而是要遵从罪刑相适应的一般原则和基本指导,是相对的刑罚个别化,刑罚个别化也正是为了做到真正的罪刑相适应。[②] 毫无疑问,这一论述是可取的,在一定程度上厘清了罪刑相适应与刑罚个别化的关系。当然,由于没有从刑事古典学派与刑事实

[①] 参见李华平:《罪刑相适应与中国刑法观念更新》,载《法学》,1990 (2)。
[②] 参见陈正云:《也谈罪刑相适应与中国刑法观念的更新——与李华平同志商榷》,载《法学》,1991 (8),11 页。

证学派的理论对立上论述两者的对立统一关系，因而还缺乏必要的理论深度。

我国刑法学界还有学者将罪刑相适应与刑罚个别化并列为刑法原则，个别学者认为刑罚个别化是罪刑相适应的必要补充。例如，我国的刑罚个别化原则并不排斥罪刑相适应原则的存在，它们二者都是指导我国人民法院适用刑罚活动的基本原则，因此，在我国，犯罪的社会危害性大小与犯罪人的人身危险性的大小都是决定刑罚轻重的重要因素。并且，还有学者认为将罪刑相适应与刑罚个别化并列为适用刑罚的两项原则，并不意味着二者对人民法院适用刑罚活动的指导作用是等量齐观的，实际上，人民法院在适用刑罚时，首先考虑的应是刑罚的轻重与犯罪的社会危害性相适应，罪行的轻重是刑罚轻重的决定性因素，然后才考虑刑罚的轻重与犯罪人的人身危险性相适应的问题。这种观点，将罪刑相适应与刑罚个别化分而论之，并列为刑法原则，较之那种以罪刑相适应否定刑罚个别化或者以刑罚个别化否定罪刑相适应的观点，显然更为科学。当然，这种观点也有可商榷之处。刑罚个别化的实质在于，要求对犯罪人处以与其人身危险性大小相当的刑罚。因此，在刑罚个别化中仍然体现着罪刑的均衡性，只不过这种均衡性不同于刑事古典学派所主张的罪刑均衡而已。因此，我认为，罪刑相适应与刑罚个别化相并列，只是两者的外在统一，还没有达到内在统一。只有在罪刑相均衡这一理论框架下，将社会危害性与人身危险性，从而也就是将刑罚一般化与刑罚个别化统一起来，才能将罪刑均衡建立在更为可靠的逻辑基础上，达到理论上的圆满与贯通。

正是看到了刑事古典学派的罪刑相适应与刑事实证学派的刑罚个别化之间存在对立性，我国刑法学界力图消融这种对立性的一种理论努力是引入刑事责任这一范畴，这种努力得到了我国刑法学界的广泛回应。一时之间，刑事责任成为我国刑法理论中的一个热点问题。由于刑事责任理论涉及面十分广泛，观点颇为纷杂乃至尖锐对立，本文无意全面评价刑事责任问题，只是从罪刑均衡的角度略加分析。

在大陆法系刑法理论中，刑事责任的本质被看作是一种非难可能性（vorwerfbarkeit）。根据对非难对象的不同理解，在刑法理论上又分为以下几种责任

理论：(1) 意思责任 (willensschuld)，认为非难之对象是犯意。(2) 行为责任 (tatschuld)，认为非难之对象是行为。(3) 人格责任 (charakterschuld)，认为行为人之人格形成过程，乃其陷于犯罪之主要原因，对于此种危险之人格应予以非难，因而非难之对象是行为人之人格。(4) 生活决定责任 (lebensgestaleungsschuld)，认为非难之对象是行为人行为之生活。① 尽管在理论上对刑事责任的本质存在不同的理解，但在刑法理论体系中，一般都把刑事责任确立为有责性，视为犯罪成立的一个要件。按照"违法是客观的，责任是主观的"这样一种说法，有责性属于犯罪成立的主观要件。因此，责任问题在犯罪论中具有举足轻重的地位。责任不仅是犯罪成立的关键，也是刑罚适用的前提，从刑事责任中引申出来的责任原则 (schuldprinzip)，其内容包括：(1) 无责任则无刑罚，即科刑应受责任之限制，倘非先确定责任存在，不能科以刑罚，因而无责任则无刑罚 (mnlla poena sine culpa)。(2) 刑罚不能逾越责任之程度，责任不仅为科刑之前提更应成为科刑之标准，亦即责任轻则刑轻，责任重则刑重，刑罚之高低应以责任之高低为其范围，不可超越这一范围而科处刑罚。(3) 量刑考虑行为人之责任。② 由此可见，刑事责任问题在大陆法系刑法理论中虽然属于犯罪论问题，但也与刑罚有关。但从根本上来说，其仍然是犯罪论的问题。之所以被人理解为在犯罪与刑罚之间而发生其作用，主要是因为传统犯罪论只解决罪之有无问题，而将罪之大小问题视为刑罚论所要解决的量刑问题。责任问题，既存在责任有无问题，又存在责任大小问题。责任有无即责任性问题，被看作是犯罪论中的定罪问题，而责任大小则被看作是刑罚论中的量刑问题。因此，刑事责任理论既与犯罪论有关，又与刑罚论有关。尽管如此，在大陆法系刑法理论中，刑法理论体系仍然是罪刑的逻辑结构。

在我国刑法学界，刑事责任被认为是依照刑事法律的规定，针对犯罪行为及其他影响犯罪社会危害性程度的案件事实，犯罪人应当承担且国家司法机关也强

---

① 参见蔡墩铭：《刑法基本理论研究》，132 页，台北，汉林出版社，1970。
② 参见蔡墩铭：《刑法基本理论研究》，123～124 页，台北，汉林出版社，1970。

制犯罪人接受的刑法上的否定评价（即刑事责难），它是犯罪人应当承担且国家司法机关也应当强制犯罪人接受的刑法制裁（主要是刑罚处罚）的标准。[①] 由于刑事责任概念的引入，对于传统刑法的罪—刑逻辑结构予以否定，从而提出了以下三种新结构。

（1）罪—责—刑结构。这种观点认为，刑事责任是介于犯罪和刑罚之间的桥梁和纽带，它对犯罪和刑罚的关系起着调节的作用。一个人实施刑法所规定的犯罪，只是这个人负刑事责任的基础；而只有当一个人对犯罪行为应当负刑事责任的时候，才能对他判处刑罚。受刑罚处罚的人，没有不负刑事责任的。可见，刑事责任既是犯罪的后果，又是刑罚的先导。罪—责—刑的逻辑结构，乃是整个刑法内容的缩影。认定犯罪—确定责任—决定刑罚，完整地反映了办理刑事案件的步骤和过程。[②] 这种刑法逻辑结构，改变了罪—刑的直接对应关系，引入刑事责任作为中介，主要根据在于：随着刑罚个别化的强调，人身危险性在量刑中的地位与作用得以确认，但人身危险性又不被认为是犯罪的内容，由此出现罪—刑之间失衡，即同罪不一定同刑，刑罚轻重还取决于刑事责任的大小。所以，不应是罪刑相适应，而是责刑相适应。

（2）罪—责结构。这种观点认为，在确定刑法学总论体系时，必须把握罪是刑事责任的前提，刑事责任是犯罪的法律后果这一基本原理，同时应认识到刑罚、非刑罚处罚方法等是刑事责任的实现方式，属于刑事责任理论的内容。这样，犯罪论与刑事责任论在刑法学体系中就属于同等重要的地位，形成犯罪论—刑事责任论的体系。[③] 在这一刑法逻辑结构中，刑事责任取代了刑罚论，主要根据在于：刑罚只是刑事责任的基本实现方式，而不是刑事责任的唯一实现方式，刑事责任还有其他实现方式，例如非刑罚方式。在这种情况下，罪—刑之间不存在直接的对应关系，而应由刑事责任取而代之，因为刑罚与非刑罚方法都是刑事责任的下位概念，只有确立罪—责的结构，才能澄清犯罪与刑事责任的关系。这

---

① 参见赵秉志、吴振兴主编：《刑法学通论》，314页，北京，高等教育出版社，1993。
② 参见高铭暄主编：《刑法学原理》（第1卷），418页，北京，中国人民大学出版社，1993。
③ 参见张明楷：《刑事责任论》，155页，北京，中国政法大学出版社，1993。

样一来，就不再是犯罪与刑罚相适应，而应当是刑事责任与犯罪相适应。刑罚与刑事责任相适应，是刑事责任论的内容，不是刑法的基本原则，可以说是刑事责任的原则。而刑事责任与犯罪相适应，则是为刑法所特有的、贯穿刑法全部的一个基本原则。因此，刑法基本原则之一的罪刑相适应原则，随着刑事责任理论的形成与发展，应改变为刑事责任与犯罪相适应的原则，即罪责相适应。

（3）责—罪—刑结构。这种观点认为，刑事责任作为统治阶级犯罪观和刑罚观的反映。它是由统治阶级设立的，是实施了危害社会的行为并触犯了刑法规范的行为人所应承担的刑事法律负担，这种法律负担通过代表国家的司法机关依法追究并最终对其作出否定性评价而实现。而这种否定性评价又首先体现在对该行为性质的确认上（即定罪），其次才体现在对该行为程度的裁量（即量刑）上。所以从根本上说，刑事责任并不是"联结犯罪与刑罚的中介器，而是包括犯罪与刑罚在内并以之为其核心内容的一个刑法的全局性概念"。因此，应当建立责—罪—刑的刑法逻辑结构。[①] 我国学者张智辉指出：刑事责任论，虽然在理论体系上可以与犯罪论、刑罚论和罪刑各论相并列，但是在价值功能上，它具有基础理论的意义。刑事责任理论所揭示的刑法的基本原理，它的具体内容应当由犯罪论、刑罚论和罪刑各论来丰富。因此在体系上不能把刑事责任论作为犯罪之后果和刑罚之先导而插入犯罪论和刑罚论之间，而应当作为刑法学的基础理论置于犯罪论之前，并作为刑法的基本原理来把握。[②] 显然，这种观点与前两种观点存在较大区别，它基本上没有破坏传统刑法的罪—刑逻辑结构，只是把刑事责任作为法学范畴体系的最上位概念，由此建立刑法理论体系。

在以上三种观点中，我赞同第三种观点，对于以刑事责任为基石范畴建立刑法理论体系的努力表示赞许，这是刑法理论体系深入发展的一个标志，但对于前两种观点，即以刑事责任介入罪刑之间或者取代刑罚的观点不敢苟同。将刑事责任作为改变犯罪与刑罚的直接对比关系，实际上是出于一种理论上的变通的需

---

① 参见梁华仁、刘仁文：《刑事责任新论——对罪·责·刑逻辑结构的反思》，载《刑法运作问题探讨》，22页，北京，法律出版社，1992。

② 参见张智辉：《刑事责任通论》，15页，北京，警官教育出版社，1995。

要。因为根据刑事古典学派的观点,犯罪只是已然之罪,刑罚或者是对已然之罪的报应(报应主义),或者是借助于对已然之罪的惩罚预防其他人犯罪(一般预防主义)。而根据刑事实证学派的观点,刑罚应当具有对犯罪人进行矫正的功能,是为防止犯罪人本人再犯(个别预防主义)。随着两派的渗透和融合,当今的刑法学理论汲取两派之所长,建立新的理论体系,但在建立这种理论体系的时候,把犯罪限定为已然之罪,而刑罚又不能全以已然之罪为转移,须照顾到预防犯罪的目的。因此,又应当考虑人身危险性的因素。那么,人身危险性到底属于犯罪的范畴还是属于刑罚的范畴?囿于刑事古典学派对犯罪的界定,显然它难以被归入犯罪的范畴,而它又不能被视为刑罚的内容。为此,只能引入刑事责任这个范畴容纳人身危险性的内容,从而改变在犯罪论中讲社会危害性(已然之罪),在刑罚论中讲人身危险性(未然之罪)这样一个互相割裂的理论格局。我认为,这个问题的解决,不在于引入刑事责任的概念,而在于重新对犯罪与刑罚加以科学地界定。

在我看来,犯罪本质是社会危害性与人身危险性的统一,这就是犯罪本质之二元论。关于人身危险性,我主张是初犯可能与再犯可能的统一。对于人身危险性包括再犯可能,一般没有异议,但人身危险性能否包括初犯可能,则在刑法理论上存在不同观点。例如我国刑法学界有人认为,若把初犯可能放在犯罪者的人身危险性之中,那么,犯罪者以外的其他的人身危险性是大不一样的,这些人没有现实的已然犯罪事实,对他们的考察缺乏客观的事实根据,只能凭着司法人员的主观想象而定,何况初犯可能性既包括现实的可能性,也包括非现实的可能性,而刑法上的人身危险性仅指现实的可能性。如若把这种非现实的可能性也包括在人身危险之中,自然是不能令人信服的。[①] 应该说,将初犯可能包含在人身危险性中确实有些勉强,但在量刑中,作为初犯可能表征的治安形势、民愤、犯罪率等都是应当考虑的因素,这些因素显然不属于已然之罪的社会危害性的内容。因为初犯可能性与再犯可能性一样,都是以一定形式表现出来的一种犯罪的

---

① 参见章惠萍:《量刑失衡及其抑制》,载《刑罚专论》,205页,成都,四川大学出版社,1995。

现实可能性,所以只能将之归入人身危险性,它与再犯可能相对应,构成人身危险性的两个方面的内容,并以此与构成社会危害性的主观恶性与客观危害相对应,共同组成二元论的犯罪概念。与这种犯罪本质二元论相对应的是刑罚目的二元论。刑罚目的是报应与预防的统一,报应是针对已然之罪而言的,预防是针对未然之罪而言。犯罪的二元本质与刑罚的二元目的的有机统一,就是罪刑关系二元论。因此,在罪刑关系二元论的理论建构中,罪刑之间的均衡关系得以重新确立。

(本文原载《政治与法律》,1996(4))

罪刑均衡的价值蕴含

罪刑均衡的基本含义体现在"罪当其罚、罚当其罪"这一古老的法律公式里,追求罪刑之间的价值(质与量)上的对称关系。但这种对称关系的内涵又不是这样一个简单的法律公式所能包容的,它折射出深广而雄厚的社会历史价值。本文拟对罪刑均衡的价值蕴含加以揭示,以期我国刑法理论的进一步深入。

一

人类具有一种天生的追求对等性(recigocity)的本能,而这恰恰是公正的最原始最朴素的表现形式。在这个意义上,公正的对等性首先表现为"等价交换原则",即某人以某种方式对待他人,所以他人也以这种方式对他,或者某人以某种东西与他人交换与之等值的东西。[①] 原始社会的同态复仇就是这种对等性的一个典型,因而也反映了原始人的粗俗的公正观念。可以说,同态复仇不是原始社会对于侵害行为的最初反映形式,它已经是原始人进化到一个较为文明的阶段的

---

① 参见赵汀阳:《论可能生活》,140 页,北京,生活·读书·新知三联书店,1994。

产物。犯罪行为，越是往前溯源，越具有暴力的性质。

在野蛮时代，它表现为一种出自本能的攻击性。在当时的生存条件下，攻击成为一种手段，以控制珍贵的生活必需品、食物或栖息场所，或者控制在其生命周期的某一时刻会变得珍贵的上述资源，因而是一种生存手段。[①] 随着人类的进化，生存不再以个人本能为手段，原始社会以血缘为纽带的组织形式被取而代之，建立了一种以习俗为主要内容的社会秩序，因而攻击本能受到抑制。当攻击行为侵害他人时，由于社会还不能提供足够的保障，血亲复仇就成为原始的反应形式。黑格尔指出：在无法官和无法律的社会状态中，刑罚经常具有复仇的形式，但由于它是主观意志的行为，从而与内容不相符合，所以始终是有缺点的。被害人看不到不法所具有的质和量的界限，而只把它看作一般的不法，因之复仇难免过分，重又导致新的不法。在未开化民族，复仇永不止息。例如在阿拉伯人之间，只有采用更强大的暴力，或者实行复仇已不可能，才能把复仇压制下去。[②]

为了防止这种过分的复仇以及由此而引起的世仇，以限制复仇为目的的同态复仇就应运而生。例如，在伊斯兰教的习惯法之下，实行的是以报私仇为基本观念的私人司法制度。损失一个部落成员要以犯罪者所在部落的相应损失作为报仇手段，而部落则要为它的成员的行为集体承担责任。除非受的损失得到满意的报仇，被害者的灵魂是不会安息的。因为一个部落往往夸大其成员的价值，损失一条人命常常要求以两条或三条人命作抵偿。在这种情况下，《古兰经》"以命偿命、以眼偿眼"的格言，规定了正当报复的标准。因此，《古兰经》的法律格言从根本上改变了杀人的法律后果。从此以后，需要为被害者偿命的，只是一条人命，即凶手本人的命；而这种区别的标志，则是专用语的改变——血亲复仇（塔尔）被正当报复（吉沙斯）所代替了。[③] 显然，相对于无节制的血亲复仇而言，同态复仇是对待侵害行为更为文明的形式。在同态复仇中，侵害行为与复仇行为之间具有对等性，从这种对等性中折射出原始社会朴素的公正观念。在古代刑法

---

① 参见［美］威尔逊：《论人的天性》，98页，贵阳，贵州人民出版社，1987。
② 参见［德］黑格尔：《法哲学原理》，107页，北京，商务印书馆，1961。
③ 参见［英］诺·库尔森：《伊斯兰教法律史》，9页，北京，中国社会科学出版社，1986。

中，这种同态复仇的习俗残存下来，并被法律所认可。例如《汉穆拉比法典》（约前1792—前1750）第196条规定："倘自由民毁损任何自由民之子之眼，则应毁其眼。"第197条规定："倘折断自由民（之子）之骨，则应折其骨。"《十二铜表法》（前451—前405）第8表第2条规定："如果故意伤人肢体，而又未与（受害人）和解者，则他本人亦应遭受同样的伤害。"这些规定都追求罪与刑之间的形式上的对等性，是罪刑均衡的原始形态。

同态复仇由于形式上的对等性的要求，必然受到一定的限制。只有在对人身的暴力侵害中，才有可能实行"以眼还眼、以牙还牙"。而在其他侵害行为中，由于不存在对等物，因而无法贯彻同态复仇的原则。在这种情况下，对侵害行为的反应形式趋于多样化。尤其是私有财产的出现，经过和解交付一定数量的财物，这种赔偿制度逐步流行，成为同态复仇的补充并逐渐取而代之。美国学者摩尔根曾经描述了易洛魁人的情形："在易洛魁人以及其他一般的印第安部落当中，为一个被杀害的亲属报仇是一项公认的义务。但是，在采取非常手段以前，杀人者和被杀者双方的氏族有责任使这种罪行设法得到调解。双方氏族的成员分别举行会议，为对杀人犯的行为从宽处理而提出一些条件。通常采取的方式是赔偿相当价值的礼物并道歉。如果罪行有辩护的理由或具备减轻罪行的条件，调解一般可达成协议；但如果被杀者氏族中的亲属不肯和解，则由本氏族从成员中指派一个或多个报仇者，他们负责追踪该杀人犯，直到发现了他并就地将他杀死才算了结。倘若他们完成了这一报仇行为，被报仇一方的氏族中任何成员不得有任何理由为此愤愤不平。杀人者现已偿命，公正的要求乃得到满足。"[①] 显然，以相当价值的财物作为赔偿与同态复仇一样，也是一种公正的处理。由于财物与生命（或者身体）具有形式上的不对等性，就需要寻求两者价值上的对等性，以满足公正的要求。而这种价值上的对等性往往是由当时社会的经济状况和公认习俗所决定的，并通行于一定的社会。例如美国学者霍贝尔指出：在确定赔偿金的分配中，中间人（指调解人——引者注）受牢固建立起来的价值原则的制约。每一种

---

① ［美］摩尔根：《古代社会》（上册），75页，北京，商务印书馆，1977。

东西相异于它的固有价值,这是由在预先的经验交易中所支付于它的那些因素决定的……对人的伤害是根据侵害程度和加害者的抚恤金的价值来衡量的。① 在我国少数民族地区,也在相当长的时期内通行这种赔偿制度。例如,藏族确立了赔命价,打死人以后,被害者一方要出兵报复,杀人的一方则给对方送 100 元左右藏币的牲畜做挡兵款,表示低头认罪,愿意谈判解决。命价因地区、死者的身份而有差异,一般为 500 元至 1 000 元藏币。② 因而,在这种同态复仇或者赔偿制度的情况下,具有一种"等价交换"的公正性。

在这种等价交换的公正性基础上形成的是报应观念。在汉语中,报,是指回报。例如《诗经》云:"投之以李、报之以桃。"李和桃虽然没有外在的同一性,但具有价值上的对等性。应,指反应,即对外部刺激的一种相应的反响。在佛教中,报应指种善因得善果,种恶因得恶果。约定俗成,报应更确切的是指恶恶相报。因此,报应往往是指两个事物之间具有因果关系:前者为因,后者为果,在因与果之间具有价值上的等同性。在英文中,报应一词为"Retribution",指对所受的损害之回复、回报或补偿,以满足受害者自然产生的报复或报仇的本能要求。③ 日本学者认为,报应原则就是根据以恶报恶的法则,为复仇的正义限度奠定理论的基础。这在原始未开化的社会规范中,曾经是正义观念的原始表现,成为报应原则的最露骨的形态,它具有在谋求加害与复仇之间取得均衡,使其满足于报复的正义感而结束私斗的意义,并从此不允许加害人进行再复仇。④ 这种以恶报恶的正义观念,是古代刑法思想的集中表现,称为报应刑论(德文:Theorie der Vergeltungsstrafe)。

报应刑论是从人的复仇本能中发展起来的,是一种以反动来对付反动的本能主义,但应对同一物报之以同一物而言,又体现了平均的正义观念。这种报应的思想,为确定罪刑之间的均衡性提供了一定的标准。当然,在具体标准的确定

---

① 参见[美]霍贝尔:《原始人的法》,46 页,贵阳,贵州人民出版社,1992。
② 参见高其才:《中国习惯法论》,359 页,长沙,湖南人民出版社,1995。
③ 参见《牛津法律大辞典》,772 页,北京,光明日报出版社,1989。
④ 参见[日]我妻荣主编:《新法律学辞典》,636 页,北京,中国政法大学出版社,1991。

上，又有事实说与价值说之分。

事实说为康德所主张，又称等量说，注重刑罚与犯罪之间外在形态（事实）上的同一性。康德把刑罚看作是一种报复的权利，这种权利的行使应当具有公正性，这种公正性就是尽可能地追求犯罪与刑罚之间外在形态上的同一性。康德指出：公共的正义可以作为它的原则和标准的惩罚方式与尺度是什么？这只能是平等的权利。根据这个原则，在公正的天平上，指针就不会偏向一边，换句话说，任何一个人对别人所作的恶行，可以看作是他对自己作恶。因此，也可以这样说："如果你诽谤别人，你就是诽谤了自己；如果你偷了别人的东西，你就是偷了你自己的东西；如果你打了别人，你就是打了你自己；如果你杀了别人，你就是杀了你自己。"这就是报复的权利。它是支配公共法庭的唯一原则，根据此原则可以明确地决定在质和量两方面都公正的刑罚。[①] 由此可见，康德主张在确定刑罚的质和量的时候，应当尽可能地与犯罪的质和量相适应，只有这样才能实现刑法的正义。黑格尔虽然也主张报应刑论，但却不同意康德的这种观点，认为根据等量报应的观点，很容易得出刑罚上同态复仇的荒诞不经的结论，例如以眼还眼、以牙还牙，同样我们可以设想行为人是个一目失明之人或者全口牙齿都已脱落的人等情况。[②] 实际上，尽管康德追求犯罪与刑罚之间外在形态上的同一性，但却并非主张它们的绝对同一，它和同态复仇不可同日而语，毋宁把它视为一种伦理正义的理论表述。当然，在谋杀犯必须被处以死刑这一点上，康德坚持同态复仇。其理由在于：谋杀人者必须被处死，在这种情况下，没有什么法律和替换或代替物能够用它们的增或减来满足正义的原则。没有类似生命的东西，也不能在生命之间进行比较，不管如何痛苦，只有死。因此，在谋杀罪与谋杀的报复之间没有平等问题，只有依法对犯人执行死刑。

价值说为黑格尔所主张，又称等价说，注重刑罚与犯罪之间内在性质（价值）上的同一性。黑格尔认为，报复（指报应——引者注）只是指犯罪所采取的

---

① 参见［德］康德：《法的形而上学原理——权利的科学》，165、166页，北京，商务印书馆，1991。

② 参见［德］黑格尔：《法哲学原理》，106页，北京，商务印书馆，1961。

形态回头来反对它自己。黑格尔指出，就刑罚的本性来说，它是一种报应。但作为刑罚的报应与作为报应的刑罚是有所不同的：作为刑罚的报应是原始社会的复仇，这种报应从内容上说它是正义的，但从形式上说，复仇是主观意志的行为，主观意志在每一次侵害中都可体现它的无限性，所以它是否合乎正义，一般说来，事属偶然，而且对他人来说，也不过是一种特殊意志。复仇由于它是特殊意志的肯定行为，所以是一种新的侵害。作为这种矛盾，它陷于无限进程，世代相传以至无穷。而作为报应的刑罚，它体现的是刑罚的正义，这种报应就是具有不同现象和互不相同的外在实存的两个规定之间的内在联系和同一性。但这种同一性不是侵害行为特种性状的等同，而是侵害行为自在地存在的性状的等同，即价值的等同。等同这一规定，给报应的观念带来一个重大难题；刑罚在质和量的性状方面的规定是合乎正义的这一问题，诚然比起事物本身实体性的东西来是发生在后。报应观念给予刑罚的这个规定正是上述犯罪和刑罚的必然联系，即犯罪，作为自在的虚无的意志，当然包含着自我否定在其自身中，而这种否定就表现为刑罚。正是这一种内在同一性在外界的反映，对理智说来显得是等同的。黑格尔认为，寻求犯罪与刑罚之间的种的等同性是不可能的。因为犯罪的基本规定在于行为的无限性，所以单纯外在的种的性状消失得更为明显，而等同性则依然是唯一的根本规则，以调整本质的东西，即罪犯应该受到什么刑罚，但并不规定这种刑罚外在的种的形态。单从这种外在的种的形态看来，盗窃和强盗、罚金和徒刑等之间存在显著的不等同，可是从它们的价值即侵害这种它们普遍的性质看来，彼此之间是可以比较的。寻求刑罚和犯罪接近于这种价值上的等同，是属于理智范围内的事。[①]黑格尔这种关于犯罪与刑罚之间内在联系以及两者可按价值进行比较的思想，确实为寻求罪刑之间的均衡性奠定了基础。

报应刑论追求的是刑罚的公正性，这种公正性就是通过犯罪与刑罚的价值上的等同性表现出来的。因此，罪刑均衡的基本价值蕴含就在于公正。

---

① 参见［德］黑格尔：《法哲学原理》，107页，北京，商务印书馆，1961。

二

罪刑均衡作为刑法基本原则的确立，来自贝卡里亚的罪刑阶梯的天才设计。贝卡里亚认为，刑罚的目的在于制止犯罪，只有罪刑均衡才能实现这一目的。因为，犯罪对公共利益的危害越大，促使人们犯罪的力量越强，制止人们犯罪的手段应该越强有力。这就需要刑罚与犯罪相对称。[①] 如果说，报应主义是立足于公正而主张罪刑均衡的，那么，贝卡里亚、边沁的预防主义就是着眼于功利而推崇罪刑的均衡的。

贝卡里亚虽然是一个理性主义者，但他对人性的认识，带有强烈的感性色彩，因而可以说是一种感性的理性主义，以区别于康德、黑格尔的先验的理性主义。贝卡里亚认为，人是受快乐和痛苦这两种动机支配的感知物，立法者为了实现社会正义，推动人们追求与从事最卓越的事业，向善避恶，就应当适当地安排奖赏和刑罚这两种动力。由此，贝卡里亚提出了一个分配公正的问题，指出：刑罚上的分配不当就会引起一种越普遍反而越被人忽略的矛盾，即刑罚的对象是它自己造成的犯罪。如果对两种不同程度地侵犯社会的犯罪处以同等的刑罚，那么人们就找不到更有力的手段去制止实施能带来较大好处的较大犯罪了。因此，对于犯罪应当根据其对社会的危害程度加以区分，并根据这种犯罪的危害程度分配轻重不等的刑罚，这不仅是制止犯罪的客观需要，也是道德情感的必然要求。

贝卡里亚关于罪刑阶梯的设计，集中表现在以下这段精辟的论述中：既然存在人们联合起来的必要性，存在作为私人利益相互斗争的必然产物的契约，人们就能找到一个由一系列越轨行为构成的阶梯，它的最高一级就是那些直接毁灭社会的行为，最低一级就是对于作为社会成员的个人所可能犯下的、最轻微的非正义的行为。在这两极之间，包括了所有侵害公共利益的，我们称之为犯罪的行为。这些行为都沿着这无形的阶梯，从高到低顺序排列。如果说，对于无穷无

[①] 参见［意］贝卡里亚：《论犯罪与刑罚》，65页，北京，中国大百科全书出版社，1993。

尽、暗淡模糊的人类行为组合可以应用几何学,那么也很需要有一个相应的、由最强到最弱的刑罚阶梯。有了这种精确的、普遍的犯罪与刑罚的阶梯,我们就有了一把衡量自由和暴政程度的潜在的共同标尺,它显示着各个国家的人道程度和败坏程度。然而,对于明智的立法者来说,只要标出这一尺度的基本点,不打乱其次序,不使最高一级的犯罪受到最低一级的刑罚,就足够了。① 根据这一构想,贝卡里亚把犯罪分成以下三类:第一类是直接地毁伤社会或社会的代表的犯罪,这就是叛逆罪,这种犯罪的危害性较大,因而是最严重的犯罪。第二类是侵犯私人安全的犯罪,其中一部分是侵犯人身,一部分是损害名誉,另一部分是侵犯财物。第三类是扰乱公共秩序和公民安宁的犯罪行为。这既是一种犯罪的分类,也是一个犯罪的阶梯,凡是没有列入这一阶梯的行为,都不得被认为是犯罪,这就为犯罪圈定了一个明确的范围。与此相适应,贝卡里亚还设定了刑罚阶梯。在刑罚阶梯的建构中,主要包含了以下三个原则。

(一)刑罚与犯罪在性质上的相似性

贝卡里亚指出:刑罚应尽量符合犯罪的本性,这条原则惊人地进一步密切了犯罪与刑罚之间的重要连接,这种相似性特别有利于人们把犯罪动机同刑罚的报应进行对比,当诱人侵犯法律的观念竭力追逐某一目标时,这种相似性能改变人的心灵,并把它引向相反的目标。② 罪刑在性质上的这种相似性,与康德的报应刑论有一定的共同之处。但康德是从道义报应上确立罪刑之间外在形态上的等同性,而贝卡里亚则主要是基于预防犯罪的目的。因为与犯罪性质上相似的刑罚更能令人感受到罪刑之间的因果联系,从而改变人的心灵,使之不再犯罪。关于犯罪与刑罚有性质上的相似性,贝卡里亚举出了一个十分贴切的例子,对于侮辱行为,应当处以侮辱刑。③ 贝卡里亚指出:人身侮辱有损于人的名誉,也就是说,有损于一个公民有权从他人那里取得的那份正当的敬重,由于侮辱行为损害了他人的名誉,因而犯罪人应当被处以耻辱刑,以示自取其辱。

---

① 参见[意]贝卡里亚:《论犯罪与刑罚》,66页,北京,中国大百科全书出版社,1993。
② 参见[意]贝卡里亚:《论犯罪与刑罚》,57页,北京,中国大百科全书出版社,1993。
③ 参见[意]贝卡里亚:《论犯罪与刑罚》,75页,北京,中国大百科全书出版社,1993。

（二）刑罚与犯罪在程度上的相当性

贝卡里亚认为，刑罚与犯罪在程度上应当具有相当性，衡量这种相当性的标准是：一种正确的刑罚，它的强度只要足以阻止人们犯罪就够了。① 因此，较轻的犯罪，应以较轻的刑罚加以防止；较重的犯罪，则应以较重的刑罚加以阻止，从而形成犯罪与刑罚之间的实质上对应关系。例如，贝卡里亚分析了盗窃罪，认为应该根据盗窃罪的不同情节，规定与之相适应的刑罚。对于不牵涉暴力的盗窃，应处以财产刑。如果犯罪人没有财产，最恰当的刑罚是那种唯一可以说是正义的苦役，即在一定的时间内，使罪犯的劳作和人身受到公共社会的奴役，以其自身的完全被动来补偿他对社会公约任意的非正义的践踏。如果盗窃活动中加进了暴力，那么刑罚也应该是身体刑和劳役刑的结合。贝卡里亚认为，对暴力的盗窃和诡计的盗窃在刑罚上不加区别，荒谬地用一大笔钱来抵偿一个人的生命，会导致明显的混乱。因为这两种犯罪是具有本质区别的。② 应该说，贝卡里亚的这一论述是极其精辟的，体现了他将力学原理引入刑法，建立所谓政治力学的思想。在贝卡里亚看来，参差的数量之间存在分解它们的无限量，这条数学公理在政治上也是极为确切的。因此，在犯罪与刑罚之间，也应当确立这种数量关系。

（三）刑罚与犯罪在执行上的相称性

贝卡里亚指出，对那些罪行较轻的罪犯科处的刑罚通常是：或者将其关进黑暗的牢房，或者发配到遥远的地方，为一些他未曾侵害过的国家充当鉴戒，去服几乎无益的苦役。如果人们并不孤注一掷地去犯严重罪行，那么，公开惩罚重大犯罪的刑罚，将被大部分人看作是与己无关的和不可能对自己发生的。相反，公开惩罚那些容易打动人心的较轻犯罪的刑罚，则具有这样一种作用：它在阻止人们进行较轻犯罪的同时，更使他们不可能去进行重大的犯罪。所以，刑罚不但应该从强度上与犯罪相对称，也应从实施刑罚的方式上与犯罪相对称。③ 贝卡里亚这里所说的是行刑方式，它虽然只是刑罚执行问题，但行刑方式本身与刑罚的内

---

① 参见［意］贝卡里亚：《论犯罪与刑罚》，47 页，北京，中国大百科全书出版社，1993。
② 参见［意］贝卡里亚：《论犯罪与刑罚》，78 页，北京，中国大百科全书出版社，1993。
③ 参见［意］贝卡里亚：《论犯罪与刑罚》，57～58 页，北京，中国大百科全书出版社，1993。

在性质具有密切的联系。因此，在刑罚阶梯的设计中，行刑方式也是贝卡里亚考虑的因素之一。

从功利意蕴上揭示罪刑均衡的价值内容的，除贝卡里亚以外，还有边沁。边沁指出：孟德斯鸠意识到了罪刑相称的必要性，贝卡里亚则强调它的重要性。然而，他们仅仅做了推荐，并未进行解释；他们未告诉我们相称性由什么构成。边沁从功利主义出发，提出了计算罪刑均衡的主要规则。① 这些规则如下。

第一个规则：刑罚之苦必须超过犯罪之利。边沁认为，为预防一个犯罪，抑制动机的力量必须超过诱惑动机的力量。作为一个恐惧的刑罚必须超过作为诱惑物的罪行。

第二个规则：刑罚的确定性越小，其严厉性就应该越大。边沁认为，刑罚越确定，所需严厉性越小。基于同样理由，刑罚应该尽可能紧随罪行而发生，因为它对人心理的效果将伴随时间间隔而减弱。此外，间隔通过提供逃脱制裁的新机会而增加了刑罚的不确定性。

第三个规则：当两个罪行相联系时，严重之罪应适用严厉之刑，从而使罪犯有可能在较轻阶段停止犯罪。边沁认为，当一个人有能力和愿望犯两个罪行时，可以说它们是相联系的。一个强盗可能仅仅满足于抢劫，也可能从谋杀开始，以抢劫结束。对谋杀的处罚应该比对抢劫的更严厉，以便威慑其不犯更重之罪。

第四个规则：罪行越重，适用严厉之刑以减少其发生的理由就越充足。边沁认为，刑罚的痛苦性是获取不确定好处的确定代价。对小罪适用重刑恰恰是为防止小恶而大量支出。

第五个规则：不应该对所有罪犯的相同之罪适用相同之刑，必须对可能影响感情的某些情节给予考虑。边沁认为，相同的名义之刑不是相同的实在之刑。年龄、性别、等级、命运和许多其他情节，应该调整对相同之罪的刑罚。

---

① 参见［英］边沁：《立法理论——刑法典原理》，68页以下，北京，中国人民公安大学出版社，1993。

应该说，边沁对于罪刑对称的以上设计是十分精确并具有可操作性的。当然，边沁也敏锐地觉察到罪刑之间这种对称性是相对的。因而，边沁指出：罪刑相称不应该是这样数学化的相称，从而避免法律的过分细微、复杂和模糊。简洁与明确应该是更重要的价值。有时，为了赋予刑罚更引人注目的效果，为了更好地鼓励人们对预备犯罪之恶的憎恨，可能牺牲彻底的相称性。[①]

无论是贝卡里亚还是边沁，作为预防论者，他们所追求的是刑法的功利性。因此，罪刑均衡只不过是实现这种功利性——阻止犯罪发生——的手段而已。

三

在刑事古典学派中，报应刑论所主张的罪刑均衡与预防刑论所宣称的罪刑均衡在价值追求上有所不同：前者以实现公正为使命，后者以实现功利为目的。因此，在罪刑均衡的标准上有所不同：前者以已然之罪为标准确立与之相均衡的刑罚；后者则以未然之罪（主要指初犯可能）为标准确立与之相均衡的刑罚。如果无视两者在上述问题上的区别，将之混为一谈，在理论上是难以成立的。

当然，无论是报应刑论的罪刑均衡还是预防刑论的罪刑均衡，在均衡这一点上都是相通的，而这恰恰体现了犯罪对于刑罚的制约性。由于犯罪是个人的反社会行为，而刑罚是具有法定惩罚权的国家以社会名义对犯罪的反应，因而罪刑均衡就含有限制刑罚权的意蕴。就此而言，罪刑均衡与罪刑法定具有共同的价值内容。

报应刑论的罪刑均衡表现的是犯罪对刑罚的本能制约，它要求刑罚应当以犯罪为限度，追求犯罪与刑罚之间的内在等同性，表现出对于具有意志自由的犯罪主体的理性的尊重。例如黑格尔指出：侵犯了具体意义上的自由的定在，侵犯了作为法的法，这就是犯罪，也就是十足意义的否定的无限判断。但作为具体犯罪来说，又存在定在上的差别，无视这种差别显然不是科学的态度。因此，黑格尔指出：斯多葛派的见解只知有一种德行和一种罪恶，德拉科的立法规定对一切犯

[①] 参见［英］边沁：《立法理论——刑法典原理》，70页，北京，中国人民公安大学出版社，1993。

罪都处以死刑，野蛮的形式的荣誉法典把任何侵犯都看作对无限人格的损害——总之它们有一个共同点，即他们都停留在自由意志和人格的抽象思维上，而不在其具体而明确的定在中，来理解自由意志和人格。作为理念，它必须具有这种定在。① 黑格尔以极其隐晦的语言表达了这样一种思想：刑罚是由犯罪的定在所决定的，而各种犯罪的定在各不相同，因此刑罚也就存在差别，这种差别来自犯罪本身。在这个意义上，刑罚的概念和尺度存在于犯罪人的行为之中。因此，像德拉科的立法规定那样，对一切犯罪都处以死刑，显然是一种野蛮的法律。所以，报应刑本能地要求限制刑罚权，使刑罚与犯罪相均衡。

预防刑论的罪刑均衡表现的是犯罪对刑罚的能动制约。应当指出，基于预防犯罪的功利要求，并不能得出罪刑均衡的必然结果。例如中国春秋时期的法家，从功利主义出发，主张"以刑去刑"，其逻辑结果是反对罪刑相称而导致重刑主义。商鞅认为，要想"禁奸止过"，不能"重重而轻轻"，即罪刑相均衡。因为"行刑，重其重者，轻其轻者，轻者不止，则重者无从止矣"，所以"重重而轻轻，则刑至而事生，国削"。唯一有效的办法，就是加重轻罪的刑罚，理由在于："行刑，重其轻者，轻者不至，则重者无从至矣。"这样，就可以"以刑去刑，刑去事成"②。在这种"以刑去刑"的美好名义下，得出"虽重刑可也"的残酷结论。韩非同样主张"重刑止罪"，因为"所谓重刑者，奸之所利者细而上之所加焉者大也。民不以小利蒙大罪，故奸必止也"③。在犯罪和刑罚的关系上，法家只看效果不看动机。因为他们认为人都是好利恶害的，动机用不着考虑。要想制止犯罪不能靠教化，只能靠加重刑罚，特别是加重轻罪的刑罚，使人们感到利少害多就不敢也不愿犯罪。④ 因此，功利主义曾是严刑苛罚的理论基础，在预防犯罪的幌子之下，有过多少甚于犯罪的残暴以法律的名义施行。目的的正当，无论如何也不能证明手段的正当。贝卡里亚、边沁之所以能够从预防犯罪的功利要求

---

① 参见［德］黑格尔：《法哲学原理》，98、99页，北京，商务印书馆，1961。
② 《商君书》。
③ 《韩非子》。
④ 参见张国华：《中国法律思想史新编》，125页，北京，北京大学出版社，1991。

中得出罪刑均衡的结论，与其人道主义思想是有一定关联的。在贝卡里亚看来，严酷的刑罚即使有助于预防犯罪，也是不可取的，因为它违背了公正和社会契约的本质。[①] 因此，贝卡里亚主张通过罪刑均衡追求预防犯罪的功利目的；也唯有罪刑均衡，预防犯罪的功利目的才能实现。在这种情况下，就有必要以犯罪制约刑罚，保持两者之间的均衡。当然，预防刑论的制约不同于报应刑论。报应刑论是一种本能的，因而也是消极的制约；而预防刑论则是一种能动的，因而也是双向的制约。这种双向的制约表明，刑罚不是消极地被犯罪所决定的，它对于犯罪又有一种积极的阻止功能。在犯罪与刑罚的对立中求得罪刑均衡。

报应刑论与预防刑论所表现出来的犯罪对于刑罚的制约性，根源于刑事古典学派个人本位的价值观念。在报应刑中，犯罪对于刑罚的制约性体现的是人的自我决定性的理性价值。在康德那里，人是目的而不是单纯的手段，是一个绝对命令。要求一切人都被当作自在的目的显然在某种意义上是对国家刑罚权的限制，由此引申出来的自律原则，把每个理性的人的意志都设想为一种普遍的立法，因而承认刑罚是由犯罪人的行为所招致的这样一种报应关系。黑格尔则认为，犯罪行为是虚无的，犯罪者实施这种行为的意义当然不在于追求虚无，而是自觉地显现自己的人格的自由意志。那么，相应的刑罚的实施就是以承认他的这种人格的自由意志为前提，并以外在的形式满足了他的要求。马克思对此评价道："毫无疑问，这种说法有些地方好像是正确的，因为黑格尔不是把罪犯看成是单纯的客体，即司法的奴隶，而是把罪犯提高到一个自由的、自我决定的人的地位。"[②] 至于贝卡里亚、边沁的预防刑论，虽然肯定在刑罚面前，犯罪被威慑与阻止的这样一种被动地位，但他们仍然十分强调对个人的意志自由的尊重。贝卡里亚用在逻辑上先于社会而存在的个人利益和需要，来论证组建社会的必要性；并基于个人不可被剥夺的自然权利与自由作为限制国家刑罚权的根据。

（本文原载《法律科学》，1996（4））

---

① 参见［意］贝卡里亚：《论犯罪与刑罚》，11 页，北京，中国大百科全书出版社，1993。
② 《马克思恩格斯全集》（第 8 卷），579 页，北京，人民出版社，1961。

罪刑均衡的中国命运

在我国，罪刑均衡与其说是一个理论问题，不如说是一个实践问题。因为不同于存在激烈争论的罪刑法定主义，罪刑均衡作为刑法基本原则除个别学者否定以外，基本上已经达成共识。但是，罪刑均衡虽然确立为刑法基本原则，并不意味着大功告成。罪刑均衡的原则只有贯彻到刑事立法与刑事司法中去，才能发挥作用。而其恰恰在这方面还不尽如人意，尚待进一步发展完善。

一、罪刑均衡的现状考察

罪刑均衡是刑法法制的一种理想状态，是人主观设定的一种标准。在现实生活中，司法活动只能接近这一目标，十全十美的罪刑均衡状态是不存在的，因而罪刑均衡具有相对性。应当看到，在司法活动中，由于受各种主观与客观因素的制约，总会产生量刑偏差。应该说，量刑偏差是世界各国带有普遍性的现象。在美国，量刑偏差的现象十分严重，为此，美国联邦政府于1984年制定了《犯罪综合法案》。该法案的两个重要内容：一是实行"强制量刑"，创设许多法官必须遵守的纲领，以免除法官的许多自由裁量权，使审判工作不再过于麻烦和累赘；

二是设立联邦审判委员会，希望借此提高审判的公平性与同一性，以消除各法院判决上的严重差异性。在苏联，同样存在量刑非公正合理的现象。调查研究表明，刑罚的严厉性程度在不同的地区呈现出巨大的差别。一些地区剥夺自由刑的比例比另一些地区的高得多，而且在期限方面的差别有时达到30%～40%，上述差别并非基于犯罪结构（比如严重犯罪的增多）和犯罪人情况（比如基于惯犯和逃避从事有益于社会劳动者的数量）的不同，而是由于法官的不同而形成的。为此，苏联除进一步贯彻量刑公正原则，保障公正地运用刑罚外，还开始了司法机关的改革工作，其主要内容是严格判案的个人责任，增强司法的独立性，减少外来的干涉，加强司法队伍的建设，完善司法干部的培训。在英国，刑罚的适用不被看作是一个由立法机关解决的问题。立法机关除给每种犯罪规定最高刑期外，不会再以其他任何方式限制法官的自由裁量权。然而，鉴于量刑偏差的情况日趋严重，改革量刑的呼声也随之而起。1978年刑罚制度顾问委员会公布了一份报告，在这份报告里包含有对严重犯罪的最高限度法定刑期实行根本改革的建议，同年由大法官办公室设立的一个工作小组公布了对法官和其他判刑官员实行正式训练的一系列建议。此外，在加拿大、澳大利亚、新西兰等国家，也先后对量刑偏差的情况进行了规模不等的调查，揭示了在许多类似案件里刑罚不一致的现象。量刑偏差的程度之严重，迫使许多国家纷纷建立司法判决委员会、量刑委员会等协调量刑的组织，为量刑的自由裁量权的统一行使制定一些指导原则和实施细则。①

  量刑问题之所以引起世界各国的重视，主要是因为在正确地解决了定罪问题以外，量刑问题就显得格外突出。正如日本学者指出："对于被告人来说，法官将如何量定刑罚，是与有罪还是无罪同样最为关心的问题。尤其是我国，刑法所设定的法定刑幅度与其他国家相比范围非常之广，因此裁判所关于宣告刑的决定有着不亚于犯罪认定的实际意义。不仅如此，由于在日本，检察官起诉的案件被认定无罪的比率极其低下，所以多数被告的关心毋宁说主要集中于刑罚量定之

---

① 参见苏惠渔等：《量刑与电脑——量刑公正合理应用论》，1～5页，上海，百家出版社，1989。

上，这样说也绝不会言过其实。"① 在这个意义上可以说，对于量刑问题的重视恰恰是法制发展的必然表现。

在我国，量刑偏差问题同样存在，这里首先有一个思想认识问题。在司法实践中，定罪问题往往受到重视，而量刑问题在一定程度上被忽视，没有把量刑适当提到与定罪准确同样重要的地位。当然，我国法制发展尚处在一个起步阶段，由于适用刑法的司法实践经验不足，强调定罪问题也是可以理解的；但随着法制的发展与司法实践经验的积累，量刑问题也应提上议事日程，予以高度重视。

从实际情况来看，在司法实践中不仅存在偏轻偏重现象，而且存在畸轻畸重现象。当然，从偏轻畸轻与偏重畸重的对比来说，前者比后者更为严重，甚至出现个别十分极端的例子。例如在某市发生一起抢劫案，被告人抢劫一个澳大利亚妇女的物品并致其轻伤，某市法院对该被告人判处死刑，被害人得知这一判决结果，向我国有关司法机关提出抗议，认为量刑过重。还有一名被告人因抢劫一个外国人的一架照相机，被认为造成严重国际影响，审判委员会讨论时一致同意判处死刑，只是其中一位委员偶尔一句"难道中国人的一条命还不值外国人的一架照相机吗"的提醒，才挽救了这个被告人的一条命。诸如此类，不胜枚举。

最近，量刑问题已经引起我国刑法学界的重视，并对此进行了深入的理论研究，这是值得欣慰的。例如，我国学者对量刑偏差的原因作了分析，认为量刑偏差的现象是主客观因素互相渗透、互为条件合力作用的结果。客观原因是指造成量刑偏差的客观条件以及主体对客观对象的反映。在这方面导致量刑偏差的主要因素有：(1) 法律方面的因素，即刑法对量刑的规定弹性较大或太大，使审判人员难以把握。(2) 判例方面的潜在因素。在大量的、未经有权威的审判机关整理汇编的判例面前，如果选择和识别不当，就容易影响审判人员的准确量刑。(3) 审判体制方面的因素。决定被告人的刑罚时，熟悉案情的人没有量刑决定权，有量刑决定权的人不熟悉案情，即所谓"审者不判，判者不审"，审判分家导致量

---

① [日] 曾根威彦：《量刑基准》，载《中日刑事法若干问题——中日刑事法学术讨论会论文集》，50页，上海，上海人民出版社，1992。

刑失衡。(4) 其他机关、团体的不正当干扰。(5) 社会舆论的因素。社会舆论往往有失偏颇，如果审判人员完全受社会舆论的左右，容易产生量刑偏差。主观方面的因素主要是指审判人员的个体素质。量刑与刑法对各种犯罪所规定的刑罚和各种社会因素有关，然而实际上对量刑予以支配者乃是审判人员，故审判人员的素质对量刑的影响最直接。素质上的差异，必然会导致量刑上的差异。从目前的状况来看，审判人员的素质差异主要是：(1) 政治素质上的差异。(2) 业务素质上的差异。(3) 心理素质上的差异。[①] 应该说，以上对于量刑偏差的原因分析是全面得当的，这些问题不解决，量刑适当很难实现，罪刑均衡也只能成为一句空话。

二、罪刑均衡的立法改进

罪刑均衡首先体现在法律上，没有立法上的均衡，也就不可能实现司法上的均衡。我国当前量刑偏差现象的存在，与立法的不完备具有密切的关系。因此，最大限度地抑制量刑偏差，应当从刑法的完善开始。

(一) 罪刑关系的合理化

刑法体系是一个有机的统一，其内部的有序协调乃是刑事立法的基本要求。对于实现均衡来说，罪刑关系的合理化显得尤为必要。所谓罪刑关系的合理化，就是犯罪与刑罚的设立与配置及两者关系的均衡的一种理想状态。首先，从个罪来说，配置的法定刑应当与这种犯罪的性质相适应：重罪重刑、轻罪轻刑。在现行刑法中，还存在立法上的罪刑失衡：既有对于轻罪规定了较重的法定刑，也有对于重罪规定了较轻的法定刑。在这种情况下，就很难实现量刑的罪刑均衡。为此，我国刑法学界曾经提出过在法条竞合的情况下，按照特别法优于普通法的原则适用特别法定罪难以做到罪刑相适应，因而能否按照重法优于轻法的原则以普通法定罪判处与之相适应的法定刑的问题。由于这种司法上的罪刑均衡是以牺牲

---

① 参见苏惠渔等：《量刑与电脑——量刑公正合理应用论》，11~12页，上海，百家出版社，1989。

罪刑法定为代价的，而罪刑法定具有优于罪刑均衡的价值，因而我们并不赞同这种观点。当然，这种观点本身的提出是有立法背景的，主要就是对于某些犯罪法定刑的设置不合理。因此，在对每一种犯罪的性质作出科学估价的基础上，配置合理的法定刑，是刑法完善的当务之急。其次，不仅存在个罪的刑罚配置合理化问题，还存在罪与罪之间刑罚分配的协调问题。现行刑法中，犯罪之间刑罚的不协调也是大量存在的。由于在刑法的补充修改中，对个别犯罪的法定刑作了调整。这种调整对于个别犯罪来说是合适与必要的，但在调整个别犯罪的法定刑的时候，缺乏全局的观点，往往牵一发而动全身，引起罪刑之间的失衡。为此，在修改刑法的时候，要统筹考虑罪刑关系的设置，实现立法上的罪刑均衡。

（二）犯罪情节的细密化

犯罪情节对于定罪与量刑都有重大影响，对于实现罪刑均衡也事关重大。由于我国以往在刑事立法中奉行宁粗勿细、宁疏忽密的原则，因而刑法条文粗疏之处所在多有。由于刑法条文的粗疏，严重地影响了司法机关正确地适用刑法。为了给司法机关定罪量刑提供一套严密的规范体系，在刑事立法上使犯罪情节细密化就显得十分重要。

犯罪情节的细密化分为以下两个方面的内容：（1）减少模糊性，增加确切性。现行刑法大量采用情节严重、情节较轻这样一些缺乏确切内容的规定。这些规定虽然赋予了司法机关较大的自由裁量权，以便于灵活掌握，但这种模糊规定也极易使量刑失去统一的标准。由于法官对各种情节的不理解而造成量刑上的偏差，因此，立法机关应当及时总结司法实践经验，更多地采用列举性规定，增加犯罪情节的确切性，便于司法机关一体遵守。（2）减少酌定性，增加法定性。量刑情节有酌定情节与法定情节之分，两者相比较，法定情节由于是立法者认可并明文规定的，对于法官量刑更有制约性。而酌定情节由于法无明文规定，因而在适用上具有一定的随意性。我们认为，在条件成熟以后，应当尽可能地把那些较为定型的酌定情节予以法定化。应当说，量刑情节的法定化，也是各国刑法发展的共同趋势。例如日本在对刑法进行全面修改的过程中，也提出了关于设定刑罚量定基准的建议。量刑基准的立法化始于1931年的刑法修改试案，该试案列举

了单就量刑而言应被考虑的 8 个项目的情节。自第二次世界大战结束以来，1961年的刑法修改准备草案本第 17 条，提出了量刑的一般基准；1974 年的刑法修改草案第 48 条也大致蹈袭了试案第 47 条。草案第 48 条展示了关于刑罚适用的一般基准，该条第 1 项规定，"刑罚必须对应于犯人的责任加量定"，明确表示将"犯人的责任"作为量刑基准而给予最大的重视。接着，第 2 项规定："在适用刑罚时，必须考虑犯人的年龄、性格、经历和环境、犯罪的动机、方法、结果及对社会的影响、犯罪后犯人的态度及其他情况，必须以有利于犯罪的抑制和犯人的改恶从善及更生为目的。"明确提出了刑罚适用应加进关于一般预防、特别预防的刑事政策的目的考虑。[①] 借鉴外国经验，我国也应加速酌定情节法定化的立法进程，为罪刑均衡的实现提供法律保障。

（三）法定刑罚的精确化

由于犯罪的复杂性，绝对确定的法定刑是不可取的，它不可能实现个案的罪刑均衡，因此，在采取相对确定法定刑的情况下，存在一定的量刑幅度，以便适应各种案件的具体情况。但从我国现行刑法的规定来看，存在量刑幅度过大的影响，而且从重、从轻以及减轻处罚的规定也过于笼统，缺乏精细性。此可以通过建立量刑格的办法得到解决，即在法定刑的刑种间或刑幅内划分出一定数量的等级，使原来的跨度过大的刑种或刑幅被划分成若干的刑格，以便于法官根据犯罪的实际危害程度来选择某一刑格作为宣告刑。由于量刑格在一定程度上限制了法官自由裁量权的任意发挥，法官只能根据犯罪的社会危害性的严重程度逐格选择适当的宣告刑。当法官的自由裁量权失控，最后选择确定的宣告刑便会在量刑格上出现跳跃性现象。

这里的量刑格，主要是针对刑幅较大的有期徒刑而言的，实际上就是指有期徒刑的等级。有期徒刑的等级，中国刑法史上首创于北魏。北魏订律，以徒刑为五刑之一，分为五等，刑期 1 年至 5 年。此后相沿不改，只是等差有所区别。及

---

① 参见 [日] 曾根威彦：《量刑基准》，载《中日刑事法若干问题——中日刑事法学术讨论会论文集》，51～52 页，上海，上海人民出版社，1992。

至唐律，徒刑分为五等：1年、1年半、2年、2年半、3年。不仅徒刑，而且其他刑种，《唐律》也分等。于是，《唐律》中就有"加"（罪加一等）或"减"（罪减一等）之分。根据《唐律》之规定，诸称"加者"，就重次；称"减"者，就轻次。我认为，我国刑法也应该借鉴《唐律》的立法例，对有期徒刑设立一定的等级即所谓量刑格。刑法在规定减轻或者加重时，可以根据各种不同的情节，分别规定减轻或者加重一定的等级，从而使量刑更加精确化，以便实现罪刑均衡。

三、罪刑均衡的司法改革

当前我国出现的罪刑偏差，除立法上的原因以外，更主要的是司法上的原因。从司法上来说，既有过于机械地适用刑罚而导致的罪刑失衡，也有过于灵活地适用刑罚而导致的罪刑失衡。前者如在数额犯中，唯数额论即根据数额机械量刑而不考虑数额以外的其他情节，往往导致量刑偏差。后者如在情节犯中，对情节理解偏颇，也往往导致量刑偏差。为实现罪刑均衡，有必要对司法量刑体制进行改革。在此，我们重点对量刑方法的改革加以研究。

当前我国的量刑大多采用传统的经验作业法，这是一种经验型的量刑方法。根据这种量刑方法，法官首先审理案件，掌握案情，在法定刑的范围内，参照司法实践的经验，大致地估量出对该案应判的刑罚，接着再考虑案件中存在的加重、从重、减轻、从轻等各种量刑情节，最后综合地估量出应当执行的刑罚加以宣告。应该说，这种量刑方法具有简便易行的优点，并且在当前我国法官业务素质较为低下的情况下，具有一定的可行性。但是，这种经验作业法也存在较大的缺陷。因为犯罪是一种非常复杂的社会现象，形形色色，各不相同。刑法条文只能作原则性的抽象规定，而不可能作具体详细的规定。法官仅靠主观估量的方法量刑，不可避免地会产生主观随意性与客观偶然性。因而这种量刑方法必然会使量刑发生偏差，违背罪刑均衡的原则。

经验作业法这种传统的量刑方法，主要存在以下缺陷：（1）缺乏客观性。量刑必须以事实为根据，而犯罪事实是一种客观存在，因而量刑方法只是借助于一

定的手段反映这种客观存在，并且使之成为刑罚量定的基础。经验作业法作为一种较为原始的量刑方法，缺乏应有的客观性。因为经验作业法是根据以往的办案经验指导量刑，而经验作为一种主观的知识形态虽然在一定意义上能够反映现实，但它具有很大的主观性。每个法官的经验不同，就会导致量刑的偏差。(2) 缺乏标准性。量刑作为一种刑事司法活动，具有公正性与权威性，这种公正性与权威性又往往体现为一定的标准性。这里的标准性是指量刑应当达到一种综合平衡。但是，经验作业法囿于法官个人的经验，没有形成统一的量刑标准，因而量刑出入很大，影响法制统一。(3) 缺乏科学性。经验作业法作为一种量刑方法可以说是十分原始的，量刑不够精确，基本上是估推式的，缺乏应有的科学性。

随着我国法制现代化的发展，这种经验型的量刑方法越来越不能适应需要。为此，我国学者对量刑方法和科学化作了有益的探讨，提出了以下量刑方法。

(1) 层次分析法。层次分析法又称多层次加权分析决策法，是系统工程中对非定量事件作定量分析的一种简便方法，也是对人们的主观判断作客观描述的有效手段。它有助于将决策人对复杂对象的决策思维过程系统化、模型化、数学化。这个方法体现了人们思维的一些基本特征，即分析、判断、综合。层次分析法已成功地运用于规划、预测、决定优先级、资源分配、多目标决策等问题中。量刑是一种决策活动，它是审判人员依据犯罪事实和法律规定，对具体案件进行分析、判断、综合，并最终以定量形式，决定其刑罚的思维活动。而量刑所面临的是一些呈现为层次结构状态的、非定量的社会、政治和法律因素。这就是说，量刑本身所要求的定量化，与决定量刑诸因素的非定量之间，形成了尖锐的矛盾。为了正确解决这个矛盾，科学的办法是运用数学模型，对复杂的问题进行抽象和概括，进而进行系统分析，作出量刑选择。由此可见，量刑作为一种决策活动，也可以采用层次分析方法。[①] 运用层次分析法来解决量刑问题，实际上是把量刑视为一种决策活动，根据各种量刑因素，确定最佳量刑结果。当然，我们还

---

① 参见郑昌济、郑楚光：《刑罚量化的决策分析》，载《中南政法学院学报》，1989 (1)，21~29 页。

应当注意到量刑的特点,它与一般的决策有所不同,这在运用层次分析法时尤其应当注意。

(2) 数学模型法。数学模型法,是指建立量刑的法律系统模型,以使量刑数学化。量刑的法律系统模型,是指建立在犯罪构成理论之上,由犯罪构成所决定的认定犯罪的诸要件之和,同时包括犯罪概念、犯罪的危害性程度及情节等所组成的集合体。不仅如此,在这一模型中,尤其注重考察各具体犯罪认定中的微观差异,以便在量刑上使罪与非罪、此罪与彼罪、同类犯罪中的不同具体犯罪得到鲜明体现。然后从这一系统模型出发,以此对犯罪进行定量分析。建立量刑的数学模型,需要经过以下步骤:第一,初步建立以量刑的结果为目标函数的数学模型,并确定模型中相应的变量及含义,变量之间相互独立。变量与目标函数之间关系是准确反映犯罪各方面因素与量刑结果之间所具有的内在规律性的关系。第二,建立变量数据库。将各变量的数据值与实际犯罪现象加以对照说明,并可根据社会的发展所出现的新的犯罪现象予以类比,确定其数据值。变量数据库就是量刑法律系统模型的具体化,通常可制成计算机文件予以存储和调取。第三,组织司法专家和数学家挑选各类最优案例,案例的类型和量刑范围应当具有很大的覆盖面和良好的均衡性,根据案例中的案情分别从变量数据库抽取数据送入数学模型中进行调试,以确定反映目标函数与变量之间内在规律关系的权数。第四,对调试下的数学模型从刑法理论上进一步进行论证、评估和修改,并可用于实际案件中进行尝试,直到臻于完善。[①] 数学模型的量刑方法,使罪刑关系完全数量化,对于实现量刑结果的精确化具有重要意义。

(3) 定量分析法。量刑的定量分析法,是指人民法院在刑事审判实践中,依照我国刑法的规定,在对罪犯量刑时,以系统思想为指导,对犯罪事实情节和法定刑幅度作定量分析,使犯罪事实情节和法定刑幅度通过定量分析进行较为科学、准确的决策分析,使所确定的宣告刑达到最佳期望值。我国目前提出的定量

[①] 参见余亚勤:《建立量刑数学模型初探》,载《量刑方法研究专论》,43~45页,上海,复旦大学出版社,1991。

分析法，又有以下几种：第一种是加权平均测评法，这是将某一犯罪全部量刑情节分为特别量刑情节和基本量刑情节两大类。基本量刑情节依据加权平均测评法或模糊综合测评法分为六个等级，与该罪法定刑所区分的六档中的每一档相对应。如果有加重或减轻情节则把法定刑的上限或下限相应地升降调整为标准法定刑，也把其分为六个档次。基本量刑情节的每一个等级便与法定刑或准法定刑中相应档次相对应，该罪基本量刑情节即代表了与其相对应的刑罚量。如有特别量刑情节中的从重、从轻情节的，就把基本量刑情节决定的刑罚量（称基本刑）略作调整，即为宣告刑。没有从重、从轻情节的，基础刑即为宣告刑。这种量刑法还对酌定情节加以量化：先把酌定情节归纳为犯罪手段、行为动机、犯罪结果等九种类型，每一种类型均区分为六等情形，如犯罪手段依具体情况可分为轻微、较轻、一般、较恶劣、恶劣、特恶劣六等，每一等与一定的标准分值相对应；然后依每一酌定情节对社会危害程度的决定力和对量刑轻重所起作用大小确定各自权数（即对量刑的侧重程度），如犯罪结果权数为0.5，犯罪手段权数为0.15，最后把分值与权数相乘得出该情节的加权平均分。所有酌定情节加权平均分之和与《罪行情节等级确定表》确定其情节等级以与该等级所代表的法定刑相对应。这种量刑情节量化法即为加权平均测评法，其关键是先界定酌定情节具体属于哪一情形以与一定分值对应并人为将每一酌定情节规定权数，两者之积体现了该情节在所有酌定情节体系中的地位与作用。最后总和所有酌定情节，量化成一定的刑罚量。[①] 第二种是指数确定法。这种方法是先把法定刑折算为统一的量的指数，如15日拘役指数为0.5（月），3年有期徒刑为3（年），2年管制为1（年徒刑），无期徒刑量的指数则设定为16～20（年），死刑设定为21（年），每一法定刑幅度中最高限和最低限的中线为基本法定刑。然后把量刑情节分为一般性从重情节，如累犯、主犯等；决定性从重情节，如动机特别恶劣、后果特别严重等；特定犯罪的决定性从重情节，如轮奸等；一般性从轻情节，如未遂犯、从犯等；

---

① 参见高冬竹：《论数量化的量刑方法》，载《全国硕士论文荟萃（1981—1988届）》，503～507页，北京，中国人民公安大学出版社，1989。

决定性从轻情节，如未成年人犯罪、因义愤犯罪等。由于决定性情节与一般性情节对量刑影响程度有大小、主次之分，因此，把基本法定刑指数和最高或最低法定刑相减之差再乘以75%，确定为决定性从重或从轻情节的指数，75%即为决定性从重、从轻情节之增减率；同样，设定一般性从重、从轻情节的增减率为10%，可以计算出一般性情节的指数。最后把基本法定刑指数与量刑情节指数相加或相减，即为宣告刑指数，宣告刑指数与法定刑幅度中的指数相对应，即可换算出刑罚量。这种量刑方法主要在于把量刑情节区分依一定之增减率折算成相应的从重或从轻指数，然后换算为相应的刑罚量。[①] 第三种是积分量化法。首先，这种量刑方法是将法定刑幅度设定为100个刻度，有多个刑种的，均折算为统一刻度。拘役、管制可与有期徒刑折算，罚金则占33.33个刻度（单处罚金的），附加剥夺政治权利也与罚金一样可确定相应刻度；死刑、无期徒刑则均以15年至20年为标准确定刻度。在此基础上，依量刑情节在量刑中所处地位和作用把量刑情节分为最轻、较轻、中平、轻重、最重的1～5档五个分量"等级"，又根据每一具体量刑情节在案件中不同表现把其影响量刑从轻或从重处罚的程度划分为略重（轻）、较重（轻）、一般重（轻）、很重（轻）、最重（轻）的1～5档，再把分量"等级"和"处罚轻重程度"相乘（1档1分，2档2分，依此类推）即得出该情节积分。据此每一量刑情节均可划分为25种不同情节，按100个刻度计算，1个积分等于4个刻度。然后，将量刑情节之积分按其轻、重性质反向表现在量刑幅度内，如果犯罪人既有从宽情节又有从严情节，可将轻重情节积分等量抵消，这样可以将原来较宽的法定刑幅度缩小为一个相对较窄的幅度，这一幅度中间线的刻度即为量刑的最佳适度。[②] 以上量刑的定量分析方法，在方法论上是以系统论思想为指导，但是并未达到综合运用现代化系统论、控制论和信息论的理论成果的程度；运用了数学手段，但是也尚未达到使用现代化数学方法的先进手段的程度；而只是以系统论为指导，按现行刑法的规定，扬弃了传统量刑

---

① 参见陆翼德：《刑法量刑中量刑的定量分析方法初探》，载《量刑方法专论》，133～141页，上海，复旦大学出版社，1991。

② 参见赵廷光：《电脑辅助量刑系统的一般原理》，载《中国法学》，1993（5），84～88页。

方法的弊端，概括了传统量刑方法中数列系统的客观规律，对传统方法予以改革。由此可见，定量分析法具有简便可行的特点。

（4）电脑量刑法。电脑量刑法，又称电子计算机的量刑方法。电脑量刑属于人工智能的专家系统，它是综合运用现代系统论、控制论和信息论的理论成果，采用数学模型的技巧和电子计算机技术，集法律有关规定和专家审判人员的经验以及他们正确适用法律定罪量刑的案例于一体的产物，它根据审判人员提供的案情事实信息，运用系统存储的法律和有关知识进行推理判断，为审判人员审理刑事案件提供准确定罪量刑与最佳量刑的方案。电脑量刑法的关键是研制电脑辅助量刑的专家系统。从初步研究成果来看，电脑辅助专家系统大致可由以下几部分组成：第一，知识获取系统。此即把有关量刑的知识转换并加工为电脑的内部表示。第二，知识库。其中包括法规库、经验库和判例库三大部分。法规库存储与定罪量刑有关的所有法律、法规、立法解释和司法解释。经验库主要存放专家型审判人员汇总的、如何正确适用法律量刑的经验，以及表现为论文形式的、对法律的正确理解和对审判经验的理论概括。判例库主要存储经最高人民法院或经最高人民法院委托的高级人民法院审定、证明定罪准确量刑适度的典型案例。知识库可以由设计人员根据法律的废、改、立情况，经验的进一步积累和判例数量的增多，进行修改和补充。第三，推理判断网络。此即把犯罪事实和所有与量刑有关的法定量刑情节、酌定量刑情节以及专家型审判人员具体运用量刑情节的专业知识和经验整理归纳为千万个"如果出现这一情况，那就怎么办"的形式表示的规则。这个过程一直继续下去，直到构成能处理任何一种排列组合形式的复杂的规则网络。这套规则体现了所有能够得到的证据和能从信息中得到符合逻辑的结论之后的关系。当把审判人员提供的案件事实信息送入系统后，该网络在一定策略控制下，从知识库里搜索相关的知识，进行推理判断并得出结果。第四，人机对话系统。此即接受需要量刑的案情信息，输出量刑结果。[①] 量刑方法的计算机

[①] 参见苏惠渔等.《量刑与电脑——量刑公正合理应用论》，136～137页，上海，百家出版社，1989。

化，使量刑彻底从经验作业方法中解脱出来，不仅实现量刑的精确化，而且实现量刑的自动化。

我国传统的经验作业法已经不适应法制建设的需要，亟待改革，这一点已经成为我国法学界的共识。我国刑法学界借助决策学、数学、电脑技术以及其他科学方法与技术对量刑的方法进行了十分有益的探讨，取得了有益的成果。当然，如果将这些量刑的科研成果运用于司法实践，还有大量的工作要做。换言之，现在还不可能马上废除经验作业法，采用新的量刑方法。因为：第一，受司法人员素质的制约。由于科学量刑方法用了数学等科学方法，对司法人员文化素质的要求比较高，而恰恰在这一点上还存在很大的差距。第二，受物质条件的制约。因为科学的量刑方法需要大量的物质投入，例如采用电脑等，全面推行尚不具备条件，所以我认为量刑方法的改革应该是一个渐进的过程，科学的量刑方法的推行也不可一蹴而就。在前面介绍的科学量刑方法中，前三种属于数学量刑法，它与电脑量刑法有一定区别，又有密切联系。实际上，电脑量刑法是建立在数学量刑法的基础之上的，是数学量刑法的高级形态。因此，量刑方法的科学化作为一个发展过程，可以先试行数学量刑法，在此基础上逐步探讨罪刑之间数量关系的内在规律，从而为电脑量刑法的运用奠定基础，在条件成熟的时候，推行电脑量刑法。应当指出，电脑只是量刑的辅助系统，即使采用电脑量刑法，量刑的主体也不是电脑，而是人。因此，罪刑均衡在司法中的实现虽然可以借助于一定的技术手段，但却永远离不开法官自身素质的提高。

（本文原载《中央政法管理干部学院学报》，1996（6））

罪刑均衡的立法确认

罪刑均衡是刑法的基本原则，无论是刑事立法还是刑事司法，都应当坚持这一原则，唯有如此，才能体现刑法的公正性。就立法与司法这两者而言，罪刑均衡只有首先在刑事立法中得以确认，才能真正落实在司法活动中。因此，罪刑均衡的立法确认具有重大意义。本文拟在对罪刑均衡的立法发展进行历史考察的基础上，从罪刑均衡的总则确认与分则确认这两个方面对罪刑均衡的立法确认问题加以理论探讨。

一、罪刑均衡的立法发展

我国学者梁治平在《说"抵"》一文中，曾经对中国古代刑法中的"抵"字作过考察，指出：古人讲的罚当其罪，才合"抵"的原意。秦法弃灰于道者受诛，是刑罚不当，所以导致民怨沸腾。汉高祖入关，尽除秦苛法，只与父老约法三章："杀人者死，伤人及盗抵罪。"秦人闻之大喜（《史记·高祖本纪》）。"索隐"韦昭云："抵，当也。谓使各当其罪。"当其罪者，正含有罪刑相当之义。"抵"字所代表的，首先是古人的一种正义观念。[①] 应当指出，罪刑均衡是一个

---

① 参见梁治平：《法意与人情》，12页，深圳，海天出版社，1992。

相对的概念,而且它又是一个历史演变的过程。因而,罪与刑存在从均衡到失衡、从失衡又到均衡这样一个变化过程。

中国是一个历史悠久的文明古国,法律文化源远流长。尽管中国古代刑法有专制与残酷的一面,但罪刑均衡的理想追求始终是中国古代刑法的内在精神。正如美国学者布迪指出:对中华帝国刑事制度发生长期、稳定影响的原则,首推刑罚应与犯罪相适应原则。在两千多年的中华帝国历史上,每一部法典的制定都注意罚当其罪。[①] 在中国古代刑法中,为实现罪刑均衡而开始的刑法合理化进程可以追溯到西周。周朝建立以后,鉴于商末重刑辟激化社会矛盾导致灭亡的教训,周朝统治者实行"明德慎罚"的刑法原则,使罪刑设置趋向均衡合理化。周朝刑法初步划分了故意(非眚)和过失(眚)、惯犯(惟终)和偶犯(非终)的区别。在处刑上,故意和惯犯,虽小罪也处以重刑;过失和偶犯,虽大罪亦可减刑。周公在对康叔的告诫中,明确指出:"人有小罪,非眚,乃惟终……乃不可不杀。乃有大罪,非终,乃惟眚……时乃不可杀。"这就表明周朝刑法对犯罪作出了较为细致的区分,以便根据不同的犯罪情节合理地裁量刑罚。

春秋战国时期,《法经》改刑为法,一罪同罚,先列罪名,后定刑罚,为中国刑法的发展奠定了基础。《法经》根据犯罪的不同情况,有区别地予以处罚,这就是所谓"具其加减",即"具法"。例如,年15岁以下的少年犯和年60岁以上的老年犯,无论大罪、小罪都按律原情,予以减刑。《法经》还区分"情减"与"理减":小罪情减,大罪理减。

及至秦律,刑法制度相当完备。根据睡虎地秦墓竹简的记载,秦律区分故意和过失。"端"或"端为"是故意,《法律答问》指出:"罪当重而端轻之,当轻而端重之,是谓不直。当论而端弗论,及易其狱,端令不致,论出之,是谓纵囚。"对于故意犯,依法从重处刑。至于过失,在秦律中被称为"失"或"失刑",《法律答问》指出:"士五(伍)甲盗,以得时直(值)臧(赃),臧(赃)直(值)过六百六十,吏弗直(值),其狱鞠乃直(值)臧(赃),臧(赃)直

---

① 参见[美]D. 布迪、C. 莫里斯:《中华帝国的法律》,442页,南京,江苏人民出版社,1993。

（值）百一十，以论耐，问甲及吏可（何）论？甲当黥为城旦；吏为失刑罪。"对于过失犯，处刑较轻。对于主观上没有罪过的，不以犯罪论处。例如《法律答问》指出："甲盗，赃直千钱，乙知其盗，受分赃不盈一钱，问乙何论？同论。甲盗钱以买丝，寄乙，乙受，弗知盗，乙论何也？毋论。"由此可见，秦律关于区分犯罪情节合理定罪量刑的规定，反映了当时立法者对罪刑均衡已经达到了相当的认识水平。当然，法律原则与司法实践往往发生脱节，尤其在秦朝末期，统治者为镇压人民的反抗，严刑苛罚，正所谓"秦法繁于秋荼，而网密于凝脂"[1]。在这种情况下，罪刑失当也就在所难免，而且其后果也是统治者始料未及的。例如，《史记·陈胜世家》记载：陈胜、吴广率闾左的黔首戍边时，行至大泽乡，阻于雨，不能按期至戍地。依据秦法，失期，当斩。所以这些戍卒集议认为：失期是死，逆反也是死，其死相等，不如造反。于是揭竿而起，吹响了农民起义的号角。戍边失期，既有主观方面的原因，又有客观方面的原因。因雨失期，纯属客观方面的原因，依律皆斩，不合理性显而易见。正如我国学者宁汉林指出：秦朝刑律之失，在于不区分情节，只要发生刑律中所规定的后果，一律论处。[2]

及至汉高祖刘邦入关，尽除秦苛法，只与父老约法三章：杀人者死，伤人及盗抵罪。我国学者梁治平指出：高祖之约法三章，要不在其削繁就简，在其实现公义耳。抵者，当也。称量之义实包含于"相当"之中。[3] 因此，约法三章的基本精神是罪刑均衡。杀人者死、伤人者刑是刑法公正的根本体现，也是罪刑均衡的基本要求。荀子曾经指出：杀人者不死，而伤人者不刑，是谓惠暴而宽贼也，非恶恶也。治古不然，凡爵列、官职、赏庆、刑罚皆极也，以类相从者也。罚不当罪，不祥莫大焉。杀人者死，伤人者刑，是百王之所同，未有知其所由来者也。[4] 至于抵罪，李奇曰："伤人有曲直，盗臧有多少，罪名不可豫定。故凡言

---

[1] 《盐铁论》。
[2] 参见宁汉林：《中国刑法通史》，第2分册，442页，沈阳，辽宁大学出版社，1993。
[3] 参见梁治平：《法意与人情》，14页，深圳，海天出版社，1992。
[4] 参见《荀子·正论》。

抵罪，未知抵何罪也。"师古曰："抵，至也，当也。"① 这就是说，杀人者死，其刑罚是确定的。而伤人及盗只说抵罪，未明定其刑罚，是因为伤人的情节有轻重，盗窃的赃数有大小，抵罪就是根据伤人情节与盗窃赃数判处与之相当的刑罚。

《唐律》是我国封建法律之集大成者，罪刑均衡在《唐律》中也得到了相当程度的体现。《唐律》中对刑罚的设立，始终以罪行的轻重为依据，主要体现在：（1）赃罪。区分六赃，以赃计罪。《唐律》把财产性犯罪称为赃罪，根据赃的性质不同，《唐律》把赃区分为六种，《杂律》之疏文云："赃罪正名，其教有六。"这六赃是指受财枉法、受财不枉法、受所监临财物、强盗、窃盗及坐赃。对赃罪的处罚，一律折成所值绢的匹数来定刑罚轻重。例如《唐律》规定："诸窃盗不得财笞五十，一尺杖六十，一匹加一等，五匹徒一年，五匹加一等，五十匹加役流。"由此可见，随着赃值的增加，刑罚的严厉程度也相应地提高，两者之间形成一种正比例关系。（2）杀人罪。《唐律》不再简单采用杀人者死的原则，而是将杀人区分为谋杀、故杀、戏杀三种情况，分别规定不同的处罚。（3）反坐。诬告罪的反坐原则"以其罪罪之"。《唐律·斗讼律》规定："诬告人者，各反坐。"疏文指出：所谓反坐是"准诬罪轻重，反坐告人"。注文云："准前人入罪法。"此即诬告的罪重，反坐亦重；诬告的罪轻，反坐亦轻。类似反坐的，还有司法官吏出入人罪，以所出入的幅度，作为处罚的依据。官吏走失囚犯，依所失囚犯刑罚的轻重为准处罚失职官吏，等等。以上这些规定，在一定程度上体现了罪刑均衡的意蕴，但诸如以赃计罪、诬告反坐这样一些规定，也表现出机械对等性，不尽科学。更为重要的是，由于中国社会是以宗法等级制度为基础的社会，因而，刑法以维护等级秩序为中心任务，身份对罪刑具有极大关系，从而导致在立法上的不平等，这本身表明其罪刑均衡具有相对性。例如，在中国刑法中，身份是定罪量刑的重要依据。尊卑地位不同，罪刑截然有别。血缘伦序中的亲尊与司法中的刑等直接挂钩，可以导致轻重极为悬殊的处罚。而且对于良贱、主奴之间的互

---

① 《汉书·高帝记》。

相侵犯行为，也采取不平等的处罚原则：良犯贱、主侵奴，应当比常人犯的处罚为轻；反之，贱犯良、奴犯主，则要加重处罚。中国刑法还规定了"八议"制度，维护封建特权。例如根据《唐律》的规定，凡属八议之人，在法律上享有"议、请、减、赎、当、免"的特权。①

西方刑法存在一个从结果责任到行为责任的转变过程。在古代社会，刑法是以结果责任为特征的。结果责任是指立法者更多地注重犯罪造成的实际危害结果并根据这种结果的危害程度决定刑罚的分量，而无视犯罪的其他主观与客观情节。在这种情况下，罪刑均衡主要表现在刑罚与犯罪的客观结果的对称上。例如，日耳曼法只要求加害行为和这种行为造成的结果，行为者的主观意图如何，则不是构成犯罪的必要条件。因此，当时还没有故意、过失，以及既遂、未遂、教唆犯、帮助犯等的区分。正如英国学者塞西尔·特纳指出：在整个欧洲的古代时期，凡是给他人造成重大损失的行为都要受到神的严厉惩罚。在这种情况下，使罪犯受到严重的痛苦是为了安抚受到亵渎的神灵。但是，与这种见解相联系并最终保留下来的，是这样一种观念：一个人当其所实施的行为造成了明显的损害结果时，他就应当对之承担责任。② 结果责任表现了古代刑法的粗疏性与残酷性。当然，较之不考虑犯罪结果的毫无限制的刑罚，结果责任仍然具有一定的历史进步意义，它是罪刑均衡原则的粗疏体现。在欧洲中世纪，教会法盛行，宗教对刑法产生了极大的影响。教会刑法强调罪孽，在早期，犯罪与罪孽两词可以互换使用。一般而言，不仅所有犯罪都是罪孽，而且所有罪孽都是犯罪。由于对罪孽的强调，因而出现了主观归罪的倾向，即注重主观邪恶程度，忽视客观行为的作用。在对刑事责任的主观因素加以强调的过程中，教会法学家使用了早先罗马法律科学已经作出的区分，但是他们将这些区分发展成为复杂的和精心构筑的各种概念：诸如 imputabilitas（"可归罪性"）、culpa（"犯罪"或"过错"）以及 dolus（"恶意""故意"），都依据行为人意识的确切状态（主观方面）以及行为的

---

① 参见乔伟：《唐律研究》，113页，济南，山东人民出版社，1985。
② 参见［英］J·W·塞西尔·特纳：《肯尼刑法原理》，王国庆、李启家等译，6页，北京，华夏出版社，1989。

具体环境（客观方面）予以系统地分析。[①] 当然，罪刑均衡真正作为刑法原则提出，则是在17、18世纪启蒙运动以后。孟德斯鸠明确指出："刑罚的轻重要有协调，这是很重要的，因为我们防止大罪应该多于防止小罪，防止破坏社会的犯罪应该多于防止对社会危害较小的犯罪。"[②] 这一思想经贝卡里亚的大力倡导，终于被确立为刑事立法的基本原则。

二、罪刑均衡的总则确认

罪刑均衡作为刑事立法的基本原则，首先应当体现在刑法总则的规定之中。刑事立法是一个从个别性规定到一般性规定的历史演变过程。古代的刑事立法只是对罪刑的个别性规定，还不存在系统的刑法体系，因而罪刑均衡也只体现在个别性的罪刑条文之中，缺乏罪刑之间的互相协调。在我国，《唐律》已经形成较为完整的刑法典，并从个别性立法中提炼出一些总则性规定，集中在名例律中。因此，《唐律》的名例律相当于现代刑法中的总则。《唐律疏议》云："名者，五刑之罪名；例者，五刑之体例。名训为命，例训为比，命诸篇之刑名，比诸篇之法例。但名因罪立，事由犯生，命名即刑应，比例即事表，故以名例为首篇。"这说明名例律是《唐律》的纲领与统率，是关于罪刑的总则性规定。现代刑法的总则制度，起源于1791年法国刑法典。该刑法典分为两部分（两编），第一编是总则（标题sentences，直译是格言），共七章，规定刑法的一般原则，包括刑罚种类、累犯加重、犯罪者年龄对刑罚的影响、刑事诉讼的期限等。此后，总则制度经1810年法国刑法典、1872年德国刑法典的发展，更为完善，为大陆法系各国所采用。我国学者赵国强指出：如同犯罪都是具体的犯罪一样，作为认定犯罪的法律依据的刑法规范必然也是具体的、个别的刑法规范。但是，由于现实中的事物总有普遍性与特殊性两个方面，普遍性反映了事物之间的相互联系，特殊性

---

① 参见［美］伯尔曼：《法律与革命——西方法律传统的形成》，233页，北京，中国大百科全书出版社，1993。
② ［法］孟德斯鸠：《论法的精神》（上册），91页，北京，商务印书馆，1961。

反映了单个事物的本质特征，因而不同的犯罪之间除具有本身的特殊性之外，同时还具有不少普遍共同的特点。正是这些普遍共同的特点，使具体的个别的刑法规范之间也产生了一种共性，即普遍性。于是，从立法技术的角度考虑，立法者为了避免刑法规范之间的无谓重复，精炼刑法典的体系与结构，便把那些每个刑法规范都共有的并在相同意义上使用的内在要素归为一类，作出原则性的总的规定，这就是刑法总则。[①] 由于刑法总则具有这种普遍的指导意义，是对罪刑的一般性规定，因而在刑法总则中坚持罪刑均衡，是刑法分则的罪刑均衡的前提与基础。刑法总则的罪刑均衡主要体现在以下方面。

（一）罪责轻重的区分

任何犯罪行为均可在量上区分为较轻、较重之各种不同情形，而这种罪责轻重的区分乃是罪刑均衡的前提。刑法总则关于犯罪的规定往往涉及罪责轻重的内容：（1）犯罪构成要件的规定。犯罪构成要件是刑法总则的重要内容之一，它虽然是区分罪与非罪的标准，但也涉及罪责的划分问题。第一，关于犯罪主体的规定。犯罪主体是刑事责任的主体，不具备法定的犯罪主体资格就不能承担刑事责任。犯罪主体中有关未成年人犯罪、聋哑人犯罪等规定，这些特定的犯罪主体由于限定刑事责任能力而具有从轻或者减轻情节。这种刑事责任能力的区分，显然是罪责轻重的内容之一，对于刑罚适用具有重要意义。第二，罪过形式的规定。罪过形式可以分为故意与过失，各国刑法一般都将犯罪区分为故意犯罪与过失犯罪。这两种犯罪的刑事责任有所不同。作为刑法的通例是：以处罚故意犯罪为原则，以处罚过失犯罪为例外。在罪责上来说，故意犯罪重于过失犯罪。以上刑法总则关于犯罪主体和罪过形式的规定，都属于犯罪构成的范畴，这些内容对于实现罪刑均衡都具有重要意义。（2）犯罪纵向状态的规定。犯罪纵向状态是指犯罪纵向发展过程中的停顿状态，例如犯罪预备、未遂和中止。刑法分则关于具体犯罪的规定是以犯罪既遂为标本的，刑法分则规定的法定刑是犯罪既遂的法定刑。而犯罪在其发展过程中，并非都能达到犯罪的既遂状态，可能发生犯罪的预

[①] 参见赵国强：《刑事立法导论》，144页，北京，中国政法大学出版社，1993。

备、未遂和中止等情形。这些情形在罪责上都轻于犯罪既遂，表现出犯罪在纵向发展上的罪责程度的递进。刑法总则对于犯罪预备、未遂和中止规定了比照犯罪既遂从轻、减轻或者免除处罚的原则，对于实现罪刑均衡具有重要意义。（3）犯罪横向状态的规定。犯罪横向状态是指数人犯一罪及一人犯数罪等与共犯和罪数相关的犯罪状态。刑法分则关于具体犯罪的规定是以一人犯一罪为标本的，刑法分则规定的法定刑是一人犯一罪的法定刑。而在犯罪活动中，经常发生数人犯一罪或者一个人犯数罪的情形。这些情形的罪责显然不同于一人犯一罪。例如共犯问题，由于是数人犯一罪，各共同犯罪人在共同犯罪活动中的地位与作用都有所不同，应当予以区别对待。刑法总则规定了各种共同犯罪人的处罚原则，对于实现罪刑均衡具有重要意义。

（二）刑罚梯度的设立

刑罚的梯度性是实现罪刑均衡的重要条件。刑罚的梯度性是建立在刑罚可分性的基础之上的，而对刑罚可分性的追求自古皆然。在中国古代刑法中，笞杖以次数区分，但由于在打击力度、打击工具及打击部位上未作规定，其严厉程度往往取决于刽子手，因而出现笞杖使人毙命的情形。后来，立法者对笞杖的执行作了限制性规定，才使笞杖的严厉程度受到控制。即便是生命刑这样以剥夺生命为内容的刑罚，因为人的生命具有不可逆转性，本来是具有不可分性的，但立法者通过死刑执行方法，将生命刑区分为不同的种类，以显示严厉程度的不同。《唐律》将生命刑分为斩与绞两种，斩者身首异处，绞者可得全尸，因而斩重于绞。直至清末，沈家本提出"死刑唯一说"，认为死刑的执行方法，只应当有一种，不应当有多种，即不应当有等差，不应当再分轻重。[①] 沈家本批评了所谓"斩重绞轻"的观点，指出："主张斩重绞轻者，恒谓斩者身首异处，故重；绞者身首不异处，故轻。然斩与绞同为断人生命之具，身首异处何以重？身首不异处何以轻？要亦不外中国古来之陋习迷信耳。"[②] 从斩、绞之本质都在于剥夺生命这一

---

① 参见李光灿：《评〈寄簃文存〉》，37页，北京，群众出版社，1985。
② 沈家本：《历代刑法考》，2009～2114页，北京，中华书局，1985。

罪刑均衡的立法确认

点上来说，斩、绞确实无分轻重，但从斩、绞在执行时给死刑犯带来的痛苦以及对他人的威慑作用上来看，又不能不承认客观上存在轻重之别。从罪刑均衡上来说，根据死刑执行方法再分出轻重，似乎更能实现罪与刑的对称性。但之所以应当实现死刑唯一，甚至废除死刑，关键在于死刑的残酷性有悖人道主义的基本精神。因此，罪刑均衡并非绝对，而要受到各种因素的制约，人道主义就对罪刑均衡具有制约性。我国现行刑法虽然只有一种死刑，但根据执行方法不同，又将死刑区分为立即执行的死刑与缓期执行的死刑。从这个意义上说，也是根据死刑的是否立即执行区分出轻重等级，但死缓制度是为限制死刑而存在的，又能够在罪大恶极、罪该处死的犯罪人中再加区分，有利于罪刑均衡的实现，因而是可取的。至于当前世界各国广泛采用的自由刑与财产刑，都具有可分性。例如，自由刑是一种具有时间性的刑罚，它用时间来表明刑罚的轻重程度，时间越长，刑罚越重。时间的单位因具体刑种和国家而存在差别，包括小时、日、周、月、年乃至人的自然生命等。同时，时间有起点和终点，以表明刑罚的开始和结束。所以，对于自由刑来说，时间是一个至关重要的量的要素。[①] 正因为自由刑存在这种时间上的可分割性，所以它能够适用于千差万别的犯罪及不同的犯罪情节，真正实现罪刑均衡。再以罚金为例，罚金刑是以剥夺犯罪人的金钱为内容的刑罚方法，而金钱是可以计量的，因而罚金刑具有可分性。罚金刑的可分性使它对犯罪人科处时，可根据犯罪的不同性质、情节、危害程度以及犯罪人的个人特征决定不同数额的罚金，做到罪刑相适应。[②] 当然，罚金刑的判处是以犯罪人拥有一定的金钱为前提的，否则就难以执行。从这一点来说，自由刑更为优越，因为一个人可能没有金钱，但不可能没有人身自由。

刑罚的梯度性不仅表现在各种刑罚的可分割性上，而且还体现在各种轻重不等的刑罚排列而成的刑罚体系上。刑罚体系是指刑法所规定的并按照一定次序排列的各种刑罚方法的总和。刑罚体系是由多种而不是一种刑罚方法构成的，这

[①] 参见李贵方：《自由刑比较研究》，7页，长春，吉林人民出版社，1992。
[②] 参见孙力：《罚金刑研究》，85页，北京，中国人民公安大学出版社，1995。

些刑罚方法按一定原则的顺序排列,轻重有别,主次分明,具有严谨的内部结构,从而形成一个有机的整体,有效地发挥刑罚的功能,最终实现刑罚的目的。因此,刑罚体系的效用远远大于单个刑种的,也大于各个刑种简单相加的总和的,因为它具有优化组合的结构力量。刑罚体系要求具有结构合理性,这种合理性主要体现在:(1)不同的刑种在严厉性上应该有轻重等级之分,呈现出鲜明的层次性。如果两个或数个刑种在严厉性上无轻重之分或差别不明显,势必导致刑罚体系内部层次紊乱,难以正确适用。(2)相邻的不同刑种在严厉性上应当上下衔接,不留空当,便于适用。(3)各刑种在地位上应有主次之分。处于刑罚体系中主导地位的刑种,必须其本身有轻重之别,具有较大的可适用性。(4)刑罚的性质应具有多样性。刑罚的特征之一是剥夺犯罪人一定的权益,权益的性质多种多样,刑罚的性质也应具有多样性。现今世界各国一般设置有生命刑、自由刑、财产刑和资格刑,从而有可能针对不同的犯罪和犯罪人适用不同的刑罚方法,最大限度地发挥刑罚的惩罚和教育功能。[①] 刑罚体系之所以要求具有这种结构合理性,主要是由犯罪行为多样性决定的。犯罪行为形形色色,轻重有别,与之相对应的刑罚方法也应该多种多样,宽严相济。如果刑罚方法十分单一,互不协调,那就无法适应犯罪情况的变化,无法做到重罪重罚、轻罪轻罚、相同之罪相同处罚、不同之罪不同处罚,因而无法实现罪刑之间的均衡性。

(三) 量刑情节的规定

量刑情节是指法律规定的定罪事实以外的,与犯罪行为或犯罪人有关的,体现行为的社会危害性程度和行为人的人身危险性程度,因而在决定处刑从宽从严或者免除处罚时必须予以考虑的各种事实情况。各国刑法一般都规定了累犯、自首等量刑情节,这些量刑情节对于实现罪刑均衡也具有重要意义。

[①] 参见樊凤林主编:《刑罚通论》,143 页,北京,中国政法大学出版社,1994。

三、罪刑均衡的分则确认

如果说，罪刑均衡的总则确认是在宏观上为罪刑均衡奠定了基础，那么，罪刑均衡的分则确认应是在微观上为罪刑均衡创造了条件。罪刑均衡的分则确认主要体现在以下方面。

（一）犯罪分类的确立

犯罪分类主要是指刑法分则中类罪的划分，指以犯罪行为所侵害的同类客体为标准对犯罪所进行的分类。因此，犯罪分类是建立刑法分则体系的基础，也是实现罪刑均衡的前提。

自从有了刑法，就存在犯罪分类。古代与中世纪刑法中的犯罪分类，由当时的立法水平所决定，尚不够精确。就我国古代刑法而言，《唐律》的犯罪分类堪为典范。《唐律》对犯罪分类的原则与标准，基本上沿用秦汉魏晋以来的法例，只作了个别性的调整。《唐律》将犯罪分为11类，即（1）卫禁律，关于宫殿警卫以及关津要塞保卫的规定，违反这方面规定的犯罪皆归入此类，如在宫殿内作罢而不出、向宫殿内射、私度关者等。（2）职制律，规定了各种官吏职务上的犯罪，如官吏超编、责举非其人、玩忽职守、泄露机密、奏事犯讳、制书误、指标乘舆、贪赃枉法等。（3）户婚律，规定了各种违反婚姻、家庭、继承等封建伦理要求的犯罪，如脱户、祖父母、父母在而子孙别籍异财、立嫡违法、放部曲为良等。（4）厩库律，主要规定了杀伤公私牛马、借用官物不还、损坏仓库积聚物等犯罪。（5）擅兴律，主要规定了擅发兵、乏军兴、放弃城守、临阵先退、私有兵禁等军事方面的犯罪。（6）贼盗律，主要规定了谋反叛逆、谋杀府主官吏和尊长、略诱买卖人口、偷窃、抢夺、抢劫公私财物等侵犯人身和财产的犯罪。（7）斗讼律，主要规定了斗殴杀伤人、殴詈府主官吏、殴詈祖父母父母等侵犯人身的犯罪，以及因违反诉讼法而构成的犯罪，如诬告反坐、告祖父母父母、告期亲尊长、投匿名书告人罪等。（8）诈伪律，主要规定了伪造皇帝玉玺和官府文书印信、诈欺官私财物、妄认良人为奴、诈冒官司等伪造和诈骗方面的犯罪。

(9) 杂律，主要起拾遗补漏的作用，规定了其他篇章所不能包纳的犯罪，如国忌作乐、私铸钱币、医师合药不如本方、在市人众中惊动、失修或盗决堤防、食官私田园瓜果、通奸、犯夜、失火等。(10) 捕亡律，主要规定了在追捕罪人、逃兵和在逃官府奴婢时可能发生的各种犯罪，如受命追捕而不行及逗留、追捕时非法杀死罪人、邻里被盗及杀人告则不救、官府奴婢逃跑、知情藏匿罪人等。(11) 断狱律，主要规定了刑讯、判决、刑罚执行、囚犯管理时可能发生的犯罪，如官司出入人罪、决罚不如法、诸国在禁妄引入为徒侣者等。由于《唐律》在立法体例上的限制，关于犯罪分类的标准及内容还存在一定的不甚合理之处，但仍然反映了中国古代刑法对犯罪分类的最高水平，并被后世刑律所沿用。一直到清末刑法改革，《大清新刑律》以德国和日本的刑法典为蓝本，采用了大陆法系的立法体例，吸收其犯罪分类法，按照侵犯国家利益、侵犯社会利益、侵犯个人利益的犯罪分类三分法，为刑法分则各章排列出顺序。大陆法系的犯罪分类，可以追溯到古罗马法中公罪与私罪的区分。经过贝卡里亚的倡导，根据罪刑阶梯的思想，依犯罪所侵犯的客体即法益的不同，将犯罪分为侵害公共利益的公罪和侵害私人利益的私罪，或者将犯罪分为侵害国家法益的犯罪、侵害社会法益的犯罪和侵害个人法益的犯罪三类，并据此建立起刑法分则体系，这是大陆法系国家刑事立法的一般模式。应当指出，犯罪分类不仅是一个刑法分则体系的建构问题，还涉及刑法价值取向问题。而且排列有序、互相衔接的犯罪分类，能够反映犯罪的性质和轻重，为合理地分布刑罚，最终实现罪刑均衡提供了条件。

(二) 法定刑罚的配置

法定刑罚，即法定刑，是指由刑法分则对各种犯罪规定的刑罚的刑种和刑度的总称。罪刑均衡是配置法定刑的原则，在刑法分则中，罪刑均衡主要通过法定刑的配置得以体现。根据古今中外的立法例，法定刑有绝对确定的法定刑、绝对不确定的法定刑和相对确定的法定刑之分。这些法定刑在体现罪刑均衡上有所不同，下面分别加以考察。

1. 绝对确定的法定刑。绝对确定的法定刑是指在条文中只规定单一刑种和确定的刑度，司法机关没有自由裁量的余地，例如，规定对某罪"处死刑"或者

规定对某罪"处有期徒刑10年"等。这种绝对确定的法定刑虽然使刑罚确定化，限制了法官的自由裁量权，能够防止刑罚权的滥用，但由于它缺乏弹性，法官无法根据每一犯罪的具体情节判处轻重适当的刑罚，不利于实现罪刑均衡，因而除个别情形以外，各国刑法一般均不采用绝对确定的法定刑。

2. 绝对不确定的法定刑。绝对不确定的法定刑是指在法律条文中只抽象地规定对某种犯罪判处刑罚，但并不具体规定刑种和刑度的情形。我国在刑法颁布之前，由于法制不完备，曾经在某些法律中采用这种绝对不确定的法定刑。这种绝对不确定的法定刑对刑罚未作任何规定，将处罚权完全交给司法机关。如果法官能够秉公执法，固然可以实现罪刑均衡。但由于这种绝对不确定的法定刑过于灵活，缺乏明确具体的处罚标准，对同一种犯罪可能由于各地司法机关掌握的标准不同，容易发生量刑上的偏差，更容易导致罪刑擅断。总的来说，绝对不确定的法定刑不利于实现罪刑均衡。应当指出，中国古代刑法中的反坐原则，与绝对不确定的法定刑是有所不同的。因为反坐是指以前人入罪之法处罚。例如《唐律》规定的诬告反坐，《唐律疏议》曰："凡人有嫌，遂相诬告者，准诬罪轻重，反坐告人。"由此可见，诬告罪处刑的基本原则，就是反坐，即依照诬告罪的性质与轻重，反坐诬告者。① 因而在反坐的情况下，法定刑非绝对不确定，而只是依照诬告罪的法定刑处罚而已。

3. 相对确定的法定刑。相对确定的法定刑是指在法律条文中对具体犯罪规定了一定的刑种和刑度。这种相对确定的法定刑既有明确的限度，又在此限度内赋予法官一定的灵活性，有利于实现罪刑均衡，因而为世界各国所普遍采纳。相对确定的法定刑，不仅适用于自由刑，也适用于罚金。罚金数额的规定，可以分为以下四种：（1）限额罚金制，指刑法中规定罚金的一定数额，在法定的数额幅度内，由法官根据具体案件情况而作出裁量的罚金制度。（2）倍比罚金制，指刑法规定以某个与犯罪有关的数额为基数，然后按其一定的倍数或比例来确定罚金数额的制度。作为基数的数额，往往是犯罪数额或者犯罪所得数额，这种罚金刑

---

① 参见乔伟：《唐律研究》，113页，济南，山东人民出版社，1985。

制度通常适用于具有一定犯罪数额的财产犯罪或者经济犯罪。(3)日额罚金制，指按照所确定应交纳罚金的天数和每天应交付罚金的数额，逐日交付罚金的制度。(4)无限额罚金制，指刑法中不明定罚金的数额限度，而由法官根据犯罪人的犯罪行为、个人表现、经济状况等，自由裁量罚金数额的制度。在以上四种罚金制中，只有无限额罚金制的数额绝对不确定，完全听凭法官自由裁量。其他几种罚金制度都采用了相对确定的法定刑，有利于实现罪刑均衡。

　　法定刑的配置，还有一个刑度确定的问题。刑度是指法定刑的限度，保持法定刑的质的稳定性的数量界限。① 刑度表现出法定刑的轻重，是实现罪刑均衡的基础。刑度配置的合理化，要从纵向与横向两个方面加以说明：(1)从纵向方面来说，个罪的刑度要合理，即根据具体犯罪的不同情节和社会危害性程度，充分运用基本构成和加重构成的立法技术，设立法定刑的刑度，规定几个轻重有别而又合理衔接或交叉的法定刑的刑度，并在每个刑度之内，设立可供选择的刑种幅度。只有这样，才能避免刑度大小失当，可以适应犯罪和犯罪人的不同情况，恰如其分地适用刑罚，从而有效地实现罪刑均衡。(2)从横向方面来说，个罪之间的刑度要平衡，即危害性质和危害程度近似的犯罪，它们的法定刑的刑度要大体相同。当对某种犯罪行为适用某种刑罚基本相当时，立法者就没有必要处以他种更为严厉的刑罚，使得相近犯罪之间刑度协调统一。

（本文原载《检察理论研究》，1996（5））

---

① 参见高格：《定罪量刑的理论与实践》，185页，长春，吉林人民出版社，1994。

罪刑均衡的司法体认

罪刑均衡不仅是刑事立法的原则，更是刑事司法的指针。只有通过有效的司法活动，罪刑均衡才能真正实现。本文拟从司法的角度考察罪刑均衡问题，以期我国刑事司法的进一步合理化。

一、罪刑均衡的司法发展

刑事立法所确认的罪刑均衡是相对的、普遍的，因而是一般均衡。而刑事司法是以个案处理为内容的，因而将刑事立法所确认的一般均衡适用于具体案件，便实现了个别均衡。因此，个别均衡与一般均衡有所不同。我国学者李贵方认为，罪刑相称性可以分为整体的相称性与具体的相称性。[1] 整体的相称性指有关评价的宏观一致性，包括：（1）对罪行严重性评价的一致性。对不同严重性层次的犯罪，应该有一个共同的评价，保持基本的一致性。（2）对刑罚严厉性评价的一致性。（3）罪与刑之间比例上的相称性。实现重罪重罚，轻罪轻罚，相似犯罪

---

[1] 参见李贵方：《自由刑比较研究》，179～185 页，长春，吉林人民出版社，1992。

相似刑罚，就实现了罪与刑在比例上的相称性。也就是说，无论在哪个国家，只要对普遍公认的较重犯罪适用比较轻犯罪更重的刑罚，对相似的犯罪适用相似的刑罚，这个判决就是合理的、相称的。具体的相称性指对于一个孤立的具体案件，罪与刑是否相称，也就是说，刑罚是否恰当地反映了罪行的严重性。具体的相称性表现为：(1) 不同法官之间适用刑罚的相称性。(2) 不同法官对不同罪犯适用刑罚的相称性。应该说，整体的相称性更多地表现在立法上，它是具体的相称性的基础；而具体的相称性则更多地表现在司法上，它是整体的相称性的个别化。由于立法具有一次性的特征，同时刑法典总是相对稳定的，因而整体的相称性在立法上的确认相对来说容易一些。而司法对个案的处理，却是一个对法条的反复适用的过程，而且由于个案千姿百态，极为复杂，因而具体的相称性的判断更为困难。

　　法国学者魁奈指出：一般说来，中国的刑法是相当宽大的。如果说刑事审理过程中的重复讯问拖延了审判，那么最终的审判决定却是确实可靠的，始终是按照法律的规定，做到量刑与所犯的罪行相适合。[①] 如果说，中国古代刑法是否宽缓尚存不同看法，那么，在中国古代的司法中，对于罪刑均衡的追求应该说是确实的。中国古代司法活动中奉行罪刑均衡原则，其理论基础是儒家思想，儒家的"中庸"的说教表达了"均衡"与"和谐"的观点。例如，中国思想家荀子就把爵贵和贤德、刑罚和罪过视为一种对等的报偿关系，不能随意轻重，而应该贵必当功、刑必称罪。荀子指出："凡爵列官职赏庆刑罚，皆报也，以类相比者也，一物失称，乱之端也。夫德不称位，能不称官，赏不称功，罚不当罪，不详莫大矣。"荀子还指出："刑当罪则威，不当罪则侮。"因为罪刑失衡，轻罪重罚或重罪轻罚，人们对犯罪的痛恨转变为对法律的仇视。在这种情况下，法律不仅不得其威，反招其侮。因此，中国古代的司法活动不仅重法理，而且重情理，情理成为衡平因素。正如美国学者金勇义指出：在中国古代所有案件中，实在法是判案的标准，而习惯和伦理原则也得到同等的运用。受儒家思想影响的中国官府有时

---

① 参见［法］魁奈：《中华帝国的专制制度》，87页，北京，商务印书馆，1992。

候倾向于以基本的人性("情"和"理")来断案。在没有特殊条款可适用的案件中,绝大部分是根据人的情感以及想当然来作出衡平判决的。以这个更高的公平和正义的标准来断案,有时候甚至取代了成文法的严格适用。但也应当注意,这种修正和判决大多数是由高级官府作出的。另外,下级的案件裁判者几乎没有自由裁量权。他们在定罪量刑时十分小心和谨慎,因为,如果他们在断案时受个人情感支配的话,他们很可能要为此遭受刑罚。对他们来说,法律——成文法是衡量事实与具体情况、平衡罪与罚的指南,既不能过之,亦不能不及。中国法律中罪与罚的平衡或者公平的概念,可以见之于对诬告的惩罚,"反坐"这个词,意味着转换判决,就是要把被诬告者因被诬告而可能判处的刑罚转判给诬告者。①显然,在中国古代刑事司法活动中,罪刑均衡是一个重要的追求目标,甚至可以为此而牺牲罪刑的法定原则。当然,由各种因素所决定,罪刑均衡在司法活动中并非都能得到贯彻。尤其在社会矛盾激化,社会发生动荡的情况下,基于"治乱世用重典"的祖训,奉行严刑苛罚,轻罪重刑、罪刑失衡也就在所难免。

西方法律传统中的罪刑均衡的思想,可以追溯到古罗马法中"衡平"(Equity)的概念。根据英国法学家梅因的考察,衡平是为使法律和社会相协调而提出的命题。一般认为,衡平(Equitas)即平均或按比例分配的原则。衡平是以一定的法律存在为前提的,它是对一定法律的校正,使之更为适应社会生活。因此,衡平不同于立法,它实际上具有司法的性质。但两者又具有密切的联系,正如梅因指出:如果衡平的名词可以用作是或非的标准,而立法机关所制定的法规恰巧是根据了这些标准而调整的,则立法可以说是根据衡平而制定的;但即使是这样,这些法规之所以能有拘束力,仍旧是由于立法机关本身的权力,并不是由于立法机关制定法律所根据的原则的权力。②衡平原则给了法官相当大的自由裁量权,使之能够根据公正的理念裁量刑罚。自从罪刑法定主义确立以后,刑罚的公正性受到法律的制约,只有在法定的范围内才能实现罪刑均衡。在这种情况

---

① 参见[美]金勇义:《中国与西方的法律观念》,100页,沈阳,辽宁人民出版社,1989。
② 参见[英]梅因:《古代法》,17~18页,北京,商务印书馆,1959。

下,罪刑均衡被视为罪刑法定主义的原则之一,它必须合乎罪刑法定主义。因此,不能把罪刑法定与罪刑均衡两个概念并列起来,罪刑均衡原则从属于罪刑法定主义,罪刑法定是罪刑均衡的上位概念。罪刑均衡是关于犯罪与刑罚两者相关规定的原则。犯罪是假设规范,而刑罚是法律评价的效果(犯罪的后果)规范,两者是直接而必然的关系规范,无犯罪即无刑罚。这是关于犯罪与刑罚两种法律规范的必然联系和必然均衡关系的表述,并且体现在司法活动全过程中。① 在这种情况下,罪刑均衡受到罪刑法定主义的严格限制。

即使在实行判例法的美国,也实行量刑指南制度。美国于 1984 年颁布《量刑改革法》(即 1984 年《犯罪综合控制法》第二篇),该法规定,指南的制定与不断完善将促进以下刑事惩罚基本目的的实现:威慑、剥夺犯罪能力、公正惩罚罪犯和帮助罪犯复归社会。该法包括关于如何作出这一决定,指导委员会如何规定犯罪行为的种类和罪犯特征的种类的详细指示。例如,一种犯罪行为的种类可以包容这些要素:"抢劫银行,持枪,抢走了 2 500 美元。"一种罪犯特征的种类可以包含:"罪犯曾被定过罪,但未受过监禁。"该法要求委员会在指南中规定出各种量刑幅度,指出在综合考虑犯罪行为和罪犯特征后确定的对各个等级的有罪的人应当判处的适当的刑罚。指南要求判决监禁时,适用的幅度应当是狭窄的,该幅度的最大值不能超过最小值的 25% 或 6 个月。根据该法,作出判决的法院必须在指南规定的幅度内进行判决。但是,如果特定案件具有该指南未包含的特征,该法允许法院偏离指南并且在所规定的幅度之外判处刑罚。在这类案件中,法院必须详细说明偏离指南的理由。如果法院是在指南范围内作出的判决,那么上诉法院可以审查该判决是否正确地适用了指南。如果法院偏离了指南规定的幅度,上诉法院可以审查这种偏离指南的理由是否适当。② 判决指南制度使量刑法定化、规范化,能够保证罪刑均衡的实现。它在保持刑法典内容、体系、结构不变的前提下,为刑事判决提供了切实、有效、详尽、具体的标准,把复杂的行为

---

① 参见甘雨沛、何鹏:《外国刑法学》(上册),223 页,北京,北京大学出版社,1984。
② 参见《美国量刑指南》,1~2 页,北京,北京大学出版社,1995。

现象用数量关系显示出来，整个体系较为严谨、完整，具体内容十分精细、明确，既可以有效控制因法官主观专断而造成的判决差异，又留给法官一定的裁量余地，且法官在提出充足理由时，允许法官背离指南。这就可以在整体上提高判决水平，使判决趋向于精确化、严密化及科学化，更好地实现罪刑相称、公平合理。① 因此，美国的量刑指南制度是值得各国借鉴的，它对于罪刑均衡的实现具有重要意义。

罪刑均衡，从一种公正的理念到司法的原则，从贝卡里亚与边沁提出的一般原理到量刑指南这样十分精细的操作规范，其间的发展是十分显著也是令人感叹的。尽管在中外刑法史上，都存在过罪刑失衡、刑罚残酷的记录，但历史总是向前发展的，追求罪刑均衡是司法活动的永恒主题。黑格尔指出："由于文化的进步，对犯罪的看法已比较缓和了，今天刑罚早已不像百年以前那样严峻。犯罪或刑罚并没有变化，而是两者的关系发生了变化。"② 因此，刑法的发展史就是从罪刑失衡到罪刑均衡这样一个无限演进的历史，是一部刑法进化史。

二、罪刑均衡的思想体认

在司法活动中坚持罪刑均衡的原则，首先需要解决的是思想认识问题，即罪刑均衡应当得到思想上的体认。

（一）平等与区别

司法活动中实现罪刑均衡，面临一个平等与区别的关系问题。正确地解决平等与区别的关系，对于实现刑事司法中的罪刑均衡具有重要意义。

平等是指法律面前人人平等，即在适用法律上要求对于不同的人予以平等无差别的待遇。法律面前人人平等是法律公正性的必然要求，也是罪刑均衡问题中的应有之义。中国古代春秋战国时期，法家就提出了法律面前人人平等的主张，

---

① 参见李贵方：《自由刑比较研究》，235页，长春，吉林人民出版社，1992。
② ［德］黑格尔：《法哲学原理》，99页，北京，商务印书馆，1961。

即法不阿贵、刑无等级。商鞅指出:"所谓壹刑者,刑无等级,自卿相将军以至大夫庶人,有不从王令,犯国禁,乱上制者,罪死不赦。有功于前,有败于后,不为损刑。有善于前,有过于后,不为亏法。忠臣孝子有过,必以其数断。"① 这里的"壹刑",就是统一刑度,刑无等级,一断于法。韩非指出:"法不阿贵,绳不挠曲。法之所加,智者弗能辞,勇者弗敢争。刑过不避大臣,赏善不遗匹夫。"② 这就是说,不论任何人犯罪,都应当绳之以法。但是,这种法律面前人人平等的要求,在中国古代社会并没有真正实现。法家的上述主张,也只能成为建立新的法律特权的工具而已。正如我国学者瞿同祖指出:封建政治解体以后,大一统的中央集权政治消灭了原有的许多封建单位,各自为政的政治制度、法律制度有了新的需要,也就不能保持原有的形态与机构。不再容许各个政治单位不同的法律的存在,而代之以大一统的同一法典。这个法典是国家的,或是皇帝的,而不再属于贵族了。这时只有他是立在法律以外的唯一的人,法律是他统治臣民的工具,主权命令全国所有的臣民——治人者和治于人者,贵族和平民——都遵守这部法典,一切人都在同一司法权以下,没有任何人能例外。这样便打破了某一种人不受法律拘束,刑不上大夫的传统习惯。我们只能说法律在秦、汉以后有了进一步的平等,贵族不再能置身法外,却断不能过分夸张地说,秦、汉以后的法律已由不平等而进至绝对的平等,武断地说贵族和平民处于同等法律地位。古代的法律始终承认某一些人在法律上的特权,在法律上加以特殊的规定,这些人在法律上的地位显然是和吏民迥乎不同的。③ 中国古代存在的法律特权,使罪刑均衡所要求的同罪同罚,即犯罪之间的刑罚均衡始终没有实现。

在一个没有法律特权的社会,法律面前是人人平等的,即不因身份的差别而影响犯罪的大小及其刑罚的轻重。但是,法律面前人人平等并不是无差别的绝对同等待遇。事实上,罪刑均衡本身也是建立在区别的基础之上的。不考虑差别的绝对同罪同罚,并不是罪刑均衡的全部内涵。因此,为实现罪刑均衡,就要在司

---

① 《商君书·赏刑》。
② 《韩非子·有度》。
③ 参见瞿同祖:《中国法律与中国社会》,207~208页,北京,中华书局,1981。

法过程中，对各种情况作出细致的区分，使其各得其所。对此，孟德斯鸠有过十分精辟的论述，他指出：在我们国家里，如果对一个在大道上行劫的人和一个行劫而又杀人的人，判处同样的刑罚的话，那便是很大的错误。为了公共安全起见，刑罚一定要有一些区别，这是显而易见的。在中国，抢劫又杀人的处凌迟，对其他抢劫就不这样。因为有了区别，所以在中国抢劫的人不常杀人。在俄罗斯，抢劫和杀人的刑罚是一样的，所以抢劫者经常杀人。① 应当指出，刑事古典学派注重对犯罪行为的区别，将各种不同的行为予以类型化，据此体现罪刑的均衡性。但这种均衡只是一般均衡，更多的是表现为立法上的均衡。而刑事实证学派则注重对犯罪人的区别，强调刑罚个别化。实际上，这种个别化就是个别均衡。因此，刑罚个别化也是罪刑均衡的基本意蕴。由于个别化原则的贯彻，就出现了同罪异罚。我认为，这种同罪异罚并不违反罪刑均衡原则，而是在更为公正的基础上实现罪刑均衡。由于刑事实证学派以人身危险性为根据建立刑罚个别化理论，因而更为关注司法上的罪刑均衡。我认为，在司法活动中，为了实现罪刑均衡，刑罚的一般化与个别化具有同样的意义。正如日本学者指出：量刑被广泛地委于裁判所的裁量，这是因为存在多种多样的犯罪形态和行为者特有的情况。但是这绝不意味着可以允许法官主观的随意性，量刑必须是具有客观性、合理性的过程。如果量刑仅仅依存于法官主观的裁量，就会产生量刑的不均衡，从而有违反形式的平等原则之虞。②

在司法活动中正确处理平等与区别的关系是一个极为复杂的问题。在裁量刑罚的时候，平等要求刑罚一般化，实现形式上的公正性；而区别要求刑罚个别化，实现实质上的公正性。应该说，形式公正与实质公正并非对立而是辩证统一的。唯此才能实现科学意义上的罪刑均衡。

(二) 感情与理智

罪刑均衡是通过司法活动实现的，而司法活动的主体是人——法官。人不是

---

① 参见 [法] 孟德斯鸠：《论法的精神》（上册），92页，北京，商务印书馆，1961。
② 参见 [日] 中曾根彦：《量刑基准》，载《中日刑事法若干问题——中日刑事法学术讨论会论文集》，50页，上海，上海人民出版社，1992。

机器，具有感情和理智。那么，在刑事司法中，如何认识感情与理智的关系呢？这个问题对于罪刑均衡的实现也具有一定的意义。

在司法活动中，法官的感情与理智的因素都是客观存在的。那么，是掺杂感情好呢？还是更为理智一些好？对于这个问题，在理论上存在不同的认识。刑事古典学派要求法官是一个理性人，因而反对法官在审理案件时掺杂感情因素。尽管贝卡里亚承认我们的知识和我们的观念是相互联系的，知识愈是复杂，观点的差距也愈大。每个人都有自己的观点，在不同的时间里，会从不同的角度看待事物。但贝卡里亚主张法官应当摈弃感情的因素，甚至认为法官应当逐字遵守法律。① 而刑事实证学派则主张给予法官更大的自由裁量权，并不反对法官个性对于判决的影响。菲利指出：从总体上看，法官个人品性对政府的质量具有很大影响。如果没有好的法官来实施，最有学术价值和崇高的法典也不会产生多大效果。但是，如果有好的法官来实施，即使法典或法令不太完美也不要紧。② 我认为，法官在裁量刑罚的时候，理智无疑是重要的，但感情也具有一定的意义。当然，这里的感情不是个人的偏见和偏执，更不是法官的任性。特拉伊宁在批判法官的法权意识应当成为法院判决的基础这一观点时，引用了马克思关于对克里恩联盟的主席哥特沙尔克和他的同伙的审判案的一段精辟评论：良心，是以人的意识和他的整个生活方式为转移的。主张共和政体者的良心是一种，主张君主政体者的良心则又是一种；有产者的良心是一种，无产者的良心则又是一种；好思考的人的良心是一种，而从来不加以思索的人的良心则又是一种。被邀请担任陪审官义务的人只有一种资格，那就是经审查合格的良心。特权者的"良心"，就是特权的良心，问题也就在这里。③ 在此，马克思指出了良心的相对性，以及良心是受社会生活条件制约的，这无疑是正确的。当然，我们不能得出结论，认为法官的良心在司法活动中毫无价值。实际上，在法律的范围之内，尊重法官的良心的选择，承认案件审理中法官感情的作用，还是很有必要的，也有利于实现罪刑

---

① 参见［意］贝卡里亚：《论犯罪与刑罚》，13页，北京，中国大百科全书出版社，1993。
② 参见［意］菲利：《犯罪社会学》，120页，北京，中国人民公安大学出版社，1990。
③ 参见［苏］特拉伊宁：《犯罪构成的一般学说》，24页，北京，中国人民大学出版社，1958。

均衡。现在提出一种电脑量刑的方法，如果量刑电脑化，那么，法官的个人感情因素就会完全排除。这种设想虽然很好，但实行起来相当困难。更为重要的是，电脑是人操作的，不能完全取代人脑。而且，即使采用电脑量刑，也很难保证判决结果完全公正合理。因为电脑的软件是以一般情况为基础设计的，它不能像法官那样直接去感悟个别情况，因而难免机械。更何况，罪刑均衡虽然是一种客观状态，但它是由人来体认的，因而具有主观感受性。只有法官依照自己的切身体认作出的判决，才更加合乎情理，也更能体现罪刑均衡。

（三）定罪与量刑

定罪与量刑是刑事审判前后衔接的两个环节。当我们提到罪刑均衡，更多的人会把它仅仅理解为一个量刑的问题。实际上，罪刑均衡贯彻于定罪与量刑的整个过程。我国学者王勇在论及定罪对量刑的作用时指出：定罪是以犯罪构成为根据的，但犯罪构成的要件并不仅仅是作为定罪的根据或标准而存在的，它们同时也是作为量刑的情节而存在的。但是，同样是一个事实，当它作为犯罪构成要件时，和当它作为量刑情节时所要说明的角度是不同的。犯罪构成着重于事实的存在，如果这一事实是存在的，那就足以说明对之定罪的缘由了。而量刑情节则主要着眼于事实如何，也即事实的具体表现。可见，犯罪构成要件是量刑情节中最重要的组成部分，这也正是定罪决定量刑的基本理由之一。[①] 因此，定罪既是量刑的前提，也是量刑的基础。罪刑均衡既涉及定罪，又涉及量刑，是定罪与量刑的统一。如果不能正确地定罪，那么，量刑也就必然失当。所以，不能把罪刑均衡仅仅理解为是一个量刑的问题，也不能将之归结为仅是一个量刑原则，而是应当看到定罪对于实现罪刑均衡的意义。同样，罪刑均衡原则也制约着定罪。因此，罪刑均衡是刑法基本原则，是刑法的精髓之所在。

(本文原载《中央检察官管理学院学报》，1997（2）)

---

① 参见王勇：《定罪导论》，262页，北京，中国人民大学出版社，1990。

类推适用论

一、法无明文规定的认定

根据我国《刑法》第79条的规定，只有对刑法分则没有明文规定（简称法无明文规定，下同）的犯罪才能适用类推。既然法无明文规定是类推适用的重要前提，那么，如何认定法无明文规定呢？我们认为，我国《刑法》第79条之所谓"法无明文规定"，不仅指法律没有字面规定，并且指法律没有逻辑包括。也就是说，法律规定包括两种情况：一是显形规定；二是隐形规定。显形规定是指字面上的直观规定，而隐形规定是指内容上的包容规定，显形规定通过字面就可以确定，而隐形规定则一般通过字面难以确定，须通过对内容的逻辑分析才能确定。显形规定，固然是法有明文规定，因而不得适用类推。隐形规定，也是法有明文规定，同样不得适用类推。只有在法律既无显形规定又无隐形规定的情况下，才能认为是法无明文规定，才能根据我国《刑法》第79条的规定适用类推。

我国刑事立法经常采用空白罪状、概况规定和在其他经济行政法规中规定刑

事罚则等立法方式。我国刑事司法经常采用扩张解释、案例示范等司法方式。在上述情况下,如何确定它们与法无明文规定之间的关系,从而正确地适用类推,是一个具有现实意义的问题,下面分别加以探讨。

(一) 空白罪状与法无明文规定

我国刑事立法经常采取空白罪状的立法方式,因为它具有包容性、超前性等特点,是协调刑法与其他经济行政法规之间关系的一种有效手段。例如,我国《刑法》第117条规定,"违反金融、外汇、金银、工商管理法规,投机倒把,情节严重的,处三年以下有期徒刑或者拘役,可以并处、单处罚金或者没收财产"。这就是典型的空白罪状。该法条对投机倒把行为的具体特征并无规定,而是参照有关金融、外汇、金银、工商管理法规。因此,凡是违反金融、外汇、金银、工商管理法规的行为都可以依照《刑法》第117条论处,不得视为法无明文规定。但是,为了司法实际工作的需要,有的司法机关对投机倒把行为作了司法解释。如果出现了司法解释规定以外的投机倒把行为,是否认为属于法无明文规定而需要类推呢?例如1985年7月8日,最高人民法院、最高人民检察院《关于当前办理经济犯罪案件中具体应用法律的若干问题的解答(试行)》规定了8种投机倒把行为,其中并未包括非法印刷牟利的投机倒把行为。对此,是适用类推还是直接以投机倒把罪论处?我们认为,在这种情况下不应视为法无明文规定。因为在空白罪状的情况下,刑法对某一犯罪的规定是"形式"意义上的,其实质内容取决于参照法规。因此,尽管有关司法解释未将某一参照法规规定的违法行为包括进去,但根据刑法的规定和参照法规以及案件的具体情节已经构成犯罪的,仍然应视为法有明文规定,不适用类推。

(二) 概括规定与法无明文规定

所谓概括规定,是指法律对某一问题所作的不是明确而是抽象的规定,这些规定具有一定的弹性,允许司法机关根据实际情况作出相应的解释。例如,《刑法》第123条规定,"伪造支票、股票或者其他有价证券的,处七年以下有期徒刑,可以并处罚金"。在这一条文中,规定了伪造"其他有价证券"的行为,并把它与支票、股票相提并论。在刑法理论上,一般将这里的"其他有价证券"解

释为存折（包括定期存款单）、公债券、国库券以及其他货币凭证。因此，在司法实践中，遇到伪造存折、公债券、国库券等的行为时，虽然刑法上没有具体规定，但也不能将其视为法无明文规定而适用类推，应视为刑法已经加以概括规定，直接依照《刑法》第123条论处。

（三）其他经济行政法规规定的刑事罚则与法无明文规定

我国有些经济行政法规具体规定了对刑法分则中没有明文规定的某种行为，可以比照刑法分则中某一条文定罪判刑。这种情况，称为立法类推。对此，可以直接按照其他经济行政法规和刑法的有关规定处理，不应视为法无明文规定。例如《专利法》第63条规定假冒他人专利情节严重的，比照《刑法》第127条的规定追究刑事责任。在这种情况下，规定是明确的，适用上不会发生疑问。但在另一些情况下，经济行政法规的规定尚欠明晰，在适用上不无值得探讨之处。例如，我国《刑法》第164条规定的制造、贩卖假药罪，未包括劣药。1984年通过的《药品管理法》第51条规定，对生产、销售劣药，危害人民健康，造成严重后果的个人或单位的直接责任人员，比照《刑法》第164条处理。这一规定属于法有明文规定，不必适用类推，一般也不会产生疑问。但值得注意的是，1987年国务院发布的《兽药管理条例》第44条规定，生产、经营假、劣兽药，情节和后果严重，构成犯罪的，应由司法机关依法追究刑事责任。这一规定是否属于法有明文规定？这个问题值得研究。《刑法》第164条规定的制造、贩卖假药罪，侵犯的客体是人民健康，而生产、经营伪劣兽药，则不存在侵犯人民健康的问题。因此，《兽药管理条例》第44条不能视为对制造、贩卖假药罪的明文规定。生产、经营伪劣兽药的行为是否属于法无明文规定，应当适用类推呢？回答是否定的。我们认为，生产、经营伪劣兽药的行为完全符合司法解释关于投机倒把的规定，应按照《刑法》第117条以投机倒把罪论处。

（四）扩张解释与法无明文规定

在法学理论上，扩张解释是指为了符合立法原意，把法律条文的字面含义扩充到立法原意，只适用于解释字面含义狭于立法原意的法律条文。凡根据扩张解释可以把法条字面上没有的含义，包括在某一条文之中的，就没有必要适用类

推。例如,《刑法》第 122 条规定了伪造国家货币罪。伪造外汇兑换券应如何论处呢?笔者认为,可以把外汇兑换券通过扩张解释包括在国家货币的概念里,而没有必要适用类推。当然,扩张解释不可滥用,应该类推的不能适用扩张解释。例如《刑法》第 124 条规定的伪造有价票证罪,这里的有价票证列举了车票、船票、邮票、税票、货票,但并未规定飞机票。在司法实践中遇到伪造飞机票的案件,是实行扩张解释还是适用类推?应该是后者而非前者。因为条文中之所以未提及飞机票,是考虑到在立法时不可能出现伪造飞机票的案件。现在如果发生这种案件,自然应适用类推。

(五) 案例示范与法无明文规定

我国当前的司法体制虽然还没有建立判例制度,但最高人民法院经常发布一些典型案例,指导各地司法实践。这些案例中,有的涉及法律适用问题。对于法律规定不明确的,通过案例示范予以明确。例如,《最高人民法院公报》1987 年第二号公布了李某等 5 人投机倒把、受贿案。李某在该案中虽然没有中饱私囊,但对单位进行投机倒把活动,负有主管责任,必须依法惩处。这一案例明确了单位主管人员虽然没有中饱私囊,但对单位投机倒把行为也应负刑事责任。对于这种情况,不得视为法无明文规定而适用类推。

二、最相类似的认定

根据我国《刑法》第 79 条的规定,类推必须比照刑法分则中最相类似的条文。那么,什么是最相类似呢?我认为,所谓最相类似,是指被比照的条文所规定的犯罪与比照的犯罪相比较,在所有刑法分则条文规定的犯罪中,相对来说是大同小异的。这里的大同,是表现在适用类推定罪判刑的行为按其性质和危害程度以及应受刑罚的轻重程度同刑法分则某一条文的规定基本上相同。这里的小异,是指在某些方面存在差别。如果不是大同小异,而是大异小同,那就不能认为是最相类似。

在刑法颁行之初,一般认为适用之所谓最相类似,是指在犯罪的客观方面最

相类似可以类推,而犯罪的主体、客体和罪过形式都不允许类推。但现在我国刑法学界对这种传统观点提出质疑,认为犯罪客体可以类推、过失犯罪可以类推、犯罪主体也可以类推。下面,我对最相类似的认定问题分别加以探讨。

(一)犯罪客体与最相类似

犯罪客体是决定犯罪性质的首要因素。那么,犯罪客体不同是否可能最相类似呢?对于这个问题,刑法理论上的通说是持否定态度的,认为客体完全不同,行为性质也就不同,说不上最相类似。例如,人身权利和财产权利根本不同,因此,侵犯财产的行为不能比照规定侵犯人身权利罪的条文定罪判刑。对于客体不同能否认为是最相类似从而是否可以类推的问题,不可一概而论。根据我国刑法理论,犯罪客体有一般客体、同类客体和直接客体之别。从逻辑上说,不存在一般客体不同而需要类推的问题,同类客体不同,犯罪的性质也就不同,因而也不存在最相类似的问题,不得类推。那么,直接客体不同是否可以类推呢?回答是肯定的。因为如果只是犯罪的直接客体不同,而主观罪过、客观方面等都相同,并且侵害的是同类客体,应当认为是最相类似,可以类推。例如,破坏个体生产与破坏集体生产,同类客体相同,直接客体不同,客观方面、主观故意等内容都相同,可以认为是最相类似,对破坏个体生产的行为可以按照破坏集体生产罪类推定罪判刑。因此,一概认为客体不同不能类推,或者一概认为客体不同可以类推的观点,都是值得商榷的。

(二)犯罪主体与最相类似

犯罪主体对于犯罪性质也具有决定作用。有些犯罪,法律规定必须具有特定身份才能构成,不具有这种特定身份的,不能构成。这种犯罪在刑法理论上称为身份犯,其犯罪主体称为特殊主体。法律对于犯罪主体没有这种特殊要求的,该犯罪主体就是一般主体。那么,一般主体能否与特殊主体最相类似呢?在这个问题上,传统观点认为实行类推行为的主体和比照条文中所规定的犯罪主体应当相同。因此,适用于国家工作人员的条文,就不能类推适用于非国家工作人员。现在我国刑法学界有人提出,主体身份不同也可以类推。对于这个问题,到底应当如何认识呢?这就要对刑法规定特殊主体的具体情况加以分析。我国刑法分则规

定特殊主体大体上存在以下两种情况：第一是犯罪行为与职务直接相联系的，在法条表述上往往使用"利用职务上的便利"这一限制词，例如《刑法》第185条规定的受贿罪。对于这些犯罪，笔者认为不能被比照类推。因为没有国家工作人员这一身份，就没有职务上的便利，所以虽然行为相类似，犯罪性质却大相径庭。第二是犯罪行为与职务关系不大或者基本上没有关系。在这种情况下，法律之所以将犯罪主体规定为特殊主体，主要是根据立法当时的客观情况作出的规定。现在情况变化了，在司法实践中提出了能否类推适用的问题。在这种情况下，可以认为是最相类似，应当容许类推。

（三）主观罪过与最相类似

故意犯罪与过失犯罪之间，罪过形式不同，不能认为是最相类似，这是毫无疑问的。故意犯罪之间可以类推，这也是通说。当然，目的犯与非目的犯之间也不能认为最相类似。例如，我国《刑法》第124条规定的伪造有价票证罪，必须以营利为目的。如果没有这一特定目的，不能比照该条类推定罪判刑。那么，过失犯罪之间能否认为是最相类似因而适用类推呢？我国刑法学界对此存在否定与肯定两种观点。据此，我们认为，从整个刑法的立法精神上来理解，刑法打击的锋芒主要是故意犯罪，而过失犯罪只占极少数。所以，对于刑法无明文规定的过失行为，一般不实行类推定罪判刑，而采取其他方法处理，是比较适当的。

（四）客观方面与最相类似

在犯罪构成的四个要件中，适用类推的情况主要发生在其他要件相同而客观方面不同的场合。主要表现为下述两种情况：一是行为方式不同。例如我国《刑法》第122条只规定了伪造货币罪，没有规定变造货币罪。变造与伪造，行为方式不同，但属于最相类似，可以适用类推。二是行为对象不同。例如我国《刑法》第124条只规定了伪造车票、船票、邮票、税票、货票等有价票证，而没有规定伪造飞机票。伪造飞机票与伪造其他有价票证，行为对象不同，但属于最相类似，可以适用类推。

（本文第一部分原载《法制日报》，1990－09－10；第二部分原载《法制日报》，1990－11－08）

法律解释的基本理念

关于法律解释，在法学理论中存在各种不同的观点。在刑法学领域内，刑事古典学派与刑事实证学派对法律解释的认识大相径庭。本文试图在解释学的指导下，对法律解释的基本理念加以阐述。

一

刑事古典学派以严格限制法律解释而著称。贝卡里亚甚至否认法官对法律的解释权，指出：刑事法官根本没有解释刑事法律的权利，因为他们不是立法者。他认为，法官应当逐句适用法律，不必探询法律的精神。如果把"法律的精神需要探询"视为公理，那么，再没比这更危险的公理了。采纳这一公理，等于放弃了堤坝，让位给汹涌的歧见。在贝卡里亚看来，这一道理已能证实。而在凡人看来却似乎是奇谈怪论，他们往往只感触到眼前的一些小麻烦，却察觉不出在一个国家已根深蒂固的荒谬原则所产生的致命而深远的结果。之所以说解释法律会带来致命的结果，是因为我们的知识和观念是相互联系的，知识愈是复杂，观点的差距也愈大。每个人都有自己的观点，在不同的时间里，会从不同的角度看待事

物，因而，法律的精神可能会取决于一个法官的逻辑推理是否良好，对法律的领会如何；取决于法官与被侵害者间的关系；取决于一切足以使事物的面目在人们波动的心中改变的、细微的因素。所以，我们可以看到，公民的命运经常因法庭的更换而变化。不幸者的生活和自由成了荒谬推理的牺牲品，或者成了某个法官情绪冲动的牺牲品。因为法官把从自己头脑中的一系列混杂概念中得出的谬误结论奉为合法的解释。我们还可以看到，相同的罪行在同一法庭上，由于时间不同而受到不同的惩罚。原因是人们得到的不是持久稳定的而是飘忽不定的法律解释。贝卡里亚承认法律存在含混性，因此，严格遵守刑法文字可能会遇到麻烦，但他又认为这种麻烦不能与解释法律所造成的混乱相提并论。因为这种暂时的麻烦促使立法者对引起疑惑的词句作必要的修改，力求准确，并且阻止人们进行致命的自由解释，而这种自由解释正是擅断和徇私的源泉。贝卡里亚满怀深情地写道：当一部法典业已厘定，就应逐字遵守，法官唯一的使命就是判定公民的行为是否符合成文法律。当既应指导明智公民又应指导无知公民的权利规范不再是争议的对象，而成为一种既定事物的时候，臣民们就不再受那种小型的多数人专制的摆布，受难者与压迫者间的距离越小，这种多数人专制就越残忍；多数人专制比一人专制更有害，因为，前者只能由后者来纠正，并且一个专制的残暴程度并非与它的实力成正比，而是同它遇到的阻力成正比。①

　　贝卡里亚深受法国启蒙学家孟德斯鸠的影响，自称是循着这位伟人的光辉足迹前进，在对法律解释的态度上也是如此。孟德斯鸠明确表示：在共和国里，政制的性质要求法官以法律的文字为依据；否则在有关一个公民的财产、荣誉或生命的案件中就有可能对法律作有害于该公民的解释了。②应该说，贝卡里亚否定法官具有法律解释权，只是一种严格限制法官脱离法律的字面含义，任意解释法律，从而导致司法擅断的措施，意在保障公民的安全与自由。但适用法律必然包含着对法律的解释，即使是字面含义也还是存在一个理解的问题，要害只在于解

---

① 参见［意］贝卡里亚：《论犯罪与刑罚》，13页，北京，中国大百科全书出版社，1993。
② 参见［法］孟德斯鸠：《论法的精神》（上册），76页，北京，商务印书馆，1961。

释的限度。贝卡里亚对法律严格解释的观点与他对成文法的推崇是一脉相承的,他认为基于立法者的理性能够创造一部完美的成文法典,即所谓"理性的立法者"的设定,法官的任务只是适用法律,而无权通过解释来修改法律。即使法律存在含混性,也应当通过立法的形式加以完善。

  刑事实证学派摈弃了刑事古典学派拘泥于法律字面的严格解释主义,主张可以在允许的条件下对法律作出较为灵活的解释。菲利承认司法与立法之间的界限,认为司法不应侵越立法,指出:司法机构的职责首先是遵循和适用成文法。因为我们一旦承认法官(无论是民间的还是专业的)可以修改法律,那么就会失去所有的自由保证,个人的权力就成了无限的了。[①] 但菲利同时肯定法律总是具有一定程度的粗糙和不足,难以适应现代社会的需要。因此,应当允许法官根据具体案件作出适用法律的司法解释。边沁在《法律通论》一书中谈到从严解释与自由解释的区别,指出:如果你赋予立法者一种意图,认为这种意图是其在制定该法时真正具有的,这即可称为从严解释;如果你赋予立法者一种意图,但由于他疏忽大意,在立法时未予考虑,因而,假使当时有一种要求解释的情况摆在立法者面前,他一定会具有这一意图,你通过对法律进行这样的解释来实施这种意图,仿佛立法者实际上就是这么规定的,则可称这为自由解释。根据边沁的看法,自由解释又分为扩充解释和限制解释。扩充解释是将一法规适用于依照字面解释属于法律文字规定以外的案情;限制解释则是使某一法规不适用于依字面解释属于其法律文字规定范围内的案情。边沁认为,这两种解释都要改变法律:解释即成了改变的委婉说法。于是,一方面,扩充一项旧法实际上等于确立一项新法;另一方面,限制一项旧法等于废除了这项法律。以这种方式作出的改变同一般的改变的唯一区别是,这种改变不超出立法者的意图,或者不超出只要有争议的情况被提到立法者眼前,立法者就可能具有的意图,即不超出立法者实际的或假设的意图。因此,如果要制定一个新的法律,则必须依照这一模式制定,并带有某些旧法的内容;如果要废除一部分旧法,则仅仅是这样一部分,即假使有争

[①] 参见[意]菲利:《犯罪社会学》,126页,北京,中国人民公安大学出版社,1990。

议的具体情况摆在立法者面前，可以猜想他自己就会废除的这一部分。边沁不反对自由解释，他认为这种解释是司法权的微妙而又重要的分支，对之让步要承担风险，否定它又会造成危害。① 刑事实证学派在法律解释上，倾向于自由解释，当然这种自由解释不是恣意的解释，而是有一定限度的。其理论根据是由于人的理性能力的局限性，不可能制定一部完美的成文法典，而案件事实又是千姿百态的，不可能都与法律规定完全吻合。在这种情况下，法官对法律的解释是必要的，司法解释权是司法权的重要内容之一。

刑事古典学派与刑事实证学派在法律解释上的分歧，可以归纳为主观解释论与客观解释论之争。

主观解释论认为，法律是立法者为社会一般人设计的行为规范，表达了立法者希望或不希望、允许或不允许人们从事什么样的行为的主观愿望，因而法律应该具有明确性。就刑法而言，刑法应以成文法的形式明确规定什么行为是犯罪以及应受何种和何种程度的刑罚处罚。依据法律规定的行为规范，人们就可以在社会生活中设计自己的行为方式，预见到自己行为的法律后果。法律的明确性同时促使法官严格依法办案，在法律规定的权限范围行使权力，禁止法官滥用职权、侵犯公民的合法权利，即使是犯罪人也不应受到不应有的惩罚。而法律的安全价值由此得到保障。法律的这种可示人以规范的明确性是安全价值的保障。因此，任何对法律的解释都是对立法者在立法时表达的立法原意的理解，亦即找出立法原意。由于这种法律解释的主张以立法原意为认识目标，企图达到立法者的主观状况，因而被称为法律解释上的主观解释理论。② 主观说的根据主要在于以下几点：（1）立法行为是立法者的意思认为，立法者透过立法来表示他们的看法和企图。他们借助于法律追求社会目的，这些目的在法律解释中应表现出来。（2）立法者的意思是一种可以借助立法文献加以探知的历史的事实。只要每一个人取向这种能历史地被探知的意旨，执法机关的裁判或决定便不会捉摸不定，而根本地

---

① 参见［英］鲁珀特·克罗斯：《法律解释》，29～30 页，重庆，西南政法学院印行，1986。
② 参见王平：《论我国刑法解释的有效性》，载《法律科学》，1994（2），30 页。

动摇法的安定性。(3) 依据权力区分的原则，执法机关应依法裁判或决定，而法律则只能由立法机关来制定。因此，立法者的意思，在法律的适用上应为决定性的因素，从而法律解释即应以探求立法者的意思为目标。①

客观解释论认为，法律是社会的产物，法律解释必须符合实际的社会生活。因此，所谓"客观"在词义上是指客观的社会现实的需要，以此对应于主观解释理论主张的立法者的主观状况。客观解释论者指出，法律并非死文字，而是具有生命的、随时空因素的变化而变化的行为规范。立法者一旦颁布了法律，法律便随着时间的变化而逐渐地并越来越远地脱离立法者而独立自主地生存下去，并逐渐地失去了立法者赋予它的某些性质，获得了另外一些性质。法律只有在适应新的社会需要的情况下才能保持活力。激进的客观解释论者认为所谓立法意图只是一个纯属虚构的概念。从否定立法意图开始，法官对法律的解释逐渐演变成在法律解释的名义下对法律的创造，即法官造法。② 客观解释论的根据在于：(1) 法律自从颁布时起，即与立法者脱离关系。法律思想也在那时确定下来。因此，裁判应在法律内，而不是法律外找依据。法律规范经常是从同时或先后颁布之不同的法律章节、条文摘取或归纳出来。这个事实也说明了法律与立法者（的意思）并非一体这件事实。(2) 依据客观解释论的立场去做，可以提高法的安定性。法的安定性的保障，以文义解释为必要。当初法律是因习惯法的不确定性而被颁布。如果法律解释以立法者的意思为基准，那么人们势必再求助于那一堆一般人接触不到的庞杂烦琐的立法资料。从而，事实上，受法律规范的人，将无法认知法律的所在。法律必须以那人人得认知的意旨为意旨，盖人民因法律而负义务，同时依法形成自己的法律关系。除此而外，人民在这种情况下，也较容易对治权加以控制。③

在上述观点中，激进的客观解释论显然有悖于"解释"一词的原意，从而混淆了立法与司法的界限。在此，有必要对"解释"一词加以科学界定。解释一

---

① 参见黄茂荣：《法学方法与现代民法》，增订3版，275页，台北，台湾大学印行，1993。
② 参见王平：《论我国刑法解释的有效性》，载《法律科学》，1994 (2)，31页。
③ 参见黄茂荣：《法学方法与现代民法》，增订3版，297~298页，台北，台湾大学印行，1993。

词，字面含义是指分析说明。在解释学（Hermeneutics，又译为释义学）中，解释（Hermes）来自一个希腊神话。Hermes是古希腊神话中专司向人传递诸神信息的信使。他不仅向人们宣布神的信息，而且还担任了一个解释者的角色，对神谕加一番注释和阐发，使诸神的意旨变得可知而有意义。因此，解释主要是指在阿波罗神庙中对神谕的解说。由此衍生出两个基本的意思：（1）使隐藏的东西显现出来；（2）使不清楚的东西变得清楚。[1] 由此可见，解释不同于创作，而颇类似于翻译，它是以一定的客体（往往是文本）为前提的，是在对文本所包含的意义理解基础上的阐发。创作虽然亦有所本，但其所本的客体并非一定的文本，而是直接面对社会生活的一种精神性创造。立法，根据马克思的说法，是将一定的客观规律以法律条文的形式确认下来。虽然马克思在谈到立法对客观规律的反映时使用过"翻译"一词，但这只是借喻而已。立法是否反映客观规律及反映得好坏，这是评价立法的一个客观标准。但立法者在立法的时候，有着充分的自由度。解释则有所不同，它受到文本的限制，不是像立法那样是一种从无到有的确立，而是一种从隐到显的阐发。法律解释更是如此，它只是把已经或者应当包含在法律文本中的意义（可以称之为立法意蕴）阐发出来。因此，离开了法律文本的意义，像激进的客观解释论者所主张的那样，从根本上否认立法意图的存在，就已经不是在解释法律，而是在创制法律了。因此，只有从解释的特定含义出发，才能进一步阐发如何解释的问题。

二

关于如何解释，主观解释论与客观解释论之争，十分类似于中国古代的我注六经与六经注我之分。对此，有必要在解释学理论的指导下加以研究。

解释学在18、19世纪之交，发生了一场由传统解释学到现代解释学的骤变。传统解释学的初始形态是神学解释学，它是指把《圣经》等圣典中蕴含的上帝的

---

[1] 参见张汝伦：《意义的探究——当代西方解释学》，3～4页，沈阳，辽宁人民出版社，1986。

意图，通过语言的解释和注释，揭示昭明的过程和方法。这种宗教信仰上的解释目的，决定了解释的取向如何发现和理解那已假定蕴藏在圣典中的上帝的意图（intention）。在这种取向中，理解的对象，即神的意图，被视作独立存在于理解之先、理解之外的东西。理解的目的，是要发现并再现它的对象的真实意图。理解应当调动起一切认识手段，包括文学考证、句法分析、了解意义的背景（context）等方法，去实现在圣典中发现作品真实的目的。神学解释学在这种信念的驱使下，格外关心圣典文字背后的"意图"，或"原意"［the original intention (of God)］，文字的考证和注释也因此发达起来，促进了文字学的长足发展。文艺复兴以后，随着人文主义的勃兴，神学的解释学方法应用于对世俗的典籍的解释，使解释学不再局限在圣经理解的狭小天地里，使之成为整个人文科学的一般方法论，广泛运用于史学、文学、哲学与法学。在这种情况下，解释学不再拘泥于传统的语法解释方法，而辅之以心理解释，解释成为一种心理上的转换过程，即由解释者的心境，通过掌握理解的艺术，转变进入被解释作品的意境，从而完成了从传统解释学向现代解释学的嬗变。传统解释学主张"原意"说，该说直接或间接地建立了以下三个假定：（1）意蕴（meaning）是在作品自身；（2）作品的意蕴先于理解作品而自在；（3）作品的重要性（significance）依时代变动而变化，但作品自身的意蕴不随时代而异。而现代解释学则提出了不同于传统解释学的以下三个假定：（1）作品的意蕴只出现在作品与解释者的对话之中；（2）作品的意蕴不能离开解释者的理解而独立自在；（3）作品的重要性依时代而改变，作品的意蕴也因时代而异。[①] 这样就提出了以下三个值得研究的问题。

首先，语言与意蕴的关系。这也就是所谓言与意的关系。语言是一种沟通人的心灵的工具，语言有书面语言与口头语言之分。书面语言与口头语言相比较，存在一个明显的区分：书面语言使理解语言者与使用语言者之间，失去了一个像在口语言谈中所出现的直接对话的语言理解环境。在言谈中对话者直接可由相互语言交流去证实谈话者的意图，或原意，而在理解文本中，尤其是理解不同时代

[①] 参见殷鼎：《理解的命运——解释学初论》，58页，北京，生活·读书·新知三联书店，1988。

的作品时，除文本已有的书面文字之外，作者是沉默的，他不能像言谈中那样，去肯定、证实或否定、修正对话者对他意图的理解和猜测。解释者除依赖他自己对文本书面文字的理解去窥视、猜测作者的意图外，别无他途。而且，文本的作者与文本的文字语言之间也存在一定的距离。作者的意图与他由文字表达出来的东西常常不尽相同。这就出现了所谓"言不尽意"，语言没有确切地表达出作者想要表达的意蕴。言不尽意表现了作者语言能力的局限性，也是由语言歧义性造成的，难以完全避免。因此，绝对地还原文本的原意存在语言上的障碍。在这层意义上说，意蕴并非自在于文本之中，而只存在于文本与解释者的对话之中。解释的过程，可以看作是一种对话过程。

其次，意蕴与解释的关系。这里涉及上述第二个假定：文本的意蕴是否离开解释而独立存在？换言之，在解释文本之前，是认定文本中已包含可独立于理解之外的意旨或意蕴，还是假定文本的意蕴仍处于未定状态，只有理解才能确定和完成它？如果按照前一种解释的取向，认定意蕴已先于解释和理解而潜伏在文本中，解释的任务就一定会被规定为去发现这种本有的意蕴（original meaning）。而解释的成败，要由是否在理解中再现或复原出原意来判别。如果循着后一种解释的取向，设想文本的意蕴仍在时间中流动而未定，解释的取向便会致力于把意蕴在文本中的未定模糊状态，在理解中固定成形并明晰起来。按照现代解释学的观点，解释永远不可能发现及完整重现作者的原意；而且，解释的目的也不是要去发现原意。现代解释学认为，文本作为文字上的存在与文本作为意蕴上的存在是两个不同的问题。没有被解释的文本，仅是文字上的存在，文本的意蕴则须存在于解释之中。文本的意蕴，在降生于作者的笔下之后，只有在解释中才能保持其生命力。文本的意蕴，并非一个由作者填充和密封的邮袋，在解释中原封不动地传递下去。历史通过解释，不停地解开这个邮袋，补充上新内容，同时改变或卸除邮袋里原有的负载。

最后，解释与现实的关系。解释者是生活在现实中的人，他本身具有一种"前识"（preunderstanding）。在现代解释学中，前识也被称为前理解或先见，来自视野或境界一词。视野或境界是现代解释学中一个描述理解形成过程的含义十

分广泛的概念。它本是借用了一个形象的词汇——地平线，喻指理解的起点，形成理解的视野或角度，理解向未知开放的可能前景，以及理解的起点背后的历史与传统文化背景。这一切构成了解释的必要条件，就称为前识。因此，在解释某一文本的时候，解释者的头脑不是白板一块，而是具有一定的前识。在这种情况下，文本的意蕴会因人而异、因时而异。

从法律解释的角度上来看，尽管不像文学作品的解释那样更多地注重审美价值，而主要在于其功用价值，但在基本理论上仍有相通之处。在法律解释中是探寻立法原意还是确认立法意图，往往成为一个难以解决的问题。在英美法系中，没有立法原意与立法意图之区分，两者统一称为立法意图（the intention），但立法意图被区分为两层含义：一是立法机关在制定该法律规范时的意图，二是指立法机关所制定的法律在客观上表现出来的意图。前者为立法意图的主观说，后者为立法意图的客观说。[①] 我国刑法学界对于立法意图与立法原意的使用也没有严格的界限。例如有人将立法原意界定为立法者以法律条文所表达的意图。[②] 还有人将立法意图理解为蕴含在法律条文之中的，立法者规定该条文所要达到的一定目的或要求。[③] 从上面两个定义来看，虽然其分别称为立法原意与立法意图，但其内容却并无差别。值得注意的是，我国刑法学界有人主张将立法原意与立法意图这两个概念加以区分，认为所谓立法原意是指立法者在立法时赋予刑法条文的原初含义，而所谓立法意图是指立法者在刑法条文中表达的立法目的。[④] 我认为，这一区别是十分有意义的。但从理论上来说，立法意图一词仍然给人以较为强烈的主观色彩，因此我主张以立法意蕴取而代之。立法原意是主观的，基本上是确实的，是一种"已死去的意义"（dead meaning）。立法意蕴是客观的，是流动与开放的，是一种"仍活着的意义"（living meaning）。法律解释在很多情况下以阐述立法原意为已足，但在其他一些情况下，由立法的共相性与司法的殊相

---

① 参见郭华成：《法律解释比较研究》，55页，北京，中国人民大学出版社，1993。
② 参见赵秉志等：《刑法和运用与完善》，21页，北京，法律出版社，1989。
③ 参见王勇：《定罪导论》，180页，北京，中国人民大学出版社，1990。
④ 参见王平：《论我国刑法解释的有效性》，载《法律科学》，1994（2），32页。

性之间的矛盾所决定,对于某一司法客体并无明确的立法原意可言。正如英国法学家格雷所说:事实上,当立法机关根本就没有任何意图,它对提出的有关法律问题根本就未考虑过时,当法官不是去决定立法机关考虑并且表达出的意图,而是去猜测立法机关未曾考虑,而一旦面临具体情况就可能有的意图时,所谓的解释就会困难重重。① 因此,法律解释不以探究立法原意为限,而是应当创造性地揭示立法意蕴,并使之能够与现实相吻合。由此可见,法律解释不是机械地复原立法原意,而是能够阐述立法蕴含,包括对法律规定在允许范围内的限制与扩大的解释,乃至于对法律某些漏洞的补救。正如英国丹宁勋爵形象地指出:如果立法者自己偶然遇到法律织物上的这种皱褶,他们会怎样把它弄平呢?很简单,法官必须像立法者们那样去做。一个法官绝不可以改变法律织物的编织材料,但是他可以,也应该把皱褶熨平。②

三

当今世界各国,法律解释都从古典自然法学派的严格解释走向自由解释。这与时代特征及社会变迁有一定的联系。美国法学家埃尔曼明确地指出了这种变化:鼎盛时期的拜占庭文化、18世纪欧洲的开明专制主义、法国的雅各宾派成员以及拿破仑等都同样不愿授予法官解释不明确法律规定的权利。倘需要,法官要从政府的政治机构获取权威性的指导。《拿破仑法典》中的一个条款走得更远,它专门警告法官(第5条):"当审理他面前的具体案件时,不得确立一般的行为规则。"一个世纪以后,另一个国家即瑞士的法典在它的第一个条款中便展示了相反的司法程序的模式:本法典管理它的条款字面或精神规定范围内的一切法律问题。如本法典无可适用之规定,法官得依习惯法决定之,如依习惯法亦无法解决,法官可依他作为立法者所确立的规则决定之。③ 从立法明文禁止法官解释法

---

① 参见[英]普珀特·克罗斯:《法律解释》,33页,重庆,西南政法学院印行,1986。
② 参见[英]丹宁:《法律的训诫》,10页,北京,群众出版社,1985。
③ 参见[美]埃尔曼:《比较法律文化》,209~210页,北京,生活·读书·新知三联书店,1990。

律，到立法明确授权法官解释法律，其间的变化是巨大的。在这种变化的背后，支配着这种变化的是法律文化的发展。

在从严格解释到自由解释的转变当中，法社会学思想起到了巨大的促进作用——学者们发现了法律解释的社会学尺度。日本著名刑法学家牧野英一根据其法律进化论，将法律解释分为三个发展阶段：第一阶段把法看作是神明的命令，与此相对应地进行文理解释；第二阶段把法看作是立法者意志，与此相符合的是进行逻辑解释；第三阶段把法看作是时代精神的体现，对法进行社会学的解释。所谓时代精神是指社会的真正要求和正义以及善良风俗等。因此，如果把社会思想看作是法律的背景的话，就有必要把法律解释从以前的固定公式中解放出来。① 法社会学创始人庞德更是宣称：世界上没有永恒的法律，但有一个永恒的目标，这就是最大限度地发展人类的力量。我们必须力争将一定时间与地点中的法律变成通向一定时间与地点中的目标的工具，而且我们应当通过系统地阐述我们所知道的文明的法律先决条件来完成此项任务。获得这些法律先决条件之后，立法人员便可更改旧条规，创造新条规，以适应这些法律先决条件。法官们便可按照它们去解释法典，解释传统的法律材料；所谓解释，就是通过类推及运用它的办法来发展它们。② 在这里，解释内涵发生了巨大的变化，这就是从古典自然法学派的重视立法原意到法社会学派的发展法律的演变。古典自然法学派反映在刑法理论就是刑事古典学派，在强烈的理性主义支配下，力图建立一个完善的法治国。这个法治国以立法为中心，通过制定完美的成文法典治理整个社会，而法官只不过是法律的操作者，不允许对法律作出解释。即或是解释，也只不过是立法原意的重现。社会生活与经济生活的剧烈变动，打破了古典自然法学派所描述的这一虚幻不实的法律乌托邦。法社会学派基于社会利益的考虑，将法治的重心从立法向司法倾斜，主张赋予法官更大的法律解释权，通过发挥法官的主观能动性，创造性地适用法律，甚至如同庞德所说的那样，发展法律，将法律由僵硬的死法变

---

① 参见徐友军：《比较刑事程序结构》，90页，北京，现代出版社，1992。
② 参见［美］庞德：《法律史解释》，145页，北京，华夏出版社，1989。

为适合现实社会的活法。正如法国最高法院院长巴洛博普罗在1945年一次讲话中指出：当条文以命令形式，清楚明确，毫无模棱两可时，法官必须顺从并遵守。但当条文有些含糊时，当它的意义与范围存在疑点时，当同另一条文对比，在一定程度上内容或者有矛盾，或者受限制，或者相反有所扩展时，我认为这时法官可有最广泛的解释权。他不必致力于无休止地探讨百年以前法典作者制定某条文时是怎样想的；他应问问自己假如今天这些作者制定这同一条文，他们的思想会是怎样的，他应想到面对着一个世纪以来法国在思想、风俗习惯、法制、社会与经济情况各方面所发生的一切变化，正义与理智迫使我们慷慨地、合乎人情地使法律条文适应现代生活的现实与要求。① 在刑法领域中，在刑事实证学派的推动下，法律解释越来越被认为是打破法条死框框的一个手段，赋予法律更大的灵活性，以实现防卫社会之目的。

我国自从刑法颁行以来，以司法解释为主体的法律解释活动十分频繁。主要是由于刑法颁行以后，我国开展经济体制改革，社会进入一个转型期，刑事立法严重滞后于社会生活。在这种情况下，不对法律加以解释，司法活动根本无从进行。因此，司法解释在刑法实施中发挥了不可低估的作用，甚至在一定程度上演变成立法，以至于法院不是在适用刑法，而是在适用司法解释。面对司法解释的频繁出台，我国刑法学界对司法解释作了较为深入的研究。令人遗憾的是，这种研究至今仍在技术层面上徘徊，而没推进到理论的深度。当然，也有个别论文触及了法律解释的本质，提出了有一定的深度的问题。例如有些同志提出我国刑法解释应立足于我国刑法的司法实践，以科学的态度吸收主观解释理论和客观解释理论的精华，建立我国的刑法解释论。这些同志认为，我国刑法解释的有效性原则是建立我国刑法解释论的核心，其内容是：以立法原意为常规，在立法原意与社会现实明显脱节，并且新出现的案件在必要时可以由刑法解释来解决时，以立法意图为补充的刑法解释有效性原则。② 我认为，我国的刑法解释应当立足于我

---

① 参见〔法〕勒内·达维德：《当代主要法律体系》，112页，上海，上海译义出版社，1984。
② 参见王平：《论我国刑法解释的有效性》，载《法律科学》，1994（2），31页。

国刑事立法与刑事司法的实践，在坚持罪刑法定原则，维护刑事立法的权威性的前提下，发挥司法解释的积极作用。因此，刑法解释不能拘泥于立法原意，而应在立法意蕴所允许的范围内，使刑法解释起到阐明立法精神、补救立法之不足的功效。

（本文原载《法学》，1995（5））

法的解释与解释的法

法是需要解释的，法在解释中存在并在解释中发展。当然，也不排除这种可能性：法在解释中迷失，乃至在解释中湮灭。这里涉及一个法解释学的立场问题，本文拟对此略作探讨。

一、法解释的历史命运

解释学一词最早出现在古希腊文中，它的拉丁化拼法是 hermeneuein，它的词根是 Hermes。Hermes 是在希腊神话中专司向人传递诸神信息的信使。他不仅向人们宣布神的信息，而且还担任了一个解释者的角色，对神谕加一番注解和阐发，使诸神的意旨变得可知而有意义。因此，"解释学"一词最初主要是指在阿波罗神庙中对神谕的解说。由此又衍生出两个基本的意思：一为使隐藏的东西显现出来；二为使不清楚的东西变得清楚。[1] 在法学领域，解释也具有古老的传统。在远古时代，法律被认为是神旨，往往是在宗教的氛围与意蕴中，通过巫

---

[1] 参见张汝伦：《意义的探究——当代西方释义学》，3~4 页，沈阳，辽宁人民出版社，1987。

师、祭司传达给社会，因而他们垄断了法解释权，从而在一定程度上获得了对社会的统治权。例如，在古罗马社会早期拉丁时期，就有两个最重要的罗马僧侣团体——祭司团体和占卜官团体，都拥有法解释权。

祭司的名称揭示了它的起源。瓦罗内（Varrone）提到一个简单的词源学解释 pontem facers，他把祭司同桥联系起来。桥在罗马早期的民事和司法制度中具有显著的意义（比如说，它对有关选举的民众会议就意义重大）。在早期阶段，祭司很可能是所有神圣事务的专家，他们的任务是向集体、首脑或个人提供关于完成宗教义务的方式的意见，维护神的和平（paxdeorum）。这使他们自古（abantiquo）就拥有很高权威和威望。由于各种秩序的混合、在原始阶段影响着整个法律组织的宗教观念，祭司不仅控制着私人的公共的信仰并通过这种信仰控制着公共生活，而且比如我们将看到的，他们也掌握着法律知识，尤其掌管着在私人关系，即在较小群体社会、在家父们的相互关系中形成的法则。因而，在上述法的发展中，在将法转变为由执法官控制的"诉讼"（actiones）的过程中，在法对生活及其发展的适应中，他们成为活的联系因素。祭司在形式上并不创造规范，因为他们不具有制定规范的权力，但是，他们是传统的解释者，他们揭示规范，他们把规范纳入适当的结构，将规范适用于具体的情况之中，也就是说进行解释（interpretation）工作。占卜官（auguri）的起源也很古老，他们在当时的国家也举足轻重。他们的权限主要在于占卜。如果考察一下占卜对罗马人的重要性（没有任何重大的政治行动会忽略它），注意到：执政官虽然自己亲自占卜，但在遇到解释方面的疑难问题时（由于罗马占卜理论的精细，这类问题是经常出现的），仍需借助作为占卜管家的占卜官作出解释，那么人们就会重视占卜官的地位以及他借以对公共生活施加影响的方式。[①]

不仅在古罗马法的起源中，祭司、占卜官的解释曾经起到过桥——由神（包括神旨）通过人——的作用，而且，在中国古代法的起源中，也存在这么一种法律解释（在一定意义上也是法律创制）的职业阶层，这就是占卜之官。《札记·

---

① 参见［意］朱塞佩·格罗索：《罗马法史》，39~41页，北京，中国政法大学出版社，1994。

表记》载:"殷人尊神,率民以事神,先鬼而后礼。"这反映出商人对鬼神的迷信之深。把鬼神看得高于一切、重于一切,这是商人意识形成最大的特点,它广泛而深刻地影响到商代社会的各个方面。[①] 商人凡事无不通过占卜向鬼神请示,占卜官就成为神鬼与社会之间的媒介。作为神的旨意的法律,也是通过占卜官的解释传布于社会的,甚至定罪量刑都要诉诸鬼神。在神明裁判的古老司法模式中,占卜官实际上充当了法官的角色。

由此可见,法的起源初期,法并非"立法"的产物,而是在社会进化过程中自发产生的,并夹杂着宗教神明的观念。在这一阶段,法主要通过解释而得以呈现。这些法律话语的最初垄断者——巫师、祭司、占卜官,在一定意义上就是最初的立法者。

历史是以人事超越神事而发展的。随着神事与人事的分离,法也由神事演变为人事,立法成为统治者的权力。在这种情况下,法律解释权也为官方所垄断,因为解释在一定程度上决定着法律的命运,统治者深知其中奥秘。在古罗马,随着城邦的发展、市民力量的形成,出现了法的世俗化过程:由神法(fas)向人法(ins)转化。这一观念体现在伊西多罗(Isidoro)的以下定义之中:"fas是神的法律,ins是人的法律(fes iex divina, ius humana est)。"在这种情况下,祭司们对法律传统的解释(interpretation)的垄断随着历史的不断进步而逐渐分崩离析。《十二铜表法》已开始避免这种解释上的垄断,因为它确定并且公布了有关规则。但各种规则仍然不能满足社会的实际需要,因而解释自然存在,只不过已经不是祭司的独占权,而是由执政官进行解释,解释成为司法权的应有之义。古罗马的法律解释,是以法律拟制为基础的。"拟制"(fictio)在古罗马法中,是一个辩诉的名词,表示原告一方的虚伪证言是不准被告反驳的。英国法学家梅因将"法律拟制"这一用语引申为表示掩盖,或目的在于掩盖一条法律规定已经发生变化这一事实的任何假定,其时法律的文字并没有被改变,但其运用则已经发生了变化。梅因明确指出,罗马的"法律解答"(Responsa Prudentiun)

---

① 参见武树臣:《中国传统法律文化》,160页,北京,北京大学出版社,1994。

都是以拟制为其基础的。这些"解答"的形式,在罗马法律学的各个时期中有极大的不同,但自始至终它们都是由对权威文件的注解组成的;而在最初,它们只是解释《十二铜表法》的各种意见的专门性的汇编。在这些解答中所有的法律用语都从这样一个假设出发,即古代"法典"的原文应被保留不变。这就是明白的规定。冠以重要法学专家(jurison-sults)名字的"法律解答汇编"(Book of Responses),至少具有与我们报告案件同样的权威,并且不断地变更、扩大、限制或在实际上废弃《十二铜表法》的规定。在新法律学逐步形成的过程中,它的作者们自认为非常专心尊重着"法典"的原来文字,他们只是在解释它,阐明它,引申其全部含义。但其结果,通过把原文凑合在一起,通过把法律加以调整使适用于确实发生的事实状态,通过推测其可能适用于或许要发生的其他事实状态,以及通过介绍他们从其他文件注释中看到的解释原则,他们引申出来大量的多种多样的法律准则,这些为《十二铜表法》的编纂者所梦想不到的,并且在实际上很难或不能在其中找到的。[①] 由于法学家的法律解释实际上是在修正、变更法典的内容,并且具有一种不小于立法机关制定法规所有的之拘束力,因而这种法律解释具有立法的性质,法律解答被认为是一种法律,是罗马法的主要渊源之一。例如,在古罗马进入帝国时期后,奥古斯都指定一些法学家从事法律解答,明令他们解答的意见具有法律效力,最高裁判官和所有承审法官的审判活动都必须受法律解答的约束。从此,法学家的解答(Resporsa prudentum)便成为罗马法的渊源之一。[②]

中国古代法律解释的世俗化与官方化的历史进程,起始于春秋时期,是以铸刑书等成文法公布为前提的,商鞅改法为律和以吏为师是传统注释律学的发端。法学家之学号称刑名之学,刑者法也,名者逻辑也。刑名之所以并列,是因为

[①] 参见[英]梅因:《古代法》,20页,北京,商务印书馆,1984。
[②] 参见谢邦宇主编:《罗马法》,30页,北京,北京大学出版社,1990。

刑，也就是在法律专业中，包含着逻辑问题，这种逻辑被胡适称为法治逻辑。[1]对法律进行逻辑推演，也就是法律解释的过程。在一定意义上可以说，中国古代名学是在法律解释中产生的，是法律解释喂养哺育了名学，因而刑名并称。从秦律的"法律答问"到西汉的"引经解律"，再到东汉与魏晋的"章句注释"，中国古代法律解释伴随着法律发达一路并进，及至唐代达到登峰造极的地步。唐高宗于永徽初，命长孙无忌、李责力、王志宁等人以武德、贞观两律为基础，编制永徽律12篇、502条，于永徽二年（651年）颁行全国；为了阐明永徽律的立法原则的精神实质，并对律文进行统一的解释，又命长孙无忌、李责力等人对永徽律逐条逐句作出注释，叫作"疏议"，其经皇帝批准，于永徽四年（653年）颁行，附于律文之下，与律文具有同等效力。律与疏统称为《永徽律疏》，元以后称之为《唐律疏议》。[2] 据《旧唐书·刑法志》，高宗三年，诏曰："律学未有定疏，每年所举明法，遂无凭准。宜广召解律人条义疏奏闻，仍使中书、门下监定。"于是太尉赵国公无忌、司空英国公责力、尚书左仆射兼太子少师监修国史燕国公志宁、银青光禄大夫刑部尚书唐临、太中大夫守大理卿段宝玄、朝议大夫守尚书右丞刘燕客、朝议大夫守御史中丞贾敏竹等，参撰《律疏》，成三十卷，四年十月奏之，颁于天下。自是断狱者皆引疏分析之。[3] 由此可见，唐律之疏议实际上具有实施细则的性质，它与律文合为一体，具有相同的法律效力。

由以上历史叙述可以看出，法律与解释是不可截然分开的，法律发达史实际上就是法律解释发达史，反之亦然。在一定意义上我们可以说，法律是在解释中发展的，也只有在解释中才能获得真正的理解与适用。曾经辉煌过，曾经失落过，但法解释与法同在，这就是法解释的历史命运。

---

[1] 参见胡适：《先秦名学史》，141页，上海，学林出版社，1983。另注：刑名之名，是指与罪名相应的刑名，即刑罚的名称，还是刑之学（刑法学）与名之学（逻辑学），尚可辩驳。但一点是可以肯定的，刑法与逻辑关系甚为密切。
[2] 参见乔伟：《唐律研究》，32页，济南，山东人民出版社，1995。
[3] 参见《历代刑法志》，291页，北京，群众出版社，1988。

二、法解释的本体论考察

在解释学的发展史上,解释首先是作为一种方法而存在的,但最初只是一种具体的方法或者技巧,还不具有方法论的意义。作为方法论的解释学,是被称为解释学之父的狄尔泰(Wilhem Christian Ludilwig Dilthey,1833—1911)创立的。自1883年以后,狄尔泰认识到,认识人文世界不是一个理解人的经验的行为,而是一个解释的行为,一个释义的行为。要解释的不仅是人所创造的表达他经验的各种东西,而且具体的历史世界和作为整体的实在也是一个有待解释的文本。这样,他就大大地扩大了解释学的应用范围,使解释学成了一种在人文科学中普遍适用的方法论。在人文科学中,生命和经验本身都超出了经验研究的范围,但生命和经验的表达形式、建筑、法律体系、文献、乐曲,乃至人的行为,历史事件等却不是如此,它们可以看作是有待解释的文本。[①] 如果说,狄尔泰极大地丰富了解释的蕴含,将解释学改造成为一般方法论,那么,伽达默尔(Hangs-Geog Gamer)就是完成了解释学的本体论转折,创立了哲学解释学。哲学解释学的根本特征在于将解释学从方法论中解放出来,使之成为说明一切理解现象的基本条件的活动。哲学解释学超越主体与客体的二元对立,认为历史是主客体的交融和统一,它既不是主观的,也不是客观的,而是一种涵养一切的过程和关系。通过对哲学解释学的理解,我们获得了一种解释学的立场,这一立场通常由以下重要范畴构成。

1. 解释循环。循环的本体论表明了某种关于我们的"在世"的基本东西——我们在本质上是由阐释理解所构成并从事于这种活动的存在。只有通过理解的循环即一种预先设定使我们能够进行理解的前结构的循环,"事情本身"的意义才能被把握。[②]

[①] 参见张汝伦:《意义的探究——当代西方释义学》,44页,沈阳,辽宁人民出版社,1987。
[②] 参见[美]理查德丁·伯恩斯坦:《超越客观主义与相对主义》,172页,北京,光明日报出版社,1992。

2. 视界融合。在伽达默尔这里，视界主要指人的前判断，即对意义和真理的预期，每一种视界都对应于一种判断体系，视界的不同对应于不同的前判断体系。理解从一开始，理解者的视界进入了它要理解的那个视界，随理解的进展不断地扩大、拓宽和丰富自己。我们在同过去相接触，试图理解传统时，总是同时在检验我们的成见，我们的视界是同过去的视界相接触而不断形成的，这个过程也就是我们的视界与传统的视界不断融合的过程，伽达默尔称之为"视界融合"①。

解释学的立场可以引入对法的理解。法是一种社会现象，这是毫无疑问的。哲学解释学可以帮助我们获得对法的全新的理解，由此丰富法的概念与蕴含，并为作为方法论的法律解释提供理论根据。在从解释学立场理解法的时候，我们首先遭遇到的是法的文本主义的"前见"。法的文本主义，又可以称为法的教条主义。这种法的文本主义是以理性主义为思想基础的，它的历史背景是启蒙运动。随着启蒙运动的勃兴，自然法观念应运而生。自然法观念虽然获得了以人类理性为根本内容的对实在法的批判标准，但它自身又以追求一种以普适主义与客观主义为特征的法律制度作为统治理想的目标模式。

普适主义是以平等观念为前提的，这是一种法律上的平等。法律面前人人平等的观念，来自古希腊传统。在古希腊城邦，那些组成城邦的公民，不论他们的出身、地位和职务有多么不同，从某种意义上讲都是"同类人"。这种相同性是城邦统一的基础，因为对希腊人来讲，只有"同类人"才能被"友爱"联系在一起，结合成一个共同体。这样，在城邦的范围内，人与人的关系便表现为一种相互可逆的形式，取代了服从和统治的等级关系。所有参与国家事务的人都被定义为"同类人"，后来又以更抽象的方式被定义为"平等人"。尽管在社会实际生活中，公民之间有很多相互对立的地方，但在政治上，他们都认为自己是可以互换的个体，处在一个以平衡为法则、以平等为规范的体制中。这样的人类社会图景在公元前6世纪的一个概念中得到的严谨的表述，"法律面前人人平等（iso-

---

① [德] 伽达默尔：《真理与方法》，271页，上海，上海译文出版社，1987。

nomia)"，即所有公民都有参与执政的同等权力。① 在中世纪，封建等级观念强化了社会不平等，饱受等级压迫的人们呼唤平等。因此，平等作为一个口号，成为启蒙思想中仅有的几个标志性话语之一。法律上的平等以公民权为前提，并承认每个人的意志自由，由此获得了一种法律上全新的人格。

客观主义则是对中世纪专制法律的擅断性的一种反动。它要求法律的确定性，并且把这种确定性强调到了无以复加的程度。美国学者提出："不确定"是18世纪刑法的最典型特征。② 这种不确定性，又可以称为擅断性、不可预见性、主观性、任意性，与野蛮性、残酷性成为同义词。为此，确定性就成为美好的追求。在意大利著名刑法学家贝卡里亚看来，这种确定性甚至应当用几何学的精确度来衡量，因为这种精确度足以制胜迷人的诡秘、诱人的雄辩和怯懦的怀疑。为使这种确定性取得一种稳定的载体，成文法典脱颖而出，几乎成为法治的代名词。贝卡里亚指出：人类传统的可靠性和确定性，随着逐渐远离其起源而削弱。如果不建立一座社会公约的坚固石碑，法律怎么能抵抗得住时间、欲望和必然侵袭呢？③ 因此，古典自然法学派形成了一个法典情结。正如美国学者庞德提出：自然法学派的立法理论认为，只要通过理性的努力，法学家们便能塑造出一部作为最高立法智慧而由法官机械地运用的完美无缺的法典。④ 客观主义经过法律实证主义的改造，形成一个法律规范的宏大逻辑体系，这就是德沃金所命名的法律帝国。在这座作为客体外在于我们而耸立的法律帝国面前，我们唯一能做的就是服从。

在这种法律教条主义观念指导下，法只能是表现为法典、法律甚至法条的法，因而法的视域是相当狭窄的。同时，对法的研究也只能是以这种法条为对象的研究，表现为一种概念法学与注释法学。换言之，注释法学成为法学的唯一存

---

① 参见［法］让-皮埃尔·韦尔南：《希腊思想的起源》，47～48页，北京，生活·读书·新知三联书店，1996。
② 参见［美］理查德·霍金斯等：《美国监狱制度——刑罚与正义》，29页，北京，中国人民公安大学出版社，1991。
③ 参见［意］贝卡里亚：《论犯罪与刑罚》，7、15页，北京，中国大百科全书出版社，1993。
④ 参见［美］庞德：《法律史解释》，13页，北京，华夏出版社，1989。

在或者说合理存在的形式。在这种情况下，法学研究的思路大大地被遮蔽。然而，人们总是不满足于此，于是社会法学、行为法学应运而生。

社会法学，也可以称为法社会学，以社会为视角建构法的概念，消解条文化的法概念。法社会学派的创始人庞德以这样的语言回答什么是法律这个问题：我们可以设想一种制度，它是依照一批在司法和行政过程中适用的权威性法令来实施的高度专门形式的社会控制。① 在此，法被看作是一项旨在实现社会控制的工程。行为法学则将研究对象由传统的法规范转换为法行为。这里的法仅局限于人们能够观察、测定和分析的行为，专指法律实施主体和法律主体的行为本身。② 如果说，法社会学将法界定为"社会中的法"，即所谓"活法"，那么，行为法学就是将法界定为"行动中的法"。毫无疑问，法社会学与行为法学都突破了传统概念法学的樊篱，拓展了法的视域。

法解释学给传统的概念法学带来新冲击，它所动摇的是法的客观主义这一论理支柱。概念法学，从解释学角度来看，也可以说是一种文本主义法学，它将法理解为以一定的文本——法条体现出来的法，它是外在于每一个人的。但是，解释学所教导我们的是识破教条主义的断言，即认为在继续着的、自然的传统和对它的反思运用之间存在对立和分离。因为隐藏在这种断言背后的是一种教条的客观主义，它歪曲了解释学反思这个概念本身。这种客观主义，甚至连历史那样的所谓的理解科学，也不是相对于解释学情境和历史通过在理解者自己意识中的持续作用来看待理解者，而是用一种暗示着理解者自己的理解并不进入理解事件的方式看待理解者。③ 因此，基于法解释学的理论，法不仅仅是一种以条文表现出来的法。这个意义上的法是外在于理解者的，甚至是与我们不相干的。法解释学意义上的法，是理解者内在化了的法，换言之，法是被解释而理解，被理解而适用，被适用而存在的。正因为法具有这种被解释性，法的普适主义的美梦就被打破了，法律移植也只能是表面意义上的。

---

① 参见〔美〕庞德：《通过法律社会控制法律的任务》，22页，北京，商务印书馆，1984。
② 参见谢邦宇等：《行为法学》，16页，北京，法律出版社，1993。
③ 参见〔德〕伽达默尔：《哲学解释学》，29页，上海，上海译文出版社，1994。

对于具有不同社会、文化背景的理解者，法是具有不同意蕴的。换言之，法具有个别性，这种个别性不仅是人的个别性，而且是地域的个别性以及时间的个别性。法以地方性知识为背景，正如美国学者克利福德·吉尔兹指出：法学和民族志，一如航行术、园艺、政治和诗歌，都是有地方性意义的技艺，因为它们的运作凭靠的乃是地方性知识（local knowledge）。[①] 法解释学对法的这样一种个别性的理解，足以使我们对建立在普适主义观念基础上的法治理解产生疑问。基于法解释学的立场，法也不仅仅是一种客观存在，而且由于它是在理解中而存在的，因而打上了理解者的主观烙印。在这种情况下，法就不再简单地是立法的产物。在某种意义上可以说理解者——法官、检察官、律师，乃至于一般公众都参与法的创造与发展。那么，法还有客观性吗？在法学中，客观性也许是一个不言自明的命题。它使我们想到法的超脱性、确定性、不以人的意志转移性，因而具有与人治相对立的含义，也必然就是法治的题中应有之义。然而，我们还是可以追问客观性何以可能？其实，客观性本身就不那么客观，因为存在客观性的各种见解。例如美国学者波斯纳认为法的客观性至少具有以下三种含义：（1）本体论上的客观性，这种客观性是指对外部实体的符合；（2）科学意义上的客观性，即可复现性（replicable）；（3）科学意义上的客观性，这种客观性是指合乎情理，也就是不任性、不个人化和非（狭义上的）政治化，就是既非完全不确定，但也不是本体论意义上或科学意义上的确定。[②] 在此，我们不是要否定法的客观性，而只是认为这种客观性是相对的并且是多元的。我们要的是一种自为的客观性而不是一种自在的客观性。这种客观性是经过理解过滤的，因而是可以被认识的。在法理学面前存在的法，应当是多元的。[③] 而法解释学的立场给我们增加了更多关于法的知识：法不再是简单的文本，我们每个人都有自己的法，我们每个人都在参与创制法。只有在这种个别性基础上形成的普遍性，在这种主观性基础上形

[①] 参见梁治平编：《法律的文化解释》，73页，北京，生活·读书·新知三联书店，1994。
[②] 参见［美］波斯纳：《法理学》，9页，北京，中国政法大学出版社，1994。
[③] 参见陈兴良、周光权：《法律多元：理念、价值及其当代意义——尤其从刑事角度的思考》，载《现代法学》，1996（6），31页。

成的客观性——建立在理解之上的共识,才是真正的法治的基础。这就是法解释学的结论,由此引入的是法哲学的视域。

三、法解释的方法论考察

如果说,作为本体论的法解释学是以消解法条为己任的,那么,作为方法论的法解释学,也可以说是法律解释方法,却是以实现法条的功用为使命的。前者是法之形而上,在本体论的视域中理解法——一种解释的法;后者是法之形而下,在方法论的角度上审视法——一种法的解释。法的解释,确切地说,也就是法条的解释。法律解释作为一种实践活动,它受一定法意识的支配。正是在这个意义上,对法的理解制约着对法的解释。

在古典时代,确定性成为法的至高无上的追求。在刑法领域中,就是以罪刑法定主义为特征,罪刑的法定性完全可以转换为罪刑的确定性。确定的法带来安全与自由,从而使个体权利得以保障。古典自然法学派的代表人物洛克指出:处在政府之下的人们的自由,应有长期有效的规则作为生活的准绳,这种规则为社会一切成员所共同遵守,并为社会所建立的立法机关所制定。这是在规则未加规定的一切事情上能按照我自己的意志去做的自由,而不受另一个的反复无常的、事前不知道的和武断的意志的支配,如同自然和自由除自然法以外不受其他约束那样。① 因此,自由是以法的确定性为前提的。为保证法的确定性,甚至剥夺了法官对法律的解释权。贝卡里亚提出:刑事法官根本没有解释刑事法律的权力,因为他们不是立法者。贝卡里亚历数法律解释带来的致命而深远的结果,认为:严格遵守刑法文字所遇到的麻烦,不能与解释法律所造成的混乱相提并论。这种暂时的麻烦促使立法者对引起疑惑的词句作必要的修改,并且阻止人们进行致命的自由解释,而这正是擅断和徇私的源泉。当一部法典业已厘定,就应逐字遵守,法官唯一的使命就是判定公民的行为是否符合成文法律。当既应指导无知公

---

① 参见 [英] 洛克:《政府论》(下篇),16 页,北京,商务印书馆,1964。

民又应指导明智公民的权利规范已不再是争议的对象，而成为一种既定事物的时候，臣民们就不再受那种小型的多数人专制的摆布，受难者与压迫者的距离越小，这种多数人专制就越残忍。多数人专制比一人专制更有害，因为，前者只能由后者来纠正，并且一人专制的残暴程度并非与它的实力成正比，而是同它遇到的阻力成正比。① 因此，在贝卡里亚设计的司法模式中，法官的任务只是进行三段论式的逻辑推理。显然，这样一种否认法律解释的观点，正是以一种绝对的概念法学的法观念为前提的，这就是对全知全能的理性立法者以及对无所不包、网罗万象的法典的假定。

上述无所不能的法观念很快在现实面前碰得头破血流，于是法律解释被允许，只是被小心翼翼地限制在严格范围之内。通常的解释方法是文理解释，包括文字解释、语法解释、逻辑解释，这也被称为是一种平意（plain-meaning）解释。② 这种解释方法的特点可以归纳为③：(1) 原则上以通常平易的意义进行解释；(2) 法律专业术语应当按法律专门意义进行解释；(3) 同一法律或不同的法律使用同一概念时，原则上应当作同一解释；(4) 文意应当注意全文的意义联系地进行解释；(5) 法律词义原则上应从广义解释，例外用狭义解释。作为这种法律解释方法的理论基础是主观解释理论，这种理论认为，法律解释目标在于探讨立法者于制定法律当时事实上的意思，解释结论正确与否的标准就在于是否准确地表达了立法者当时的意思。法律的字面含义是重要的，因为要根据字面含义来推测立法者的意思，并且在一般情况下都应该推定，字面含义正是立法者意图的表达。但字面含义并没有决定性的意义。如果有证据表明文字的通常含义同立法者在立法时意图表达的含义不一致，就应该采用其次要的但与立法意图相一致的含义，哪怕这样解释显得牵强附会；由于是必须的，因而是合理的、正确的。由于这种解释理论以立法者当时的意思为认识目标，企图达到立法者当时的主观心

---

① 参见[意]贝卡里亚：《论犯罪与刑罚》，13页，北京，中国大百科全书出版社，1993。
② 参见[美]波斯纳：《法理学问题》，331页，北京，中国政法大学出版社，1994。
③ 参见孙笑侠：《法的现象与观念》，237~238页，北京，群众出版社，1995。

理状况，所以这种理论又被称为立法者意思说。① 显然，这种主观解释理论是以探询立法原意为己任的，它包含这样一种对法的理解：法作为一个文本是独立于解释者的，解释者在客观的法面前应当战战兢兢，摒弃一切偏见，努力地去揣摩立法者的意图。这种法律解释，保持了法律尊严，使解释不至于破坏法的构造。但是，这种理论面临着双重的困惑：如果法是完美的，解释就是多余的。如果法律是有缺陷的，通过法律解释所还原的立法原意仍然具有这种不圆满性。更何况，在很多情况下，立法原意的复原超出了人的实际认识能力与知识水平。由此可见，这种理论的主要误区就在于对于人（包括立法者与司法者）的理性能力作了过高的期待；没有看到法典的局限性，而法典的不完善性正好反映了人的认识能力的不完整性和局限性。②

由于主观解释理论不能供给法解释的正确理论，随之而起的是客观解释理论。这种理论认为，法律一经制定，即与立法者相分离而成为一种客观的存在，具有了一种独立的意义。这种独立的意义是通过对具有一定意义域的文字，运用一定人群在长期历史发展中形成和发展起来的语法规则加以排列组合而形成的。立法者于立法时主观上希望赋予法律的意义、观念及期待，并不具有拘束力；具有法律上拘束力的，是作为独立存在的法律内部的合理意义。故此，法律解释的目标不在于探求历史上的立法者事实上的意思，而在于探究和阐明内在于法律的意义和目的。这种探究、阐明法律内部合理意义和目的的活动并不是一劳永逸的。随着社会的变迁，法律内部的合理意义和目的也会发生变化。法律解释的任务就是在法律条文语义上可能的若干种解释中，选择最高目的之解释。③ 客观解释理论宣称解释者独立于解释文本，它所要探询的不是立法者的意图，而是法在当下现实生活中的合理含义。这就给解释者带来了极大的解释上的回旋余地，因

---

① 参见陈兴良主编：《刑事司法研究——情节·判例·解释·裁量》，327、333页，北京，中国方正出版社，1996。
② 参见陈金钊：《法制及其意义》，73页，西安，西北大学出版社，1994。
③ 参见陈兴良主编：《刑事司法研究——情节·判例·解释·裁量》，327、333页，北京，中国方正出版社，1996。

而导致一种所谓法律的自由解释。自由解释认为法官对法律的理解是一种"想象的重构",由此可以冲破个体之间的障碍。美国学者波斯纳曾经引述亚里士多德的下述论断说明这种法律重构的意蕴:"所有的法律都是普遍的,但对有些事物来说是不可能提出正确的普遍断言的。在那些有必要从普遍意义上来谈论,但无法正确地这样做的事件中,法律注意常见案件,尽管法律并非不了解错误的可能性。然而这仍然是正确的,因为这错误不在于法律也不在于立法者,而是在于事物的本性中……(因此)当立法者由于过于简单化而犯错误并使我们失望时,纠正这种错误——说出如果立法者在场他自己可能说的,如果知道的话会制定为他的法律的话——就正确。"① 由此引申,法律漏洞的填补、法律冲突的解决,都属于法律解释,因而法律解释实际上是在代表立法职能。如果这种法律解释是由法官作出的,这就出现法官造法的现象。这样,我们就回到一个古老而令人迷惑的问题上来,这就是立法与司法的区分,再明确地说,就是三权分立。显然,过于自由的法律解释,尤其是脱离法律意义的重构,实际上已经不是法律解释而是法律创制。从实用主义的角度来说,法律的自由解释也许是正确的,但它的前提是法治已经十分完善,并且人权获得安全保障,法官都能公正执法。如果没有这些前提,那我们宁愿忍受法律的严格解释所带来的麻烦,因为这至少可以牺牲个别公正获得一般公正,在法律客观性与确定性的庇护下免受主观的任意性与擅断性的侵扰。

四、法解释在中国的命运

那么,当前中国需要什么样的法及其解释呢?对这个问题的回答涉及对当下中国社会结构及其走向的客观评价,非本人力所能及。在法制史上,存在这样一个参照系:警察国、法治国、文化国。一般认为,前启蒙时代是警察国,以专制与人治为特征;启蒙时代是法治国,以民主与法制为特征;后启蒙时代是文化

---

① [美] 波斯纳:《法理学问题》,133页,北京,中国政法大学出版社,1994。

国，以科学与实证为特征。这三个阶段，从现代化的理论审视，也可以用前现代、现代与后现代相关照。那么，中国处在上述什么阶段，又需要一种什么样的法理论呢？在我看来，对于中国来说，面临着以下两种法观念的碰撞：一是天真未泯的法治理想国。这种观念以完备的法制、完美的政制为追求。法治理想国的法观念，是理性主义、科学主义的具有客观性与确定性的法，要求的是对法的严格解释。二是后现代的文化实证国。这种观念实现了对法治理想国的解构，并以儒家法文化为回应，追求两者的契合。在以上的两种观念中，法治理想国以19世纪启蒙时代的自然法思想为理论支撑，引入自由、民主、平等、法治这些基本的价值理性并以完备的法律体系作为工具理性。应该说，法治理想国的法观念对于中国当前具有一定的现实意义。因为中国是一个经历了几千年封建统治的国家。法治，这里主要是建立在民主基础上的法制观念，对于中国来说具有振聋发聩的作用，它能够在一定程度上消解人治文化。但是，法治理想国毕竟是西方历史的产物，而且是两个多世纪以前的思想。处在20世纪与21世纪之交的中国，不仅需要利用中国文化的本土资源对其加以化解与消解，而且还要借鉴近代西方法治文化国的精神以缩短时间上的差距。否则，我们只是简单地引入法治理想，追求完备的法律体系，而没有考虑到相应的社会历史环境，法治理想很有可能落空。文化实证国是现代西方文化的产物，是建立在解构以后的法治理想国的基础之上的，包括对法治理想的审视与反思，对我们颇具有启迪。但它对我们中国来说过于超前，没有经过法治理想国而匆忙迎来文化实证国也许是一场灾难。至于以文化实证国观念论证中国传统儒家文化的真理性，则成为抵制法治理想国的文化堡垒。我们面临的是一个二难选择：法治理想国有助于实现个人价值，而文化实证国有助于实现社会价值。在鱼与熊掌两者不可兼得的情况下，我们只能偏向于法治理想国。

我基本上赞同在法制现代化这样一个分析框架下来考虑这个问题，正如我国学者指出：在中国社会法制现代化的过程中，人治、强制、专制、特权、义务、一元、依附、集权、法律、社会、封闭等价值取向逐渐式微，而法治、自由、民主、平等、权利、多元、独立、分权、自解、个体、开放等价值取向越来越居于主导地位。换言之，前一类方式变项构成了传统型法制的基本特征，而后一类方

式变项则构成了现代型法制的基本品格。上述前一类变项向后一类变项的转变，乃是由传统性行动向合理性行动的历史转化，这一转化伴随着传统的人治型统治体系向现代的法治型统治体系的更替。① 只是在法制现代化的过程中，我们要注意克服法治理想国的僵硬性、机械性与形而上学的思想倾向。至于中国的法律解释，既不是无所适从的严格解释，也不是无所顾忌的自由解释，而应以探寻立法意蕴为己任。这里的立法意蕴是客观的，是流动与开放的，是一种"活着的意义"（living meaning），以区别于主观的，基本上是确定的，是一种"已死去的意义"（dead meaning）的立法原意。② 由此通过解释法律而超越法律文本，使法在理解中获得新生。

在法学研究上，同样也面临着一个现代化的问题。中国虽然号称有注释传统，但实际上并没有科学意义上的注释法学。为此，需要对注释法学进行改造。我国学者曾经倡导法学研究中的语义分析方法，对于注释法学的现代化就具有十分重要的意义。③ 语义分析方法是英国著名法学家哈特提出的。几乎每一个法律、法学的词语都没有确定的、一成不变的意义，而是依其被使用的语境，才能确定它们的意义。因此，语义分析，亦称语言分析，是通过分析语言的要素、结构、语源、语境，而澄清语义混乱，求得真知的一种实证研究方法。显然，这种语义分析方法应当在法学研究中作为一种实在法的分析研究工具受到应有的重视。同时，我们又不能将法学研究对象的法限于实在法，而应当研究与实然法（实在法）相对应的应然法（自然法：法的价值探求），研究与条文法（死法）相对应的社会中的法（活法），研究与规范法相对应的行动中的法（法行为：行为法学）以及其他法哲学。法哲学是对法的哲理蕴含的揭示，是法理的更高层次。可以说，没有法哲学的深入研究，也就没有科学意义上的法学理论。

(本文原载《法律科学》，1997（4）)

---

① 参见公丕祥主编：《中国法制现代化的进程》，78页，北京，中国人民公安大学出版社，1991。
② 参见陈兴良：《刑法的人性基础》，537页，北京，中国方正出版社，1996。
③ 参见张文显、于莹：《法学研究中的语义分析方法》，载《法学》，1999（10），4页。

刑法司法解释的限度

——兼论司法法之存在及其合理性

司法解释是准确适用法律的基础和前提。关于司法解释发展史的研究业已表明，人类对法律解释重要性的认识已经使它跳出了"绝对禁止法官（院）解释立法"[①] 的囚笼。因此，各国司法机关当前都在广泛运用刑法解释权，从而"力图使有关相对稳定性的需要和变化的需要方面这种相互冲突的要求协调起来"[②]。但是，问题是刑法司法解释权应当在多大范围内运作，有无必要及如何对其施加限制，以"实现正义的解释"[③]？这的确是值得探讨的问题。尤其是循此而对当代中国的最高司法解释[④]进行宏观上的检视，使之走出误区，趋于完善，更具现实意义。

---

① 沈宗灵：《比较法总论》，149页，北京，北京大学出版社，1987。
② [美] 庞德：《法律史解释》，1页，北京，华夏出版社，1989。
③ [英] 丹宁：《法律的训诫》，1页，北京，群众出版社，1985。
④ 由于刑法解释乃是一种获得定罪量刑大前提的刑法规范的作业，而享有对被告人定罪量刑权力的机关是法院，因此根据刑事案件之"审判最终决定"原则，同时考虑世界上多数国家将刑法解释权只授予最高审判机关的惯例，本义只将出最高审判机关作出的刑法司法解释纳入关注视野，范围的缩小丝毫无碍于探讨核心问题。

一、文本、刑法司法解释及其限度

一般解释学的理论认为，解释并不是无中生有的"境外生象"，它必须面对一定的文本（text）而进行，这是从对解释学发展历程的考察中得出的必然结论。作为 Harmeneutik 的最初含义的"解释"是指在阿波罗神庙中对神谕的解释，之后解释学的发展经过了解释的技术及其规则的创设阶段，但解释学的最终确立应归功于对《圣经》的解释。而对《圣经》的解释，又必须针对《圣经》这一作品本身来进行。荷兰哲学家斯宾诺莎在《神学政治论》一书中就指出，只有基于《圣经》这一作品本身去了解《圣经》及其作者的历史，才能真正把握《圣经》的原意。在西方，施拉依马赫是第一位为解释学奠定系统原则和方法论的思想家，被称为现代解释学的奠基人。他阐释的解释规则包括语法解释和心理学解释两部分，而最重要的两条语法解释规则是：在每一给定文本中需要充分确定的东西，只有参照作者与他最初的公众共有的语言领域才能确定；在每一给定的文本中每一个词的意义，只有参照它与周围的词的共存才能确定。① 由此可见，神谕、《圣经》都是解释者无可回避的文本；而施拉依马赫更是极力强调独立外在于解释者的"文本"的独特价值。作为"解释学之父"的狄尔泰把人文世界看作文本，认为研究文本就是希望它能传达一种将能影响解释者与他的读者的信息。② 他在研究解释活动中理解与经验之间的关系时也特别提到了文本：一方面，文本有待解释者作出解释；另一方面，解释者只能理解他的经验准备让他看到的东西，解释者总是根据他自己的经验来理解和解释文本。③ 解释学在 20 世纪经历了一次根本性的本体论转折，其结果是哲学解释学的应运而生和解释学问题的深化与扩大，这个转折的首倡者是德国哲学家海德格尔，他认真区分了理解和解释的关系，提出了理解的"前结构"概念，认为准确的经典注疏可以拿来当作

---

① 参见梁慧星：《民法解释学》，104 页以下，北京，中国政法大学出版社，1995。
② 参见张汝伦：《意义的探究——当代西方释义学》，49 页，沈阳，辽宁人民出版社，1986。
③ 参见张汝伦：《意义的探究——当代西方释义学》，54 页，沈阳，辽宁人民出版社，1986。

解释的一种特殊的具体化。① 而要解释，必须"有典可稽"，这里的"典"就是文本。伽德默尔把解释学当作哲学本身来对待。他的解释学关心的是人生在世，人与世界最基本的状态和关系。② 由此，他提出了"视界融合"（Horizon Verschemelzung）的概念，认为文本都有自己的历史"视界"（Horizon）或历史背景，同时解释者也有自己的"视界"，即由自身的历史存在而产生的"成见"，要对文本进行真正的理解，必须使两个视界（解释者的成见与解释对象的内容）能够融合在一起。③ 可见，在伽德默尔那里，文本无疑应当具有前提性意义，同时，他又强调，进入文本作者的视界并不要求作者完全抛弃自己的视界。与伽德默尔齐名但大异其趣的现代解释学者利科尔更是建构了一整套文本理论。这套理论在他的哲学解释学中起着沟通方法论、认识论和本体论的枢纽作用。利科尔指出，"文本的含义从本质上讲并不是作者的假定意向，作者以外的经验，而是本文对于那些听从它的命令的人们的意义"④。

上述关于一般解释学发展历程的概括性描述已经揭示了这样一个不争的事实：在闪耀着解释学大师们智慧光芒的思想中都认同了文本对于解释行为发生的前提性价值，即无文本，无解释。虽然他们对文本是否真有确定不变的含义有着激烈的争议⑤，也对文本的内在意蕴及范围远未达成共识⑥，但是一切解释都必须基于文本，即所有的解释学，都是对文本加以正确理解的技术⑦，因为"解释

---

① 参见梁慧星：《民法解释学》，123 页，北京，中国政法大学出版社，1995。
② 参见张汝伦：《意义的探究——当代西方释义学》，160 页，沈阳，辽宁人民出版社，1986。
③ 参见殷鼎：《理解的命运》，261 页以下，北京，生活·读书·新知三联书店，1988。
④ 梁慧星：《民法解释学》，134 页，北京，中国政法大学出版社，1995。
⑤ 早期解释学认为，文本有确定不移、不可改变的意义。如施拉依马赫、狄尔泰、贝蒂等相信文本有不以解释者意志为转移的意义，或者是创作者的原意或者是文本的意旨。但 20 世纪以来，这种观点发生了严重的危机。海德格尔、维特根斯坦都在承认文本本身作为客观存在的基础上否认"文本意义"的存在，认为是解释产生意义，而不是意义决定解释。
⑥ 例如狄尔泰把人文世界看作文本，利科尔则直截了当地对文本作了界定，他说，所谓"文本"就是任何由书写所固定下来的话语。
⑦ 参见张汝伦：《意义的探究——当代西方释义学》，6 页，沈阳，辽宁人民出版社，1986。

学传统的批判性动力一直针对着误读文本最初含义这种倾向"[1]。

一般解释学强调一切解释学都应当针对文本而产生。那么,法律解释学自然也无法脱离文本而进行。因为"对于解释者来说,解释就是把自己置身于由那种被文本支持的解释关系所指出的含义中"[2]。脱离了文本,法律解释就是"无源之水,无本之木"。当然,究竟什么是法律解释借以展开的文本,人们存在争议:我国学者有人认为是国家立法机关制定的成文法规范及习惯和判例规则[3];有人认为是法律条文[4];还有人认为是法律规范。[5] 我国台湾地区学者黄茂荣则提出,法律解释之文本是法律规范之条文、立法文献(如立法理由、草案、审议记录等),以及当时的社会、经济、政治、技术等附随情况[6],其范围极其宽泛。丹宁勋爵认为,由于法律文件和制定法的语言永远不可能明确,所以它们才需要解释。[7] 因此,在他看来,法律解释的文本是制定法和法律文件。上述关于法律解释的文本的诸种界定有长有短,但笼统地将之套用到对各部门法的司法解释上恐怕并不具有普遍性。

我们认为,刑法司法解释自有其特殊的内在规律。刑法司法解释所仰赖的文本亦非泛义上的法律解释之文本或其他部门法上所言之文本。泛义上的法律解释的"文本"概念,因为要适用于所有部门法,所以应当具有极大的涵括性[8];其他部门法解释上的文本,则依部门法的物质之不同而有细微差异,如民法解释学上的文本就包括成文法规范、习惯、风俗、判例及部分民法基本原则(如诚实信

---

[1] [德]阿佩尔:《哲学的转变》,1页以下,北京,光明日报出版社,1992。阿佩尔还指出,误读文本这种倾向之所以发生,是因为解释者与文本之间存在历史间距。
[2] 梁慧星:《民法解释学》,134页,北京,中国政法大学出版社,1995。
[3] 参见梁慧星:《民法解释学》,107页,北京,中国政法大学出版社,1995。
[4] 参见乔伟主编:《新编法学词典》,246页,济南,山东人民出版社,1985。
[5] 参见《中国大百科全书·法学卷》,81页,北京,中国大百科全书出版社,1984。
[6] 参见黄茂荣:《法学方法与现代民法》,增订3版,292页以下,台北,台湾大学印行,1993。
[7] 参见[英]丹宁:《法律的训诫》,1页,北京,群众出版社,1985。
[8] 如我国台湾地区学者黄茂荣之所见。

用)。① 刑法司法解释事关刑事被告人的生杀予夺，所以应当谨小慎微，可纳入刑法司法解释视野的"文本"数量亦应有所收敛。因此，刑法司法解释权，质而言之，不是权利，而是对解释者的限制，刑法司法解释在终极意义上也是"使人们的行为受到规则约束的事业"②。认识到这一前提，对于准确定位刑法司法解释的文本的外延具有重要意义。

对于刑法解释"文本"的具体指称，我国学者见仁见智，莫衷一是。分歧的见解大致有四种。③ 这些学说中除将刑事法律的意义、内容及适用视为刑法解释文本的观点因过于宽泛、有使刑法解释权无限扩大侵及个体权利之虞而殊不足取外，其他诸见虽可商榷，但都认为刑法解释之文本与刑法规范有关，因而尚有可取之处。当前，刑法学界多数人认为，刑法解释的文本应当是刑法规范。④ 我们认为，这当是一种灼见。因为法律解释乃是一种获取作为裁判大前提的法律规范的作业。⑤ 相应地，刑法解释的趣旨在于获得足以确定被告人罪责并处以刑罚的刑法规范。因此，刑法解释的文本就是刑法规范，整个刑法解释活动⑥都是围绕着作为文本的刑法规范的内容、本质、构成要件之间的关系等方面而展开的。

---

① 参见梁慧星：《民法解释学》，第十四章"诚实信用与漏洞补充"，北京，中国政法大学出版社，1995。
② [美]伯尔曼：《法律与革命》，5页，北京，中国大百科全书出版社，1993。
③ 这四种关于刑法解释"文本"的观点分别是：刑法规范的含义及适用说（参见胡新编：《新编刑法学·总论部分》，20页，北京，中国政法大学出版社，1990）；刑法规范的内容、含义及适用的原则说（参见金凯等编：《中华人民共和国刑法简明教材》，10页，济南，山东人民出版社，1987）；刑事法的意义、内容及适用说（参见杨春洗等：《刑法总论》，71页，北京，北京大学出版社，1981）；刑法规范的含义及所使用的概念、术语、定义等说（参见杨敦先等：《刑法简论》，29页，北京，北京大学出版社，1986）。
④ 参见付正权：《刑法解释》，载陈兴良主编：《刑事司法研究》，312页，北京，中国方正出版社，1996。
⑤ 参见梁慧星：《民法解释学》，231页，北京，中国政法大学出版社，1995。
⑥ 整个刑法解释活动当然包括刑法司法解释活动。但是，刑法之立法解释与司法解释仍有诸多差异。较直观的一点是：刑法立法解释中，解释者的创造性更大，作为文本的刑法规范对立法解释的辐射量相对较小，解释者可对刑法规范保持远距离感。司法解释受刑法规范的制约更大，用一个形象的比喻来说就是：刑法司法解释者如同受到约束的孙悟空，他必须在唐僧（立法者）划定的圆圈内活动，超过临界线即为违规。这是由于立法解释在本质上有立法性质、司法解释不具有立法性质所致，对此我国刑法学者少有认真的分析。

关于"文本"对于一般解释学、法律解释学（乃至刑法解释学）之意义的不厌其烦的论述无非想揭示这样一个事实：解释必须附会于文本；所有的解释结论都应当依靠文本而作出。绝对超越文本的所谓"解释"不是解释，而是纯粹意义上的创造（作）。

也许有人会立即提出质疑：得出如此结论是否有些无的放矢？解释学已经迈过了漫长的孕育发展过程，文本与解释之间的藤蔓关系岂不是早已昭然若揭？而实际上，我们揭示文本对解释的决定性意义是有所针对的——当代中国刑法司法解释之实际状况。毋庸置疑，我们的大量刑法司法解释是针对"文本"——刑法规范作出的，信守了"作为解释论，必须以立法上的成文为根据"① 的刑法解释原则。但是，有的"刑法司法解释"② 却完全逾越了国家立法机关制定的刑法规范的临界线，刑法司法解释成了毫无羁绊的创造法律的活动。这样的刑法司法解释尚不在少数，大致包括以下几种情况：其一，对刑法规范作补充性修改。如在1985年5月9日最高人民法院《关于缓刑考验期内表现好的罪犯可否缩减其缓刑考验期限的批复》中，即对我国1979年刑法典所确定的减刑适用对象范围作了补充。③ 其二，绝对越权解释。如最高人民法院和最高人民检察院于1986年6月21日发出的《关于刑法第一百一十四条规定的犯罪主体的适用范围的联合通知》中，直接确认了重大责任事故的犯罪主体除《刑法》第114条规定的几类人外，还包括"群众合作组织或个体经营户的从业人员"，完全突破了刑法条文的限制。其三，相对越权解释。④ 这又包括两种情况：一是以"有党的政策"为托词进行越权解释。如在1985年7月18日最高人民法院、最高人民检察院联合发布的《关于当前办理经济犯罪案件中具体应用法律的若干问题的解答（试行）》中，规

---

① 李海东主编：《日本刑事法学者》（上），"小野清一郎"部分，140页，日本成文堂·中国法律出版社，1995。
② 这实质上已经不是司法解释了。
③ 参见游伟：《完善我国刑法司法解释应正确处理的几个关系问题》，载《刑法发展与司法完善》，268页，北京，中国人民公安大学出版社，1989。
④ 这与绝对越权解释的区别在于：司法机关在作出实质上的越权行为时，总有一些似是而非的理由，形式上在依法行使权力，实质上早已逾越自己的权限范围。

刑法司法解释的限度

定了"挪用公款以贪污论处"的情况。然而,挪用公款作为一种犯罪予以惩处的规定权显然绝对不能由司法机关所享有。司法权对立法权的侵犯与分割已经极为彰显。但据说作出这一司法解释乃是有党的政策作为依据的。① 即便如此,这一做法也显然有悖于法治国家之法律操作程序。但仍有人勉力为这一司法解释的合理性进行相当牵强的论证。② 二是对立法机关的"补充规定""决定"进行全面解释,制定执行、适用立法机关的"补充规定""决定"的"解答"等司法解释。③ 而这些司法解释无论从文字、条款数、调整范围上都超出了立法的规定。一不小心,便逾越立法的界限。上述脱离文本所进行的刑法司法解释,应当说,都有悖于1981年全国人大常委会通过的《关于加强法律解释工作的决议》的精神。正如有的学者所指出的那样,司法解释作为一种有效的法律解释,其主要目的在于保证现行法律的正确贯彻,以便有效地发挥法律规范的适用功能。正因为如此,司法解释就必须以法律明文规定的内容为解释对象,绝不能超越法律的规定去修改、补充现行立法内容,更不能创造新的法律规范。④ 这是对刑法解释中作为文本的刑法规范价值的准确认识,也是对司法行为大规模渗入立法权领域的深深忧虑。因为执法机关同时是立法机关,也就取消了创立法律与执行法律之间的严格界限⑤;这更是基于对刑法司法解释内在性质的把握——在刑法领域,解释者只能解释由立法机关确定的刑法规范,否则,解释权的无限扩张会侵及公民

---

① 有人曾专门走访了最高人民法院、最高人民检察院有关部门,有关部门对这一司法解释出台的背景作了描绘:1982年全国人大法工委起草了《关于惩治贪污罪贿赂罪的补充规定(草案)》,其中,规定对危害严重的挪用公款行为应以贪污罪论处。这个规定于1982年以政策文件的形式由中央办公厅下发给司法机关作为办案的指导与参考(但不得引用),后来最高人民法院、最高人民检察院以此为依据作出了上述之司法解释。参见郭华成:《法律解释比较研究》,201页,北京,中国人民大学出版社,1993。

② 参见郭华成:《法律解释比较研究》,201页以下,北京,中国人民大学出版社,1993。但是,我们认为,无论如何这一司法解释都应遭到批判,因为司法解释借以参照的"文本"的阙如,使理解立法意图、进行合理解释,都将无从谈起。

③ 如最高人民法院针对全国人大常委会《关于惩治贪污罪贿赂罪的补充规定》和《关于禁毒的决定》分别制定了一个执行解答和一个解释,请参阅。

④ 参见游伟:《完善我国刑法司法解释应正确处理的几个关系问题》,载《刑法发展与司法完善》,北京,中国人民公安大学出版社,1989。

⑤ 参见张宏生等主编:《西方法律思想史》,435页,北京,北京大学出版社,1990。

个体权利。

由此，我们应该再次强调一下前面已经隐约提到的一般性结论：刑法司法解释应当借助于文本即刑法规范而进行；而且，重要的是，刑法司法解释至少应当维系在刑法规范这一文本所确定的边界（borderline）以内。突破文本边界或完全置文本于不顾的所谓"司法解释"已经不是本原意义上的司法活动，而是法的创制即立法活动了。这一活动的产物，我们姑妄称之为"司法法"。所以，自从法官开始享有司法解释权那天起，我们便无可奈何却又无可置疑地陷入了难以自拔的两难窘境：一方面，我们对法官成为立法者怀有一种天然的恐惧感，因为正如孟德斯鸠所言，"如果司法权同立法权合二为一，则将会对公民的生命和自由施加专断的权力"①。但是，另一方面，由于"无论哪一项法律什么时候被提出来，人们都没有能力预见到实际生活中可能出现的多种多样的情况，即使人们有这种能力，也不可能用没有任何歧义的措辞把这些情况都包括进去"②，我们便无法离开法官在适用法律时对法律规范所作的解释，而司法解释权的授予又逻辑地蕴含着法律规范框架结构缺失的危险。身处两难境地，我们的唯一选择是对刑法司法解释者突破、脱离文本行为的成因进行理性分析，探寻其合理性因素并对之进行制度性规制。

二、司法法之存在及其合理性探寻

前已述及，我们认为由司法机关在完全脱离或突破文本情况下而作出的刑法司法解释已经不是解释而是带有立法性质的活动，这一活动的结果无可争辩地衍生出司法法这一产物。提出司法法这一概念，必须甘冒受到激烈批判的风险。最有力的批判可能来自两方面：其一，承认司法机关享有创制（司法）"法"的权力，完全违背了立法、司法权力分立与制衡的基本原理，从根本上混淆了立法与

---

① 王哲：《西方政治法律学说史》，274 页，北京，北京大学出版社，1988。
② ［英］丹宁：《法律的训诫》，1 页，北京，群众出版社，1985。

刑法司法解释的限度

司法的概念本身；其二，现行之司法解释权得以较大幅度地扩张（尤指脱离或突破文本的司法解释现象），只是说明司法机关是在利用法律赋予的解释权进行"创造性"解释，而非在进行立法性活动。[①] 针对第一个批判，我们要在后文"司法法之存在合理性探讨"部分进行更为详尽的论述，意在说明在当代，立法权绝对独享的观念已经有所动摇[②]，司法法不仅已经成了有目共睹的存在，而且其存在还获得了本源性上的支撑。对第二个批判，我们的辩驳理由是：当前我国刑法司法解释权的无限扩张趋势掩盖了这样一个实质——司法机关在借"解释"之名行"立法"之实。司法机关在某些情况下的行为已经不是创造性地解释法律而是另起炉灶创制新法。对此，我们这里将在对"创造性解释"的内在意蕴加以充分把握的基础上，进一步区分创造性刑法司法解释和刑法司法法，然后对司法法的若干问题进行实质性的、全面的探讨。

这里有必要先对法律解释创造性的一般问题进行一些考察。随着以普鲁士为代表的国家制定庞大法典，"打算回答可能出现的一切问题并且以此来否定法官立法的一切可能性"[③] 的幻想的破灭，对法典进行解释名正言顺地获得了合理性。而且，随着历史演进尤其是20世纪自由法运动的兴起并对概念法学进行猛烈抨击这一事件的发生[④]，人们要求对法律进行创造性解释的呼声日浓。因为，正如法国著名学者波尔塔利斯所指出的，人们已经意识到，"裁判官面对许多法律没有规定的事项是必然的。在这种场合下应允许法官根据正义、良知和睿智光辉补充法律的机能"[⑤]。但是，关于法律解释的创造性究竟应发挥到何种程度为限，人们歧见纷纭。日本学者尾高潮雄认为：所谓法解释的创造性，是指法律解释具有造法作用，在性质上属于立法的延长。日本学者山田卓生则将法解释的创造性概括为三种情形：其一，法律漏洞的补充；其二，恶法的回避；其三，不明

---

① 参见郭华成：《法律解释比较研究》，202页以下，北京，中国人民大学出版社，1993。
② 参见黄茂荣：《法学方法与现代民法》，增订3版，401页，台北，台湾大学印行，1993。
③ [英] 约络维奇：《普通法和大陆法的发展》，载《法学译丛》，1983（1）。
④ 参见梁慧星：《民法解释学》，104页以下，北京，中国政法大学出版社，1995。
⑤ 转引自甘雨沛：《外国刑法学》（上册），23页，北京，北京大学出版社，1985。

确法律规定及一般条款的价值补充。而法国学者惹尼等人则认为要对法律进行创造性解释就必须从法律之外去发现"活生生的法律"①。

一方面，上述自由法学派关于法解释创造性的诸种见解将法解释从僵化、保守的概念法的禁锢中解放出来并推进到一个新的境界，因此，其积极作用值得肯定。但是，另一方面，正如我国学者所指出的那样，自由法学也矫枉过正，从一个极端走向了另一个极端：主张法官自由发现法律及极度轻视法典的权威，必然损及法律的安定性；而且法官也是常人，有其缺点和能力的局限，若听任其自由发现所谓活法，亦恐难确保判决的妥当性。② 因此，在对法律进行创造性解释时，不能仅凭法官个人的价值判断，而应受成文法律的诸多约束。

上述分析已经表明：对法律进行创造性解释是必要的，但创造性解释本身也应当受到一定的限制，不受约束的"创造"根本不存在。而且，有必要指出，因为刑法调整对象（犯罪与刑罚）的特殊性，对刑法的创造性解释更应当施以必要的羁绊，以免跨过法制的栅栏。我们认为，在刑法领域，不是从个别的法律及其规范出发，而是从法的根本原理出发，对法律没有加以规定的事实基于法秩序的精神而进行所谓的创造性解释③是不允许的。作为文本的刑法规范是刑法解释之所从出者，因为刑法解释就是要使条文用语的语言学意义更加准确。而刑法的规范意义，不是立法者事实的、历史的意思，而是条文的客观意义。④ 由此，决定了刑法解释的创造性只应当限定在一定范围内才是合理的。申言之，刑法司法解释的创造性发挥到极致也不过就是：对刑法规范现在的、客观的含义进行阐述。理由在于：（1）刑法是用以确定被告人罪责及施加惩罚的特殊社会治理手段，其功能的顺畅实现有赖于其意义的明确。刑法条文是以文字写成的，是一种语言符号，语言是将刑法条文与解释者联系起来的必不可少的媒介。文本和解释者，过

---

① 梁慧星：《民法解释学》，194 页以下，北京，中国政法大学出版社，1995。
② 参见梁慧星：《民法解释学》，197 页，北京，中国政法大学出版社，1995。
③ 这实际上是最广泛意义上的法的解释（而不是刑法解释）。参见［日］木村龟二主编：《刑法学词典》，85 页，上海，上海翻译出版公司，1991。
④ 参见李海东主编：《日本刑事法学者》（上），"木村龟二"部分，178 页，东京，成文堂，北京，法律出版社，1995。

去和现在,都只是一个正在进行的语言过程的要素。^①但语言绝对不是一种外在于人的纯粹客观的表达形式或手段,其生命存在于人的运动中,语言只有当它不仅仅是作为语言的存在,而变成展现存在的过程,语言才肯定了它自身的存在。^② 这说明语言的含义是变动不居的,人们所理解的永远是语言现在的含义。但是,文本语言的发展性并不影响刑法条文含义的相对稳定性。因此,解释应当针对文本语言进行,将客观存在的文本的意义和解释者主观的内心精神世界融为一体,才能使解释成为可能,解释的创造性才有所依托。(2)将刑法的司法解释的创造性限定在阐释"刑法规范现在的、客观的含义"这一范围内,有利于保障刑法的确定性。运用语言的游戏规则在特定的人群中具有客观性、一致性,使用相同的文字,运用相同的语法规则,就具有相同的社会含义,这是说话者和解释者都无法改变的。刑法是立法者运用本国语言写成的,所表达的规范内容只是文字意义规律及语法规则所实际传递的内容。^③ 将刑法司法解释的创造性限定在一定范围内可以克服解释上的相对主义倾向和独断论。(3) 对刑法司法解释的创造性程度作出限定,符合刑法正义性的要求。什么样的犯罪科以何种程度的刑罚,对于一般国民来说,必须是可以预测的,这是刑法人权保障机能的内在要求。因此,刑法解释必须限定在一般国民可能预测的范围内。^④ 罪与刑的这种明确性要求是刑事立法及司法都应当满足的。由此,如果刑法司法解释不以刑法规范现在的、客观的含义为基础,罪刑上的明确性便无从保障,"一切事实上的犯罪,都处在国家刑罚权管理范围之内"^⑤。可见,刑法司法解释权不加限制地创造的最终后果是人人自危:任何人在任何时空条件下都可能招致国家刑法的意外重击。

以此来反观我国的一部分刑法司法解释,我们只得无可奈何地重复前已述及的基本观点:那些脱离、违背、突破文本的,被一些人称为"创造性解释"的东

---

① 参见张汝伦:《意义的探究——当代西方释义学》,240页,沈阳,辽宁人民出版社,1986。
② 参见殷鼎:《理解的命运》,180页,北京,生活·读书·新知三联书店,1988。
③ 参见付正权:《刑法解释》,载陈兴良主编:《刑事司法研究》,352页,北京,中国方正出版社,1996。
④ 参见苏惠渔等:《中日刑事法若干问题》,17页,上海,上海人民出版社,1992。
⑤ 陈兴良:《罪刑法定的当代命运》,载《法学研究》,1996(2)。

西，由于没有对刑法规范现在的、客观的含义进行探讨便早已不是解释，而是立法。在这里引用美国学者弗兰克（J. Frank）最爱引用的一句名言来结束关于"刑法司法解释的创造性"问题的争议是再精当不过的了，"谁对于法律的解释具有绝对的权威，则不论从何种意义上说，他都是真正的立法者"[①]。

那么，对于司法机关在解释刑法过程中有意或不经意创制的这些司法法，我们是视之为洪水猛兽，还是理智地探析一下现象背后的合理因素，从而实现刑法司法解释的合理性控制？我们认为，后一种态度显然是积极的和可取的，应当也必须对司法法之存在合理性进行辨析，因为这不仅事关司法法的生存问题，而且涉及刑法解释机制的发展与完善，从根本上说与我国法制建设休戚相关。

我们认为，从功利角度分析，司法法之存在并非毫无理由。立法观念的变革、社会的客观需求都为司法法的孕育与滋生提供了土壤；此外，关于行政权与司法权同"质"不同"权"现象的分析也可以求证司法法存在的相对合理性。下面，择其要者略加论述。

1. 立法权、司法权绝对分庭抗礼观念的动摇。自20世纪以降，肇始于启蒙思想家的权力分立与制衡的理论受到了来自各方面的尖锐攻击。其实早在18、19世纪就有人对权力分立的作用和效果流露出深深的怀疑，认为它是纯粹理论空想的游戏，是政治学三位一体的神秘化。如边沁就独树一帜地认为，行政权应受到立法权的控制，立法机关应总揽一切权力。[②] 进入20世纪以来，各方面对传统三权分立理论的批评更是此起彼伏。例如著名纯粹法学家凯尔森把法律规范看成是一个等级体系，认为在这个体系中，基本规范只创立法律而不实施法律；处于另一端的是个别规范，它只对具体案件执行法律制裁，是纯粹的法律实施，并不创立任何新的规范。除基本规范和最终的个别规范外，所有的法律规范都既是实施法律又是创立法律，即每一特殊规范是由另一更高的规范所创立，最终由基本规范规定的方式所创立的。基本规范仅建立了一定的权威，后者又依次把创立

[①] ［日］山田卓生：《法解释的主观性》，载《民法学的历史与课题》，108页，东京，东京大学出版社，1982。

[②] 参见吕世伦主编：《西方政治法律思想史》（下），94~95页，沈阳，辽宁人民出版社，1987。

规范的权力授予其他权威。这种体系中的各个规范，只能由某一更高的规范授权可进行创立的人通过意志行为加以创立。[1] 故此，在他看来，执法机关也是立法机关，创立法律与执行法律之间不应该有不可逾越的鸿沟。[2] 希比尔甚至极端地认为，"司'法'权不是司'法律'权，'司法律权'意味着（法院）将成为立法机关（不受任何法律约束的机关）的一种执行机关了，这样地掌握司法权，是同法的观念相反的。就是说，法官不受法律约束，亦即不受立法机关的约束，他只服从'道义即真正的法'"[3]。这种观点或许因为走得太远而殊不足取，为此，有些学者提出了较为审慎但又不乏建设性的见解。日本学者末弘严太郎认为应由立法机关制定法的"外围"，而由法院决定其"内容"。美国的卡多佐法官在比较了法官与立法者在法的形式上的作用之后说，实际上法官与立法者一样，同样在被许可的范围内进行立法活动。当然，与许可立法者的范围相比，法官被许可的范围较小。[4] 学者们的见解各有千秋，但不可否认，在当今世界各国，立法机关独揽立法大权的局面已经有所改观。立法机关之立法性，已由过去的专属立法权转变为优先的立法权，而司法因而取得对立法机关所制定法律之补充权，亦即在法律补充意义上的候补立法权。这种司法机关的候补立法权具有候补性和针对个案性。[5]

2. 社会治理的需要对司法权广泛运用的迫切要求、司法权和行政立法权的横向攀比。人们已经意识到，与法典相对应的法治理想——力图一劳永逸地建立完善的法典并借此达到法治国家的追求——是一种在特定历史条件下的理论虚构，它使法制运动陷于不可忽略的误区。[6] 因为自法典时代开始以后，"静止的社会和进步的社会之间的区分开始暴露出来"[7]。立法不可能朝令夕改，但司法

---

[1] 参见沈宗灵．《现代西方法理学》，169 页，北京，北京大学出版社，1992。
[2] 参见张宏生主编：《西方法律思想史》，435 页，北京，北京大学出版社，1990。
[3] 转引自吕世伦主编：《西方政治法律思想史》（下），267 页，沈阳，辽宁人民出版社，1987。
[4] 参见梁慧星：《法律解释学》，198 页，北京，中国政法大学出版社，1995。
[5] 参见黄茂荣：《法学方法与现代民法》，增订 3 版，401 页，台北，台湾大学印行，1993。
[6] 参见陈金钊：《法制及其意义》，132 页，西安，西北大学出版社，1994。
[7] ［英］梅因：《古代法》，13 页，北京，商务印书馆，1984。

机关又必须适用相对稳定和僵化的法律去处理接踵而至的疑难、复杂案件。没有司法机关在适用刑法规范时创造力的发挥，案件处理的准确性和及时性都大打折扣，而在此过程中，司法解释权突破立法者划定的界域也就势在难免。因此，我们甚至可以说，赋予司法机关刑法解释权，就潜含着司法法可能衍生这一命题。

司法法存在的合理性也可以从司法权与行政权的横向攀比中求得。行政机关的独特性在于，它有权制定规章、进行广泛的行政管理和行使准司法权（如行政复议）。当代行政机关的立法权力就是颁布具有法律效力的行政规章。行政立法都是委任立法。委任立法是基于法律授权的立法，是法律委任行政当局制定具有法律内容和具有法律同等效力的法规，其权限由授权法即"母法"（'Parent' Act）规定。① 这些类似于传统上由国会行使的权力被授予了立法系统以外的机关，因为没有这种权力这些机关就不可能有效地完成它们所担负的各种任务。② 有人还具体分析了行政机关面临的各种繁重任务和它们介入立法领域的诸多理由：（1）议会议事时间不足以应付巨数之法案；（2）议事主题过于专门技术化；（3）不可预测的偶发事件；（4）立法机关的弹性问题；（5）立法机关欠缺试行的经验造成困难；（6）有关紧急权问题，须赋予行政机关紧急立法权。③ 客观地看，司法机关也担负着化解纷争、恢复社会秩序的重要使命。因此，将行政机关介入立法领域的理由借用来解释司法法的产生之合理性并无不可。因此，从行政权、司法权的比较上看，司法法的产生与存在是有其合理性的，因为在多数情况下行政权与司法权在运用本质上并无二致：事无巨细，都得处理，而且在多数情况下对突发事件的处理所采取的紧急措施无法以立法文件为蓝本。行政机关与司法机关在任务上相似但权力差距很大的状况，客观上助长了司法机关的不平衡心态和攀比的心理，司法法的产生便是这种横向攀比的必然之果。

---

① 参见龚祥瑞：《比较宪法与行政法》，437 页，北京，法律出版社，1985。
② 参见［美］伯纳德·施瓦茨：《行政法》，29 页，北京，群众出版社，1983。
③ 参见吕海荣：《从批判的可能性看法律的客观性》，74 页，北京，法律出版社，1987。

三、司法法与司法解释的制度性限制：罪刑法定原则

司法机关的刑法司法解释权以及司法法的制定权都在一定程度上具有存在合理性，但是司法权不能无限地分割和侵蚀立法权，否则便会有架空立法权或使立法权旁落的可能。尤其重要的一点是，在刑法领域，司法法的存在有导致罪刑擅断的危险。因此，理清司法和司法解释的界限，对司法法以及司法解释权进行制度性限制，对于完善刑法司法解释制度就显得更为重要。对司法解释与司法法的规制与改造，我们总的倾向意见是："在'有利'于，或至少不'不利'于人民之情形下，允许司法机关为法律的补充。"① 当然，这还很不具体，有必要作进一步的细致分析。

人类对法律的解释经历了由严格运用解释权向自由运用解释权转变的漫长历史。当目的选择、利益衡量观念深深楔入解释者头脑之中时，刑法自由解释论者已经不再相信立法者单凭其理性的力量就能够对现在和将来的社会予以完全地把握，因而也不再认为坚定不移地恪守成文刑法是合理的了。他们相信，刑法解释的实质原则乃是时代的精神、社会的必要。虽然，人们并未解决何为"社会必要"这一核心问题，许多案件都在社会必要的名义下用超越条文的便宜方式加以解决②，但是，人们还是愿意同意这样一种见解：自由解释也并不是漫无限制的，这种自由只是方法上的自由，它必须以法条的明文规定为出发点，不能离开文字所蕴含的立法宗旨为自由创造，必须对于社会中占统治地位的价值、利益需要、正义观念以及案件中所涉及的相冲突的各种价值和利益有全面的把握，然后在立法宗旨所许可的范围内进行衡平，力求最大限度地实现效率和公平。③ 循此思路，我们认为，总体上讲，应当赋予法官较大的刑法司法解释权，包括进行最

---

① 黄茂荣：《法学方法与现代民法》，增订3版，379页，台北，台湾大学印行，1993。
② 参见［日］中山研一：《刑法的基本思想》，19页，北京，国际文化出版公司，1988。
③ 参见付正权：《刑法解释》，载陈兴良主编：《刑事司法研究》，406页，北京，中国方正出版社，1996。

大限度的创造性司法解释的权力。法官在既定的限度内所为的刑法司法解释行为都是法律所许可的,那么,这个既定限度的具体指称究竟是什么?很值得探讨。

我们认为,刑法司法解释限度的总标准就是罪刑法定原则。罪刑法定原则的基本含义是"法无明文规定不为罪,法无明文规定不处罚"。这一原则有着深刻的价值蕴含:以个人自由为价值取向,体现了刑法的人权保障机能。[①] 因此,这一原则备受刑法学者青睐。日本刑法学家泷川幸辰形象地指出:在社会内部存在着种种对立的要素,存在强者和弱者,罪刑法定主义的精神在于从强者的压力下保护弱者,只要在社会上存在强者和弱者的对立,罪刑法定主义就是刑法上铁的原则。[②] 虽然罪刑法定主义原则是近代自由主义思想的产物,是作为罪刑擅断的对立物而提出来的,但是这一刑法上的铁则却沐历史之风雨弥坚。[③] 这主要是它的用法律限制权力(立法权、司法权)以保障个人免受国家刑法意外打击的精髓永未丧失所致。

罪刑法定不仅意味着对立法权的限制,更意味着以立法权限制司法权。司法如果没有立法的限制,擅断就不可避免,专横也在情理之中。对司法权的限制,其目的就在于保障公民的个人自由不受司法侵犯。罪刑法定就成为防止司法权侵犯个人自由的一种制度设计。罪刑法定通过对罪与刑之法定化,为公民提供了行为模式,从而使公民对自己的行为具有预见性。[④] 罪刑法定原则是对司法权的限制,顺理成章地,它也是对刑法司法解释权的限制。我国学者曾经指出,"刑法解释的原则,首先要体现罪刑法定主义原则的精神。在解释中,只能按照实定法如刑法典以及其他明文规定的法规进行规范意义的解释,而不能超越为一定条文所制约的规范进行解释"[⑤]。当然,19世纪中、末期尤其是20世纪以来,在多数

[①] 参见陈兴良:《罪刑法定的当代命运》,载《法学研究》,1996(2)。
[②] 参见李海东主编:《日本刑事法学者》(上),"泷川幸辰"部分,152页,日本成文堂·中国法律出版社,1995。
[③] 1994年3月1日生效的法国新刑法典第1113条即明确规定了罪刑法定原则,应当引起注意的是,该法典第1114条强调:刑法应严格解释之。
[④] 参见陈兴良:《罪刑法定的当代命运》,载《法学研究》,1996(2)。
[⑤] 甘雨沛、何鹏:《外国刑法学》(上册),22页,北京,北京大学出版社,1984。

刑法司法解释的限度

国家的刑法司法解释中恪守上述解释立场的程度已经大大降低。但是罪刑法定原则仍是刑法司法解释权不可恣意逾越的最后一道防线,因为"法律规则代表这样的观念:只有适用众所周知的法律规则,才能作出相关的判决"①。

　　刑法司法解释的限度是罪刑法定原则。罪刑法定原则的基本内涵是限制权力（司法权）和保障（公民个人）权利,在解释论上,前者体现为自律原则,后者体现为可预测原则。因此,刑法司法解释的限度就是符合自律原则和可预测原则。尽管这两项原则都是罪刑法定主义的题中之意,但这两项原则在功能上各有倚重。自律原则主要是对司法解释权的限制,要求解释结论能为刑法规范所涵括,反对司法介入立法领域,否定司法立法权。可预测原则要求解释结论对于普通公民而言都不感到意外,换言之,必须是普通公民根据一般语言习惯都可能预料到的结论。唯其如此,才能符合罪刑法定制度设计的避免公民因国家刑罚权的滥用而遭受打击之苦的初衷。②而要使刑法司法解释结论为刑法规范所涵括,要在刑法司法解释中将罪刑法定主义原则贯彻到底,就必须关注解释是否从文本（刑法规范）的文义入手这一根本性问题：在文义范围内进行的解释符合罪刑法定原则,反之则不然。当然,人们有时由于文义自身的模糊性可能对文义的确切意思存在争议。因为文字的含义一般并不是一个具体的点,而是一个意义域。日本学者加藤一郎先生对此提出了"框"的理论,他形象地指出：法律规定犹如一个中心浓厚而愈向边缘愈稀薄的"框",规范事项犹如在框之中心,甚为明确,愈趋四周愈为模糊,以致使人们分不出框内框外。威利姆斯也认为,构成法律条文的许多文字,其边缘之处的边缘意义（fringe meaning）一片朦胧,极易引起争执,究竟属于有关规范的外延之内还是之外,殊难定夺。而对文义本身的局限性,即使立法机关勉力而为也难以克服。因此,要判断某一刑法解释是在文义范围内还是超越文义,多数情况下都是很困难的。检定的标准仍是前已述及的可预

---

① [英]彼得·斯坦、约翰·香德：《西方社会的法律价值》,42页,北京,中国人民大学出版社,1990。
② 参见付正权：《刑法解释》,载陈兴良主编：《刑事司法研究》,418页以下,北京,中国方正出版社,1996。

测原则：考察该解释的出台和刑罚权的发动对普通公民而言是否感到意外。如果某一刑法司法解释已经足以使普通公民丧失安全感，或对自己的权利及未来表现出焦急和忧虑，那么这一刑法司法解释显然已经不在文义范围之内，质言之，已经违背罪刑法定的基本要求。

依上述原理限制刑法司法解释权的运作是必要的和可行的。而对于司法法，我们认为，它的产生与存在符合司法机关的功利价值取向，司法机关试图通过司法法来解决刑事案件的原始冲动也是合理的。但在刑法领域司法法的过多存在又有悖于法制的统一，于实现刑法的保障机能不利，因此，对司法法理应给予比对司法解释更多的制度性限制。基本的思路仍是罪刑法定主义原则——将司法法规制在罪刑法定主义之下，使法官在此前提下享有部分创制刑法的权力，以实现刑法司法法之"通过刑法"而又"超越刑法"的这一目标。

应当指出，虽然司法法同样受到罪刑法定原则的限制，但它与司法解释所受到的限制不尽相同。司法解释是对刑法规范的阐释，不是"无中生有"；司法法是在罪刑法定的范围内，对于法无明文规定而又不涉及出入人罪、轻重人刑的一般事项作出规定，并且不得与基本法——刑法相抵触。承认司法法这一概念，并不意味着司法机关具有无限制的立法权，而只是把那些填充法律漏洞或空白的一般情况由过去的司法解释名副其实地改称为司法法。这种司法立法权介于立法权与司法权之间，从权力性质来看，具有立法与司法的双重属性，是一种候补立法权。对其给予罪刑法定原则的制度性限制，它的存在便不但不会危及公民安全，而且有利于保障国家成文刑法规范的实施。

（本文与周光权合著，原载《法学》，1997（3））

司法解释功过之议

在我国的法律制度中，司法解释大概要算是具有中国特色的一项，不仅实行判例法的英美法系没有，即使是实行成文法的大陆法系也没有。在法治建设中，总结司法解释的功过得失，是十分重要的。应该指出，司法解释在我国的发达，是具有历史原因的。我想至少以下三点是不容忽视的：一是立法规定之粗疏，二是法官能力之不足，三是判例制度之缺位。在上述三个原因没有消除的情况下，司法解释制度还是具有其存在的合理性的。当然，这种合理性又是相对的，正因为司法解释的存在又在一定程度上造成了上述三个原因的存在。因此，需要对两者之间的相关性进行分析。

首先，关于立法规定的粗疏问题。这里既涉及立法的指导思想，也涉及立法的技术与能力问题。应该说，相对于个案的具体性而言，任何立法规定都具有一定的抽象性与概括性，这是不可避免的。但是，我国立法在相当长的一段时间内，却把粗疏当作指导思想，这就是所谓"宁疏勿密"。尤其是1979年刑法的制定更是如此。对于我国刑事立法中的宁粗勿细指导思想的历史背景，我国学者作了精湛的分析，主要是：第一，在长期的内忧外患、战乱频繁的历史条件下，共和国的缔造者——中国共产党强调的是组织纪律性、具体统一的领导，采取下级

服从上级、全党服从中央的首长负责制，形成上级指示、领导人讲话就是政策、代替法律的局面。在这种情况下，即使正式法律制定出来，也难免有随意、粗略、疏漏的弊端。第二，新中国胚胎于半封建、半殖民地社会的旧中国，两千年形成的封建的传统、习惯深深地渗透在各方面，在法律的制定工作中也就不会例外。封建社会的出入人罪、司法专横等陈迹会污染新的立法环境。第三，新中国成立后经历的政治、经济、文化等许多方面的剧烈变革，对立法工作产生了直接的影响，使得宜粗不宜细原则有着广阔的市场。[①] 实际上，立法上的粗疏主要还是根源于对刑法性质的认识。在以往阶级斗争和无产阶级专政的思想指导下，犯罪被看作是阶级斗争的反映，是敌对阶级的破坏活动。尽管从两类矛盾学说中推论出两类不同性质的犯罪，即人民内部矛盾的犯罪与敌我矛盾的犯罪，但刑法打击的重点显然是敌我矛盾的犯罪。因此，刑法就成为无产阶级专政的工具，是镇压敌对阶级的刀把子。在这种情况下，如果刑法规定过于细密，就会束缚司法机关的手脚，不利于对敌斗争。因此，立法上的粗疏恰恰是为了更为有效地打击犯罪。当然，我们也不否认立法粗疏具有客观原因，这就是立法能力上的不足。从1949年到1979年，我国30年没有一部刑法典，尽管在这期间，刑法典的制定工作时断时续地进行着，但毕竟缺乏立法经验的积累。因此，马上制定出一部疏密适当的刑法典是有一定困难的。正是立法上的粗疏给法官适用刑法带来了一定的困难，从而为司法解释大行其道提供了契机。其结果是立法权的收缩甚至旁落，司法权的强势甚至膨胀。司法解释大量出现，架空了法律，甚至出现了欲疏益密的状况，可谓适得其反。

随着民主与法制的发展，刑法观念发生了重大的转变，从以往专政式的刑法观念转变为人权保障与社会保护并重尤其是强调人权保障的刑法观念，其明证就是在1997年刑法中确立了罪刑法定原则。罪刑法定原则的题中应有之义就是明确性，不明确则无效，不明确就是违反罪刑法定的。意大利学者将明确性与确定

---

① 参见刘守芬：《反思"宜粗不宜细"原则，完善刑事立法》，载《刑法发展与司法完善》，98页，北京，中国人民公安大学出版社，1989。

性原则视为罪刑法定原则的三方面的内容之一，指出明确性与确定性原则表示这样一种基本要求：规定犯罪的法律条文必须清楚明确，使人们确切了解违法行为的内容，准确地确定犯罪行为与非犯罪行为的范围，以保障该规范没有明文规定的行为不会成为该规范适用的对象。明确性原则是从内部限制犯罪构成的结构，借以约束刑法规范的立法表述形式；确定性原则则是从外部规定犯罪构成的范围，目的在于防止抽象的法律规范被适用于其应有的范围之外。因此，明确性是强调在立法过程中，立法者必须准确地规定刑法规范的内容；确定性则是指在司法过程中法官对刑法规范不得类推适用。[1] 从罪刑法定原则出发，我国1997年刑法较之1979年刑法获得了更大的明确性。例如1979年刑法中存在投机倒把罪、流氓罪和玩忽职守罪这三大口袋罪。在1997年刑法中，取消了前两个罪名，玩忽职守罪的罪名仍然保留，但其范围已经大为缩小，只是起到一种兜底的作用。一个更为重要的现象是，在2000年以往，与司法解释大行其道形成鲜明对照的是几乎没有立法解释。因此，大量具有立法性质的事项也通过司法解释加以规定，导致司法解释越权。2000年4月29日全国人大常委会颁布了《关于〈中华人民共和国刑法〉第九十三条第二款的解释》，对"其他依照法律从事公务的人员"作出明确的解释。尤其是在最高人民法院与最高人民检察院对于挪用公款归个人使用和黑社会性质组织的含义存在争议的情况下，全国人大常委会分别于2002年4月28日作出立法解释。可以说，随着刑事立法与立法解释的加强，刑法规定的进一步明确化，司法解释，尤其是规范性的司法解释存在的正当性与合理性将会逐渐丧失。

其次，关于法官能力不足的问题。这确实也是一个支持司法解释存在的理由。关于我国目前法官的现状，有的实务界人士指出存在以下问题：第一，来源的繁杂，进法院、做法官的是大量的没有经过专业素质培训与教育的人，如来自部队，来自社会招干，来自机关分流以及部分大专院校的学生；第二，业务能力

---

[1] 参见〔意〕杜里奥·帕多瓦尼著，陈忠林译：《意大利刑法学原理》，24页，北京，法律出版社，1998。

较差，审判水平较低，与高效、快捷的市场经济整体要求不相适应；第三，法官的观念滞后，知识更新较慢；第四，法官的理论素质与法学基础较差，正像有学者指出的，法官在执法当中只会把法律条款与个案事实对号入座，然后作出有关判决，像这种注释型法官，现在大量存在。①法官队伍的这样一种现状，确实是不容乐观的。这些业务能力不高的法官过于依赖司法解释，离开了司法解释就无法办案。就此而言，司法解释的存在似乎具有其合理性，因为它满足了现实的需求。但从另外一个角度来看，司法解释的大行其道又在一定程度上成为法官水平无法提升的一个障碍。对此，我国学者也作了正确的分析，指出：如果一个复转军人进入了法院却无法待下去的话，其结果难免会给其他欲进法院系统的复转军人或类似不具备法官素质的人以警示：进得去不一定就干得下去！这样就势必会阻碍更多的这些人进入法院，从而形成法官队伍的良性循环，只有那些具备法官素质的人才敢进入法院系统。而目前恰恰相反，是一种恶性循环：进得去也待得下去，于是进得更多，待得也更好。整个法官队伍的素质当然难以提高。那么，为何这些人进入法院系统后能够"胜任"具有专门化难度的审判工作呢？站在刑事审判的角度反省，问题在于立法者或其授权的最高司法机关已经越俎代庖，将一切应该由法官做的工作都做好了。在我国现行的以司法为中心的刑法适用体制之下，只可能使法官的低素质恶性循环。②所言甚是。

我还想补充一点，现在的司法解释有时把法官素质大大低估了。例如《刑法》第435条（逃离部队罪）规定：（第1款）违反兵役法规，逃离部队，情节严重的，处3年以下有期徒刑或者拘役。（第2款）战时犯前款罪的，处3年以上7年以下有期徒刑。显然，该条第1款规定的是非战时逃离部队行为，第2款规定的是战时逃离部队行为，这是一个不满14岁的幼童也会有的逻辑理解。就是这样一个问题，自2000年12月8日起施行的最高人民法院、最高人民检察院《关于对军人非战时逃离部队的行为能否定罪处罚问题的批复》作出了以下司法

---

① 参见毕玉谦：《中国司法审判论坛》（第1卷），308～309页，北京，法律出版社，2001。
② 参见刘艳红：《观念误区与适用障碍：新刑法施行以来司法解释总置评》，载《中外法学》，2002(5)，538页。

解释:"中国人民解放军军事法院、军事检察院:[1999]军法呈字第19号《关于军人非战时逃离部队情节严重的,能否适用刑法定罪处罚问题的请示》收悉。经研究,答复如下:军人违反兵役法规,在非战时逃离部队,情节严重的,应当依照《刑法》第四百三十五条第一款的规定定罪处罚。此复。"按照这样一个标准,那么每一个刑法条文都需要一个司法解释。这种问答式的司法解释,几乎把我国的法官的理解能力假定为小学生水平,简直令人诧异!事实上,我国法官队伍经过吐故纳新,尤其是大批科班出身的政法院校毕业生充实到法官队伍,法官水平正在逐渐提高,甚至出现了学者型的法官。在这种情况下,正如我国学者所呼吁的那样,我们需要向法官适用解释法律过渡。[①]

最后,关于判例制度的缺位问题,也是与司法解释具有相关性的。从世界各国的法律制度来看,英美法系实行判例法,我国目前这种司法解释可以说是闻所未闻的。即使在实行成文法的大陆法系,判例制度作为成文法的补充,仍然是十分发达的。我国目前的司法解释的功能就是由判例来实现的。日本刑法学家大塚仁在论及判例能否成为刑法的法源时指出:与采用判例法主义的英美法不同,在以成文法主义为原则的我国,判例不能成为法源。只是,判例作为法院对刑法的有权解释,它明确了刑法的意义,事实上对将来的裁判具有很强的约束力,从这个观点来看,不能否定它具有准法源的意义。[②] 由此可见,在日本判例是有权解释的载体,是准法源。而在我国,司法解释是有权解释的载体,是准法源。我国刑法学界对于在中国建立判例制度,一直在进行探索。但是,不对目前的司法解释体制进行改革,判例制度永远不可能建立起来。在司法解释形式中,又有规范性司法解释与个案性司法解释之分。应该指出,个案性司法解释与判例制度具有一定的相似性,但在性质上又是根本不同的。个案性司法解释虽然是针对个案的,但个案只是引发司法解释的缘由,司法解释的内容仍然是一般性的规定。而判例是对具体案件发生法律效力的判决,它着眼于当下的个案,从此个案判决中

[①] 参见刘艳红:《观念误区与适用障碍:新刑法施行以来司法解释总置评》,载《中外法学》,2002(5),528页以下。

[②] 参见[日]大塚仁:《刑法概论(总论)》,冯军译,67页,北京,中国人民大学出版社,2003。

引申出来的规则对于此后的同类案件具有法律上的拘束力。我国学者对我国刑法司法解释的走向作了如下分析：从总体上看，应当合理区分立法解释和司法解释之界限，正确行使其职能；完善司法解释的表现形式，削减普遍性司法解释，客观评价并充分重视个案性司法解释的价值，并辅之以判例，使个案性司法解释和普遍性司法解释、刑法判例共同服务于刑事司法实践。[①] 我认为，上述分析是有道理的。我国目前的司法解释，实际上是二次立法，具有司法法的性质，即司法机关创制的法，对应于行政法。这种司法立法的情形与司法活动的客观规律是不相符合的，但是与我国司法机关，尤其是法院行政化的体制一脉相承的。在这种行政化的法院体制下，上下级法院之间不是一种审级关系，上级法院不是通过判例来指导并监督下级法院，而主要通过颁布各种司法解释来指导下级法院。尽管最高人民法院垄断司法解释权，但其他法院还是在各种名义下发布文件规范下级法院的审判活动。我认为，应当限制立法性的司法解释，扩大个案性司法解释。在条件成熟的情况下，应从个案性司法解释过渡到判例，以此作为全国法制统一的途径。

司法解释作为指导全国司法活动的一种重要形式，在刑法适用中曾经发挥过重要的历史作用，这是毋庸置疑的。但是，司法解释，尤其是我国目前立法色彩极其浓厚的司法解释体制如何适应法治建设的需要，确实是一个值得研究的问题。

(本文原载《法学》，2003（8）)

---

① 参见何慧新：《刑法判例论》，169 页，北京，中国方正出版社，2001。

相似与区分：刑法用语的解释学分析

刑法条文是以语言为载体表达一定的立法意图的，因而刑法用语对于理解刑法条文之规定具有重要意义。一部垂范久远的刑法典，往往以用语严谨而著称。我国刑法在用语上还存在某些混乱，致使对正确理解这些用语的含义产生困难。本文通过对刑法描述交易犯罪行为的各种用语进行解释学的分析，考察如何才能使刑法用语更为科学。

一

为分析方便，我们首先从刑法文本中摘录以下描述交易行为的用语，用为分析对象。

(一) 买卖

在我国刑法中，采用买卖一语的，计有以下条文及其罪名：(1) 第125条第1款非法买卖枪支、弹药、爆炸物罪；(2) 第125条第2款非法买卖罪［《刑法修正案》(三)将之改为"非法买卖危险物质罪"］；(3) 第280条买卖国家机关公文、证件、印章罪；(4) 第281条非法买卖警用装备罪；(5) 第350条非法买卖制毒物

品罪；(6) 第 352 条非法买卖毒品原植物种子、幼苗罪；(7) 第 375 条第 1 款买卖武装部队公文、证件、印章罪；(8) 第 375 条第 2 款非法买卖军用标志罪。

(二) 经营

在我国刑法中，采用经营一语的，计有以下条文及其罪名：(1) 第 165 条非法经营同类营业罪；(2) 第 225 条非法经营罪。

(三) 贩卖

在我国刑法中，采用贩卖一语的，计有以下条文及其罪名：(1) 第 347 条贩卖毒品罪；(2) 第 363 条贩卖淫秽物品牟利罪。

(四) 倒卖

在我国刑法中，采用倒卖一语的，计有以下条文及其罪名：(1) 第 227 条第 1 款倒卖伪造的有价票证罪；(2) 第 227 条第 2 款倒卖车票、船票罪；(3) 第 228 条非法倒卖土地使用权罪；(4) 第 326 条倒卖文物罪。

(五) 销售

在我国刑法中，采用销售一语的，计有以下条文及其罪名：(1) 第 126 条违规销售枪支罪；(2) 第 140 条销售伪劣产品罪；(3) 第 141 条销售假药罪；(4) 第 142 条销售劣药罪；(5) 第 143 条销售不符合卫生标准的食品罪；(6) 第 144 条销售有毒、有害食品罪；(7) 第 145 条销售不符合标准的卫生器材罪；(8) 第 146 条销售不符合安全标准的产品罪；(9) 第 147 条销售伪劣农药、兽药、化肥、种子罪；(10) 第 148 条销售不符合卫生标准的化妆品罪；(11) 第 214 条销售假冒注册商标的商品罪；(12) 第 215 条销售非法制造的注册商标标识罪；(13) 第 218 条销售侵权复制品罪；(14) 第 283 条非法销售间谍专用器材罪；(15) 第 312 条销售赃物罪。

(六) 出售

在我国刑法中，采用出售一语的，计有以下条文及其罪名：(1) 第 171 条出售假币罪；(2) 第 206 条出售伪造的增值税专用发票罪；(3) 第 207 条非法出售增值税专用发票罪；(4) 第 209 条第 1 款出售非法制造的用于骗取出口退税、抵扣税款发票罪；(5) 第 209 条第 2 款出售非法制造的发票罪；(6) 第 209 条第 3

款非法出售用于骗取出口退税、抵扣税款发票罪；（7）第209条第4款非法出售发票罪；（8）第320条出售出入境证件罪；（9）第325条非法向外国人出售珍贵文物罪；（10）第327条非法出售文物藏品罪。

（七）出卖

在我国刑法中，采用出卖一语的，计有以下条文及其罪名：（1）第329条第2款擅自出卖国有档案罪；（2）第439条非法出卖武器装备罪；（3）第442条擅自出卖军队房地产罪。

（八）购买

在我国刑法中，采用购买一语的，计有以下条文及其罪名：（1）第171条第2款金融工作人员购买假币罪；（2）第208条非法购买增值税专用发票、购买伪造的增值税专用发票罪。

（九）收买

在我国刑法中，采用收买一语的，计有以下条文及其罪名：（1）第111条为境外收买国家秘密、情报罪；（2）第241条收买被拐卖的妇女、儿童罪；（3）第431条第2款为境外收买军事秘密罪。

（十）收购

在我国刑法中，采用收购一语的，计有以下条文及其罪名：（1）第312条收购赃物罪；（2）第341条非法收购珍贵、濒危野生动物、珍贵、濒危野生动物制品罪；（3）第345条第3款非法收购盗伐、滥伐的林木罪。

以上刑法用语都与市场交易行为有关，其中买卖、经营、贩卖和倒卖四个用语含义相关；销售、出售和出卖三个用语含义相关；购买、收买和收购三个用语含义相关。这些具有相关性的刑法用语含义是相同还是相似？如果相同为什么不采用同一用语？如果相似又存在什么区别？这些问题，无论对于刑法条文的理解还是适用，都具有重要意义。

二

买卖、经营、贩卖和倒卖这四个用语可以归为一类，其共同特征是行为的复

合性，即具有买与卖两个方面的行为要素。但这两个要素由于在组合方面上的不同，因而存在某些细微的区分。

买卖是指买和卖，两者具有并列关系。因此，以买卖为特征的行为是指买与卖的复合行为。这里的买，指购买；卖，指出售。例如，非法买卖枪支、弹药、爆炸物罪，指违反法律规定私自购买或者出售枪支、弹药、爆炸物的行为。[①] 在此，购买与出售以"或者"相连，表明只要具有购买或者出售行为之一者，即可构成本罪。在买卖的组合方式上，存在以下两种关系：一是对合关系。在这种对合关系中，买者与卖者同时构成本罪，即所谓彼此俱罪。这种情形，在刑法理论上称为对合犯或者对偶犯；构成犯罪的双方各自以对方为犯罪对象。之所以将买卖双方都规定为犯罪，主要是买卖的对象是违禁品，诸如枪支、弹药、爆炸物、核材料等严禁流通的物品。二是接续关系。在这种接续关系中，行为人先买后卖，同时实施了买与卖的行为。在这个意义上，买卖与贩卖、倒卖含义相似。对于这种同时具有购买或者出售行为的，也不实行数罪并罚。

经营是一个较之买卖更为正式的用语，其内容包含买卖、贩卖、倒卖等含义。我国刑法中专门规定了非法经营罪，包括三种行为：（1）未经许可经营法律、行政法规规定的专营、专卖物品或者其他限制买卖的物品的；（2）买卖进出口许可证、进出口原产地证明以及其他法律、行政法规规定的经营许可证或者批准文件的；（3）其他严重扰乱市场秩序的非法经营行为。上述第一种经营行为，实际上是一种非法买卖行为。第二种经营行为，法律条文中明确地标示买卖，因而也是一种非法买卖行为。第三种行为是一个概括性的兜底条款，其内容由相关法律或者司法解释加以明确。例如1998年12月29日全国人大常委会通过《关于惩治骗购外汇、逃汇和非法买卖外汇犯罪的决定》（以下简称《决定》），该《决定》第4条规定：在国家规定的交易场所以外非法买卖外汇，扰乱市场秩序，情节严重的，依照《刑法》第225条的规定定罪处罚。因此，非法买卖外汇的行为属于其他严重扰乱市场秩序的非法经营行为，那么，上述经营行为中的买卖如

---

① 参见周道鸾、张军主编：《刑法罪名精释》，111页，北京，人民法院出版社，1998。

何理解？先买后卖的这种接续关系是可以成立的，即在非法经营活动中倒卖许可证、倒卖外汇等构成本罪。关键问题在于：对合关系中，买者的行为是否构成本罪？例如非法买卖外汇，卖者构成犯罪没有疑问；那么，是否买者也构成犯罪呢？对此问题没有权威解释，刑法理论上也未进行探讨。我认为，对此应作限制解释，非法经营中的买卖，重点是惩治经营者，即卖方。当然，为卖而买者可以构成本罪，但单纯的购买者似不应以犯罪论处。同为非法经营罪的对象一般是专营专卖物品和限制买卖物品，不同于违禁品。对于违禁品，单纯购买者亦应构成犯罪。经营行为，除买卖行为以外，还包括其他营利性行为，例如森林采伐、矿产开采、野生动物狩猎等。① 这些营利活动难以用买卖概括，因而经营的外延要大于买卖。

贩卖，从词义上理解，是指买进货物再卖出以获取利润。② 显然，从语义学上说，贩卖一词同样包括买和卖两方面的内容。但在刑法中，贩卖一词的含义较为复杂：在一般情况下，贩卖指低价买进而高价卖出，从中牟取利润，但也指单纯的出售行为。例如，贩卖毒品中的贩卖，根据某些论著的解释，是指非法销售毒品，包括批发和零售；以贩卖为目的收买毒品的，也属于贩卖毒品。③ 在这一解释中，将贩卖解释为非法销售，侧重于贩卖一词中"卖"的行为，这无疑是正确的。同时，这一解释还将以贩卖为目的的收买的行为，也包含在贩卖之中。根据上述理解，不以贩卖为目的的收买，显然不包含在贩卖的概念之中，这也正是贩卖一词与买卖一词的最大区别。

倒卖，是日常生活中经常使用的一个词语，但未被收入《现代汉语词典》，该词典中有两个词汇与倒卖相近：一是倒把，指利用物价涨落，买入卖出，牟取暴利，例如投机倒把；二是倒手，指从一个人的手上转到另一个人的手上（多指货物买卖）。④ 因此，倒卖应当是指转手贩卖，从中牟利的行为。在刑法中，倒

---

① 参见胡康生、李福成主编：《中华人民共和国刑法释义》，318 页，北京，法律出版社，1997。
② 参见《现代汉语词典》，300 页，北京，商务印书馆，1978。
③ 参见胡康生、李福成：《中华人民共和国刑法释义》，497 页，北京，法律出版社，1997。
④ 参见《现代汉语词典》，215 页，北京，商务印书馆，1978。

卖是指按低价大量买入，然后高价卖出的行为。① 显然，在倒卖一词中，强调的是低价买入高价卖出，但贩卖同样具有这一特征。

通过以上阐释可以看出，在买卖、经营、贩卖与倒卖四个词汇中，贩卖与倒卖的含义极为相似，同样具有明显的贬义；而买卖、经营与上述两词存在明显的区别，且是一个中性词。买卖与贩卖、倒卖的根本区别在于：买卖是买与卖两个行为的并列，各行为可以单独构成犯罪。因此，在以买卖为行为特征的情况下，买与卖可以分别构成犯罪，非法买卖枪支就是如此。而贩卖与倒卖，则以卖为主，指出售。在贩卖的情况下，包含为卖而买，其购买行为只能依附于卖而成为犯罪，不以出卖为目的的购买，则不构成犯罪。当然，贩卖的卖可以不是以买为前提的，也可以是自身原有或者自行制造的。例如，贩卖淫秽物品中的贩卖，是指发行、批发、零售、倒卖等行为。② 因此，贩卖行为往往与制造（作）行为相联系，例如制作、贩卖淫秽物品罪。而倒卖通常是指转手贩卖，即低价购入高价卖出。在这一点上，贩卖与倒卖存在微小的差别。买卖与经营，往往包含贩卖与倒卖的内容，即包括为卖而买，然后倒手出卖。因此，买卖和经营的行为范围显然大于贩卖和倒卖。

三

销售、出售和出卖这三个用语可以归为一类，其共同特征是单一的卖。当然，由于法律文本中语境的不同，三者在含义上也存在某些差别。

销售，在语义上指卖出（货物）。③ 就此而言，它与出售、出卖并无本质上的差别。我国刑法中规定的生产、销售伪劣商品罪，即以销售为行为特征。

出售，是指有偿转让。从刑法规定来看，出售的对象一般即是违禁品或者禁止流通的物品，例如假币、增值税专用发票等。

---

① 参见周道鸾、张军主编：《刑法罪名精释》，422 页，北京，人民法院出版社，1998。
② 参见周道鸾、张军主编：《刑法罪名精释》，848 页，北京，人民法院出版社，1998。
③ 参见《现代汉语词典》，1264 页，北京，商务印书馆，1978。

出卖，同样指有偿转让。例如，《刑法》第 329 条第 2 款规定了擅自出卖、转让国有档案罪。在此，立法者将出卖与转让两种行为并列加以规定。显然，出卖是指有偿转让，而转让是指无偿转让，两者都改变了国家档案的所有权，是一种擅自处分国家所有的档案的非法行为。应当指出，在语义上，出卖包括以下两种含义：一是卖；二是为了个人利益，作出有利于敌人的事，使国家、民族等受到损害。[1] 显然，在我国刑法中，是在卖的含义上使用出卖一词的，而不是第二种含义。

以上三个用语，语义上基本相同。只是销售一词较为正规，更具有经营的含义。至于出售与出卖，语义上并无差别。对于这种表述同一种行为而采用不同的立法用语，从立法语言的科学性上来说是有所缺憾的。这种情况的出现，可能与立法过程中过于依赖于吸收相关法律的现成用语有关。例如，出卖档案一词来自《档案法》，该法规定："禁止出卖属于国家所有的档案。……档案复制件的交换、转让和出卖，按照国家规定办理。"依照这一规定，在刑法中设立罪名的时候，将出卖一词吸收到刑法条文中来，而没有考虑在刑法典中出卖一词与其他相同情况语言概括保持一致。

四

购买、收买、收购这三个用语可以归为一类，其共同特征是指单一的买。

购买，就是买。例如《刑法》第 171 条规定的出售、购买伪造的货币罪，出售伪造的货币，是指以营利为目的，以一定的价格卖出伪造的货币的行为。购买伪造的货币，是指行为人以一定的价格用货币换回伪造的货币的行为。[2] 由此可见，在我国刑法中，买卖伪造的货币都构成犯罪。但对于同种情况，在其他条文中，规定为买卖，例如买卖枪支罪。但除此之外，则没有规定为买卖伪造的货币

---

[1] 参见《现代汉语词典》，156 页，北京，商务印书馆，1978。
[2] 参见胡康生、李福成主编：《中华人民共和国刑法释义》，211 页，北京，法律出版社，1997。

罪，而是分别规定出售伪造的货币罪与购买伪造的货币罪。这样，就出现了设立罪名规则的混乱。而且，在司法适用上也存在问题：行为人先购买伪造的货币然后加价予以出售的，其行为分别符合购买伪造的货币罪与出售伪造的货币罪，是否实行犯罪并罚？从刑法理论上说，这种情形属于牵连犯。但如果刑法直接规定买卖伪造的货币罪，就可以把这种情况直接包含其中，无须另行处理。

收买，也指买。例如，收买被拐卖的妇女、儿童，是指行为人用金钱或者其他财物，作为被卖的妇女、儿童的代价，将妇女、儿童买归自己占有。[①] 我国刑法中专门设有拐卖妇女、儿童罪，根据《刑法》第 240 条第 2 款的规定，拐卖妇女、儿童是指以出卖为目的，有拐骗、绑架、收买、贩卖、接送、中转妇女、儿童的行为之一的。因此，在拐卖妇女、儿童罪中，也包含收买被拐卖的妇女、儿童的行为。但《刑法》第 241 条规定的收买被拐卖的妇女、儿童罪，是指不以出卖为目的的单纯收买，一般是收买妇女强行与之同居或结婚，收买儿童作为子女抚养等。同时，《刑法》第 241 条第 5 款规定，收买被拐卖的妇女、儿童又出卖的，依照拐卖妇女、儿童罪定罪处罚。在这个意义上说，在拐卖妇女、儿童罪之外，单设收买被拐卖的妇女、儿童罪是必要的。而且，收买显然与购买、收购含义相同，但购买与收购的对象主要指物品。就此而言，收买被拐卖的妇女、儿童比购买被拐卖的妇女、儿童更为贴切。

收购，同样指买。从词义上看不出收购与收买、购买存在性质上的差别。但从习惯用法上说，收购一般是指大批量地购买。因此，在某些特定场合，使用收购与收买或者购买，其含义是有所不同的。例如，《刑法》第 312 条规定了收购赃物罪。在刑法修订以前，只有销赃罪之规定而没有设立收购赃物罪。因此，在我国刑法学界对于知情买赃应当如何处理始终存在争论。其中一种观点认为，故意大量买赃行为是销赃罪的一种形式[②]，主张对于买赃的以销赃罪论处。我认为，买赃与销赃是两种不同的行为，对于买赃的不能以销赃论处。在刑法修订过

[①] 参见张明楷：《刑法学》（下），720 页，北京，法律出版社，1997。
[②] 参见魏克家：《故意大量买赃行为是销赃罪的一种形式》，载《经济体制改革与打击经济犯罪》，248 页，上海，上海社会科学院出版社，1987。

程中，增设了收购赃物罪，在一定程度上解决了买赃的问题。当然，刑法规定的收购赃物是否包括买赃自用的情形，在理论上存在争论。第一种观点认为，收购赃物，是指购买不特定赃物或者购买大量赃物的行为，对于购买特定的赃物自用的，不宜认定为犯罪。① 这种观点将买赃自用不构成犯罪的情形限于购买特定的少量赃物。至于购买不特定的大量赃物自用是否构成犯罪，语焉不详。还有学者认为，收购是指以出卖为目的收买赃物，个人为自己使用而买赃的不构成本罪。② 相比较之下，这种观点明确地将买赃自用排除在收购赃物罪之外，以出卖为目的成为收购赃物罪的构成特征之一。第二种观点则认为，买赃自用，只要符合数额标准，均应以收购赃物罪论处，认为收购是指为自己或者他人使用而购买赃物。③ 第三种观点则将买赃自用作广义与狭义的区分。狭义的理解是买赃供本人消费使用；广义的理解，还包括收购赃物供自己生产经营使用。狭义的买赃自用，不属于本罪的收购行为；大量购买赃物供自己生产经营使用的，应属于本罪的收购行为。④ 我认为，从文字上来说，买赃与购赃是同一意思，因而购买成为一个词组。收购一词虽然从通常意思来说是从各处买进，似乎与购买区别不大，但收购已经成为一个约定俗成的用语，一般表示大量的、成批的购买之意，而不是一般的、零星的、偶尔的购买。在这个意义上说，立法者在赃物犯罪中使用收购赃物一词，确实比买赃物或者购买赃物要好。当然，这里的收购赃物罪能否将以出卖为目的作为一个构成条件，还是可以讨论的。从词义上不能必然地引申出这个结论，但从限制解释上来说，也有一定道理。

五

立法是一种艺术，其中如何恰如其分地将某种立法意图通过语言表达出来，

---

① 参见张明楷：《刑法学》（下），833 页，北京，法律出版社，1997。
② 参见胡康生、李福成主编：《中华人民共和国刑法释义》，442 页，北京，法律出版社，1997。
③ 参见欧阳涛等主编：《易混淆罪与非罪、罪与罪的界限》，315 页，北京，中国人民公安大学出版社，1999。
④ 参见何秉松主编：《刑法教科书》（修订版），917 页，北京，中国法制出版社，1997。

对于司法适用具有重大的意义。通过对上述刑法条文中的描述交易行为的各种用语进行分析，我认为，在立法用语中为保持严谨应当注意以下四点。

（一）刑法用语的专业性

语言有日常生活用语与专业术语之分，刑法用语应当尽可能地采用专业术语。同为刑法典的制定，主要是为法律工作者提供法律准则。从刑法典功用的实现上看，要求的是其专业性而非通俗性。尤其是某一用语在日常用语中存在含义上的多义性时，用作刑法术语更应谨慎。例如出卖一词，在日常生活用语中，既有卖的意思，又有为个人私利作出不利于他人的事的意思，而且在更多的场合，是在第二种含义上使用出卖一词的。在这种情况下，作为刑法术语在第一种含义上使用出卖一词就不甚妥当。

（二）刑法用语的统一性

法律用语，尤其是同一部法律的用语，表达同一意思或者描述同一现象应当使用同一术语。只有在需要加以区分的场合，才能使用相似或者不同的术语。这应该是使用立法语言的一条原则。从上述刑法对交易行为描述的用语来看，三组十个用语，有些表达的是不同或者相似但又有必要加以区分的意思，因而采用了不同用语，这是必要的。例如买卖与贩卖，虽然贩卖也可以包含在买卖之中，但在买卖为行为特征的犯罪中，买者与卖者彼此俱罪；而在贩卖中，只有为卖而买才是犯罪，单纯的买者并不构成犯罪。但有些用语表达的基本上也是同一意思，例如贩卖与倒卖，两者都有以营利为目的、买进货物再卖出的含义，完全可以使用同一个术语。在这种情况下，使用不同术语，不仅没有必要而且徒增混乱。

（三）刑法用语的严谨性

刑法用语较之日常生活用语，应当更为严格与谨慎，而不能随意与粗糙。在日常生活用语中，有时包含较为明显甚至强烈的个人情绪，因此具有一定的感情色彩。但刑法用语应当理性地表达某一意思或者客观地描述某一行为特征，尽可能少地带有感情色彩。在刑法描述交易行为的用语中，买卖、经营、销售、出售等都是严格的用语。但贩卖、倒卖等个别用语明显地含有贬义，包含一定的憎恶因素。对于这种用语，在刑法中使用一定要十分慎重，只有当没有其他用语可以

替代时才采用，否则应当尽量避免使用。

（四）刑法用语的确切性

刑法用语表达的是一定的立法意图，换言之，司法者是通过刑法用语来领会立法意图的，因而刑法用语应当确切而不可含混。如果刑法用语模棱两可，就会造成理解上的歧义，因此妨碍正确地适用。例如买赃自用是否属于收购赃物，虽然刑法理论上其说不一，但这主要还是解释上的问题。至于贩卖，词义上是指买进货物再卖出，但在贩卖毒品罪中，又包含单纯的出售行为，这就表明贩卖一词用在此处不够确切，它不能涵括所有的犯罪行为。

（本文原载《法学》，2000（5））

六、刑法人物

基因的奴隶：龙勃罗梭

龙勃罗梭自称是基因的奴隶。龙氏有一个信念，认为有些基因即使在当时看来是无足轻重的，而后则可能发展成为一个普遍适用的理论。龙氏甘当基因的奴隶，这反映了一个实证主义犯罪学家对犯罪的科学态度，也恰是龙氏享有"犯罪学之父"美誉的契因。龙氏确实是基因的奴隶，这反映了其所创立的刑事人类学派的理论局限，也正是龙氏的犯罪学观点受到普遍抨击之原因所在。基因的奴隶——褒乎？贬乎？历史自有公论。

——题记

一

1835年11月6日，龙勃罗梭在意大利北部城市维罗纳的一个犹太人家庭呱呱落地。龙勃罗梭的第一声啼哭并没有表明他是一个天生的犯罪学家，父母更期望在家里诞生一个医学家，这也正是幼年龙勃罗梭的志向。龙勃罗梭成为一个举世闻名的犯罪学家虽然有其必然性，但这种必然性不是来自父母的遗传，而是孕育于社会的需要。

龙勃罗梭的祖国意大利，是一个天才辈出的国度，同时又是一个忧患迭起的国度。当龙勃罗梭来到人世的时候，迎接他的是这样一个意大利：根据1814年维也纳会议的决议，意大利被肢解为八个邦国。当时的奥地利首相梅特涅得意扬扬地说：“现在的意大利只是一个地理概念而已。”意大利内外反动势力互相勾结、狼狈为奸，白色恐怖笼罩各邦。意大利民族灾难深重，人民生活在水深火热之中。恩格斯在《1847年的运动》一文中，曾经生动地指出：意大利在梅特涅的压迫下辗转呻吟。① 龙勃罗梭就是生长在这么一个动乱的国度、动乱的时代，这个时代造就了英雄，也造就了罪犯，同时也造就了龙勃罗梭这样的犯罪学家。在谈到龙勃罗梭创立实证派犯罪学的原因的时候，菲利将意大利犯罪事实之突增列为两大原因之一。这是颇具讽刺意味的。正是这一点证实了犯罪产生犯罪学家这一规律。

龙勃罗梭的犯罪学灵感来自对全意大利著名的土匪头子维莱拉的尸体解剖。1870年12月一个阴沉的上午，龙勃罗梭打开维莱拉的尸体的头颅。突然，龙勃罗梭眼睛一亮，发现了维莱拉的颅骨上的枕骨所在的部位有一个明显的凹陷处，龙勃罗梭称其为枕骨中窝，它的位置同低等动物的一样，恰恰在枕骨的正中间，与鸟类中所谓小脑蚓部大小相当。返祖遗传！这个念头像一道闪电划过龙勃罗梭的脑海，这一瞬间宣告了刑事人类学派的诞生！龙勃罗梭毫不迟疑地断定，维莱拉的身上再现了原始人类和低等动物的残忍本能。龙勃罗梭从解剖学的角度解释了维莱拉巨大的颌骨、高耸的颊骨、突出的眉骨、单线的掌纹、极大的眼窝，在野蛮人和类人猿身上才能见到的那种呈柄形的或无柄的耳朵，无痛感能力，极敏锐的视力，文身，极度懒惰，酷爱狂欢，以及为了自己而做坏事的不可遏止的欲望，不仅夺取被害者的生命，而且还有寝皮食肉的欲望。36年以后，在1906年都灵犯罪人类大会的讲演中，龙勃罗梭以这样的语言形容了这一不寻常的发现："望着这些奇怪的畸形物，就好像是一个茫茫黑夜的迷津者，猛然间看到了一条光芒灿烂的道路。在我看来，犯罪者与犯罪真相的神秘的帷幕终于被揭开了，原

---

① 参见《马克思恩格斯全集》（第4卷），505页，北京，人民出版社，1958。

因就在于原始人和低等动物的特征必然要在我们当代重新繁衍。"

距离龙勃罗梭那灵感触发的瞬间，已有一个多世纪，龙氏所创立的刑事人类学派也早已在犯罪学的历史上隐退。龙勃罗梭虽然荣幸地得到了"犯罪学之父"的桂冠，但龙氏的天生犯罪人论从一开始就受到严厉批判。对龙勃罗梭作出最绝妙批评的要算是提出犯罪学名称的法国人类学家保罗·托皮纳德。当看到龙勃罗梭收集的那些相貌不对称和有特征的罪犯画像时，他尖刻地挖苦说："这些肖像看起来与龙氏朋友们的肖像一模一样。"尽管如此，对于龙勃罗梭在犯罪学发展的历史上的作用，没有一个人，包括他的反对者不予以承认。美国著名犯罪学家塞林曾经坦率地指出："即使我不同意龙勃罗梭所说的每一句话，但他仍然在犯罪学思想的发展史中占有重要的地位，他的观点提出了强大的挑战，从而对罪犯的研究工作作出了前所未有的推动。"因此，虽然龙勃罗梭的天生犯罪人论不乏荒谬之处，但因他是一个犯罪学的开拓者，我们不能过于责备他的观点的粗糙与理论所包含的臆想的成分。每个人只能说他所处的那个时代所能说的话，这就是任何一个人所不可避免的历史局限性，龙勃罗梭也概莫能外。我们从龙勃罗梭那里得到的主要不是其学说的实用价值，而是其方法论的意义。

二

将自然科学的研究成果引入社会科学的研究领域，这是启蒙运动洗礼之后的18、19世纪欧洲学术界流行的一种风尚。人们力图用自然科学的最新发现去解释与说明各种社会现象，使社会科学深深地打上了自然科学的烙印。在19世纪以前，各门科学中发展最成熟的是力学，而牛顿是当时科学革命的顶峰人物。18世纪的启蒙学家们普遍接受了牛顿力学的思想，例如生活在18世纪的意大利著名刑事古典学派的代表人物贝卡里业，就深受牛顿力学思想的熏陶。在贝卡里亚的名著《论犯罪和刑罚》一书中，无论是对事物本质的认识还是在思想观点的表述上，都可以看到牛顿的力学思想的影响。过了一个世纪，龙勃罗梭生活的19世纪中叶，是自然科学得到长足发展的时代，尤其是细胞、能量转化、物种起源

的三大发现使人类对自然过程的相互联系的认识大踏步地前进了。无疑,自然科学的发展,为社会科学的变革创造了条件。作为一个思想敏锐的科学家,龙勃罗梭直接与间接地从自然科学的最新研究成果中汲取营养,而龙氏自然科学家出身的这种优越条件,使他在处理自然科学的材料方面得心应手。如果我们不带有任何偏见,客观地将龙勃罗梭放到19世纪中叶去考察他的犯罪学理论,那么,我们可以说,在运用自然科学研究犯罪这一点上,龙勃罗梭领一代风骚。

实证方法之引入犯罪学研究,始于龙勃罗梭。实证主义哲学,为法国哲学家孔德所首创。早在1822年,孔德就提出了一个重要命题:"观察优于想象。"孔德认为,一切科学都必然是在被观察到的事实基础上发展而来的,因此,不仅自然科学的一切部门都应从属于观察,而且一切社会科学,以至政治学都应从属于观察。龙勃罗梭建立的犯罪学,被称为实证主义犯罪学。龙勃罗梭虽然没有以此称呼自己的犯罪学,但其得意弟子菲利则将龙勃罗梭开创的犯罪学称为实证派犯罪学。菲利在其名为《实证派犯罪学》的书中指出:实证派犯罪学自切萨雷·龙勃罗梭的著作而开始成立。从1872年至1876年,龙勃罗梭开辟了犯罪学研究的新途径,认为在研究与考察犯罪以前,必须先研究犯罪人。龙勃罗梭氏以人类学的眼光研究意大利各感化所的犯罪人,由此而写成《犯罪人论》一书,标志着实证派犯罪学的诞生。菲利的这段话至少证明了以下这一点:龙勃罗梭是以实证主义的方法对犯罪人进行研究的第一人。在龙勃罗梭以前,古典学派主要关注犯罪行为,对犯罪行为的研究又多局限于法律规范。在研究方法上,古典学派追求理性思辨,脱离个案,使犯罪的研究陷于空洞的哲理之中。而龙勃罗梭认为犯罪是人的行为,如欲揭示犯罪的本质,必先研究实施犯罪的人。他从观察入手,对意大利各监狱和收容所的上万名罪犯进行了系统的观察与测量,掌握了第一手资料与数据。龙勃罗梭在运用实证主义作为方法论对犯罪进行研究的时候,以观察作为研究犯罪的重要方法,将结论建立在严格的科学数据之上,从而结束了对犯罪的抽象臆想的形而上学时代,开创了犯罪学的新时代。然而,同样不可忽视的是,龙勃罗梭对犯罪学的研究也不可避免地带来了实证主义方法论的弊端。龙勃罗梭接受犯罪这一现实,满足于对犯罪的因果解释,而没有进一步揭示犯罪产生

的内在规律。同时，他无视实证方法的局限性，以为一切犯罪问题都可以通过观察与实验的方法得以解释，将复杂的犯罪问题予以简单化的处理。

如果说，实证主义是作为龙勃罗梭研究犯罪的方法论而存在的，那么，进化论则对龙勃罗梭犯罪学的产生具有直接的影响。达尔文关于人起源于动物的观点，从根本上动摇了上帝创造人的宗教观念，使人对自己在自然界中的位置有了正确的认识。正是在这种学术氛围下，龙勃罗梭将犯罪归因于遗传的天生犯罪人的观点才得以出笼。根据龙勃罗梭的观点，犯罪是遗传的产物，是返祖现象，是由生物特征决定的，存在一种天生犯罪人。这种将人的理性与尊严在生物学的手术刀下剥夺殆尽的论点，对于人类中心论的挑战不亚于达尔文的人兽同源说，也正是基于达尔文的进化论的思路在犯罪问题上得出的一个合乎逻辑的结论。达尔文的进化论有两个核心命题：物种起源与适应起源。物种起源强调物种之间的历史延续性，从这一命题可以引申出遗传的概念，遗传是指导致亲子间性状相似的种种生物过程的总称。遗传的核心是双亲把自己的生物特征通过基因转移给下一代，由此形成物种之间的连续性。根据适应起源的命题，形形色色的物种，通过共同起源和分歧发展，各自适应于一定的生活条件，呈现为形形色色的适应现象。适应起源的思想强调物种之间的非连续性，从这一命题可以引申出变异的概念，即在遗传的前提下，亲子间存在情状相异处。龙勃罗梭在早期著作中，主要是接受了达尔文的第一个概念——遗传，认为犯罪也可以通过基因转移给下一代，因此存在天生的犯罪人。天生犯罪人论从一开始就遭到许多犯罪学家的抨击。在龙勃罗梭的弟子菲利等人的影响下，在晚期著作中，龙氏降低了天生犯罪人在犯罪人总数中的比例，强调堕落，这实际上是接受了达尔文的第二个概念——变异，即双亲并无犯罪基因，之所以走上犯罪道路，不是基于遗传，因而不是先天性的，而是由于在社会环境的熏陶下的堕落，这也是一种变异。达尔文的进化论对龙勃罗梭的影响，贯穿龙氏一生。

在犯罪学理论中，能不能运用自然科学，尤其是生物学的方法进行研究，这在我国犯罪学界还是一个似无定论的问题。长期以来，我们对龙勃罗梭及其方法论持完全否定的态度，运用自然科学研究犯罪被认为是大逆不道，而犯罪生物学

也被斥为伪科学。我认为，罪犯是人，具有人的一切社会的与自然的属性，自然属性又可以分为生物（或曰生理）属性与心理属性，上述社会属性、生物属性与心理属性，构成人的本质。对于犯罪人的研究，也应同时并重上述三种属性。在这三种属性中，我们无疑应把社会属性放在首位，它制约着其他两种自然属性，但又不能以社会属性完全取代自然属性，更何况生物属性还是人的社会属性的基础呢？人的属性的这种多重性，决定了对犯罪人的研究方法的多元性。对于犯罪人的社会属性可以采取定性方法，对于犯罪人的自然属性则可以采取自然科学的定量方法。因此，我认为，一门科学的犯罪学，至少应该包括以下三个部分：一是犯罪社会学，这是对犯罪人的社会属性的研究；二是犯罪生物学，这是对犯罪人的生物属性的研究；三是犯罪心理学，这是对犯罪人的心理属性的研究。在犯罪生物学与犯罪心理学中，尤其需要引入自然科学的研究方法。无疑，在这方面，龙勃罗梭走出了第一步，尽管这一步走得并不稳，但具有历史性意义。正是在这一点上，龙勃罗梭被称为犯罪学的鼻祖是当之无愧的。

三

犯罪，是自从人类进入文明社会以后就一直困扰着人们的一种社会现象。自从犯罪产生之日起，就出现了对犯罪本质的各种解释。在此，我们可以将其归纳为对犯罪本质的自然与超自然的两种解释。将犯罪视为人本身的一种行为，是由人的意志或者特性所决定的，这是对犯罪本质的自然的解释。这种解释，始于古希腊。古希腊哲学家从朴素的哲学观念出发，将犯罪与社会经济、政治、人性等因素联系起来，力图从社会与人性本身寻找犯罪原因，这在当时的历史条件下是值得称道的。将犯罪视为超自然的外力所强加于人的一种行为，是恶魔作用的结果，这是对犯罪本质的超自然的解释。在中世纪，神学统治了欧洲，人们的思想无不戴上神学的桎梏。因此，在这个时代，犯罪本质由古希腊时期立论于人类自身的某种生理与心理的欲求而导致了人与社会发生冲突的结果转化为现实世界之外的超人类的力量影响的结果。一言以蔽之，由对犯罪本质的自然的解释转化为

超自然的解释。例如，中世纪把犯罪和其他异常行为归咎为恶魔鬼怪。罪犯被认为是在某一方面和世界外部的魔怪有着不正常关系的人。在中世纪对犯罪本质的超自然的解释的基础上，骨相学之类的伪科学得以发展，它窒息了人们对犯罪本质及其原因的探索与思考。从18世纪开始，启蒙思想家冲破了中世纪神学的束缚，重新对犯罪本质进行思考。正是在这种文化氛围之下，龙勃罗梭才能从临床的意义上，对犯罪进行病理学的研究。龙勃罗梭把犯罪视同妊娠、出生、疾病、死亡，力求运用生物学理论对犯罪本质作出科学的说明。龙勃罗梭的结论是否正确另当别论，但龙氏这种对于犯罪的科学态度，对于后来的犯罪学研究的发展无疑具有不可低估的推动作用。

从古典派犯罪学到实证派犯罪学，经历了一个从意志自由论到行为决定论的转变，而龙勃罗梭正是以行为决定论向古典派的意志自由论挑战的先驱。古典学派接受了意志自由的命题，在此基础上阐述犯罪的本质，即人为什么犯罪以及是否应对犯罪承担责任等命题。古典学派的理论不乏精辟之处，但在犯罪的现实面前，它却显得如此苍白无力，由此埋下了崩溃的伏笔。菲利指出：在意大利，当古典派犯罪学理论发展到顶峰的时候，犯罪也百倍地增长着，形成强烈的对比。古典派犯罪学不能对抗犯罪的潮流，实证派犯罪学则应运而生。龙勃罗梭就是在这种历史背景下崛起的，他对贝卡里亚的意志自由论予以彻底的否定。龙勃罗梭用行为决定论的观点解释犯罪，认为意志自由只是哲学家的虚构，在现实生活中，一个人根本没有意志自由可言，人的行为是受遗传、种族等先天因素制约的，对于这些人来说，犯罪是必然的，是命中注定的。龙勃罗梭首倡行为决定论，并将遗传视为犯罪的唯一原因，后来的实证学派接受了行为决定论，但犯罪原因却由龙氏的生物原因的一元论转向生物、自然、社会原因的多元论，由刑事人类学派走向刑事社会学派。行为决定论可以归结为以下这个结论：每一个犯罪行为都是不可避免的，因为自然和环境条件预先决定了它。当古典学派的意志自由论被推翻以后，龙勃罗梭在行为决定论的基础上提出了天生犯罪人的论点。当龙勃罗梭在1876年《犯罪人论》一书推出天生犯罪人论的时候，龙氏自以为是有实证根据的，这就是他通过对成千上万个罪犯进行观察所得出的结论。龙勃罗

梭是一个严肃的学者,他自称是"基因的奴隶"。这里的所谓基因,是指导致行为人实施犯罪的生物学的遗传基因。龙勃罗梭认为,应该让基因来说话。龙勃罗梭有一个信念,认为有些基因即使在当时看起来是无足轻重的,而以后也可能发展成为一个普遍适用的理论。果然,龙勃罗梭终于用这些基因建立起了他的天生犯罪人的理论。

天生犯罪人成为龙勃罗梭早期著作中的一个核心命题,龙氏相信自己在罪犯身上看到了某些与野蛮人相同的特征。将龙勃罗梭的犯罪学只归结为天生犯罪人这样一个命题,并不公正。在早期著作中,龙勃罗梭确实将自己的全部犯罪学理论归结为天生犯罪人论,但由于受到多方的责难,在后期著作中,龙勃罗梭修正了自己的观点,从只注意遗传等先天因素对犯罪的影响,到把犯罪原因扩大到堕落等后天因素的影响,并从生理、心理、环境、气候等多方面对犯罪原因进行了探讨,天生犯罪人在罪犯总数中的比例也一再降低。在1893年出版的《犯罪:原因和救治》一书中,龙勃罗梭认为,在所有罪犯中,天生犯罪人占33%。天生犯罪人在所有罪犯中比例的降低,说明了龙勃罗梭对自己的假设所作的修正。如果说,龙勃罗梭早期只满足于对人脑甚至整个躯体组织的观察,在此基础上进行生物学的研究,得出了天生犯罪人的结论,那么,在此后20年的研究中,龙勃罗梭逐步由侧重生理因素发展到兼顾心理以及其他因素,在注意对罪犯的人类学研究的同时,越来越重视对罪犯的智力、情感、本能、习惯、下意识反应、语言、模仿力等心理现象的研究,并旁及政治、经济、人口、文化、教育、宗教、环境等社会与自然因素,由此形成综合的犯罪原因论。龙勃罗梭在《犯罪:原因和救治》一书中,开宗明义地指出:"导致犯罪发生的原因是很多的,并且往往缠结纠纷。如果不逐一加以研究,就不能对犯罪原因遽下断语。犯罪原因的这种复杂状况,是人类社会所常有的,绝不能认为原因与原因之间毫无关系,更不能以其中的一个原因代替所有原因。"那么,什么是犯罪的真正原因呢?龙氏不无感叹地说:"实言之,每一现象中的真正特殊原因何在,即使是善于观察的人,亦不能下一断语。"由此可见,龙勃罗梭对犯罪原因的复杂性在其晚年有了较为深刻的认识,改变了他早期把犯罪原因单纯归结为遗传的简单化的认识。从这个

意义上说，龙勃罗梭不愧为一个严肃的科学家。正如美国犯罪学家指出："龙勃罗梭在认识事物时显示出丰富的想象力，他有良好的直观判断，具有知识分子的诚实，认识到自己的局限性，他曾试图运用对比并希望对他的理论作出公正无私的检验。"无疑，我们应该把龙勃罗梭的前期与后期联系起来看，而不应割裂这种联系，更不能把龙勃罗梭的早期思想作为龙氏全部犯罪学理论。无视这一点，就不能对其犯罪学理论作出公正的评价。

四

刑罚是作为犯罪的对应物而产生的，是社会对于犯罪的一种反响。在相当长的历史时期内，刑罚被视为是对付犯罪的唯一手段。在西方刑法史上，对于刑罚的本质，历来存在报应与功利两种解释。根据报应观念，刑罚是对犯罪的反应，因此，刑罚存在的根据只能到已然的犯罪中去寻找。建立在报应观念基础之上的刑罚理论，立足于已然的犯罪，由此解释犯罪的本质。在西方历史上，最早将刑罚本质归结为报应的当推古希腊哲学家亚里士多德。西方进入漫长的中世纪以后，神意报应主义曾长期占据主导地位。及至近代，德国著名哲学家康德与黑格尔创立了道义报应主义与法律报应主义的刑罚哲学，将报应刑的思想推向了一个极端。对刑罚本质的功利解释，完全不同于上述报应解释，它立足于未然的犯罪，认为刑罚存在的根据不应在已然的犯罪中寻找。一言以蔽之，刑罚不是为报应而存在，刑罚的存在另有其功利意义——这就是遏制未然的犯罪。西方历史上用功利来解释刑罚本质的观点可以追溯到古希腊哲学家普罗塔哥拉，及至近代贝卡里亚《论犯罪和刑罚》一书极力推崇一般预防主义，使刑罚的功利解释大为流行。当一般预防主义占据长期的统治地位以后，西方国家的犯罪率，尤其是累犯率大幅度增加，刑罚的威慑作用引起人们的怀疑。在这种情况下，龙勃罗梭从犯罪人出发，从预防再犯之可能、剥夺再犯之能力的角度论证刑罚的功利性。龙氏不仅彻底地与报应主义相决裂，而且完全摈弃了规范功利主义的恐吓与心理强制理论，代之以对犯罪人行为的矫治，从而使刑罚的意义发生了质的变化，为现代

教育刑廓清了道路。

古典学派把刑事责任建立在犯罪人的意志自由的基础之上，主张道义责任论。根据这种理论，具有自由意志的人，根据自己的自由意志所实行的行为及其结果，应当归属于行为人，行为人对其行为和结果，应受道义上的责难。龙勃罗梭作为行为决定论者，推翻了意志自由的神话，认为按照古典学派的观点来制止犯罪实际上已经失败了。龙氏指出，犯罪是必然的，社会根治犯罪亦为必要，而惩治犯罪不再对社会作恶，亦为必要。只有这样，刑罚才有功利可言。龙勃罗梭断言：除自然的必要与自卫的权利以外，刑罚再无别的根据。龙氏还通俗地解释说：野兽食人，不必问其是否生性使然。所以，只要看见野兽吃人，就可以将其毙之。禁锢疯人，亦同此自卫原理。刑罚必从自卫立论，方无可反对之余地。因此，在龙勃罗梭看来，报应与威慑都是一句空话，刑罚存在的唯一根据就是防卫社会。据此，龙勃罗梭提出了社会责任论。根据这种理论，刑罚不再与犯罪行为的社会危害性相适应，而是应与犯罪的危险状态相适应，或者说，以需要给予何种程度的处罚才能使之重返社会而不再犯罪作为衡量的尺度。因此，龙勃罗梭否定了古典学派提出的刑罚与已然的犯罪相适应（报应主义）或与一般预防的需要相适应（规范功利主义）的传统观点，而代之以刑罚与个别预防的需要相适应的观点。根据社会责任论，刑罚不再是对付犯罪的唯一手段。因为，根据龙勃罗梭所言，犯罪是体质上遗传的结果，而具有先天的倾向，几乎是不可救药的。教育与监狱，皆不足以救之，因此产生了治罪的新方法。龙勃罗梭之所谓治罪新方法，就是在废除传统的镇压性刑罚体系并代之以纯粹预防性质的刑罚体系的同时，寻找出种种刑罚之替代物，并力主对传统的刑罚制度进行根本性变革。

"刑罚替代物"一词，出自菲利之口，以往的刑罚制度是以自由刑为中心的，并形成对监禁的盲目崇拜，对于监禁的效果，尤其是缺陷则视而不见。由于对刑罚失去信心，为了社会防卫的目的，菲利认为必须求助于最有效的替代手段。龙勃罗梭在其晚年的著作中，吸收了菲利关于刑罚替代物的思想，指出："今日只知道遏制犯罪，实为未足，必须设法防止犯罪之发生。我们即使不能制止犯罪，亦可寻出减少犯罪原因的方法。"所谓减少犯罪原因的方法，就是被龙勃罗梭视

为刑罚之替代物的东西。毫无疑问,龙勃罗梭的上述思想是有其独到之处的。较之那种崇尚刑罚的惩罚主义,龙氏的观点有其值得肯定的因素,甚至对于我们今天对犯罪的综合治理也不无启迪。正如列宁曾经深刻地指出的那样:对防止罪行来说,改变社会制度和政治制度比采取某种惩罚,意义要大得多。根据刑罚替代物的思想,龙勃罗梭提出了各种犯罪的防范对策,这就形成龙氏犯罪学的一个重要内容。龙勃罗梭关于犯罪防范对策的理论建立在下述基础之上:犯罪作为一种社会疾病,应该防与治相结合。防者,防患于未然;治者,救治于已然。根据龙勃罗梭所言,天生犯罪人是命中注定要犯罪的,因此,防范主要是针对激情性犯罪人与偶然性犯罪人而言的。在《犯罪:原因和救治》一书中,龙勃罗梭提出了某些具体犯罪的防范对策。龙氏将犯罪现象置于整个社会背景之下,考察其他社会因素对于犯罪的影响,在此基础上提出犯罪防范的具体对策,具有一定的实际意义。当然,其中也有不少错误的观点,例如为防范奸淫罪而主张设置妓院。殊不知,妓女卖淫本身就是一种社会公害,构成对社会秩序、伦理道德的严重威胁。况且,卖淫本身又是诱发其他犯罪的病原体之一。当然,对于龙勃罗梭提出的犯罪防范的总体构想,是应当予以充分肯定的,这也是龙氏对于犯罪学的最大贡献之一。

在对传统的刑罚模式的批评的基础上,龙勃罗梭对各种刑罚方法进行了具体考察,并提出了改革的方案。尤其是监狱改革的提出,具有一定的价值。在龙氏以前,报应刑论者把监狱简单地视为刑罚执行的场所,是实现报应的地方。因此,在报应刑论者那里,监狱问题没有引起足够的重视。龙勃罗梭对当时盛行的分格之监狱即独居式监狱进行了考察,认为分格之监狱虽对罪犯起到隔离作用,并且减少犯人之间的联系机会,但这种监狱办理费用极大,而且有一大害,即养成狱囚的惰性,使之成为自动式之机械,抹杀了人的个性。龙勃罗梭指出,刑罚学家竭力研究改良监狱之法,其中以爱尔兰制度最受人称赞。他详细地介绍了这种分级监狱制度:第一级为首次被监禁者,给以枯寂之生涯,为期不得超过9个月,恶衣恶食,其工作是为人择乱麻。第二级为共同工作,监察极严,共分为四班,其苦按班递减,只有那些工作勤奋、品行端正的人,方可递升。头班工作

时，工作无报酬，只略给一些零花钱，记功分数达 54 次的人，可逐渐上升，其报酬亦增加，与社会也愈接近。经过此级，可达到最自由的一级。待其监禁期满，则可以暂时恢复其自由，由警察随时监视，有过仍送其返狱。龙勃罗梭对于这种分级制度予以高度评价，认为这种逐渐解放方法，适合于罪犯心理与经济方法，罪犯恢复自由，始犹如梦，通过纪律感化方法得到自由，社会上也不致轻视出狱之人，囚犯出狱后也有一种自信心。由此可见，龙氏反对将罪犯一关了事的旧式监狱，而提倡与主张在监狱中对囚犯进行教育感化，使监狱从原来的封闭式逐渐转向开放式或者半开放式，由此使监狱真正成为救治犯罪人的医院。无疑，龙勃罗梭的思考是有其历史进步意义的，今天仍有我们可借鉴的地方。

(本文原载《比较法研究》，1994（1）)

刀好截秋光：储槐植教授学术印象

储槐植教授是我的老师，也是我的同事——我 1998 年调回北京大学法学院任教，与储槐植教授至今恰好有十年同事之谊。在储槐植教授集一生学术之精华的《刑事一体化论要》一书即将由北京大学出版社出版之际，积极促成本书出版的蒋浩先生热情邀请我为本书写一篇导读，盛情难却。储槐植教授是一位老而弥新的学者，这里的"老"是指年龄，这里的"新"是指思想，这是我对储槐植教授的总体印象。储槐植教授的思想非常丰富，在没有深入钻研的情况下，我无法对储槐植教授的学术思想进行全面的述评。在此，只能依我个人的视界之所见，力图描述我对储槐植教授的学术印象。

对储槐植教授的学术定位，应该将他置于北大刑法学科这样一个学术背景之下，因而有必要考察北大刑法学科的历史。北大刑法学科的学术渊源可以追溯到民国时期，更久远的已成为历史。我所能触摸到的首先是蔡枢衡教授，精通中外刑法，尤其是晚年治中国刑法史，自成一家。我虽未面见过蔡枢衡教授，但他的晚年正是我的学术启蒙期。1983 年广西人民出版社出版的《中国刑法史》，是我在研究生期间购买的，尽管因文字考据的内容过多影响了我对其内容的掌握，但仍然是一本给我留下深刻印象的学术著作。我所见过并且聆听过授课的是甘雨沛

教授，甘雨沛教授和蔡枢衡教授一样，都是留学日本、通过日本而将现代刑法学知识引入我国的先驱者。我 1981 年 9 月在北大法律学系本科学习期间报考了中国人民大学法律系刑法专业研究生，为此选修了甘雨沛教授为我们 77 级所开的外国刑法课程。那时甘雨沛教授应该已有七十多岁，属于高龄老教授。外国刑法这门课选修的学生并不太多，我那时对刑法并无多少了解也并无多少兴趣，选修外国刑法完全出于功利目的，想在本科阶段多了解一些外国刑法知识，在研究生阶段好轻松一些。但几次课听下来觉得收获不大，主要是甘雨沛教授几十年没上讲台，加上年事已高，不太适应课堂讲授，更由于老先生讲授的内容过于艰涩，我实在听不下去，后来就逃课了。好在那时北大对学生提供了较为宽松的学习环境，我抓紧时间看了一些法学专业以外的书。1984 年甘雨沛教授的《外国刑法学》（上册）在北京大学出版社出版，那时我已初入刑法之门，买后反复阅读以作补课，大有收获。甘雨沛教授的书面语言同样诘聱难懂，但在当时资料短缺的情况下，甘雨沛教授的《外国刑法学》首次为我打开了通向外部世界的学术之门，我对大陆法系刑法的初步知识就是这部书给予的。对于某些大师来说，闻其言胜于读其书；对于另一些大师来说，读其书胜于闻其言。当然，也有的大师其言可闻、其书可读，言、书俱佳，相得益彰。这是回想起接触甘雨沛教授时，我的一个感想。在北大刑法学科中，20 世纪 80 年代最为闻名的是三杨：大杨是杨春洗教授，小杨是杨敦先教授，另外一位是从事监狱法研究的杨殿升教授。小杨老师是我在北大本科期间刑法总论与刑法分论的主讲教师，杨殿升老师也为我们 77 级讲过当时还称为劳改法的选修课。大杨老师没有给我讲过课，但我早有耳闻。20 世纪 90 年代大杨老师成为北大刑法学科的学术带头人，为北大刑法学科创立了博士点。唯独储槐植教授，我在北大法律学系四年本科学习期间一直未能与闻。当我离开北大以后，差不多是在 1987 年，储槐植教授出版了《美国刑法》一书，此后储槐植教授时有惊人之作发表，以一种全新的学术形象矗立在我国刑法学界，形成自成一体的学术品格，使北大刑法学科大为增色。

储槐植教授从学术建树上讲完全是大器晚成的，因为 1987 年《美国刑法》出版的时候，储槐植教授已近 55 岁。可以说，储槐植教授的学术命运是与国家

的命运紧密相连的。储槐植教授是 1933 年生人,与我父亲是同龄人,正好属于我的父辈。1955 年从北京政法学院毕业,储槐植教授被分配到北京大学法律学系任助教。北大法律学系在 1950 年院系调整中被撤销,大部分并入北京政法学院。1954 年北大法律学系恢复重建,1955 年从中国人民大学、北京政法学院迎来一批毕业生充实教师队伍。储槐植教授能够成为他们中的一员,足以表明他在大学期间学习成绩的优异。来到北大以后,储槐植教授科研热情迸发,在 1954 年《学习》杂志第 5 期上发表了《中国的辩护制度》一文,得以崭露头角。但好景不长,在 1957 年反右斗争中,因莫须有的罪名他被划作"中右",于 1958 年 1 月离开北大,下放到北京玻璃厂当学徒工,1960 年 1 月调到北京化工学校教书,1965 年 10 月再调到北京 158 中学教书,直到 1978 年才回到北大。整整 20 年,储槐植教授与北大无缘,与刑法无缘。那是一个不讲法治的时代,当然也是一个不需要法学的时代。1978 年,当储槐植教授回到北大法律学系时,已经 45 岁。而这一年 3 月我来到北大法律学系读书,正好 20 岁。就这样,我和储槐植教授在北大相遇却没有相逢。从 1978 年 3 月到 1982 年 1 月,整整 4 年我在北大法律学系学习期间,不仅没有见过储槐植教授,甚至没有听说过储槐植教授,这不能不说是一种遗憾。就这样,在 1978 年那个对于我和储槐植教授都具有再生意义的美好春天,我来到北大求学,而储槐植教授则回到阔别 20 年的北大任教,当时有一个通俗的说法为"归队"。20 年的时光足以使一个婴儿成长为一个青年,从 25 岁到 45 岁是一个人生命中最有价值、最具创造力的黄金季节,储槐植教授离开了学术,这是令人扼腕的。否则,我们也许能看到一个对刑法学术作出更大贡献的储槐植教授。我不能说储槐植教授虚度了这 20 年光阴,但至少对于刑法研究来说,这 20 年期间的完全中断,学术上的损失是无法估量的。在某种意义上说,储槐植教授这一代人也许是政治动乱的最大受害者。

如果我的猜测不错的话,储槐植教授在中学应该是教英语的,因此具有较好的英语基础。因而在 1981 年国门初开,储槐植教授得以有机会到美国芝加哥大学做访问学者。正是在美国为期一年的进修学习,使储槐植教授学术眼界大开,站在了一个学术制高点上,为自己找到了恰当的学术位置。1987 年北京大学出

版社出版的《美国刑法》一书，奠定了储槐植教授的学术地位，我也正是通过《美国刑法》一书认识储槐植教授的。从该书的题目来看，这是一本介绍美国刑法的著作。一般来说，这种介绍性著述，往往思想性不足，而以知识性取胜，因而学术含量并不会太高。但储槐植教授的《美国刑法》一书却恰恰是一个例外。虽然储槐植教授在对美国刑法的学理介绍中秉持一种价值中立的态度，不动声色地作客观介绍，在该书初版的"说明"中就事先声明："本书虽然包含作者某些研究所得，但是仍然保持了著述的客观性。为节约篇幅，对许多具体法律内容的政治评价留给读者自己进行。"只是在1996年该书第二版出版时，储槐植教授才写了《美国刑法的价值基础》一文，作为代前言，对美国刑法作了一个总点评。尽管是客观介绍，但我以为《美国刑法》一书的最大成功之处在于：它是一位大陆法系学者眼中的美国刑法。我国基本上属于大陆法系国家，虽然20世纪50年代从苏俄引进社会主义刑法学，但仍然保留着大陆法系刑法理论的框架。对于英美刑法学，我国以往一直缺乏深入了解。储槐植教授的《美国刑法》一书既使我们得以掌握美国刑法的基本内容，又对我国的刑法学研究大有助益。因为储槐植教授的《美国刑法》是写给中国人看的，所以在内容体例上都作了某种适应大陆法系思维方式的调整。《美国刑法》一书分为四篇：第一篇绪论相当于大陆法系刑法学科书的刑法论；第二篇犯罪总论，与大陆法系刑法教科书完全相同；第三篇具体犯罪；第四篇刑罚及其执行。第三篇与第四篇的顺序不同于大陆法系刑法教科书的，刑罚及其执行相当于大陆法系刑法教科书中的刑罚总论，一般放在犯罪总论之后。具体犯罪相当于大陆法系刑法教科书的罪刑各论，应放在犯罪总论与刑罚总论之后。尽管个别顺序不完全相同，但《美国刑法》一书在内容叙述上十分易于被我们所接受。尤其是在犯罪总论中，储槐植教授勾画出了英美法系双层次的犯罪构成体系，成为我国研究犯罪构成问题的一个重要参照系。犯罪构成或者构成要件是大陆法系刑法学中所特有的概念，并在此基础上形成了十分精致的犯罪论体系。严格来说，英美刑法中并无类似概念，储槐植教授将constitution of a crime、ingredients of a crime译为犯罪构成，并将美国刑法中的犯罪构成体系形象地称为双层次的犯罪构成模式。储槐植教授对双层次的犯罪构成模

作了以下描述：刑法分则性条款规定的种种犯罪定义，其多种多样构成要件被抽象为两方面内容——犯罪行为和犯罪心态，这就是犯罪本质要件。它是刑事责任基础，所有犯罪都不得缺乏这两方面内容。刑法分则性条款犯罪定义是建立在行为本身具有刑事政策上的危害性和行为人具备责任条件的假设前提之下的。在刑事司法中，公诉一方只需证明被告人行为符合犯罪本质要件，即可推定被告人具有刑事责任基础；如果被告人不抗辩，犯罪即告成立。在行为特征符合犯罪本质要件时，如果被告人能说明自己不具有"责任能力"（responsibility），如未成年、精神病等；或者说明自己的行为正当合法（justification），不具有政策性危害，如正当防卫、紧急避险、执行职务、体育竞技等；或者说明有其他可宽恕（excuse）的情由，如认识错误、被胁迫、警察圈套；等等，便可不负刑事责任。这些刑事诉讼中的合法辩护，经过长期司法实践，在此基础上被加以理性总结，将诉讼原则上升为实体化的总则性规范，是判例法传统的产物。从反面表明，要成立犯罪除应具有犯罪本质要件外，还必须排除合法辩护的可能，即具备责任充足条件。在理论结构上，犯罪本体要件（行为和心态）为第一层次，责任充足条件为第二层次，这就是美国刑法犯罪构成的双层模式。[①] 在该书中，储槐植教授还将美国的双层次犯罪构成模式与德国的递进式犯罪构成体系进行了比较，从而使我们加深了对大陆法系犯罪构成理论的认识。之所以不厌其详对《美国刑法》一书进行介绍，是因为在该书中包含着后来储槐植教授的所有学术思想的萌芽。我以为，每个学者都有一个学术根基，这一学术根基生发了，同时也制约着一个学者的学术径路，甚至影响着其学术风格。储槐植教授就是从对美国刑法研究入手，形成自己学术思想的，这一点极为明显。对于大陆法系刑法学的思维方法、概念体系和思想内容，虽然储槐植教授有所了解，但此并非其所长。而英美法系的思维方法则恰恰在储槐植教授身上打下了深刻的烙印。可以说，储槐植教授大体上是用英美法系方式思考刑法问题的一个学者，这也正是储槐植教授的学术独特性，在我国这样一个素有大陆法系传统的国家，这种独特性更为明显。尤其是

[①] 参见储槐植：《美国刑法》，2版，51页，北京，北京大学出版社，1996。

储槐植教授的同辈学者都深受苏俄刑法学的影响，在一种本土化了的苏俄刑法学成为我国刑法学的学术主流的背景之下，具有英美法系思维方式的储槐植蓦然之间出现在我国刑法学界，不能不说是一种学术上的"异数"。我始终认为，形成自己独特的学术风格是一个学者的学术成熟的标志，而决定这种学术风格的正是学术个性，学术个性的张扬对于学者、学术界来说都是不可或缺的。而学术个性张扬的表现就是"标新立异"，这里的"新"与"异"是相对于学术上的"旧"与"同"而言的。重复陈词滥调，淹没在泛泛之论当中，永远没有学术上的"出头"之日。在我的印象中，储槐植教授不仅在老一辈学者中，即便算上新一代学者，也属于一位敢于"标新立异"的学者，有许多学术话语都是由储槐植教授提出并产生了强大的学术影响的。因此，这里的"新"不仅是观点上的"新"，而且是表述上的"新"。下面，我列举十大具有储槐植教授学术标签意义的独特表述特征的用语。

一、一个半因果关系

因果关系问题是刑法中的一个重要理论问题，我国20世纪80年代初期曾经围绕着刑法中的因果关系展开过一场声势浩大——在我现在看来又是毫无意义的讨论。当时我也曾深陷其中，可以说因果关系是引起我的学术兴趣的第一个刑法问题，正是因果关系问题使我的学术爱好从哲学转向刑法学。在某种意义上说，因果关系也是刑法学中最具哲学蕴含的一个问题。当时围绕着因果关系主要存在必然因果关系说与偶然因果关系说的争论。前者主张用刑法中的因果关系只能是必然因果关系，后者认为刑法中的因果关系除必然因果关系以外，还存在偶然因果关系。正在这两种观点相持不下之际，储槐植教授站出来说，存在一个半因果关系。储槐植教授把只承认必然因果关系的观点称为一个因果关系说，把既承认必然因果关系又承认偶然因果关系的观点称为两个因果关系说。储槐植教授指出：一个因果关系说和两个因果关系说各自都有相对应的长处和短处。一个因果关系说是对条件即原因说的矫枉，不免有"过正"之弊，两个因果关系说是对一

个因果关系说的矫枉，也有"过正"之弊，否定之否定，等于肯定了条件即原因说，能不能找到一种矫枉而不过正的途径？折中性质的一个半因果关系说试图达到这样的目的。储槐植教授指出：一个半因果关系说的基本点是，刑法上的因果关系应以哲学上两种因果关系形式为基础，但又不完全包括两种形式，即刑法上的因果关系的范围等于全部（一个）必然因果关系加上一部分（半个）偶然因果关系。[1]《一个半因果关系》一文在《法学研究》1987年第3期刊登，读后给人以一种别开生面的感觉。这里的别开生面不仅是指一个半因果关系的表述，更是指概率方法在刑法因果关系研究中的运用。概率是指某一事件在一定条件下出现的可能性大小。概率在大于0和小于1之间都属于偶然性范畴。概率为1就是必然性。如果用数轴来表示，必然性是一个"点"，而偶然性是一个"区间"。因此，储槐植教授根据概率高低将偶然性区分为高概率的偶然因果关系与低概率的偶然因果关系。在刑法上，因果关系的范围包括必然因果关系和高概率的偶然因果关系，这就是一个半因果关系。在刑法因果关系问题上，大陆法系刑法理论本来是围绕条件说与原因说展开的。苏俄刑法学将哲学上的必然与偶然这对概念照搬到刑法学关于因果关系的讨论中来，形成必然因果关系与偶然因果关系。储槐植教授引入概率论，为刑法中的因果关系理论的思考提供了一种新思路。

二、严而不厉

新思想与新表述的有机统一，在严而不厉的刑事政策上得到完美实现，也成为储槐植教授对我国刑事政策具有实质性贡献的突出标志。严厉本来是一个常见词，并且是一个生活用语，但储槐植教授将两字分拆使用，并赋予两字以不同含义：严指刑事法网严密，刑事责任严格；厉主要指刑罚苛厉，刑罚过重。储槐植教授认为现代刑法（广义）在法条中体现出来的政策思想的主要倾向在于"厉而

---

[1] 参见储槐植：《一个半因果关系》，载《法学研究》，1987（3）。

不严",将来我国刑法的改革方向应当是"严而不厉"①。对于厉而不严,作为对我国 20 世纪 80 年代以后经历过"严打"的人来说,是深有体会的。因此,"厉而不严"是对我国刑事立法与刑事司法状况的极为生动的描述,反映了储槐植教授的洞察力。而"严而不厉"刑事政策的提出,则反映了储槐植教授的睿智。《严而不厉:为刑法修订设计政策思想》② 一文发表于 1989 年,当时储槐植教授就提出了废除纯财产经济犯罪即投机倒把罪和盗窃罪死刑的观点,这是极为超前的。就以盗窃罪死刑为例,在 20 世纪 90 年代初,根据有关司法解释甚至盗窃公私财物个人所得数额达到 3 万元以上的就可以判处死刑。直到 1997 年刑法修订才将盗窃罪的死刑限制在盗窃金融机构,数额特别巨大的,以及盗窃珍贵文物,情节严重这两种情形。我认为,学术的超前是十分重要的,这也是衡量一个学者的学术贡献的重要标准。如果学术落后于社会,落后于法律发展,这样的学术对社会、对法治又有何用?当然,学术的超前又不是那么容易的,这要求学者具有洞察力与睿智的品格。我认为,就思想内容而言,"严而不厉"是储槐植教授对我国刑法和刑事政策的最大贡献,也是最有价值的理论观点之一。

三、刑法例外规律

例外和规范是正好相反,甚至对立的两个概念,但储槐植教授却认为刑法中的例外是一种普遍现象,存在一种刑法的例外规律。所谓例外规律,储槐植教授认为是指例外规律作为普遍现象其所包含的内部本质联系和发展必然趋势。这篇题为《刑法例外规律及其他》③ 的论文,表现出储槐植教授不同于常人的思维方式,勇于破除陈见,不受思维定式的束缚,这是一种非常优秀的学术品格。我认为,该文是在储槐植教授的所有著作中最具哲学意蕴的一篇论文,尤其是该文提出了研究刑法哲学的想法,甚至初步建构了刑法哲学体系:刑法哲学以刑事责任

---

① 储槐植:《严而不厉:为刑法修订设计政策思想》,载《北京大学学报》,1989 (6)。
② 参见储槐植:《严而不厉:为刑法修订设计政策思想》,载《北京大学学报》,1989 (6)。
③ 参见储槐植:《刑法例外规律及其他》,载《中外法学》,1990 (1)。

（国家与公民、个人与社会、主体与客体的一种特殊关系）理论为主线，初步设想，大体由四部分构成。第一部分为刑法一般理论，包括刑法性质、刑法功能、刑法发展的原因和趋向。第二部分为刑事责任论，包括刑事责任和本质、刑事责任价值取向、刑事责任结构。第三部分刑事责任的起因——犯罪论，包括犯罪本质、刑事责任与犯罪、刑事政策与犯罪、犯罪化与非犯罪化、行为主义与行为人主义、犯罪行为理论、犯罪构成理论中的其他哲学问题。第四部分为刑事责任的实现——刑罚论，包括刑罚目的的理想与现实、刑法功能和效应、现代犯罪学与刑罚制度、行刑效果对判刑制度的反馈作用、刑罚权的控制与非刑罚化、刑罚体系及其变化趋势。[①] 储槐植教授的该文发表时，我正在积极构思刑法哲学体系。在我1992年出版的《刑法哲学》一书的导论中，就引用了储槐植教授以刑事责任为中心的刑法哲学体系，作为我国学者关于刑法哲学体系的一种标本。[②] 使我感到疑惑的是，关于刑法哲学这么一个重大问题的思考成果，储槐植教授为什么会放在刑法例外规律这样一个不起眼的题目下讨论，总感到有些题轻文重。当然，储槐植教授后来并没有进一步把刑法哲学的研究继续下去，这是十分遗憾的。

四、犯罪场

犯罪场也是储槐植教授提出的一个概念。"场"是一个物理学上的概念，实物之间的互相作用是依靠相应的场来实现的。如物体的万有引力作用是在引力场中实现的。储槐植教授将"场"的概念引入犯罪学领域，创造了犯罪场的概念，认为犯罪场是存在于潜在犯罪人体验中、促成犯罪原因实现为犯罪行为的特定背景。从犯罪场概念出发，储槐植教授引申出犯罪学的研究方法问题。储槐植教授从犯罪学方法论的意义上界定犯罪场，并以犯罪场概念提出为例说明了经验直觉

[①] 参见储槐植：《刑法例外规律及其他》，载《中外法学》，1990（1）。
[②] 参见陈兴良：《刑法哲学》，3版，20～21页，北京，中国政法大学出版社，2003。

在理论研究中的作用,指出:犯罪场(起先为犯罪作用场)这一概念在作者脑海中浮现仿佛是突如其来的灵感。这种以经验为基础的直觉思维可能有片面性和表面性的缺点,需要靠逻辑推理来弥补。对犯罪场的理论分析和论证,如前所述有一个从较多疏漏到较少疏漏的过程,这个过程远未完成,今天充其量也只能说是疏漏少于以前的犯罪场论。[①] 由此可见,储槐植教授擅长于将其他学科的方法、观点、概念引入刑法学、犯罪学的研究当中来,因而时有新意迸发。

五、数量刑法学

数量刑法学的命题是储槐植教授在《我国刑法中犯罪概念的定量因素》[②] 一文中提出来的。在该文中,储槐植教授对我国刑法关于犯罪概念中的但书规定——"情节显著轻微危害不大的,不认为是犯罪"进行了充分肯定,认为但书把定量因素明确地引进犯罪的一般概念之中,反映了人类认识发展的时代水平,是世界刑事立法史上的创新。储槐植教授对刑法中定量分析方法的重视与提倡具有积极意义,尤其是在该文第四部分,储槐植教授提出了建立一门新的刑法分支学科——数量刑法学的设想,这是难能可贵的。储槐植教授指出:数量刑法学的研究对象就是刑法内部的数量变化关系。建立某些数学模型,用以比较精确地反映刑法的某些规律,便于刑事司法工作的实际应用,这是该学科的目的和任务。[③] 尽管我国目前还没有正式建立数量刑法学这样一门学科,但对于刑法中的数量关系的研究已经有了长足的发展,例如储槐植教授的高足白建军教授长期从事实证法学研究,主要就是运用定量分析方法,得出了许多定性分析所无法获得的结论。

---

① 参见储槐植主编:《犯罪场论》,重庆,重庆出版社,1996。
② 参见储槐植:《我国刑法中犯罪概念的定量因素》,载《法学研究》,1988(2)。
③ 参见储槐植:《我国刑法中犯罪概念的定量因素》,载《法学研究》,1988(2)。

六、罪数不典型

罪数不典型是储槐植教授对罪数理论研究以后得出的命题，其学术成果体现在《罪数不典型》[①]一文中。罪数问题是最具大陆法系理论特色的一个研究领域。在该文中，储槐植教授深入地讨论了惯犯、结合犯、转化犯、想象竞合犯、连续犯等概念。该文是在储槐植教授所有论文中最具大陆法系理论色彩的一篇论文。但是储槐植教授也并没有采用传统的大陆法系刑法理论的分析方法，而是引入典型与不典型这一对分析范式进行展开。储槐植教授指出：典型一罪和典型数罪在刑法适用（定罪和量刑）上都不会发生问题，因而不是罪数问题研究的对象。罪数问题的研究重心是罪之合并，实是或形似的数罪作为一罪处罚。通常的思路是在一罪形态上做文章，使罪数这块研究领域成了迷茫丛林。种种不同观点，都围绕在一罪还是数罪的归属问题上。因视角相异，结论也就不同。愚以为可转换思路，绕开迷茫丛林，建立一个罪数不典型概念，将讨论的重心放在犯罪构成特殊数量形态上，看看能否找到一条简化条理的出路？储槐植教授提出的罪数不典型，是指犯罪要件组合数不标准形态。在内涵上，罪数不典型就是既非典型一罪也非典型数罪而被当作（立法规定为或者司法认定为）一罪处罚的犯罪构成形态。[②] 可以说，储槐植教授提出的罪数不典型的命题在罪数理论上具有"拨开迷雾见太阳"的使人豁然开朗之功效。这也表明储槐植教授不为时论所囿，别出心裁，别开生面。

七、关系刑法论

关系刑法，也是储槐植教授较为重要的具有标签意义的学术用语之一。储槐

---

① 参见储槐植：《罪数不典型》，载《法学研究》，1995 (1)。
② 参见储槐植：《罪数不典型》，载《法学研究》，1995 (1)。

植教授提出了"刑法存活关系中"的命题,并力图建构关系刑法学。这一学术成果体现在《刑法存活关系中——关系刑法论纲》① 一文中。储槐植教授阐述了关系的概念以及建立在关系概念基础之上的关系实在论,作为关系刑法的方法论根据。储槐植教授指出:关系刑法论的研究对象是关系刑法,指刑法的外部关系和内部关系对刑法的存在样态和运作方式的影响,即在关系中存活的刑法。关系即相互作用。恩格斯认为,相互作用是事物发展的真正的终极原因。进一步说,相互作用就是事物之间的相互联系相互影响。相互联系是关系的形式,相互影响是关系的本质。影响包括制约和促进两个方面。当代西方和东方兴起了一种哲学理论——关系实在论:关系即实在,实在即关系。这一理论抛弃了两千多年来支配西方哲学的绝对实体观(实体本体论)。刑法存活于关系之中,关系是刑法的本体,关系是刑法的生命。② 在1997年北京大学出版社出版的文集中,储槐植教授将关系刑法论纳入书名③,表明对这一观点的重视。按照我的理解,关系刑法论的研究径路,就是摒弃就法论法的研究方法,把刑法放到整个社会的、逻辑的关系网络中去进行研究,这种方法储槐植教授称为关系分析法。我们只要罗列一下本文的二级标题,就可以看出储槐植教授的思路:(1) 社会经济与刑法,这是把刑法放到社会经济背景中进行研究,尤其是揭示经济对刑法的制约。(2) 政权结构与刑法,这是刑法与政治关系的研究,也就是研究权力结构对刑法的作用机理。(3) 意识形态与刑法,这里的意识形态是指政治、法律、道德、哲学、艺术、宗教等社会观念样式。储槐植提及苏俄及我国耦合式四要件犯罪构成理论将犯罪客体(社会主义社会关系被侵害)独立为一要件并置于四要件之首,突出了阶级性,增强了刑法的意识形态色彩。但从字面表述来看,储槐植教授也是不同意这种泛意识形态化做法的。在我看来,虽然老一辈学者都深受政治教条和意识形态的影响,但储槐植教授是在刑法研究中"去意识形态之魅"做得最好的学者之一。重理性分析,不迷信政治教条,使储槐植教授在年老仍思想清新,值得我

---

① 参见储槐植:《刑法存活关系中——关系刑法论纲》,载《法制与社会发展》,1996 (2)。
② 参见储槐植:《刑法存活关系中——关系刑法论纲》,载《法制与社会发展》,1996 (2)。
③ 参见储槐植:《刑事一体化与关系刑法论》,北京,北京大学出版社,1997。

辈学习。(4) 犯罪与刑法。(5) 行刑与刑法。(6) 其他部门法与刑法。这些都是刑法的内部关系，也和储槐植教授长期关注的犯罪学、监狱学等学科领域相关。

八、关系犯罪观

储槐植教授在提出关系刑法论的同时，还提出了关系犯罪观，即采用关系分析方法研究犯罪学，力图形成一种犯罪学哲学。在《犯罪在关系中存在和变化——关系犯罪观论纲，一种犯罪学哲学》[①]一文中，储槐植教授系统地阐述了关系犯罪观的思想，指出：关系犯罪观（现在尚不能称"学"，还只是一种观念理论），即从关系角度以关系分析方法来研究犯罪。犹如，犯罪人类学从生物学角度研究犯罪，犯罪心理学从心理学角度研究犯罪，犯罪社会学从社会学角度研究犯罪，犯罪经济学从经济学角度研究犯罪，等等。这里，关系作为哲学范畴，学者们以此范畴为基点进行犯罪学研究，所以，其也可被视为犯罪学哲学，属于门类哲学。[②] 储槐植教授从犯罪内部关系与犯罪外部关系两个方面，对关系犯罪观的基本学理作了叙述。尽管是一种论纲，但其建立犯罪学哲学的学术宗旨是令人耳目一新的。我高兴地看到，白建军教授继承乃师的学术意愿，完成了《关系犯罪学》一书，这是我国在理论犯罪学方面取得的最重要的学术成果之一。在《关系犯罪学》一书中，白建军教授明确表示：关系犯罪观由储槐植先生首次提出，是当代中西最为精深的犯罪学思想之一。本书旨在丰富地推进这一犯罪学思想。[③] 白建军教授将关系犯罪观列为其著作最重要的理论资源之一，并将关系研究作为犯罪学的基本研究方法，是犯罪学实证分析的重要方面。犯罪学研究在我国尚处于一种较为举步维艰的困境，其中除犯罪学研究所需要的实际犯罪司法素

---

① 参见储槐植：《犯罪在关系中存在和变化——关系犯罪观论纲，一种犯罪学哲学》，载《社会公共安全研究》，1996 (3)。
② 参见储槐植：《犯罪在关系中存在和变化——关系犯罪观论纲，一种犯罪学哲学》，载《社会公共安全研究》，1996 (3)。
③ 参见白建军：《关系犯罪学》，北京，中国人民大学出版社，2005。

材难以获得这一客观原因使然之外,犯罪学方法论落后也是一个不可回避的原因。储槐植教授在犯罪学领域的思考虽然只是提纲挈领性质的,但大多击中要害。尤其是关系犯罪观的提出,跳出传统的意识形态的遮蔽,能够真切地发现犯罪存活的状态,从而为我国犯罪学研究,尤其是犯罪学哲学的建立提供了某种可能。

九、复合罪过形式

复合罪过形式是储槐植教授一直倡导的一个概念。复合罪过这个词在大陆法系刑法学中本来是有的,但储槐植教授力图赋予其一种新的含义,认为复合罪过形式是指同一罪名的犯罪心态既有间接故意又有过失的罪过形式。在《复合罪过形式探析——刑法理论对现行刑法内含的新法律现象之解读》[①] 一文中,其对复合罪过形式作了系统论述。复合罪过形式是对传统的故意—过失二元罪过形式的突破,储槐植教授以之来解释我国《刑法》第397条玩忽职守罪和滥用职权罪。[②] 值得注意的是,在复合罪过论证中,储槐植教授引入了模糊学的思想,以此作为复合罪过形式的认识论基础。无论我们是否同意该文的观点,但储槐植教授对于现实法律问题的敏感性,以及采用其他学科的新知识在刑法上进行创造性思维的学术勇气是令人赞叹的。

十、刑事一体化

刑事一体化是最能代表储槐植教授的学术思想的一个标签性用语,放在最后叙述恰恰说明这一话语的重要性。刑事一体化命题是储槐植教授在《建立刑事一

---

① 参见储槐植、杨书文:《复合罪过形式探析——刑法理论对现行刑法内含的新法律现象之解读》,载《法学研究》,1999 (1)。

② 参见储槐植、杨书文:《复合罪过形式探析——刑法理论对现行刑法内含的新法律现象之解读》,载《法学研究》,1999 (1)。

体化思想》[1]中首次提出的,在该文中,储槐植教授对刑事一体化的内涵作了以下界定:刑事一体化的内涵是刑法和刑法运行内外协调,即刑法内部结构合理(横向协调)与刑法运行前后制约(纵向协调)。这个意义上的刑事一体化,实际上是就刑事政策而言的,其基本思想与关系刑法论极为接近,都是主张从刑法的内部与外部关系入手,实现刑法运行的内外协调。[2]作为一种刑法研究方法论的刑事一体化,是在《刑法研究的思路》[3]中提出来的。在该文中,储槐植教授提出了从刑法之外研究刑法、在刑法之上研究刑法和在刑法研究之中研究刑法的多方位立体思维的方法。在刑法之外研究刑法这个话题下,储槐植教授指出:刑法不会自我推动向前迈进,它总是受犯罪态势和行刑效果两头的制约和影响,即刑法之外的事物推动着刑法的发展,这是刑法的发展规律。正因为犯罪决定刑法,刑法决定刑罚执行,行刑效果又返回来影响犯罪升降,所以刑法要接受前后两头信息,不问两头(只问一头)的刑事立法不可能是最优刑法,不问两头的刑法研究不可能卓有成效。在这个意义上,储槐植教授指出:研究刑法必须确立刑事一体化意识,刑法研究者要有健全的知识结构——具有一定的犯罪学和行刑学(劳改学、监狱学)素养。[4]以上,储槐植教授从刑事政策与方法论两个方面对刑事一体化进行了阐述,可以说,储槐植教授对刑事一体化本身只是一种简单的概述,并没有长篇大论地展开,但刑事一体化这一命题提出以后,在我国刑事法学界产生了出乎意料的重大影响,我想这与20世纪90年代我国刑法知识经过一个时期的恢复积累以后所处的蓄势待发的这一特定背景有关。刑事一体化不仅是对刑法的一种新思路,而且是对刑法研究的新思路。储槐植教授本人就是身体力行地秉持刑事一体化的研究方法,在刑法、刑事政策、犯罪学、监狱学等各个相关学科领域辛勤耕耘的一位学者。我为1997年创刊的《刑事法评论》写的编辑宗旨就将刑事一体化确立为一种研究模式:竭力倡导与建构一种以现实社会关心与

---

[1] 参见储槐植:《建立刑事一体化思想》,载《中外法学》,1989 (1)。
[2] 参见储槐植:《建立刑事一体化思想》,载《中外法学》,1989 (1)。
[3] 参见储槐植:《刑法研究的思路》,载《中外法学》,1991 (1)。
[4] 参见储槐植:《刑法研究的思路》,载《中外法学》,1991 (1)。

终极人文关怀为底蕴的、以促进学科建设与学术成长为目标的、一体化的刑事法学研究模式。①《刑事法评论》被我国学者称为刑事一体化的自觉实践。② 从总体上看，刑事一体化最初被作为一种刑事政策思想而提出，后来越来越成为一种刑事化研究方法而获得广泛认同。在刑事一体化的名义下，学者们打破刑法与其他刑事法学科的间隙与隔膜，对刑法以及相关刑事法进行系统研究。因此，储槐植教授的学术思想也越来越被整合到刑事一体化的名目之下。可以说，刑事一体化已经成为储槐植教授刑事法思想的一个学术标签。

从储槐植教授的学术径路来看，竭力地将哲学等方法引入刑法研究之中，在刑法研究中开展学术创新，是储槐植教授持之以恒的不懈努力。从这里也可以看出，储槐植教授对于哲学上的新知识的接受，并将之转化为刑法研究的新思想。在储槐植教授的论著中，用得最多的可能是以下四个哲学用语，它们都被储槐植教授得心应手地用于刑法的学术表述之中。

（一）结构

结构是一个常见的哲学用语，结构主义哲学与解构主义哲学都与结构一词有关。结构被认为是客观事物的一种存在方式。储槐植教授是在系统论的定义上使用结构一词的，认为系统结构是实现系统功能的组织基础③，并在此基础上引申出刑法结构与刑罚结构等概念，更多地论及的是刑罚结构。例如，储槐植教授指出：刑罚结构是刑罚方法的组合形式。所谓组合形式，是指排列排序和比例份额。研究刑罚结构关键是研究刑罚方法的比例关系及其在刑罚运行过程中的实际意义。④ 在此基础上，储槐植教授提出了结构协调的命题。

（二）机制

机制也是储槐植教授用得较多的一个哲学用语。储槐植教授指出：机制通常

---

① 参见陈兴良主编：《刑事法评论》（第1卷），北京，中国政法大学出版社，1997。
② 参见付立庆：《刑事一体化：梳理、评论与展望——一种学科建设意义上的现场叙事》，载陈兴良、梁根林主编《刑事一体化与刑事政策》，27页，北京，法律出版社，2005。
③ 参见储槐植：《建立刑事一体化思想》，载《中外法学》，1989（1）。
④ 参见储槐植：《论刑法学若干重大问题》，载《北京大学学报》，1993（3）。

可被理解为事物的运行方式。① 在此基础上，储槐植教授对刑法机制进行了描述，刑法机制就是刑法的运行方式，储槐植教授认为我国刑法运行只受犯罪情况的制约即单向制约：犯罪→刑罚，这是有缺陷的机制。健全的刑事机制应是双向制约：犯罪情况→刑罚←行刑效果。刑法运行不仅受犯罪情况的制约，而且要受刑罚执行情况的制约。② 因此，储槐植教授提出了完善刑法机制的命题。

（三）关系

关系，在哲学上是指客观事物之间的相互联系和相互影响。相互联系是关系的形式，相互影响是关系的内容。相互联系和相互影响，进一步概括，就是相互作用。储槐植教授指出：关系哲学的兴起，抛弃了二千多年来支配西方哲学的实体本体论（认为本体是实质，实体曾是西方哲学中最核心的范畴）。随着社会发展和人类认识深化，关系范畴日益显示其重要性。③ 将关系哲学引入刑法学研究，储槐植教授提出了关系刑法学的命题；将关系哲学引入犯罪学，储槐植教授提出了关系犯罪观的命题。可以说，关系以及建立在关系之上的观念，也就是所谓关系哲学，是储槐植教授研究犯罪与刑法问题的一个基本逻辑出发点。

（四）系统

储槐植教授曾经引用普通系统论的创立者、美籍奥地利理论生物学家贝塔朗菲关于系统的定义：处于一定的相互联系中并与环境发生关系的各组成部分（要素）的总体（集）。储槐植教授深受系统论的影响，将之用于对犯罪原因的研究，提出了犯罪原因是一个系统的命题。④ 20世纪80年代初期，系统论、控制论、信息论曾经盛行一时，被称为"新三论"，成为一种科学方法论被人们所热捧。当时我就是控制论的痴迷者，意图建构法律控制论，对控制论的创始人维纳的《人有人的用处》一书留下了深刻印象。我想储槐植教授也一定受过"新三论"

---

① 参见储槐植：《论刑法学若干重大问题》，载《北京大学学报》，1993（3）。
② 参见储槐植：《建立刑事一体化思想》，载《中外法学》，1989（1）。
③ 参见储槐植：《犯罪在关系中存在和变化——关系犯罪观论纲，一种犯罪学哲学》，载《社会公共安全研究》，1996（3）。
④ 参见储槐植：《犯罪原因概述》，载《犯罪学教程》，第九章，北京，中央人民广播电视大学出版社，1990。

的洗礼，果不其然，储槐植教授也论及"新三论"，指出："三论"（系统论、控制论、信息论）方法是介于哲学方法和专门方法之间的适用于各学科的通用研究方法。① 在"三论"中，对储槐植教授影响较大的似乎是系统论。储槐植教授采用系统方法对犯罪原因进行研究，提出了犯罪场的理论。

储槐植教授的学术思想此前主要集中在《刑事一体化与关系刑法论》与《刑事一体化》两书当中，分别以论文集的形式呈现给读者。储槐植教授除《美国刑法》一书是体系性叙述以外，主要习惯于采用论文的方式表达自己的学术观点。论文的好处是能够及时地展示一个学者的新近学术思想，具有短、平、快的效果。不足之处是缺乏体系性，难以详尽地叙述。储槐植教授的学术思想主要集中在1987年到1997年这十年间发表的一系列重要论文中，遗憾的是未能以专著的形式体系化、集约化地将学术思想呈现出来。如今储槐植教授年事已高，要想再出一部鸿篇巨制的专著已是不可能。在这种情况下，经过北京大学出版社蒋浩先生的玉成，并由储槐植教授的四位高足梁根林、白建军、宗建文和王平教授的共同努力，采用编纂（而非汇编）的方式，形成了摆在我们面前的《刑事一体化论要》一书，这是储槐植教授学术思想的集大成之作，为我们学习与研究储槐植教授的刑事一体化思想提供了极大的便利，值得庆贺。

我清楚地记得在2003年12月20日至21日，作为北京大学法学院百年院庆的重要组成部分，北大刑法学科在燕园举办了"刑事一体化与刑事政策学术论坛"，在12月20日上午的大会上，储槐植教授作了《再说刑事一体化》的主旨报告。据我所知，这是我国刑法学界迄今为止举办的第一个以个人的某一学术观点为题的专门性的学术研讨会，来自全国数十位刑法专家学者参加了这一盛会。会议论文集《刑事一体化与刑事政策》一书由法律出版社于2005年出版。这次会议实际上具有为储槐植教授庆贺七十大寿的含意。储槐植教授的生日是1933年12月25日，2003年12月25日正好是七十寿辰。但储槐植教授一再以"内容重于形式"为由拒绝了祝寿的形式，因而举办了一场以刑事一体化为主题的学术

---

① 参见储槐植：《犯罪场概论》，载《犯罪场论》，第一篇，重庆，重庆出版社，1996。

研讨会。在主旨报告中，储槐植教授在提出刑事一体化命题差不多 15 年以后，再次对刑事一体化的含义作了阐述，并谈及刑事一体化思想与李斯特整体刑法学理念的"不谋而同"。这是储槐植教授对刑事一体化思想的权威阐释，为郑重起见，抄录于兹：

刑事一体化思想有两层意思：作为观念的刑事一体化和作为方法的刑事一体化。

刑事一体化作为观念，旨在论述建造一种结构合理和机制顺畅（即刑法和刑法运作内外协调）的实践刑法形态。迄今为止，刑法学科群（注释刑法学、刑法史学、比较刑法学、刑法哲学、国际刑法学、外国刑法学等）基本上是静态的文本刑法和理念刑法理论。动态的实践刑法认知尚未形成系统的学问即理论。可以说是一个缺憾。刑法在运作中存在和发展，刑法本性是动态的和实践的。根据刑法的本性打造一门学问，是刑法本身的需要。作为观念的刑事一体化与刑事政策的关系极为密切，一方面它要求良性刑事政策为之相配，同时在内涵上又与刑事政策兼容并蓄，因为刑事政策的基本载体是刑法结构和刑法机制。

刑事一体化作为刑法学研究方法，重在"化"字，即深度融合。刑法在关系中存在和变化，刑法学当然也在关系中发展，刑法学研究如果只局限在刑法自身，要取得重大进展实在困难。此处的"关系"首先指内外关系。内部关系主要指罪刑关系，以及刑法与刑事诉讼的关系。外部关系更加复杂：其一为前后关系，即刑法之前的犯罪状况；刑法之后的刑罚执行情况。其二为上下关系，即刑法之上的社会意识形态、政治体制、法文化、精神文明等；刑法之下主要指经济体制、生产力水平、物质文明等。"关系"的外延也许太过宽泛，作为刑法学方法的一体化至少应当与有关刑事学科（诸如犯罪学、刑事诉讼法学、监狱学、刑罚执行法学、刑事政策学等）知识相结合，疏通学科隔阂，关注边缘（非典型）现象，推动刑法学向纵深开拓。刑事一体化思想提出尽管已有十多年，还只算是粗浅的开头，尚需进一步深入

和展开。诚望对此感兴趣的同仁共同参与。果如是,则欣莫大焉。①

一如其人,在储槐植教授的这一发言中也表现出谦逊的品格。在我认识的老一辈学者中,像储槐植教授这样的谦谦君子并不少见。储槐植教授与人为善,不党不朋,以学术而自乐,以思想而自娱,不愧为一个纯粹的学者。储槐植教授的亲和力以及温和的性情,颇得江南山水之神蕴。在我的印象中,对于老家在南方的老一辈知识分子颇有好感,无论是文科的还是理科的,都有相同的慈祥、相同的和蔼,尤其是以略带有南方口音的普通话娓娓道来,令人有一种似曾相识的亲切。储槐植教授只是这个群体中的一员,但在储槐植教授性情上的随和中我分明看到他思想上的执着。历经20年的命运坎坷,在50岁以后重拾学业,锲而不舍地坚持到底,并作出重大的学术成就,如果没有一种执着是难以想象的。我以为,任何一个人的成功都不是偶然的,必然有其性格上的、性情上的决定性因素。储槐植教授无疑是老一辈刑法学人中的佼佼者,永远处于学术前沿,这就是我印象中的储槐植教授:上下求索,矢志不渝。作为新一代刑法学人,我是在储槐植教授以及他那一辈刑法学人的教诲下成长起来的。更为幸运的是,我正逢国家法治建设的黄金季节,从1978年入学开始研习法律,到现在近三十年时间,一直在高校从事我所喜欢的刑法学研究,没有命运的挫折,没有教条的束缚。虽然在自己的学术研究上也作出了一些成就,但与储槐植教授相比,我辈确是问心有愧。今年我正好50岁。储槐植教授的50岁是1983年,其绝大多数作品都是在50岁以后,甚至在60岁以后完成的,这种精神为我辈所难以企及。50岁的我已经开始发出"人书俱老"的感慨,而75岁的储槐植教授还在不停地思考。

历史不会重演,人生难以重复,储槐植教授的学术也永远无法重制,……

(本文原载陈兴良主编:《刑事法评论》(第21卷),北京,北京大学出版社,2007)

---

① 参见陈兴良、梁根林主编:《刑事一体化与刑事政策》,19~20页,北京,法律出版社,2005。

老眼空四海：马克昌教授学术印象

马克昌教授是我尊敬的老一辈刑法学家。由于我的不善交接，且与马克昌教授存在年龄、阅历和气质上的差异，所以与马克昌教授交往有限：既没有畅快淋漓的酣畅对话，也没有推心置腹的深入交谈。虽有数度亲炙，更多的还是心怀敬畏的台下仰视和身隐人海的远处围观。因此，我的这篇追思短文难以真实地还原马克昌教授的生活场景，也不能生动地刻画马克昌教授的性情人生。不过，以我几次受马克昌教授耳提面命的经历，尤其是拜读马克昌教授的如蘽大作，使我对马克昌教授的学术贡献略有所知。值此武汉大学马克昌法学基金会隆重推出纪念马克昌教授逝世一周年《追思文集》之际，将我对马克昌教授的学术印象付诸文字，以为哀思之寄托。

一

在见到马克昌教授之前，我对马克昌教授的最初知悉应该是一件事与一本书，而这两样都在马克昌教授的一生中具有重要意义。

一件事是指为"四人帮"辩护。当然，这里的为"四人帮"辩护是笼统而

言。具体地说，是为吴法宪辩护。对林彪、"四人帮"反革命集团的审判，是发生在20世纪80年代初的政治生活中的一件大事。当时我还在北京大学法律系读本科，对于这件事当然是关注的。1980年10月对林彪、"四人帮"反革命集团的审判开始时，我正好刚修完刑法这门课。给我讲授刑法的是杨敦先老师，也被列入辩护律师的候选名单，只是因为拟安排辩护的被告人不愿请律师而作罢。我观看了开庭审判林彪、"四人帮"反革命集团实况的电视转播，也就是在这个时候从辩护人名单中获知马克昌这个名字的。在这一历史性的辩护发生几十年以后，马克昌教授主编了《特别辩护——为林彪、四人帮反革命集团案主犯辩护纪实》（中国长安出版社2007年版）一书，使我们对当时的辩护情况有了更加深入的了解。我手头就有一本马克昌教授于2008年2月28日签名送给我的《特别辩护》一书，由于该书具有解密性，因此一度成为畅销书。从书中得知，为吴法宪辩护这一年，马克昌教授54岁。今年我也正好54岁，一种基于相同年龄的生命体验油然而生。不过，我想1980年正是马克昌教授因政治迫害蛰伏了二十多年以后重新面对社会，这是一个人生的转折时刻。因此，马克昌教授在精神上一定如同迎着朝阳、英姿勃发的年轻人，其心理年龄肯定要比我现在年轻得多。

一本书是指高铭暄主编、马克昌、高格副主编的统编教材《刑法学》（法律出版社1982年版）。我读到这本书的时候，已经从北京大学法律系毕业，考入中国人民大学法律系，师从高铭暄、王作富教授，攻读刑法硕士学位。此前，在我大学阶段学习刑法课程时，由于刑法刚刚颁布，所以刑法教科书尚未出版。我们是在没有刑法教科书的情况下，学完刑法这门课程的。在我毕业那一年，北京大学杨春洗等编的《刑法总论》（北京大学出版社1981年版）一书得以出版，这是我国在1979年刑法颁布以后出版的第一本刑法教科书。当然，它只是一本刑法总论的教科书，没有涉及刑法各论的内容。事实上，该书此后也没有再出版过与之相配套的刑法各论教科书。等我在1982年2月考入中国人民大学法律系刑法专业攻读硕士学位的时候，统编教材《刑法学》一书出版了，这是我国刑法学界一件可以载入学术史的大事。关于这本书，我曾经做过以下评价：

  统编教材《刑法学》一书是共和国培养的第一代刑法学家的集体亮相，

该书是这一代刑法学人的智慧结晶。统编教材《刑法学》的主编高铭暄教授和副主编之一的马克昌教授，都是民国末年接受过民国刑法学的教育，在共和国成立初期，又转而接受了苏俄刑法学的教育，具有较好的学术素养。从1957年到1977年，也就是这一代刑法学家从30岁到50岁的人生黄金季节，是在没有刑法的法律虚无主义中度过的，个人经历坎坷。但他们始终心存对刑法学的学术兴趣，一旦条件允许就给社会交出了一份满意的答卷。可以说，统编教材《刑法学》一书开创了20世纪80年代以来我国刑法学的道统。①

这里，我使用了"道统"一词，这是一个对于现在的年轻人来说较为生疏的词语。道统一词，最早是唐代著名学者韩愈提出来的，指儒家传承的脉络与系统。统编教材《刑法学》一书开创了20世纪80年代以来我国刑法学的道统，这可以说是一种极高的赞誉。当然，如果把我们的眼光拉回到20世纪50年代，我们又可以发现这一刑法学道统的源头来自苏俄刑法学。经过统编教材《刑法学》的知识整合，我国初步形成了刑法的知识体系。从而为我国刑法学此后的发展，提供了一个逻辑的起点。因此，统编教材《刑法学》对于目前我国刑法知识的形成与发展具有里程碑的意义。对此，无论如何评价都不为过。当然，学术不可能永远停留在一个水平上，理论本身就是用来被超越的，这是一种活生生的理论的宿命。统编教材《刑法学》也不例外。但它能够统领我国刑法学十多年，这本身就是一个奇迹。② 从对以统编教材《刑法学》为代表的建立在苏俄刑法知识基础上的我国传统刑法学的超越而言，我们都是叛道者。由于统编教材《刑法学》一书没有标注写作分工，所以我们无从分辨该书哪些章节是马克昌教授执笔的，但马克昌教授作为该书的副主编，对于该书在整体上应该是作出了重大贡献的。

我虽然对马克昌教授早有耳闻，但当1983年4月底第一次见到马克昌教授

---

① 参见陈兴良：《刑法学：向死而生》，载《法律科学》，2010 (1)，23页。
② 根据我的看法，统编《刑法学》的影响至1997年刑法修订而消退。因为《刑法学》没有随着刑法的修订而修订。当然，也由于进入21世纪以后，我国刑法学吸收德、日刑法知识开启了一个刑法知识转型的时代。

时，敬畏之心还是油然而生。1983年春天，为写作硕士论文收集资料，在当时中国人民大学法律系刑法教研室主任鲁风老师的带领下，我们中国人民大学法律系刑法专业1982级的四位同学——赵秉志、周振想、张智辉和我，开始了一趟游学式的旅行：先到成都，后到重庆，然后经三峡到武汉。在武汉大学，我们见到了马克昌教授。因为当时硕士研究生还很少，到武汉大学以后，专门安排了马克昌教授和武汉大学法律系的其他刑法教师与我们进行座谈。现在想来，有点像我们现在的预答辩。我们每人先汇报硕士论文选题的准备情况，然后老师有针对性地进行指导。当然，由于时间有限，而且马克昌教授当时工作较忙，所以我们只是短暂的接触，现在对于当时的情形已经极为淡忘了。

我与马克昌教授接触较多并留下深刻印象的是1988年3月我的博士论文答辩。我的博士论文选题是共同犯罪，这是刑法理论中的一个难度较大的问题。自1984年考上高铭暄教授的首届博士生以后，我的学术兴趣集中在共同犯罪，并且以此为题写了几篇论文，发表在《法学研究》和《法学杂志》[①]，为博士论文的写作奠定了基础。经过半年多的埋头写作，到1987年9月我就完成了将近30万字的博士论文，交给高铭暄教授审读。此后，经过修改定稿，1988年3月25日举行了我的博士论文答辩会，答辩委员会的主席正是马克昌教授。这对我来说，是一个重大的考验。因为马克昌教授对共同犯罪素有研究，我现在手头还保留着一本李光灿、马克昌、罗平著的《论共同犯罪》（中国政法大学出版社1987年版）一书，该书是马克昌教授赠送的，签名落款时间是1987年11月30日。因此，该书出版时，我的博士论文初稿已经完成，所以在我的博士论文中几乎没有引用该书，而是引用马克昌教授此前发表在有关杂志上关于共同犯罪的论文。李光灿、马克昌、罗平著的《论共同犯罪》一书是1979年刑法颁布以后，我国出版的第一本共同犯罪专著，也是刑法学领域出版较早的专著。可以说，马克昌教授是我国最负盛名的共同犯罪理论专家之一。因此，马克昌教授对我的博士论

---

① 参见陈兴良：《论我国刑法中的间接正犯》，载《法学杂志》，1984 (1)；《论教唆犯的未遂》，载《法学研究》，1984 (2)；《论我国刑法中的片面共犯》，载《法学研究》，1985 (1)；《论我国刑法中的共同正犯》，载《法学研究》，1987 (4)。

文就不是"形式审查"而是"实质审查"了。果然，在答辩会议上马克昌教授向我提了一个问题，把我给难住了：横的共犯与纵的共犯是日本哪一位刑法学者提出来的？不要说横的共犯与纵的共犯是谁提出来的，就是连横的共犯与纵的共犯这一范畴我也没有听说过。因此，这个问题我回答不上来。答辩完了以后，马克昌教授私下告诉我，这一共犯种类是日本刑法学者牧野英一提出来的。我回去查马克昌等著的《论共同犯罪》一书，也没有见到这一范畴，只是在当时影印的我国台湾地区学者韩忠谟教授的《刑法原理》一书中才看到关于横的共犯与纵的共犯的概念："学理上因教唆犯从犯之行为使犯罪之因果联络为之延长，故有'纵的共犯'之称，而于共同正犯以及实施之际为帮助行为之从犯，因其使犯罪因果幅员为之扩大，亦称之为'横的共犯'。"[1]但韩忠谟教授在该书中并未标明此系牧野英一教授的观点。直至1988年马克昌教授为我的博士论文《共同犯罪论》所作的序言，才正式解答了这个问题。并且在2002年马克昌教授的《比较刑法原理——外国刑法学总论》一书中，也可以找到出处：日本著名刑法学者牧野英一将共犯分为六类，其中第四类就是纵的共犯与横的共犯。马克昌教授引注，见（日）牧野英一著：《日本刑法》（第64版）（上卷），有斐阁1939年版，第429～440页。[2]从马克昌教授的博学足见当时我的寡闻，令我汗颜。不过，我的博士论文也纠正了马克昌教授论文中的一个小小不言的错误。马克昌教授在《武汉大学学报》1983年第4期发表了《刑事立法中共同犯罪的历史考察》一文，该文后成为《论共同犯罪》一书的第一章。该文论及革命根据地时期《晋冀鲁豫边区惩治盗毁空室清野财物办法》第9条规定，"凡教唆或帮助他人犯盗毁空室清野财物之罪者，依刑法之规定从重处罚之"。对此规定，马克昌教授理解为：教唆犯、帮助犯较之实行犯从重处罚。我在博士论文中提出，这是对该条规定的误解。这里的刑法之规定是指1935年《中华民国刑法》关于教唆犯和帮助犯的规定。在抗日战争时期，共产党领导的边区还是在一定范围内承认国民党刑法的。

---

[1] 韩忠谟：《刑法原理》，259～260页，北京，北京大学出版社，2009。当时读的是20世纪80年代初蓝色封面的影印本。

[2] 参见马克昌：《比较刑法原理——外国刑法学总论》，666页，武汉，武汉大学出版社，2002。

因此，以上规定应当理解为：对教唆或帮助他人犯盗毁空室清野财物之罪的，较之教唆或帮助他人犯其他罪的，从重处罚，而不是较之实行犯从重处罚。[①] 对于我的这一见解，在私下交流中，马克昌教授不以为忤，虚心接受，表现了其从善如流的高尚品德。在1987年版的《论共同犯罪》一书中，还有上述内容。[②] 但《刑事立法中共同犯罪的历史考察》一文在1995年收入马克昌教授的第一部文集的时候，已将上述误解的内容予以删除。[③]

我的博士论文通过以后，我又做了进一步的修订与增补，拟付诸出版。为此，我除了请我的导师高铭暄教授作序，还请马克昌教授为我的博士论文作序。以马克昌教授是我的博士论文答辩委员会主席和共同犯罪理论研究权威的双重身份，马克昌教授是作序的最佳人选。马克昌教授慨然允诺，并在不久就给我寄来了序言。序言虽只有短短的二千余言，但内容绝佳，几乎是一篇简短的中外共犯学术史。作为序言主体部分的四段，分别介绍了德国、日本、苏俄和我国的共犯研究状况，以简练的文字生动地勾勒出中外共犯论的历史线索，由此可见马克昌教授的理论功底之扎实。我不说内容，在序言中提到的中外共犯研究的刑法学者达27人，共犯著作达26部，包括：德国，布黎《共犯与犯罪庇护的理论》（1860年）、毕克迈尔《德国最高法院的共犯与裁决的理论》（1890年）；日本，牧野英一《共犯的基础观念》（1909年，论文）、草野豹一郎《刑法改革草案与共犯的从属性》（1932年，论文）、植田重正《共犯的基本问题》（1952年）、齐田金作《共犯理论研究》（1954年）、《共犯判例与共犯立法》（1959年）、大塚仁《间接正犯研究》（1958年）、西村克彦《共犯论序说》（1961年）、《共犯理论与共犯立法》（1962年）、《共犯的分析》（1966年）、齐藤金作六十诞辰论文集《现代共犯理论》（1964年）、西原春夫《间接正犯理论》（1962年）、中义胜《间接正犯》（1963年）、下村康正《共谋共同正犯与共犯理论》（1975年）、大越义久

---

① 参见陈兴良：《共同犯罪论》，30页，北京，中国社会科学出版社，1992。
② 参见李光灿、马克昌、罗平：《论共同犯罪》，26页，北京，中国政法大学出版社，1987。建议该书再版时，对此加以删除。
③ 参见马克昌：《刑法理论探索》，40页，北京，法律出版社，1995。

《共犯的处罚根据》(1981年)、西田典之《共犯与身份》(1982年)、佐伯千仞《共犯理论的源流》(1987年);苏俄,维辛斯基(无论文及专著,只提及其错误观点)、特拉伊宁《共同犯罪论》(1941年)、В. 高里吉涅尔(只提及人名)、А. 拉普捷夫(只提及人名)、М. Д. 孟沙金(只提及人名)、Б. С. 乌捷夫斯基(只提及人名)、М. И. 克瓦廖夫《共同犯罪》(1961、1962年)、Г. И. 巴依姆尔津《牵连行为的责任》(1968年)、Ф. Г. 布尔恰克《苏维埃刑法中的共同犯罪学说》(1969年)、П. Ф. 捷里诺夫《共同犯罪的责任》(1974年);中国,李光灿《论共犯》(1957初版、1981年再版)、吴振兴《论教唆犯》(1986年)、李光灿等《论共同犯罪》(包括马克昌、罗平,马克昌教授不知是否因为谦虚而将自己的名字作了省略处理,1987年)、林文肯《共同犯罪理论与司法实践》(1987年)。尤其是,序言中马克昌教授在论及牧野英一时,特别说明其《共犯的基础观念》一文提出了因果关系的拓宽与因果关系的延长的论点,用以阐明横的共犯与纵的共犯的不同特征,受到不少刑法学者的赞同。这实际上是马克昌教授自己回答了在我的博士论文答辩会上向我提出而我未能回答的问题。这篇短序内容丰富、资料翔实,绝无虚言与腴语,可以说是序言写作的楷模。

马克昌教授的序言寄给我以后,我深感珍贵。马克昌教授的序言是1988年8月写就的,而我的博士论文《共同犯罪论》直到1992年才由中国社会科学出版社出版。为此,本着奇文共欣赏的心情,我为序言加上标题《中外共同犯罪理论的发展》,在《法学评论》1990年第3期正式发表,后又收入《马克昌文集》(武汉大学出版社2005年版)。在马克昌教授所写的序言中,还有一篇也是特别出色的,这就是为马克昌教授自己的博士生熊选国的博士论文《刑法中的行为论》(人民法院出版社1992年版)一书所作的序,该序对德日行为论的学术史作了初步的勾勒,并对统编教材《刑法学》一书近似自然的行为概念进行了反思,几乎可以当作一篇学术短文文看待。此后,该文以《刑法中行为理论发展述略》为题收入《马克昌文集》(武汉大学出版社2005年版)。由此可见,马克昌教授并不是以一种敷衍的态度来写序,而是把序当作论文来写的,所以其序才会有如此之高的学术含量。这些年来,在著作出版之际,请人撰写序言之风盛行,尤其

383

是延请名家名师为之推荐。这本来也正常，对于初入学术圈的新人来说是一种激励。但目前的名人作序有些变味，序言蜕变为变相吹捧。更有甚者，连序言也是请序者代撰，作序者只要稍事修改甚或只要签名即可。马克昌教授为我所撰的序言，字字珠玑，是其学识的自然流露，令人感动。我现在也经常受邀为人撰写序言，以马克昌教授为榜样，我必亲自动笔，并且尽量写出个性。甚至把序跋当作一种创作文体，出版了序跋集。①

此后，马克昌教授一直关心我的学术成长，从其弟子处耳闻对我的褒奖，深受感动。其间也有与马克昌教授的多次交往。其中，印象较深的有两次，都与饮酒相关。一次是20世纪90年代初，我到武汉开会，武汉大学法学院刑法学科的同事请我吃饭，马克昌教授也参加了，席间陪马克昌教授喝了几杯白酒，由此对马克昌教授的酒量由耳闻转化为眼见。此后，也还是在20世纪90年代，一次马克昌教授来北京开会，其弟子请马克昌教授聚会，我也受邀参与，并特意带了两瓶五粮液白酒，孝敬马克昌教授。与马克昌教授相交，那种如沐春风的感觉，是难以忘记的。反而是进入21世纪以后，我与马克昌教授的交往减少了，也许是马克昌教授德高望重，周遭总是有人环绕，交往起来自感不便，因而我望而却步了。现在想来，有一种"子欲养，亲不在"的疚意，自责之心由此而生。无论如何，我总是对马克昌教授持一种仰望的心情。可以说，我们这一代刑法学者是在上一代刑法学者的关心和关爱下成长起来的。我们从老一辈刑法学者那里汲取学术养分，才有今天的开花结果。因此，马克昌教授虽然不是我的授业恩师，但我从马克昌教授身上学到的优秀品德使我受益终身。

二

今年（2011年）是辛亥革命一百周年，举国都在纪念。这一百年是中国从

---

① 参见陈兴良：《法外说法——陈兴良序跋集Ⅰ》，《书外说书——陈兴良序跋集Ⅱ》，北京，法律出版社，2004。

老眼空四海：马克昌教授学术印象

一个古老的帝国走向共和的一百年，其间经历了动荡和动乱。1949年前的这四十年，可以说是内乱外患，战争连绵。1949年后的这六十年，则又可以分为前后三十年：前三十年是政治动乱，接二连三；只有后三十年才是国家发展的黄金时代。马克昌教授出生于1926年，正是军阀混战时期。但1949年中华人民共和国成立的时候，马克昌教授已经大学毕业，在武汉大学法律系初执教鞭。对于这段历史，马克昌教授曾经在访谈中略有提及："我中学时由于日寇入侵中原，读书的环境日趋恶劣。1944年我提前毕业赋闲在家。1949年，得知武汉大学法律系有'不用交学费、就业有保障'的司法组招生名额于是报考并被录取。大学期间，勤奋研习法学典籍，涉猎了文史哲，打下了良好的日语基础。"[①] 虽寥寥数语，但还是透露给我们一些信息，由此可以想见年轻时期马克昌教授的努力。即使是在战乱时期，也没有放弃对知识的渴望和对理想的追求。在以上谈话中，马克昌教授提及大学期间的三件事：一是研习法学典籍，二是涉猎文史哲，三是学习日语。这三件事，对马克昌教授后半生都产生了重大的影响，是马克昌教授之所以能够在刑法学研究上取得成就的基础。

在老一辈刑法学者中，马克昌教授的文史哲基础可以说是最好的，也是最有文人气质的一位学者。中国古代具有三千多年的文化传统，律学也随着中华法系的发展而一脉相传。但在清末随着帝国的土崩瓦解，中华文化传统也随之消散。尤其是此后的新文化运动，对传统文化采取了全盘否定的决绝态度，由此在旧文化与新文化之间产生了一条鸿沟。1910年以前出生的一代人，尚是在旧学的文化氛围中发蒙的，因此旧学基础较好；此后又出国留洋，兼得新学（西学）之精髓，遂有学贯中西的一代大师问世，例如鲁迅、钱钟书、季羡林等。而1910年以后出生的一代人，正处于新旧文化交替之际，最是不济。马克昌教授出生于1926年，正好被划到了这个时代。在新文化中，文字是最为重要的载体。随着

[①] 唐六勇：《马克昌：把握现代刑法理念》，载《人民日报》（2005年6月15日），第14版。《当代中国法学名家·马克昌》对马克昌教授这段历史的介绍是："大学期间，积极参加校内外一切进步活动，勤奋研习法学典籍，广泛涉猎哲学、史学、文学、逻辑学，并打下了良好的外语基础。"参见《当代中国法学名家》（第2卷），1257页，北京，人民法院出版社，2005。

新文化运动的开展，文言文被废弃，白话文被提倡。我不太清楚马克昌教授在识字的启蒙阶段，学的是文言文还是白话文，或在不文不白之间。可以肯定，当时的白话文并没有发育成熟。因此，如果不是个人努力的话，对于这一代人来说，处于青黄不接这样一个尴尬的年代，必然会有所牺牲。但从马克昌教授的个人求学经历来看，并没有留下知识空白，而是打下了扎实的知识根基。例如，马克昌教授自述在大学期间研习了法学典籍，这些法学典籍对于马克昌教授此后的研究显然是大有助益的。

马克昌教授曾经写过一篇《株连考略》［载《武汉大学哲学社会科学论丛（法学专辑）》1979年12月］，该文对封建社会的株连制度进行了历史考古，是一篇史料充实、线条清晰的史学论文。该文所引用的中国古代典籍就达50种（书目具体到编）之多，以下按照该文引用次序加以罗列：（1）《新唐书·酷吏传》；（2）《尚书·大禹谟》；（3）《尚书·甘誓》；（4）《尚书·泰誓上》；（5）《史记·秦本纪》；（6）《汉书·李陵传》；（7）《史记·楚世家》；（8）《法经》；（9）《史记·商鞅列传》；（10）《史记·秦始皇本纪》；（11）《史记·高祖本纪》；（12）《汉书·惠帝记》；（13）《汉书·刑法志》；（14）《后汉书·安帝记》；（15）《晋书·刑法志》；（16）《册府元龟》；（17）《晋书·明帝纪》；（18）《隋书·刑法志》；（19）《魏书·高祖纪》；（20）《唐律》；（21）《宋刑统》；（22）《明律》；（23）《大清律》；（24）《清史稿·刑法志》；（25）《左传·庄公二十五年》；（26）《左传·昭公二十七年》；（27）《通鉴纲目》；（28）《后汉书·党禁列传》；（29）《三国志·曹爽传》；（30）《魏书·崔浩列传》；（31）《唐六典·注》；（32）《尚书·尧典》；（33）《小学绀珠》；（34）《大业律》；（35）《旧唐书·则天皇后本纪》；（36）《新唐书·刑法志》；（37）《明史·胡惟庸传》；（38）《明史·蓝玉传》；（39）《明史记事本末·壬午殉难》；（40）《建文殉国臣纪》；（41）《明史辑略》；（42）《满清野史续编·康雍乾间文字之狱》；（43）《商君书·赏刑》；（44）《韩非子·制分》；（45）《孟子·梁惠王下》；（46）《荀子·君子》；（47）《史记·文帝本纪》；（48）《盐铁论·周秦》；（49）《文献通考》；（50）《大学衍义补》。说老实话，这些典籍我大多都见所未见，个别甚至闻所未闻。在所

有论文中,史学论文是最难写的,这里涉及史料的真伪甄别和史论的优劣判别等技术性问题。马克昌教授的以上这篇论文,虽然是针对"文化大革命"中利用株连手段残酷迫害干部和群众的政治现实有感而发,但还是具有相当高的学术价值,这是令人敬佩的。如果没有年轻时期深厚的古文知识,这样的文章是写不出来的。尤其是在"文化大革命"结束不久,就能写出这样的论文,可谓难能可贵。

在老一辈刑法学者中,马克昌教授的日语水平也是众所周知的,虽然不能以之交谈,但用以收集资料是没有问题的。我一直以为马克昌教授的日语是在图书馆工作期间自学的,从其访谈中才获知是在大学阶段学习的。在改革开放以后,马克昌教授充分利用其日语,与高铭暄教授等老一辈学者一起开创了与日本刑法学术交流的事业。尤其是,马克昌教授善于利用日本的刑法学术资料,为其刑法学研究提供了便利。在马克昌教授的学术著作中,总是给人以学术视野开阔的印象,这与马克昌教授精通日语具有直接的关联。在与日本学者的交往中,马克昌教授以其深厚的中国古代文化的学养,给日本学者留下了深刻的印象。例如,在马克昌教授所撰的《日本学者一席话引起的思考》一文中[1],马克昌教授深情地回顾了与日本创价大学校长金之助教授的把酒话诗的美好片段,令人过目难忘。在该文中,马克昌教授有感而发,说了这样一段话:"一个大学者不应当是只限于狭小的专业人士,而应当有广博的知识,辉煌的建树,博大的胸怀,高尚的情操。"这虽然不是夫子自道,但还是反映了马克昌教授对道德文章的追求。此外,马克昌教授也与差不多同龄的日本前早稻田大学校长西原春夫教授结下了深厚的友情,这才有在惊闻老友马克昌教授逝世以后,西原春夫教授发来感人至深的唁函,其中以下几句话给我留下了深刻的印象:"先生是中国刑法学界的泰斗,是培养了众多学者、实务专家的卓越教育家,是将日本刑法学介绍到中国的恩人。然而,先生对于我来说,则是毫无国界的一位至交。再度想起先生那慈祥的音容

---

[1] 参见马克昌:《日本学者一席话引起的思考》,载《法学家茶座》(第3辑),济南,山东人民出版社,2003。

和饮酒时的高兴神情,历历在目,令人怀念。"今年(2011年)10月1日中日刑事法学术研讨会在日本东京中央大学召开,在开幕式上主办者提议与会代表起立为马克昌教授致哀,充分表明马克昌教授对中日刑事法交流作出的贡献将会永远铭记在中日两国刑事法学者的心中。

在1950年马克昌教授留校(武汉大学)任教以后,适逢我国全面引入苏俄刑法知识。在这种情况下,马克昌教授前往中国人民大学接受苏俄专家传授苏俄刑法知识,就此与先前所学的旧法知识告别,开始了长达数十年中国刑法学的教学与研究的生涯。当时的中国人民大学法律系,可以说是传播苏俄刑法知识的工作母机,也是培养新中国第一代刑法学家的摇篮。在这里,马克昌教授先后与高铭暄教授、王作富教授以及其他一些在1980年代活跃在我国刑法学舞台上的学者先后同学。来到中国人民大学向苏俄专家学习刑法,日语肯定是没有用了,还得重新学习俄语,这对马克昌教授来说是一个不小的考验。马克昌教授以其扎实的理论基础,圆满地完成了学习任务,在1952年回到母校——武汉大学任教,并且很快在我国刑法学界崭露头角。其中,以马克为笔名发表的《如何解决刑法科学中的因果关系》一文[①],是马克昌教授根据苏俄刑法知识对刑法中的因果关系问题进行阐述的重要作品。我在硕士生学习期间,承担刑法因果关系问题的综述,就已经注意到了这篇论文,只是并不知道该文作者马克就是马克昌教授。该文给我留下了深刻的印象,在学术氛围不浓的20世纪50年代,这篇论文属于具有学术含量的论文之一。在这篇论文中,马克昌教授反对把因果关系分为必然因果关系和偶然因果关系,并引述苏俄学者的观点进行了论证。该文就引用了以下苏俄学者的观点:(1)沙尔罗得斯基;(2)采列捷里;(3)克里盖尔;(4)莎尔果洛得斯基;(5)阿列克谢夫。这些译文大多刊登在《苏维埃刑法论文选译》中,可见马克昌教授对苏俄刑法学的有关理论问题是熟练掌握的,并且结合中国的司法实践进行实际运用。《如何解决刑法科学中的因果关系》一文可以说是马克昌教授的初出茅庐之作,但起点是较高的。20世纪初,在中国人民大学师从

[①] 参见马克昌:《如何解决刑法科学中的因果关系》,载《法学》,1957(1)。

老眼空四海：马克昌教授学术印象

苏俄专家这一段经历，是马克昌教授学术人生中的重要篇章，它为马克昌教授此后的刑法学研究留下了抹之不去的学术底色。尽管后来马克昌教授利用日语自学德日刑法学，因而又受到德日刑法知识的熏陶，但苏俄刑法知识的影响贯彻始终，并且在苏俄刑法知识和德日刑法知识之间形成某种紧张关系，这是下文将会论及的。无论如何，马克昌教授通过苏俄专家的传授，顺利地完成了从旧法到新法的知识转变，成为共和国成立后培养的第一批刑法学家。如果没有此后的政治动乱，我们可以想见马克昌教授所能够达到的学术高度。这一切，都由于1957年的反右斗争戛然而止。从此，马克昌教授发生了人生逆转，陷入其一生的低谷。

1957年对于马克昌教授是铭心刻骨的一年，他于这一年卷入了政治旋涡。其事端肇起于马克昌教授在《武汉大学学报》上发表的一篇批评文章，题目是《×××是出污泥而不染的荷花吗？》。[①] 这个×××系何许人也，现在已经不得而知，不外于当时武汉大学的权贵者。也许发表该文的1996年，该人尚存活于世，因而予以匿名处理。以马克昌教授憨直的性格，为"阳谋"所陷，并不令人意外。令人意外的是，在这场浩劫如同潮水般退去以后，马克昌教授仍然能够保持其敢于直言的率真性情。

从1958年开始，马克昌教授丧失了执教的资格，历经下放到农场劳动、担任学校伙食科出纳员、在图书馆任图书管理员等现在看来匪夷所思的各种工作。值得庆幸的是，马克昌教授在图书馆度过了一段难忘的时光，可以使自己置身于知识的海洋，暂时忘却世间政治的喧嚣。在《马克昌文集》中，收入了一篇极为独特的论文，这就是《略论〈古今图书集成〉》一文。[②] 这是一篇纯粹的图书学的论文，对我国现存最大的类书《古今图书集成》进行了深入的研究，除了图书形成、版本沿革，该文重点对《古今图书集成》的内容和特征作了论述。我没有读过《古今图书集成》这本书，所以对马克昌教授的论文也就没有资格评价。可以说，该文是马克昌教授从事多年图书馆管理工作的副产品，从中也可以看出马

---

① 参见陈晓明：《马克昌：构筑中国刑法学大厦的工程师》，载《今日名流》，1996（2）。
② 参见马克昌：《略论〈古今图书集成〉》，载《古籍论丛》，福州，福建人民出版社，1983。

克昌教授即使身处逆境也保持了学习与研究的兴趣。当然，这个时期我国处于政治动乱之中，无法无天，所以刑法学的研究距离现实实在太远，马克昌教授也与之隔绝。因此，马克昌教授从 1958 年开始就已经中断了刑法学的研究，这种状况一直延续到 1979 年。这一年，马克昌教授受命重建武汉大学法律系，由此而重返科研岗位。从 1958 年到 1979 年，整整 22 年，正好是马克昌教授从 32 岁到 54 岁这段人生的黄金季节，宝贵的时光付诸东流。

从 1979 年开始，马克昌教授终于迎来了可以施展自己才华的顺境，由此开启了一段人生的顺风船。当他重回诀别了二十多年的刑法学界的时候，我国刑法学术可以说是一片废墟。马克昌教授这一代学者就是在这片废墟上重建我国刑法学术的，从而使几乎成为绝学的刑法学得以重续。

三

李海东博士写过一篇檄文，题为《我们这个时代的人和刑法理论》，该文是李海东所著的《刑法原理入门（犯罪论基础）》（法律出版社 1998 年版）一书的自序。该文是"我们这一代刑法学者"的宣言，由此而与"我们上一代刑法学者"加以区隔。李海东博士认为，今天的中国刑法理论，本质上还处在我们上一代刑法学者们的认识框架之中。这个框架是以本身就尚处于摸索阶段、完全不成熟的 20 世纪 30 年代苏俄刑法理论为基础的。李海东博士对两代刑法学者的历史使命作了以下描述："中国刑法学的建立与初步发展是我们这一代刑法学者的基本工作。我们上一代刑法学者为我们奠定了一个可供批判与发展的基础，而我们所在的这个时代的人给了我们这样的可能与条件。如果我们迄今为止可能一直在为某些根本性的偏差提供着理论根据，同时也并没有给立法者与司法者系统地提出可供选择的任何其他理论方案，那么，对立法与司法中不如意的地方，立法者与司法机关当然负有责任，但应当承担主要责任的，恐怕是我们刑法学者。"[①]

[①] 李海东：《刑法原理入门（犯罪论基础）》，3 页，北京，法律出版社，1989。

李海东博士对刑法学者的自责是否苛刻,当然还是可议的。不过对于两代刑法学者的区分,是令人印象深刻的。从年龄与资历上来说,马克昌教授毫无疑问地属于李海东博士所说的上一代刑法学者。应该说,马克昌教授这一代刑法学者对于刑法学术的重建当然是功不可没的。但正如李海东所说的那样,我们上一代刑法学者的认识框架基本上是以苏俄刑法学为基础建构起来的。我们这一代刑法学者必然要突破这一刑法认识框架,这是不可避免的。在老一代刑法学者中,马克昌教授是最具国际视野的,虽然深受苏俄刑法学的浸润,但以他对日本刑法学的熟知,对于在我国传播日本刑法知识作出了巨大的贡献。

马克昌教授的《想象的数罪和法规竞合》一文[1],是我国最早讨论想象的数罪(现在通称想象竞合犯)和法规竞合(现在通称法条竞合)这两个理论问题的。这两个问题基本上属于罪数的范畴。在苏俄刑法学中,除对想象竞合犯略有描述以外,对法条竞合则极少论及。因此,马克昌教授在该文中主要采用的是德日刑法学的资料。虽然只有短短的数千言,但在该文中论及德国刑法学者包括巴尔、贝林、李斯特、迈耶布黎等五人,论及日本刑法学者包括大场茂马、泷川幸辰、岛田武夫、牧野英一、宫本英修、冈田庄作等六人。关于想象竞合犯的法律性质,马克昌教授通过引述德日刑法学者的观点,列举了想象竞合犯法律性质问题上的三种主张:一是犯罪竞合说,二是法律竞合说,三是实体上的数罪竞合说。在此基础上,马克昌教授对想象竞合犯的性质谈了个人见解。法条竞合的概念,也是马克昌教授首次在我国刑法学中提出来的,并结合我国刑法的规定作了论述。马克昌教授之所以把想象竞合犯和法条竞合放在一起讨论,主要是为了区分这两个概念。对此,马克昌教授提出来完全重合说,认为只有一个法条的内容是另一个法条的一部分,即两个法条的内容完全重合的情况下,才是法条竞合。如果一个法条的部分内容是另一个法条的一部分,即两个法条的内容部分重合,则是想象竞合犯。这一观点此后在我国刑法学界产生了较大的影响。在这个问题上,引起我重视的并不是观点本身,而是该文中引用的德日资料和所采用的论证

---

[1] 参见马克昌:《想象的数罪和法规竞合》,载《法学研究资料》,1982(1)。

方法。该文没有苏俄刑法学的味道,而是具有较多的德日教义刑法学的色彩。它为我们展现了刑法学研究的另一种向度,树立了教义学研究的样板,这才是最重要的。当然,这一点我是在从事刑法学术史研究的时候才体会到的。

马克昌教授发表了一百多篇论文[①],在这一百多篇论文中,只有关于刑法因果关系这一篇是1979年以前的作品,其他都是此后所写,是年过五十以后的作品,可谓学术产量丰富。这一百多篇论文我大多曾经拜读,留下最深印象的还是《论预备犯》一文[②],该文重新塑造了我国刑法中的预备犯,是马克昌教授的创新性成果。该文发表在《河南法学》1984年试刊第1期。《河南法学》是一个地方性法学刊物,颇不起眼。可以想见马克昌教授是受家乡熟人之邀,将该文放在《河南法学》的创刊号上发表的。尽管该文发表的刊物的档次不高、名气不大,但我认为这是马克昌教授最好的论文之一。该文的主要贡献就是重新定义了我国刑法中的预备犯,认为已经实施犯罪预备行为,由于行为人意志以外的原因而未着手实行犯罪的,是预备犯。在此之前,我国刑法学界往往把刑法关于"为了犯罪,准备工具、制造条件的,是犯罪预备"的规定,理解为是预备犯的概念。这样,就把犯罪预备行为与预备犯这两个概念混为一谈了,马克昌教授的该文纠正了这一观点。此外,马克昌教授发表了《共同犯罪与身份》(载《法学研究》1986年第5期)、《论我国刑法上行为的概念》(与鲍遂献合作撰写,载《法学研究》1991年第2期)、《论自首》(载《法学评论》1983年第1期)和《论受贿罪》(载《中国法学》1991年第6期),这些论文涉及犯罪论、刑罚论和罪刑各论等刑法学各个领域。尤其引起我注意的是,以上论文不仅观点明确、论证充分,而且资料翔实,并且大多引用了德日刑法学的资料。这在老一辈刑法学者中,是极为罕见的。正因为如此,这些论文具有较强的学术性,折射出刑法教义学的独特气质。

马克昌教授通过指导学生,形成了一个在我国刑法学界具有相当影响力的学

---

① 参见于改之、赵慧:《马克昌:毕生致力于法学教学与研究的刑法学家》,载《高校理论战线》,2005(2)。

② 参见马克昌:《论预备犯》,载《河南法学》,1984(1)。

老眼空四海：马克昌教授学术印象

术团队，被誉称为"马家军"①。师承当然是十分重要的，学术团队也是能够在理论研究上有所作为的。不过，人文社科的研究是以个体的生命体验和人生感悟为其学术本色的，因而更强调的是个人式的写作。否则，就不可能形成作者的学术个性，也不会有传世作品的出现。在这个意义上说，人文社科的团队研究只是在特定历史条件下的产物。就我本人的个性而言，我宁愿是一个学术上的游兵散勇。此是闲话，有感而发而已。回到"马家军"这个称谓上来，从保留史实的角度考虑，我以为在"马家军"之下还应当加上一个注释，即该命名其实来自活跃于20世纪90年代我国田径界的著名教练马俊仁麾下的女田径运动员团队。田径界的"马家军"曾经勇夺世界冠军，红极一时，所以"马家军"的称号脍炙人口，以此移植于称呼马克昌教授的刑法学学术团队。现在田径界的"马家军"风流散去，落花流水。而刑法学界的"马家军"团队仍然发挥着重要的学术影响力，两者不可同日而语。如果不加这个注释，多少年过去以后，"马家军"的出处无从考证。我认为，能够证明"马家军"团队学术实力的应该是马克昌教授主编的《犯罪通论》（武汉大学出版社1991年第1版、1999年第3版）和《刑罚通论》（1995年第1版、1999年第2版）两书，这可以说是"马家军"的标志性成果。我在进行刑法学术史研究的时候，又重读了上述两书，作出了以下评价：

> 马克昌教授主编的《犯罪通论》和《刑罚通论》两书，计136.4万字，尚未包含刑法绪论的内容，因此在篇幅上与《刑法学原理》（三卷本，高铭暄主编，中国人民大学出版社1993—1994年版）相当，并在1997年刑法修订后出版了修订版。该书反映了武汉大学法学院刑法学科的理论研究水平，除马克昌教授挂帅以外，也同时包含了中青年学者的研究成果，例如熊选国、王晨、鲍遂献、贾宇、张绍谦、刘明祥、莫洪宪、李希慧等，可谓人才荟萃。《犯罪通论》一书除了绪论以外，分为犯罪构成、犯罪形态和排除犯

---

① 参见陈晓明：《马克昌：构筑中国刑法学大厦的工程师》之第五部分标题：生命的华彩乐章·"马家军"弟子竞风流，载《今日名流》，1996（2）；又见〔日〕西田春夫：《二十一世纪第二次中日刑事法学术研讨会闭幕式致辞》，载马克昌、莫洪宪主编：《中日共同犯罪比较研究》，316页，武汉，武汉大学出版社，2003。

罪性行为三编。从内容上来看，犯罪构成体系没有变化，只是将排除犯罪性行为单列一篇，并置于犯罪形态论之后，不同于传统的刑法学体系。对此，作者指出：

> 考虑到这类行为表面上好像符合犯罪构成，实际上并不符合犯罪构成，且有利于社会，因而在研究犯罪的基本要件之后，即研究这类行为，然后再研究修正的犯罪构成等问题，在逻辑顺序上不太合适；似不如按照犯罪构成、犯罪形态、排除犯罪性行为的顺序排还不错为宜，因而将"排除犯罪性行为"作为第三编，置于犯罪形态之后。① 上述调整当然是微小的，但也反映了作者的某种学术上的追求。尤其是，《犯罪通论》与《刑罚通论》两书充分地吸收了德日刑法知识，从而使其在学术上具有前沿性。例如在犯罪构成理论中，以较大篇幅介绍了德日刑法学中构成要件理论的演变历史；在危害行为中，以较大篇幅介绍了西方行为理论，包括因果行为论、目的行为论、社会行为论等；在刑罚权中，以较大篇幅介绍了西方国家关于刑罚权根据的理论；在刑罚消灭事由中，以较大篇幅介绍了前科消灭、复权等内容。以上情况表明，《犯罪通论》和《刑罚通论》两书在刑法知识的增量上作出了应有的贡献。②

当然，在马克昌教授的著作中，最为重要，所以最后论及的还是马克昌教授的个人专著《比较刑法原理——外国刑法学总论》（武汉大学出版社2002年版）。该书系马克昌教授承担的国家教委博士点基金项目，全书80万言，可谓皇皇巨著。根据马克昌教授在该书后记所载，该书"从1998年集中力量撰写起，到2001年8月杀青止，历时将近四年"。从1998年到2001年，正是马克昌教授从72岁到75岁这段人生岁月。对于一个普通人来说，这已是含饴弄孙、颐养天年的时节，但充实马克昌教授老年生活的仍然是矢志不渝、乐此不疲的笔耕。虽马克昌教授自谦年老思钝，功力不逮，但该书完全不像是一个斗志消沉的老人的晚

---

① 参见马克昌主编：《犯罪通论》，3版，5页，武汉，武汉大学出版社，1999。
② 参见陈兴良：《刑法学：向死而生》，载《法律科学》，2010（1），26页。

年消遣之作,而是一个思想成熟、才情四射的人的盛年发奋之作。古语云"东隅已逝,桑榆非晚"。这句话的意思是早年的时光消逝,如果珍惜时光,发愤图强,晚年并不晚。马克昌教授在 75 岁高龄完成《比较刑法原理——外国刑法学总论》一书,可以作为上述古语的一个生动例证。但是,早年的时光流逝,并不是少不更事,虚度光阴,而是因为太多的政治运动耗费了马克昌教授年富力强时的大好时光。因此,当从事学术研究的盛世来临的时候,马克昌教授老则老矣,仍以时不我待的精神,终于完成了其个人的刑法学术代表作。这是马克昌教授个人的壮举,却是我们这个时代的悲哀。

马克昌教授历来重视比较刑法和外国刑法的研究,武汉大学的刑法学科也是以此见长的,由此而与强调中国的刑事立法与司法实践的中国人民大学的刑法学科有所不同,也与我所在的北京大学的刑法学科对刑法理念与学术思想的追求存在差别。这是各自的学科特色,唯此才能形成互异的学术风格,促进良性的学术竞争。马克昌教授的《比较刑法原理——外国刑法学总论》一书,是其毕生从事比较刑法和外国刑法研究的学术总结之作。该书系统地梳理了以德日刑法学为主的刑法总论知识,为我们进入德日刑法学的理论大厦开启了一扇窗户。该书资料之翔实,令人印象深刻。从该书附录所列的主要参考文献来看,共参考了日本著作 41 种,德国著作 4 种,法、意著作各 1 种,苏联、俄罗斯著作共计 5 种。在这些著作中,日本著作绝大部分都是原著。除此以外,该书对外国刑法理论进行了体系性的叙述,使之更适合于中国学者阅读,这对于开阔我国刑法学者的学术眼界是大有助益的,可谓功德无量。遗憾的是,该书没有涉及中国刑法的内容,而是一部纯粹的外国刑法学研究之作。马克昌教授在该书后记中指出:"比较刑法,当然也可以将外国刑法与外国刑法相比较,由于感到后者多为人们所熟知,不如将大陆法系国家间的刑法、刑法理论相比较会更好一些。所以书中内容未涉及中国刑法,采用'外国刑法学总论'作为副标题,其意正在于表示这种情况。"这一想法会使该书的资料性价值大于学术性价值,而当德日刑法译著越来越多地在我国翻译出版,以及随着我国年轻一代刑法学者外语能力的不断提高,该书的资料性价值也会快速地消失。这是我国刑法学之幸,却是马克昌教授该书之不

幸，这就是生活的悖论。

这里需要思考的问题是，刑法学是否存在中外之别以及比较的是刑法还是刑法学？在我看来，刑法是有国界的，但刑法学是没有国界的或者说是超越国界的。因此，只有刑法才有中外之别，刑法学却没有中外之分。刑法学，只是采用一定的分析工具和认知框架对不同国家的刑法进行研究所形成的知识形态。因此刑法学的分析工具和认知框架只有优劣之别，我们应该取优弃劣。只有打破刑法学的国界，为我所用，取我所需，才能较快地提升我国刑法学的理论水平。当然，在学术研究中不存在刑法学的中外之别，并不意味着在教学中也不能将中外刑法学设置为不同课程。出于教学目的，我认为中外刑法学还是可以分课讲授的。因此，马克昌教授的该书作为外国刑法学的教材是有其存在的必要性的。此外，比较刑法之比较也是一个十分容易引起歧义的概念。我认为，刑法学作为一种理论本身不是比较法的研究对象，刑法作为一种法律制度则存在比较的问题。因此，并不是只要采用比较方法对刑法进行研究就是比较刑法研究。我们应该把作为一种具体研究方法而采用的"比较"与作为一种学科形态的"比较"加以区分。关于比较法之比较，德国学者指出，"比较法（Rechtsvergleichung）是指一方面以法律为其对象、另一面以比较为其内容的一种思维活动"[①]。因此，比较法是以法律为研究对象的一种法学知识形态，它与在法学研究中采用比较方法完全不同。如果说，以教义学为主要方法的刑法学，是采取一种司法的视角对国内刑法进行阐释，从而为刑法适用提供理论导引，那么，比较刑法是采取一种比较方法，对不同国家的刑法进行比较研究，其使命不仅在于现行刑法解释，更在于建立超国家的普世刑法的教义学。因此，在比较刑法中，不是简单的刑法条文的对比，甚至也不是简单的刑法规范的对照，而是采取各种刑法比较方法，包括普遍的刑法比较方法、功能性的刑法比较方法、体系性的刑法比较方法、结构性的刑法比较方法、以具体案例为基础的刑法比较方法、价值评判性的刑法比较方

[①] [德] K. 茨威格特、H. 克茨：《比较法总论》，潘汉典等译，1页，贵阳，贵州人民出版社，1992。

法，对各国刑法进行比较研究。① 而马克昌教授的《比较刑法原理——外国刑法学》一书，实际上是以德日等各国刑法学而不是各国刑法为研究对象的，其方法也并不限于比较，更多的是对各种理论的梳理。在这个意义上说，其仍然是一种对外国刑法学的比较，而非比较刑法。严格来说，我国还没有真正意义上的比较刑法。

如前所述，马克昌教授的该书没有讨论外国刑法学的问题，这是一个不小的缺憾。尽管马克昌教授主编了《犯罪总论》和《刑罚总论》两书，系统地阐述了刑法的基本原理，但那毕竟是其主编的著作，而非马克昌教授的个人独著。我们更想看到的是马克昌教授对于中国刑法学的体系性叙述。在此，我关注的是马克昌教授关于犯罪论体系的观点，这也是当前我国刑法学界争议最大的问题。在我国上一代刑法学者中，既熟知苏俄四要件的犯罪论体系，又深知德日三阶层的犯罪论体系的，非马克昌教授莫属。应该说，马克昌教授对于犯罪论体系是素有研究的，而且还是在我国较早采用犯罪论体系这一术语的刑法学者，尽管这是在教科书体系意义上而非犯罪成立条件意义上。② 由此可见，马克昌教授是受到德日刑法学较深影响的。

然而，我不得不指出，马克昌教授没有打通德日刑法学与我国刑法学之间的藩篱，在其刑法学术思想中从始至终都存在"他者"与"自我"的区隔，乃至于对立。这不能不说是受到了苏俄刑法学的桎梏，并且也与其具体问题的研究风格相抵牾。马克昌教授对德日与苏俄的各种犯罪论体系进行了比较，其结论是："在我们看来，上述二元论的犯罪论体系（特别是孟沙金著作中的体系）反映了犯罪的构成，即犯罪是客观要素与主观要素的统一，同时符合对犯罪的认识进程，应当说是可取的。"③ 这里提及的孟沙金教授的著作，是指苏联司法部全苏法学研究所主编的《苏联刑法总论》一书，该书是苏俄刑法学界教科书派的代表作，其中关于犯罪构成的章节是皮昂特科夫斯基教授撰写的。该书苏联1948年

---

① 参见［德］乌尔里希·齐白：《刑法比较研究的任务与方法》，王莹译，载《中外法学》，2008 (1)。
② 参见马克昌主编：《犯罪通论》，3版，45页以下，武汉，武汉大学出版社，1999。
③ 马克昌主编：《犯罪通论》，3版，108页，武汉，武汉大学出版社，1999。

第3版于1950年在我国由彭仲文译,上海大东书局出版,也是20世纪50年代在我国影响最大的苏俄刑法教科书。我国目前四要件的犯罪论体系就是以该刑法教科书为摹本的。此外,马克昌教授还对德日的构成要件理论与苏俄的犯罪构成理论进行了比较,认为两者之间的师承关系是明显的。在德日刑法学中,构成要件的符合性是犯罪成立的一个独立要件,只有构成要件符合性还不能认定犯罪。而苏俄的犯罪构成理论则是犯罪成立的理论,具备了犯罪构成所要求的主客观诸要件,只要不是显著轻微并对社会没有危害性,即构成犯罪。两者的区别,于此明显可见。我们认为,比较起来,苏联学者关于犯罪构成的基本观点是可取的。[①] 尽管马克昌教授论及苏俄的犯罪构成理论也并不是无可指摘,也需要发展完善的,但其基本学术立场是相当明确的。

我们当然应当尊重马克昌教授的学术观点,这是从其年轻时代开始接受苏俄刑法学教育就已经确定了的学术立场。但是,以马克昌教授对德日刑法学的深刻认知,我们本来是可以对其心存别样的学术期待的。只是由于思维的定式作用与历史的惯性使然,马克昌教授以其学术观点,没有争议地将自己划入了李海东博士所说的"我们上一代刑法学者"的行列。

这是令人扼腕唏嘘的。

呜呼。

(本文原载陈兴良主编:《刑事法评论》(第30卷),北京,北京大学出版社,2012)

[①] 参见马克昌主编:《犯罪通论》,3版,123页,武汉,武汉大学出版社,1999。

山色不言语：王作富教授学术印象

在 20 世纪 80—90 年代，我国刑法学界处于一个恢复重建的历史时期。这个时期活跃在我国刑法学术舞台上的学者，20 世纪 50 年代初大多曾经在中国人民大学法律系刑法教研室聆听过苏俄刑法专家授课。那时有北高南马之称：北高指在中国人民大学任教的高铭暄教授，南马指在武汉大学任教的马克昌教授。高铭暄教授和马克昌教授都是 20 世纪 50 年代初中国人民大学法律系刑法专业毕业生中的佼佼者。除此之外，在中国人民大学刑法教研室任教的王作富教授也与高、马具有相同的求学背景。在中国人民大学刑法学科，往往是高、王并称。就学术成就而论，高、王可以说是双峰并峙，在刑法总论和刑法各论这两个研究领域各领风骚；就为人处事而言，高、王又是二水分流，各有其人格魅力。我有幸在 20 世纪 80 年代初期，从北京大学法律系本科毕业以后考入中国人民大学法律系刑法专业，先后师从王作富教授和高铭暄教授：其中，王作富教授是我的硕士生导师[①]，而高铭暄教授是我的博士生导师，同时，王作富教授又担任我的博士生

[①] 入学的时候，并没有分配导师，在中国人民大学研究生考核登记表指导教师栏中填写的是高铭暄教授、王作富副教授。我们这一级刑法专业硕士生共有四人，但论文写作的时候，赵秉志和周振想的论义分给高铭暄教授指导，我和张智辉的论文分给王作富教授指导。

副导师。俗话说："名师出高徒。"师是名师，高徒则未必。如今高、王均已年届耄耋，必将以共和国刑法学科奠基人的身份载入我国刑法学术史册。作为王作富教授的亲炙弟子，我想对王作富教授的刑法学术贡献略加描述与评论，以此献给王作富教授从教 60 周年。①

一

20 世纪 70 年代末 80 年代初，我国刚从"文化大革命"中复苏，法制也开始重建。正是在这样一个特殊时期，我于 1978 年 2 月底来到燕园，成为北京大学法律系 77 级的一名新生。② 那时的北大校园尚可以闻到"文化大革命"的硝烟味道，经过北京风沙过滤的阳光洒在零落的三角地，早春的空气中弥漫着肃杀的气氛，就像是一处激战过后、刚被打扫过的战场。入学之际，百法待立，作为法律系的学生却是无法可学。我们这些"文化大革命"中成长起来的、不知法为何物的学生，对于法律这门学科可以说是十分陌生，实在不知如何开始我们的学业。因此，在入校后不久，法律系组织了一场关于学习方法的讲座，邀请法律系三位资深教师给我们传授学习方法。在这些教师中，正好有王作富教授。那时中国人民大学还没有复校，在"文化大革命"中，中国人民大学被撤销以后，1973 年中国人民大学法律系的部分教师并入北京大学法律系。王作富教授也在其列。在我入读北京大学法律系的这一年（1978 年），王作富教授 50 周岁。③ 虽然他讲了些什么早就忘了，但王作富教授温文尔雅的形象还是给我留下了深刻的印象。半年以后，中国人民大学复校，其法律系亦旋即复建，王作富教授由此返回中国人民大学法律系任教。这是我与王作富教授的第一次见面，地点是在 1978 年初春

---

① 王作富教授1952年年初在中国人民大学法律系刑法专业研究生未及毕业时即被调入教研室成为教师，至今年（2012年）正好60周年。

② 我们这一级的学生因为是次年的春季入学，所以级称与入学年份总是不相符合。例如本科是 77 级，却是 1978 年 2 月入学；硕士是 81 级，却是 1982 年 2 月入学；博士是 84 级，却是 1985 年入学。当然，入学考试的年份与级称是相符的。

③ 王作富教授出生于 1928 年 12 月 26 日，1978 年正好 50 周岁。

的北京大学。当然,王作富教授不可能知道我——一名刚入学还没有开始正规学习的新生。

我是在北京大学法律系本科毕业以后考入中国人民大学法律系攻读硕士学位的,记得考试时间是1981年9月。该年11月左右,为打听录取情况,我的室友谢维宪同学陪我一起去人大静园的家属宿舍见过王作富教授,过了一个多月,我终于收到了录取通知书,于次年2月成为中国人民大学法律系1981级的硕士研究生,正式成为王作富教授的学生。算起来,我是王作富教授指导的第二届硕士生,与我同届的还有张智辉。王作富教授指导的第一位硕士生是王仲兴,现为中山大学法学院教授。[①] 我们这一级硕士生的刑法课程,总论是高铭暄老师教授,各论是王作富老师教授。出于对理论的喜爱,刑法总论以其具有对称性的体系性对初学者具有较强的吸引力,而刑法各论则因其零碎、缺乏体系性而使人感觉乏味。

不过,在我听了王作富教授的刑法各论课程以后,完全改变了对于刑法各论的偏见。其实,各论的实践性与总论的理论性相映成趣,各有吸引人之处。在王作富教授的课堂上,许多复杂的问题往往被王作富教授一点就透,我深受启迪。

例如关于抢劫罪与抢夺罪的区分,在刑法理论上如何加以正确说明,是一个较为困难的问题。这里的困难不在于法律规定,而在于某些案件中事实本身的复杂性。从法律上来说,抢劫罪是使用暴力、胁迫等方法强取他人财物,而抢夺罪是非暴力地夺取他人财物。因此,抢劫罪与抢夺罪在非法取得财物这一点上是相同的,其最明显的区分就在于是否使用暴力。这一解释当然是正确的,对于大多数抢劫罪与抢夺罪的区分是适用的。但在某些抢夺罪中,行为人并非完全不使用强力。对此,王作富教授十分经典地指出:抢夺也是用强力夺取,但是,和抢劫的暴力不同就在于,抢夺行为的力用在物上,而抢劫行为的力则用在被害人身上。[②] 同样是用强力,力用在物的身上是抢夺,力用在人身上是抢劫。就这样,

---

[①] 王仲兴教授1964年至1969年就读于中国人民大学法律系本科。毕业10年后,1979年至1982年就读于中国人民大学法律系刑法专业,获法学硕士学位。

[②] 参见王作富:《中国刑法研究》,594页,北京,中国人民大学出版社,1998。

王作富教授以十分简洁的语言,揭示了抢劫罪与抢夺罪的区分,令人印象深刻。

据我体会,从王作富教授那里接受的为学之道就是理论联系实际。我的硕士论文是关于正当防卫的,这是一个刑法总论的题目,但在写作过程中根据王作富教授的指导,在论文中贯彻了应用性原则。在十多年以后,我回顾这段经历的时候,写下了这样的感受:"在硕士生毕业的时候,我选择正当防卫为我的硕士论文选题。正当防卫是一个热点问题,尤其是正当防卫限度如何掌握,成为刑法理论与司法实践中的疑难复杂问题。王作富教授作为硕士论文的指导老师,其立足于实践的学问之道给我留下了深刻的印象。记得王先生看完我的硕士论文初稿以后,明确地告诉我,把你自己设想为一个法官,面对许多正当防卫案件,你怎么处理?应该提出一些具有可操作性的规则,作为认定正当防卫的标准。在这种情况下,我就不是把正当防卫当作一个纯粹理论问题来构造,而是作为一个实际问题来掌握。这种理论联系实际的刑法研究方法,是高、王两位教授所竭力倡导的,并成为中国主导的刑法理论风格。"[1] 当时,我醉心于理论,对过于具体的司法实践问题有些不屑。所以,正当防卫硕士论文的初稿也是竭尽所能地去挖掘这一制度背后的根源,例如对于防卫本能的人类学探讨,以及对防卫意识的心理学分析,等等,都力图使论文达到一定的哲学高度。尤其是对正当防卫的历史沿革,从人类的起源谈起,洋洋洒洒数千言的叙述,几乎把正当防卫的制度史写成了一部人类史。这种无限制地拔高的写法,就像抓着自己的头发离开地球,使论文空泛而不接地气。这对于一篇刑法学论文来说,是十分致命的。正是王作富教授的耳提面命、当头棒喝,使我猛然觉醒,由此我获得了一种司法的视角,这也为我此后从刑法哲学到刑法教义学的学术转向奠定了基础。可以说,通过硕士论文的指导,王作富教授向我传递了某种学术方向的信息,使我获益终身。不仅如此,在硕士论文的指导过程中,王作富教授为学的严谨与较真的治学态度,也使我深受教育。

---

[1] 陈兴良:《学术自传——一个刑法学人的心路历程》,载陈兴良:《走向哲学的刑法学》,7页,北京,法律出版社,2008。

当我从王作富教授那里取回我的 6 万言的硕士论文初稿的时候，我惊讶地发现，王作富教授在 500 字大稿纸的四周写满了密密麻麻的红字。王作富教授几乎是逐句地对我的论文进行了修改，哪怕是一些习惯性表述也加以改正。当我捧着这叠倾注了王作富教授心血的稿纸的时候，有着更多的感动，也有一种挫折感。本来我对文字还是较为自信的，因为上大学之前在家乡的公安局当过秘书，写过不少材料，在写作能力上自以为还是过硬的。在王作富教授对我论文的大幅度的修改面前，我有些怀疑自己的写作能力。经过这样的遭遇，我发现了自己的无知，也就激起了求知的渴望，才有后来的进步。现在回顾那青涩的求学岁月，恍若时光倒流，平添一种回忆的满足。

硕士生毕业以后，因为刑法教研室急需补充新生力量，我也就顺理成章地留校任教，成为王作富教授的同事。当时正是高校人才青黄不接之际，我们这个年级的 13 个同学中，除直接读博的赵秉志教授以外，其他同学大部分都留校了，补充到各个专业。例如民法的王利明、楚建、郑立群，国际经济法的赵秀文、胡翔，刑事诉讼法的孙飞，刑法除我以外，还有已经过世的周振想教授等。当时，王作富教授是刑法教研室的副主任，主任是鲁风老师。直到鲁风老师离休以后，王作富教授才接任刑法教研室主任。我在留校任教的同时，于 1984 年考上了高铭暄教授的第一届博士生，开始了边学习边工作的生活。在中国人民大学法律系，以及后来的法学院的刑法教研室，我前后一共工作了 13 年。这 13 年中，从助教、讲师、副教授到教授，直到 1994 年评上博士生导师，我用了差不多 10 年时间。这个速度，在当时的同龄人中算是较快的。

我对照了一下王作富教授的简历，1952 年留校任教，1956 年评上讲师，直到 1978 年才晋升副教授，也就是说，王作富教授讲师就当了 22 年。1985 年王作富教授晋升为教授，在他这一代人当中，晋升教授的时间算是较早的。但从时间上来看，从 1952 年留校到 1985 年晋升教授，整整用了 33 年的时间。这中间浪费掉的 23 年时间，就是从 1957 年反右斗争开始到 1978 年"文化大革命"正式结束、改革开放路线确立。对比王作富教授的成长经历，我们这一代人是何其幸也。

当我 1982 年 2 月考入中国人民大学法律系成为刑法专业硕士生的时候，王作富教授已经任教 30 周年。这一年，王作富教授 54 岁，也差不多是我现在的岁数。那时候，王作富教授才刚刚开始其真正意义上的刑法学术生涯。

1982 年，王作富教授参与编写的统编教材《刑法学》出版，该书是高铭暄教授主编的，副主编是马克昌教授和高格教授，王作富教授是撰稿者之一。该书是中华人民共和国第一代刑法学人在学术上的一个集体亮相，也是我国刑法学的振兴之作。我清楚地记得，该书是我 1982 年考入中国人民大学刑法专业硕士研究生以后才出版的。在此之前我对于高、王两位导师的学术声望并无了解，即使是对刑法学科也所知甚少。正是通过统编教材《刑法学》，我才了解了我国刑法学的研究状况，也了解了高、王的学术水平。当然，在入学之初，我并没有想到将来会与王作富教授成为同事，并在他的带领下进入刑法的学术殿堂。

王作富教授主编的《中国刑法适用》是我们合作的第一部作品，该书 1987 年由中国人民公安大学出版社出版，作者还有鲁风、赵秉志、周振想。该书的前身《刑法》，是 1985 年前后我们为司法部律师函授学院编写的一部刑法教材，是内部发行，供教学使用的。我手头已经没有这本函授教材的原书。

20 世纪 80 年代初期，我国的律师制度逐渐恢复重建。由于当时法科毕业生不能满足社会对律师的巨大需求，因此就开展律师函授教育，采取了一种非常规的律师培养方式。参加律师函授学习的学员都是来自各种工作岗位的人员，通过函授教育获得法律文凭，进而获得担任律师的文凭资格。王作富教授受邀编写律师函授教材《刑法》（中国律师函授学院 1995 年印行），遂吸收我们几位年轻弟子参加。该函授教材因其简明性而获得好评，这对我们这些初次参与写作的人来说，是一个莫大的鼓舞。及至 1987 年，我们的硕士生同学张智辉从中国人民大学毕业以后分配到中国人民公安大学出版社从事编辑工作，由此而联系将函授教材《刑法》在中国人民公安大学出版社出版，并由张智辉担任责任编辑。

在该书编写出版的过程中，我负责与出版社的联系工作，因而对该书的出版过程较为了解。尤其是，该书的书名是我提议并经王作富教授同意而确定的。因为当时统编教材《刑法学》出版以后，影响很大。在这种情况下，当然不能取

《刑法学》这个书名。但仍然维持函授教材的《刑法》这个书名，又不能显示出该书的特色。为此，我提议采用《中国刑法适用》这个书名，该书名体现了去教科书化的意图，当时我还颇为自得。该书的"说明"指出："本书力图以马克思主义刑法科学的原理为指导，密切联系和吸收、总结近年来我国的刑事立法、刑事司法实践以及刑法理论研究成果，在适当阐述我国刑法学基本原理的基础上，突出地反映和深入地研讨我国刑法适用方面的各种实际问题。同时，本书在体系和内容安排上也作了一些创新的尝试；在论述上力求深入浅出，注意逻辑性和层次性，注意语言的通俗简洁，并适当穿插分析了一些典型案例。"这一"说明"较为准确地反映了该书的编写宗旨和特色。该书在内容上确实还是有一些创新的，主要是把我们在写作硕士论文和博士论文过程中的最新科研成果吸收到该书中去。[①] 例如，我的硕士论文是关于正当防卫的，所以该书的正当防卫部分吸收了我的硕士论文的内容；我的博士论文是关于共同犯罪的，该书的共同犯罪部分吸收了我的博士论文的内容。赵秉志的硕士论文是关于犯罪未遂的，所以该书的犯罪未遂部分吸收了赵秉志的硕士论文的内容[②]；赵秉志的博士论文是关于犯罪主体的，所以该书的犯罪主体部分吸收了赵秉志的博士论文的内容。周振想的硕士论文是关于自首的，所以该书的自首部分吸收了周振想的硕士论文的内容；周振想的博士论文是关于刑罚适用的，所以该书的刑罚适用部分吸收了周振想的博士论文的内容。

不仅如此，由于知识的相关性，与这些硕士论文主题关联的部分也都有所创新。年轻人总有一种创新的欲望和追求，所以在该书的写作中敢于突破，将各自的最新研究成果写进书里。例如我在正当防卫中对正当防卫成立条件的排列，在共同犯罪一章对共同犯罪行为按照实行行为、组织行为、教唆行为和帮助行为的论述，对共同犯罪故意按照实行故意、组织故意、教唆故意和帮助故意的论述，

---

① 编写该书时，我们的博士论文尚未答辩，但已经进入论文写作阶段。就我来说，1987年8月博士论文已经完成。

② 不过，该书包括犯罪未遂在内的发展过程中的状态一章是我执笔的，但也吸收了赵秉志的研究成果。

以及在罪数一章对数罪的专门论述，都是当时其他刑法教科书所没有的。《中国刑法适用》是在王作富教授的主持下，我所参与的第一部刑法教科书的写作。

通过《中国刑法适用》一书，我们这些刚进入刑法学界的年轻学人的学术观点得以面世，不仅收获了科研成果，而且收获了学术自信，也使我们开始在我国刑法学界崭露头角。如果没有王作富教授给我们这个机会，我们的作品还不可能那么早地公开发表。尽管《中国刑法适用》一书早已绝版，现在也已经没有修订出版的必要，但在我们自己的心目中，它是我们走向刑法学术研究的一块跳板。而这块跳板的架设人，就是王作富教授。

二

中国人民大学法律系刑法教研室，如前所述，在20世纪50年代初，曾经是我国刑法学研究的重镇。苏俄刑法专家就是在这里传授刑法知识，由此而造就新中国刑法理论的基本模型的。[1] 自1998年离开中国人民大学刑法教研室以后，我曾多次参加刑法教研室的新春聚会活动，偶尔也能遇到早年曾经在教研室工作过、后来调离的前辈，包括单长宗（最高人民法院）、王厚立（外交部）等人。在这些人中，我是"新人"。"老人"们叙述20世纪50年代至60年那段教研室的"故事"，对我来说颇有吸引力。当时，我就曾经提出应该写一部中国人民大学刑法教研室的历史，我相信，这也是中国刑法学史的一个缩影。虽然大家都认为我的提议很好，但始终未能落实。

现在论及20世纪50年代初苏俄刑法学引入我国的那段历史，都绕不开中国人民大学刑法教研室。因为，苏俄刑法学之舶来我国，中国人民大学刑法教研室是第一个码头。苏俄刑法学之传入我国，最初主要是通过翻译的途径。其中，影

---

[1] 这里的新中国一词，是过去较为常见的用语，以此与旧中国相区分。当时这个词较为流行，所以最初高、王组织我们编写的著作都以此为名。例如高铭暄主编：《新中国刑法学研究综述（1949—1985）》，石家庄，河北人民出版社，1986；高铭暄、王作富主编：《新中国刑法的理论与实践》，郑州，河南人民出版社，1988。

响最大的当属苏联全苏司法部法学研究所主编的《苏联刑法总论》（上下卷）一书，该书的译者是彭仲文，出版者是上海的大东出版社，出版时间是1950年。该书是苏联官方的刑法教科书，总编辑是孟沙金教授，编辑中包括皮昂特科夫斯基等教授，均是当时苏联刑法学界的头面人物。该书在我国出版以后，产生了重要的影响。对此，王作富教授在回忆起20世纪50年代初学刑法时，提出重要参考资料就是《苏联刑法总论》一书，并且向我描述了初见该书时如饥似渴的感觉。正是通过这本书，王作富教授这一辈刑法学人完成了苏俄刑法学的最初启蒙。因此，对于《苏联刑法总论》一书对我国刑法学界的影响，无论如何评价都不会过分。事实上，我们今天也主要是通过该书了解20世纪50年代苏俄刑法学的状况的。

王作富教授作为新中国的第一代刑法学人，在其进入刑法学术之初，就受到了苏俄刑法专家的言传身教。1952年2月，因教学工作需要，王作富教授研究生班未及毕业即被提前调入刑法教研室担任助教，此时距离王作富教授1949年考入中国政法大学三部（1950年与华北大学合并为中国人民大学）接受法学教育才3年。[①] 在那个特殊的时代，人才的成长也完全不按常规。留校任教以后，王作富教授在来华的第一位苏联专家贝斯特洛娃的指导下，边工作边学习。苏联专家亲临中国人民大学传授苏俄刑法学，为新中国培育了一批刑法人才，包括高铭暄教授、马克昌教授等。贝斯特洛娃是当时苏联斯维尔德洛夫斯克法学院刑法教研室的教授，虽然在苏联不是一流的刑法学家，但其来到中国，对于传播苏俄刑法学还是作出了重要的贡献。作为教材，贝斯特洛娃的《苏维埃刑法总论》一书于1954年由中央人民政府法制委员会印行，其《苏维埃刑法总则（专修科讲义）》一书于同年由中国人民大学出版社出版。这些苏俄刑法教科书，都是王作富教授当年学习的主要资料。在初步接受了苏俄刑法学并具备一定的俄语水平以后，王作富教授以及所在的中国人民大学刑法教研室开始陆续翻译苏俄刑法论

---

① 该中国政法大学不同于现在的中国政法大学，现在的中国政法大学是在1952年院系调整中成立的北京政法学院的基础上，于1981年改名而来。2012年5月中国政法大学刚刚欢庆了60周年校庆。

著。其中，最有影响的是以下三部论著。

第一部是 B.M 契科瓦则教授主编的《苏维埃刑法总则》，该书分为上中下三册，是苏联司法部全苏法学研究所的集体著作。该书的译者署名是中央人民政府法制委员会编译室和中国人民大学刑法教研室，只有集体署名，没有个人的署名。因此，从书中看不出王作富教授是否是译者之一。据高铭暄教授回忆，当时中国人民大学刑法教研室有一个俄文翻译组，其人员包括徐立根、薛秉忠、卢佑先等。因此，该书主要是这些人员翻译的。《苏维埃刑法总则》是苏联国家法学书籍出版社 1952 年在莫斯科出版的，两年以后就在我国翻译出版，其速度可以说是惊人的。该书是继《苏维埃刑法总论》之后，翻译到我国的又一部具有影响力的大型苏联刑法总论的著作。

第二部是《苏维埃刑法论文选译》，共分三辑：第一辑中国人民大学出版社 1955 年出版；第二辑中国人民大学出版社 1956 年出版；第三辑中国人民大学出版社 1957 年出版。该译文辑是中国人民大学刑法教研室组织编译的，第一辑"编译者的话"指出："本书是学习刑法课程的参考资料。书中编译了苏联《苏维埃国家和法》杂志上所发表的 15 篇刑法论文，内容包括《苏俄刑法典》草案的讨论、刑法专门问题的阐述，以及刑法著作的评论等。在这些论文中，许多问题是带有讨论性的，有的到现在还未得出一致的结论。但是我们认为，科学理论是在布尔什维克式的批评和自我批评以及创造性的科学讨论中发展的。因此，本书对于了解苏维埃刑法科学界的情况、更进一步学习和钻研苏维埃刑法理论是有所帮助的。"

与先前翻译出版的苏俄刑法教科书相比，这 3 部论文选译辑最大的特点是展示了苏俄刑法学界的某些理论争论的真实状况。因为教科书是一家之说，虽然也极为个别地论及不同的观点，但总体上说，教科书反映的是通说的观点。而这些论文则可以使我们看到苏俄学者之间的论文争论，对于我们全面了解苏俄刑法学界的前沿性研究状况具有重要参考价值，至今这 3 部译文辑仍然是我们把握苏俄刑法学界在 20 世纪 40 年代末至 50 年代初刑法理论发展脉络的资料来源。参加本书翻译的除中国人民大学刑法教研室翻译组的人员以外，还包括刑法教研室的一些年轻教师，王作富教师也参与了翻译工作。不同于上一部《苏维埃刑法总论》没有翻译者的署名，译文辑在每一篇后面都有译者和校者的名字。在这些名字中还有高铭暄、薛秉忠、徐立根、孔钊、解士彬、卢佑先、沈其昌等人，这些译者当时都在中国人民大学刑法教研室任教或从事翻译工作。据王作富教授回忆，在上述译者中，薛秉忠、徐立根、卢佑先、沈其昌是专职俄文翻译。在苏联专家撤走后，徐立根转为犯罪对策学教师，另外3人调入其他单位。

第三部，也是最重要的一部著作，是特拉伊宁的《犯罪构成的一般学说》，该书根据苏联国立法律书籍出版社1957年版翻译，由中国人民大学出版社1958年7月出版。特拉伊宁先后写过3本关于犯罪构成的著作，分别是：1946年的《犯罪构成的学说》、1951年的《苏维埃刑法中的犯罪构成》、1957年的《犯罪构成的一般学说》。这3本书也可以说是同一本书的三个版本，它们之间存在密切的联系。在中国翻译出版的是特拉伊宁1957年最新问世的《犯罪构成的一般学说》一书，该书与前两本书有着较大的差别，其观点发生了重大的变化，尽管这种变化未必是特拉伊宁本人所愿意的。特拉伊宁的《犯罪构成的一般学说》一书能在1958年在我国翻译出版，这实在是一个奇迹。因为从1957年开始，我国以反右斗争为标志，进入了一个政治动乱期，法律虚无主义随之蔓延。在这样一个历史背景下，特拉伊宁的《犯罪构成的一般学说》居然得以出版，岂非异数？我们可以对比一下同年（1958年）10月出版的《中华人民共和国刑法是无产阶级专政的工具》一书，该书署名中国人民大学刑法教研室编著，被纳入"科学研究跃进丛书"，由此可以看出"大跃进"的影响。我们无须看内容，只要看书名，就可以知道这本书的性质。而对比同年翻译出版的特拉伊宁的《犯罪构成的一般学说》一书，给人恍若隔世之感。特拉伊宁的《犯罪构成的一般学说》一书虽然是20世纪50年代出版的，但其实在那个年代并没有产生学术影响，真正发生学术影响还是在20世纪80年代以后。在我本科开始学习刑法的1979年，当时我国第一部刑法刚刚颁布，没有教科书，没有案例，更没有外国刑法资料，唯一使我们大开眼界的就是特拉伊宁的《犯罪构成的一般学说》这本书。我清楚地记得，在考入中国人民大学法律系不久，刑事诉讼法专业的孙飞同学告诉我，当他

在北京大学图书馆见到这本书的时候，马上爱上了刑法学科，以北京大学历史系考古专业毕业生的身份报考中国人民大学法律系刑法专业。由于名额所限，孙飞被调剂到刑事诉讼法专业。如果没有这本书，我们还以为刑法根本就没有学问。因此，特拉伊宁的《犯罪构成的一般学说》对我们这一代学人来说，是一本刑法的启蒙著作。参加该书翻译的一共是4人，即薛秉忠、卢佑先、王作富和沈其昌。作为新一代的刑法学人，我们应当感谢这些译者，包括王作富教授。正是老一代刑法学人在那动荡岁月的筚路蓝缕的学术拓荒，才为我们今天的刑法学奠定了基础。

以上三部苏俄刑法学著作在我国的翻译出版，对于20世纪50年代我国刑法学的苏俄化具有深远的影响。像特拉伊宁的《犯罪构成的一般学说》一书的影响是从20世纪80年代以后才产生的，至今仍然是研究我国刑法学术史所无法回避和绕开的一本重要著作。对于我国刑法学在20世纪50年代开始的苏俄化这段历史，我们今天已经开始反思。我也曾经提出了刑法知识的去苏俄化的命题[1]，并倡导犯罪论体系的去苏俄化。[2] 但这并不是对这段历史的简单否定，因为历史可以评价，可以评说，但不能否定，也无法否定。我们对历史要有一种同情的理解，对20世纪50年代我国刑法学的苏俄化这段历史也应持这样一种理性的态度。对于我国刑法知识的苏俄化，不能孤立地看待，而是要把它置入当时特定的社会环境中加以考察。从这个意义上说，刑法知识的苏俄化是整个中国法学苏俄化的必然结果，而中国法学的苏俄化又是我国所制定的向苏联一面倒的政治决策的产物。

对此，我国学者曾经作出以下评价："在整个国家建设'以俄为师'的总体思路下，中国的立法、司法和法学全面地向苏联学习，接受苏联刑法知识似乎就此获得一种时代化的必要性与正当性。而苏联刑法学创立于1917年至1924年间，经过近30年的发展，已经有了一定的学术积累和相对成熟的理论体系。从

---

[1] 参见陈兴良：《刑法知识的去苏俄化》，载《政法论坛》，2006（5）。
[2] 参见陈兴良：《犯罪论体系的去苏俄化》，载《政法论坛》，2012（4）。

苏联引进社会主义刑法学到中国来，就不会遭遇任何意识形态方面的困扰。不过，在新中国放弃古代刑法学思想遗产、摈弃民国的刑法知识传统、排斥资本主义国家的刑法思想以后，可支撑新中国刑法学发展的智识资源除了苏俄刑法知识外，基本上已经无可选择——单靠解放区革命法制中积累起来的尚未系统化、理论化的经验，显然无法胜任新中国现实对刑法学提出的智识要求，中国刑法学于是依凭这唯一的智识资源条件就开始了全盘苏化的漫漫征程。"[1] 此言甚是。

20世纪50年代，我国刑法知识的苏俄化，是在当时历史条件下的无奈选择，或者说不是刑法学人的选择，而是一种政治的选择、历史的选择。对于王作富教授那一代刑法学人在当时历史条件下所作出的努力和贡献，我们还是应当给予尊重与理解。当然，在我们今天对那段苏俄化的历史进行反思也是完全必要的，尤其是中国法学曾经全面苏俄化，但除刑法学以外，其他部门法学早在20年前就已经完成了去苏俄化。而我国刑法学仍然受到来自苏俄的四要件的犯罪论体系的束缚，这才是真正需要反思的。没有反思，中国的刑法学就不会发展。因此，去苏俄化是我国刑法学向前发展的必要前提。

从1958年到1978年，整整20年的空白，这是王作富教授这一代人的青春年华，就这么在无谓的政治运动中流逝。如果——假如历史可以假设——没有这段政治动乱，以王作富教授的勤奋与才智，可以对我国刑法学作出更大的学术贡献。当然，这20年王作富教授和其他刑法学人一样，也没有完全虚度，仍然留下了其痕迹。在此，我仅以以下两本书为例。

第一本是我前面提到过的《中华人民共和国刑法是无产阶级专政的工具》一书，该书署名是中国人民大学刑法教研室，虽然没有个人署名，但因为王作富教授当时在刑法教研室任教，想必王作富教授也参与了该书的编写。这一点，在王作富教授《刑法论衡》（法律出版社2004年版）的"自序"中得到印证。

这本书现在图书馆可能也不好找了，我手头的这本是鲁风老师1990年11月

---

[1] 焦旭鹏：《苏俄刑法知识引进及其反思》，载陈兴良主编：《刑法知识论研究》，185页，北京，清华大学出版社，2009。

24日送给我的,封面上有中国人民大学法律系资料室的椭圆形章,也许是资料室处理时被鲁风老师获得的,现在被我所珍藏。该书是"科学研究跃进丛书"。书的首页有一个中国人民大学科学研究部写于1958年9月30日的"说明",这个"说明"指出:"在社会主义大跃进的形势鼓舞下,很多兄弟高等学校掀起了科学研究大跃进的运动,并以研究成果作为国庆九周年的献礼。这一运动,在中国人民大学是今年八月初,在学校党委的直接领导下,破除迷信,解放思想,坚决贯彻群众路线,充分发动全校师生员工开展起来的。经过一个多月以来的苦战,全校的炊事员、公务员、工人、干部、学生、研究生、教师和领导干部一齐动手动脑,写出了调查报告、科学论文以及专门论著等共计四千多篇(部);其中有些作品并取得了有关实际部门的大力支持与协作。这不仅在数量上相当于过去建校八年来所完成论文篇数总和四倍以上,而且在质量上也大大提高了。"在以上这段说明中,引起我惊诧的当然是数据,这是学术放卫星的极佳注解。不仅如此,引起我注意的还有参与科学研究人员的排列顺序:炊事员、公务员、工人、干部、学生、研究生、教师和领导干部。炊事员居然排到了科学研究主体的第一位,而教师则几乎放到了最后。这也可以看出当时学术研究的氛围。该书还有一个中国人民大学法律系刑法教研室的"编者说明",指出:"这本书是我们教研室全体刑法教员和四十多个同学在当时的领导和有关实际机关的帮助下,在总结检查我们几年来刑法教学工作的基础上,本着从中国实际情况出发的原则,群策群力而写成的。这本书是围绕着'我国刑法是无产阶级专政的工具'这一中心思想,对党的领导、群众路线、犯罪性质、预防犯罪、劳动改造等问题进行了初步的研究和探讨。"该书虽然只有88页,6万多字,其内容却涉及刑法、犯罪学、监狱学等各刑事法学科。不过,该书只有政治性而无学术性。即使是在定罪的相关论述中,也没有提及犯罪构成一词。该书的书名《中华人民共和国刑法是无产阶级专政的工具》正是全书的核心命题,一切结论都是由此演绎而成的。例如,该书指出:"我国刑法既然是无产阶级专政的工具,它就必须为阶级斗争服务、为政治服务、为中心工作服务、为党的社会主义建设的总路线服务。研究一切刑事案件,研究任何刑法理论问题,都必须从政治上考虑问题,必须从有利于

打击和消灭敌人出发,从广大劳动人民的利益出发,从无产阶级专政的利益出发,从社会主义建设的利益出发。资产阶级的单纯法律观点以及一切超阶级、超政治的观点都是十分错误的、有害的。"① 在这种政治话语的主导下,意识形态吞噬了刑法的学术性,这是在当时历史条件下唯一能够从事的所谓研究——一种没有学术的研究。《中华人民共和国刑法是无产阶级专政的工具》一书,与其说是王作富教授这一代刑法学人的学术研究成果,不如说是其无法从事学术研究的证据。该书的内容所提供的 20 世纪 50 年代我国刑法学人所处的恶劣学术生态环境,是我们这一代刑法学人所难以想象的。

第二本是《刑事政策讲义(讨论稿)》,该书的署名是北京大学法律系刑法教研室,于 1976 年 12 月内部印行,封底有 "内部教材,注意保存" 8 个字。我手头的该书是 1979 年 9 月 15 日作为刑法参考教材发给我们 77 级学生的,也是我所保留下来的唯一一本本科阶段的参考教材。其实,这本书对于学习刑法没有任何参考价值。1979 年 7 月 1 日我国颁布了第一部刑法典,我们是从 9 月开始开设刑法这门课程的,但该书是在刑法颁布之前写的,而且内容仍然充斥着意识形态的色彩。

该书没有个人作者的署名,但在此期间王作富教授正好在北京大学法律系刑法教研室任教,所以我猜测王作富教授参与了该书的撰写。后来,在王作富教授著述清单中,见到该书被列入王作富教授的合编著作栏目。从清单中,还可以见到王作富教授在北京大学法律系期间还于 1974 年合编过一本《对敌斗争的路线和政策》,可惜我未见过该书。② 从内容上来看,《刑事政策讲义(讨论稿)》一书就像是《中华人民共和国刑法是无产阶级专政的工具》一书的扩充版,例如党的领导、群众路线、两类矛盾等内容不仅得以保留,而且更加充实。尤其是在《刑事政策讲义(讨论稿)》一书中,增加了一个专题,即第八专题:镇压反革命和打击各种刑事犯罪。这个专题相当于现在的刑法各论,内容涉及 11 个罪名,

---

① 中国人民大学法律系刑法教研室编著:《中华人民共和国刑法是无产阶级专政的工具》,6 页,北京,中国人民大学出版社,1958。
② 参见赵秉志主编:《刑法新探索》,95~96 页,北京,群众出版社,1993。

除破坏知识青年上山下乡罪以外，其他罪名都出现在1979年刑法典中。我再作猜测，这部分内容也许是王作富教授执笔的。在这部分内容中，虽然还是存在标语口号式的政治话语的赘述，但从中还是可以获得一些有关这些犯罪的知识性内容。例如该书关于强奸罪的定义是："所谓强奸妇女，是指用暴力、威胁或其他方法，违背妇女意志而强行与妇女发生性行为。因此，在违背妇女意志的情况下与之发生性行为，是构成强奸罪的最基本的特征。"[1] 这一对强奸罪的概念的叙述，具有相当的准确性，与此后刑法教科书中强奸罪的概念已经没有太大的差别。

后来我得知，《刑事政策讲义（讨论稿）》一书是为满足从1974年开始招收的工农兵学员的授课需要而编写的。北京大学法律系从1974年开始招收工农兵学员，前两届学员没有教材，因此编写了这本教材。等我们入学，1979年《刑法》颁布了，但未及根据刑法典编写教材，所以我们就成为该书的第二批使用者，当然也是最后一批使用者。

从《中华人民共和国刑法是无产阶级专政的工具》到《刑事政策讲义（讨论稿）》，其间相隔18年，虽然书名已经发生了变化，但内容如故。这两本书是那个动乱年代老一辈刑法学人给我们留下的遗产，它记载了荒唐岁月里刑法学人的无奈和辛酸。那是一个没有刑法的年代，也是一个没有学术的年代。如果我们想要知道在那个没有刑法的年代刑法学人的生存状态，这两本书可以给我们真实的答案。王作富教授就是从这个荒唐年代走过来的，但并没有被命运所压倒，在法治的春天到来的时候，终于能够发挥自己专业特长。不过，王作富教授只是他们那一代刑法学人中的极少数幸运者之一。在特拉伊宁《犯罪构成的一般学说》一书的译者中，其他几位都在反右斗争中遭受厄运，或者在此后的"文化大革命"运动中遭受迫害，最终未能再从事他们所钟爱的刑法专业。就此而言，王作富教授又是幸运的。

---

[1] 北京大学法律系刑法教研室：《刑事政策讲义（讨论稿）》，166页，1976年印行。

三

从 1952 年留校任教，长时间处于政治动乱，虽然无法从事刑法学的研究，但王作富教授毕竟还在刑法的教学科研岗位上工作，及至进入 20 世纪 80 年代初，王作富教授终于迎来了刑法学研究的黄金季节，也使自己的学术研究达到了一个历史的高度。

王作富教授教授的代表作，一般都认为是《中国刑法研究》一书，该书 53 万字，1988 年被中国人民大学出版社纳入"中国人民大学丛书"出版。该书的前身是王作富教授为司法干部编写的《中华人民共和国刑法概论》一书。《中华人民共和国刑法概论》是在王作富教授 1983 年在中央政法干校培训司法干部授课的录音稿的基础上整理而成，1984 年曾在中央政法干校内部印行，受到司法干部的广泛欢迎。在《中华人民共和国刑法概论》一书的基础上，王作富教授又经过修改补充，形成该书，并改为现名。

关于该书的定位，王作富教授在"说明"中曾经指出："本书既不同于研究个别问题的专著，也不同于刑法教科书，它既照顾到刑法学的一定体系性，又没有涉及刑法学中的全部问题。"但从该书的内容来看，在王作富教授所有的著作中，是最完整地阐述刑法学理论的一部著作，可以说是一部刑法体系书。该书较为全面地反映了王作富教授关于刑法总论和刑法各论的学术观点，是我们学习和把握王作富教授刑法思想的一把钥匙。

王作富教授是以研究刑法各论而著称的，为了评价王作富教授在刑法各论研究上取得的成就，我们还要追溯到 20 世纪 50 年代从苏俄引入我国的刑法学。

目前一般认为，20 世纪 50 年代从苏俄引入我国的刑法学，主要是指刑法总论。相对来说，对于从苏俄引入的刑法各论不是特别了解。毫无疑问，四要件的犯罪构成体系是从苏俄引入我国的标志性的理论，至今对我国的刑法学研究仍然具有影响。而刑法各论由于和一个国家的刑法典具有较为密切的关联，因此我国目前的刑法各论虽然也是从苏俄引入的，但本土化的成分要更多一些。

在 20 世纪 50 年代，苏俄刑法教科书在我国翻译出版的高潮中，不仅刑法总论的教科书在我国翻译出版，而且刑法各论的教科书也在我国翻译出版。其中，具有较大影响的是中国人民大学刑法教研室翻译的苏联司法部全苏法律科学研究所编的《苏维埃刑法分则》一书，该书由法律出版社于 1956 年 3 月出版。译者是薛秉忠、沈其昌、王更生、徐立根、卢佑先。在该书的译者名单中，没有王作富教授。不过，王作富教授应该是认真读过这本书的。在苏俄刑法的各论中，也贯穿了四要件的分析框架，这也被我国的刑法各论所继承。

当然，苏俄刑法各论只有教科书翻译介绍到我国，没有研究较为深入的专著，因而在结合我国司法实践进行研究方面，我国的刑法各论研究还是在一定程度上满足了司法实践的需要。在这一领域，王作富教授作出了杰出的贡献。

我国刑法各论的真正研究也在 1997 年《刑法》颁布以后，这是因为刑法各论具有对法条的更大依赖性，并且是建立在刑法适用的基础之上的。在 1979 年《刑法》颁布以后，我国学者开始撰写刑法各论的教科书。最先出版的是中央政法干部学校刑法刑事诉讼法教研室，其《中华人民共和国刑法分则讲义》一书于 1980 年 8 月即由群众出版社出版，1982 年 10 月又修订为《中华人民共和国刑法讲义（分则部分）》出版。而中国人民大学法律系刑法教研室编著的《刑法各论》一书则由中国人民大学出版社于 1982 年 3 月出版。该书的作者是当时在中国人民大学法律系刑法教研室任教的陈德洪、鲁风、王作富、力康泰、阴家宝，可能因为高铭暄教授有其他工作，没有参与该书的编写。

该书的"说明"指出："为了我校刑法课程教学的需要，我们曾在 1980 年 6 月编写了《中华人民共和国刑法分则讲义》，现将其修改出版，改名为《刑法各论》，供政法院系和广大司法工作者参考。"由此可见，该书是 1980 年内部印行的《中华人民共和国刑法分则讲义》一书的公开版，是 1979 年《刑法》颁布以后我国出版的第一批刑法各论的教科书之一。该书虽然没有署名是王作富教授主编，但"说明"载明"全书由王作富统改定稿"。由此可见，王作富教授在该书的编写过程中发挥了主要的作用。

当时中国人民大学出版社编辑熊成乾提议王作富教授担任主编，但王作富教

授出于谦虚,坚辞主编的署名,改为"统改定稿"。实际上,王作富教授确实对全书各章都作了细致的修改。王作富教授撰写了该书第二章危害公共安全罪和第四章侵犯公民人身权利、民主权利罪两章,应该说是全书主要的内容。我是在入校不久的1982年4月12日购得该书,该书后来成为我们硕士生期间学习刑法各论的教材。该书在1985年根据1983年全国人大常委会的两个严打的《决定》出版了《刑法各论》(修订版),尤其是由高铭暄教授增写了第九章军人违反职责罪,从而成为一部体系较为完整的刑法各论教科书,篇幅也从第一版的22万字增加到修订版的将近30万字。中国人民大学刑法教研室编写的《刑法各论》受到了司法机关的热烈欢迎,成为办案的重要参考资料,对我国司法实践产生了重大影响。

不仅如此,《刑法各论》一书还成为我国个罪研究的基础或者母本,此后的个罪研究成果都是在该书基础上发展起来的,其对我国刑法各论研究的意义也是不可小觑的。王作富教授从一开始就是中央广播电视大学刑法各论课程的主讲教师,为千百万电大学员讲授刑法各论。在电大讲稿的基础上,王作富教授于1989年在中央广播电视大学出版社出版了《刑法分则要义》一书。该书是王作富教授关于刑法各论的唯一一本个人独著,虽然近乎口语的叙述方式保留了课堂授课的语言特征,但是其体系化地对刑法分则所进行的讲解还是给我们留下深刻的印象。当然,由于是对刑法分则全部罪名的论述,所以在对个罪的讨论深度上难免受到影响。

我以为最能够代表王作富教授学术思想,主要是指刑法各论研究水平的,还是《刑法专论(下编)》(高等教育出版社2002年版)一书。对于此书,我国刑法学界所知不多。该书分为上下两编,出版时也是分为两册。这是教育部研究生工作办公室推荐的研究生教学用书,由高铭暄教授主编。该书的上编是刑法总论,参与写作的是高铭暄教授、赵秉志教授和黄京平教授;而下编是刑法各论,共计九章,由王作富教授独自完成,因此也可以被视为是王作富教授的个人专著。正是在这个意义上,王作富教授在《刑法专论(下编)》以30万字的篇幅对交通肇事罪、故意伤害罪、绑架罪、抢劫罪、侵占罪、贪污罪、受贿罪、挪用公

款罪、滥用职权罪与玩忽职守罪这10个罪名的探讨，应该说是较为深入的，这也是王作富教授对刑法重点罪名研究成果的总结之作。

在刑法各论中，王作富教授提出了许多在司法实践中具有影响力的观点。有些观点是独特的，还有些观点则已经成为通说。例如王作富教授关于教唆、帮助自杀行为如何定性的观点就是十分超前的。所谓教唆自杀，是指他人本来没有自杀的意图，在行为人的教唆下产生自杀的意图，并实施了自杀行为的情形。所谓帮助自杀，是指他人已经产生自杀的意图，行为人为他人自杀提供帮助的情形。对于教唆自杀和帮助自杀行为，我国刑法教科书一般都认为应以故意杀人罪论处，只不过认为属于情节较轻的故意杀人罪而已。[①] 但王作富教授指出："教唆或者帮助他人自杀，不同于亲手把他人杀死。虽然看起来，上述行为和故意杀人有一定因果关系，在主观上可能希望或者放任被害人死亡。但是，毕竟是由被害人自己的意志决定自杀的，同违反自己意志被他人杀死有所不同。因此，定故意杀人罪，是不妥当的。在必要时应采用类推的方法，比照《刑法》第132条的规定定罪判刑。"[②]

王作富教授以上论述是在1997年《刑法》修订之前所言，当时我国刑法中尚存在类推制度，但王作富教授以上关于教唆或者帮助他人自杀的行为不能以故意杀人罪定性的观点，是完全正确的。现在，这一观点被越来越多的我国学者所接受。又如，关于侵占他人遗失物的问题，1979年《刑法》并没有关于侵占罪的规定，王作富教授在当时的情况下曾经就如何区分盗窃罪与侵占遗失物的界限发表过十分具有前瞻性的观点，并结合案例进行了论述，指出："被告人刘某在乘坐出租汽车时，发现座位上有一钱包。自知是其他乘客失落的，就偷偷装入自己口袋。下车后打开钱包，发现其中有1 000美金和500外汇券，据为己有，后被查获。我认为，此案不应视为侵占遗失物。所谓遗失物，在我看来，应当是指由于持有者的一时疏忽而脱离了自己和有关人员控制范围的财物。例如，甲将钱

[①] 参见高铭暄、马克昌主编：《刑法学》，470页，北京，北京大学出版社、高等教育出版社，2000。
[②] 王作富：《中国刑法研究》，517～518页，北京，中国人民大学出版社，1988。

包掉在公路上，未被发现，就是遗失物。但是，在上例中，乘客钱包掉在汽车里，虽然物主失去了控制，但尚处在司机控制范围之内，司机有权也有责任保管车内的一切财物。因此，刘某背着司机将钱包拿走，实属于盗窃。"① 应该说，王作富教授的上述观点是十分精细的，并且能结合具体案例进行分析，具有通俗易懂之效。尤其是，以上论述是在1997年我国《刑法》设立侵占罪之前提出的，所以更为难能可贵。

在1997年我国《刑法》设立侵占罪以后，王作富教授又进一步明确了侵占遗忘物与盗窃罪的界限，认为如果财物遗忘在他人有权控制的范围内，行为人乘人不备将其秘密窃为己有的，应以盗窃罪论处。② 我曾经将王作富教授的上述观点归纳为双重控制说，指出："王作富教授提出了双重控制说，即遗忘物不仅是指本人由于遗忘而丧失了对财物的控制，而且由于遗忘在一般场所，因而处于一种无人控制状态。如果遗忘在特定场所，虽然本人丧失了对财物的控制，但特定场所中的他人具有对财物的控制义务，因而仍然不能视为遗忘物。我个人赞同这种观点，认为这对于区分侵占罪与盗窃罪具有重要意义。"③ 在没有引入德日教义刑法学的情况下，王作富教授能够提出双重控制说，这是需要学识的。

论及王作富教授对我国刑法各论研究的贡献，还不能不提到在其晚年主编的一部大型刑法各论的著作，这就是《刑法分则实务研究》一书。该书由王作富教授主编，3位副主编刘志远、翟中东和周洪波均是出自王作富教授名下的博士，撰稿人也大多是王作富教授指导的硕士生和博士生。

该书第一版由中国方正出版社2001年出版，第二版2003年出版，第三版2007年出版，第四版2010年出版。第一版为上下两册，至第四版增为上中下三册，篇幅也从176万字增加到247万字。在我国目前的刑法各论著作中，这是篇幅最大的著作。

---

① 王作富：《中国刑法研究》，607页，北京，中国人民大学出版社，1988。
② 参见王作富：《论侵占罪》，载《法学前沿》，第1辑，46页，北京，法律出版社，1997。
③ 陈兴良：《侵占罪研究》，载陈兴良主编：《刑事法判解》（第2卷），41页，北京，法律出版社，2000。

王作富教授在该书第一版的"前言"提出了在该书编写中力图突出的四个特点，即实、新、深、准，指出：

（1）实。所谓实，就是要求作者以服务于司法实务为目的，重点研究司法实践中存在的实际问题，因此，在编写体例上不苛求体系的完整，对一些司法实践中运用较少或者存在问题不多的罪名，未予论及；对司法操作无关或意义不大的方面，如犯罪客体等问题，不予提及，或者一笔带过；之所以如此，其目的就在于集中篇幅，对司法实践中存在的重点疑难问题，进行深入详尽的分析论证，以满足司法实践的需要。

（2）新。所谓新，就是要求作者反映的问题新，采取的论证方式新，使用的研究成果新，依据的法律、法规、司法解释新，以期对原来没有取得共识的传统问题提供新的思路，对新出现的问题，进行及时的研究。

（3）深。所谓深，就是要求作者对研究的问题，不能满足于仅仅提出观点或者进行浅尝辄止的分析，而是应当进行深入详尽的论证，力求将问题讲深、讲透，以理服人。

（4）准。所谓准，就是要求作者所持观点于法、于理有据，符合法律规定，并具有司法实践基础，以免误导他人。[①]

这些特点也就是该书的编写宗旨，在书的内容中得到了切实的体现。该书虽然仍然采取四要件的分析框架，但由于篇幅较大，内容远比一般刑法各论教科书要深入，为司法机关正确适用刑法提供了学理根据。

对于王作富教授为什么选择以刑法各论作为自己研究的主攻方向，王作富教授曾经有过以下这段自述："作为以刑法为研究对象的刑法学，是一门实践性很强的应用型学科。理论的价值和生命力，归根结底就在于它的实践价值，刑法理论必须为立法和司法实践服务，为不断完善刑事立法和刑事司法服务。正是基于这一点考虑，多年来我在刑法教学与研究工作中，特别关注司法实践中已经提出

[①] 该"说明"是该书副主编刘志远所起草，王作富教授同意，署以王作富教授之名。

和可能提出的与犯罪认定有关的种种疑难问题，力求从理论上给予有理有据的解析，而这些问题在刑法分则适用中出现最多，这也正是我近年来偏重对刑法分则研究的重要原因。理论与实践相结合，有的放矢，务实求真，也成为我教学与研究的特点。"[①] 这可以说是王作富教授的夫子自道，从中我们可以感受到王作富教授之所以选择以刑法各论作为其刑法研究重点的动力。

可以说，刑法各论是与司法实践联系最为亲密的部分，也是最为贴近司法实践的一种应用型的刑法理论。王作富教授所崇尚的务实求真的精神，对于我们晚学后辈来说，是一笔宝贵的精神财富。王作富教授在刑法各论研究中，能够坚持从实践中来、到实践中去的方法，善于总结司法实践经验，这些对于我们都是具有莫大教益的。

我虽然在此后的学术生涯中，逐渐走向刑法哲学，但在一般形而上的哲理探险以后，能够幡然悔悟，回到规范刑法学、教义刑法学和判例刑法学的道路上来，这与在入道之初所受到的王作富教授的教诲是分不开的。王作富教授的教诲，使我头脑中始终有着司法实践这根弦，无论在理论探索的道路上走得多远，都能够及时地回归司法实践。这是我的切身体会，虽然只是个人的体悟，但我想也能代表大多数受过王作富教授教诲的学子们的感受。

我始终认为，一个国家的法学研究水平是与这个国家的法治发达水平相适应的，前者由后者所决定。王作富教授的青年时代处于法律虚无主义的氛围之中，根本不可能从事真正的刑法学术研究。及至 20 世纪 80 年代以后，伴随着我国法制的恢复重建，王作富教授开始其学术研究生涯。但不可否认的是，在这种法制水平较低的情况下，我国的刑法理论水平，无论是刑法总论还是刑法各论的研究水平都是较低的，更多的是实践经验的总结，还未能上升到法教义学的高度。对此，王作富教授也是具有清醒认识的。例如，王作富教授指出："近年来，我逐渐感觉到，有时面对一些比较复杂、困难和争议较大的问题，自己不能从更深层次上找出更有力的理论支撑，论证乏力，其原因就是自己的知识基础不够厚实，

---

① 王作富：《刑法论衡》，2 页，北京，法律出版社，2004。

知识更新赶不上当今信息时代的飞速发展。我也常为此而焦虑。但是，毕竟年事已高，再前进一步往往感到力不从心，也就只能尽力而为。"① 我真为王作富教授的自知之明而感动。其实，知识的老化虽然与年老有关，但更与我国目前的知识状况有关。如前所述，我国刑法学是从苏俄引入的，但就刑法各论而言，苏俄刑法学并没有为我国提供更多的理论资源。正是王作富教授这一代刑法学人的学术拓荒，才使我国刑法各论达致目前的理论水平。由于我国是在没有外来知识借鉴的情况下，在一个相对封闭的学术环境下开展刑法各论研究的，因此，我国刑法各论的研究水平不能不说是处在一个较低的水平。应该说，王作富教授已经在现有的条件下做得最好，但不可能超越历史的局限和时代的局限。

我曾经提出我国刑法的教义学化的命题。② 这里的刑法教义学化，包括刑法总论的教义学化和刑法各论的教义学化。刑法各论的教义学化是指对刑法条文的解释论研究，尤其是对各种解释方法的娴熟运用。这种以具体法条为中心展开的教义学研究，使刑法各论成为一种知识的展示与竞争，从而极大地提升刑法各论的学术性。但在我国目前的刑法各论研究中，还存在较为明显的经验型痕迹。在王作富教授关于刑法各论的研究成果中，也是如此。从某种意义上说，王作富教授的观点更多是对司法实践经验的总结，在刑法教义学引入我国以后，某些观点需要接受教义学的检验。例如，前面我们所讲的关于侵占罪与盗窃罪相区分的双重控制说，当然是正确的。但双重控制说的教义学根据何在？这就需要进一步加以探讨。从刑法教义学上来说，盗窃罪属于转移占有型的财产犯罪，而侵占罪属于非转移占有型的财产犯罪，两者取得财物的方式是有所不同的。因此，侵占罪与盗窃罪的区分在很大程度上取决于行为人实施非法占有财物的行为之前，该财物所处的控制状态：如果行为人实施非法占有财物的行为之前，该财物处于财产所有人或者财产保管人的控制之中，则行为人欲取得该财物，必须转移占有；当行为人采取秘密窃取的方式转移占有时，其行为构成盗窃罪。如果行为人实施非

---

① 王作富：《刑法论衡》，2页，北京，法律出版社，2004。
② 参见陈兴良：《刑法知识的教义学化》，载《法学研究》，2011（6）。

法占有财物的行为之前，该财物处于其控制之中，则行为人欲将该财物据为己有，无须转移占有；当行为人将处于本人控制之中的他人财物非法予以占有时，其行为构成侵占罪。只有在以上刑法教义学的基本原理的基础上，我们才能科学地揭示双重控制说的根据，即财产所有人因遗忘而丧失对其财物的控制，但如果丧失在某种特定场所，则该财物处于该特定场所的合法控制人的控制之中。在这种情况下，该财物对于财物所有人来说是丧失了控制，但对于特定场所的合法控制人来说，则处于其控制之下。因此，行为人取得该财物仍然具有打破特定场所的合法控制人对财物的控制，将财物转移到其本人的控制之中，这里仍然存在一个转移占有的过程，因而行为人构成盗窃罪。只有该财物因其所有人丧失控制以后，处于无人控制的状态，成为一种脱离占有物，行为人的占有行为才能构成侵占罪。

在引入刑法教义学以后，某些刑法各论的知识需要加以反思并且进一步完善。例如，关于抢劫罪与敲诈勒索罪的区分，我国司法实践中往往采用"两个当场"的标准，即当场使用暴力、当场取得财物。换言之，只有具备两个当场的，才构成抢劫罪；反之，则构成敲诈勒索罪。两个当场的观点，是王作富教授较早主张的。

例如，王作富教授在论及抢劫罪的特点时指出："它有两个突出特点，即：其一，必须是当场使用暴力或者以当场使用暴力相威胁或者当场使用其他人身强制方法；其二，必须是当场占有财物。以上两点，缺一不能构成抢劫罪。"[①] 如果基于"两个当场"的理解，则使用暴力并未达到致使被害人不能反抗程度而当场取财行为，也不能认定为敲诈勒索罪，其结果是被以抢劫罪论处，从而扩张了抢劫罪的范围。这一观点是建立在暴力不能成为敲诈勒索罪的手段行为的前提之上的。

只要承认暴力可以成为敲诈勒索罪的手段行为，则即使当场使用暴力，如果暴力程度轻微，没有达到致使被害人不能反抗的程度，由此而当场取财，即使符

---

① 高铭暄主编：《刑法专论》（下编），730页，北京，高等教育出版社，2002。

合两个当场的特征,也不能认定为抢劫罪,而应以敲诈勒索罪论处。因为从法教义学的意义上说,敲诈勒索罪属于交付型财产犯罪,而抢劫罪则属于取得型财产犯罪,两者的区分并不在于两个当场,而在于暴力是否达到致使被害人不能反抗的程度:如果达到这种程度的,被害人完全丧失了意志自由,行为人通过取得而占有他人财物;如果没有达到这种程度,被害人尚未丧失意志自由,行为人是通过被害人的交付而占有其财物的。因此,刑法各论的教义学化,对于提升我国刑法研究水平具有重要意义。

历史就像一条河流,既有遥远于崇山峻岭时的曲折,也有流淌在平川原野时的绵延。其实,这是同一条河流。对于王作富教授的学术生涯来说,前半生的险峻和后半生的畅达恰好成为一个鲜明的对比。而我们这一代刑法学人,没有经历过过去学术生态的荒唐,因而也就很难体会今日学术境遇的顺畅。王作富教授对于我们来说,是一座只能仰望的高山:

山色不言语,浮云难遮蔽。

(本文原载陈兴良主编:《刑事法评论》(第31卷),北京,北京大学出版社,2012)

耶赛克教授与中国刑法学

耶赛克教授是德国著名刑法学家,也是具有世界性影响的刑法学家。耶教授与中国刑法学的关系,可以为这一评价提供佐证。耶教授是最早进入中国刑法学视野的外国学者之一,为中国刑法学打开了一扇对外交流的学术窗户。在此后的三十多年,教授一直关注并关心中国刑法学的发展,与中国刑法学建立了长期的联系。以下所举二三事,可以说是教授与中国刑法学联系的一些片段。

其一,一篇论文。

教授的《世界性刑法改革运动概要》(《法学译丛》1981年第1期)一文,可以说是最早翻译介绍到中国的比较刑法的重要著作,它使长期处于封闭之中的中国学者初步了解了世界范围内的刑法改革运动,从而使中国刑法学界的视野为之开阔。从某种意义上说,中国目前正在进行的刑法修订也正是对耶教授所倡导的向着人权保障和人道主义方向进行刑法改革的呼吁的一个回应。

其二,一篇序言。

教授为《德国刑法典》的中译本写下长篇序言,对《德国刑法典》的产生和适用范围、刑事政策原则、刑法典的结构、处罚之先决条件、刑罚与保安处分、犯罪构成要件等重要问题都作了深入分析,对于中国学者掌握该部法典的基本内

容颇有参考价值。

其三，一部著作。

教授的《德国刑法教科书》是德国刑法教科书首次进入中国。该书是德国刑法的总论部分，阐述了德国刑法制度的基本思想，这就是耶教授在该书的中文版前言中所阐述的以下三个原则：一是罪责原则，该原则排除对违法的行为及其后果的纯客观归责；二是法治国家原则，该原则保证法安全性，并因此保护个人的自由和维护基本权利；三是人道主义原则，该原则主要反映了制裁制度和表明刑罚执行的不可放弃的底线。该书的出版时间恰好与中国刑法转变与刑法知识转型处在同一个时间点上，因而对中国刑法与刑法理论的发展起到了积极的推动作用。

耶教授始终将刑法与人类精神生活状态相关照，认为刑法在某种意义上是我们文化状态最忠实的反映并表现着我们国家占主导地位的精神状态。这一命题，使我们可以透过刑法法条深刻地把握刑法的精神实质。能说出这样的话的人，不愧是刑法学大师。只有将刑法与时代精神联系起来，以刑法理论反映时代精神的刑法学家，才是真正的刑法学者。每当想到这一点，耶教授就使我们高山仰止。

随着1997年中国刑法的修订，中国开始了一个刑法知识的转型过程，这也是一个刑法的教义学化的过程。20世纪50年代引进中国的苏俄刑法知识越来越不能适应中国刑事法治的发展，尤其是该理论本身所包含的意识形态的、非法治的、非规范的因素，恰恰阻碍了刑法知识的深入发展。在中国刑法教义学化的过程中，来自德国的刑法知识为中国刑法学界提供了学术资源。刑法知识的教义学化，对于中国刑法学来说是一个发展的重大契机，也是在刑法原理上与德日刑法学接轨的一个举措。

齐白教授在纪念耶教授的文章中，指出耶教授的贡献之一，就在于通过比较法学的研究，奠定了国际刑法教义学的根基。而这里的国际刑法教义学，就是建立在刑法学的普世语法的概念基础上的。刑法学的普世语法，意味着建立一种跨越国界的刑法学的可能性。中国刑法学走过了一条漫长而曲折的道路，有过坎坷，有过屈辱，只有将刑法理论建立在法教义学的基础之上，才能获得刑法学的

理论自主性和学术独立性。耶教授的教科书虽然只是一部以教科书这种最为通常的体例为思想载体的著作,但其中包含的丰富内容,不啻是一本德国刑法的小型百科全书,中国学者从中受益良多,其成为中国刑法学界引用率最高的外国刑法著作之一。

其四,一个学生。

耶教授曾经长期主持德国马普刑法研究所的工作,使该所成为举世闻名的外国刑法与比较刑法的研究重镇,同时为中国刑法学界培养了大批学术人才。在20世纪80年代后期,马普刑法研究所就与中国刑法学界发生了联系。耶教授招收了来自中国大陆的第一名博士生,也是我在中国人民大学法学院求学时的师弟——李海东先生。我清楚地记得在1987年秋天的一个夜晚,我们为第二天即将启程赴德国学习的李海东举行欢送酒会。那时对外开放的大门刚刚开启,我们都期望李海东能够像唐僧一样去西天取得真经。

李海东博士仅仅是耶教授以及马普刑法研究所为中国刑法学界培育的人才中的一个代表。当然,亲身受到教授的耳提面命的教诲的人是极为个别的,绝大多数中国学者还是通过教授的著作受到刑法理论的启蒙的。

随着中德刑法学术交流的深入发展,耶教授的学术思想越来越多地在中国传播。耶教授的刑法理论思想不仅是德国刑法学界的遗产,也是世界性的刑法理论遗产。中国有句古语:盖棺论定。这句话的含义是,当一个人去世以后,马上就可以对这个人作出正确的历史定位。只有在生前就受到广泛推崇的大师级人物,才能享受盖棺论定的待遇。因为,对于这样的人物,不会有争议。耶教授就是这样的人物,其人其事将永远载入世界刑法学术的史册。

(本文原载陈兴良主编:《刑事法评论》(第28卷),北京,北京大学出版社,2011)

悼念西田典之教授

西田典之教授的《共犯理论的展开》一书的中文译本，即将由中国法制出版社出版，本书译者之一江溯博士请我为该书中文版的出版作序，我欣然应允。在本书出版过程中，西田典之教授不幸于2013年6月14日因病去世，未能见到该书中译本的出版，令人扼腕叹息。

西田典之教授是日本著名刑法学家，也是在共犯论领域取得辉煌成就的一代宗师。共犯的问题是刑法学中最为复杂的一个理论问题，称之为绝望之章也不为过。不过，也正是因为共犯理论的复杂，吸引了诸多学者将自己的主要学术精力投放其间，这也许就是"江山如此多娇，引无数英雄竞折腰"（毛泽东《沁园春·雪》）这句诗词所表达的意境。在日本刑法学界，许多刑法学大家都对共犯问题倾注了心血。马克昌教授于1988年为我的博士论文《共同犯罪论》一书所作的序中，以极其简短的语言几乎勾画出一部日本的共犯学术史，留在这部学术史中的学者包括草野豹一郎、植田重正、齐藤金作、大塚仁、西村克彦、西原春夫等日本老一辈学者；同时，马克昌教授也论及当时日本的年轻学者，这就包括了西田典之。此前，马克昌教授论及西田典之时指出："1982年西田典之出版了《共犯与身份》，以共犯概念为中心，论述了德国刑法第50条的理论，批判地检

讨了构成的身份、加减的身份的区别，提出了自己对日本刑法第 50 条的解释。"应该说，这是我第一次听说西田典之的名字。这正是马克昌教授第一次向中国刑法学界介绍西田典之教授，而这一介绍又出现在马克昌教授为我的博士论文《共同犯罪论》一书所作的序中，由此可见我与西田典之教授具有某种机缘。

如前所述，我的博士论文也是研究共同犯罪的，博士论文写作的时间大约是在 1986 年至 1987 年。此时，虽然西田典之教授的《共犯与身份》一书早已出版，但是囿于彼时我国尚未开放的学术环境，我是在完全与外界隔绝的状态下进行论文写作的。当时西田典之已经以共犯与身份这一刑法教科书的二级标题撰写专著，而我还在以共同犯罪这一刑法教科书的一级标题撰写博士论文，而共同犯罪与身份只是我的博士论文的一个章节。由此可见，当时我国与日本之间在刑法学理论研究上的差距。此后，随着我国对外学术交流的开放，中日之间的刑法学术交流亦越来越扩展。在这当中，西田典之教授作为日本著名的刑法学者参与其间，成为中日刑法交流的中坚力量。尤其是从 2007 年开始展开以中日两国的中青年刑法学者为主体的刑法学术交流，西田典之教授为促进中日两国的刑法交流起到了重要的组织作用。

这次翻译介绍到我国的《共犯理论的展开》一书，是近些年来西田典之教授在共犯领域研究的最新成果，正如西田典之教授在本书的前言所言："本书是我体系性地整理自从在 1969 年（昭和 44 年）执笔的被东京大学法学部助手所采用的、以《共犯与身份》为题目的助手论文以来，直到 2005 年在《法学协会杂志》第 122 卷第 4 号刊登的《不作为的共犯》，跨越 36 年间陆续写的关于共犯论的论文和判例评释、以及与共犯论相关联的论文而成的一本书。"虽然本书不是一本一气呵成的专著，但唯其时间跨度长、涉及领域广，反映了西田典之教授对共犯问题毕其一生的思考成果，这对于我国共犯论的深入研究是具有重要的参考价值的。我认为，西田典之教授的《共犯理论的展开》一书具有以下三个特点。

一是广泛性。共犯论是犯罪论的一个缩影，也是犯罪论的一个翻版。由于共犯论本书的复杂性，在共犯论取得的成就可以成为对一个学者的犯罪论学术水准的重要衡量指标。在《共犯理论的展开》一书中，西田典之教授在相当宽阔的范

围展开其共犯理论，几乎涉及犯罪论的各个方面。以共犯为媒介，犯罪论的各领域都逐一检验。从本书涉及的内容来看，除共犯的基本问题以外，还包括与行为形式相关的不作为的共犯；与因果关系相关的共犯的因果关系，例如帮助犯的因果关系等特殊问题；与未遂犯相关的共犯的中止，以及共犯的脱离；共犯的认识错误；共犯与身份，包括纯正身份犯与不纯正身份犯；过失共犯以及共犯与罪数等。仅从以上所罗列的题目来看，基本上涉及了犯罪论的全部领域，从而展现出西田典之教授在共犯问题研究上的广泛程度。

二是深入性。西田典之教授对共犯的研究是极为深入的，在许多领域都具有其个人的独特见解。例如共犯的中止与脱离问题，就是一个范例。日本刑法学中的共犯脱离是一个较为特殊的问题。因为日本刑法中的中止，是未遂的一种情形，称为中止未遂，而与障碍未遂相区分。根据日本刑法第43条的规定，无论是障碍未遂还是中止未遂，都以着手实行犯罪为要件。换言之，只有在着手实行犯罪以后才有障碍未遂与中止未遂可言。因此，在着手以后的共犯中止，可以按照日本刑法关于中止未遂的规定予以减免处罚。但是，对于着手以前的共犯中止，因其不符合日本刑法关于中止未遂的规定而不得减免处罚。在这种情况下，日本刑法提出了共犯的脱离这一概念，认为共犯的中止属于中止论，而共犯的脱离属于共犯论。在此基础上，西田典之教授把共犯脱离称为着手前的中止，并对共犯脱离的要件进行了详细的论述。基于因果共犯论的立场，西田典之教授将因果关系的切断作为共犯脱离的要件，指出："如以因果共犯论为前提，即便是共犯，也只以自己行为有因果关系的结果为限，对正犯行为承担罪责。在'因果的纽带（Bandder Kaimlitt）'被切断的情况下，（共犯）就不负责任。也就是说，共犯脱离的问题基本上应根据这样的标准来解决：脱离者中止以前的加功行为与其中止之后其余的行为及结果的因果关系，是否被该中止行为切断。"这是共犯脱离的一般判断标准，根据这一标准，西田典之教授对教唆犯的脱离、帮助犯的脱离、共同正犯的脱离都进行了细致的探讨。例如，帮助行为可以分为物理帮助与心理帮助，这两者的脱离条件是有所不同的；尤其是涉及物理帮助是否同时包含心理帮助，则帮助犯的脱离要件的判断将会变得更加复杂。这种精细的法教义

学的分析，对于我国学者无疑是具有启示的，由此也可见西田典之教授在共犯问题研究上的深入程度。

三是实践性。共犯论是一个与司法实践具有紧密联系的课题，如果脱离了司法实践是难以展开研究的，因而具有实践理性的品格。西田典之教授在本书中，结合日本刑法规定进行解读，结合司法案例进行评述，其内容对于司法实践的指导意义是显而易见的。例如，在关于在现场认识到了他人的犯罪行为却旁观这种犯罪类型是否属于共犯的讨论中，西田典之结合司法案例进行了以下分析："作为否定刚好出现在他人的犯罪现场或者旁观者的共犯性之判例，有名古屋高判昭和 29 年 10 月 28 日裁特第 1 卷第 10 号第 427 页；东京高判昭和 32 年 7 月 20 日高刑第 10 卷第 8 号第 633 页；大阪地判昭和 2 年 3 月 28 日下刑第 9 卷第 3 号第 348 页；山地判昭和 44 年 8 月 1 日刑月第 1 卷第 8 号第 813 页；东京高判昭和 45 年 2 月 24 日判夕 249、251 号等。反之，作为肯定的判例，有东京高判昭和 40 年 6 月 7 日判夕第 180、144；东京高判昭和 48 年 6 月 14 日刑月第 5 卷第 6 号第 1012 页；东京高判昭和 55 年 1 月 30 日判夕 416、173 等。东京地判昭和 41 年 6 月 4 日判夕 194、173，对于这一案件：A、B、C、D 四人在工棚前碰面并作了这样的谋划，A 从工棚内窃取装白米的袋子放在 D 的脚下，A、B、C 再次进入工棚内窃取衣服等，在此期间，D 就待在前述的米袋旁边等待，但此后收受了赃物。裁判认为，推定 D 容忍了 A、B、C 的窃取行为，监视并望风窃取作为赃物的米袋。虽然裁判认为这样判断是恰当的，但我认为也存在将其单纯认定为收受赃物的充分余地。"这样，就使这种分析和司法实践紧密地联系起来，由此可见西田典之教授在共犯问题研究上的实践理性品格。

我国的共犯论可以说是命途多舛的一章，立法上的先天不足与学理上的后天失调，使我国共犯论远远落后于整个刑法理论的发展。在这种情况下，我们急迫地需要汲取学术营养，为我国的共犯论提供更多的学术资源。西田典之教授的《共犯理论的展开》一书的翻译出版，对于我国共犯论的研究来说，虽是"他山之石"，亦有"可以攻玉"之效也。

西田典之教授对于中国传统文化素有兴趣，例如李白的诗歌就是西田典之教

授所钟爱的，他能够随口咏诵。2003年在武汉大学法学院召开的中日刑事法研讨会，主题也正好是共同犯罪，这是中日刑法学者第一次聚会探讨共同犯罪问题。在这次研讨会上，我也是第一次见到西田典之教授。此后，从2007年开始，日本方以西田典之教授、山口厚教授主导，中方由我和张明楷教授主导的新世代的中日刑事法学术交流渠道得以创立，并先后在日本东京大学、中央大学和中国人民大学展开了学术研讨会。每次研讨会西田典之教授都十分关心，并亲自撰文，参与讨论，这对于推动中日两国的刑事法交流起到了巨大的作用。近年来，随着西田典之教授的《日本刑法总论》和《日本刑法各论》在中国的翻译出版，使西田典之教授的刑法学术思想在中国年轻学子中得以传播，其刑法体系书也成为中国学者了解日本刑法理论的一个窗口。今年3月中旬，我到台湾政治大学法学院参加学术研讨会。会间，获悉西田典之教授也正好因为其《日本刑法总论》与《日本刑法各论》的繁体字版在我国台湾地区出版而携家人到访台湾地区，因此在陈子平教授和林钰雄教授的安排下，会议结束的当晚，我们在台北王子饭店顶层的咖啡厅与西田典之教授见面，同时见到了陪同西田典之教授到台湾地区访问的王昭武教授，在座的有大陆同去赴会的梁根林教授、刘明祥教授等人。在台北能够见到西田典之教授，是一个意外的惊喜。西田典之教授还特意叫来其夫人和其所钟爱的小儿子与我们见面。因为在去年7月，西田典之教授携带其夫人与小儿子到中国上海、北京等地旅游，也是王昭武教授陪同翻译，我们在北京海淀的苏州街白家大院宴请时见过西田典之的夫人与小儿子。时隔半年之后再次见面，大家都感到很高兴。当晚，西田典之教授谈兴颇浓，同时并用日语、英语和德语交谈，同时谈及今年将在西安召开的中日刑事法论坛，其关切之情，溢于言表。如今，中日刑事法学术研讨会如期在西安西北政法大学举行，而西田典之教授却再也不能与会，每念及此，令人痛惜。西田典之教授为中日两国的刑事法学术交流作出了重大的贡献，其不幸辞世，不仅是日本刑法学界的重大损失，也是中国刑法学界的重大损失。

最后，作为一名中国刑法学者，我对西田典之教授的逝世表示深切的哀悼。

（本文原载陈兴良主编：《刑事法评论》（第33卷），北京，北京大学出版社，2013）

外国刑法学者的开拓者何鹏的治学之路

吉林大学法学院何鹏教授以九十三岁高龄去世，噩耗传来，刑法学界同人为之悲哀。何鹏教授是新中国刑法学的创始人之一，尤其是为我国外国刑法学的研究作了开创性的工作。何鹏教授不仅对我国刑法的学术发展具有筚路蓝缕的开拓之功，而且在人品上颇具古代隐士的高洁浩然之风，是我辈学人的榜样。

随着我国刑法的知识转型，所谓中国刑法学与外国刑法学的界限已经被打破，中外刑法知识的融合与交汇，使我国刑法学的学术水平不断提升，越来越成为大陆法系刑法知识的重要组成部分。站在这样一个支点上，回望将近35年前，我国刑法学从一片废墟上开始恢复重建，何鹏教授正是这些刑法理论的拓荒者之一。

35年前，正是20世纪80年代初期，随着我国1979年《刑法》的颁布，刑法学科逐渐开始恢复。那时我国的刑事立法与刑事司法都还在蹒跚起步阶段，刑法理论研究更是没有任何资料可以参考。在这种情况下，外国刑法知识对于我国刑法学界来说，如同极为稀缺的空气和极为罕见的光线。在老一辈学者中，既有像高铭暄教授、马克昌教授和王作富教授这样为中国刑法学的学科建设呕心沥血的学者，又有像甘雨沛教授和何鹏教授这样为外国刑法学的学科建设奠定基础的

学者。而在当时，中国刑法学与外国刑法学是两个不同的学科。在改革开放以后，我国出版的首部外国刑法学著作，就是甘雨沛教授和何鹏教授合著的《外国刑法学》（上下册）一书。这部书的上册是1984年北京大学出版社出版的，下册是1985年北京大学出版社出版的，全书达77万字之多，可谓是一部鸿篇巨制。

《外国刑法学》一书以翔实的资料，对以日本为主的刑法理论，包括刑法总论和刑法各论两部分，进行了系统而全面的介绍。从作者分工来看，何鹏教授主要承担的是刑法各论的写作任务。在该书出版的年代，我国刚从十年浩劫中走出来，对于国外刑法研究情况可以说是一无所知。在这种情况下，《外国刑法学》一书的出版，如同为我们打开了一扇窗户，知识的光芒照亮了黑暗的房间。对于当时在处于求学阶段的我来说，它无疑是一束理性的光芒。它带给我的心灵震颤，是永远不能忘记的。何鹏教授所撰写的外国刑法各论部分，介绍了外国刑法中的常见罪，例如侵犯人身权利的犯罪和侵犯财产权利的犯罪，这些犯罪与我国刑法中的犯罪具有对应性，是当时研究我国刑法各罪的主要外国刑法参考资料。

除《外国刑法学》一书以外，何鹏教授给我留下深刻印象的著作是1985年出版的《外国刑法简论》一书。该书是吉林大学出版社出版的，内容包括犯罪论、刑罚论和刑法各论三部分，是一部较为完整的外国刑法体系书，其出版时间与《外国刑法学》下册的基本相同，可以看作是何鹏教授个人对外国刑法学的研究成果。相对来说，《外国刑法简论》更加通俗易懂，对于初次接触外国刑法学的人来说，更加容易接受。例如，在《外国刑法学》一书中，贝林创立的构成要件被称为犯罪构成要件，其要素也分别被称为犯罪主体、犯罪客体、犯罪行为，这就十分容易与四要件的犯罪构成的相关术语相混淆。而何鹏教授在《外国刑法简论》一书中，则称之为构成要件，并将构成要件的要素分别称为行为、行为的主体、客体和状况等。关于构成要件，何鹏教授指出：什么是构成要件？构成要件是指对违法的、有责的行为，以及行为人"类型化"的行为法律上规定的概念，有的也叫"犯罪的定型化"。对于某一行为或行为人，确认他有罪，首先就要具备一定的构成要件。在此，何鹏教授对构成要件的概念做了深入浅出的说明，揭示了构成要件的内容与特征，对于我们这些当时深受四要件的犯罪构成理

论影响的学生来说，开启了三阶层的犯罪论体系的启蒙之门。

早在 20 世纪 80 年代中期，何鹏教授参与编写或者独立撰写的《外国刑法学》和《外国刑法简论》这两部著作，是在外国刑法的原著在我国翻译出版之前问世的，其对我国刑法学界的外国刑法知识的普及之功不可磨灭。这里应当指出，在改革开放以后，我国出版的首部外国刑法学著作是 1986 年辽宁人民出版社出版的《日本刑法总则讲义》，该书的作者是日本著名刑法学家福田平教授和大塚仁教授，而该书的校对者就是何鹏教授。当然，我注意到，《外国刑法学》和《外国刑法简论》两书虽然名曰"外国"，其实都以日本资料为主，这与何鹏教授通晓日语是分不开的。即使是德国的有关内容，也是利用日本资料进行写作的。近代中国刑法的知识来源，早期就主要来自日本，尤其是日本东京大学法学院教授冈田朝太郎教授于 1906 年受聘于清朝政府担任修订法律馆调查员，并任京师法律学堂教授，这是我国引入日本近代刑法理论之始。此后，我国民国时期的刑法理论一直都受日本，并间接受到德国的影响。这个知识传统直至 1949 年废除国民党"六法全书"而打破，此后我国开始全面接受苏俄刑法理论，开启了另一段刑法理论的曲折历史，及至"文化大革命"而告中断。1979 年《刑法》颁布以后，我国刑法学的重建，一方面是恢复自 1949 年以来深受苏俄刑法学浸润的刑法知识，而另一方面就是重新接续自清末以来传自德日的刑法知识。何鹏教授在传承日本刑法知识方面作出了重要的贡献，足以载入我国刑法学术发展的史册。

如果说，《外国刑法学》和《外国刑法简论》都以对外国刑法理论的介绍为主，那么，1989 年吉林大学出版社出版的《外国刑事法选论》一书，开启了以对外国刑法理论的研究为主的学术道路。如果说，《外国刑法简论》是何鹏教授介绍外国刑法理论的代表作，那么，《外国刑事法选论》就是何鹏教授研究外国刑法理论的代表作，两书可以说是何鹏教授学术思想的主要载体。

《外国刑事法选论》一书分为四篇，分别是：第一篇刑法改革篇，第二篇犯罪篇，第三篇刑罚篇，第四篇行刑篇。从各篇的名称来看，涉及刑法学的各个方面，可谓全面系统。如果说前面所提及的《外国刑法学》主要是对日本刑法理论

的介绍，那么，《外国刑事法选论》则侧重对大陆法系和英美法系各个国家的刑事法的研究。在此，存在从关注刑法理论到关注刑事法律的转变；从以日本刑法为主的观察视野扩大到世界各国的刑事法；从单纯的介绍性引述到研究性评述。这是一种对外国刑法学理论研究的深化与升华。从"外国"关乎的研究范围而言，原先主要集中在日本，偶尔涉及德国；在《外国刑事法选论》一书中，"外国"的范围从德日扩张到法国、瑞典、丹麦、意大利、美国、英国等，理论眼界为之一阔。该书是何鹏教授所在的吉林大学的出版社出版的，但印数极少，未见书店出售。对于该书我虽搜罗已久，但一直未能收入囊中。及至结识了吉林大学法学院的隋光伟博士，他为我从吉林大学出版社的书库样书中搜得一本作为珍品。我在 1992 年主编《中国法学著作大词典》（中国政法大学出版社 1992 年版）时，将何鹏教授的《外国刑事法选论》一书作为词条收入词典。在该词条的末尾，对《外国刑事法选论》做了以下评价："本书选择了那些在当代外国刑事法中居于突出地位、较有代表性的理论和制度进行介绍，将材料与评价及比较研究融为一体，对于了解外国刑事法大有裨益。"

如果说，《外国刑事法选论》是一部侧重于刑事法的专著，那么，何鹏教授主编的《现代日本刑法专题研究》（吉林大学出版社 1994 年版）就是一部以日本刑法教义学为中心的研究性专著。值得注意的是，该书是何鹏教授带领他的博士生共同撰写的，参与撰写的作者包括吴振兴、李洁、张凌等，现在都已经成为我国刑法学界的知名学者。《现代日本刑法专题研究》一书采取了专题研究的方式，其中的内容涉及犯罪论体系刑罚论和分则类罪等专题，具有相当的理论深度。

一个国家的刑法理论发展，与这个国家的刑事法治的进步是密切相关的，同时也与汲取世界各国优秀的刑法学术思想密不可分。随着我国刑事法治的不断向前发展，中国刑法学与外国刑法学之间的学科分界与学术藩篱也逐渐被跨越。在这种情况下，外国刑法学作为一个独立学科的必要性也就慢慢消失了。因为，作为规范存在的外国刑法，当然是值得我们关注的，而作为教义学意义上的外国刑法理论则越来越成为分析中国刑法的工具，融入我国刑法理论之中，成为不可分割的一个组成部分。刑法规范有中外之分，刑法理论则无中外之别。具有普遍性

的、跨越国界的刑法学,成为我们所要建构的刑法理论模型。当外国刑法学的学科功能逐渐降低的时候,我们仍然不能忘记在30年前,当我国刑法学处于初创阶段,何鹏教授以及其他学者为介绍外国刑法理论,如同希腊神话中的普罗米修斯从太阳神阿波罗那里盗来火种送给人类,给人类带来了光明。何鹏教授向我们介绍的外国刑法理论,也给我国刑法学界带来了学术的星星之火,这是值得永远铭记的。

在何鹏教授这一辈刑法学者中,何鹏教授是最为低调的:几乎没有参加过各种学术会议以及其他各种公开活动。因此,在我们这代刑法学人中,见过何鹏教授真容的人并不多。十分幸运,在20多年前,我数次到吉林大学法学院参加博士论文答辩,因此多次见到何鹏教授。即使是在何鹏教授退休以后,也还专门到家里去拜见过一次。何鹏教授定格在我脑海深处的形象是爽朗大笑地昂起的头颅,希望能够听见何鹏教授来自天堂的欢畅笑声。

(本文原载陈兴良主编:《刑事法评论》(第38卷),北京,北京大学出版社,2016)

怀念周振想教授

周振想教授主编的《公务犯罪研究综述》一书即将由法律出版社出版，林维约请我为本书作序，我无可推辞。振想教授辞世已经半年，初闻噩耗时巨大的悲痛已经化为淡淡的哀思。时间真的是可以抚平一切，我们已经逐渐地习惯没有振想的生活。只有当某日偶尔地翻阅手机的电话簿，突然发现振想的手机号码还静静地安卧在一长串熟人的电话号码之中，只不过已经长久地没有再打这个电话。打，也许还能打通；接，绝不可能再是振想。回忆起每次打通振想的手机，电话那头传来的总是沙哑、略带慌乱的接听声，现在再也不得与闻。于是，我轻轻地抹掉了手机电话簿中的这个号码，振想的熟悉的音容则深深地嵌入心底。在振想教授去世第二日我写的《刑事法判解》第7卷的卷首语中，我曾经用同学、同事并同道来概括我和振想的关系①，可以说是十分贴切的。

我和振想是1978年2月底一同考入北大的，我们不在一个小组（小组是当时班级中基本的学习和生活单位），因而有一个逐渐熟悉的过程。其实，我和振想的年龄是相同的，都是1957年生人，要论月份我还比他略大一些。但要论成

---

① 参见陈兴良主编：《刑事法判解》（第7卷），4页，北京，法律出版社，2004。

熟，那我远不如他。这倒不在于身材和长相，更在于经历。谈起经历，我也并不是直接从高中应届考上来的，在我们77级，应届生是个别的。考入北大前，我已经有三年的社会生活经历，其中两年在农村，一年在公安局，也算接触过社会，虽然不能说对社会有深刻的认识，但来到北大以后才发现，身边的同学除个别应届生以外，年长我近10岁的同学，工农兵学商都有。论职务有公社书记、大队书记，还有团县委书记等，既有学识又有思想，令我辈钦佩。不仅年长于我的同学是这样，后来了解到振想虽然与我年龄相同，但他作为回乡知识青年，已经在农村入党，并担任大队支委主持生产，领导社员战天斗地大展抱负。而我虽然也在农村广阔天地锻炼过，表现也不错，不然也进不了公安局工作，但连党员都还不是，难免有些自卑。后来我进一步了解到，振想是个文字爱好者，在农村也算是个诗人，写过不少新诗，是否发表过我不得而知。就像我在大学期间还写过小说，振想也写过不少诗歌。高考时，振想的志愿无一例外都是大学中文系。我们高考那年录取完全不看志愿，而是根据高考成绩和个人情况择优录取，也许振想考得太好，又是农村支部委员，根红苗壮，就被录取到绝密专业的北大法律系来了。谈到被北京大学法律系录取，振想使用"莫名其妙"一词，为此曾经懊丧过并试图调换专业，当然未果。相对于振想的"莫名其妙"，我可能稍好一些，因为我报的三个志愿中毕竟有北大法律系，但它是第三志愿，因而我是"阴差阳错"地被录取到北大法律系。回忆起这段经历，振想曾经写下过这么一段富有哲理的话："人的一生是很有趣的，有时自己似乎并不能主宰自己的命运，或者说人的命运常常会由于某种偶然的契机所改变。你明明朝思暮想的是走进那个房间，然而命运之神却偏偏牵着你的手走进了这个房间，而人在命运的安排面前有时是很无奈的。"[①] 入大学法律系，当时不是一个讲法的年代，不知法为何物，因此我们都有过一段不安心专业的日子。那是一个思想解放的年代，而文学、哲学正是思想解放的前沿阵地，因而我们都热衷于朦胧诗和伤痕小说，热衷于讨论人道主义和异化理论。在这当中，振想是一个活跃分子。那时我们风华正茂，大

---

① 周振想：《当代中国的罪与罚·自序》，2页，北京，中国人民公安大学出版社，1999。

有指点江山之少年豪情。不知不觉中，大学生活就过去了。在考研的时候，我和振想又走到了一起。本来我和振想都对法理感兴趣，是要报考本校法理专业的。由于某种原因，我和振想都去报考人大的刑法专业，由此进入刑法当中来。对于每个有过这种经历的人来说都是十分难忘的。记得1981年夏天，正赶上40年未遇之酷暑，我留在北大复习迎考，振想则回乡下去复习，一直到考前才返校。为赶考，我和振想多次往返于人大与北大之间，那时这条路还叫海淀路，至于改为白颐路，再更名为中关村大街是以后的事。当时这条路也不像现在这样车水马龙，熙熙攘攘，而是一条并不宽阔的马路，两旁是一排排耸入云天的白杨，332路公共汽车穿行其间，交通十分便利。考研的具体情况记不清了，只记得那时法律系与新闻系同考一张语文卷子，古文颇难。另还有一篇命题作文：谈谈心灵美与语言美。这对于我们这样曾经的文学爱好者来说，写篇800字的小文不是难事，我十分潇洒地就写完了。记得我还在文章末尾引用契诃夫的一段名言以作结束语："人的一切——心灵、思想、语言、衣裳都应该是美的！"从考场出来，振想直问我，你作文写完了吗？我很奇怪，800字怎么写不完呢？振想说，我紧赶慢赶才写了3 000字，怎么也写不完8 000字。这才知道，振想是把800字看成了8 000字，居然在短短的时间里写了3 000字，也不知道写些什么。经我一说，振想才发现作文的字数看错了，顿时脸都憋得通红。我连忙劝说，多写总比少写好。结果我和振想都考上了人大刑法研究生，当时考刑法专业的有好几十人，只录取了我们4个人，是人大复校以后第一届正式的硕士研究生。由此，我和振想从北大的本科同学又成为人大的研究生同学。这一同学，就又是3年。应该说，比起本科的4年同学生活，在研究生3年的同学生活期间，我和振想接触更多。因为是一起从北大考过来的，关系比较密切，又是相同专业，学业上也经常切磋。当时我们住在人大东门北侧的学一楼，我们是该楼的首批住宿者，我和振想住在相对的两个宿舍。振想和赵秉志等同一宿舍，我和王利明等同一宿舍。硕士生同学时的许多事情都淡忘了，只还记得1984年初春我们同专业的4位同学在鲁风老师的带领下外出进行硕士论文调研，从成都到重庆，由重庆到武汉时，振想获知其父病重的消息，中断行程，匆匆回河北饶阳老家。我结束调研回人大以

后，才得知振想赶至家中时，其父已经安葬了。这也许是振想遭遇的人生第一次大不幸。对此，振想表示："没能在父亲卧床期间尽些微的儿子之孝，没能在父亲辞世之时陪侍在侧并为他送葬，没能让父亲看到我学业有成，是我终生不能弥补的隐痛。"① 硕士生毕业后，我和振想同时办理了留校任教的手续，我同时考上了高铭暄教授的首届博士生，而振想则在半年以后才考上高铭暄教授的博士生。在此期间，振想担任了刑法教研室的副主任，工作和学习的负担还是比较重的。当时生活也十分清贫，振想和我同住人大红二楼，他住318室，我住120室，一间13平方米的筒子楼一住就是好几年。那时也没有什么娱乐活动，刚刚兴起玩麻将略带输赢。振想偶尔参加，我则没多大兴趣，主要还是怕输不起。不过，振想有句名言令人记忆深刻传为经典。有天打完麻将以后，问他输赢如何，振想的回答是："大票没动。"所谓大票者，乃当时的10元人民币也。以后我们再碰上振想打麻将，不问他是输是赢，而是问他"大票动了没有"？在1988年博士论文写作期间，振想因肝炎住院，正是这次生病为振想的早逝留下了隐患。我还清楚地记得提着几个玻璃瓶的水果罐头去人大校医院病房探视振想的情形。这次生病对振想打击很大，不仅是生理上的，也是心理上的，此后振想戒烟戒酒，北方汉子的豪气大减。在此之前，振想的烟抽得倒是不凶，只是偶尔玩玩。那时我与烟还是无缘的，是在1990年以后我才沾烟上瘾。要说酒，振想家乡饶阳隶属于衡水，衡水素以盛产老白干闻名。因此，在我印象中，振想的酒量还是不小的，有时为证明老白干酒好也免不了多喝几口。但1988年的大病以后，振想滴酒不沾。振想为人耿直，没有什么城府。当然，为人做事过于直白，毫不掩饰自己的想法，有时在人际关系上难免会发生一些误会。加上时运不好，振想对自己的处遇不太满意，终于在1994年初离开人大，跳槽到中国青年政治学院。振想到中国青年政治学院以后，一手创建了法律系，并在1997年升任副院长。我则在人大待到1998年年初，也继振想之后离开人大回到母校北大法学院任教。在从人大调到北大的过程中，振想一直给予我精神上的巨大鼓励，使我在那段艰难

---

① 周振想：《当代中国的罪与罚·自序》，7页，北京，中国人民公安大学出版社，1999。

的时间能够坚持下来。现在回想起来,不胜感慨。

振想和我一样,也都经历了从文学爱好者到法学研究者的转折,虽然在北大学习的四年我们学习都不错,但真正对法律,尤其是刑法产生兴趣并将其作为一个终生为之奋斗的专业得以确立,还是在人大读研究生阶段。在硕士生和博士生期间,振想基本上确定了以刑罚论作为自己的研究领域并进行了辛勤的耕耘。可以说,振想是我国中青年学者中最早专志于刑罚论研究并卓有成效者之一。振想的硕士论文是《论我国刑法中的自首》,约 4 万字,此后扩充为《自首制度的理论与实践》一书,于 1989 年由人民法院出版社出版,全书共 14 万字。这是振想的第一本个人专著,也是我国第一部关于自首制度的专著,其中许多观点已经成为我国刑法理论的通说。该书对自首的本质和条件都作了详尽的论述,明确指出悔罪动机不是自首成立的条件,从而揭示自首的本质在于:犯罪人犯罪后自己把自己交付国家追诉。尤其给我留下深刻印象的是,在对于自首的研究中,振想大量地吸收了中国古代刑法文化的精华,对中国历史上的自首制度的沿革进行了详尽地描述,并在自首种类的划分中,借鉴中外刑法学界关于自首种类的研究成果,根据我国刑法的有关规定,并结合长期以来我国司法部门执行自首制度的情况,将自首划分为以下六种:(1)亲首;(2)代首;(3)送首;(4)陪首;(5)余首;(6)首服。[①] 这些概念或者是从中国古代刑法中汲取的,或者是根据司法实际情况所作的理论概括,可以说是穷尽了自首的各种类型。振想的博士论文是《刑罚适用论》,经修订以后 1990 年由法律出版社出版,全书共 35 万字。从该书的后记我们可以获知:早在 1982 年硕士学位论文选题之时,振想便向高铭暄和王作富两位导师表明了愿以《刑罚适用论》为硕士学位论文题目的心迹,并提交了一份写作纲要。但是,由于题目太大,被两位导师"否定"了。无奈,振想只好忍痛割爱。在 1985 年博士学位论文选题之时,振想又向导师"旧事重提",经过论证,终于确定了以《刑罚适用论》为博士论文题目。[②] 在我看来,《刑罚适

[①] 参见周振想:《自首制度的理论与实践》,85 页以下,北京,人民法院出版社,1988。
[②] 参见周振想:《刑罚适用论·后记》,415 页,北京,法律出版社,1990。

用论》作为博士论文题目，仍然是一个过大的题目，但在1985年我国刑法学界对刑罚适用问题的研究刚刚起步，甚至可以说是一片未开垦的处女地。考虑到这样一个背景，《刑罚适用论》就是一个当时适宜的博士论文选题。《刑罚适用论》基本上是对应于刑法关于刑罚适用一章之规定的，但除累犯、自首、数罪并罚、缓刑、减刑与假释等刑罚制度，包括量刑制度与行刑制度的讨论属于规范性研究以外，该书大量内容都是超规范的研究，例如关于刑罚根据与刑罚目的的研究，关于刑事政策与刑事判例的研究，关于刑罚效果的研究，都是当时的前沿性理论，成为我国刑罚论研究领域的开拓之作。

在我印象中，1988年前后那几年，是振想学术最活跃的一段时间。主要是在华夏出版社建社之初，振想参与策划了一套规模宏大的"二十世纪文库"。该文库几乎涵盖了整个社会科学领域，翻译出版了数十种各个学科领域的名著，这套丛书在当时的社会科学领域产生了重大影响。振想参与的是法学著作的组织翻译工作，文库有一个以当时华夏出版社社长邓朴方为主编的编委会，振想名列法学分编委会，是其6名编委之一。在刑法领域出版了两本译著，一是英国J·W. 塞西尔·特纳著《肯尼刑法原理》[1]，译者为王国庆、邬明安、曲三强、李启家、张智辉、邱兴隆，大多是我和振想在北大、人大的同学，只有邬明安当时是法大的。该书"译者的话"指出："本书由中国人民大学法律系刑法学博士周振想同志组织翻译出版。"二是英国（译本误为美国）H·C·A. 哈特著《惩罚与责任》[2]，译者为王勇、张志铭、方蕾（此方蕾乃邱兴隆也），该书成为此后相当一个时期内我国刑法学界，尤其是理论刑法学研究中引用率较高的著作之一。上述两本书，振想都没有参加翻译，也许是他本身正在读博士学业太忙。我也同样没有参加这两本书的翻译，因为正在写博士论文。不过，我也参加了这段时期振想组织的两项学术出版活动：一是《牛津法律大辞典》（The Oxford Companion To Law）。[3] 该书署名为"北京社会与科技发展研究所组织翻译"。对于这个民办研

---

[1] [英] J·W. 塞西尔·特纳：《肯尼刑法原理》，王国庆、李启家等译，北京，华夏出版社，1989。
[2] [英] H·C·A. 哈特：《惩罚与责任》，王勇、张志铭、方蕾等译，北京，华夏出版社，1989。
[3] [英] 戴维·M. 沃克：《牛津法律大辞典》，北京，光明日报出版社，1988。

究所的具体情况我不太了解,该书有个翻译委员会,委员主任(应为主任委员)有李盛平、邓正来、肖金泉、周振想、郑永流六人。译者共列名72人,我也忝列其中,我数了一下,大约有20人是我们的同学之类的,都是振想拉进来参与这项工作的。全书约5 000个词条近300万言,工作量相当大,我只翻译了数十个词条,属于挂名性质的。振想参与了该辞典的翻译组织工作,尤其是后期统稿,投入不少心血。尽管该书出版时间仓促,存在不少误译,但它的出版仍是当时法学界的一件盛事。尤其是译者大多为当时在读的硕士、博士,均为不满30岁的年轻人,在短短的一年半时间内完成这项重大文化工程,实属难能可贵。二是《新中国法制建设四十年要览(1949—1988)》。[①] 该书是振想和邵景春主编的,我是五名副主编之一,也是被振想拉进来的。该书以编年体的方式记述了1949年10月1日至1988年12月31日间我国法制建设各个领域里发生的比较重要的事情,包括立法、司法、法学教育、科研及法制事件等方面。全书69万字,都是从旧报纸中一条一条地摘下来的。我分到一年,究竟是哪一年也记不清了。我当时是到图书馆借出当年的《人民日报》等重要报纸,然后一日一日地往下翻,发现与法制建设有关的内容就抄下来,然后汇集在一起编成该书。因此,该书是一本资料汇集性质的作品。不知振想怎么想出要编这么一本书,我想与中华人民共和国成立四十周年有关。这些学术出版的组织活动,占据了振想当时很大精力,尤其是1991年前后振想还主编过一本约500万字的《法学大辞典》[②],这是社会科学系列大辞典中的一部。该辞典的主编是振想,副主编是楚建、朱勇、姜明安。楚建是我和振想在人大上研究生时的同学,姜明安是我和振想在北大上本科时的同学,他们两人均为与我住同一寝室的室友。只有朱勇是法大与我们同届的博士生,当时已留法大任教,现为法大副校长。我没有参与该辞典的编写,当时也正忙于自己手头的经济犯罪与经济刑法系列研究四卷本的编写。在振想、楚建、朱勇、姜明安写于1991年12月的该辞典前言中有这样一段话:"我们这

---

① 参见周振想、邵景春主编:《新中国法制建设四十年要览(1949—1988)》,北京,群众出版社,1990。

② 参见周振想主编:《法学大辞典》,北京,团结出版社,1994。

一群中青年法学研究者也不甘寂寞，齐心协力，完成了这部迄今规模最大、收词最广、内容最新的《法学大辞典》，作为社会科学大辞典系列之一，奉献给诸位同仁。"① 读着这段话，感觉这么亲切，有种似曾相识之感。查找出我主编的经济犯罪与经济刑法系列研究之一《经济犯罪学》，在该书写于1988年12月的前言中，我也有这样一段话："我们一群不甘寂寞的年轻学子集结在一起，对经济犯罪与经济刑法进行了系列研究。在中国社会科学出版社的大力支持下，今天我们把研究成果奉献给读者，这就是摆在读者面前的四本书：《经济犯罪学》、《经济刑法学（总论）》、《经济刑法学（各论）》、《经济犯罪疑案探究》。"② 这里，我们不约而同地使用了"不甘寂寞"一词，也许该词是我们当时共同的感受。20世纪90年代前后，正是我们这些法学界新人出道之初，当时有一种"寂寞"的压抑心情，如同嫩芽出土之时朝阳出云之际。无论是个人生活的际遇还是社会生活的氛围都是如此，那是一个需要勇气才能坚持的年代。邱兴隆不就是这个时期从精神上下了海，从而从学术界隐退的吗？尽管如此，我们又都是那么地"不甘寂寞"，想做点什么，想证明点什么，这种想法是如此强烈。确实，我和振想做了我们应该做的。在我印象中，振想做得比我多得多，但阴差阳错，获得的回报却远不如他的付出。也许1988年的那场大病，就和这段时间的过度的操劳有关。我以为，这场大病会使振想改变些什么，但从《法学大辞典》这样大规模的编纂组织工作来看，振想在对学术的追求上并没有什么改变。

我和振想是同专业的，并同出一个师门，一起从北大考入人大，师从高铭暄教授和王作富教授。要说在学术上，振想出道比我还早一些，当在北大读本科时、我还在写诗写小说时，振想就已经在1979年2月6日的《光明日报》上发表了"关于政策与法律的关系"的文章。考入人大以后，当我还沉湎于天人合一的哲学时，振想已经在《法学评论》1983年3、4期合刊上发表了"确定未成年人刑事责任的几个问题"一文。而我的第一篇论文"论间接正犯"是发表在《法

---

① 周振想主编：《法学大辞典》，3页，北京，团结出版社，1994。
② 陈兴良主编：《经济犯罪学》，1页，北京，中国社会科学出版社，1990。

学杂志》1984年第1期上的，要比振想的晚半年左右。在人大硕士生和博士生同学期间，是我们合作最多的一段时间。其中，印象比较深刻的是以下6本著作（以出版先后为序）。

第一本是高铭暄主编的《新中国刑法学研究综述（1949—1985）》，1986年11月由河南人民出版社出版，全书共70万字。该书是我国法学界第一本学科综述性著作，此后综述成为我国法学界广泛采用的一种研究方法。振想第一本参加编写的书是综述，最后一本主编的《公务犯罪研究综述》又是综述。从振想出书的角度来看，其是始于综述，终于综述。综述又被称为文献综述或者研究综述，本是医学研究中常见的一种方法。我和振想考入人大以后，高铭暄老师给我们上刑法总论课，布置的第一个作业就是让我们搞主题综述。在"文化大革命"期间，中国人民大学被撤销，高老师从干校返京后分配到北京医学院（现为北京大学医学部）工作，从事医学史研究。因与医学有关，了解到医学研究中一般采用文献综述的方法，以便了解学术研究的前沿情况。中国人民大学法律系于1978年7月11日正式恢复后①，高老师调回人大法律系任教，在给我们上课时，就把综述方法引入刑法教学当中，我和振想是首批受益者。记得我第一次做的是关于刑法因果关系问题的综述，查阅了自1956年以来的数十篇论文，写出了一万多字的刑法因果关系综述，受到高老师好评。通过刑法因果关系综述，我掌握了因果关系问题的研究现状，为进一步研究奠定了基础。在1983年暑假，因中国法学会开会需要，高老师又布置我做一个刑法学研究的完整综述，我忙乎了一个多月，写出一个近10万字的系统综述交给高老师。通过这个综述，我才算是入了刑法的门，培养了对刑法学研究的兴趣。从这个意义上说，高老师是我在刑法学研究上领我入门的人，而领我入门的方法就是综述。正是在综述的基础上，我发现了刑法中一些值得研究的问题，并着手写了三篇刑法论文，第一篇是《论我国刑法中的间接正犯》，发表在《法学杂志》1984年第1期，这是我的处女作。第

---

① 参见周振想主编：《新中国法制建设四十年要览（1949—1988）》，408页，北京，群众出版社，1990。

二篇是《论教唆犯的未遂》，发表在《法学研究》1984年第2期。第三篇是《论我国刑法中的片面共犯》，发表在《法学研究》1985年第1期。这三篇论文是我初出茅庐之作，尤其是以我当学生的身份能够在《法学研究》上连续发表，给我以极大学术自信，并在一个很高的起点上开始了我在刑法学领域的学术跋涉之路。而这些论文，实际上都是综述以后发现问题再进行研究的产物。可以说，没有综述，也就不会这么快地进入刑法学术研究前沿，也就不会发现值得研究的问题，当然也就没有这些研究成果。我想，振想与我的经历是差不多的。振想有一篇《刑法学若干问题讨论综述》，约1万字，发表在《中国社会科学》1986年第6期。该文对刑法总论和各论中的31个争议问题进行了综述，尤其是能够发表在权威刊物上是很不容易的。关于该文，振想在编辑其论文集时曾经专门作过说明："发表在《中国社会科学》1986年第6期上的《刑法学若干问题讨论综述》一文，严格讲来不属研究论文之列，但由于其系统、全面地总结、反映了当时刑法学界的研究状况和水平，并代表着我对当时若干学说的评判倾向，故一并收入。"[①]当时，综述主要是我们学习的一种方法，后来不知是谁提议，也许是赵秉志，就想搞一本综述的书，征得高老师同意并由高老师担任主编，我们刑法专业的四位同学：我、赵秉志、周振想、张智辉参加编写，于1986年11月由河南人民出版社出版了《新中国刑法学研究综述（1949—1985）》一书。这是我们正式出版的第一本书，也是合作的第一本书，可以说是我和振想的刑法学研究入门之作。该书出版以后，尽管它不是一本研究性著作，而只是一本综述性著作，但还是在我国刑法学界产生了较大的学术影响，其影响又波及法学其他学科，以后10年内，大约有数十种研究综述出版，我们这本综述可谓开风气之先。

第二本是王作富主编的《中国刑法适用》，由中国人民公安大学出版社1987年11月出版。该书的缘起是中国律师函授学院计王作富教授领衔编一本刑法函授教材，参与编撰的是王作富、陈兴良、周振想、赵秉志、鲁风。鲁风是当时人大法律系刑法教研室主任，我、振想、秉志则是当时的博士生。该书编成以后，

---

① 周振想：《当代中国的罪与罚·自序》，5页，北京，中国人民公安大学出版社，1999。

以《刑法》为书名由中国律师函授学院于 1986 年印行。由于是内部印行，我们觉得可惜，就想公开出版。当时正好张智辉已分配到中国人民公安大学出版社当编辑，就和智辉联系在中国人民公安大学出版社出版。《中国刑法适用》这个书名是我起的，我似乎有些偏爱"适用"一词，后来我自己出版的刑法总论专题研究的著作也称为《刑法适用总论》。起了《中国刑法适用》的书名以后，在一定程度上淡化了该书的教科书性质，实际上这还是一本刑法教科书。不过，在内容上还是有些创新，像振想承担的从第十四章到第十九章，包括整个刑罚论，就汲取了当时最新研究成果。在我们印象中，关于刑罚功能问题，当时两部权威的刑法教科书，即高铭暄主编的《刑法学》（法律出版社 1981 年版）和杨春洗等著《刑法总论》（北京大学出版社 1981 年版）都未论及。《刑罚功能论》是邱兴隆的硕士论文题目，邱兴隆早期作者简介中有一本书《撩开惩罚的面纱——刑罚功能论》，其实该书从来没有出版过，但其内容反映在邱兴隆、许章润合著的《刑罚学》（群众出版社 1988 年版）一书中。在我为邱兴隆的博士论文《关于惩罚的哲学——刑罚根据论》一书所作的代序中，我曾经指出："当邱兴隆硕士研究生毕业的时候，其硕士论文'刑罚功能论'可以说显示了他在刑罚理论上的创新精神，对此我始终予以高度评价。在此之前，我国刑罚理论是极为薄弱的，其学术性无法与犯罪论相比。邱兴隆的'刑罚功能论'独辟蹊径，从刑罚功能展开刑罚的理论思辨。在当时，是一项填补空白之作。现在，刑罚功能论已经成为我国刑法教科书的不可或缺的内容，这在很大程度上是吸收了邱兴隆的研究成果。换言之，邱兴隆的这项研究成果已经得到我国刑法学界的认同而成为通说。"[1] 刑罚功能首次进入教科书的就是《中国刑法适用》一书。当然，振想在刑法教科书中论述的刑罚功能已经作了高度概括，归纳为惩罚功能、感化功能、改造功能、安抚功能、感悟功能、教育功能六种功能。[2] 邱兴隆在《刑罚学》一书中则把刑罚功能分为个别预防功能与一般预防功能。个别预防功能包括剥夺或限制再犯功

---

[1] 陈兴良：《法外说法·陈兴良序跋集Ⅰ》，109 页，北京，法律出版社，2004。
[2] 参见王作富主编：《中国刑法适用》，214～217 页，北京，中国人民公安大学出版社，1987。

能、个别鉴别功能、感化功能、个别威慑功能、改造功能。一般预防功能包括对潜在犯罪人的一般威慑与一般鉴别功能,对受害人的补偿功能与安抚功能,对其他守法者的强化与促进守法功能和鼓励功能。[①] 我们编撰《中国刑法适用》一书时,邱兴隆的《刑罚学》一书虽未出版,但在 1986 年,邱兴隆已来人大法律系读博士,与我和振想的交往很多,当然我们是知道邱兴隆这项研究成果的。因此,刑罚功能论虽非振想自己的原创性研究成果,但振想将刑罚功能论引入刑法教科书是功不可没的。此后出版的刑法教科书,大多都有刑罚功能一节,即肇始于《中国刑法适用》一书。例如高铭暄、马克昌近年主编的《刑法学》一书,就在第十四章刑罚概说一章分设三节,分别论述刑罚的概念(第 1 节)、刑罚的功能(第 2 节)和刑罚的目的(第 3 节)。[②]《中国刑法适用》以教科书形式反映了当时我们在刑法研究中取得的成果,成为我们后来教案的雏形。振想于 1997 年出版了个人刑法教科书《刑法学教程》(中国人民公安大学出版社 1997 年版),而我则迟至 2003 年才出版个人刑法教科书《规范刑法学》(中国政法大学出版社 2003 年版)。追溯起来,《中国刑法适用》是我和振想刑法教科书的源头。因此,《中国刑法适用》虽然只是一部教科书,但在我和振想的学术研究史上,都是具有重要意义的。而且,在我国刑法理论研究尚处于草创阶段的 20 世纪 80 年代中期,《中国刑法适用》还是产生了一定的学术影响的。

第三本书是高铭暄、王作富主编的《新中国刑法的理论与实践》,1988 年 2 月由河北人民出版社出版,全书 56 万字。这本书的作者除高老师和王老师以外,还有我、赵秉志、周振想、姜伟、张智辉。当时张智辉已经硕士毕业分配到中国人民公安大学出版社工作,姜伟是和振想同一届的博士生。本书虽是 1988 年 2 月出版,但从前言记载的日期来看,1986 年 12 月就已完成。因此,本书基本上是我们在硕士生和博士生期间的研究成果。正如该书前言所说,"本书既不是论文汇编,也不像业已出版的刑法学教科书那样,对刑法规定的每一问题都进行全

---

① 参见邱兴隆、许章润:《刑罚学》,72 页以下,北京,群众出版社,1988。
② 参见高铭暄、马克昌主编:《刑法学》,225 页以下,北京,北京大学出版社、高等教育出版社,2000。

面论述,追求刑法学体系的高度完整,而是大体上按照刑法学的体系,选择其中若干重要问题进行研究和阐述。在研究工作中,我们力求材料翔实、新颖、准确,理论与实际相结合,并力求有新的见解,从而使本书不仅要具有较高的学术价值,而且也能对司法实践有所裨益"[①]。在本书中,我承担的是第八章犯罪概念、第十九章法条竞合、第二十章情节减轻犯与情节加重犯等,这些都是我的心血之作,反映了我当时对这些问题的精心研究所能达到的学术高度。像法条竞合、情节减轻犯与情节加重犯等都是带有一定原创性的研究成果。振想承担的第五章罪刑法定原则、第十章犯罪构成、第二十三章经济犯罪的数额、第二十七章强奸罪、第三十二章妨害公务罪也都是当时对这些问题的前沿性研究成果,其他章节也是如此。例如在关于犯罪构成的一章,振想对当时犯罪构成理论讨论中的一些新观点进行了批评,认为我国目前的犯罪构成理论是科学合理的,在司法实践中已经并正在起着积极的指导作用。[②] 当然,在我看来这一观点是略嫌保守的,但它确实成为当时关于犯罪构成的主流认识,至今仍然占据统治地位。不过,在该文中,振想还是提出了我国的犯罪构成理论面临的亟待研究的问题,因而具有一定的积极意义。总之,该书的出版,是当时人大法律系以高老师、王老师领衔的刑法学术团队崭露头角的一个标志性事件,或者说是一次学术亮相。该书代表了当时我国刑法学研究的最高水平,对此,北大储槐植教授在1990年作过极为客观的评价。储老师一方面指出,近年来出版了一本又一本刑法教材和著作,多数大同小异,给人的印象是"原地踏步,进展不大";另一方面指出,刑法研究领域出现了可喜迹象。值得提及的是中国人民大学刑法教研室的两本近著《新中国刑法的理论与实践》(高铭暄、王作富主编,1988年出版)和《中国刑法的适用与完善》(赵秉志、张智辉、王勇著,1989年出版),虽然尚未提出新

---

① 高铭暄、王作富主编:《新中国刑法的理论与实践》,1页,石家庄,河北人民出版社,1988。
② 参见高铭暄、王作富主编:《新中国刑法的理论与实践》,172页,石家庄,河北人民出版社,1988。

的理论结构，但其中反映出来的理论思维高出于现有许多同类著作。[①] 因此，《新中国刑法的理论与实践》对于我和振想来说，都是一部重要的合作著作，甚至说是最重要的一部，也不为过。

第四本是译著《新犯罪学》，该书是美国著名的批判犯罪学代表人物理查德·昆尼和约翰·威尔德曼的代表作，也是新犯罪学派的主要著作之一。这是我们的第一本译著，翻译的缘起我记不得了，译者是我、周振想、赵秉志、张智辉。翻译时间约在1984年，在读硕士期间。译本开始以油印本的方式印行。及至1988年振想又与"二十世纪文库"的那些人另行策划了一套"现代社会与文化丛书"，振想是编委之一，该丛书由中国国际广播出版社出版。该出版社大概就是在此前后出版的，想以这套丛书打知名度，这个目标基本上达到了。《新犯罪学》一书是振想以"职务之便"纳入该丛书的，从书目上看，该书是丛书第一批出版书目中的第一部。为出版该书，振想约请当时还未出名、现今以翻译并研究哈耶克著作而负盛名的邓正来校对，振想还为该书撰写了译者序，该序对新犯罪学理论进行了分析，是振想关于犯罪学的学识之体现。该序被振想加上"犯罪学与新犯罪学"的标题，收入振想论文集[②]，由此可见振想对该序的自珍。

第五本也是译著，即英国鲁珀特·克罗斯、菲利普·A. 琼斯著《英国刑法导论》，该书是高铭暄教授和余叔通教授推荐翻译的，翻译时间约在1988年前后甚至更早，但迟至1991年才由中国人民大学出版社出版。参加该书翻译的有赵秉志、张智辉、严冶、张军、周振想、陈兴良、楚建、王国庆。其中，我、振想、秉志、智辉是人大法律系刑法专业1981级同学，而张军则是刑法专业1982级同学，严冶、楚建、王国庆是我们同年级的研究生同学，其中严冶、楚建是民法专业的，王国庆是刑事诉讼法专业的。振想和秉志、楚建一起参加了该书的统稿，最后校订由中国社会科学院法学研究所周叶谦研究员承担，出版是秉志负责联系的。《英国刑法导论》是英美法系具有代表性的刑法教科书，它是继《肯尼

---

① 参见储槐植："刑法例外规律及其他"，载《中外法学》，1990（1），收入《刑事一体化与关系刑法论》，331页，北京，北京大学出版社，1997。
② 参见周振想：《当代中国的罪与罚》，576～580页，北京，中国人民公安大学出版社，1999。

刑法原理》之后第二本英美刑法教科书的译著。通过翻译该书，我和振想都加深了对英美刑法的了解。现在回忆起来，该书的翻译当初也许是作为硕士生期间外国刑法的作业布置下来的，因而开始翻译的时间应在 1983 年前后，开始只是作为一种学习与翻译的训练，后来才有了出版的想法。因该书篇幅较大，又拉进其他专业同学参加翻译，一直拖到好几年以后才出版。现在，该书的译者中，张军任司法部副部长，智辉任最高人民检察院检察理论研究所所长，严冶（也是我和振想在北大的本科同学，三人一起考入人大）跟随其在外省的丈夫下海去当律师，楚建和王国庆先后去美国，至今未归，振想则与世长辞，只有我和秉志还在高校从事刑法研究。因此，该书成为当年我们在人大法律系学习生活的一个纪念。

第六本是高铭暄主编的《刑法学原理》三卷本，150 万字，中国人民大学出版社 1993 年—1994 年出版。当该书第三卷于 1994 年 10 月出版时，振想早已离开人大法学院，调到中国青年政治学院去了。因此，《刑法学原理》是我们在人大合作的最后一本书，也是最重要的一本书。《刑法学原理》是高老师主持的国家哲学社会科学"七五"规划重点项目"中国刑法理论与实践"的最终研究成果。该书是人大法律系刑法教研室师生 20 世纪 80 年代刑法总论研究成果的集大成，该研究项目从章节结构的确定开始，我就参与其间。1984、1985、1986 三个年级的博士生参加了本书的写作。本来也给邱兴隆分配了任务，因他 1990 年脱离学术，他的那两章就由我来承担了，这就是该书第二十二章刑罚概说和第三十三章刑罚执行，由此使我的学术领域拓宽到刑罚论，此前我的学术兴趣一直限于犯罪论。振想则主要承担了刑罚论的部分章节，那是他熟悉的学术领域。记得当时刑法教研室每周开会逐章讨论该书的初稿，我的好几章内容都经过讨论，至今记忆犹新。《刑法学原理》一书以其体系完整、规模宏大而成为 20 世纪 90 年代初出版的一部具有象征意义的刑法学巨著，也是以高铭暄教授为首的人大刑法教研室最重要的一部集体著作。该书 1995 年分别获第二届国家图书奖和全国高等学校人文社会科学研究成果一等奖，这几乎是当时法学著作所能获得的最高奖项。

随着 1994 年振想调离人大，我们在人大刑法教研室的美好合作时期就结束

了。我们各把一摊，分别还在继续从事刑法学研究。当然，振想由于开始担任领导职务，在科研方面就有点力不从心。不过，1997年刑法修订，我国刑法学界也随着法律的修改而忙碌起来。在这种情况下，振想又迎来了他另一个学术的高产期，我和振想也才有另一次合作的机会。

在1997年刑法修订后，振想完成了也许是他一生中最重要的一部著作，这就是他的《刑法学教程》，1997年6月由中国人民公安大学出版社出版，全书70万字。在此之前，振想出版过两部个人专著，这就是硕士论文《自首制度的理论与实践》和博士论文《刑罚适用论》。就理论深度而言，这两部专著当然是能够代表振想的理论水平的，但那毕竟只是就某一专题所作的研究，还不足以反映一个学者在本学科的综合学术水平。振想的《刑法学教程》则是以教科书的形式体现出来他对刑法的整体理解的，也是对十多年刑法教学生涯的一次总结。在该书的前言，振想谈了他对教科书编写的一些观点："教科书不同于专著之处在于，它不仅对于章节的编排、体系的完整、理论的系统、语言的通俗以及文字的简练有着特殊的要求，而且篇幅也不宜过长，体积不宜过大。也就是说，要在与原教科书容积大致相等的'旧瓶'之中装上远远多于原刑法内容的'新酒'。"[①]该书的编写大体上实现了振想的预期目标，虽然在体系与观点上没有重大突破，但在刑法修订后短短的数个月内出版这么一本个人刑法教科书，已经实属不易。《刑法学教程》一书于1997年6月出版第1版，在1997年12月就出了第2版，并于1998年获北京市哲学社会科学优秀成果一等奖，这也是振想个人著作获得的最高奖项。

在1997年刑法修订中，振想还主编了一部《中国新刑法释论与罪案》，并与我以及其他一些学者合作主编了一部《刑法的修订与适用》。《中国新刑法释论与罪案》分为上下两册，由中国方正出版社于1997年出版，该书的主要特点是把刑法的阐释与案例的分析融为一体，反映了刑法理论与司法实践紧密结合的治学方法。这本书在1997年刑法修订后的出版物中也是独具特色的一部。《刑法

[①] 周振想：《刑法学教程》，1页，北京，中国人民公安大学出版社，1997。

的修订与适用》则是由人大法工委的高西江担任主编，江礼华、李淳担任常务副主编，李文燕、姜伟、周振想及我担任副主编的一部著作，全书 76 万字，于 1997 年由中国方正出版社出版。该书的特点是作者都是从事刑法理论研究、教学或司法实践工作的同志，且大多参加过立法机关修订刑法的论证会、座谈会。该书主编高西江同志长期从事立法工作，经历了刑法修订的全过程。因此，该书对理解新刑法的立法精神具有一定的权威性。可以想见，1997 年对于振想而言是忙碌的一年，是成果丰硕的一年。对于我亦是如此，甚至对于整个刑法学界也是如此。

我和振想合作的最后一本书也是刑法教科书，这就是中共中央党校函授学院的刑法教科书。该书是由北京市人民警察学院副院长李汝川联系的，1998 年 3 月由我和汝川主编了《刑法总论》。后汝川又找我主编《刑法各论》，因为当时我已在北京市海淀区检察院兼职，且正从人大调往北大的过程中，无心再编《刑法各论》。于是，我就引见了振想与汝川认识，并将这项工作转由振想来完成。这样，振想和汝川共同主编了《刑法各论》。到了 2002 年，中共中央党校函授学院又想将《刑法总论》和《刑法各论》合成一本。经过修订，2002 年 10 月由当代世界出版社出版了我和振想、汝川主编的《刑法学》一书，全书 60 万字。及至 2003 年 9 月，又应中共中央党校函授学院的要求将该书进行压缩，并将书名改为《刑法教程》，仍是我、振想、汝川主编，由中国长安出版社出版。由于中共中央党校函授学员数量庞大，因此这几版的教科书印数达到数十万册。每次如何改编的细节我都记不清楚了，只记得每次改编我、振想、汝川三家都会聚会一次，其中 2002 年 5 月那次是在北京市公安局设在香山脚下的疗养院，谈完书稿后，在香山植物园散步，谈了一些生活琐事。那时，振想的生活态度似乎发生了一些变化，比如去欧洲旅游、买房等话题，他不再有兴趣。后来才知道，那时振想已经肝病复发，只是一直没有告诉我们。我们三家的聚会时断时续地进行着，最后一次是 2003 年 10 月 6 日，国庆黄金周结束前两天，汝川约我和振想去北京昌平虎峪的北京市人民警察学院新址参观一下，并顺便放松一下。我们如约到了北京市人民警察学院。该学院虽还未完全建成，但主要建筑已经落成，规模宏

大，尤其是模仿街区的场景。我们饶有兴趣地走了一圈。那天有风，振想似乎体力不支。下午，我们又去九龙游乐园转了一圈，对于这个北京十分知名的游乐场所我是第一次去。我们还看了动感立体电影，兴致颇高。傍晚，我们驱车回城。本来，振想的车应该和我一起从京昌八达岭高速健翔桥出口走北四环回家，但在健翔桥出口振想就和我们分手，说是晚上城里有饭局，他进城去了。后来才知，这时他已病重住在城里的解放军总医院，他是从医院偷偷跑出来和我们一起去玩。这是我们最后一次家庭聚会，明显地看出他的脸色呈土褐色，行动举止也有些迟缓，但确实没有想到他已身患重病。

自从1998年我调入北大以后，由于振想兼任北大刑法专业的博士生导师，因而交往又多起来，博士生的招生、上课、中期考试、开题报告和最后的答辩，博士生培养的各个环节振想大多参加。2004年年初，整个寒假听说振想回饶阳老家过年去了，其实一直在北京住院，因而一直没有联系，2月开学以后，博士生又进入论文定稿阶段。到了2月20日左右，忽然收到振想给我的手机打来电话，说正在住院，很快要做肝移植手术，并说肝移植手术的技术已经非常成熟。我马上问住在什么医院，要不要来看望。振想马上拒绝了看望，说过一个星期做手术，等做完手术再说，还让我为他保密。振想来电话，是把他带的博士生托付给我，让我帮助指导，给论文把把关。这是我与振想最后一次通电话，当时听起来振想的情绪很好，对于手术的成功也十分乐观。一个星期后的3月1日晚上，传来振想手术不成功的噩耗，当晚我和北大的张文老师、刘守芬老师、梁根林老师以及博士生同学一起去解放军总医院，但最终未能见上最后一面，振想于第二天逝世。《中国律师》主编刘桂明和记者陈秋兰在"怀念周振想教授"一文中，有这样一段话："原以为生命是很漫长的，漫长到足以阅尽三山五岳、享尽春华秋实；原以为死亡是很遥远的，遥远到就是踮起脚尖也望不到它的阴影。然而，我们的朋友周振想的悄然离去，让我们痛切地感到——生命有时竟然会如此之近地戛然而止，死亡有时竟会如此之快地不留情面！"[①] 对于振想的英年早逝，令

[①] 刘桂明、陈秋兰："怀念周振想教授"，载《中国律师》，2004（7），89页。

我们每个认识他的人都感到意外,感到震惊。这当然是由于病魔的残酷死神的无情,但也由于振想对于病情的掩盖,使我们丧失了在他生命最后时刻关爱他的机会。也许振想这个人太要强,心气太高,不想让别人看到他遭受噩运的难堪,宁愿独自默默地承受着病魔的折磨。当然,也许振想过高地估计了自己战胜死神的能力,期望能在病愈以后以一种健康的身体和我们重逢……这一切都只能是我个人的猜测,对于振想来说,这一切都已经不重要,他已经躺在香山脚下那块静谧的墓地里……

《公务犯罪研究综述》是振想的遗著,这本书是振想承担的社科国家项目的一个阶段性成果。我知道振想一直关注公务犯罪问题,1994年就曾经主编过《权力的异化与遏制——渎职犯罪研究》一书,由中国物资出版社出版。在该书的跋中,振想指出:"本书非单纯的刑法学著作。它在从刑法学的角度研究构成犯罪的各种腐败现象的同时,尚注意利用政治学、社会学、心理学、行政管理学、犯罪学的研究成果与方法,对当今我国党政机关和干部队伍中的各种腐败现象及其原因与遏制问题进行了多方位、多层次的探究,以期达到清除这些腐败现象的目的。"[1] 因此,该书在多学科地研究渎职犯罪方面,还是有其独特性的,因而在1998年获全国高等学校第二届人文社会科学研究成果三等奖。《公务犯罪研究综述》是上述研究的继续,我相信它的出版对于推动我国关于公务犯罪的研究具有重要意义。

振想与刑法学研究结缘22年,作为改革开放以后成长起来的新一代刑法学家,他的成长史也就是我国新时期刑法学的发展史。追忆振想的学术发展史,就如同追忆我以及和我同时代的中青年学者的成长史是一样的。对于学问之道,振想有这样的感想:做学问犹如在海滩上捡贝壳,谁去得早,谁便能捡得多,捡得大。而海滩上的贝壳总的说来是有限的,尤其既大且亮的那些贝壳本来就极为稀少,因此前人捡走得越多,则后人越难以再捡到。……好在海有潮起潮落,每一次涨潮都会带来许多新的贝壳,因此只要后人能够认识并把握潮涨潮落的规

---

[1] 周振想主编:《权力的异化与遏制——渎职犯罪研究》,411页,北京,中国物资出版社,1994。

律，并及时地赶到刚刚退潮的沙滩上，就必定能捡到新的贝壳。[①] 我想，人生之道也同样像在海滩捡贝壳，不过它不一定要起早，该归谁的就归谁。因此，我们能有更多的时间徜徉在海滩，面对大海的潮涨潮落，贝壳永远没有捡完的时候……

（本文原载陈兴良主编：《刑事法评论》（第16卷），北京，中国政法大学出版社，2005）

[①] 参见周振想：《当代中国的罪与罚·自序》，5页，北京，中国人民公安大学出版社，1999。

我所认识的邱兴隆：其人、其事与其书

邱兴隆君的博士论文《关于惩罚的哲学——刑罚根据论》即将交付出版，其导师，也就是我导师高铭暄教授，是当之无愧的作序者。邱兴隆邀我也为之作序，我答应了。因为邱兴隆其人其事或此或彼地与我有一定的关系，尤其是阅毕作为本书代跋的"学海沉浮录"，感慨良多，言至笔端。这就是此序的由来。

我与邱兴隆的相识，是在 1984 年 4 月中旬。在时任中国人民大学法律系刑法教研室主任鲁风老师的带领下，我、赵秉志、周振想、张智辉 4 人外出为收集硕士论文资料进行调研，从北京赴成都，由成都至重庆，过三峡抵武汉，经长江到上海，然后返京，历时月余。这是我第一次外出调研，顺便游览祖国大好河山。经重庆时（4 月 26 日），我们一行到了西南政法学院，参观了歌乐山麓的中美合作所旧址，印象颇深。当时的西南政法学院是全国唯一的重点政法院校，我国著名刑法学家伍柳村教授、邓又天教授、董鑫教授均在此任教。为我们的到来，西南政法学院刑法教研室全体教师还专门开会，听取我关于硕士论文写作构想的汇报，并提出意见。这种隆重的场景，我想，在此后的硕士生论文调研中再也不会有了。因为我们毕竟是 1980 年《学位条例》出台以后招收的首届攻读硕士学位的研究生。当时全国与我们同届攻读刑法的硕士也不过 13 人。午饭过后，

我们到西南政法学院研究生宿舍里走访。因该校未招收与我们同届的刑法专业硕士生，而比我们低一届的刑法硕士生也正好不在，我们来到了比我们低两届、当时是研究生一年级的邱兴隆等的宿舍。那时的宿舍条件十分简陋，我们的走访时间也有限，因此，我们只是作了简单的交谈就离去了。首次相识，邱兴隆这个人只给我留下了一个模糊的印象。

回京以后，我收到《法学杂志》1984年第1期，该期新设了一个"青年论坛"栏目，我的处女作论文《论我国刑法中的间接正犯》就发表在该栏目，同期该栏目发表的还有邱兴隆的一篇文章，题目我忘了。这又拉近了我和邱兴隆之间的距离。

此后就是论文写作，直至1984年12月通过硕士论文答辩。大约在1985年2—3月份，我将硕士论文《论我国刑法中的正当防卫》寄给了邱兴隆一份，此后我们便开始通信交往。在通信中，我谈了刑法理论应当以罪刑关系为研究对象的想法，正好与邱兴隆不谋而合，这就奠定了我们此后合作的基础。1985年7月4日我在日记中记载："收到邱兴隆来信，没想到，关于罪刑关系，我和他不谋而合。他已经有所研究，并有些材料。马上给他回信，谈罪刑关系。"从我的日记看，此后一段时间通信频繁，只是记载简单，通信内容记不清了。到1985年8月20日，当天日记记载："收到邱兴隆电报，21日上午到（京），要去接他。"8月21日日记记载："上午去火车站接邱兴隆。"这是邱兴隆第一次到北京，为硕士论文搜集资料，其间我们多次讨论罪刑关系。

1986年，在我和周振想的鼓励下，邱兴隆报考高铭暄教授的博士生。我曾向高师面荐邱兴隆。正如邱兴隆本人在"学海沉浮录"中所言，他的英语成绩不甚理想。但经高师的力争，邱兴隆和王勇、李海东一同入学，成为86级刑法专业博士生。该年10月邱兴隆入学以后，我们有机会当面切磋，很快着手《罪刑关系论》一文的写作，论文写完后投给《中国社会科学》杂志，并经反复修改，发表于该刊1987年第4期。同年10月，我又与邱兴隆合作完成了《罪刑关系再论》一文，分上、下两篇，约2万字。上篇是对历史上的三个刑法学体系（行为中心论、行为人中心论和苏联的社会危害性中心论）的反思，主要由邱兴隆执笔；下篇是对我国刑法学体系的反思与重构，主要由我执笔。后将下篇打印，以《刑法学体系的反思与重构》为题，作为提交给在烟台举行的 1987 年刑法学年会的论文。该文后发表在《法学研究》1988 年第 5 期。上篇则未发表，后来，我在《刑法哲学》中采用了本文的内容。

此后，我忙于写作博士论文，未再与邱兴隆合作。但罪刑关系论作为一个刑法学理论的命题，成为我后来学术研究的逻辑起点。邱兴隆也开始忙于写他的《刑罚学》，该书于 1988 年由群众出版社出版。我对《刑罚学》一书始终予以高度评价，正是这部书的出现提升了我国刑罚理论的水平。在此期间，我和邱兴隆的学术交流一直在持续。邱兴隆对刑罚理论情有独钟。记得在他临近毕业的时候，一度想到司法部预防犯罪研究所工作，曾经对我谈起，如果到该所工作，就以匿名的形式假充囚犯到监狱体验一段时间监禁生活，除监狱长以外，其他人一概保密，以便体验到原汁原味的监狱生活。对他的这一当"志愿囚"的想法，我深以为然。因为研究刑罚的人如果没有亲身体验过监狱生活，不能不说是一种遗憾。不曾想，这种监狱生活（严格地说，是看守所的囚禁生活，但看守所的囚禁生活比监狱生活更为恶劣）不用刻意追求，在后来就不期而然地降临到邱兴隆身上。一言成谶语，预想化为现实，此是后话。行文至此，我想起孟子的那句名言："天将降大任于斯人也，必先苦其心志，劳其筋骨。"诚哉斯言。

正如邱兴隆在"学海沉浮录"中所言，他的变化起因于 1987 年年底的海南之行。当时海南建省在即，10 万人才赴海南，烘托起全岛的一派繁荣。对此，邱兴隆心有所动，人虽在岸，心先下海，开始成为一名准书商。自从邱兴隆从海南回来，可以看出他精神面貌的变化：少了书生气，多了商人味。从此，邱兴隆是身在学校心在商海，无心向学。因此，他 1989 年的博士论文选题由《刑罚根据论》改为《刑罚功能论》，文章基本上是其硕士论文的简单扩充。就在举行博士论文答辩前不到一个月，即 1989 年 7 月 20 日，邱兴隆被北京市公安局以"涉嫌非法出版"为名收容审查。这一收审就是 185 天。

在 1990 年春节前一天，邱兴隆被取保候审。记得当天下午 5 点多钟，邱兴隆获自由后马上来到当时还在中国人民大学红二楼 120 房间的我家。只见邱兴隆

面容憔悴，衣衫褴褛，我当即安排他洗澡、吃饭，饭后陪他去中友商场购买全套衣服。就在陪他去中友商场的途中，对他予以一番安慰后，我也曾劝他说："这一次收审虽然是错的，但你以后也要注意，不要折腾了。"谁知，邱兴隆说了这样一句我至今记忆犹新的话，大大出乎我的意料："我这次吃了这么大的苦，此后再大的苦也不怕了。"颇有革命样板戏《红灯记》中李玉和那句著名台词，"妈，有您这碗酒垫底，什么样的酒我全能对付"所表达的气概。虽然邱兴隆也是因为对司法错误的强烈不满才基于逆反心理而口出此言，但是，我从他的话中也感到他似乎已无上岸之意，由此，我产生了一种莫名的担忧。当然，我当时没好意思对邱兴隆说出这种感觉与担忧。

到1990年9月，邱兴隆不辞而别，彻底失踪了，我则依然坚守在学校。那是一个商潮涌动、人心浮躁、人文衰落、斯文扫地的时期，对于像我这样潜心向学的人来说，充满了压抑感。正是在这种氛围下，我于1991年完成了《刑法哲学》一书的写作。该书架构了一个罪刑关系中心论的刑法学理论体系。它就是在我和邱兴隆合作的《罪刑关系论》一文的基础上发展起来的，并为我以后的刑法理论研究奠定了基础。当我写《刑法哲学》的时候，邱兴隆已经失踪，在我写于1991年9月22日的《刑法哲学》一书的后记中，我以这样的口吻提及邱兴隆："在此，我还要提到一位与本书写成具有重要关系的人，这就是邱兴隆君。我在1985年就开始与还在西南政法学院攻读硕士学位的邱兴隆通信讨论罪刑关系问题，自他于1986年考入中国人民大学攻读博士学位以后，这种讨论更加深入，并合作发表了有关罪刑关系的论文。可以说，本书也包含着邱兴隆君的一份心血。"这里的"一份心血"并非虚言，确是实情。尽管我自己对《刑法哲学》一书很不满意，但它成为我的代表作，给我带来了一定的声誉。据邱兴隆后来告诉我，在1991年年底，他在火车旅行途中巧遇其学长程燎原先生，而程正好在此次到北京公干时与我见过面，知道我的《刑法哲学》一书即将出版，因而与邱兴隆谈起过此书。但邱兴隆此时对学界之事已经没兴趣，因此，他始终未见过此书。直至1998年2月出狱，邱兴隆萌生回归学界之心，因而想了解他离开学界这段时间刑法理论的发展情况，因此，出狱后的第一件事就是到书店购买了我的

《刑法哲学》等书,当即阅毕。就在他出狱后与我的第一次通话中,邱兴隆对我在该书后记中如实记载我与他的合作过程深表感动,同时也谈了一些他对《刑法哲学》的看法。此时,距离该书的出版已是6年之后。

自从邱兴隆失踪,就再也没有他的音讯,偶尔听说他重操旧业,又涉足书界,在石家庄一带活动。1992年11月,在西安参加刑法学年会,我认识了硕士毕业于中国政法大学刑法专业、当时在河北省社会科学院法学研究所工作的张金龙先生。后文要专门提到,此君与邱兴隆的重获自由关系重大。我与张金龙十分谈得来,会议期间他还就《刑法哲学》中的某一问题与我切磋。当时我向张金龙说起邱兴隆的为学与为人,并说邱兴隆在石家庄一带活动,以后若有机会,遇到邱兴隆,代为致意。

后来,从《读者文摘》(现已改名为《读者》)的一则启事上,我得知邱兴隆因涉嫌参与盗版《读者文摘》精华本而被石家庄警方收审。知道邱兴隆下落以后,我曾经多次委托来自河北石家庄的高法政学员打听邱兴隆,请他们在可能的情况下予以关照。我还于1996年8月为一个案件到过石家庄,并到石家庄市公安局看守所会见过被告人,当时还想邱兴隆是否关押在这里。久而久之,邱兴隆逐渐被淡忘了。

记得在1997年5月的一天,我突然接到一个来自石家庄的电话,来电话者是张金龙。自1992年西安一别,我们再也没有联系过,后来才得知他已经下海当律师。张金龙在电话里对我说:"邱兴隆找到了,我正在为他当辩护律师。"这时,我才想起在西安时对张金龙的交代,没想到这么多年过去了,他还始终记得。原来,张金龙同所的一位律师为一名被告人做辩护。张金龙偶然拿起看守所羁押人员的名单,是邱兴隆的名字列入其中,于是马上想起我在西安向他谈起过邱兴隆。因此,张金龙主动到审理此案的石家庄中级人民法院,打听邱兴隆是否聘请了辩护人,并对办案人员表示,如邱兴隆本人同意,他愿担任邱的辩护人。此时,邱兴隆恰好因胃出血而住进了监狱医院,邱兴隆的家人经法院办案人员的介绍,找到了张金龙,后征得邱兴隆的同意,张金龙担任了他的辩护人,开始了艰难的诉讼过程,并为邱兴隆提供了精神与物质上的双重帮助。对此,邱兴隆在

《刑罚理性导论》后记中有真切的叙述。

在与我通话后没有几天,张金龙带着邱兴隆的起诉书来北京见我。我看了起诉书后大为不解,此时已是1997年刑法修改以后,投机倒把罪名早就被取消了,而且刑事诉讼法也已于1996年作了修改。但在1997年起诉至法院的起诉书竟然用的是一份文号为1994年的起诉书,罪名为投机倒把罪。根据张金龙的介绍,邱兴隆一案发生在1993年,由于事实不清、证据不足以及其他种种原因,一直结不了案。但在1994年,正值全国开展"扫黄打非"运动,为了抓典型,邱兴隆案在邱兴隆等被收审1年零5个多月后,上报了省委宣传部,随之作为重大案件引起了当时的省委主要领导人的重视,邱兴隆等被匆匆转为逮捕。但是,由于案件事实不清、证据不足,法院多次退回补充侦查,因而久拖不决。从起诉书所描述的案情来看,邱兴隆并非这起盗版活动的主谋者,而只是因为债务上的原因为他人联系了一家印刷厂,证明其主观上明知该印刷品为盗版的证据并不充分。主谋者在逃,被起诉的是印刷厂的厂长和代为联系印刷的邱兴隆。看完起诉书,我始知一起惊动省委主要领导人的重大案件原来是这么一种案情,不禁心里松了一口气。原来还以为邱兴隆犯了什么十恶大罪,却不过如此。我和张金龙讨论了无罪辩护的思路,并托他带去500元钱供邱兴隆花销。同时,我还介绍张金龙去找邱兴隆在西南政法学院研究生时的同学胡云腾,他此时已从中国人民大学法学院刑法专业博士研究生毕业,在中国社会科学院法学研究所工作。我知道胡云腾是兼职律师,具有丰富的辩护经验与较强的辩护能力,也许能够为张金龙的辩护提供某种帮助。后来,胡云腾果真与张金龙一道为邱兴隆重获自由奔走呼号,在邱兴隆案件的最终解决上起了关键性作用。此后,这个案件一波三折,从一审有罪到二审无罪,历经曲折,其中详情,难以一言道尽。

记得在1997年年底,邱兴隆在一审判决后被取保候审获得自由的第二天晚上,给我打来电话,在互致问候以后,邱兴隆对我说起,在看守所关押期间写了一部书,叫《刑罚理性导论》,想请我看一下有无出版价值。当时我沉默了一下,很难想象在离别刑法学界近10年,在恶劣的囚禁环境、没有任何参考资料的情况下,邱兴隆能写出什么像样的东西。何况,在邱兴隆离开学界的这些年,刑法

理论又是以前所未有的速度进步着。也许邱兴隆在电话那边感觉到了我的沉默，又追问了一句：怎么样？我当即说：要等我见到你的稿子以后才能回答。第二天，在一个聚会中遇到中国政法大学出版社副社长李传敢先生，我向李传敢说起邱兴隆在看守所里写了一部书想出版。李传敢对邱兴隆其人早有耳闻，对我说："只要你认为这本书能出我们就出。"过了几天，通过胡云腾，邱兴隆的《刑罚理性导论》的一大堆杂乱的手稿交到了我的手里。一口气读完，觉得这本书虽然是在完全封闭的情况下写成的，缺乏与学术界的交流与对话（全书无注就是一个明证），但作为在监禁这么一个特殊环境里完成的一部刑罚学术著作，具有自身的内在理论逻辑，其学术水平大大超乎我事先的预想。我给我带的博士生周光权看后，他也同意我的这一看法，认为达到了出版水平，具有出版的价值。于是，我把书稿推荐给中国政法大学出版社，该书于 1998 年 6 月出版。在 1999 年 1 月，邱兴隆又在该社出版了《刑罚理性评论》。后来我才知道，邱兴隆在看守所里写了近 200 万字的法制报告作品，其中黑字系列三种：《黑道》《黑昼》《黑日》，于 1999 年在中国检察出版社出版。原来曾听张金龙说过，邱兴隆在看守所期间还写了一本《看守所工作概论》。在邱兴隆出狱后，我曾问过他本人，证实确有此事。以一个被看守者的身份，写了一本关于看守所工作的著作，可谓奇迹。

1998 年 5 月，为出版事宜，邱兴隆来到北京，我们在中国政法大学出版社于离别近 10 年后首度见面。当时，一审尚判有罪，我感到邱兴隆精神状态尚好，说了一些离别后的情况。邱兴隆告诉我，他的很多同学都在关心他，刚才一位下海经商的同学来看他，并倾其身上所带的 2 万元给了他。听了这些，当时我也很受感动，对邱兴隆说：你的这些同学这么关心你，除了同学之情，也是看重你的才。你应该好好做你的学问，才对得起这些关心你的人。当时，邱兴隆点了点头，我觉得这句话他是听进去了。

出版进展很顺利，邱兴隆当时尚处于上诉与取保候审期间，终审判决结果尚难预料，出版他的书难免要冒一定风险。李传敢社长毅然拍板，并且破例在未出书前给邱兴隆预支部分稿酬，以免其经济拮据。最初，邱兴隆拟署名"东山人"，虽然湘乡确有其山，但也反映邱兴隆"东山再起"之志。不过，只要是刑法圈内

人士，从此书的前言、后记一眼便知此是邱兴隆的大作。因此，我劝其署真名，以示学术活动的连贯性。不然，刑法后学者会问：此"东山人"何许人也？

  1998年12月20日，终审改判无罪以后，邱兴隆为其将来的去向征询我的意见，得知其母校西南政法大学（其前身即西南政法学院）有意让他回去，我欣然表示赞同。这样，邱兴隆从歌乐山下出来，经过12年的磨难，绕了一圈，又回到了歌乐山下。当时邱兴隆对我说起，能否来北大重新攻读博士，因为我于1998年年初离开学习、工作了16年的中国人民大学，回到母校北京大学任教。我对邱兴隆说，没有必要，看能不能征得导师高铭暄教授的同意，在中国人民大学完成博士论文答辩。当时我们都认为希望渺茫，因为在读完博士10年以后再回校答辩获得博士学位的，全国似乎尚无先例。但我认为还是可以争取的，导师高铭暄教授惜才如命，爱徒如子，这在法学界是有口皆碑的。曾经有一次，高师对我谈起自己所带的博士生10余人中，只有两个未获博士学位，一个是李海东，另一个是邱兴隆，都是同一级的。李海东后来在德国艾伯特—路德维希大学获得了博士学位，唯独邱兴隆不好交代。由此可以看出，邱兴隆未获得博士学位，不只是他本人的一种莫大的遗憾，而且也是高师的一块莫大的心病。

  果然，后来，邱兴隆本人正式提出了博士论文答辩的申请，高师则更是为他的论文答辩之事奔走，费尽曲折，终于为邱兴隆争取了答辩的资格。接下来，邱兴隆开始准备博士论文。邱兴隆以博士论文选题征询我的意见，我倾向于完成10年前已定的博士论文题目，即《关于惩罚的哲学——刑罚根据论》，这么一个好题目，不做可惜了。很快，邱兴隆寄来第一章"刑罚报应论"，我阅毕大为赞赏，以至于有一种马上要和邱兴隆通话的冲动。至此，我对邱兴隆刮目相看，认为他的学术水平上了一个台阶。如果说，《刑罚理性导论》和《刑罚理性评论》还只是恢复到接近于10年前出版的《刑罚学》的学术水平，那么，《刑罚报应论》一义表明邱兴隆实现了学术上的自我超越。当即我就给邱兴隆打电话，对《刑罚报应论》一文予以充分肯定，断言如果按这一思路写完全篇，将会是一篇优秀的博士论文。该文被收入我所主编的《刑事法评论》（第6卷），在主编絮语中，我作了如下评述："从本文可以看出，邱兴隆对于刑罚一系列基本范畴的思

考达到了相当的理论高度,尤其是旁征博引,颇有大气,不再是一个'孤独'的思考者,而是融入了世界范围内的刑罚理论话语。不仅文章可读,其学术经历更为难能可贵!"果然,邱兴隆一气呵成,完成了博士论文,达到了我所预想的学术水平。作为他的论文评阅人之一,我理所当然地在论文评阅书中对该文给予了充分肯定与高度评价,认为该文是一篇优秀的博士论文。

2000年5月25日,邱兴隆的博士论文答辩会如期举行。高铭暄教授由于是导师,按照规定应该回避,因而未出席答辩会,但高师一直在楼上办公室静候。答辩委员会成员除德高望重的王作富教授以外,我、赵秉志教授周振想教授是邱兴隆的学兄。而胡云腾研究员是邱兴隆硕士生的同学兼学长,读博士学位却比邱兴隆晚5年入学,现在成为答辩委员会成员,这也可以说是一种阴差阳错。答辩开始,为这迟到了11年的答辩,激动的邱兴隆未语泪先下。我也不禁为之动容。答辩圆满通过,得到了答辩委员会的一致好评,邱兴隆终于圆了他的博士梦。

1999年5月,我到重庆市高级人民法院参加专家咨询活动,顺访西南政法大学,也想去看看邱兴隆回母校后的工作情况。这是我15年后再次来到这所坐落在歌乐山麓的著名的政法学府。

我对西南政法大学情有独钟,虽然我并非这所学校出身,但我所接触过的许多优秀法学人才,均出自这所学府。似乎歌乐山有一种仙气,从歌乐山走出来的学生都有一种成仙得道的感觉,尤其是哲学功底明显胜出一筹。15年间,变化是巨大的,西南政法大学的校舍错落有致地铺陈在歌乐山下,绿树成荫,环境怡人,使久居京城身处车水马龙包围之中的我,有一种误入武陵源的错觉。在此,我又见到邱兴隆,并与陈忠林、张绍彦一同到他宽敞的寓所小叙,还拜见了爱惜人才的田平安校长、德高望重的邓又天教授、董鑫教授。从与邱兴隆本人的交谈中我感觉到他对自己的景况甚为满足,同时,校方对邱兴隆回校后的教学与科研情况予以充分肯定。

记忆更为深刻的是,在邱兴隆的提议下,他与张绍彦陪我来到了沙坪公园内的一处墓群。那是一个阴雨天,细雨如丝,微风似诉似吟。我们顶伞踏草来到沙坪公园的尽头,但见一片断壁残垣,进得其内,在阴森森的树丛与深可没腰的杂

我所认识的邱兴隆：其人、其事与其书

草中，竟有大大小小上百个红卫兵坟墓，都是在1967年"文化大革命"武斗中丧生的，有数人合葬墓，也有单人墓，形状各异，都有墓碑。经过30多年风霜雨雪的冲刷，墓碑上的碑文已经难辨。努力辨认之下，其碑文均是记述某一次武斗的经过，并称这些红卫兵是为捍卫无产阶级"文化大革命"而英勇献身、永垂不朽云云。印象最深的还是这些死者的年龄：大多在20岁上下。这些人现在活着，也只不过50岁左右！从陵园出来，一种悲哀的情绪笼罩着我。我想起一句诗："有的人活着，他已经死了；有的人死了，他还活着。"那么，这些红卫兵呢？死了，就是死了，不再活着。是的，对于大多数人来说，他们活着，就是活着；他们死了，就是死了，不存在死了活着、活着死了的问题。作为芸芸众生的一分子，我们不要去想死了以后的活着，而是活着的时候真切地活着。

由这些与我们差不多同龄，至少是同代的死难者——也可以说是"文化大革命"这场运动的殉葬者，想起邱兴隆，想起由我们这些个体的人所组成的我们这个社会，不由得感慨难抑。

在《刑罚理性导论》一书的前言中，邱兴隆说："从来便没有平庸的时代，而只有平庸的人。"我认为，人是在一定时代中生活的，人是社会中的人，因此，人是被社会塑造的。邱兴隆作为这么一个社会的人，人的命运就是这个社会的命运，这个时代的命运。

邱兴隆和我一样，属于"新三届"（77、78、79级）大学生，赶上了改革开放的好年头。邱兴隆16岁就跨入大学的校门，这是幸运的。从"学海沉浮录"可以看出，邱兴隆在本科阶段打下了扎实的专业基础，并已经自觉地将刑法作为主攻方向。在硕士研究生阶段，邱兴隆已经自觉地将刑法作为主攻方向。在硕士研究生阶段，邱兴隆已经开始从单纯地学习刑法知识向研究刑法理论发展，并且发表了不少论文。尽管正如他本人所言，现在看来，这些论文是稚嫩的，但也足以反映出邱兴隆的理性思辨能力。当邱兴隆硕士研究生毕业的时候，其硕士论文《刑罚功能论》可以说显示了他在刑罚理论上的创新精神，对此我始终予以高度评价。在此之前，我国刑罚理论是极为薄弱的，其学术性无法与犯罪论相比。邱兴隆的《刑罚功能论》独辟蹊径，从刑罚功能展开刑罚的理论思辨。在当时，这

是一项填补空白之作。现在,刑罚功能论已经成为我国刑法教科书的不可或缺的内容,这在很大程度上是吸收了邱兴隆的研究成果。换言之,邱兴隆的这项研究成果已经得到我国刑法学界的认同而成为通说。

从歌乐山下来到北京,邱兴隆在名师的指点下,学业大有进步。尤其是1988年出版的《刑罚学》一书,我认为是他的成名作。写这部书的时候(1987年),邱兴隆只有24岁,出版这部书的时候(1988年),他才25岁。这部书的思想深度与他的年龄形成了一种大的反差,在这个意义上可以说,邱兴隆是早慧的。我清楚地记得,《刑罚学》一书的写作是在中国人民大学东风二楼133室那个昏暗的房间里,没日没夜,确实倾注了邱兴隆的满腔心血。那时我还住在人大校内红楼陋室,经常光顾邱兴隆那个昏暗的房间,翻阅他那杂乱无章、字迹潦草的手稿。可以说,我是这部书的第一个读者。从一开始,我对这本书的学术价值就深信不疑。该书的出版,奠定了邱兴隆的学术地位。尽管现在邱兴隆本人对于该书的某些观点和内容已经十分不满并作了修正,但我始终认为它是邱兴隆的代表作。

那个时期,我和邱兴隆是接触最为密切的,聊天、喝酒、切磋学问,是经常的节目。对于邱兴隆个人性格上的一些弱点和缺陷,也是这个时期了解的。当时的邱兴隆桀骜不驯且玩世不恭,尤其是他性格上的易变和情绪上的急躁,多少为他后来的变故埋下了伏笔。邱兴隆又是一个极不安分的人,创新冲动与冒险心理同时主宰着他。创新使人进取,冒险难免失误。也许正是如此,成功和挫折总是与邱兴隆同在。当邱兴隆1987年年底去海南的时候,在社会的浮躁风尚与个人的急躁心理的双重合奏下,他开始了一段人生的冒险经历。如果当时的社会能够给邱兴隆创造一个良好的学术环境,甚至在他第一次解除收审后,社会能像现在一样多给他一些同情、理解与宽容,我想他绝不至于义无反顾地下海。当然,邱兴隆本人也曾抱有一种"以商养学"的心理。但在我看来,商是商、学是学,商学难以两全。"以商养学"的结果只能是"弃学经商"。

难能可贵的是,在身陷囹圄的绝境中,邱兴隆没有沉沦。"抬头见刑法,低头见罪犯"的囚禁环境,倒是为他思考刑法问题提供了客观上的条件,这真可谓

"祸兮，福之所倚"。在这个意义上，我是敬佩邱兴隆的生活态度和生存能力的。在囚禁这种人身最不自由的状况下，他展开了思维的翅膀，重新开始了被中断的学术进程。在一个最不适宜从事学术研究的地方——一无资料二无交流，有的只是等待判决的漫长时间，邱兴隆搞起了学问。

在监禁生活中，邱兴隆最初的想法，还是基于从事刑法研究的学术本能。搜集一些关于犯罪与刑罚研究的实际素材，也是为了消磨那些无聊得难以打发的时间。这就是当时所写的法制报告的来由。出狱以后，邱兴隆曾经对我说，为了解死囚心理，他千方百计结交关押在同号的死囚，与之交谈。由于邱兴隆的特殊身份，死囚也愿意把本身的犯罪情况告诉他。为了获得更多的死囚心理素材，当同监号的死囚情况了解得差不多后，他甚至故意违反监规，以便调换监号，再接触其他更多的死囚心理。在这里，邱兴隆又表现出一种煞费苦心的聪明——以他的聪明将不利的环境变成了一种得天独厚的研究条件，使他掌握了大量第一手的死刑材料，为他后来从事死刑研究奠定了基础。

当然，进行学术写作，是十分困难的。因为邱兴隆已经完全脱离学界，又没有任何资料。不过，邱兴隆的记忆力是超人的，他尝试着把硕士论文《刑罚功能论》回忆复记下来了6万多字，此后，又依逻辑推理，写出了《刑罚理性导论》。在我看来，《刑罚理性导论》是在囚禁条件下创作的一本特殊的学术著作，有其自身的价值，但同时也包含着由于这种环境的局限而产生的种种缺陷。它是在没有学术上的沟通与交流的情况下的一种孤独的"自说自话"。尽管对此我们不能苛求，但如果从严格的学术规范来衡量，不能认为是一本成功之作。因此，我更愿意将邱兴隆的这部书定位为一部刑罚思想著作，而不认为它是一部严格意义上的刑罚理论著作。当然，这未必能代表邱兴隆本人以及读者的定位。

当邱兴隆经历了炼狱般的整个刑事诉讼而恢复自由的时候，他一度产生隐居山野的出世之心。但这个时候，人才受到了重视，学术环境发生了变化，社会以一种宽容姿态接纳了邱兴隆，这才有了邱兴隆重返母校西南政法大学任教并在不到1年的时间内破格晋升正高职称，也才有了他回到中国人民大学完成迟到了11年的博士论文答辩。这一切，在过去是不可想象的。应当说，我们这个社会还是

在进步。当然，邱兴隆也没有辜负这个社会。一回归学界，邱兴隆便以一种喷薄欲发的态势投入刑法学术研究当中。当邱兴隆完成其博士论文《关于惩罚的哲学——刑罚根据论》的时候，我认为邱兴隆在学术上获得了新生。从这个意义上来说，邱兴隆的冤屈没有白受：正是囚禁生活成就了邱兴隆。如果没有这段囚禁生活中断了邱兴隆的经商经历，也许我们看到的是一个成功（或者失败）的书商，而不是一个作为学者的邱兴隆，当然也就不可能读到他现在这部完全应该定位为刑罚理论著作的力作。当然，我们没有任何理由为现实生活中的司法黑暗辩护，更不会为其歌功颂德。因为，这种司法黑暗吞噬了多少天才的梦想！毕竟，像邱兴隆这样能够大难不死、劫后余生的只是个案。这也正是作为刑法学家的我，始终为我国刑事法治呼唤呐喊的内在动力！

由邱兴隆的东山再起，我想起一句名言，"没有蹲过监狱的人，不是一个完整的人"，确有其理乎？——司马迁遭遇刑辱写出了《史记》，德·萨德数度入狱却成了著名的启蒙犯罪学家……所有这些人似乎都在以其成就证明着这句名言。然而，我想，这句话也只能适用于这些个别的天才人物。监狱可以使一些人的人格更为完整，但也可以使更多人的人格变异乃至堕落。退一步说，即便监狱是一个只会使人成为完整的人的处所，我想，也不会、更不容人人为了追求完整的人生，而都去坐牢，否则，监狱早已人满为患了。因此，虽然邱兴隆在出狱后曾多次对我提及，对于他来说，蒙冤入狱的这几年是一笔难得的财富，我也深以为然；但是，我并不希望有人刻意为获得这样的财富而入狱。我始终认为，邱兴隆现象是个别的、也是不可克隆的，因而不可避免地带有传奇性。在这个意义上说，邱兴隆绝不是一个平庸的人。但我宁愿大家都在一个平庸的时代做一个平庸的人，也不愿看到邱兴隆现象在我们任何一个人身上重演。

《关于惩罚的哲学——刑罚根据论》是证明邱兴隆的学术实力的一部著作。我想，每一个人都会对此作出客观的评价。关于本书的成功，已经有高铭暄教授的序予以客观而全面的概括，我再说任何的话都是多余的。因此，当我答应邱兴隆为本书作序又反复拜读高师的序之后，如果仅就书而论书，我还真有一种无从下笔之感。但是，一旦拿起笔来，我和邱兴隆前后15年交往的经历以及我对邱

兴隆的理解，如潮般地涌向笔端。这已经不像一篇序，如果非要拟一个题目的话，可以称为"我所认识的邱兴隆：其人、其事与其书"。

古人历来注重知人论事，只有知其人，才能论其事，才能读懂其书。在这个意义上，本序也可以作为本书的背景性资料，甚或是花絮，但愿能够增添读者的读兴。

（本文原载陈兴良主编：《刑事法评论》，第8卷，北京，中国政法大学出版社，2001）

陈兴良：一个刑法学人的心路历程

一、动乱长成

我的祖籍是浙江义乌，对于我来说，那只是一个依稀如梦的"老家"的概念。我从小在浙江富阳县的新登镇和建德县的梅城镇长大[①]，大体上生活在浙西小镇。尤其是梅城，古称严州，更古时称睦州，此乃浙西重镇，统辖浙西六县。著名文人范仲淹、陆游都曾经在此担任知府，颇具源远流长的文化传统。

我6岁发蒙读书，及至小学三年级，史无前例的"文化大革命"爆发，被我"有幸"赶上。年幼的我对于"文化大革命"的感受不如父辈那样铭心刻骨，甚至更多获得的是动乱之中的闲暇与散漫，不用逃学就能享受没有老师监视的无拘无束的生活，颇有一种解放了的轻松感。一件亲历的小事使我终身铭记：那是在1966年春天，我不满10岁，在新登区委大院里采折冬青树杈用作弹弓，不幸被

[①] 现在富阳是杭州市辖区，建德是杭州市所辖县级市。

当时的镇长发现,一顿斥责,颇为严厉,使我惊吓不轻。告诉家长和老师的威胁,更使我在相当长的一段时间里忐忑不安,心事重重。没过多久,我在大街上突然遇到游行队伍,镇长头戴纸糊高帽,身挂涂满标语的纸牌走在第一个:他被"打倒"了,再也没有训斥我时的威严。顿时我如释重负,一种轻松感油然而生。现在想来,那是一个权威失落的年代,幼小的我在不经意间从中获益,岂非偶然?可以说,我属于在浩劫中长大、在动乱中成人的一代人。因此,我们没有受过正规的与系统的基础教育。当时的学习状况可以用以下两句话加以概括:毛主席语录中识字,革命大字报中断文。我 10 岁时就以善写大字报著称,写作基础由此奠定。更为可笑的是,我们几个小孩还仿效大人成立了一个"3211 战斗队"——自己的组织,并用积攒的零花钱配置了红袖章。这里的"3211"不是一组普通的数字,而是当时闻名全国的大庆油田的一个钻井队的番号。自发的战斗队没几天就无疾而终,我们加入了官方的红小兵组织。当我 13 岁上初一时,以学生代表的身份被结合到校革命委员会(当时的临时政权机构),成为最年轻的革委会委员。不过,这一身份从来不曾在我的履历表上出现,因为其荒唐近乎儿童的劣迹,不提为好。这大概是我最初的"从文"与"从政"的经历,是"文化大革命"这场政治运动对我个人命运的一种历史塑造。我的文科兴趣在"文化大革命"中得以培育,从小重文轻理。我的学制也很能说明当时教育的不正规性:小学 6 年半,初中 2 年,高中 2 年半,其中几乎一半是在运动中度过的,学工、学农、学军占据了相当的课时。因而,我们这一代人的社会阅历虽然丰富,文化基础却是相当薄弱的。尽管如此,我个人还是有幸在严州中学完成了高中学业,奠定了一定的文化基础。

严州中学是一所百年老校(1993 年欢度百年校庆),文化渊源极其深远。1972 年,我 15 岁,这年春季我走进严中校园。当时已是"文化大革命"后期,校园墙壁上依稀可见大字报的残痕,空气中似乎还弥漫着武斗的硝烟。这一切离我这么近,又似乎那么远。只有在校园角落里浮土掩埋着的"严郡中学堂"的断碑,裂缝纵横,好像在诉说着严中那悠久的历史与历经的磨难。在我上严中这一年,教育领域出现了一线生机,教育质量开始受到重视,这就是后来被"四人

帮"称为"右倾回潮"的这个时期。对我们这一届学生来说,这无疑是一段黄金岁月。在我们行将毕业的 1974 年上半年,开始了隔七八年又来一次的"批林批孔"运动。因此,我们是在两场运动的间歇中在严中度过这一段难忘的时光的。就此而言,我在严中是学有所获的。尤其是当时严州中学聚集着一批正值盛年的名师(包括北大、复旦等名牌院校的毕业生),对我的学业产生了重要影响。如果说,政治大气候是个人难以选择的话,那么,严中这个具有悠久人文传统与求知氛围的小环境,对于正处于求知若渴的年龄的我来说,不啻是少年鲁迅心目中的百草园。作为"文化大革命"中成长起来的一代人,我能够在严中完成我的中学学业,可以说是不幸中之大幸。

1974 年 9 月 25 日高中毕业下乡,这对我来说是一个生活上的转折点:松散的校园生活结束了,当时上大学是不可能的,也从来没有这样的奢望,唯一的出路就是上山下乡,到农村去,由此开始了我的社会生活。好在我没有像许多年长于我的同代人那样,到千里之外的边陲,而在离城只有三里地(此处有个地名,叫三里亭,也许是古词所云"长亭更短亭"中的短亭)的一个村落插队。农村的体力劳动对于我来说并不陌生,学农的经历足以使我很快适应,加上我们体力有限,每天只挣 6 个工分,没有被当作整劳力使用,而是与妇女为伍,干轻松一些的农活。当然日晒雨淋是免不了的,尤其是双抢(夏收夏种)季节,在烈日下劳作,至今记忆犹新,从而也获得了对农民以及其他劳动者的一种心理上的认同感。农村枯燥与孤寂的青春时日,只能用文学来填充与打发,那时我是一个十足的文学爱好者,写诗填词,舞文弄墨。尤其是一本《陶渊明集》使我痴迷,五柳先生不为五斗米折腰的气质深刻地感染了我,一种超越世俗的向往与追求在我心头涌动,几乎使我窒息。而这一切与我所处的物质匮乏与精神空虚的生存状态是那么格格不入。当时并没有想到所读之书对今后有什么实际用处,换言之,我是在一种十分盲目与随意的非功利状态下读了一些当时所能读到的文学书籍,从而在一定程度上造就了我的某种文人气质。农村对我来说是一所社会大学,在这里我学到的不是农活技术,而是在一种非自身所能支配的社会环境中的适应能力与生存能力。当 1976 年 12 月我离开农村上调到建德县(现已撤县建市)公安局工

作的时候,我是大队的出纳,掌管着大队十分有限的钱财。此前,我还担任过生产队(小队)的记工员。我因在"广阔天地大有作为"而深受农民关爱,老乡们对我的离开恋恋不舍。现在回想起来,我曾经生活过的古朴村落就像世外桃源,我在这个世外桃源般的乡村读陶渊明的《桃花源记》,从而获得某种精神上的共鸣与心灵上的感应。一间泥墙瓦房,背靠青翠的山峦,门对潺潺的小溪,窗前的一棵百年老樟树,夏日浓荫遮阳,冬天绿叶停雪,这就是我在乡间的居所。我们曾经在这里流汗,我们曾经在这里奋斗。这一切,如今都化作了美好的回忆。

公安局的工作为我的生活打开了一个新天地,这也是我最初从事的司法职业。在公安局工作的时间只有一年零三个月,这是一段短暂的生活,由于当时我国法制处于完全瘫痪的状态,公安局成为唯一的司法机关,法院和检察院是此后分别恢复重建的。因此,虽有公安局这段工作经历,但在无法可依的状态下,并无多少法的观念与意识,更多的是一种专政工具的性质,政策比法在更大程度上成为公安工作的指导。在公安机关工作期间,我仍然对文学感兴趣,时常沉醉在文学的虚构王国之中。一个偶然的契机,使我的兴趣从文学转向哲学。这段个人经历,在《刑法的人性基础》一书的后记中有所述及,现摘录如下:1977年8月一次出差,同行者中有一个知青出身的铁路装卸工,年龄与我相仿。当晚,他捧着一本大书看得津津有味,我凑过去发现这是一本《反杜林论》的辅导资料。经过交谈得知,此人对哲学极有兴趣,虽是一名装卸工,但苦读马列著作,具有远大的政治抱负和崇高的人生追求,并且还有武术、文学等多方面的爱好,打得一手绝对地道的通臂拳,舞文弄墨,自称文武双全。一夕长谈,顿然使我产生了对哲学的兴趣以及对他的油然佩服。出差回来,正当我开始攻读马列哲学原著的时候,1977年12月,高考制度恢复,我当即报名参加高考。在报名填写高考志愿的时候,我毫不犹豫地把北大哲学系列为第一志愿,复旦新闻系是第二志愿,北大法律系只是第三志愿。发榜的结果,我被北大法律系录取,也许由于我在公安局工作的缘故,反正未能圆我的哲学梦。[①] 对于这名装卸工以后的命运,在后

---

① 参见陈兴良:《刑法的人性基础》,580~581页,北京,中国方正出版社,1996。

记中作了交代。在此，需要补充说明的是，当年的高考对于20岁的我来说，不啻是在黑暗摸索中突然出现在眼前的一道亮光。记得高考报名毫不犹豫地填写上述三个志愿时，分明听到了旁边几位报名者的窃笑。不知是自信还是盲目，在考上以后我才为当时的狂妄而捏一把冷汗。复习是在工作之余私下进行的，能够支配的时间极为有限，而且几乎没有像样的教科书。但高中毕业以后的3年多时间，我始终没有放弃读书，知识的积累使我能够从容地应付高考，在数以百万计的考生中脱颖而出。尽管按照最低志愿被录取，但我确实是抓住了机遇，带着农村生活与公安工作的经历以及一种求知的欲望，风尘仆仆地进入北大——我国的最高学府，开始了一个为期10年的京华求学历程。

二、京华求学

1978年，无论是对于国家，还是对于我个人，都是一个值得纪念的年份。她是我国新时期的起点、改革开放的元年，是一个思想解放的春天。对于1978年的印象，我永远定格在一个万物复苏、万象更新的图像上。这年2月26日，正在乡下工作队的我，接到北大的录取通知，第二天就风尘仆仆地启程前往北京。这是20岁的我第一次远行，从此告别了生我、养我的家乡，开始了在北京生活、学习的岁月。可以想象，要不是高考改变了我的命运，我也许会在江南小镇终老一生。

初入北大，灰蒙蒙的色调和阴沉沉的天气给我留下深刻的印象。从阳春三月春意盎然的江南来到尚在冬天蛰眠的北国，气候与环境的反差是这么大。这一切，从一开始就被我所接受。当我汇入77级大学生这个集体的时候，发现自己在班级中那些年长于我、生活工作经历远胜于我的老三届同学面前，只是一个幼稚的后生。在我们班里，从1946年到1960年，出生的人分布排列在这一年龄段的每一年，年长者与年幼者的年龄差距超过一轮（12年），几乎形成代沟。这是一种十分奇特的现象，同时使我们这些年轻者颇为受益。进入北大以后，读书的渴望大为满足，我如鱼得水地阅读了大量哲学书（也主要因为法学书几乎没有），

诸如黑格尔、康德之类的，如痴如醉，似懂非懂。马恩著作更是在必读之列。记得 20 世纪 80 年代初正流行马克思《1844 年经济学哲学手稿》，异化理论深深地吸引了我。本科期间，我在极为认真地研读了《1844 年经济学哲学手稿》之后，写下了一篇研究异化问题的洋洋数万言的论文。当然，从今天的眼光来看，至多不过是一篇读书札记而已，但它对我的精神影响是深远的。可以说，现在我对社会历史发展的一些基本理念，就是那时形成并定型的。当时读书之投入，同学之间可以为经典著作中的一个概念的理解吵得面红耳赤、不可开交。确实，北大的包容、宽容与纵容为我们提供了一个自由发展的空间，每一种兴趣与爱好都可以得以升华。老师不拘一格地授业。以已故李志敏教授为例，在其讲授的婚姻法课程考试时，竟然可采取创作一篇与婚姻家庭有关的小说的形式（当然也可以是论文）。结果，我就以一篇题为"凤仙的婚事"的小说上交了事。小说内容早已淡忘，考试形式却永远难忘。学生不拘一格地成才。以已故诗人海子（查海生）为例，他是北大法律系 79 级学生，学最无诗意的法律，却成为著名的当代诗人，岂非异数？记得海子初入北大时，才 15 岁，俨然是一个尚未完全发育的中学生。当时的同学何勤华指着查海生对我说："看人家这么小年龄就上大学，是多么幸运。"我说："这不是他的幸运，而是我们的悲哀。"当时还为自己颇富哲理的回答得意过，如今海子已成为故人，我们还滞留逆旅，令人感慨系之。

现在回想起来，北大本科 4 年学习，最大的收获是读了一些杂书，为今后专业研究打下了扎实的理论根基。我们是恢复高考以后的第一届大学生，当时国家法制尚未恢复。这年 12 月，党的十一届三中全会召开，提出了建设社会主义民主与法制的任务，此后才开始大规模的立法以及司法重建工作。因此，当时的法学研究可以说是一片废墟：没有专业书可读，甚至连教科书也没有。就以刑法为例，我国第一部刑法是 1979 年 7 月 1 日通过的，我们的刑法课是 1979 年 9 月开始上的，这时还没有一本刑法教科书，直至我们大学毕业刑法教科书才出版。因此，法律专业的学习在很大程度上是在老师的指导下自己读书吸收精神养分的过程。可以说，当时我们学习的自觉性与刻苦性，是此后的学生无法比拟的。在北大学习期间，我的哲学兴趣始终保持着，对理论的思考，对社会问题的思考，是

我们这一代人特有的专长,由此形成一种反思意识。确如人们所公认的那样,20世纪80年代是一个思想的时代。当然,这种思想不是虚无缥缈的,而是从日常社会生活可以感知的。记得20世纪80年代初的一天晚上,我从当时还颇为冷清的中关村街头走过,看到一座楼房各个窗户里折射出不同颜色的光亮。难道每个房间的灯光颜色是不同的吗?不是的,是不同颜色的窗帘映照出不同的光亮。想到这里,我像有一股电流从身上穿过,使我产生一种触电般的感觉,这是佛教上的一种"顿悟"。我突然明白:灯光是一种本质,窗帘折射出的光亮只是现象,本质是相同的,现象却各式各样。因此,我们不能为现象所迷惑,而应当揭示事物的本质。这一信念一直支配着我,因此我总是不满足于现象,力图挖掘事物的本质。从此,我摆脱了俗念的纠缠,获得了对本质也就是思想的信仰,追求一种沉浸在本质中的精神生活。在法学各学科中,唯一对我有吸引力的是法理。当时我还专门写过一篇论述法哲学的概念与体系的论文交给沈宗灵教授审阅,得到沈先生的鼓励。尽管现在看来那是一篇十分幼稚的习作,但在1980年提出建构法哲学的设想,是颇需几分超前意识的。在临近毕业的时候,只是一个偶然的原因,使我放弃法理而转入报考刑法硕士生。在我同窗(同室)同学中,郭明瑞和姜明安分别留校任教,此后分别成为我国民法与行政法的著名学者,而我则从事刑法研究并有所成就,因而我们北大37楼320室以出部门法学者而著称。

1982年2月,我从北大本科毕业,考入中国人民大学法律系,师从我国著名刑法学家高铭暄教授和王作富教授。在我选择刑法作为硕士专业报考的时候,我对刑法并无特别爱好,更无专门研究。可以说,我对于刑法的认识是肤浅的,很难想象一部刑法(1979年刑法)区区192条,需要花费3年的时间去学习,更想不到会用一生的精力去钻研。因此,在人大学习的第一年,由于尚未开设刑法专业课,因而我仍然沉湎在哲学之中,记得当年还正在写一篇论述天人合一的哲学论文。从第三个学期开始,高铭暄教授给我们上刑法总论课,把我引入刑法的理论殿堂。尤其是高先生所倡导的学术综述的方法,使我接触到大量的刑法资料,逐个进行专题梳理,由此建立了我对刑法的兴趣。在综述过程中,问题产生了,解决问题的欲望也产生了,由此我开始了刑法研究。记得最初发表的《论我

国刑法中的间接正犯》（载《法学杂志》1984 年第 1 期）和《论教唆犯的未遂》（载《法学研究》1984 年第 2 期）就是从刑法综述中发现这两个理论问题，并从学理上进行了分析，成为我发表学术论文的起点。这些综述成果后来在高铭暄教授的主编下出版，这就是《新中国刑法研究综述（1949—1985）》（河南人民出版社 1986 年版）。这是我参与写作的第一本学术著作。正是在高、王两位恩师的指导下，我开始了真正意义上的学术研究。如果说，我在北大获得的是思想的启蒙，那么，我在人大受到了学术的训练。从思想到学术的转变，是一种蜕变，也是一种升华。我们始终面临着思想与学术的关系如何处理这个问题，这也就是主义与问题之争。没有思想的学术，是一堆废弃的古董，缺乏与活力，对社会无关痛痒，因而不足道。同样，没有学术的思想，是一片空幻的云絮，缺乏根基与载体，只有一时之宣泄，而没有理论上的积淀。我们应当把思想与学术结合起来，从学术中挖掘思想、论证思想与体现思想；又以思想来演化学术、推进学术与启迪学术。当我进入刑法的学术领域的时候，我很快经过专业训练，接受了以注释法条为主要内容的刑法解释学。在硕士生毕业的时候，我选择正当防卫作为我的硕士论文选题。正当防卫是一个热点问题，尤其是正当防卫限度如何掌握，成为刑法理论与司法实践中的疑难复杂问题。王作富教授作为我硕士论文的指导老师，其立足于实践的学问之道给我留下深刻印象。记得王先生看完我的硕士论文初稿以后，明确地告诉我，把你自己设想为一名法官，面对许多正当防卫案件，你怎么处理？应该提出一些具有可操作性的规则，作为认定正当防卫的标准。在这种情况下，我就不是把正当防卫当作一个纯粹理论问题来构造，而是作为一个实际问题来掌握的。这种理论联系实际的刑法研究方法，是高、王两位教授所竭力倡导的，并成为中国占主导的刑法理论风格。硕士论文原 4 万字，后扩展到 20 万字，在高先生的推荐下，以《正当防卫论》为题，1987 年由中国人民大学出版社出版。这是我的第一本学术专著，其中大量案例的引用和由此引导出的规则成为该书的特点之一。李贵方博士在其书评中对此印象颇深，指出：全书只有 20 多万字，但引证的典型案例就有 100 多个。对于其中的一些疑难案例，作者通过深入剖析，得出了自己的结论，在实践中有较大的参考价值。作者确立了考

察正当防卫必要限度的三项基本原则，并在这些原则的基础上，提出了认定正当防卫必要限度的可供参考的具体标准。① 《正当防卫论》作为我的第一部学术专著，现在看来似乎有些稚嫩，但其中对刑法解释学的追求，对司法实务问题的关切之意甚为明显。这也正是当时我从空泛的"思想"向切实的"学术"转变的重要标志。

在我硕士生毕业的 1984 年，人大刑法专业博士点建立，高铭暄教授成为我国首位刑法专业博士生导师。我报考以后被录取，与赵秉志一起成为高老师的首批博士生，也是我国第一届刑法专业博士生。由于我在 1984 年 12 月硕士生毕业后留校任教，因而博士生是在职生，同时承担本科生的授课任务，开始了为人师表的教书生涯。

博士生阶段的学习是硕士生阶段学习的继续，除外语与政治课程以外，未开专业课。因此，专业学习是在导师指导下以自学为主。在此期间，我开始进行超越刑法注释学的理论思考。但是，作为博士论文，我还是选择了一个纯正的刑法问题：共同犯罪。共同犯罪是刑法中一个复杂的理论问题，德国学者说："共犯论是德国刑法学上最黑暗而混乱的一章。"日本学者说："共犯论是绝望之章。"苏俄学者说："共同犯罪的学说，是刑法理论中最复杂的学说之一。"凡此种种，都说明共同犯罪是一个难题，尤其是在我国关于共同犯罪立法存在缺陷的情况下，构造共同犯罪理论体系是需要投入巨大努力的。我在广泛涉猎有关文献资料的基础上，完成了 28 万字的博士论文《共同犯罪论》，后扩展到 45 万字，1992年由中国社会科学出版社出版。1988 年 3 月 25 日，论文答辩通过。《共同犯罪论》是我在刑法解释学上最重要的研究成果。在该书中，我力图在当时的学术水平上对共同犯罪这一刑法专题从广度与深度两个方面予以把握，几乎涉及共同犯罪的所有相关问题，包括程序和证据等。该书也是对我的刑法理论实力的一次检验，因为共同犯罪虽然只是刑法中的一个专题，但它的研究却体现出作者整体的刑法理论水平。我达到了预期的目的，在刑法解释学的研究上获得了学术自信。

---

① 参见李贵方：《一部系统、严谨的刑法学专著》，载《中国社会科学》，1988 (6)，213 页。

我在《共同犯罪论》一书后记中指出："自从 1977 年 12 月考入北京大学法律系学习以来，弹指之间，已经 10 年过去了：除 4 年北京大学法律系的本科学习以外，其余 6 年是在中国人民大学法律系从师于高铭暄教授和王作富教授，专攻刑法学。这 10 年是我人生经历中值得怀念与弥足珍惜的一页，博士论文正是这段美好时光的一个休止符号，它宣告了我的漫长却又短暂的 10 年求学生涯的结束。缅怀逝去的青春岁月，展望未来的人生道路，不禁思绪纷繁；感慨系之！往者已逝，来者可追。让本博士论文作为我学术经历中的一个足印留在身后，而我将一如既往地在这艰难而坎坷的治学道路上向前走去，义无反顾！"[1] 确实，法学博士学位的取得，对于我来说，只是治学生涯的开始，北大与人大两校的学风深刻地影响了我，使我在思想与学术两个方面具备了向理论高峰攀登的实力。

三、著书立说（上）

理论探索的动力来自对现有理论研究状况的不满。当我初涉以注释为主的刑法学研究，就一直在考虑如何在理论上有所突破。在《刑法的启蒙》一书的后记中，我描述了这一过程：当我进入刑法这个研究领域，首先接触到的是作为条文的刑法，接受的是注释刑法学传统的教育与熏陶。我的学术研究也正是从对刑法条文之所然的小心翼翼的揭示开始的，并进而深入刑法条文之所以然。但是，难道这就是刑法研究之全部吗？当我逐渐接触并领悟孟德斯鸠、贝卡里亚、康德、黑格尔等人的著作时，豁然产生一种别有洞天的感觉，由此开始了刑法的形而上学的探讨，涉及刑法的人性基础、价值构造等本源性问题，并在刑法哲学这样一个总的题目下进行理论的跋涉，力图开拓一个没有条文的刑法研究领域。[2] 这种刑法哲学的探讨是从刑法的本体问题开始的。在进行这种理论探讨的时候，北大本科学习期间所获得的思想启蒙起到了支撑作用，尤其是此前所奠定的哲学基础

---

[1] 陈兴良：《共同犯罪论》，552 页，北京，中国社会科学出版社，1992。
[2] 参见陈兴良：《刑法的启蒙》，261 页，北京，法律出版社，1998。

成为重要的思想资源。

孔子云:"名不正言不顺。"因此,命名是十分重要的,在学术上也是如此。不经意间的一些思绪,用一个名字把这些思绪概括起来,然后再进一步进行深化,由此展开,这就是理论形成过程。从一开始,我就把刑法的核心问题命名为罪刑关系,这一想法与当时还在西南政法学院攻读硕士学位的邱兴隆不谋而合。当1986年邱兴隆来到人大攻读博士学位以后,我们共同进行了罪刑关系的研究,我是从犯罪论入手理解罪刑关系的,邱兴隆是从刑罚论入手理解罪刑关系的,这成为以后我们各自研究的重点。当时共同研究的成果就是《罪刑关系论》(载《中国社会科学》1997年第4期)一文,论文首次提出了罪刑关系的基本原理是刑法学体系的中心的观点,并从报应与功利以及两者的辩证统一上阐述了罪刑关系的原理。《罪刑关系论》是我们在深化刑法理论上所做的努力之一,在理论追求上表现出了有别于当时一般注释研究的刑法哲学的旨趣与风格。

1991年,中国政法大学出版社在李传敢、丁小宣先生的主持下,策划编辑出版"中青年法学文库",并约我写稿。这种情况勾起了我的创作欲望,我未加思索地报了一个"刑法哲学"的选题,想把近10年来刑法学研究的思路做一个总的清理,并进一步完善罪刑关系的原理。选题获准以后,我从当年3月开始写作,到9月底完成,大约半年的时间,构造了一个刑法哲学的体系。当我把书稿交给出版社,清样出来的时候发现该书篇幅长达83万言。出版社没让我删一个字,只是改为小5号字体。1992年《刑法哲学》正式出版问世。应当肯定,《刑法哲学》在我理论著作中占有重要地位,它是我告别过去、走向未来的一个转折点,是弃旧图新之作。尽管《刑法哲学》一书给我带来了一定的学术声誉,几乎成为我的代表作,但它只是代表对以往刑法理论的一种清理,从它一出版我自己就感到不满意了。其实,在该书的结束语中我已经表述了这种不满足。结束语区分了实定法意义上的刑法哲学与自然法意义上的刑法哲学,并明确地将该书归之于实定法意义上的刑法哲学的范畴。尤其是结束语在最后耐人寻味地指出:"对于我本人来说,自然法意义上的刑法哲学是一种永恒的诱惑,也是将来需要深入

研究的一个重大课题。"① 从这个意义上说,《刑法哲学》的出版不是这种理论探索的终点,而恰恰是起点,在此,我已经为自己悬置了更高的学术追求目标。此外,《刑法哲学》还表现出一种对刑法注释学的偏颇之见,这是我在以后以一种更为平缓的学术眼光打量过去时发现的。在《刑法哲学》一书的前言中,我提出刑法学要从刑法解释学向刑法哲学转变的命题。现在看来,"转变"一词不尽妥当与贴切,确切的措辞应当是"提升"。当时,我主要是有感于刑法理论局限于、拘泥于与受制于法条,因此以注释为主的刑法学流于肤浅,急于改变这种状态,因而提出了从刑法解释学向刑法哲学的转变问题。由于转变一词具有"取代"与"否定"之意蕴,因而这一命题失之偏颇。如果使用提升一词,就能够以一种公正的与科学的态度处理刑法哲学与刑法解释学的关系:两者不是互相取代,而是互相促进的。刑法解释学应当进一步提升为刑法哲学,刑法哲学又为刑法解释学提供理论指导。从功能上看,刑法哲学与刑法解释学是完全不同的:刑法哲学的功用主要表现在对刑法的存在根基问题的哲学拷问上,从而进一步夯实刑法的理论地基,并从以应然性为主要内容的价值评判上对刑法进行理性审视与批判。尽管它与立法活动、司法活动没有直接关联,但对于刑事法治建设具有十分重要的意义。刑法解释学的功用主要在对刑法条文的诠释上。在大陆法系国家,刑法典是定罪量刑的主要根据,因而对刑法条文的理解,就成为司法活动的前提与根本。在这种情况下,刑法解释学的研究成果对于司法活动就具有了直接的指导意义,它影响到司法工作人员的刑事司法活动。

《刑法哲学》一书的写作耗尽了我所有的学识资源。因而在该书完成以后,我感到关于刑法,我想要说的话都已经说完,思想上处于一片空白的状态。但一个偶然的契机,使我开始自然法意义上的刑法哲学的探讨。具体地说,我开始了《刑法哲学》第一部《刑法的人性基础》一书的写作。对此,在该书后记中曾经作过以下记述。一天,我在书店偶然翻到一本书:美国社会学家珀杜所著,书名为《西方社会学——人物·学派·思想》(河北人民出版社1992年版)。该书以

---

① 陈兴良:《刑法哲学》,修订版,703页,北京,中国政法大学出版社,1997。

假设与范式的独特视角分析了西方社会学的各种人物、学派和思想，其中人性的假设引起我的兴趣。该书指出：我们所说的人的本性是指社会学能以探明的关于人们基本品质的概念。人的本性是来自现实的又一种抽象，它所涉及的那些品质都将随着外部一切影响的消失而消失。在社会学中和其他学科里，上述的这些假设都集中在诸如实定论和唯意志论、自我利益和社会人、理智和感情、享乐主义和人道主义这些有争论的问题上面。该书在分析每个社会学家时，都从他对人性的假设开始，由此展开其社会学思想。这一人性的分析方法顿时触发了我的灵感：这种方法不是同样可以引入刑法理论吗？接着，我又看到英国哲学家休谟在《人性论》中的一段话："一切科学对于人性总是或多或少地有些关系，任何学科不论似乎与人性离得多远，它们总是会通过这样或那样的途径回归人性。"毫无疑问，刑法作为一门学科应当和人性有关，只有从人性的意义上审视刑法，才能深刻地揭示刑法的内在价值，那么，刑法的人性分析应当从什么地方切入呢？日本刑法学家大塚仁的一段话给我以启发：（刑事）古典学派与（刑事）近代（实证）学派的对立源于其各自对作为犯罪主体的犯人的人性认识的不同。犯罪是人实施的，刑罚是科于人的。因此，作为刑法的对象，常常必须考虑到人性问题。可以说对人性的理解决定了刑法学的性质。由此，我想好了一个题目：刑法的人性基础。开始，这只是一篇论文的题目，我准备以此为题写一篇论文。这篇论文是1993年6月动笔后，写了一半，感到写不下去就先丢开了，这一丢就是好几个月。后来又重新捡起来硬着头皮写下去，终于在12月完成1万字的论文。随后寄给《法学研究》，发表在该刊1994年第4期。本来，关于刑法人性问题的研究，在写完这篇论文以后可以结束了。及至1994年5月，某出版社拟出版一套刑法丛书，策划编辑让我报一个题目，对刑法人性问题意犹未尽之心使我报了"刑法的人性基础"这一题目并得以认可，拟写一本书。为写这本书，我又开始读书与思考，在1994年6月开始着手写作。写作过程是一个精神上的历险过程，虽然有白日的苦思，黑夜的冥想，但总的来说是出乎意料的顺畅，仅用4个月就完成了本书的写作。本来拟定的篇幅是30万字，等我写完全书整理书稿时，篇幅已达48万余字。从一篇1万字的论文发展为48万余字的论著，其间不仅仅是

篇幅的增加，更重要的是思想的凝聚、理论的升华和观点的拓展。[①] 确实，《刑法的人性基础》的写作，对于我来说是一次挑战，一种自我挑战。在《刑法的人性基础》一书中，我突破了《刑法哲学》的实定法意义上的刑法哲学樊篱，进行了自然法意义上的刑法哲学研究。该书内容在刑法著作中是独特的。大致匡算，48万余字中，刑法、法理、哲学的内容三分天下，各占1/3篇幅。可以说，《刑法的人性基础》一书淋漓尽致地发挥了我的理论优势，真正使刑法的叙述摆脱条文的束缚，成为一种思想的叙述。《刑法的人性基础》成为我所宣称的第一本没有法条的刑法书，我把这一点看作是自然法意义上的刑法哲学的最低标准。《刑法的人性基础》一书的出版，完成了我从实定法意义上的刑法哲学向自然法意义上的刑法哲学的转变；它使我能够站在一个更高的理论台阶上，审视当下的刑法研究状况以及刑事立法与刑事司法的运作，因此成为我在刑法哲学研究过程中又一个重要标志。

《刑法的人性基础》是《刑法哲学》一书所开始的刑法理论探索的继续，后者的终点正好可以作为前者的起点。那么，《刑法的人性基础》是否意味着刑法哲学研究的终点，我的研究是否可以就此止步了呢？比较上述两本书可以发现，《刑法哲学》具有体系性特征，呈现出理论上的自足性与封闭性；而《刑法的人性基础》则具有开放性特征，只是以人性为视角对刑法的拷问。而这种视角是可以变换的，由此为以后的研究留下了广阔的空间。在这里，我提出了一个"从刑法的本体性阐释到刑法的本源性探寻"的命题。在以此为题的一篇文章中我提出：在哲学中，本体论是关于存在的学说，是研究存在作为存在之本性的一种理论。因此，刑法的本体性阐述[②]是对刑法内在关系（我称之为罪刑关系）的一般原理的揭示。在哲学中，本原是指事物质素的来源，哲学追究本原，是为了理解和说明作为我们认识对象的事物所以为事物的原理和原因。因此，刑法的本源性探寻是在本体性阐述的基础上，进一步反思刑法之所以存在以及如何存在的根基

[①] 参见陈兴良：《刑法的人性基础》，577页，北京，中国方正出版社，1996。
[②] 在1997年对《刑法哲学》一书进行修订时，我曾经想将书中理论叙述方法加以改造，使其成为单独一本书，书名为《刑法的本体展开》。参见陈兴良：《刑法哲学》1997年修订版前言。

问题，从而在一个更深的理论层次上审视刑法，因而对于进一步深化我国刑法理论研究具有重要意义。① 在论文中，我提出了刑法的本原性探寻的三条基本思路：一是刑法的人性基础的本原性探寻；二是刑法的价值目标的本原性探寻；三是刑法的机能构造的本原性探寻。在此，涉及刑法的价值问题。因此，刑法的价值就成为我下一个关注的重大课题。1995 年，我完成了《刑法的价值构造》（载《法学研究》1995 年第 6 期）一文，该文以个人与社会的价值冲突与协调为线索，引入刑法的人权保障机能与社会保护机能的关系，形成刑法价值观的初步构思。同年 9 月，中国人民大学出版社策划出版"法律科学文库"，向我约稿，我以《刑法的价值构造》为题，经过论证获得首肯。理论准备工作一直持续到 1995 年年底，从开始动笔，前后半年，到 9 月底我正式将书稿交给出版社。由于某种原因，该书到 1998 年 11 月才正式出版。在《刑法的价值构造》一书中，我从刑法的应然性出发，考察了刑法的价值本体、价值目标和价值原则。在该书的前言中，我指出：刑法的应然性，实质上就是一个价值问题。刑法的价值考察，是在刑法实然性的基础上，对刑法应然性的回答。刑法作为一门独立学科，作为一门科学的诞生，正是以对刑法的应然性的关注为标志的。刑法的应然性并不是主观臆想，它是以实然性为前提的。因此，它要求我们对刑法的现实性具有更为热切的关注。刑法是一种社会现象，它是以社会为基础的。因此，对刑法的应然性的考察，应当将刑法置于广阔的社会文化背景之中，而不是仅仅对刑法条文进行分析。在这个意义上可以说，刑法的应然性考察实际上意味着对社会的应然性的思考。所以，真正的刑法学家，不应是一个只关心刑法条文的拜占庭式的经院哲学家，而首先应当是一个具有对社会的终极关怀的思想家。在本书中，我对刑法价值的考察，也不仅仅局限于刑法本身，而是从社会本体论的意义上引申出个人与社会这样一个具有终极意义的问题，在此基础上解决刑法价值问题，从而使对刑法价值的思考成为对社会本源的思考。刑法的应然性，使得刑法理论更具永恒性。在哲学上，永恒与暂时的区分是相对的，在学术上也是如此。自然科

---

① 参见陈兴良：《从刑法的本体性阐述到刑法的本原性探寻》，载《中国检察报》，1994-05-26。

学相对于社会科学,更具有永恒性,这也正是自然科学比社会科学更具科学性的题中应有之义,尽管这种永恒本身也是相对的。因此,对于学术的永恒性的追求实际上也就是对学术的科学性的追求。科学性要求某种理论命题是对相当范围内的现实事物的客观规律的揭示与概括,它不因具体的变动而变化,具有在一定时空范围内的普遍适用性,这也就是一种永恒性。刑法往往也是如此。刑法领域中的犯罪与刑罚现象是十分复杂的,法律条文也是形形色色的,刑法理论所关注的应当是犯罪与刑罚的一般规律,这样就舍弃了大量个案特征,而是对现实问题的一种理论归纳。这种理论的生命力来自现实,但它又具有超越现实的永恒性。因此,刑法理论所揭示的是支配着刑法的表象的"道"。形而上学谓之"道",这种"道"是不易变动的东西,是刑法条文的灵魂与精髓,只有得刑法学之"道",刑法学才不至于尾随立法与司法。而恰相反,刑法条文应当服从以"道"为内容的刑法原理与刑法精神。这样,刑法学家就掌握了一种批判实在法的武器,就可以在精神上具有自立的根基,而不至于唯法是从,唯权是命。在这个意义上,刑法理论才具有相对稳定性乃至于永恒性,不至于一部法律的修改,甚至一个司法解释的发布,就使我们积数年之研究心血而写成的一本本刑法教科书顷刻之间变成废纸。刑法的应然性,使刑法的思考成为法的思考,从而使刑法理论升华为刑法哲学,乃至于法哲学。法是相通的,这里主要是指基本精神相通。而刑法的应然性,使我们更加关注刑法的内在精神,因而能够突破刑法的桎梏,走向法的广阔天地。

以往我们的刑法理论,过于局限在对刑法条文甚至个案的具体考察,虽然具有专业性,但都缺乏学术性与思想性。我越来越感到,刑法理论不能封闭在狭小的刑法范围之内,而应当具有开放性。从《刑法哲学》到《刑法的人性基础》,再到现在这本《刑法的价值构造》,我总结本人刑法研究的轨迹,归纳为一句话:从刑法的法理探究到法理的刑法探究。刑法的法理探究,是指刑法的本体性思考,以探究刑法的一般原理为己任,甚至属于刑法的法理学,或曰理论刑法学。《刑法哲学》可以归为此类,我称之为实在法意义上的刑法哲学。而法理的刑法探究,则是指以刑法为出发点,通过探究刑法命题而在更深层次上与更广范围内触及法哲学的基本原理。从《刑法的人性基础》到《刑法的价值构造》,虽然仍

以刑法为研究对象，但实际上已经超出刑法范围，探究的是一般法理问题。刑法只不过是这种法理探究的一个独特的视角和一种必要的例论。在这个意义上，这种刑法学也是一定程度上的法理学，它的影响可能会超出刑法学。我把这种刑法理论称为自然法意义上的刑法哲学。例如，在本书中，我探讨的是刑法价值问题，但实际上是以刑法价值为出发点探讨法的价值问题。因为刑法只不过是法的一种表现形式而已，对刑法价值的深度研究，难道不正是有助于我们对法的价值的深入理解吗？我曾经对法理极具兴趣，一个偶然的原因使我置身于刑法学界，从探讨一些极为琐细的刑法问题开始了我的学术生涯，以至于使我自己感到一种从抽象到具体的"精神堕落"。我不为所动，始终保持对刑法的极浓兴趣，但也不为所惑，清醒地认识到刑法只是我的暂栖处，我的最终走向应当是回归法理学。现在，我终于找到了一个契合点，既可以充分利用我的刑法专长，又可以满足于我对法哲学的强烈冲动。这就是法理的刑法探究，它也将是我今后学术研究的更高追求。我不可能完全脱离刑法去研究法理，但可以通过刑法去研究法理，这才是我之所长。不仅如此，我还可以专门研究刑法，这是我的专业特点。因此，我把自己的研究分为两个领域：刑法的法理探究——刑法的法理学与法理的刑法探究——法理的刑法学。[①] 以上这些文字如实地反映了当时之所思所想，这里有必要谈到我对一本书的前言与后记的挚爱。记得过去读书，未读正文先对前言、后记之类的文字一睹为快。没有前言、后记或者前言、后记枯燥无味的书往往影响读书的欲望。因此，当我自己独立从事著述的时候，我十分注重前言、后记，视为是一本书的十分重要的组成部分。书的本文，就如同一幅画：前言、后记则是画框。试想，一幅精美的画装在一个蹩脚的框里，会给人留下什么观感？当然，一幅蹩脚的画装在一个精美的框里同样也是不协调的。因此，对于一本书来说，前言、后记也不是可有可无的内容，而是对正文的一种补充和修饰。更何况，法学著作大多是逻辑推理，在文字上严肃、严谨与严格，给人以冷冰冰的感觉。而前言、后记则是闲散之笔，可以抒发作者的感情、感慨与感叹，与正文形

[①] 参见陈兴良：《刑法的价值构造》，13~15页，北京，中国人民大学出版社，1998。

成相得益彰之美。因此,后记、前言对于我来说是即兴之作,兴之所起,一气呵成,大为快意。有时我开玩笑地说:憋着劲写一本书的时候,引诱我的就是完稿之后写前言、后记的乐趣,就像写完一页就是为了抽一支香烟。《刑法的价值构造》的写作,对于我自己来说,确实是一种挑战。更上一个台阶的难度,往往使人却步。做学问如同登山,登泰山而小天下,是因为天下只有一座泰山。而在学问上,学术高峰永无止境,问题在于自己能够爬到多高。

四、著书立说(中)

刑法哲学的理论探索,是我所作的学术努力的一部分。在刑法解释学方面,除硕士论文《正当防卫论》和《共同犯罪论》两个专题以外,我也进行了广泛的涉猎。在这方面,更多地反映为在我组织下,以我的硕士生和博士生为写作群体的共同学术活动的成就。

在从事学术研究之初,主要是在导师的主持下参与学术活动,例如高铭暄、王作富教授主编的《新中国刑法的理论与实践》(河北人民出版社1988年版)就是一个例证。该书以专题的形式反映了我们人大刑法专业博士生的整体研究水准。随着科研活动的深入,我本人开始独立主持科研项目,经济犯罪与经济刑法系列研究就是这样一个项目。该系列研究分为四本书:《经济犯罪学》《经济刑法学(总论)》《经济刑法学(各论)》《经济犯罪疑案探究》(中国社会科学出版社1990年—1991年出版),共计100万字。这是我国较早对经济犯罪进行系统研究的学术成果,其中《经济犯罪学》从犯罪学的角度,对经济犯罪的形态、原因及其对策进行了系统的研究,初步构筑了经济犯罪学的理论体系。《经济刑法学(总论)》对经济刑事立法与经济刑事司法进行了创造性的阐述。《经济刑法学(各论)》以经济刑法典的方式,对各种经济犯罪的立法与司法进行了超前性研究。《经济犯罪疑案探究》精选了近百个具有典型意义的经济犯罪和疑难案例,在辨析各种分歧意见的基础上,阐述了作者的见解。上述丛书是我主编的第一套大型刑法专业著作,因此大量的组织工作、统稿工作与出版工作使我投入精力较

大，获益亦颇丰，为以后的学术组织活动奠定了基础，积累了经验。同时，对经济犯罪的研究，成为我的一个重要专业领域。随着刑事立法与刑事司法的发展完善，经济犯罪理论研究也不断深入。其中，我主编的大型著作《中国惩治经济犯罪全书》（中国政法大学出版社 1995 年版，250 万字），就是在此基础上演变而来。在经济犯罪与经济刑法系列研究中，表现了我们在理论上的创新意识与实践上的参与胆识。在《经济刑法学（各论）》一书中，我们编纂了一部《经济刑法典》（理论案），这在我国刑法研究中尚是首次。在说明中我们指出：编撰《经济刑法典》（理论案）的意义在于：其一，为经济刑法研究提供别开生面的表达形式。以往我国的经济刑法研究，以注释法条为使命，在经济刑事立法极不完善的情况下，经济刑法的研究受制于法条，难以超脱现行法条的显而易见的局限性。即使有个别对经济刑事立法完善的研究，由于只涉及个罪，难以系统地展示经济刑事立法的全景。而摆脱现行经济刑法的束缚，直接深入经济犯罪的实际中去，从中提炼出能够反映经济犯罪的实际情况的法条，将我们对经济刑法的研究成果以《经济刑法典》（理论案）的形式系统地表达出来，不失为对经济刑法的理论探索的一种尝试。其二，为经济刑事立法提供可资借鉴的候选模式。我国的经济刑事立法已经不能适应打击经济犯罪的客观需要，这已是我国刑法学界的共识。但如何发展完善我国的经济刑事立法，则是一个众说纷纭的问题。在当前立法机关已经着手修改刑法的背景下，探索经济刑事立法的恰当方式具有不可低估的现实意义。我们编纂的《经济刑法典》（理论案），是我们就经济刑事立法而提出的一个系统的立法建议，可供立法机关参考借鉴。尽管在我国，民间编纂法典尚属罕见，但在国外不乏其列。例如美国法学会于 1962 年公布的《模范刑法典》，其学术价值和示范意义有目共睹。在它公布以后的 20 年间，美国就有半数州以它为蓝本对该州刑法进行了重大修订或者重新制定。这一事实说明，立法虽然是立法机关的使命，其他任何机关和个人不得染指，但为了使立法科学化、民主化，民间人士完全可以编撰法典，以供立法机关参考。[①] 编纂法典理论案这种方式，

---

① 参见陈兴良主编：《经济刑法学（各论）》，203 页，北京，中国社会科学出版社，1990。

作为一种尝试，取得了较好的社会效果，并得到学界的认可。此外，在《经济犯罪疑案探究》一书，我们对现实生活中的一些重大复杂疑难案件进行了研讨。例如当时轰动全国的经济犯罪疑难案件，形成所谓"南有戴晓钟，北有戴振祥"的说法，这两个案例均被收入本书。当时，两戴案件尚在司法审理之中，其中戴振祥案到1993年11月再被判无罪。在有关对该案的回顾性文章中，论及本书对该案的分析。[1] 经济犯罪的研究，从20世纪80年代中期开始，一直成为我国刑法学界研究的重点领域。我们以自己独特的方式参与了对经济犯罪的研究，并取得了可喜的成果。

1992年，我主编出版了《刑法各论的一般理论》（内蒙古大学出版社1992年版），这是一部专门研究刑法各论的基本理论问题的论著。这本书的构想来自我对语言逻辑法学的思想火花。语言逻辑哲学著作的阅读，使我灵感触发，由此形成这样一个看法：一方面，对法的研究，究根刨底式的形而上的本体探讨是必要的；但在另一方面，对法的实证分析也是有意义的。从形式上来说，法无非是一种语言逻辑现象，它是抽象的国家意志的外化。当我们谈到法的时候，首先映入脑海的就是一个个法律条文。如果把国家意志即统治阶级的意志视为"意"，那么，法条就是"言"，这里有了"意"与"言"的关系问题，通过"言"而领会"意"是法学研究的一个重要手段。由于立法技术的拙劣，"言不达意"的现象时有发生，因此，语言逻辑法学的研究，可以揭示"意"（国家意志）与"言"（法律条文）之间的转换机制，并为立法者提供一种较为科学的转换模式。在这一思想的指导下，我认为应当把刑法各论研究中对刑法分则条文的研究与这些条文的司法适用的研究加以区别，而以往则将两者混为一谈。并且，应当加深以刑法分则条文作为对象的科学研究。刑法的法条体系不是法条的随意堆积和简单相加，而是一个具有内在规律的科学体系，这既应当是一种信念，也应当是一个追求的目标。[2] 在这种信念的指引下，在我的组织下，对刑法各论中10个基本理论

---

[1] 参见张传祯、李志刚：《戴振祥冤案平反始末及其反思》，载《法学》，1998（7）。
[2] 参见陈兴良主编：《刑法各论的一般理论》，5～6页，呼和浩特，内蒙古大学出版社，1992。

问题进行了研究,这些问题包括:犯罪分类、刑法分则条文、罪名、罪状、法定刑、犯罪情节、犯罪数额、法条竞合、单行刑法分则规范、附属刑法分则规范。由此形成刑法各论一般理论的体系。在上述 10 个问题中,在我看来,犯罪情节和法条竞合两个问题尤为重要。如果说法条竞合主要是从法条的横向联系上解决罪与罪之间的关系问题,那么,犯罪情节是从法条的纵向联系上解决一个犯罪内部的重罪与轻罪之间的关系问题。法条竞合和犯罪情节纵横交叉,形成一个坐标体系,对于我们从宏观和微观两个角度把握我国刑法分则的条文体系具有重大意义。对于法条竞合的进一步深入研究,形成我和龚培华、李奇路共同完成的《法条竞合》(复旦大学出版社 1993 年版)一书。可以说,对法条竞合的独特理论构造,最能代表我在刑法解释学上的造诣。对于法条竞合的理解,我们突破了传统作为罪数论研究的限制。从区分此罪与彼罪的意义上确立法条竞合理论,挖掘法条竞合的理论能量,力图建立一种此罪与彼罪区分的一般理论。在刑法注释学中,我着力较多的是刑法总论理论。相对而言,我对刑法各论研究投入精力较少,除经济犯罪中贪污、受贿、挪用公款等个罪进行了深入的专题研究以外,其他个罪缺乏系统研究。为弥补这一缺憾,我正致力于对刑法个罪的研究,将以 20 个常见、多发、疑难、复杂的个罪为对象进行研究,完成一部 100 万字左右的《刑法适用各论》的著作。

刑罚理论的研究,在我国刑法学界始终是一个薄弱领域,相对于犯罪论的鸿篇巨制、长篇大论,刑罚论的研究颇受冷落。1988 年邱兴隆、许章润的《刑罚学》(群众出版社 1988 年版)一鸣惊人,但未能引起进一步的响应,不免显出几分孤单。刑罚研究的这种落后性,与我国法制建设是密切相关的。这种重犯罪论轻刑罚论的状态可以在法制建设的事实中找到原因。在 1979 年刑法颁行之初,刑事司法活动更为关注的是罪与非罪的界限问题,保证刑事案件处理上的定性准确。因而,刑法理论对犯罪问题予以了充分的重视,努力为司法实践提供理论指导。犯罪构成理论应该说起到了很大的作用,一经传播,深入人心,对于司法人员处理犯罪案件具有直接的功效。随着法制水平的提高,刑罚问题,包括量刑、行刑必将逐渐引起人们的重视。因为定罪的归宿点是量刑,而量刑又为行刑提供

法律根据,正是通过行刑活动达到刑法的最终目的。因此,从长远来看,刑罚理论必将引起人们的兴趣。而刑罚理论的发达程度又在很大程度上代表了一个国家的刑法理论研究水平。正是出于对现在刑罚研究现状的不满与我们在刑罚研究上的进取心,我主编了《刑种通论》(人民法院出版社 1993 年版)一书。这是一本对刑种进行全面研究的论著,也是我对刑罚理论研究的起点。此后,我参加了樊凤林教授主编的《刑罚通论》(中国政法大学出版社 1994 年版)的写作,并为后来刑罚的深入研究奠定了基础。因此,《刑种通论》一书代表着我对刑罚理论的研究水准。

在我关于刑法解释学的著作中,《案例刑法教程》(上、下卷,中国政法大学出版社 1994 部版,陈兴良、曲新久、顾永中合著)值得一提。案例研究是刑法学研究的一种通行方式,往往称为案例分析。案例分析虽然在我国当前的法学研究中占有一定地位,但其水平还是比较低的,基本上还是一种以案释法的性质,其更大的意义在于通过生动形象的案例向人民群众进行法制宣传,对于司法实践的指导意义则是十分有限的。出于种种原因,我也主编过几本案例分析的著作,除前述《经济犯罪疑案探究》以外,还有《中国刑事司法案例汇纂》(中国政法大学出版社 1995 年版)、《刑法疑难案例评释》(中国人民公安大学出版社 1998 年版)等,但其中水平较高、影响较大的还数《案例刑法教程》。该书是出版社的约稿,根据写作设计,本书既不是单纯地注释评论现行刑法条文,也不是简单地分析评说实际案例,而是从实际案例出发,提出问题并解决问题,以求理论与实际连为一气,融会贯通。本书采取了一种现在看来是较为成功的写作体例:每一专题由案例、问题、研究、结论四部分组成。详言之,每一个专题首先提出有代表性的案例,作为引导,接着,围绕案例提出实践和理论上需要解决的问题;其次,围绕这些问题,根据刑法规定和刑法理论,结合案情,研究这些问题;最后,得出简要的结论,指明处理类似案件应当适用的法律规则或者原则。本书我承担了 50 万字的写作任务,在个案研究中融会了刑法理论的研究成果。由于结合案例阐述理论,因而理论观点不致深奥难懂;同样,由于根据理论分析案例,因而案例研究不致流于肤浅,可谓理论与案例两全其美。因此,《案例刑法教程》

一书在司法实务部门和法科学生中颇受欢迎,这是始料不及的。严格地说,《案例刑法教程》一书并不代表我的学术水平,但其反响出乎意料。此外,还有我主编的《刑法新罪评释全书》(中国民主法制出版社 1995 年版)、《职务犯罪认定处理实务全书》(中国方正出版社 1996 年版)、《刑法全书》(中国人民公安大学出版社 1997 年版)等大型刑法工具书,是在我组织下,主要由我的学生编写的。虽然我花费了一定的心血,但构思、统稿,往往是体力劳动多于脑力劳动。但这些著作在社会上流传甚广,对于司法工作人员的办案起到一定参考作用。我收到过不少司法工作人员的来信,与我讨论对这些论著中某一个概念的界定。甚至检察官来信指出,法院根据我主编的《刑法全书》对一个罪名的解释而对其起诉的案件作出无罪判决,因而来信著文商榷。同时,这些著作的出版,也招引不少当事人要求我担任某一犯罪案件的辩护人,因为我主编的著作中的某一观点对其有利。

凡此种种,使我在以后主编这些著作时胆战心惊,如履薄冰,唯恐一字之失,引起出入人罪的结果。因为全书数百万言,大部分不是我写的,但作为主编又不能不承担道义上的责任。因此,此类大型著作,我从不敢虚担主编之名,甚至决心不再主编此类大型著作。但无奈社会需要,出版社力邀,只能勉为其难。这不,1998 年我又应中国政法大学出版社之约,主编了一部 200 余万言的《罪名指南》,但愿这是最后一本。这种学术水平与学术影响的不相称性,使我深感触动,也使我难以清高。我想,出世之作须作,入世之作也须作。这大概就是我对高深的理论与通俗的理论的态度,不知是否可免媚俗之讥。《刑法疏议》(中国人民公安大学出版社 1997 年版)可以说是最能代表我个人在刑法解释学研究上的水平。该书的写作契机是 1997 年刑法修订,社会急需对修订后的刑法进行学理阐述的著作,当然也难免有商业操作的背景。我的治学经历使我不愿也不致把它写成一本流俗之作。在流行的注释刑法的写作样式中如何出新,容纳一定的思想内容与学术信息,这是我所反复考虑的。最后,我采取了疏议的方式。中国是一个具有悠久的注释法学传统的国度,以《唐律疏议》为代表的以律条文注释为形式的法学研究成果是中华法律文化传统的主要表现形式。我在写作《刑法疏

议》时，力图继承中国法律文化传统，以条文注释及其评解的方法对刑法进行逐编逐章逐节逐条逐款逐项逐句逐词的诠释，揭示条文主旨，阐述条文深意，探寻立法背景，评说立法得失。《刑法疏议》的写作过程，使我对法、法条、法学有了一种全新的认识。在该书前言中我表达了这种认识：法及法学给人留下的往往是枯燥无味的印象，由于其遣词造句刻意追求逻辑上的严谨，因而没有文学那样奔放的热烈、哲学那样从容的大度，而只留下一张毫无表情的面孔。其实，当我们经过钻研跨过法学的门槛，深入法条的殿堂，我们才会感受到法的脉动与心律。俗语说，法是无情的。换言之，法是最不讲情面的。如果确切地把这里的情界定为私情，那么确实如此。法是最不徇私情的，公正无私应当是法的生命。但片面地将法与情绝缘，那不是对法的无知，就是对法的曲解。其实法是最有情的，法条与法理是建立在对情——一种对社会关系的最为和谐与圆满状态的描述与概括之上的，是情的载体与结晶。合法是以合理与合情为基础与前提的；合理合情，才有合法。一种法，如果既不合理又不合情，则是非法之法——恶法。如果说，合理是哲学的追求，合情是文学的状态。那么，法学，对合法性的追求，又怎么能够离开哲学与文学呢？在法学领域，达到一定的学术境界，应当是哲学、文学与法学——三学合一：它们都有共同的终极关怀，一以贯之的人文精神。法，有善法亦有恶法。这里的善恶，不仅以内容论，而且还应就形式言。法之内容的善恶判断，当然是法学的任务，尤其是法哲学所致力追求的。法之形式的善恶判断又何尝不是法学的任务（当然主要是注释法学的内容）。当我们把理论的思绪从法哲学中收回，深情地注视由一个个条款组成的一部法典，面对她、审视她、熟知她、理解她时，一种完全不同于法哲学研究的兴趣会从我们的心头油然而生。一位著名传记作家，曾经创作了一部《尼罗河传》。在谈及创作体会时，这位作家说，他不是把尼罗河看作一条流淌着水的河流，而是看作一个历经沧桑的人：有她的骄傲与屈辱，有她的欢乐与忧伤。唯有感受到了尼罗河的生命，才能为这条河创作出一部具有博大精深的内容——自然的与社会的、地理的与人文的——传记。当我们为一部法典注释的时候，我们自在于她、自外于她，仅把她看作一条条由枯燥乏味的文字连缀而成的僵死的法条，我们又怎么能够体

会到法的精神呢？难道我们不应该把法看作是一个有血有肉的人去领略她的生命、感悟她的情操吗？正是本着这样一种学术态度，我投身法条，直面法条，为法条注释，也就是为法写一部传记。在这一写作过程中，感到了我与法条的物我两忘，对法条——每一个条文都有一种全新的并且是诚挚的熟知，从而登临了一个刑法理论的新境界。[①] 以上这段话真实地抒发了我对法及法学的感想并将之贯穿于《刑法疏议》的写作过程之中，完成了这部我自认为是追求个性化的刑法注释学术著作。这里的"个性化"，一方面表现在形式上，分为主旨、释义与评解三个层面对法条进行学理上的研究，对法条之实然与应然分别加以考察，逻辑清晰，观点明确。这种"个性化"，另一方面还表现在内容上，该书不仅注重对法条的义理疏通，而且对立法的得失利弊作出评说，表明学术立场。在刑法修订以后，我还于1998年完成了近120万字的《刑法适用总论》（上、下卷），该书是我在刑法总论研究上的集成。该书犯罪论10个专题、刑罚论10个专题，共计20个专题，涉及刑法总论的基本理论问题，并作了较为系统的梳理，也是我对刑法总论研究的总结之作。

五、著书立说（下）

著书立说，离不开杂志社与出版社。在我所经历的学术活动中，杂志社与出版社对我的帮助是很大的，对此不能不存感激之情。我的最初两篇论文发表在《法学杂志》和《法学研究》上，这是两份创刊较早，在我国法学界具有较大影响的杂志。正如我在《当代中国刑法新理念》一书的后记中指出："尤其需要提及的是《法学研究》杂志，作为我国法学杂志中的国家级重点杂志，对于我的学术成长更是提携有加。从1984年至1994年，我共在《法学研究》发表论文13篇，几乎平均每年一篇。[②]《法学研究》的历任刑法编辑不仅关心我所投的稿件，

[①] 参见陈兴良：《刑法疏议》，5~6页，北京，中国人民公安大学出版社，1997。
[②] 从1984年至2013年，我在《法学研究》共计发表论文30篇——2018年7月1日补记。

而且关注我的学术成长,提出中肯而殷切的期望,使我十分感动。"[1] 记得第一次在《法学研究》上发表的《论教唆犯的未遂》一文,投稿以后,廖增昀老师给我复信,提出修改意见,修改以后才发表。此后,王敏远先生主持刑法编辑工作,对我帮助也颇大。有次看了我的稿件以后,还专门给我写了一封长信,谈我的学术风格问题,鼓励我保持独特的学术风格以及写作风格,以免流俗。尤其是如我在《刑法的价值构造》后记中所说的:一个偶然的机会,《法学研究》杂志编辑王敏远先生向我约一篇关于罪刑法定主义的论文,我欣然答应并很快完成,兴之所至洋洋洒洒长达万言。承蒙王敏远先生不弃,论文以《罪刑法定的当代命运》为题刊载在《法学研究》1996年第2期,成为本人发表在杂志上最长的一篇论文。[2] 其实,论文并非一气呵成的。当时《法学研究》刚改版,可以发表1万字以上的论文,敏远约稿时对篇幅未作严格限制,只说2万多字,这个篇幅在当时的杂志上已是超长之文了。动笔后一发不可收,完成前两部分时已超过2万字,但还未论及中国的问题。为此,我给王敏远打了个电话,当时的想法是最多再争取1万字的篇幅。但王敏远十分痛快地说,只要不超过5万字就行。结果,我在中间又增写了立法与司法两部分内容,加上最后一部分是中国问题,就超过5万字,将近6万字了。在我本人的感觉中,这篇论文颇似一首交响曲,一个主题音乐开始微弱地出现,后来又被发挥到极致,形成复调结构。一种音乐美冲击着我,使我的心灵感到战栗。此文的写作与发表,对我后来《刑法的价值构造》一书的写作具有重要影响。编辑的宽容,惯出了我长篇大论的写作毛病。

我完成的刑法哲学三部曲,都是出版社约稿的产物。能写出这些书,当然是学识积累的结果,但这些书的问世又都离不开出版社的"催产"。记得《刑法哲学》,我是在中国政法大学出版社李传敢、丁小宣先生策划出版"中青年法学文库"约稿的情况下萌生创意的。正因为有了这样一个出版的契机,才调动起我的写作积极性。否则,我可能不会进行《刑法哲学》这本书的写作。因此,我在该

---

[1] 陈兴良:《当代中国刑法新理念》,1010页,北京,中国政法大学出版社,1996。
[2] 参见陈兴良:《刑法的价值构造》,699页,北京,中国人民大学出版社,1998。

书的后记中写道:"中国政法大学出版社在当前学术出版凋零的情况下,热情向我约稿,慨然将本书纳入中青年法学文库,使我解除了出书之忧,并成为写作本书的外在动力,为此十分感谢。"[1] 这种感谢是发自内心的,在当时学术出版难与我尚是初出茅庐的情况下更是如此。《刑法的人性基础》与《刑法的价值构造》两书,一如其后记所言,都是因出版社约稿而产生写作欲望的。再举《刑法的启蒙》一书的例子,虽然我在后记中说:感谢法律出版社为我提供了这么一个使写作的愿望化为写作的冲动并使之实现的机会。[2] 但实际上,写作的愿望也来自法律出版社蒋浩先生的约稿。当他向我约写一本法学学术随笔的时候,对于如何掌握法学学术随笔这种文体我一无所知。好在蒋浩的"你写成什么样我们就出什么样"一语使我大为宽心。经过精心构思,写成了目前这本我自认为(很可能不像)的法学学术随笔。该书的文风与我其他著作有所不同,尤其是文内标题颇有标新立异之趣。不曾想,看完这本书有人问我是否读了很多金庸的书。我不知道这与金庸有何干系,大概未能弄巧反而成拙,暴露出某种雕刻的痕迹吧,我自己想。

随着出版情况的好转,我与出版社的关系也越来越密切,逐渐地由著书到编书——从事一种单纯的学术组织活动。记得在1994年前后,李海东博士从德国返国,问我能否出版一种刑法的连续出版物。给我印象颇深的是,李海东谈到德国的《刑事法杂志》已经连续出版100多年,无数刑法大师都在杂志上发表过论文,例如费尔巴哈、李斯特,由此使刑法学术传统一脉相传。为此,我为这一刑法连续出版物取了一个名字,叫《刑事法评论》。但由于当时出版条件不成熟,因而这个书名在我心中"冷冻"了好几年。直到1997年,我与中国政法大学出版社的李传敢、丁小宣先生一拍即合,该年《刑事法评论》第1卷终于问世。在第1卷的卷首语中,我写下这么一段话:我们应该努力倡导与建构一种以实现社会关心与终极人文为底蕴的、以促进学科建设与学术成长为目标的、一体化的刑

---

[1] 陈兴良:《刑法哲学》,修订版,705页,北京,中国政法大学出版社,1997。
[2] 参见陈兴良:《刑法的启蒙》,262页,北京,法律出版社,1998。

事法学研究模式。这段话在1998年出版的第2卷中,被当作编辑宗旨印在封底,也表明了我们的学术追求。第1卷出版以后,由于该出版物具有较大的理论容量和较强的思想性,因而受到一定的好评。1998年,我们又出版了第2卷和第3卷。尤其是第3卷中组织5位学者对一个案例以12多万字的篇幅进行了全方位的研究,堪称前无古人。在出版《刑事法评论》的同时,我还与中国政法大学出版社进行了另外一项有价值的学术合作,就是由我主编刑事法学研究丛书。由于1998年年初我从学习与工作了15年的中国人民大学法学院回到母校——北京大学法律学系任教,并组建了"虚拟性"的学术研究机构——北京大学刑事法理论研究所,自任所长,因而上述出版物均由北京大学刑事法理论研究所主办。刑事法学研究丛书的最初设想是中国政法大学出版社的李传敢、丁小宣先生提出来的,我在丛书的代总序中将这套丛书的宗旨归纳如下:这套丛书以小题大作为特色,追求纯正的、精致的学术品格。著述大抵有以下几种情形:小题小作、大题大作、大题小作、小题大作。小题小作,似乎过于促狭,作文可以,出书不宜。大题大作,乃大家手笔,我辈凡人可望而不可即。大题小作,最不足道,容易流于肤浅。小题大作,选取刑事法理论中的一个概念、范畴、命题,进行深入的挖掘,使之成为本问题的前沿性成果。虽然每本书的篇幅不超过10万字(5万字以上),与现今动辄数十万,乃至上百万字的著作而言,篇幅小得可怜,但这种篇幅与选题相比较,又确是一种大作,是一种足够大的篇幅。例如,一本教科书中只用几百字解说的范畴,在丛书中作为一个专题,将用5万~10万字的篇幅去展开细论,是为小题大作。正是这种小题大作,最需作者的学术功底。同时,这种小题大作式著作的积累,对刑事法理论中的基本概念、范畴与命题的逐个梳理,必将从整体上改变刑事法理论研究的范式与框架,推动刑事法专业槽的建立。刑事法学研究丛书向全国刑事法研究者开放,将以每年10本的进度推出。凡是符合丛书的学术规范与编辑宗旨的著作均可入选,尤其欢迎刑事法各专业的硕士生、博士生将本人的论文选题与丛书挂钩。凡达到标准者,我们将优先出版。为这套丛书我写了一篇6 000多字的总序,对于丛书中篇幅6万字的书来说,序的字数就占到全书字数的1/10。1998年该丛书第一批出版,第二批也即

将如期出版。

在与中国政法大学出版社进行合作的同时,我与法律出版社也进行了愉快的合作。1998年6月,法律出版社编辑谭臻代表本社约我主编以案例研究、面向司法实践的连续出版物,我欣然应允。经过设计,将该出版物定名为《刑事法判解》。在《刑事法判解》第1卷的卷首语中,我写下这么一段话:以应用与操作的形而下的研究为主题、促使刑事法从条文化的法向体现在判例与解释中的法转变,实现刑事法的实践理性。这段话被我选作《刑事法判解》的编辑宗旨。《刑事法判解》不是案例的简单汇编或编纂,而是在以下三个层面上进行学理研究:一是对法条的研究,如何正确理解法条始终是大陆法系国家刑事司法活动中存在的首要问题,对法条的诠释具有重大的实践意义,因而《刑事法判解》给法条研究以一定篇幅。二是对司法解释的研究。在司法活动中,司法解释具有准法律的地位,也是处理案件的法律根据,因而对司法解释的研究同样十分重要,也是《刑事法判解》的应有内容。三是对案例的研究。案例既是司法活动的结果,又对以后的司法活动起到一种引导与遵循的作用。因此,对疑难复杂案例的学理评析是《刑事法判解》的重点。由于《刑事法判解》具有贴近司法实践的特点,因而在内容上与《刑事法评论》之纯正的学术研究具有了明显的分野,使之成为各有分工的姊妹出版物。

《刑事法评论》、《刑事法判解》以及刑事法研究丛书的编辑出版,占据了一部分时间与精力,由过去写稿变成到处拉稿:唯"稿"(当然是好稿)是"拉"。从推进刑事法理论研究,加强刑事法的学科建设来说,我认为推出一批高质量的出版物,造就一批高素质的写作者,出书出人,比我一个人写作的意义更大,因而我乐此不疲。可以说,这两个连续出版物是我后半生的学术寄托。

六、执教生涯

传道、授业、解惑,历来被认为是为师之本。中国具有尊师重教的传统,因此教师一直被社会公认为是一个值得尊敬的职业。我从1984年12月硕士研究生毕业后留校任教，由此开始了执教生涯。在大学，尤其是在名牌大学执教，有一种"得天下英才而教之"的感觉，甚是快慰。我自认为，教师是一个最适合我的职业。从我授课与著述两方面的能力以及我的外拙内向的个性来看，天底下再也没有更适合于我的职业了。能够选择一种最适合自己、本人又乐于从事的职业，天下之快事，莫过于此矣。

在我看来，老师通过授课直接传递给学生的知识毕竟是有限的，关键是调动起学生本人的主观能动性，这就是所谓授之以鱼，不如授之以渔。"鱼"是知识，"渔"是获取知识的方法，掌握了这种方法，就可以自己去获取知识。因此，对于学生，仅满足于传授知识是不够的，更应当以自己的研究思路与理论风格在潜移默化中影响学生，这也就是所谓身教重于言传。在我所教过的学生中，尤其是本人所带的硕士生、博士生中，有许多是同龄人中的佼佼者，在学业上我并未加以刻意的栽培，但都有出色的成绩，并大有发展的潜力。在我看来，高校老师与中小学老师是有明显区别的；在高校老师中，名牌院校的老师与一般院校的老师又有明显区别。这种区别主要在于是否有本人的研究成果以及独特的学术思想。中小学老师的授课，是讲解课本，向学生传授课本上的知识。尽管在授课中也有技巧与经验问题，但很难说有自己的思想。而高校老师，尤其是名牌高校的老师，传授的应当是本人的学术思想，而不仅仅是统编教材上的知识。这就要求老师具有相当的研究能力，能够不断地推出自己的研究成果。通过著述与学生对话，而不是仅仅把这种对话限制在课堂上。这样，你的学生就会超出课堂的界限。即使在课堂上，当你讲授的不仅仅是书本上的东西，而是在表述自己思想的时候，你就不会觉得这种授课是一种口干舌燥的体力劳动，而会在讲授中不时迸发出思想火花，通过授课清理自己的思路，从而在课堂上的授课中获得某种精神上的快乐，并使学生产生某种理论兴趣，使老师与学生之间达到理论旨趣上的相投，使学术得以薪传，这是执教的最高境界。

在指导学生的过程中，如何把学习与科研结合起来，始终是一个问题。在我们当学生的时候，高铭暄、王作富教授都有科研上的严格要求。因此，我们在学习过程中有意识地进行科研写作方面的培养与训练。我始终认为，学习与科研是

不可分割的，学而有所得，必然会付诸文字，进行论文写作；写而后知不足，又促使人去学习。因此，学习与科研之间具有某种良性的互动关系。因此，我利用本身科研上的优势，带动学生进行科研写作，使学生尽快过写作关，这样就能培养出一批科研型人才。我所主编的许多著作，都是组织学生完成的，既使他们受到了科研训练，又能够早出成果。尤其是在确定硕士论文选题的时候，有意识地考虑硕士论文的学术出版价值，而不是仅仅作为一种获得学位的工具。在我看来，学位论文是一种功利性极强的文体，其首要目的是通过，因而在历史上很少有某一学位论文成为经典名著的，因为这种文体所受限制太大。但是，如果能够在一定程度上使学位论文的写作成为一种学术创新的途径，不至于成为无效劳动，还是有可能的。为此，在论文选题上，我历来主张小题大作，题目越小越好，反对那种大而无当的题目。在这种思路的指导上，我尽量将学生的论文纳入出版的轨道。例如，我主编的《刑事司法研究——情节·判例·解释·裁量》（中国方正出版社1996年版），基本上是硕士论文的汇集。在硕士论文的选题设计时，分别选定定罪情节、量刑情节、刑事判例与刑法解释这四个互相关联的题目，从而勾画出刑事司法理论的基本架构，力图建立一种所谓中层次理论。理论应当区分层次，这是我的一种信念。我在该书的前言中指出，在刑法学中应当区分理论层次：刑法学既要有刑法哲学这样的深层次理论，也需要有案例研究这样的浅层次理论。同样，我们更需要有一种联结理论与实践的中层次理论。这种中层次理论，面向刑事司法中的热点问题与疑难问题，以解决司法实务问题为己任，但又不是头疼治头、脚疼治脚式的解决，而是对司法实践中的问题加以概括与提炼，力图以一定的理论高度解决这些实际问题。[1] 在这种中层次理论的定位中，这些硕士论文都从某一侧面对刑事司法中的问题进行了较为深入的研究，使之成为在此问题上的前沿性成果。

在我的学生中，还有一些是十分特殊的对象，这就是高法班学员，他们是来

---

[1] 参见陈兴良主编：《刑事司法研究——情节·判例·解释·裁量》，1页，北京，中国方正出版社，1996。

自审判第一线的骨干，有的是庭长、院长，具有丰富的实践经验。我感到，给他们讲课具有不同于给本科生、研究生讲课的特点，主要是由于他们长期的司法职业经历，使之具有某种解释学上的所谓"前见"，具有更明显的问题意识。因此，这些学员入学之初，往往会向我们提出大量的个案，当然是他们在长期审判工作中积攒下来的复杂疑难案例。直白地说，他们更像是带着"病（案）例"来看门诊的。但我总是对他们说，我不跟你们讨论个案，我们会系统地向你们讲授刑法基本理论，这些理论本身就包含着解决你们这些个案的原理与规则。如果整个课程结束以后，你的个案问题还未解决，你再来找我。结果，课听完以后，学员很少再有来找我的，而是表示问题已经解决。这里反映出理论的巨大力量。我一直推崇理论与逻辑的力量，尽管从本源上说，理论来自实践，但理论一旦形成，对实践具有重大的指导意义。尽管刑法是一门应用学科，但同样不能没有理论思维。高法班学员曾经对我说：学习以前，办案特别利索；学习以后，回去不会办案了。这里的"不会办案"，是指在办案的时候思考的问题多了，下判比较慎重了，懂得用理论去指导办案了。我认为，这本身就是一种提高。学习以前办案利索，是以不懂理论因而没有心理负担为前提的，因而也就潜藏着办错案的可能性。高法班学员由于具有丰富的司法实践经验，因而在理论上提高以后，对于我国法治建设具有重要影响。从这个意义上说，我们虽然不直接参与司法实践，但也通过传授法治观念与法律知识，间接地为依法治国建设作出我们的一份贡献。我曾经主编过一本书名为《刑事审判实务研究》（中国方正出版社1997年版）的著作，该书就是高法班学员研究成果的展示。在该书前言中，我用"源于实践，高于实践"概括这本书的特点。源于实践，是指本书的作者是各级法院的法官，他们长期从事刑事审判工作，有的同志还担任一定的领导工作，因而具有丰富的司法实践经验。不仅本书的作者来自司法实践第一线，而且本书的素材也来源于司法实践。在刑事审判工作中，经常会遇到一些疑难问题或者复杂案例，这些问题或者案例曾经困扰着法官们。经过一年时间的理论学习，高法班学员力图用书本上所学的刑法理论解决或者解剖这些疑难问题或者复杂案例。因而，本书内容与司法实践有着直接的联系。书中涉及的这些专题，都具有现实主义。高于实

践,是指本书是高法班学员们经过一年的理论学习的心得,从本书可以看到他们理论水平的提高。在校期间,高法班学员们经受了正规的刑法理论的训练,对刑法问题由过去的感情认识上升为理性认识,从过去的经验上升为理论,并且运用刑法理论去研究与分析司法实践中的问题。从本书的内容看,高法班学员们已经较为熟练地掌握了刑法理论的分析方法,提出的结论对于司法实践都有一定的指导意义。[①]确实如此,高法班学员在刑法理论上也有了长足的进步,成为法院系统的"理论家"。同时,教学相长,我们也从他们那里获取了大量司法实践的信息,这对我们的理论研究也是一种促进的因素。

我从1984年12月底开始在中国人民大学法律系(后改为法学院)任教,1985年任助教,1987年任讲师。此后,分别于1989年12月和1993年6月被破格提拔为副教授和教授,1994年10月任博士生导师,我一步一个脚印地向前迈进。这里包含着恩师的栽培、朋友的扶持、家人的贤助。当然,更有历史的机缘与本人的努力。我总是在想,我们这一代人成长是与祖国法治建设的发展同步的,是与法学教育的发展同步的。我们赶上了国家法治建设与法学教育的黄金时代,才有个人事业的发达。

七、司法经历

虽然在一个较长的时期内,教师是我的主要职业,但我也曾经担任了某些司法职务,具有相当的司法经历。这段经历,对于我的学术研究活动无疑是一笔宝贵的财富。

如前所述,在上大学以后,我曾经在公安局工作了一个时期,这是我的第一个司法经历。由于当时尚未言法,因而公安工作并没有太多的法律因素。但在工作中,我还是与警察、罪犯直接打交道,增加了不少感性认识。更为重要的是,正是公安工作这一机缘,使我走上了法学的治学道路。在公安机关工作期间,有

---

① 参见陈兴良主编:《刑事审判实务研究》,1页,北京,中国方正出版社,1997。

一件事给我留下较深的印象。那是1976年12月,我刚参加公安工作,临时住在公安局看守所的宿舍里。一天,忽然传出警报,有一名罪犯越狱逃跑。我们马上将看守所后面的小山包围起来,结果将该罪犯抓获。但见该人20岁出头的样子,将近1.85米的个头,像是北方人,身材魁梧,满脸粉刺。据说是因抢劫杀人而入狱的,不久被判处死刑。执行死刑这一天我参加了,公判大会人山人海,会后押赴刑场,这是我第一次见到行刑场面。同时被判处死刑的还有一个50多岁的老头儿,绑赴刑场时老头儿缩成一团,一声枪响,老头儿倒在地上。而这个年轻罪犯被押赴刑场时还神态自若,挺胸昂头。本应一枪毙命,谁料子弹虽击中要害,人却并未断气,身体仍在抽搐。见此情景,预审科长又用手枪补了一枪,才将其打死。上学以后,我曾经研究龙勃罗梭的刑事人类学思想,还专门写了一本小书《遗传与犯罪》。我原定的书名是《龙勃罗梭:基因的奴隶》。编辑擅自将书名改为现名,恰好与美国学者泰勒·劳伦斯的《遗传与犯罪》一书重名,该书译本由群众出版社1986年出版,我的书由群众出版社1992年出版。在我的《遗传与犯罪》一书中,引用了泰勒的观点。泰勒阐述了超雄性综合征与犯罪的关系,由此论证遗传与犯罪的意义。泰勒指出:XYY畸变含有数量上的变化,还可能包含染色体的性特征。正常情况下,每个人身体的每个细胞中有46个染色体,组成23对。在这23对中,22对是常染色体,是表现个人生物特征的基因。剩下的那对基因是性染色体,决定着性别特征。女性成对的性染色体谓之X染色体;对男性来说,性染色体由一个X染色体和一个更小的雄性Y染色体组成。尤其是遗传学上的XX染色体和XY染色体,即受精的卵子决定着孩子将是男性还是女性。在一个偶然的机会,由于受孕的不妥当,胎儿就带上了染色体性畸形。例如,如果雄性染色体得到一个额外的Y染色体,成为XYY,即产生了所谓的超雄性。这种人身高超过了平常的人,常常脸上长着粉刺。在大英监狱中所作的研究表明,22个XYY男人中的一半是占监狱犯人总数的5%的高汉。这些人中虽然有普通人或者矮个人,但大多数身高6英尺或更高。尽管在XYY人们中的患粉刺的范围小了些,然而流行率仍然很高——大约50%。经过一系列的调查统计,表明XYY变异的人中犯罪率高。因此,泰勒指出:超雄性的犯

罪行为由遗传原因所致是显而易见的事，社会和家族的影响很少对它产生作用。[①] 当我写《遗传与犯罪》引述泰勒的上述论段的时候，我的脑海里不由得浮现出那个罪犯人高马大、脸上长满粉刺的形象。我敢断定：这肯定是一个染色体异常者，即所谓超雄性。由此，我对犯罪的生物原因有了更加深刻的认同。尽管我不同意龙勃罗梭的天生犯罪人说，但在刑事犯罪，尤其是性犯罪中，生物因素对于犯罪具有不可低估的作用。无论如何，公安工作的经历还是在我此后的学术研究中留下了痕迹，即或是一些感观的印象。

我在攻读硕士学位期间，1983年9月开始了一场全国性的"严打"活动，正好我们实习，这次有机会在北京市海淀区法院担任了3个多月的助理审判员：一种初级法官的司法职务。我在大学期间曾经于1980年冬在江苏省南京市栖霞区法院实习，当时在民庭实习，主要熟悉了民事审判业务。这次由于我们是刑法专业研究生，因而在刑庭实习。这次虽是实习，但又不同于一般的实习，而是被任命为助理审判员（实习生被临时任命司法职务的，可能是空前绝后的，不知是否符合当时的《人民法院组织法》），直接参加审判工作，以弥补当时"严打"中法院人手之不足（除我们之外，当时还从部队抽调了一批干部到法院临时帮忙，也都被任命为助理审判员）。这段在法院工作的时间不长，但却接触到不少案件，尤其是直接参与案件的审判，对刑法适用的了解更为真切。1979年刑法颁布，是我国民主与法制建设史上的一个里程碑。当时的刑法，可以说是一部较为轻缓的刑法。但随着改革开放历史进程的起动，我国进入一个社会转型期，各种社会矛盾很快暴露出来，犯罪成为一个尖锐的社会问题，刑事犯罪与经济犯罪都表现得十分猖獗。在这种情况下，1982年和1983年两个《决定》对于1979年刑法进行修改，加重法定刑，扩大死刑适用范围；同时，又掀起了一个"严打"高潮。这里的"严打"，严厉打击之谓也，几乎成为我国刑事司法中的一个专有名词。"严打"虽然强调"依法从重从快"，但还是对刚刚建立起来的十分脆弱的刑事法制形成一种冲击，带有以往政治运动的痕迹。当时，我经历了这么一件事，对我

[①] 参见陈兴良：《遗传与犯罪》，122~123页，北京，群众出版社，1992。

触动颇大。在1983年7月，我曾经担任过一起共同盗窃案件的辩护人。该案三个被告人，我担任第二被告人的辩护人。这个案件中的盗窃犯罪系第一、第二被告之所为，第三被告只是在其中一起盗窃案件中提供帮助，指认被盗人家，带去踩点。开庭以后，当时第一被告人被判处有期徒刑15年，第二被告人被判处有期徒刑9年，第三被告人被判处有期徒刑3年。但在"严打"以后的10月，突然贴出布告，在"严打"公判大会上，第一被告被判处死刑，第二被告被判处死缓。而我这个律师（此时已是法官），对此判决的变动一无所知，前一份判决还在我手里，稀里糊涂就作废了。这个案件涉及的法律问题是：这三个人的共同盗窃行为能否构成犯罪集团，因为第二次判决是以犯罪集团认定而从重判处的。当然，这里还涉及刑事诉讼程序问题。由于我是研究刑法的，所以关心的还是实体问题。当时，犯罪团伙一词盛行，犯罪集团的认定极度扩大化。这个案例，此后被我引入博士论文《共同犯罪论》中。在论文中，对本案我作了以下分析：某法院的这一认定是错误的。因为本案虽然有三人，但这三人并非长期勾结在一起共同盗窃，钟某（第三被告）只是偶然地参与其中的一起犯罪。总之，我们在认定犯罪集团的时候，不仅要看是否有三人以上，而且要看这三人是否长期从事共同犯罪，从而形成了犯罪集团。在人数较多的情况下，还要看重要成员是否固定或基本固定。[①] 这种实际案例，如果不是从司法实践中直接获取，在书本上是没有现成可找的。法院的这段临时法官工作在1983年年末结束，我所在的这段时间是"严打"的第一个战役，从重从快。在我的日记中有45分钟审两个案件三个被告人的记录，真是创纪录的"从快"。由于我是在一个非常时期在法院临时帮助工作的，因而还不能说对审判工作有了真切的体会认识。但之后我通过各种渠道，直接间接地与法院打交道，自认为对于刑事审判是不陌生的。其中，法院充任助理审判员的这段经历对我熟悉法院工作帮助最大。写到这里，不由发出感叹：岁月流逝，人是物非。1980年冬一起在江苏省南京栖霞法院实习的大学同学傅长禄已经担任上海市高级人民法院副院长，而1983年冬一起在北京海淀法院实习的研

---

① 参见陈兴良：《共同犯罪论》，157页，北京，中国社会科学出版社，1992。

究生同学张军已经担任最高人民法院刑一庭庭长①,均已是共和国的大法官。我们一起在法院实习的经历以及感受,想必对他们的法官生涯也会有所影响。

在我从事的司法实业务中,最能代表我的身份、时间最长,也是最能获得本人思想情感上认同的是律师这一身份。我们可以说是20世纪80年代初第一批兼职律师,1982年秋天开始在北京海淀法律顾问处(当时的称谓,以后改为律师事务所)执业。1985年中国人民大学法律系成立北京市第十律师事务所(后来改为北京市地石律师事务所)。以后,我一直在此执业。律师职业,为我直接与司法实践沟通打开了一扇大门。由于我是从事刑法理论研究的,因此印象中除办过两个民事案件以外,其余都是刑事辩护案件,大约200多件,其中较多的是经济犯罪案件。在办理的这些案件中,感受较深的是两起全国闻名的大火案,在其中一起担任被告人的辩护人;在其中另一起则担任被害人的代理人。担任辩护人的这一起是发生在1991年11月的深圳致丽工艺制品厂的大火案,烧死82名打工妹。本案共有4名被告,我们辩护的是第一被告人,系该厂的香港老板。该案在报刊上披露以后,引起极大的民愤,同时引起香港媒体的关注,辩护难度大。案件是在1992年9月开庭的,我们到了失火现场,工厂已被烧毁,厂房里一片狼藉,惨状不忍目睹。该案起因十分简单:香港老板在内地按照来料加工形式办厂,在香港聘请经理(第二被告)进行业务管理,厂长(第三被告)由内地一方出任。此前消防人员来工厂检查消防安全,经理及厂长在场,检查发现一扇防火门被焊死,铜丝替代保险丝,当场指出,并叫来电工(第四被告)质问。经理、厂长、电工答应马上就改正,结果这两条未往整改意见书上写,整改意见书列举13项安全隐患,要求限期整改。此后,经理将上述整改意见书电传给在香港的老板(第一被告)。老板看后打来电话,说:"能改的就改,要停工停产、花费钱财不能马上改的压后再说。"结果一直没有整改。半年后火灾发生,造成重大人身伤亡和经济损失。起诉书指控香港老板对重大责任事故负有主要责任,其根据

---

① 张军现任最高人民检察院检察长,当年一同实习的姜伟现任最高人民法院副院长——2018年7月1日补记。

是"能改的就改,要停工停产、花费钱财不能马上改的压后再说"的指令。在辩护中,我们针对这句话提出辩护:打开焊死的防火门,是可以马上改的,用保险丝替换铜丝也是可以马上改的,结果没有改,而且这两条连整改意见书也未列上。而这两条恰恰是火灾发生的原因和损失惨重的原因。如果按照第一被告的话去做,把这两项马上能改的改了,就不会有后面的火灾,因而我们认为对于火灾第一被告不应承担刑事责任。同一句话,控方作为有责且责任较大的指控根据,而辩方则作为无责至少责任较少的辩护根据,这是十分有趣的。结果法院在一定程度上采纳了辩方意见,虽然未判无罪,但处刑轻于其他被告的,判处有期徒刑2年。按照原先的情况,肯定会顶格判处有期徒刑7年,因而我们的辩护产生了一定的效果。应该说,一个毫无指望的案件达到这样的辩护结果,已经是十分满意的了。从一起大火案的辩护,引出另一起大火案的代理,其间的角色转换是别无选择的,因为它们同是律师的职能。1994年12月8日,新疆克拉玛依市教委在友谊馆举行文艺汇报演出,全场790余人。演出刚开始不久,舞台光柱灯烤燃纱幕引起大火。由于无电工在岗,在场人员未采取有效措施灭火,剧场内无人组织和指挥人员疏散,通向馆外的疏散门亦未开启。火势迅速蔓延,馆内装饰材料燃烧产生大量有毒气体,致使323人死亡,132人受伤,其中绝大多数是少年儿童。可以想象死难者亲属承受了多大的精神痛苦。尤其是那些儿童的父母。一夜之间,天使般可爱、花朵般鲜艳的孩子,永别了充满阳光的人世。人死不能复生,悲愤之余,他们有理由发问:这一切的造成究竟是谁的罪过?他们有权利要求惩办那些肇事者并获得经济上的补偿。被害者亲属通过各种关系,聘请了北京与四川的4位律师充当代理人,我就是其中之一。1995年3月,我第一次来到克拉玛依。走进友谊馆,一片狼藉,舞台堆满倒塌的灯具和烧成灰烬的幕布。走廊过道,到处都是遗物。友谊馆大厅死一样的寂静,我似乎听到了火舌顺着风势舔舐座椅发出的噼啪声以及夹杂着的少年儿童的哭泣声和呼喊声;闻到了火烧着易燃有毒的装饰材料随风飘来的令人窒息的烟毒味;看到了大门四闭的大厅里盲目奔跑你推我搡的人群。尤其是那些胸前系着红领巾的儿童,他们脸上还化着妆,还没来得及上台表演,就成了这场惨剧的主角。从友谊馆出来,天上又飘起了雪

花。3月，江南已是莺飞草长，北国边陲依然是冰冻雪裹。我们踏着雪泥，来到新辟的坟地。放眼望去，在起伏的山坡里，大大小小埋着300多座坟茔，柔软洁白的雪像硕大的白色挽幛铺盖着大地。几天的紧张工作为此后的庭审奠定了基础。6月下旬，当我们第二次抵达克拉玛依的时候，时节已是夏季。克拉玛依脱下了臃肿的冬装，披上了飘逸艳丽的夏装。法庭如期开庭，审判是冗长的，对于每个细节都需认真查明。在炎炎的夏日，审判每天从上午8时开始到下午5时结束，整整审理了4天，这是我经历过的一次最漫长的审判。我是第一次以代理人的身份与公诉人站在同一条战线上，履行指控犯罪的职能。法庭审理中充满着交锋。例如，友谊馆值班员陈某起火时正在办公室，发现起火后，明知疏散门除两扇之外都锁着，大门钥匙被挂在办公室墙上，但他未拿钥匙就离开办公室。火势蔓延以后，他又逃出友谊馆，并称自己在馆外进行了救助。根据其本人的陈述，她显然不应承担刑事责任。对此，公诉人发问：起火时你为什么没有拿钥匙？答：当时我已从办公室出来，想起拿钥匙时一个火浪逼来，嘭的一声办公室大门关上，已经进不去。公诉人问到这里，就问不下去了。我赶紧站起身接着问：最初得知起火你是在办公室内还是在办公室外？答：在办公室内。问：大门钥匙在什么地方？答：挂在墙上。问：当时能不能拿到钥匙？答：能。问：当时有没有想到拿钥匙？答：没有。问：为什么？答：忘了。经过这一轮发问，被告人的过失责任昭然若揭：在当时的情况下，完全有可能拿上钥匙打开疏散门，但由于疏忽大意而没有这样做，这也为此后的有罪判决奠定了基础。对于这次代理，我曾有篇短文论及，论文最后指出克拉玛依的这场审判已经过去了一年多，法院对各被告作了有罪判决。我对克拉玛依的印象日益淡漠，也许今生今世也不会再到那里，但那300多座坟茔都永远留在了记忆里。克拉玛依的代理工作，受到司法部的通报表彰，我也荣立了三等功，1995年我被评为北京市首届十佳律师。这些荣誉对我来说，只是过眼云烟。使人铭心刻骨、全力追求的依旧是法律的公正与律师的责任。① 这不是无病呻吟，而确实是发自内心的感慨。

---

① 参见陈兴良：《神圣的代理——新疆克拉玛依"12·8"案件代理追忆》，载《警方》，1996（10）。

我始终认为，在司法职业中，律师是一个十分独特的职业，它是以提供法律援助为使命的。律师职业可以使我接触形形色色的人：大多是被告人，少数是被害人。每一个案件都不相同，每一个人也不相同，从中我们可以阅读人性、阅读社会。通过律师的执业活动，我对律师职业的定性产生了以下见解。律师作为法律工作者，其特点主要是相对于官方法律工作者（法官、检察官）而言的，表现在以下几个方面：（1）业务性。律师职业不同于官方法律职业，它具有业务性，即其所从事的是一种业务活动而非职务活动。职务活动表现为一定权力之行使，是代表国家对社会的管理活动。法官行使审判权，检察官行使检察权，其职务活动无不包含权力之蕴含。而律师所从事的业务活动，具有事务性的特征，是凭借本人的法律知识从事法律业务活动，而不具有行使权力的内容。（2）平等性。律师在从事业务活动中，不具有行使权力的内容，因而它与当事人之间具有一种平等的权利与义务的关系，这种权利与义务的关系通过契约（例如委托合同）加以确定，并成为从事职业活动的准则。这一点与官方法律职业也是全然不同的，官方法律职业由于是一定权力之行使，因而它与诉讼当事人之间的关系是不平等的，当事人处于司法权力客体的从属地位。（3）有偿性。律师向当事人提供法律服务是有偿的，表现为一种等价交换的关系。在这个意义上，律师与当事人之间是雇佣关系，因而律师机构具有营利冲动，是一种特殊的经营组织。而官方法律职业在一般情况下不具有这种有偿性，权力的行使是无偿的。当然，在特定条件下，例如民事诉讼中，法院根据诉讼标的收取一定的诉讼费用，似乎给人以有偿的感觉。但诉讼费用中，案件受理费具有国家税收的性质，其他费用的负担意义也主要在于减少讼累。（4）自律性。律师职业管理不同于行政管理，主要是通过组成律师协会进行自治。

随着律师行业管理的加强，律师职业的独立性也进一步加强，同时对律师职业提出了更高的自律要求。根据律师职业的以上特点，我们认为将律师职业界定为社会自由职业是恰当的，这一定性有利于律师职业的发展。应当指出，以往在我国理论上与实际生活中，对于自由职业存在一定的误解。在一些人看来，自由职业就是江湖游医式的职业，就是不受法律约束。其实，自由职业之所谓自由，并非不受任何管辖，自由职业在从事业务活动的时候要严格依照法律规定，只能

在法律范围内活动。应该说,自由职业是相对于官方职业(公职)而言的。律师职业作为自由职业,就是区别于法官、检察官这些官方职业的一种法律职业。将律师职业定位为自由职业,表明律师职业具有不被官方干预的相对独立性,有利于提高律师职业的威信与地位,充分发挥律师在法制建设中的作用。在一个市民社会,官方权力的行使必然受到来自社会的制约。由于一般民众并不精通法律,需要通过律师介入个案的诉讼或者非讼活动,起到对官方权力的制约作用,从而保障当事人合法权益不受侵犯。而律师这一职能的实现,必然以职业的相对独立性为前提。如果律师职业不是自由职业,而是官方职业(政府雇佣的律师除外),受到行政权力的限制,成为权力的附庸,俗称之为御用律师,那么律师就无法取信于当事人,遑论对官方权力的制约。由于律师必须依法履行职责,因而它所具有的相对独立性不仅不会成为社会的离心因素,恰恰相反,通过律师的业务活动,求得社会公正,更有助于社会的整合。[①] 也许我将来还会从事律师业务,其他司法职务对于我来说,都只是暂时的,是一种经历,而只有律师是我的长期身份,是一种缘分。

某种契机,使我有机会担任了公(公安)、检(检察)、法(法院)、司(律师)中的最后一个司法职务,也就是我目前还在担任的北京市海淀检察院副检察长。1994年,中国人民大学法学院与海淀检察院建立了学者挂职机制,法学院派一名教授前去检察院担任副检察长一个时期,定期轮换。第一个前去挂职的是姜伟博士,在海淀检察院挂职3年以后调到最高人民检察院担任刑检厅副厅长。我是接替姜伟去任职的,1997年5月21日获海淀区人大常委会任命,6月10日正式上班,开始了我的检察工作经历。我在检察院主管起诉工作,基本上在此坐班。一年多以来的工作经历,使我对司法实际运作过程的了解更为真切,以一个"内部人"的身份直接参与案件的处理。尤其是检察机关在刑事诉讼活动中居于一个承前启后的十分独特的诉讼地位。承前是指承接公安机关侦查终结的刑事案件,启后是指提起公诉启动法庭审理。因此,检察机关与公安、法院与律师的工

---

① 参见陈兴良:《论律师执业的定位》,载《有中国特色的律师之路》,49~51页,北京,法律出版社,1997。

作都密切相关。通过在检察机关的工作，我对检察机关的职能与性质有了更加深刻的认识。修正后的刑事诉讼法的实施，对刑事案件的庭审方式进行了改革，法庭审理由过去只具形式意义改变为更具实质内容。在这种情况下，检察机关可以说是机遇与挑战并存。我认为，在这里有一个观念转变的问题，过去注重庭前准备，现在应当更加注重法庭审理。过去往往把出庭简单地看作是公诉权之行使，对法官具有较强的依赖性。现在，说理的成分增加了，不仅要指控犯罪，而且更须论证犯罪。只有这样，在激烈的法庭控辩对抗中才能立于不败之地。因而应当建立诉讼风险观念，以法庭上的出色表现完成法律赋予检察机关的神圣职责。我还对如何在开放中加强检察机关的建设问题作了思考，认为检察机关不应自动封闭，而应当全方位地开放，在开放中求得生存与发展。这里的开放，是指与相关机关及其人员的交流与协调。首先应当加强与公安机关的交流与协调。公安机关与检察机关同处控方的地位，公安机关的侦查活动为公诉提供了基础，因而应当通过协调，使公安机关办案结果符合公诉要求。其次应当加强与法院的交流与协调。法院作为审判机关，掌握着对刑事案件的最终处理权，公诉活动的结果最终要获得法院的认可，应当从如何有利于法官确认犯罪的角度来规范与要求我们的公诉活动。最后还要注重与律师的交流与协调。公诉人与辩护人作为控辩双方，在法庭上是天然对立的，但在依法履行职责，保障司法公正这一点上可以获得某种统一。随着修正后的刑事诉讼法的实施，律师提前介入检察机关的工作。对于这种介入，检察机关应当欢迎，而不是排斥。事实上，律师提前介入，可以从另一个角度帮助我们正确地处理案件。因此，律师介入不是不利于而恰恰是有利于检察机关的工作。只有持这样一种开放心态，检察机关才能适应法律的变动，获得发展的动力。检察业务使我对诉讼程序获得了一种全新的认识。由我研究刑法的专业性质所决定，重实体轻程序的观念使我对诉讼程序大有轻视之心态。但在司法实践工作中，我认识到程序正义问题，认识到程序的独立价值，尤其是诉讼程序对当事人的权利的保障意义。[①] 在此基础上，我对犯罪概念的认识也发生了

---

① 陈兴良：《重视程序的独立意义》，载《检察日报》，1998-09-15。

重大变化,我提出重塑犯罪概念的观点,指出只有在以下三个特征同时具备的情形下才是犯罪:首先,只有法律明文规定的行为才是犯罪,法律没有规定的就不是犯罪,这是刑法意义上的犯罪概念。根据罪刑法定原则,如果法律没有规定,即使行为的社会危害性再大,也不是犯罪。其次,只有有证据证明的才是犯罪,没有证据证明的就不是犯罪,这是证据意义上的犯罪概念。在许多情况下,某一犯罪确实(内心确信)是某人实施的,但只要没有确凿证据证明,就不能认为是犯罪。最后,也是十分重要的一点,就是只有经庭审确认后的才是犯罪,没有经过庭审确认的就不是犯罪,这是程序意义上的犯罪概念。如果说,对刑法意义上与证据意义上的犯罪概念我们多少还认同一些的话,那么,程序意义上的犯罪概念接受起来就要困难得多。因为,长期以来,由于重实体(真相),轻程序(正义)的思想支配,很难想象一个证据确凿的犯罪案件只因在法庭上没有把证据充分展示出来,没有把法理说透或者因为程序违法就可以作出无罪判决。我们认为,在严格的起诉书一本主义的制度下,案卷里有罪与法律上有罪是两个不同的概念。法官不看案卷,不知案卷里都有什么材料,一切证据都应当在法庭上经过质证、认证才能有效,一切法理都应在法庭上进行详尽的阐述,构成犯罪的理由都应在法庭上进行周密的论证。如果案卷里有罪,但这种有罪的证据没有在法庭充分展示,有罪的道理没有在法庭上充分说透,法官完全可以作出无罪判决。唯有如此,才能真正实现程序正义。[①] 由此,我提出了"庭审中的犯罪"的命题。[②] 检察机关的任职,使我对诉讼结构的构造与司法体制的改革都产生了一些想法,例如检警一体、检控分离与法官独立等。检警一体是指为有利于检察官行使控诉职能,检察官有权指挥刑事警察进行对案件的侦查;警察机关在理论上只被看作是检察机关的辅助机关,无权对案件作出实体性处理。为此,公安机关的行政职能与司法职能应当分离,这就是治安警察与刑事司法警察的分立,将刑事司法警察从公安机关中剥离出来,按照检警一体化的原则,在履行职能上受检察机关节

---

① 参见陈兴良:《检警一体:诉讼结构的重塑与司法体制的改革》,载《中国律师》,1998(11),53页。

② 参见陈兴良:《庭审中的犯罪》,载《检察日报》,1998-08-10。

制。检控分离是指将现在起诉部门的检察官分为主控检察官、事务检察官,由此建立刑事检控制度,设置一种以庭审公诉为中心(或曰龙头),以起诉制约侦查的合理系统,从而理顺诉侦关系,使之与控辩对抗庭审协同。检控分离制度是检警一体原则在检察机关内部的反映。主控检察官与事务检察官具有不同的分工:事务检察官主要面对侦查,对侦查起到强有力的制约。主控检察官主要面对法庭,在庭审中形成与辩方的强有力的对抗。法官独立是指法官在诉讼结构中居中,在控辩平等的基础上,使法官真正能够获得独立与超脱,成为刑事案件的裁判者,法官的判决具有终极的意义。法院并非与检察院同一性质的机构。犯罪,就其实质意义而言,是个人与国家(由检警代表)之间的一场纠纷。这里的国家,在很大程度上是指政府,因而在大陆法系各国的司法体制中检察机关大多附属于行政机关,同时有很强的独立性,但并无司法机关之属性。因此,法院的超然地位是其居中裁判的性质所决定的。法院的独立,不仅是指控审的分立,而且是指法院对于国家或曰政府的超然。这种审判权的行使,不屈从于任何权力,只服从法律。在这种情况下,罪刑法定和无罪推定才成为可能。也只有在这种情况下,法院的裁断,主要是指通过庭审的确认,具有了终极的意义。尽管控辩双方各有抗诉权与上诉权,但法院的判决一经生效,其法律拘束力就自然产生,任何人不得挑战。由于法官是严格根据法律规定认定犯罪,并依照法律规定裁量刑罚的,控辩双方也只能依照法律与事实履行各自的控诉职能与辩护职能。在这种情况下,庭审具有实质意义。以上想法,是我在司法实践中获取的。如果没有检察机关的任职经历,这些想法是不可能产生的。到检察机关任职以前,一个最大的担心就是对学术研究的影响,是一种牺牲(学术)精神,或对长远的学术研究有利这样一种信念支配我承担这一司法职务。学术研究需要独立的地位、自由的空间与充分的时间。唯此,才能潜心钻研,才能收获真知灼见。到检察机关任职,首先是否会陷入部门之偏见从而影响学术的公正性与科学性,对此不无忧虑。记得我到国家法官学院给法院院长们讲课,法官就尖锐地向我提出这个问题。在我看来,学者的超然性当然是学术研究的条件之一,但这种超然不应当是疏远,在投入中保持超然更为难得,也更有价值。事实上,我在检察机关任职时,思想的

自由与学术的超然仍能保持,这与职务活动是有区别的。一个人的精力与时间有限,履行司法职务无疑需要时间。但由于我自身的勤奋与努力,学术不仅没有牺牲,反而大有收获。在这一年半中,我完成了个人专著《刑法的启蒙》和《刑法适用总论》(上、下卷),近150万字。此外,还主持编写了大量的学术论丛与著作。在《刑法的启蒙》一书的后记中,我曾经写道:当蒋浩先生于1997年7月下旬的一天,在北京市海淀区人民检察院我的办公室里向我约稿的时候,我和盘托出了我的写作构想,得到蒋浩先生的慨然首肯。以此为契机,我全身心地投入了本书的写作。这年的7、8、9三个月,尤其是8月,北京适逢数十年未遇之酷暑。在办公之余,我的时间基本上花在了这本书的写作上。白天与黑夜,我似乎沉浸在两个极端的世界里:"白天是现实,面对满桌的案卷,个案占据我的心思,面对的是一个个被告人。黑夜是历史,遨游在思想的海洋里,与刑法先哲们进行精神的沟通与学术的对话。"[①]

更为欣慰的,是我在检察院主编了一套刑事司法实务丛书,共计三本。这就是:《新旧刑法比较研究——废、改、立》《刑事诉讼中的公诉人》《刑法疑难案例评释》,由中国人民公安大学出版社分别出版,共计150万字。本书的作者基本上都是本院检察官,他们大多是近年来北大、人大、法大毕业的本科生、硕士生与博士生。组织他们写作是期望他们能够学以致用,并在司法实践中总结提升自己的理论水平,成为既有理论知识又有实践经验的有用之才。尤其是在《刑事诉讼中的公诉人》一书中,我们独创了公诉报告这样一种写作样式。公诉报告是反映检察机关公诉活动全过程的一种形式。通过公诉报告,力求将在审查起诉、出庭支持公诉过程中,刑事法律(包括刑事实体法与程序法)运作的各个环节生动地描述出来,从中可以看出公诉人在此间的工作内容、性质及其价值。

俗话说:"人生经历是一笔宝贵的财富。"确实,经历是人生的跋涉过程,丰富的阅历必然会使人增长见识,增长才干。对于我来说,经历本身也是一种历史的机缘。司法各机关以及律师的生涯,无疑成为我的学术活动的背景以及某些思

---

① 陈兴良:《刑法的启蒙》,262页,北京,法律出版社,1998。

想观点的发源地。但我始终认为，任何职业、职务、身份、地位对于人来说都是外在的东西、表面的东西。一个人，关键是要成为一个真正意义上的思想者。思想是本质的东西，人应当生活在本质里。时光流逝，一些表面的东西都会因为经不起时间的消磨而剥离与脱落，在历史的长河中被涤荡而灭失。沉淀下来的是思想，具有永恒价值的是思想，这就是思想的魅力。

八、学术使命

学术贵在创新，在这种创新中不能没有对传统的继承，这里有一个"推陈出新"的问题。不过，学术创新的根本在于对学术使命的体认。如果我们只是满足于一得之见，缺乏力与创造力，那只会因循守旧，抱残守缺。那么，如何才能立意高远，不辱使命呢？对于这个问题的思考，贯穿我的学术活动始终。

法律的工具性是长期以来形成的一种观念，在这种观念的支配下，法学，包括刑法理论缺乏自主性与独立性，成为政治与行政的附庸。在这种情况下，法学研究就很难说得上科学性。为此，我苦苦地思索法学研究的主体意识。我认为，中国法学研究的出路在于树立法学研究的主体意识！在整个中国法律文化中，贯穿的是以注释为主的法学研究方法。先秦的《法律答问》融法条与法理于一体，蔚为可观。《唐律疏议》对法条的注疏更是达到了登峰造极的地步。中国传统文化中深深扎根的"我注六经、六经注我"的治学方法，不能不在法律文化中表现出它那旺盛的生命力。像黄宗羲这样伟大的思想家，也只有在六经的注疏中小心翼翼地流露出他那其实是非常离经叛道的革命思想。文化传统具有一种强大的惯性，在没有释放完全部的能量以前，它是不会自动停止对后人施加影响的。新中国成立以来，我们的法学研究在很大程度上是在以注释为主的法律文化氛围中开展的，只不过是由我注六经到我注经典，从六经注我到经典注我。因此，在理论法学中是我注语录，语录注我；在部门法学中是我注法条，法条注我。在这种注释式的研究中，理论的棱角逐渐磨平，反思的能力严重萎缩。一句话，整个法学研究患上了主体意识缺乏症——一种法学研究能力的阳痿！这决不是危言耸听。

当前我国刑法学研究虽然一片繁荣景象，但繁荣背后潜伏着危机，主要问题在于理性自觉的匮乏与主体意识的失落，因而理论研究往往停留在低水平的重复上，刑法研究的热点如同过眼云烟，只有观点的泛滥而没有理论的积淀。在1989年的一篇文章中，我对法学研究的主体意识作了思考，指出：缺乏主体的价值判断能力，这是主体意识缺乏症状最重要的临床表现。人之所以作为主体，就是因为人具有独立的价值判断能力。在法学研究中，价值判断能力更是思想创新的基本前提。我们不可想象，一个唯"书"唯"上"，而没有自己的价值判断能力，写着满纸连自己也不相信的话的人，是能够用他的所谓理论去科学地解释法律现象并具有说服力的。以往，我们太习惯于用经典作家的思考来代替本人的思考，久而久之，我们的法学研究成为寻章摘句的同义语，而法学研究者都成了没有自己大脑与思想的人，最终失去价值判断能力。可悲的历史绝不能重演。如果中国法学还有救的话，那么也只是在于：我们已经意识到我们失去主体的价值判断能力已经太久了！在法学研究中强调主体意识，就是要使我们的法学研究者把理论的触须伸向法的实践活动，从中吸取精神营养，使我们的法学研究充满生机活力。如果我们将法条作为参照物，那么，回顾——有一个法从何来的问题；前瞻——有一个法向何去的问题，这就是司法。立法是从错综复杂的社会事实中抽象与提炼出法律的一般原则，使国家意志转化为法条。司法是将法律的一般原则适用于五花八门的具体案件，使各种社会关系纳入法律的轨道。而法条作为立法活动的物化成果，它是法从何来问题的终点；作为司法活动的客观成果，它是法向何去问题的起点。因此，如果我们仅仅把法条作为法学研究的对象，其结果是既不知法之来龙，又不晓法之去脉，更遑论对法的内在价值的精辟阐释与对法的外在形式的透彻剖析。在这种情况下，我们的法学研究不能变成纸上谈法：注重研究表现为条文的法，而忽视对法在现实社会生活中的运行以及法的运行反馈于立法的机制的研究。因此，我们的研究精力全部耗费在法条的注疏上，法学研究的主体意识受制于法条，充其量只不过是"戴着脚镣跳舞"，大多数人则是"法云亦云"。一部法律的修改，甚至一个司法解释的颁布，都将使我们积数年之研究心血而写成的一本本法律教科书顷刻之间化为废纸，这决不是什么危言耸听。好在

我们有的是时间与精力，根据最新的法律规定与司法解释，皓首穷经地重新著书立说。如此周而复始，以至终身。难道法学研究的价值就在于为立法辩护、论证司法解释的合理性吗？耽于纸上谈法，法学研究中没有思想，而匠气十足，长此下去，中国法学研究前途堪忧。我们并不否定法条注释的重要性。然而，法条注释并非法学研究的全部，甚至不是主要内容。法学理论的科学性在于它植根于社会生活的强大生命力，以及面对立法与司法的整个法律活动过程的宏大的理论容量！在这个意义上的法学研究，需要更多的主体意识。①

在这种主体意识的支配下，我对现行的刑法理论状态进行了考察，由此得出的结论，归结为《刑法哲学》一书的题记："我们的时代是一个反思的时代，崇尚思辨应该成为这个时代的特征。刑法学如欲无愧于这个时代的重托与厚望，必须提高自身的理论层次，引入哲学思维，使刑法的理论思辨成为时代本质的思维，与时代变革的脉搏跳动合拍。"通过对现行的刑法学理论体系的反思，我提出其逻辑结构上的下述缺陷：首先，我国现存的刑法学体系是一个孤立的体系，它割裂了犯罪与刑罚的内在关系，以犯罪论与刑罚论这两大块作为刑法学体系的基本格局，未能充分关注犯罪与刑罚的联系，从两者的统一上建构刑法学体系。其次，我国现在的刑法学体系是一个静态的体系，它囿于对法条的注疏，未能将司法实践适用刑法的过程直接纳入其视野。最后，我国现存的刑法学体系是一个封闭的体系，由于其基本构架的不合理性，无法将大量新的内容吸收与补充进来，丰富与完善这一体系。在此基础上，我提出了罪刑关系中心论的刑法学体系，这是一个以罪刑关系为中心的全体刑法学体系；这是一个与立法实践和司法实践的节奏相协调的动态的刑法学体系；这是一个具有新陈代谢力的、呈现开放状态的刑法学体系。在这个体系中，贯穿了犯罪本体二元论、刑罚目的二元论、罪刑关系二元论等一系列全新的刑法命题。《刑法哲学》体现出我在刑法理论上的一种体系性创新。对于体系的追求，也许是年轻人的通病，或者可以说是年轻

---

① 参见陈兴良：《呼唤法学研究的主体意识》，载《中外法学》，1989（2）。

人的特权。我在1982年9月14日写给同学李克强①的一封信中写道："我十分欣赏黑格尔的这样一句话：'我必须把青年时代的理想转变为反思的形式，也就是化为一个体系。'黑格尔所追求的是'对人类生活的干预'。而他写这些话的时候，还刚刚从图宾根神学院毕业后几年，正在当默默无闻的家庭老师。"当我欣赏青年黑格尔将理想转化为体系的志向，并钻进黑格尔的迷宫般的哲学体系的时候，我也只是一个默默无闻的刚入校的硕士研究生。想不到在10年以后，我自己也建构了一个刑法学体系。对于体系的酷爱与追求，成为我年轻时的思维特征，也许打下了太深的黑格尔式思维的烙印。

体系是思维的产物，在一定意义上也可以说是创新的产物。因为一定的体系总是意味着一种思想的表达形式与逻辑的建构方式。但是，思想体系又是一种人为的作茧，往往使人自缚。尤其是浅薄的理论体系，不仅误己而且误人。在《刑法哲学》一书的前言中，我写到当将来有一天，理论的思考更为成熟的时候，回过头来看这本书，或许会为以往的幼稚而感到脸红，并为以往的大胆而感到后怕。这种脸红与后怕，很快降临在我身上，随即我就产生了对这个体系的突围意识与突破欲念。当研究更为深入的时候，我认识到刑法哲学决不仅仅意味着一个体系的建立。进一步地说，刑法哲学研究还应当对刑法根基进行理性的审视与追问。为此，我提出了刑法学研究的价值目标：科学性与人文性。尤其是人文性的提法，表明我从自创的刑法学体系突围的一种努力。我认为，刑法学理论研究的进一步深化有赖于人文蕴含的加重。刑法学虽然是一门法律学科，以其规范性研究为特点，但这绝非意味着它只是尾随立法与司法的注释学，而应当打通刑法学与人文科学之间的隔膜，引入哲学思维，注入人文性。从而使刑法学向法理学乃至于哲学升华。加重刑法学研究的人文蕴含意味着摆脱对刑法规范表象的迷惑，审视刑法规范赖以存在的根基，诸如人性、价值以及社会功能等问题。人文蕴含的加重立足于刑法学科的一般性，使刑法学融会到人文科学中去，使刑法的思考

---

① 李克强时任北大团委书记，现任国务院总理。——2018年7月6日补记。

成为社会的思考与哲学的思考,赋予刑法学以应有的人文性。①

《刑法的人性基础》与《刑法的价值构造》两书的写作,已经摆脱了建立刑法哲学体系的念想,从人性与价值两个视角,对刑法根基进行理性考察。在这两本书中,思想体系的冲动变为对表述体系——形式美的孜孜追求。《刑法的人性基础》以人性——理性与经验以及人的意志自由问题作为一个理论视角,对刑法的人性基础进行了究根刨底式的追问。《刑法的价值构造》则以价值为理论视角,审视刑事古典学派和刑事实证学派的基本理论,揭示两大学派之间在人权保障与社会保护这两种刑法机能上的对峙与冲突,并从社会本体论的角度,根据基本个体与整体的统一性,提出了刑法机能的二元论的原理。这两本书的写作,让我感到了一种摆脱法条的桎梏与体系的束缚以后,在思想海洋里畅游与在精神天空中翱翔的惬意。1997年的刑法修订,它对刑法理论的深刻影响,触发我对法学家的使命问题作了深度思考。

那么,什么是法学家的使命呢?在《刑法疏议》一书的代跋中,我曾经说过这样的话:法律的修改,对于法学家来说,既是幸事又是不幸。幸者,如果法律永不修改,法学家(应该是指注释法学家)可能会清闲、无所事事。不幸者,一部法律的修改,将使法学家积数年之研究心血而写成的法学著作顷刻之间化为废纸。幸是不幸,不幸又何尝不是幸呢?因此,幸与不幸,一事也。② 我是怀着一种悲怆的心情写下这段话的,感到我们的法学家的命运完全取决于法律,成为法律的奴仆,法云亦云,缺乏自立的根基与独立的品格。在这样一种状态下生存的法学家,不仅是学者的不幸,理论的不幸,又何尝不是法的不幸?因为法不是神授的,它是社会生活经验的总结,是社会客观规律的概括。正如马克思指出:立法者不是在创造法律,不是在发明法律,而仅仅是在表述法律。他把精神关系的内在规律表现在有意识的现行法律之中。③ 因此,法学家应该直面社会生活,去揭示法的内在规律,为立法创造条件,提供理论根据。在这个意义上说,没有一

---

① 参见陈兴良:《科学性与人文性——刑法学研究的价值目标》,载《人民检察》,1995(5)。
② 参见陈兴良:《刑法疏议》,736页,北京,中国人民公安大学出版社,1997。
③ 参见:《马克思恩格斯全集》(第1卷),183页,北京,人民出版社,1956。

支成熟的、具有自立自主精神的法学家队伍，一个国家的法律就不可能发达。所以，法的注释研究虽然是需要的，但作为具有独立的学术品格的法学家，不应当尾随立法、尾随司法，而应当超越法律，揭示那些隐藏在法的背后的规律性的东西，正是这些东西决定着立法、决定着司法，是法的本源与根基。认识到这一点，我们就具有了立达之本，就获得了一种独立的价值判断能力和一种自主的社会批判力量，从而能够对我国的法治建设起到更大的作用。

我记得哲学家费希特在《论学者的使命》一书中讲过这样的话："我的使命就是论证真理；我的生命和我的命运都微不足道；但我的生命的影响却无限伟大。我是真理的献身者；我为它服务；我必须为它承做一切，敢说敢做，忍受痛苦。"① 我们同样可以提出法学家的使命这样一个命题，躬身自问：法学家的使命到底是什么？法是一个生生不息的过程，但其中有一些内容是较为恒久与稳定的，这就是我们称之为制度的那部分行为规则，它是法的基础，并在一定程度上决定与制约着一个社会的结构与形态。这种法的制度构成法学研究的对象，因法学就是要通过对这种制度的探讨揭示出隐藏在其后的法理。法理，是法的原理，更应当视为法的真理。人们往往将真、善、美并说，哲学求真、伦理学求善、文学求美。在这个意义上，法学更靠近哲学，以求真为本。但哲学之真与法学之真又存在一定的区别，这也就是哲理与法理的区别。哲理是万物之理，是更高层次上的理。法理是万法之理，支配着法的运动与发展。相对于哲理而言，它是具体之事理，当然也就具有一般之哲理的本质。对于哲理的科学性，也就是真理性与客观性，已经差不多达成共识。对于法理的科学性，则还存在较多的怀疑。这主要是因为法是人制定的，是人为之事物，是主观的产物，何以有以客观性为基础的科学性？我们的回答是肯定的，因为法虽然是人制定的，但法一旦制定出来就具有了相对的独立性，它遵循一定的规律而生存与嬗变。法学之所以能够成为一门科学，就在于以揭示法理为使命，这种法已经不是现象的东西、主观的东西，而是本质的东西、客观的东西。因此，法学之追求的法理，是对法的真理性追

---

① ［德］费希特：《论学者的使命》，梁志学、沈真译，41页，北京，商务印书馆，1980。

求。法学不满足于合法性，还要对这种合法性进行合理性的拷问与审视，将合法性奠基于合理性之上，用合理性来界定与匡正合法性。由此，合法性就具有了超越世俗的、表象的法的意蕴，上升到对法的良恶的考察。世上之法，有良法，亦有恶法；有合法之法，亦有非法之法。对于法之良恶，应当有一个区分的标准，这个标准就是法的合理性，也就是法理的标准。从这个意义上来说，法理虽然来自法，但却又高于法，是万法之法。发现、揭示乃至于掌握这种万法之法，也就是法理，就使法学家不是以一种谦卑的、战战兢兢的姿态面对世俗的实在法，而是掌握了一种批判的武器，要求实在法符合客观的法，在使实在法合理化上贡献一分力量，这难道不正是法学家的使命吗？[1]

从法学家的使命、学术的使命进行反思：学术存在的价值何在？从事学术研究意义何在？对此，可能会有各种不同的回答：冠冕堂皇的、推心置腹的、实话实说的等。但我还是同意以下答案：为学术而学术。这个答案似乎什么也没有说，但正是在这种同义反复中表现出单纯的学术动机。学术需要单纯，这种单纯意味着对现实与功利的超然与超越，意味着自主、自立与自由。著名学者陈寅恪曾云："研究学术，最主要的是要具有自由的意志和独立的精神。没有自由思想，没有独立精神，即不能发扬真理，即不能研究学术。"[2] 为学术而学术，体现出学术的追求，这种追求是永无止境的。

九、治学心得

用心治学，然后学有所得。我想，这是对治学心得的最好解释。每每我们说，用大脑思考，但我认为，思考，仅用大脑是不够的，应当用心。用心地思考，不仅包括智慧的运用、聪明的发挥，还包括感情的投入，全神贯注，意味着殚精竭虑。这就是所谓"学必求其心得，业必贵于专精"。

---

[1] 参见陈兴良：《法学家的使命——刑法的更迭与理论更新》，载《法学研究》，1997（3）。
[2] 陆健东：《陈寅恪的最后 20 年》，111 页，北京，生活・读书・新知三联书店，1995。

在治学方式上，我认为最重要的是处理学与思的关系。孔子云："学而不思则罔，思而不学则殆。"学是指学习与积累；思是指思考与创造。学习的重要性似乎尽人皆知，但如何理解这种重要性仍然有待思考。人是一种学习的动物，这似乎可以成为人是社会动物的心理学诠释。人之所以不得不学习，是因为人的生命有限、经历有限，不可能事事亲历，就像神农尝百草那样，由此积累知识。学习是吸收与消化人类文化遗产，前人通过劳动获得的真知灼见，我们通过读书就可以获知，这是何等经济。当然，学习不仅是指读书，尤其是不仅指读有字之书，而且是指阅读社会，读无字之书。在这个意义上，凡是可以获得某种知识的途径与方式，都可以说是学习，因而学习是人的社会生存方式之一。与学相对应的是思，思的必要性更为人所看重。笛卡尔曾言我思故我在。在此，笛氏从哲学本体论的高度界定思，似有过分之嫌。但思确是每个人的独特性之所在。如果没有个体的思，而只有一脉相传的学，文化就不会发展，学术就无以创新。正因为在漫长的人类思想长河中，每一个个体在学的同时向社会贡献了一份独特的思，虽然这种思只是涓涓细流，但没有这如同涓涓细流般的思，人类的思想长河就会干涸。当然，学与思是辩证统一的：一个人，如果只会死读书与读死书，缺乏创造力与想象力，必将成为书呆子而一事无成，甚至还会读书越多越迷茫，此谓之罔。反之，一个人如果不读书、不学习，光是一天到晚胡思乱想，那么同样将虚度光阴；甚至还会误入歧途，此谓之殆。如果要在学业上有所成就，就要学习，同时要思考。边学边思，先学后思；边思边学，先思后学；学思并重，学思融通。唯有如此，才能学有所成，思有所得。

学有两种：功利性与非功利性。功利性的学是指带着问题去学，有时可收立竿见影、事半功倍之效。但我更注重非功利性的学习，正所谓风声、雨声、读书声，声声入耳。这种不求收获、不求甚解（陶渊明云好读书，不求甚解。我甚为欣赏，并画蛇添足地加上一句"甚解则无解"）式的读书，不仅可以扩大知识面，还可以陶冶性情，尤其是培育理论趣味，使其学术具有理论品味。这种理论品味是一种文人气质，来自长年的读书积累，而不是功利性学习所能达到的。在我看来，将读书限于某一范围是最愚昧的，应该是读书无禁区，读书无界限。可以

说,天下没有白读的书。任何一本书都会在你的头脑中留下痕迹,在不知不觉中起作用。读书像吃饭,饭是一口一口吃饱的,不能说是最后一口吃饱的。读书也是这样,要一本一本地读,由此形成一个人的知识结构。读闲书、读杂书之有用,我以个人经验举以下一个例子:我在很早以前读过沈从文的一篇小说,题目叫《新与旧》,描述清末民初湘西农村一个刽子手在社会转型中的命运,其中死刑执行场面的怪异与奇特给我留下深刻印象。在10多年以后,当我写《刑法的价值构造》一书的时候,引用了这篇小说关于杀人的场景描述,以说明死刑的残酷性。① 我的读书范围包括文、史、哲在内的整个人文社会科学领域,只要个人感兴趣的书都在所读之列。《刑法的价值构造》一书的参考书目列出了274本书,这还只是该书所引用的书籍。当然,读书,尤其是博览群书,还要有一个立足点,或者说是基本立场。这就是我在《刑法的人性基础》的后记中所说的:"我的读书,虽然涉及范围很广,但始终认定一个原则:我是作为一名刑法学者去读那些非刑法书的,一切应当围绕刑法这一立足点,使我不至于在知识的海洋中遭受灭顶之灾。"② 只有这样读书,才不至于迷失方向,不至于钻牛角尖,才能使人通达,使人大度。因此,读书不可过于功利。否则,虽能成为匠人,而不能成为哲人。当然,读书到一定程度应当有所聚焦,即专心致力于攻克某一问题。以下这句话似可以作为座右铭:First you should know something of everything. Finally you must know everything of something. 这里的 something of everything 指博;而 everything of something 指约。因此,这句格言是指读书应当先博后约。这确是经验之谈。

思亦有两种:专业性与非专业性。专业性思维是对某一特定学术领域的严肃思考,获得的专门性的知识。非专业性思维是指对一般事物的随意思考,有时是奇思丽想,甚至胡思乱想。对于一个从事学术研究的人来说,专业性思维当然重要,但非专业性思维有时对学术研究也会有意外之得。例如,我在构思刑法哲学

---

① 参见陈兴良:《刑法的价值构造》,505~506页,北京,中国人民大学出版社,1998。
② 陈兴良:《刑法的人性基础》,582页,北京,中国方正出版社,1996。

体系时,有主观恶性、客观危害、再犯可能、初犯可能、道义报应、法律报应、个别预防、一般预防这些范畴,那么,如何使这些范畴根据一定的线索建构一个理论体系呢?在我百思不得其解之际,《易经》的生成范式突然触发了我的思绪,从而产生了根据《易经》范式建立刑法哲学体系的构思。《易经》云广易有太极,是生两仪,两仪生四象,四象生八卦。这里从太极到两仪,从两仪到四象,从四象到八卦,就是一个事物生成的范式。据此,我构筑了刑法哲学的易经范式。①在一般人看来,《易经》与刑法哲学是毫不相关的两个事物,但它们的对接却产生了出乎意料的思想火花。其实,我对《易经》并无专门研究,只不过读过一两本入门书而已。

在刑事法学研究丛书的总序中,我论述了学术功底、问题意识与研究方法三个问题。应该说,这三个问题恰恰是治学之本。

学术功底,应当是指对学术研究者的理论基础的要求。毫无疑问,从事任何一种学术研究,都必须具备最低限度的学术功底,没有这种最低限度的理论功底,也就不具备从事某种学术研究的条件。现在有一句使用范围十分广泛的话"夯实基础",也可以用在此处。对于学术研究来说,夯实基础就是要打好学术功底。进行学术研究,如同建筑大楼。地基的深度与大楼所可能达到的高度是成正比的。换言之,地基越深,大楼可能建得越高。在学术研究中,功底越厚实,学术发展潜力越大。尽管对学术功底的重要性可以再三强调,但学术功底如何奠定却非三言两语所能说清。学术功底的形成,是一个知识积累的过程,是一个潜移默化的过程。这里,需要天资,更需要勤奋;需要机缘,更需要执着;需要顿悟,更需要沉思。无论如何,我以为所谓学术功底与读书的广度与深度有关,由此形成一个人的知识背景,并奠定了其学术功底。当然,对于从事不同学术门类或者不同层次的学术研究的人来说,对学术功底的要求是不同的。就刑事法研究而言,以注释法典、关注法典在实践中的命运为己任的学者,应当具有深厚的刑事法基本理论的功底,包括对立法沿革的历史嬗变,对司法适用的逻辑演绎,对

---

① 参见陈兴良:《刑法哲学》,修订版,19~20页,北京,中国政法大学出版社,1997。

法律条文的文字疏通，都要得心应手。以关心刑事法的价值蕴含、研究刑事法的形而上的问题为趣旨的学者，则应当对近现代以来中、西方的人文主义思潮了然于胸，对哲学、伦理学、社会学、心理学、政治学、人类学乃至生物学等人文社会科学广泛涉猎和细致梳理，便是其学术功底的题中之意。唯其如此，才能思考近现代以来，西方法治国的刑事法理念何以无法在中国扎根？中国当前在很大程度上借用西方刑事法话语所搭建的刑事法大厦（刑事法规范和刑事法理论）之功能发挥，应当克服哪些障碍等关乎刑事法理论生存基础与发展趋势的宏观问题？一切欲在学术研究上有所成就的人，首先应当打好学术功底。此言不虚。

问题意识，应当是指发现问题、思考问题、质疑问题、把握问题、解决问题的敏锐感和自觉性。发现问题是问题意识的根本，如果发现不了问题则解决问题也就无从谈起。因此，发现问题是成功的一半。发现问题中的问题，应该是一个真问题而非假问题。问题也有真假之分，真问题是有研究价值的问题。在某些情况下，只要提出一个真问题，即使未能解决或者解决不好，也足以使你在学术史上占有一席之地。假问题是一个伪问题：不是问题的问题，或者没有研究价值的问题。只有其能够发现在学术上有价值的问题，才能使其学术研究独树一帜、别具一格，而不至于人云亦云，拾人牙慧。思考问题是指围绕着问题进行理性反思，从理论层面上界定问题，使问题在理性的法庭上接受审判——一种理性的审视。通过对问题的思考，得出个人的独到见解。如果没有对问题的思考，即使发现了问题，也会轻轻放过，从而在学术上留下遗憾。质疑问题是指对问题进行一种刨根究底式的学问追问，不迷信，不盲从，在思维的显微镜中观察问题，在理性解剖台上分析问题。唯此，问题不仅被发现，而且被把握。因此，把握问题是指将问题置于一定的理论语境之中，获得某种"全息性"的解读。对于问题可以有不同的把握，这种根据的角度、把握的方式以及把握的时间，足以反映一个学者的学术功底。对问题把握得越好，解决得也就越好。解决问题是问题意识的归宿，围绕问题的一切努力，都是为了最终解决问题。实际上，我们现在很多已经被视为常识或者规律的东西，都曾经是问题。这些问题被个别人或者少数人所认识并加以解决，被多数人所认可并加以接受，就成为常识或者规律。因此，问题

意识从"使问题成其为问题"始,以"使问题不成其为问题"终。问题不断地被提出而又不断地被解决;问题不断地被解决而又不断地被提出,这个周而复始、生生不息的过程,就是理论生成的过程。在这个意义上说,学术史无非是问题史。因此,问题意识的核心在于我们具有直面问题而又超越问题的能力。

研究方法对于学术活动来说是至关重要的,学术的创新往往与研究方法的转换有关。治学方法可以采用各种不同的方法。事实上,我们也是在十分不同的意义上使用研究方法这个概念的。例如,刑法研究中就有注释方法、实证方法、逻辑演绎方法等之分。根据布赖斯勋爵的概括,法律科学的研究方法主要有以下四种:形而上的或先验的(a Priori)方法、分析的方法、历史的方法、比较的方法。所谓形而上的研究方法,就是从权利和正义等抽象观念出发推导出一套法律概念和范畴的方法,其目的在于探讨和论证法律的价值,为法律寻找一个人性和伦理的基础。分析的方法则关注于法律规则的内部结构,以经验和逻辑为出发点对法律术语和法律命题进行界定和整理,去除含混不清、自相矛盾的成分。历史的方法把法律视为一种在具体的时间和空间条件中不断演变和发展的文化产物,通过对具体法律原则和规范的含义作历史性的解释,它可以揭示出任何普遍性的、抽象性的研究方法都无法发现的意义。比较的方法则是对各个民族国家的法律体系进行横向的比较,找出这些法律体系中的各种概念、原理、规则和制度之间的异同,一方面为理解和交流打下基础,另一方面则为改进本国的法律制度提供借鉴。[①] 毫无疑问,上述各种不同的研究方法使法律理论研究呈现出丰富多彩的姿态。但在更为本原的意义上,我们应当采用一种学术研究中的通用话语进行研究,这里涉及一个学术规范化的问题。我认为,学术规范化首先是一个方法论的问题,这个问题在学术界一再受到重视。学术规范化是学术科学化的基本要求,没有规范的学术研究,学术的科学性也就无从谈起。在这种情况下,学术只能是一种"私人"活动,一种自说自话或者各说各话,而不是一种互相沟通的

[①] 参见郑戈:《法学是一门社会科学吗?——试论"法律科学"的属性及其研究方法》,载《北大法律评论》,第1辑,20页,北京,法律出版社,1998。

"公共"事业。

十、道德文章

对道德文章的追求是中国文人的最高追求。所谓三不朽：立功、立言、立德，其中立德，即道德的修养与人格的养成，是最重要的与最根本的，立功（建功立勋）与立言（著书立说）是其次的。凡达此"三立"者，就可以说是完成了人生的大业。立功乃武夫之所欲。对于文人来说，立言与立德，两立足矣，这也就是道德文章之意也。在我所授业与接触的老一辈学者中，许多人的道德文章堪称楷模，足以使我终身仿效。因此，道德文章，对于我来说，是"取法乎上"。

在刑法哲学研究中，我提出了报应与功利这一对范畴。其实，在社会生活中，同样存在报应与功利的冲突。但我更为看重的还是报应，换言之，我信奉报应，因而对于世事持一种较为乐观的态度。如果说，在刑法中，刑罚的报应指的是一种恶报，那么，在现实生活中，更多的是善报。1998年6月6日，当我来到洛阳白马寺，但见放生池边立着一块木牌，木牌上写着警语："放生功德无量，无边，或于现生，或于未来，必有不期然而然之报应。"显然，这里的报应是指善报。人心向善，这里的善，包括善待他人、善待他物、善待自然。人不仅应当与人为善，而且应当与物为善。唯有如此，才能有不期然而然之善报。

我是从小跟我奶奶长大的，小时候听奶奶讲过好多故事，无非是童话之类，几乎都淡忘了。但只有一个故事至今仍记忆犹新，说的是古时候有一位书生进京赶考，路上遇一条小沟，见一群蚂蚁爬不过去，就在沟上搭了一条小木棍，让蚂蚁过沟。在考场上，书生见考卷上有一只蚂蚁，就轻轻地捏住放到地上。过一会儿，这只蚂蚁又爬到考卷上，仍在同一地方，书生又轻轻地捉住放到地上。过一会儿，蚂蚁第三次出现在考卷的同一地方。这次书生仔细观察，发现蚂蚁所在之处这个字缺一点。于是补上这一点，最后终于考上状元。这无非是一个好心得好报的陈旧故事，但在我这个少年的心中却留下深刻的印象。长大以后，我才从这

个故事中品味出报应的意蕴。换言之，当我理性地审视这个故事的时候，我才知道用报应——善报这个词去概括这个故事。确实，报应是人之常情，报应是世之常理。西方谚语"自助者天助之"，我国成语"天道酬勤"，都揭示了这个道理。这就是报应。因此，这种报应观念中包含着某种主体意识，包含着某种责任感。报应意味着事理公道，意味着人情世故。在我的感觉里，仿佛冥冥之中存在一个主宰世界的神，按照报应的原则分配着正义与公平。在这个意义上，我理解了康德为什么把心中的道德律令与头顶的灿烂星空相提并论，认为这是神意使然。对善的冲动，毫无疑问是道德的应有之义，甚至是道德的真谛。在《刑法的人性基础》一书的序中，我写下这么一段话："美国学者亨德森指出正如天文学里对书籍天体运动中的摄动的研究导致了新天体的发现一样，在社会科学领域里对邪恶的研究，也使得我们更接近于了解善的东西，并有助于我们在向善的道路上前进。"刑法学是以犯罪为研究对象的，犯罪是一种恶。因此，刑法学可以说是一门研究恶的学问。正因为刑法学研究恶，才要求我们的研究者有一种善的冲动。在刑法学研究中，观察与剖析恶使我们更加向往与信仰善。[①]

俗话说："文如其人。"这是对为人与作文关系的同一性的阐述，这里包含着一种对文人的道德引导的蕴含，也就是说，要想作出好文章，先须做一个好人。但同时有"做人要直，作文要曲"之类的揭示为人与作文的相异性的俗语在流传。在我看来，为人与作文之间确实具有某种共通性，这种共通性是指原理上的共同，例如人有人品与人性，文有文质与文心；人有各种不同的性格，文亦有各种不同的风格，我们应当像做人一样来对待作文，如此等等。但在做人与作文之间不能画一个等号，道德不等于文章，反之亦然。所谓道德文章两者并列，只是要求两者同时兼备，而难就难在道德文章两全其美。因此，就像学习做人一样，作文也要学习。

作文，确切地说，是指做学问，并没有一定之成规，每个人都会摸索出一套适合自己的方法。由于各人的品位不同，可能会追求不同的风格。在《刑法的价

[①] 参见陈兴良：《刑法的人性基础》，2页，北京，中国方正出版社，1996。

值构造》一书的后记中我说：每每观画，我对工笔画与写意画之间的风格差异留有十分深刻的印象。诚然，我不胜敬服工笔画的刻意、工整、精细与匠心，但我似乎更倾心于写意画的随意、洒脱、粗犷与虚幻。在我看来，正如存在工笔与写意这两种风格迥异的绘画形式，在学术著作中也存在这种风格上的差异。以往我们一般在艺术中讲究流派与风格，例如诗的豪放与婉约等。而在学术理论中则注重思想内容的科学性，忽视表现形式的完善性，这不能不说是一种遗憾。把时间往回推移到18世纪，康德与黑格尔的著作尽管语言晦涩令人无法卒读（也许是翻译上的原因），思想深刻使人难以理解（也许是水平上的问题）。但对于读懂读通的人来说，其阅读快感又岂能用语言来表达！这种阅读快感来自他们对真理的无限信仰与崇敬，以及惊叹于其思想体系的高度完美性。毫无疑问，还有其语言表达的精确性。当头顶的灿烂星空与心中的道德律令引起康德敬畏之情的时候，我们能不为这种敬畏而敬畏吗？当黑格尔预言密纳发的猫头鹰等待黄昏到来才会起飞的时候，我们能不为这种等待而等待吗？[①] 这段话表达了我对形式美的追求。如果说道德的本质是善，那么，文章的规律是美。在这种形式美的构造中，我认为应当避免人工雕琢，力求天然自成。这里存在一个匠心与匠气的关系问题，完美的状态应当是有匠心而无匠气。匠心意味着专业上的精通与投入，意味着一种创造的欲望与追求。当这种匠心转换成为学术成果的时候，又应当力戒匠气。匠气意味着学术思想与内容上的浅薄，意味着学术品质上的低俗。

写作有一个习惯问题，我的习惯是在写作之前对于所写的东西没有明晰的思路，而只有一堆杂乱的思绪，下笔如抽丝，使思绪形成一篇文字：不打腹稿，亦不修改。我在《刑法的人性基础》一书的后记中对自己的写作方式作了以下描述：我的写作方式颇为独特，先定好书名，然后拟定全书的体系，这是一个关键。书的体系不仅是写作上的叙述体系，而且是理论上的逻辑体系。本书定为10章，在动手写之前，常常只有一个章名，写哪些内容心里也无数。确定要写

[①] 参见陈兴良：《刑法的价值构造》，702页，北京，中国人民大学出版社，1998。

哪一章，再将该章分为几节，一节中又分为几个问题，一个问题写多少字，如此层层下达任务，边写边看书。一旦开始写作，精神上处于亢奋状态，一鼓作气，直到写完为止。因此，我的写作不是深思熟虑式的，而是常有很大的随机性和灵感性，往往一章内容写完，才知道这一章事先拟定的思想如何表达以及表达到什么程度，正因为这种灵感的稍纵即逝性，我只能逼迫自己以尽快的速度将纷至沓来的思绪以文字形式记录下来，一遍成稿，一气呵成。否则，灵感逝去以后，也许就再也写不出来了。因此，写作时间虽短，我的身心是十分投入的，可以说是殚精竭虑。写作的过程没有挥洒的自如，也没有得心应手的自命。[①] 在某种意义上说，我的文字功夫胜于思想水平。一些含糊与朦胧的思想往往下笔以后变得清晰与明确。因此，笔就像思想与文字之间的转换器，思想仿佛不是从大脑生成，而是在笔中贮储。举笔之前大脑还一片混沌，下笔之后思想在笔端涌现，似乎是思随笔至，下笔成章。我的天资并不高，没有过目成诵的本事，尤其是机械记忆力低于常人。例如电话号码除自家以外，其他一概靠临时翻本。但我的感悟力、洞察力尚可，尤其注重逻辑演绎的思维方法，因而经常有一些意想不到的收获。我是比较崇尚理性思维的。经验当然可以知其所然，但真正知其所以然的还是理性的把握。例如，水往低处流是规律，但这一规律在牛顿发现以前，只是一种经验，是所然。牛顿力学的地心吸引力原理为水往低处流提供了理论说明，人们才知其所以然。理论所依据的逻辑可以推演出人之不知，从而完成从不知到知的飞跃。海王星的发现就是生动的例证。历来的天文现象都是靠目视发现的。在赫歇耳发现天王星的 18 世纪，天文学家利用牛顿的万有引力定律，已经能够准确地预告水星、金星、火星、木星及土星在天空中的位置。可是，用同样的方法计算天王星的位置，却老是跟观测结果不太符合。这颗古怪的行星总是偏离它应该走的路线，这究竟是什么原因呢？1840 年，天文学家贝塞尔大胆地提出一种假设，他认为在天王星运行轨道之外，可能有一颗未知的行星在影响着天王星的运动。英国和法国的两位年轻天文学家瓦当斯和勒威耶，经过几年的艰苦努力，通过一

---

① 参见陈兴良：《刑法的人性基础》，579 页，北京，中国方正出版社，1996。

系列复杂而浩繁的计算，终于在1845年—1846年各自独立地计算出了这颗假设的行星的运行路线和位置。紧接着，德国天文学家伽勒果然在理论预告的位置上发现了这颗未知的行星，它被命名为海王星。如果说，以往是以理论来证明经验，使经验上升为理论，那么，现在理论先于经验，经验成为证明理论的方法。这是一个多么巨大的变化，理论显示出其巨大的逻辑穿透力。歌德曾言："理论是灰色的，生命之树长青。"确实，相对于绿色的生命而言，理论是灰色的。但理论一旦为人所掌握，一旦扎根于实践，就会产生不可低估的能量。在法学领域中也是如此，存在某种真理性的东西，这就是我们孜孜以求的。日本学者滋贺秀三指出：应当存在终极真理，因而以此为目标的学术活动持续不懈。但是终极真理本身是永远不会被到达的。点点滴滴地积累着，看来有相当确实性的知识不断前行，任何时候学问的大门都开放着以供将来研究和讨论，可以说这正是学问这种东西一贯的不变的姿态。[1] 正是对学问中存在终极真理的确信，我们才崇尚理性思维。因此，对于一个学者来说，理性思维是十分重要的。我自感，抽象思维能力强于形象思维能力。因此，从文学转向哲学、转向法学，确是扬我之所长。当然，理性思维并不是冷冰冰的，尤其是刑法学者不应如同判官，而应当投入感情，具有人文关怀。唯有如此，法学家才能担当得起知识分子这个称号。

20多年前，在乡下读陶渊明诗的时候，对"行行向不惑"一句印象颇深，当时觉得不惑对于我来说是一个遥远的将来。转眼之间，不是行行向不惑，而是已然过不惑。四十不惑，可以说是一个人生的转折点。在这个转折点上，我们既有回忆往事的资本（这一点青年人没有），又有展望未来的余地（这一点老年人没有）。中年是个劳作的季节，又是一个成熟的季节，一个收获的季节。在此，让我以《刑事司法研究》一书前言中的以下这段话作为本文的结束语：

  生有涯，知无涯。这是古人对于人生之短暂而知识之无限的感叹。诚

---

[1] 参见王亚新、梁治平编：《明清时期的民事审判与民间契约》，5页，北京，法律出版社，1998。

然，人不能以有涯之生而穷尽无涯之知。但无限的知识寓于各个具体的知识之中，具体知识的积累勾勒出无限知识的轮廓。明白这一道理，我们就不必再作古人之叹。理论未有穷期，道路始于足下。刑法学的发展不也正是如此吗？

（本文原载陈兴良主编：《刑事法评论》，第4卷，北京，中国政法大学出版社，1999）

七、刑法随笔

呼唤法学研究的主体意识

新时期的法学研究已经走过了 10 年坎坷的历程。法学研究虽然没有从根本上摆脱昨夜噩梦的缠扰，还不能睁大双眼迎接今日理性的光芒，但已经开始挣脱精神上的桎梏，对法学研究进行深刻的反思。法学研究中的拨乱是不难的，反正却谈何容易！问题在于：我们何尝有过法学研究之正？当我们宣泄完了对以往林彪、"四人帮"肆意践踏法学的满腔愤慨之后，面对将来法学研究的发展，我们茫然不知所为。中国法学出路何在？

带着对这个问题的思考，法学研究的探索者们开始了艰难的理论跋涉。对传统的法的概念的责难，成为法学理论创新的突破口，由此而引起一场理论纷争，至今鏖战犹酣。《法学》杂志主持的创新和繁荣法学理论笔谈栏目持续将近两年仍不绝，其中不乏精辟的论点与独到的见解。无疑，法学探索的勇士的精神是可嘉的，法学创新的笔谈也是必要的。然而，在我看来，中国法学研究的出路在于树立法学研究的主体意识！

纵观西方法律思想史，我们可以发现一个有趣的现象：当社会革命行将到来，需要思想启蒙的时候，自然法学派勃然兴起，对法的价值等超乎实在法之上的问题的思考成为法学研究的热点。当社会革命已经过去，需要法律统治的时

候，自然法学派悄然隐退，实在法学派得以复兴，对法的规范等法的技术问题的考察成为法学研究的中心。自然法的思想渊源于古希腊文化，更醉心于运用思辨方法研究法之应然的问题，实在法的思想脱胎于古罗马文化，更热衷于运用实证方法研究法之实然的问题。在漫长的西方法律文化的历史舞台上，自然法的思想与实在法的思想轮流充当主角。自然法思想与实在法思想在矛盾斗争中的互相消长，构成了西方法律文化的基本历史线索。当我们鸟瞰西方法律文化史的时候，既可以看到孟德斯鸠、黑格尔这样一个个以探究法的内在价值为己任的继承了自然法思想传统的法学家，又可以看到奥斯丁、凯尔逊这样一个个以揭示法的外在形式为使命的继承了实在法思想传统的法学家。这些法学家犹如群星闪烁，交相辉映。自然法思想犹如一把达摩克利斯之剑，高高地悬置于实在法之上；而实在法思想则宛若一条起伏于群山峻岭的万里长城，镇守着法律学科的神圣疆界。自然法思想与实在法思想的规律性的消长，充分体现了西方法律文化中的主体意识。

我们不能说中国没有悠久的法律文化传统。在春秋战国时代，法家与儒家的礼法之争，确实也热闹过一阵，为中国法律文化留下了辉煌的一页。然而，在整个中国法律文化中，贯穿的是以注释为主的法学研究方法。先秦的《法律答问》融法条与法理于一体，蔚为可观。《唐律疏议》对法条的注疏更是达到了登峰造极的地步。记得有人说过这么一句话："中国历来只有律学家，而没有法学家。"这句话虽然不乏武断，但从某种意义上来说又不无根据。中国传统文化中深深扎根的"我注六经、六经注我"的治学方法，不能不在法律文化中表现它那旺盛的生命力。像黄宗羲这样伟大的思想家，也只有在六经的注疏中小心翼翼地流露出他那其实是非常离经叛道的革命思想！

文化传统具有一种强大的惯性，在没有释放完全部的能量以前，它是不会自动停止对后人施加影响的。新中国成立以来，我们的法学研究在很大程度上是在以注释为主的法律文化氛围中开展的，只不过是由"我注六经"到"我注经典"，从"六经注我"到"经典注我"。在林彪、"四人帮"的暴虐之下，甚至于法学研究只有"我注经典"的义务，而无"经典注我"的权利。拨乱反正以后，我们谴

责了林彪、"四人帮"对"经典注我"的权利的剥夺,实际上并没有走出"我注经典"和"经典注我"这一百慕大式的怪圈。因此,在理论法学中是"我注语录""语录注我";在部门法学中是"我注法条""法条注我"。在这种注释式的研究中,理论的棱角逐渐磨平,反思的能力严重萎缩。一句话,整个法学研究患上了主体意识缺乏症——一种法学研究能力的阳痿!

缺乏主体的价值判断能力,这是主体意识缺乏症最重要的临床表现。人之所以作为主体,就是因为人具有独立的价值判断能力。在法学研究中,价值判断能力更是思想创新的基本前提。我们不可想象,一个唯"书"唯"上",而没有自己的价值判断能力,写着满纸连自己也不相信的话的人,是能够用他的所谓理论去科学地解释法律现象并具有说服力的。以往,我们太习惯于用经典作家的思考来代替本人的思考,久而久之,我们的法学研究成为寻章摘句的同义语;而法学研究者都成了没有自己大脑与思想的人,最终失去价值判断能力。可悲的历史绝不能重演。如果中国法学还有救的话,那么也只是在于:我们已经意识到我们失去主体的价值判断能力已经太久了!

在法学研究中强调主体意识,就是要使我们的法学研究者把理论的触须伸向法的实践活动,从中汲取精神营养,使我们的法学研究充满生机活力。如果我们将法条作为参照物,那么,回顾——有一个法从何来的问题,这就是立法,前瞻——有一个法向何去的问题,这就是司法。立法是从错综复杂的社会事实中抽象与提炼出法律的一般原则,使国家意志转化为法条。司法是将法律的一般原则适用于五花八门的具体案件,使各种社会关系纳入法治的轨道。而法条作为立法活动的物化成果,它是法从何来问题的终点;作为司法活动的客观依据,它是法向何去问题的起点。因此,如果我们仅仅把法条作为法学研究的对象,其结果是既不知法之来龙,又不晓法之去脉,更遑论对法的内在价值的精辟阐释与对法的外在形式的透彻剖析。在这种情况下,我们的法学研究不能不变成纸上谈法:注重研究表现为条文的法,而忽视对法在现实社会生活中的运行以及法的运行反馈于立法的机制的研究。因此,我们的研究精力全部耗费在法条的注疏上,法学研究的主体意识受制于法条,充其量只不过是"戴着脚镣跳舞",大多数人则是

"法云亦云"。一部法律的修改,甚至一个司法解释的颁布,都将使我们积数年之研究心血而写成的一本本法律教科书顷刻之间化为废纸,这绝不是什么危言耸听。好在我们有的是时间与精力,根据最新的法律规定与司法解释再皓首穷经地重新著书立说。由此周而复始,以至终身。难道法学研究的价值就在于为立法辩护,论证司法解释的合理性吗?沉耽于纸上谈法,法学研究中匠气十足而没有思想上的建树,长此以往,中国法学研究前途堪忧。

我们并不否定法条注释的重要性,我本人甚至主张专门建立一门法条学,研究法条之间的关系以及支配着法条而隐藏在法条背后的法理。然而,法条注释并非法学研究的全部,甚至不是主要内容。法学理论的科学性在于它植根于社会生活的强大生命力,以及面对立法与司法的整个法律活动过程的宏大的理论包容量!在这个意义上的法学研究,需要更多的主体意识。以理论法学为例,我们的教科书基本上还是沿袭维辛斯基的观点,而理论框架也陈旧落后。最有希望突破的理论法学令人失望:近几年虽然在法的概念与本质等问题上有所进展,但没有看到从内容到体系的全面创新;虽然建立社会主义商品经济的法律观的论点具有发聋振聩的意义,但没有以此为核心形成理论法学的新体系,贯穿教科书的还是阶级斗争这条政治线索。关键在于:我们的理论法学是以"死"法为研究对象的,没有将理论的解剖刀伸向"活"法。而我们的理论体系与研究方法也是封闭的与静态的,由此给人以沉闷之感。我认为,理论法学应该以探讨法的内在价值与外在形式以及运行机制为己任,将自然法思想与实在法思想熔为一炉,形成具有中国特色的理论法学体系。因此,目前僵化的理论法学体系应当打破,代之以法律本体论、法律功能论、法律规范论、法律适用论、法律关系论与法律责任论这六个既互相联系又互相区别的组成部分。法律本体论主要研究法的内在价值;法律功能论主要研究法与其他社会现象的联系与区别,并在此基础上考察法的社会功能以及其他功能;法律规范论主要研究法的外在形式;法律适用论主要研究法律适用的一般规律;法律关系论与法律责任论分别研究法律关系与法律责任之一般理论。

法学研究的主体意识是一种反思意识。我们处在一个继往开来的时代,反思

乃是这个时代的精神。对法学研究本身的反思，客观上需要建立一门法学的元学科——法学学。元学科的创立，往往是任何理论学科进入自觉的成熟阶段的标志，法学亦不例外。法学学作为法学的元学科，它的倡导和创立，将使我们对以往与现在的法学研究状况进行反思，并为中国法学研究指明出路。本文所呼唤的法学研究的主体意识，只不过是本人对我国法学研究现状所进行的法学学的考察的一得罢了。

我以一种期待的心情结束本文，相信法学研究的主体意识已经是临产的胎儿，在阵痛中等待着问世的那伟大时刻。

（本文原载《中外法学》，1989（2））

法学家的使命
——刑法的更迭与理论更新

经过长达 15 年的刑法修改,一部修订后的刑法终于问世了。这部刑法的实施,必然对我国社会产生深远的影响。那么,它对我国的刑法理论又会带来什么效应呢?以我之见,在刑法更迭的情况下,我国刑法理论的发展存在两种可能性:低水平的重复或者高水平的递进,可以说是忧喜共存,关键在于刑法理论工作者的理性自觉。

我国新时期刑法理论的复苏与发展是以 1979 年刑法的颁布为契机与标志的。刑法学是一门以刑法为研究对象的学科,它的命运是和刑法的命运息息相关的。随着刑事立法的逐渐发展完善,刑法理论研究也日趋繁荣。回顾 18 年来我国刑法理论发展的历史轨迹,我们可以清晰地看到从学习刑法、宣传刑法开始,通过对刑事立法与刑事司法的研究,刑法理论逐渐走向深入:最初是以刑法为注释对象的研究,后来是以刑法为评判对象的研究,再后来超越了刑法的研究。从注释刑法学到理论刑法学再到刑法哲学,我国刑法理论在自我超越中嬗变与递进,成为法学领域中研究力量雄厚、研究成果突出的一个学科。这种成绩的取得,是我国刑法理论工作者共同努力的结果,也是由于注释性研究发展到极致,大家不满足于此,因而寻找突破,进而从注释刑法学发展到理论刑法学。应该说,当前我

国刑法理论发展势头是好的,只要加以适当引导,必将更上一个台阶。

在这种情况下,修订的刑法出台,成为对刑法理论的一次冲击。这里使用冲击一词,绝无贬义,而是指对刑法理论产生剧烈的外力作用,对刑法理论的发展具有一种推动作用。关键是我们如何借助于这一冲击力,防止低水平重复,引发高水平递进。我所担忧的是,由于修订的刑法颁布实施,大家必然把理论注意力集中到修订的刑法上来,由此又掀起一个注释研究的高潮,从而遮蔽了刑法研究的理论视野,中断了刑法哲学研究的发展进程,又开始重复从1979年刑法以来的新一轮刑法理论发展过程,因而出现低水平徘徊的态势。毫无疑问,伴随着一部新法的颁布,注释研究是十分必要的,而且法律修改也会带来一系列理论研究的新课题。尤其是随着这部刑法开始实施,在实施过程中还会提出一些问题,有待于我们从理论上加以回答。但是,我们还是必须承认,刑法理论的使命不仅于此。或者说,这种注释研究只是刑法理论中与应用性相联系具有实用价值的那一部分,是一种较低层次上的刑法理论研究。除此以外,我们还要关注刑法的基本理论,更要关注刑法的更高层次上的哲理研究,这是刑法理论成熟与发达的标志,它对于注释研究具有制约性。在《刑法疏议》一书的代跋中,我曾经说过这样的话:法律的修改,对于法学家来说既是幸事又是不幸。幸者,如果法律永不修改,法学家(应该是指注释法学家)可能会清闲、无所事事。不幸者,一部法律的修改,将使法学家积数年之研究心血而写成的法学著作顷刻之间化为废纸。幸是不幸,不幸又何尝不是幸呢?因此,幸与不幸,一事也。[1] 我是怀着一种悲怆的心情写下这段话的,感到我们的法学家的命运完全取决于法律,成为法律的奴仆,法云亦云,缺乏自立的根基与独立的品格。在这样的一种状态下生存的法学家,不仅是学者的不幸,理论的不幸,又何尝不是法的不幸?因为法不是神授的,它是社会生活经验的总结,是社会客观规律的概括。正如马克思指出:立法者不是在创造法律,不是在发明法律,而仅仅是在表述法律。他把精神关系的内

---

[1] 参见陈兴良:《刑法疏议》,736页,北京,中国人民公安大学出版社,1997。

在规律表现在有意识的现行法律之中。① 因此，法学家应该直面社会生活，揭示法的内在规律，为立法创造条件，提供理论根据。在这个意义上说，没有一支成熟的、具有自立自主精神的法学家队伍，一个国家的法律不可能发达。所以，法的注释研究虽然是需要的，但作为一个具有独立的学术品格的法学家，不应当尾随立法、尾随司法，而应当超越法律，揭示那些隐藏在法的背后的规律性的东西。正是这些东西决定着立法、决定着司法，是法的本源与根基。认识到这一点，我们就具有了立足之本，就获得了一种独立的价值判断能力和一种自主的社会批判力量，从而能够对我国的法治建设起更大的作用。

我记得哲学家费希特在《论学者的使命》一书中讲过这样的话："我的使命就是论证真理；我的生命和我的命运都微不足道；但我的影响却无限伟大。我是真理的献身者；我为它服务；我必须为它承做一切，敢说敢做，忍受痛苦。"② 我们同样可以提出法学家的使命这样一个命题，躬身自问：法学家的使命到底是什么？法是一个生生不息的过程，但其中有一些内容是较为恒久与稳定的，这就是我们称之为制度的那部分行为规则，它是法的基础，并在一定程度上决定着、制约着一个社会的结构与形态。这种法的制度构成法研究的对象，法学就是要通过对这种制度的探讨揭示出隐藏在其后的法理。法理，是法的原理，更应当视为法的真理。人们往往将真、善、美并说，哲学求真、伦理学求善、文学求美。在这个意义上，法学更靠近哲学，以求真为本。但哲学之真与法学之真又存在一定的区别，这也就是哲理与法理的区别。哲理是万物之理，是更高层次上的理。法理是万法之理，支配着法的运动与发展。相对于哲理而言，它是具体之事理，当然也就具有一般之哲理的本性。对于哲理的科学性，也就是真理性与客观性，人们已经差不多达成共识；对于法理的科学性，则还存在较多的怀疑。这主要是因为法是人制定的，是人为之事物，是主观的产物，是否具有以客观性为基础的科学性？我们的回答是肯定的，因为法虽然是人制定的，但法一旦制定出来就具有

---

① 参见《马克思恩格斯全集》（第1卷），183页，北京，人民出版社，1956。
② ［德］费希特：《论学者的使命》，41页，北京，商务印书馆，1980。

了相对的独立性，它遵循一定的规律而生存与嬗变。法学之所以能够成为一门科学，就在于它以揭示法理为使命，这种法理已经不是现象的东西、主观的东西，而是本质的东西、客观的东西。因此，法学之追求法理，是对法的真理性的追求。法学不满足于合法性，还要对这种合法性进行合理性的拷问与审视，将合法性奠基于合理性之上，用合理性来界定与匡正合法性。由此，合法性就具有了超越世俗的、表象的法的意蕴，上升到对法的良恶的考察。世上之法，有良法，亦有恶法；有合法之法，亦有非法之法。对于法的良恶，应当有一个区分的标准，这个标准就是法的合理性，也就是法理的标准。从这个意义上来说，法理虽然来自法，但却又高于法，是万法之法。发现、揭示乃至于掌握这种万法之法，也就是法理，使法学家不是以一种谦卑的、战战兢兢的姿态面对世俗的实在法，而是掌握了一种批判的武器，要使实在法去符合客观的法，在使实在法合理化上贡献一分力量，这难道不是法学家的使命吗？

面临刑法更迭，我国刑法理论又面临一个发展的契机，我们所期望的，是通过推进刑法学科的基础理论研究，使刑法理论在高水平上更新，而不是在低水平上重复。例如，修订后的刑法规定了罪刑法定、罪刑平等、罪刑均衡三大原则，使我国刑法在民主化与科学化的发展进程上迈出了重要的一步。在这种情况下，我们应当从法理的角度揭示这些刑法基本原则所蕴含着的博大精深的社会政治内容。在这方面，我们的任务是艰巨的，任重而道远。刑法的更迭，表明我国刑法立法走在了整个法制发展的前面。作为刑法理论工作者，我们有责任也有信心进一步繁荣刑法理论研究，推动刑法理论的更新，使刑法理论也走在法学的前面，为建设社会主义法治国家作出我们应有的贡献。

（本文原载《法学研究》，1997（5））

法律在别处

在捷克著名作家米兰·昆德拉将法国象征主义诗人阿瑟·兰波（1854—1891）的名言"生活在别处"选作他一本小说的书名以后，一如"生命不能承受之轻"（米兰·昆德拉的另一本小说的书名），很快成为一句流行语。只有深谙生活之真谛的哲人，才会说出"生活在别处"这样的哲言。当我套用这个书名，说出"法律在别处"的时候，似乎已经是一种蹩脚的模仿。那么，法律真的在别处吗？

法律是用语言来表述的，因而法律存在于语言之中、隐藏在语言之后，这是一个不言而喻的事实。但是，我们多少有些得意忘言，似乎语言只是法律的躯壳，只有透过语言我们才能得到法律之精髓，因而权利、法益、意志、人性以及正义等大词才是我们想在法律当中找到的东西，至于语言早就忘在一边了。其实，法律恰恰就是语言本身。不仅如此，法律得以存活的诉讼过程，就是一种语言的复杂游戏，一门语言的修辞艺术。法国著名哲学家利科曾经深刻地指出：诉讼的原始功能是把冲突从暴力的水平转移到语言和话语的水平。[①] 正是通过司法

---

① 参见杜小真编：《利科北大讲演录》，5页，北京，北京大学出版社，2000。

活动，人类完成了从暴力到话语的转换，同时完成了从野蛮到文明的嬗变。德国学者考夫曼在《法律哲学》① 一书中指出：语言如何建构法？德国学者考夫曼关注的是由语言构成的"法律人的世界图像"，并把它放到日常生活世界中去关照。考夫曼指出：语言可以分为日常语言和法律语言。法律语言是法律专业人士所通行的一种身份语言，它是通过立法创制的，司法领域更是法律语言的世袭领地。但是，普通人是生活在日常世界中的，他/她是以一种日常语言交往并生活在日常语言所构造的社会中的。由此可见，在日常语言所建构的日常世界与法律语言所建构的法律世界之间存在某种区隔。正因为如此，考夫曼提出了一个命题："归责作为一种沟通过程。"这里的归责，在刑法中就是刑事责任的归咎，因而是一个定罪的问题。定罪是依照刑法规定而对现实生活中的某种法益侵害行为的评判。在这个意义上说，定罪就是法律规范对生活事实的一种裁断。我们已经熟知刑罚威吓理论；似乎公民只是被威吓的客体。考夫曼强调指出：社会共同生活的规则，并不是透过法律来告诉国家的人民。人民学会这些规则，是在日常生活的沟通里并相互间操作。② 因此，当一种司法权要去干涉人们日常生活的时候，必然存在日常语言和法律语言之间的冲突，由此提出了一个日常语言如何与法律专业语言相调和的问题。我曾经提出：犯罪分子不是根据法律规定的构成要件去犯罪的，恰恰相反，犯罪构成要件是根据现实生活中的犯罪去设置的。在这个意义上说，日常语言与法律语言之间的区隔实际上就是生活事实与法律规范之间的对应。因此，所谓沟通，也就是生活事实与法律规范之间的区隔的破除。

定罪过程，是法律对某种行为的犯罪性质的确认。就此而言，定罪是以一种法律语言在形而上的层面上展开的，但仅此是不够的，定罪作为一种归责，还必须在日常生活层面展开。否则，被告人仅仅是一个消极的司法客体，他/她没有参与到司法判决的形成过程中来，这样的有罪判决是缺乏说服力的。在此，考夫曼实际上提出了一个定罪的社会认同问题。定罪当然是一个法律的概念，因而应

---

① 参见［德］考夫曼：《法律哲学》，刘幸义等译，北京，法律出版社，2004。
② 参见［德］考夫曼：《法律哲学》，刘幸义等译，178页，北京，法律出版社，2004。

当具有充分的法律根据,但仅此还是不够的。刑法上的审判绝不仅仅停留在法律的审判这样一个专业层面上,而如同考夫曼所言:一个在刑法上有关一个人有罪的审判仅有可能是——良知的审判。在刑法的领域中,应该主要与人类基本的价值的伤害有关。而要做到这一点,法律语言必须向日常语言屈从。

法官是定罪的主体。因此,法官必须像考夫曼所说的那样,能穿梭于两种语言——日常语言和法律语言之间。由此,引申出法官的角色定性。过度专业化与职业化的法官会透过法律概念的有色眼镜去观察行为者的世界,因而发生某种扭曲。正因如此,才有必要在职业法官之外引入非职业法官。考夫曼将非职业法官称为一个在不懂法律的外行人及受过教育的职业法官间的翻译者。职业法官必须使非职业法官了解法律,而非职业法官使职业法官了解行为人。因此,在这里,非职业法官之设置是对法官过度专业化的一种反动,其根据是技术性的而非政治性的。

我国的司法改革进程刚刚开始启动,司法职业远远没有达到专业化的程度,因此,囿于我国特定的司法语境,不能机械地照搬考夫曼的观点。尽管如此,我们还是可以从考夫曼的思想中受到启迪。在我国目前的刑事司法语境中,定罪的法治化并未完全实现,因而罪与非罪的判断在很大程度上是一种权力的操纵过程,而非法律的自治与自主的过程。在这种情况下,我们应当改变归责的单向性与封闭性,努力建构这样一种定罪机制:在这一机制中,归责是一个沟通的过程。这里的沟通意味着商谈与交流,既是日常语言与法律语言的沟通,也是司法者与被告人的沟通。这种沟通使刑法上的归责正当化与合理化,真正使定罪从权力的审判成为法律的审判,最终过渡到人的审判或者良知的审判。

不仅刑法是用语言表述的,而且审判中的案件事实也是用语言表述的。德国学者卡尔·拉伦茨的《法学方法论》[①] 一书,在论及案件事实的形成及法律判断时,提出了一个命题:"作为陈述的案件事实。"那么,作为陈述的案件事实与作为客观真实的案件事实到底是一种什么关系?显然,作为客观真实的案件事实是

---

① 参见 [德] 卡尔·拉伦茨:《法学方法论》,陈爱娥译,北京,商务印书馆,2003。

一种自在的、未经加工的，或者说是"裸"的案件事实。而作为陈述的案件事实是一种自为的、渗入陈述者主观判断的，或者说是经过司法"格式化"的案件事实。这两种案件事实正如同康德所揭示的物自体和现象之间的关系。作为法官，它所接触到的永远是作为陈述的案件事实而不可能是作为客观真实的案件事实。这里我们需要追问：谁是陈述者？陈述又是如何进行的？在刑事诉讼中陈述者首先是证人和被告人，因而证人证言和被告人口供对于刑事案件的犯罪事实的塑造具有直接意义。这些陈述者都是非法律专业人士，他/她们的陈述采用的是日常语言，而证言与口供的记录者是侦查人员。这种记录虽然尽量保持陈述者的语言原貌，但在记录过程中已经开始了对原始陈述的筛选，并使陈述的日常语言向法律语言转换。拉伦茨指出：事件必须被陈述出来，并予以整理。在无限多姿多彩、始终变动不居的事件之流中，为了形成作为陈述的案件事实，总是要先作选择，选择之时，判断者已经考量到个别事实在法律上的重要性。① 在这个意义上说，陈述就是一个取舍的过程。当然，从陈述的日常用语到法律用语的转换的最终完成，是法官在判决书中对案件事实的认定。这一认定是审理的结果，也是判决的前提。实际上，在案件事实的陈述中，已经隐含着判决结论。因此，法官的这种陈述远非纯客观的陈述，而是包含着法官的"前见"的陈述。甚至，案件事实会因法官判决的需要而有所增删。在这种情况下，已经不是从案件事实中推导出裁判结论，而是为裁判需要"重构"案件事实。例如，在宋福祥间接故意不作为杀人案②中，一审法院认定的案件事实是：

> 1994年6月30日，被告人宋福祥酒后回到自己家中，因琐事与其妻李霞发生争吵厮打。李霞说："三天两天吵，活着还不如死了。"被告人宋福祥说："那你就死去。"后李霞在寻找准备自缢用的凳子时，宋喊来邻居叶宛生对李霞进行规劝。叶走后，二人又发生吵骂厮打。在李霞寻找自缢用的绳索时，宋采取放任态度，不管不问不加劝阻，致使李霞于当晚在其家门框上上

---

① 参见［德］卡尔·拉伦茨：《法学方法论》，陈爱娥译，160页，北京，商务印书馆，2003。
② 参见陈兴良主编：《刑事法评论》（第3卷），195页以下，北京，中国政法大学出版社，1998。

吊自缢身亡。

在这一案件事实的陈述中，我们发现了宋福祥与李霞之间的一段鲜活的对话。但在本案中，李霞已经自杀身亡，而死者是不会开口说话的。因此，李霞的话是经宋福祥转述的。这一案件事实的陈述，存在一个从日常语言向法律语言转变的脉络。前半段以一种生活化的语言叙述李霞自杀的起因，后半段则试图将李霞之死归责于宋福祥，因而出现了"放任"这样的法律用语，意在揭示宋福祥主观上对李霞自杀的间接故意的心理状态。根据这一案件事实，一审法院以宋福祥犯故意杀人罪，判处其有期徒刑4年。经过一审法院的审理，本案完成了从自杀到他杀（杀人）的案件性质上的转变。对于一审判决结果，宋福祥不服，其上诉称："没有放任李霞的死，根本想不到她这次会真的自杀，她上吊我不知道。"二审法院维持了一审判决。但二审法院认定的案件事实与一审法院认定的案件事实相比，有些微妙的但却是致命的变动。以下是二审法院认定的案件事实：

> 1994年6月30日晚被告人宋福祥同其妻李霞生气，李要上吊，宋喊来邻居叶宛生进行劝解，叶走后二人又吵骂厮打，后李寻找自缢工具时，宋意识到李要自缢却无动于衷，放任不管。直到宋听到凳子响声时，才起身过去，但其仍未采取有效措施或呼喊近邻，而是离开现场到一里以外的父母家中去告知自己父母，待其家人赶到时李霞已无法挽救，宋实际上是放任了李霞的死亡。

在二审法院认定的案件事实中，有"宋听到凳子响声"这一细节，以表明宋福祥明确地知道李霞正在上吊但未加阻止，从而坐实了宋福祥间接故意的主观心理状态，以回应宋福祥提出的"她上吊我不知道"这一上诉理由。而这一细节是一审法院所未认定的，是一审法院遗漏了还是二审法院添加所致，不得而知。只有一点我们知道，李霞自杀时只有宋福祥一个人在场，法官不在现场并没有目睹李霞自杀。因此，案件真相是通过宋福祥之口陈述的，宋福祥是原始陈述人，而本案进入司法程序后，警察、检察官、律师都是间接陈述人，而法官是最终陈述人。在这一从日常语言向法律语言的翻译过程中，案件事实完成了从自在事实向

自为事实的转换。这一转换形成了以下这样一个悖论：案件事实的陈述过程既是一个真相的发现过程，又是一个真相的丧失过程。我们的裁判者永远不要以为自己是案件真相的最终获得者，一句"事实清楚、证据确实"的判词就自以为真理在握。我们需要不断地反躬自问：案件事实果真如此吗？

在法学研究中，对于社会正义之类的宏大叙事曾经引起学人的持续关注，它引导我们走进社会正义的丛林，同时使我们与法律渐行渐远。因此，法律并不在别处，我们需要这样提醒自己，法律就是语言。

（本文原载赵秉志主编：《刑法评论》（第7卷），北京，法律出版社，2005）

始于综述的刑法学术之路

——师从高铭暄教授研究刑法的个人经历

从事某一学术领域的研究,一是有学术兴趣,二是要掌握方法。而我对刑法学的兴趣和方法,都是在高铭暄教授的教导下产生和培养的。因此,高铭暄教授是我进入刑法学理论殿堂的引路人。每念及此,心存感激。

我 1982 年 2 月从北京大学法律系本科毕业,考入中国人民大学法律系,师从我国著名刑法学家高铭暄教授和王作富教授。在我报考刑法专业硕士研究生的时候,对刑法并无特别爱好,更无专门研究。当时,我偏爱法理,对哲学亦有浓厚兴趣,总是感到刑法太具体、太琐碎,很难想象一部刑法数百个法条需要花费数年时间学习,更不用说研究一辈子了。这当然是对刑法的一种肤浅的看法,完全没有洞察刑法理论的博大精深。我对刑法真正产生兴趣是在 1983 年的上半年,这是我们研究生学习的第二个学期。当时的硕士研究生学制是三年,第一年基本上是学习外语与政治。从第二年的第一个学期开始,才接触到专业课程。当时高铭暄教授给我们年级讲授刑法总论。我们这个年级一共只有 4 名刑法硕士生,除我以外,还有赵秉志、张智辉和周振想(已故)。高铭暄教授的刑法总论打破了我此前形成的刑法无理论的偏见,尤其是对犯罪构成理论的介绍,对我具有较大的吸引力。在刑法总论讲授中,高铭暄教授布置我们每人做一篇综述。正是综述

的方法，使我进入刑法学研究的大门，成为刑法学术活动的起点。

综述这个用语，不仅对于当时的我，对于当时的刑法学界，乃至于法学界来说，也都是一个陌生的概念。而我注意到，在1980年11月写就的《中华人民共和国刑法的孕育和诞生》一书的序中，高铭暄教授就已经使用了综述一词，称该书是根据在长达30年时间里参与立法积累的资料、记录和笔记，按照刑法的章节条文次序所作的一个整理和综述，实际上也就是一部回忆性的学习札记。高铭暄教授将《中华人民共和国刑法的孕育和诞生》一书称为一部综述性的著作，当然是一种谦逊的说法。实际上，这本书中包含了高铭暄教授对刑法中的一系列重大问题的深刻思考。当然，由这本书的性质所决定，其中确实主要是对刑法制订过程改动情况的一种综述。正是通过本书，我们得以了解历经30年的我国第一部刑法的艰难制订过程，因而使本书具有了某种史科的价值。由此可见，高铭暄教授是一个工作上的有心人，随时积累资料，养成了良好的研究习惯。

高铭暄教授注重综述，还与他在"文化大革命"中的遭遇有关。1969年，高铭暄教授学习工作了近20年的中国人民大学被撤销，从江西"五七干校"返京后，高铭暄教授被分配到北京医学院（现为北京大学医学部）医史教研组从事研究工作。医学界历来十分重视文献综述工作，以便了解医学科研的前沿状况。高铭暄教授在北京医学院一直工作到1978年中国人民大学复校，对医学科研中综述方法的了解，使高铭暄教授有可能在刑法学研究中采用综述方法。我们是恢复学位制度以后招收的第一届硕士研究生，因而也是高铭暄教授综述方法的第一批受益者。

在接到综述的作业以后，我选择了当时在我国刑法学界争议最大的因果关系问题，对此进行综述。为了完成这篇综述，我一头扎进图书馆，阅读了关于刑法因果关系的论文数十篇，最早的是1956年发表在《华东政法学院学报》上的刑法因果关系论文。经过阅读消化以后，分为11个方面对刑法学中的因果关系问题进行了综述，完成了我的第一篇刑法作业，字数达2万之多。当我把刑法因果关系综述的作业交给高铭暄教授时，他对我的作业感到满意，并表示了鼓励，这就进一步激发了我对刑法学研究的兴趣。从刑法因果关系的综述开始，我一步步

地迈进了刑法学研究的学术殿堂。在我此后的刑法学研究中,刑法因果关系成为一个较为熟悉的学术领域,并且不断地深化对刑法因果关系的研究。在综述的基础上,我最初的关于刑法因果关系研究成果体现在《刑法哲学》一书中。针对当时我国刑法学界必然因果关系与偶然因果关系的尖锐争论,我提出了刑法因果关系的必然性与偶然性相统一的命题。尤其是从事实与价值两个层面对刑法因果关系进行研究,提出作为行为事实的因果关系只有经过价值评判才能转化为刑法的因果关系的观点。应该说,这一观点在当时还是较为新颖的,对于推动我国刑法因果关系的研究具有方法论的意义。在 2001 年我出版的《本体刑法学》一书中,彻底摆脱了因果关系必然性与偶然性的争讼,明确提出在因果关系的考察上应当坚持二元区分的方法,并提出了事实上的因果关系与法律上的因果关系的叙述框架。此后,我又进一步根据德国学者罗克辛教授提出的客观归责理论,对刑法因果关系问题进行了拓展性研究,对刑法因果关系理论能否解决归责问题提出了个人见解。从我做刑法因果关系综述的 1983 年,到现在已经过去了 24 年,但我对刑法因果关系问题的理论思考始终没有终止,而是在不断地深入当中,而这一思考的起点就是 24 年前的那篇综述作业。刑法因果关系可以看作是一个缩影,生动地反映我是如何在高铭暄教授的引导下进入刑法学之门的。

我们在硕士生和博士生期间完成的刑法学研究综述,在高铭暄教授的主编下,于 1986 年正式出版,这就是《新中国刑法学研究综述(1949—1985)》一书。这是我参与撰写的第一部书,也是我从事刑法学研究的起点。在该书序言中,高铭暄教授对综述方法作了以下总结性的评价:

> 在刑法学的研究中,对已有研究成果进行综述,是一种调查研究、获得规律性认识的有效方法。通过专题性综述,不仅使作者本身科研的基本功得到训练,而且也给其他人员提供了一个很好的调查研究资料。所以这是一个值得重视的研究方法。

高铭暄教授主编的《新中国刑法学研究综述(1949—1985)》一书,不仅为我国刑法学界提供了一部科研工具书,而且对其他部门法学也产生了影响。在

20世纪80年代后期,我国几乎各部门法学都出版了综述性著作,对本学科领域的科研成果进行了综述。例如,我手头正好有一本《法学研究》编辑部组织撰写的《新中国民法学研究综述》(中国社会科学出版社1990年版),凡73万言,可谓是一本大部头的著作。参与该书撰写的张新宝、孙宪忠、徐国栋、张广兴等人,均已成为当今著名的民法学家。由此可见,高铭暄教授在法学界首倡的综述方法,不仅惠及刑法学界,而且被其他部门法学界所采用,这是高铭暄教授对我国法学的贡献。

(本文原载《中国审判》,2007(9))

法官的护法使命

美国学者德沃金指出:"法院就是法律帝国的首都,而法官是帝国的王侯。"这是德沃金的名著《法律帝国》一书的解题之笔,表述了法官在法律帝国中的至高无上的地位。尽管德沃金的这一论断不无夸张与偏颇,他还是道出了法官之于法治的重要性。我国正在建设法治国家,人民法院在党的领导下独立行使审判权,不受任何外部干涉。随着我国法治建设的发展,人民法院在社会生活中的重要性日益凸现。从某种意义上说,法治进程必将形成以法院为中心的司法格局。那么,在这种司法格局中,法官的使命到底是什么呢?这是一个值得追问并认真思考的问题。

中国古代社会,在儒家伦理法的主导下,以礼入法,出礼入刑,在礼法之间存在表里关系。因此,法官的使命不是实现法的价值,或者说,法没有自身的独立价值,只有礼所内含着的伦理内容才是法官所追求的价值,为追求这种伦理价值,往往牺牲法律的形式。德国著名学者韦伯在论述中国古代的法律制度时,将中国古代法律描述为一种世袭结构,这是与世袭制的国家形态相联系的。在这种世袭制的国家中,缺乏理性的立法与理性的审判。因而,存在这样一个命题:"专横破坏着国法。"法官对任何大逆不道的生活变迁都严惩不贷,不管有无明文

规定。最重要的则是法律适用的内在性质：有伦理倾向的世袭制追求的并非形式的法律，而是实质的公正。因此，这是一种韦伯所说的卡迪司法（Kadi-Justiz，Kadi 系伊斯兰教国家的审判官）。在这种卡迪司法中，法官承担的不是护法使命，而是沉重的伦理使命。因此，法官往往无视法律的明文规定，径直根据伦理道德观念，甚至儒家教义对案件作出判决。

我并不否认司法与伦理的联系，但司法之所以成其为司法、法官之所以成其为法官，是由法的独立于伦理的性质所决定的，法官只能通过司法来实现伦理使命。因此，护法使命对于法官来说才是最根本的。在法治建设中，我认为需要大力呼唤的是法官的护法使命。

法官的护法使命意味着法官只对法律负责。因此，法官追求的是形式理性而非实质理性。在刑事司法活动中，罪刑法定主义就是形式理性的法律体现。罪刑法定主义的要旨在于法无明文规定不为罪、法无明文规定不处罚。因此，法官只能严格地依法追究刑事责任。某一行为，只要刑法没有规定为犯罪，即使其有社会危害性，也不能作为犯罪处理。在这种情况下，法官就不应对法无明文规定的危害行为负责。

法官的护法使命意味着法官只对法律真实负责，而不承担发现客观真实的使命。法律真实是指有证据证明的事实，这是经过司法活动可以认定的法律事实。在司法活动中，法官处于裁判者的地位，不告不理是现代司法活动的一个原则，在原告与被告发生法律纠纷的情况下，请求法官依法对此作出裁决。因此，法官本身并不直接调查案件事实，然后发现客观真实。法官的任务仅仅是在原告与被告提出的各自主张及其事实与法律根据的情况下，对其进行审理并最终作出判决。以往，在司法活动中通行的是实事求是的原则。这里的"事"是指"事实"，而"是"是指"真实"。因此，实事求是就是一个从事实出发求得真实的过程。如果说，在哲学上可以作出如上解说，那么，在法律中又是否每一个案件都能实现实事求是呢？客观真实是司法活动所追求的终极目标，是一种司法理想，这一点大致是不会错的。但是，能否将客观真实当作司法操作的具体标准，对此不无疑问。尤其是对于裁判者的法官，能否对案件的客观真实负责，对此大可置疑。

司法机关处理案件，尤其是刑事案件，其特殊性在于：案件事实发生在前，司法审理在后，通过诉讼中的证明活动力图再现或者复原案件事实，这是一种案件事实的重构。在一般情况下，法官以及其他参与诉讼活动的专业法律人士都没有亲眼看见案件事实发生的经过。因此，只有通过一定的证据事实（已知）才能推断出案件事实（未知），从而产生对案件事实确已发生的内心确信。由客观原因与主观原因所决定，这种对案件事实的重构不可能完全再现案件的原貌，只是接近于案件真相。因此，作为司法操作的证明标准，客观真实是脱离实际的，而法律真实才是可取的。对一个提到法官面前的案件，法官只能在双方当事人提供的证据的基础上作出判断，而不能超出证据地对所谓客观真实负责。

法官的护法使命意味着法官只有通过程序实现实体正义。法律正义可以分为实体正义与程序正义。法是以维持一种正义的秩序为使命的，这种正义的秩序可以视为法所追求的实体正义。法在维护社会秩序中发挥着重要的作用，因而，实体正义更是法的归依。但是，实体正义的实现不能离开一定的程序。因为，实体与程序是实现法的正义的两种法律制度设计：前者解决案件处理的公正标准问题，后者解决案件处理的正当程序问题，两者不可偏废。长期以来，我国司法活动存在重实体轻程序的倾向。在这种情况下，法官往往重视实体处理上的公正而忽视遵守程序的重要性。在一个法治国家，只有通过程序才能实现实体正义，从而应十分强调程序正义。因此，法官的护法使命，不仅要守护实体法，更应守护程序法。

一个社会的法官使命不是法官个体的行为，而是由一定的社会环境与法治状态所决定的。随着从人治到法治的转变，法官的使命也面临这种转变。我们期望，法官将在法治社会中发挥更大的作用，实现其护法使命。

（本文原载《人民法院报》，2000-04-15）

缅怀片面

从探寻法意的孟德斯鸠到关切目的的李斯特，从古典学派到人类学派，再到社会学派，我们领略了这些伟大的刑法思想家（而不是一般意义上的刑法学家）的理论风采，如果问我感受最深的一点是什么，那么我答之曰：

"深刻的片面。"

从解剖罪犯的尸体，发现低等动物的特征，从而得出天生犯罪人的结论，龙勃罗梭是片面的典型，其深刻性令人惊讶！从否定刑法的报应性，确立刑罚的矫正性与治疗性，进而以制裁取代刑罚，草拟出"没有刑罚的刑法典"，菲利是典型的片面，其深刻性令人瞠目！

片面何以深刻？因为这种"片面"是只及一点不及其余，而这"一点"恰恰是以往的"全面"中所没有的。在人类思想史上，贡献何须多，只需那么"一点"，足矣。这"一点"是星星之火，可成燎原之势。在那燎原的大火中，这"一点"火星是显得何等渺小与何其可怜。但没有星星之火，岂有燎原之势？片面的深刻也正同此理。深刻的片面突破平庸的全面，因而在旧的全面面前，它是叛逆，是反动。但正是这种片面所引起的深刻，瓦解了人类的思维定式，促进了思想的成长。而思想总不可能永远停留在一个水平上，片面的深刻必然否定片面

本身，无数个深刻的片面组合成为一个新的全面。这样，在人类思想史上就呈现出一个全面—片面—全面的否定之否定的发展轨迹。而恰恰是这种片面，代表了一种否定性的力量，一种革命性的、批判性的力量，成为人类思想发展的伟大原动力。当然，全面与片面的否定之否定是一个生生不息的过程。唯有如此，人类的思想才处于永远的进步之中，呈现出一种螺旋式上升的态势。

自从刑事古典学派、刑事人类学派与刑事社会学派的深刻的片面以后，在刑法领域中不再有片面，因而也就没有了深刻。我们看到的现代刑法学派，无非是新古典学派、新人类学派、新社会防卫论。这里虽然标榜"新"，实则是一种"旧"：因为已经不能再突破古典学派、人类学派、社会学派的樊篱。一个众所周知的故事叫盲人摸象：每一个盲人都把其所摸到的象的一部分当成象的全体。把象的一部分当成象的全体当然是一种片面，但每一次片面都发现了象的一部分，而这一部分是以往所没有发现的，这就是新，也就是深刻。当把这些盲人所摸到的每一部分组合起来时，我们就发现了一头象的全体，这就是全面。当全面降临的时候，象的每一部分都已经摸光了。片面与我们无缘，深刻也就离我们而去。这样，我们进入了一个全面的年代，也就是进入了一个平庸的年代。因此，现代刑法理论，无不以一种折中与调和的形式出现：吸取古典学派和实证学派之所长，形成所谓综合理论（Die Vereinigungstheorien）。例如我们之所谓二元论的理论：犯罪本质二元论、刑罚目的二元论、罪刑关系二元论，莫不如此。我们只能做到这一些，我们不能不承认平庸，但我们又不甘平庸，因此我们追求片面，当然是一种深刻的片面。也许，时代将使我们永远局限在全面之中，尽管如此，我们还是渴望片面。

对于身处平庸的全面的我来说，对于深刻的片面具有一种虽不能至，心向往之的心态。这也就是我要写这本书的理由：历史上的这些伟大刑法思想家们虽然早已逝去，但正是他们那深刻的片面哺育了我们，使我们全面，也使我们平庸，我们感谢他们的刑法启蒙，为我们不再片面，同时为接近更加深刻而向他们致意。

缅怀片面……

(本文原载《法制资讯》，2011（7）)

为刑法学写史

一个没有自己历史的学科，注定是一个不成熟的学科。我国学者周光权教授曾经把刑法学称为"无史的刑法学"，这不能不说是我国刑法学的悲哀。结束我国刑法学"无史"的历史，这应当是我们这一代刑法学人责无旁贷的使命。正是在这种使命的感召下，我开始了刑法学术史的研究，开辟了一块学术处女地。

应当指出，研究刑法学的学术史与以往在我国刑法学研究中所广泛采用的学术综述方法是有所不同的。20世纪80年代，我国刑法学开始恢复重建，资料极度匮乏。在这种情况下，我国著名刑法学家高铭暄教授大力倡导在刑法学研究中引入学术综述的研究方法，我亦参与其间。1986年出版的《新中国刑法学研究综述（1949—1985）》一书，就是刑法学学术综述的成果，也是我国法学界学术综述的首开风气之作。该书的特点是在对1949年中华人民共和国成立以来刑法学研究的所有资料进行研究整理和概括的基础上，对刑法学研究中的争论问题、重要问题逐个进行综述。这种综述的方法，对于学术成果的积累和展示具有积极意义。

当然，学术综述也有其不足之处，主要表现在它只是理论资料的简单概括和初步归纳，尚谈不上对其进行深入的学术研究。而且，综述的目的在于为刑法学

的研究提供资料，而不是对这些资料所反映出来的学术演变规律加以考察。并且，学术综述要求一种中立的立场，尽量客观地反映刑法学的研究现状。而学术史是对刑法学的研究成果进行知识社会学的考察，它虽然注重理论资料，但它不满足于对理论资料的归纳，而是以理论资料为基础，力图勾画出刑法学的流变过程，强调写作者个人的独特视角和独到见解，这是一种具有个性的学术研究。因此，刑法学的学术史的写作，具有以下三个特征。

一、资料的占有

学术史是一种历史，如何呈现这种历史呢？只有通过大量的资料才能呈现。这些资料是历史的见证，也就是历史本身，通过它才能真实地还原历史。因此，在刑法学的学术史的写作中，首先需要解决的问题就是如何处理资料。从时间的维度来看，资料的堆积呈现出一个形状，就是离现在越远，资料越是稀少；离现在越近，资料越是丰富。但是，对于资料的处理来说，稀少有稀少的难处，丰富有丰富的难处。资料稀少，则历史的空白越大，写作者对于资料的选择余地也就越少。这种情况下，对于历史线索的梳理难度也就较大。而资料丰富，则资料难以取舍，可能会面对浩如烟海的资料无从下手。因此，我们面对历史资料，无论是稀少还是丰富，都要有一种为我所用的姿态，不被资料所遮蔽。从我国刑法学研究来看，在相当一个时期，由于法律虚无主义的影响，研究为之中断，资料几乎无从寻觅，即使有的话，也是一些不具有学术价值的资料。对此，我们应当从这些资料中发掘的并不是学术，而恰恰是学术是如何遭受破坏的。

二、知识的考古

学术史并不是资料堆砌而成的，资料仅仅是学术史分析的客体。因此，在学术史的研究中，我们要进行知识的考古。知识考古这个概念是法国著名学者福柯发明的，知识考古并不是简单地重复历史，而是认识历史的内在逻辑，揭示历史

的发展轨迹。对于刑法学也是如此。刑法学并不是一种自足的知识形态,而是在很大程度上受到当时的占据主导地位的社会意识形态所决定的,尤其是受到一个国家的刑事法治进程的制约。

德国著名刑法学家耶赛克曾经指出,刑法是人类精神生活的一个点。因此,只有从人类的精神生活出发,才能深刻地把握刑法。例如,对于刑法机能的认识,从专政工具到人权保障的转变,就不仅仅是一个词语的变换,在其背后折射出了法治理念,乃至于社会治理方式的重大转变。又如,我国刑法从 20 世纪 50 年代开始,经历了一个刑法知识的苏俄化的过程,使清末以来逐渐形成的德日刑法学的传统为之中断。20 世纪 80 年代的刑法学术重建,实际上是恢复了苏俄刑法知识,并使之成为我国主导的刑法理论。而在 20 世纪 90 年代以后,随着德日刑法知识的传入,其影响越来越大,我国的刑法知识开始了一个从苏俄化到德日化的逐渐但却有力的演变过程。对此,我们不能仅仅从知识传播和学术流变的角度来理解,而是要从法治建设的实际需求和对外开放的基本国策这一历史背景出发,才能获得正确的解读。

三、角色的定位

刑法学的学术史在我国还不是一种专门的学问,甚至过去它还不被我们所关注。因此,当我们开始进行学术史考察的时候,我们其实都具有两种身份:一种是刑法学的研究者,另一种是刑法学研究的研究者。作为刑法学的研究者,我们本身就是刑法学的学术史的研究客体,我们其实是当代的刑法学的学术史的一个个案,是刑法学术流变的见证者,甚至我们是这一学术史的创造者。这样一种角色,对于刑法学的学术史研究来说,是利弊互见的。其利在于,我们熟悉这段历史,就如同熟悉我们自己,这就为学术史的研究提供了资料搜集与线索梳理上的便利。然而,熟知并不等于真知。过于熟悉恰恰可能成为我们客观地观察刑法学历史的一种障碍,甚至形成某种偏见,这是必须避免的。

当我们从事刑法学的学术史的考察时,其角色与刑法学研究者是有所不同

的，我们是在对刑法学的研究进行某种研究。在这种情况下，我们应当具有一种超然的姿态，审视刑法学的研究，包括我们自己的研究。当然，这样一种客观立场的确立，并不是说在刑法学的学术史的考察中，应当完全去我，将个人的感受置之度外，而恰恰是要把自己对刑法学的学术发展的一些见解融合到对资料的处理当中去。这样，才能使刑法学的学术史具有个性，而不至于成为一种冷冰冰的文字。

刑法学的学术史是一个全新的研究领域，这对我来说是学术能力的挑战与考验。对于任何事物的考察，都有历史与逻辑这两个维度。相对来说，逻辑是容易把握一些的，而历史则是较为困难的。历史的研究，受到史料、史观等各种因素的制约，在某种意义上说，真实地呈现历史甚至要比创造历史还难，当然这是极而言之。历史是一面镜子，它可以让我们认识自己。

对于刑法学来说，也是如此。刑法学要想成为一种自觉的理论，就必须采取一种反思的态度，回归历史。学术史的研究不是为了将我们的目光吸引到过去，而是要使我们面对将来。我国的刑法学面临着一个重大的知识转型，只有完成这一转型，我国刑法学才能在一个新的起点向前发展，才能在一个新的平台向上提升。我曾经采用"向死而生"这样一个大词来描述我国刑法学的曲折历史，这绝不是危言耸听，而是我的切身感受。

刑法关涉公民的权利与自由，甚至关涉国家与民族的命运。国家兴，则刑法兴；国家亡，则刑法亡。因此，刑法的兴亡，刑法学的兴亡，是与国家兴亡、民族兴亡密切相关的。在这个意义上说，刑法学的学术史是我们国家与民族的历史的一个缩影。只有在这个高度，我们才能获得某种历史感，并将这种历史感注入刑法学的学术史。

(本文原载《中国社会科学报》，2010-03-30)

论文写作：一个写作者的讲述

论文写作，对于学者来说是生存技能，也是看家本领。我始终认为，学者就是作家，不写作无以称作家。文科的写作与理科的实验可以对称，对于学生来说也是如此。写作对于不同的学科也还是存在一定的差异性。例如实证性学科的论文写作离不开田野调查，借此获得大量数据。在此基础上，才能进行分析归纳，得出相应的结论，而不能闭门造车。例如，作为事实学的犯罪学论文，就应当建立在实证资料的基础上，是对案例数据的科学处理。应该说，目前大多数犯罪学论文都还是从概念到概念，没有达到犯罪学的学科要求。而思辨性的论文则以语言阐述和逻辑演绎为特点，离不开对文献资料的综述梳理。这些文献资料主要通过阅读获得，因此，从事这种论文的写作以读书为前提。唯有读破万卷书，才能下笔如有神。例如，作为规范学的刑法教义学，就是以法条为客体所从事的阐述性的学术活动。

一、科研与写作

论文是科研成果的基本载体。在某种意义上来说，论文是研究成果的最终表

述。如果说论文写作是一种"言",那么科研成果就是一种"意",科研和写作之间的关系就是言和意之间的关系。意在言先,首先要有意,然后才有意之所言。因此,就科研和写作这两者的关系而言,首先必须要从事科研活动,提高我们的科研素质,只有在科研的基础之上才能进行写作,而科研和写作是两个既互相联系又互相区别的环节:首先要进行科研活动,科研活动有了成果以后再用语言表达出来,这种表达的过程就是一个写作的过程。

这里应当指出,文科的科研和理科的科研是有所不同的:理科科研是一种科学活动,而文科科研是一种学术活动。因此,论文是一种学术成果。我们把作为科研成果的论文都称为学术论文,以区别于其他论文。那么,什么是学术?这个问题看似简单其实不太容易回答。以一种较为学术性的语言表述,学术是指系统化、专门化的知识,是对事物发展规律的学科化论证。因此,学术当然应当具有科学性,文科可以分为人文科学和社会科学。而且,在文科中所采用的科学这个词,又显然不同于自然科学。例如,在社会科学中存在较多的价值判断,而自然科学则更多包含客观描述。

不仅文科与理科(广义上的理科,包括工科)科研的性质与形式有所不同,而且,文科与理科在科研与写作的关系上也存在区别。理科的科研与写作的关系是可以清晰地加以区分的。

理科的科研就是在实验室里做实验,在实验作出成果、取得数据以后,再将实验的成果以文字的方式予以表达形成论文。对于理科来说,无科研则无写作。因此,理科对科研是更为注重的,要求也比写作更高。也就是说,理科科研的主要精力是放在做实验上的,实验做完以后,把实验成果以一种论文的形式表达出来,这个写作过程是相对较为简单的,甚至只要把实验的数据和过程结论自然地记录下来就可以,这是理科的特点。例如,陕西师范大学孙灵霞的博士论文题目是《八角茴香对卤鸡挥发性风味的影响及其作用机制》。根据作者自述,这篇论文主要研究香料对肉类制品风味的影响,实现风味可控,产品质量达到一致性和稳定性,以便让传统肉类制品走上规模化工业生产。作者完成论文的过程是:为了保证实验结果的科学有效,选用广西产的八角茴香和河南一家企业固定提供的

鸡大腿。做实验时首先将鸡腿卤煮，其次在固定的区域取样，最后通过电子仪器检测产生风味的物质含量变化情况。论文通过实验，对比加入八角茴香的卤鸡和没有加入八角茴香的卤鸡之间的差别，了解八角茴香在卤煮过程中对风味的影响，风味形成的机制，如卤煮的温度、火力、加热时间对于风味控制的相关性。显然，从这篇论文创作过程可以看出，最为重要的是实验，而论文只不过是对实验过程和数据的记载。

然而，文科的科研和写作的界限却不是那么清晰，这也是学习文科的同学会有的一个困惑。因为文科科研不像理科的实验那样具有物理性的直观内容。对于一个理科学生来说，天天进实验室就表明他在做科研。但对一个文科学生来说，什么是科研？这种科研活动本身不具有直观形态，往往不容易把握。实际上，文科的科研是读书、思考，甚至是旅行。中国古代所谓读万卷书，行万里路，都可以看作是对文科科研活动的一种描述。因此，文科科研是随意的、自在的、不拘形式的。正是由于文科的科研活动具有这种散在性的特点，文科学生有时候会难以把握，以至于虚度光阴。这样就出现了在没有充分的科研活动基础上进行论文写作的情形，当然也就不可能写出优秀的论文。因此，对于一个文科学生来说，首先要去看书，要去思考，逐渐地积累知识，嵌入所在学科，进入一个与本学科的前贤对话的境界。当你进入某个学术问题前沿的时候，就像登上高山顶峰，四顾无人，不寒而栗，一种灵魂上的孤独感油然而生。在将近30年前，我写作题为《共同犯罪论》的博士论文的时候，就曾经有过这种感觉。以后回想起那段经历，我这样描述："在我写共同犯罪博士论文的时候，国外的资料还十分罕见，我只能翻故纸堆。从图书馆的阴暗角落翻检民国时期的论著、新中国成立初期的苏俄论著，以及零星介绍过来的现代外国刑法论著。在这种情况下，我开始了对共同犯罪的理论跋涉，这是一种与故纸堆中的故人的学术对话，在写作的那段时间，我分明感到精神上的寂寞与孤独。"因此，肉体上的煎熬和灵魂上的孤寂，恰恰是论文水到渠成的一种身心状态。

当知识积累到一定程度时，自己的想法逐渐产生，这也就是所谓生米做成熟饭，然后再进行写作。经过思考以后，在资料的基础上提炼独特的观点。这一提

炼过程，为写作打开了最后的通道。因此，文科的阅读书籍，资料收集，文献梳理，观点综述这些所谓科研活动，都是为最后的写作服务的，只不过是写作的预备而已。在这个意义上说，文科写作的重要性要超过理科的。

在文科中，这种科研活动和写作活动又是可以互相促进，并且是交叉进行的。也就是说，在文科中并不像理科那样把实验做完，已经取得实验成果，再进行写作。而是在科研过程中就开始写作活动，而且在写作过程中，同时从事着科研活动。写作和科研这两者是一种互相促进的关系，难分彼此。当然，在写作之前肯定要有一定的科研基础。然而，任何一个人都不可能把科研完全做好以后再去从事写作。而是在写作的过程中，不断地进行思考，不断地完善学术观点。

对于一个学者来说，长期从事科研活动，同时长期从事写作活动。科研和写作就成为学者的工作重心，甚至一种生活方式：不断地进行科研，不断地写作，在写作基础上再进行科研，这样一个逐渐展开、循环往复的过程。有些学者不是特别愿意写作，作品较少。不写东西，可以分为两种情况：一种是写不出来，另一种是不屑于写。写不出来，是写作能力问题，甚至是科研能力问题。但也有些学者虽然看了很多书，思考了很多问题，确实也有对学术问题的独特见解，但就不付诸笔端，就像孔子所说的述而不作。也有学者眼高手低，主张不随便写，一辈子就写一本书或者一篇论文，以此一鸣惊人，成为经典。这种想法我觉得不太可行，因为一个学者不可能一辈子从事科研活动，平时从来不写东西，没有作品，最后突然蹦出一篇论文、一本书来，借此名传千古，那是完全不可能的。

一个学者从事科研的过程，都要用论文或者专著这样的形式反映出来。不断地进行科研，不断地发表论文，然后，论文积累形成专著。论文以及不同阶段的专著，都是学者在不同阶段的学术研究成果的总结。通过学术成果可以把一个学者在科研活动中跋涉的过程，就像一步一个脚印一样，真实地呈现出来。不同时期的科研作品能够反映一个学者的学术成长：从青涩到老道。即使是思路的曲折、观点的修正，也能够以其作品清晰地在这个学者的学术履历上展示。因此，我认为那种把科研搞到最好，最后才出精品的想法是不切实际，也是不可能的。所以，作为一个学者要不断地科研，同时要不断地写作，要把两者紧密地结合

起来。

作为一个文科学者来说，写作是极为重要的。写作能力的培养是一个累积的过程，需要进行长期的训练。当然，写作只是科研成果表达的一种方式，除写作以外还有言说，也就是口头语言的表达。像课堂的讲课、会场的发言等，这也是一种思想的表达方式，也能够反映一个学者的学术水平。书面表达和口头表达，这两种方式对于学术呈现来说都是重要的。但这两者的学术影响又是极为不同的：口头表达只能影响亲眼看见者与亲耳聆听者，范围甚为有限。例如，课讲得好，只有亲炙弟子才能目击耳闻，其他人只是传闻而已。书面表达则具有超越时空的性质，凭借着书籍（包含纸质书籍与电子书籍）的永恒性，以文字为载体的学术思想也会在更为绵延的时间与更为广泛的空间传播。因此，对于学者来说，书面表达更为重要，一定要进行写作，要有论文发表。那么，怎么训练这种写作，怎么能够做到拿起笔来就能写呢？我认为，写作本身也是一种童子功，从小练起。最好的方法是在中学阶段就坚持写日记，养成动笔的习惯。进入大学，读书的时候一定要做笔记，按照古训所云：不动笔墨不看书，以此锻炼写作能力，习惯并且擅长于书面语言的准确表达。如果在大学本科阶段过了写作关，则开始研究生的专业学习以后，入门会比别人快好多。我始终认为，学者，包括作家，从事写作，就像农民种田，工人做工一样，都是一种熟能生巧的技能。只要坚持，其实掌握起来并不难。

二、论文与专著

论文和专著是学术成果的两种基本载体，如果说还有第三种的话，那就是教科书。但现在学术界对教科书贬褒不一，教科书在我国过去采取主编制，内容几乎千篇一律，是所谓公知，即公开的知识或者公共的知识，这是不存在知识产权的知识。因此，对教科书的学术评价较低，认为教科书没有学术含量。当然，最近这些年来对教科书的评价有所改变，主要是出现一些学者个人独著的教科书，而且是学术性的教科书。教科书是对本学科知识的一种体系性的表达，它更多地

反映了一个学者对整个学科知识的整体性把握。因此，对于教科书作者的学术要求是很高的。像在德国、日本等国家，一个教授只有到了50多岁才开始写教科书。而且教科书反映一个学者的综合素质，对本学科的综合把握能力，因此是一种最为重要的学术成果。我国也应该向这个方向恢复与提升教科书的学术声誉，尤其是要摈弃教科书的主编制。在我看来，主编制的教科书是没有学术灵魂的教科书。

我在这里重点讨论的是论文和专著。应该说，论文和专著的差别并不在于篇幅大小，不是说论文篇幅小一些，而专著篇幅大一些。两者的区分主要在结构、内容和性质等方面。论文是对一个论题的阐述，是一种问题性的思考：对某一个专门性的问题进行思考，将思考成果写成一篇论文。而专著是对一个专题的论述，是一种体系性的思考。论文要确定论点，提出论据，由此展开论证。而专著则是对某一专题的体系性叙述，具有较为广泛的展开和较为深入的论述。因此，专著的深度和广度显然超过论文。

现在的问题是，论文不像论文，专著不像专著，缺乏论文和专著的品格与品质。论文像专著，而专著则像教科书。例如学位论文，包括硕士论文和博士论文，都应当是一种论文的文体，应该具有论文的特征。即使是十几万字甚至几十万字的博士论文，它也应该具备论文的性质。但现在的硕士论文像综述，而博士论文则像专著，甚至像教科书，没有达到论文的要求。这些问题都说明了我们对于论文和专著以及教科书这样一些学术载体的把握还存在一些偏差。当然，也有一些专著是论文的结集，也就是说先有论文发表，然后把论文编撰以后形成一本专著。这种专著意味着它每一部分都达到了论文的水平，而一本专著的十个章节就相当于十篇论文，这样一种专著的学术质量当然是比一般专著的更高的。

一般的专著，并不是每一部分都能够发表的。其中相当一部分内容是资料的梳理或者综述，或者是对本学科问题的一种沿革性的叙述，而没有达到论文的程度。就这部分内容而言，资料价值大于观点，是没办法作为论文在刊物上独立发表的。一般来说，专著的这种水分可能会比较多一些，这也是对一般的专著学术评价较低的原因之所在。而论文则相对来说学术含量要高一些，各单位对于论

和专著在学术评价上也是有所不同的。有些单位更注重论文，并以论文发表的数量作为学术评价的主要标准。也有些单位注重专著，以专著作为学术评价主要标准。而北大可能是属于第一种情况，把论文放在一个更为重要的位置上。评奖也会存在这样一个问题，有些奖项注重论文，有些奖项则注重专著。

在一般的情况下，就论文和专著这两种形式而言，我认为注重论文可能更为合理一些。应该把论文作为主要的学术评价标准，而学者也应该以论文作为主要的学术成果载体。因为论文的篇幅不是很大，一般是一万字或者几万字，它能够在较短的时间内完成，而现在的学术刊物一般都是双月刊，还有月刊，论文这种形式可以把学者日常研究的成果及时地发表出来。有些学者虽然也在做研究，一开始就确定其最终成果是以专著的形式出版的，在专著的写作过程中，并没有注重对阶段性研究成果的论文发表。因此在三五年的专著写作期间，一篇论文也没有发表，只是最后出版了一本专著。这样一种做法并不值得提倡，而应该把阶段性成果发表出来，每年至少要有两三篇论文发表。通过每年发表的这些论文，可以把这种学术进展、学术方向及时地反映出来。三五年以后，研究成果成熟了，再以专著的形式发表出来，这样一种做法是较好的。

当然论文也是有长有短的，就一个初学者而言，一开始可能要写一些篇幅较短的论文，比如说三五千字的论文。对短篇的论文能够把握以后，再逐渐地写一万字左右的篇幅较长的论文。最后能够写两三万字论文，基本上是硕士论文所要求的篇幅。因此，论文写作是一个由短到长逐渐发展的过程。专著的写作更需要学术积累，因为专著的篇幅比较大。对于一个硕士生来说主要是论文的写作，而对于一个博士生来说基本上要达到专著的写作程度。就我本人而言，也是从短小的论文开始写起的，例如我发表在《法学研究》1984年第2期的第一篇论文，题目是《论教唆犯的未遂》，只有四千字左右。及至发表在《法学研究》1996年第2期的《罪刑法定的当代命运》一文，长达六万多字，是我迄今为止在《法学研究》发表的29篇论文中篇幅最长的一篇。

尽管论文和专著这两种学术成果的载体存在差异，但它们还是有共同之处的，如要求写作者对其中的内容把握好，能够顺畅地将学术思想通过论文或者专

著的形式表达出来。

三、选题和题目

选题是论文写作的第一步，也是最为重要的一步。在论文写作之前，首先要确定选题。在从事科研的时候，当然也会有个主题，但这只是一个研究方向或者研究领域。只有研究到一定程度，开始写作的时候才会最终确定论文的题目。选题是非常重要的，它决定着科研的方向，对于科研的成败具有重大影响。一个好的选题会事半功倍，而一个差的选题会事倍功半。

选择什么题目来进行写作？这是写作时遇到的选题问题。例如硕士生经过一年或两年基础课的学习以后，进入硕士论文写作阶段。论文写作首先要有个好的选题，而选题对于初学者来说往往是非常困扰的一件事情。有的学生不知道选择什么样的题目，所以往往让导师指定题目，这样选题就变成了命题。论文题目最好是作者本人经过科研活动以后，对某一问题比较感兴趣，有些想法由自己来确定。如果他人指定题目，写作效果不会太好。甚至有些学者也不会自主地确定自己的科研课题，而是追着各种项目的课题指南跑，甚至是追着各种学术会议的议题跑。这是一种缺乏科研自主性的表现，对于某些法学家来说，没有独立的长远科研计划，而是在立法与司法的热点推动下随波逐流，还美其名曰"理论联系实践"。这是没有学术自信的表现，还是应当强调学者的独立品格。

选题可以分为两种，一种是开拓性的题目，前人没有写过的。因此，这样的选题可能较为冒险，失败的概率会大一些。当然如果成功了，成就也较大，甚至会填补某一个学术领域或者问题的空白。开拓性选题的特点是资料较少，发挥的余地较大。即使只是做了一些基础性的工作，也会取得一定的成果。所以，对这种开拓性的选题来说，资料收集是十分重要的，只有收集到他人所未能收集到的资料，才可以尝试进行写作。另一种是推进性的选题，前人已经研究得较为充分，需要在此基础上进一步推进。这种题目的好处是资料较多，因为前人在研究过程中已经积累了大量资料，为写作提供了便利，具有较好的写作基础。但这种

题目的困难在于创新，因为前人已经进行了大量的研究，甚至论题已经枯竭，也就是该说的话都说光了，无话可说了，所以写作会有较大的困难。对于这种题目必须要调整思路，另辟蹊径，别出心裁，如此才有可能推陈出新。总之，在确定选题的时候，首先要进行评估，不同的选题可能有不同的特点，要根据这些特点最终确定选题。

选题还有大小之分，根据选题大小以及研究程度，可以分为四种情况：一种是大题小作，第二种是大题大作，第三种是小题大作，第四种是小题小作。这里撇开大题大作和小题小作不说，主要对大题小作和小题大作这两种情形做一些说明。就这两种情形而言，首先应当肯定的是小题大作，选择较小的题目然后进行较为充分的研究，这才是一个正确的方法。在某种意义上来说题目越小越好，因为题目越小越是能够反映理论研究的深入程度。当然，选题大小是和一个国家的某一学科的研究水平相关的。研究选题大小又是相对的，是和一个国家对某个问题的学术成熟程度密切相连的。比如说将近三十年前（1987年），我的博士论文的选题是《共同犯罪论》，共同犯罪是刑法中的一章。以一个二级学科的章标题作为博士论文的题目，这个题目是非常之大的。共同犯罪作为一个博士论文选题，现在是难以想象的。主要是因为现在对共同犯罪研究已经非常深入了，在这种情况下，还用共同犯罪作为博士论文选题是完全不可以的。现在的关于共同犯罪的博士论文题目，已经是四级标题甚至五级标题，例如"诱惑侦查论"或者"不作为的共犯研究"，这些内容在一般教科书中甚至没有论及。也就是说，博士论文题目已经超出了教科书的知识范围。在将近三十年前，我进行博士论文写作的时候，我国共同犯罪还刚刚开始研究，关于这个论题的框架性、基础性的知识结构都还没有形成，因此《共同犯罪论》作为一个博士论文选题，还是符合当时的理论研究实际情况的。现在对共同犯罪的研究越来越深入，所以选题也就越来越小。关于共同犯罪的博士论文选题的变化，充分反映出我国对共同犯罪问题的研究越来越深入。

另外，我们还应注意中外的博士论文选题也是不同的。当然，在这里我指的是文科的选题。我的博士生蔡桂生在北大答辩通过的博士论文的题目是《构成要

件论》，还获得了北京市优秀博士论文。构成要件在德国是不可能作为博士论文题目的，简直太大了。构成要件是三阶层的犯罪论体系的第一个阶层，是一百年前德国著名刑法学家贝林提出的。在德国现在已经没有人以构成要件为题写博士论文。但在中国由于我们对三阶层的犯罪论体系的研究才刚开始，所以《构成要件论》这个题目是一个适合的题目，对此的深入研究对于推进我国犯罪论体系的转型具有重要价值。蔡桂生在德国波恩大学答辩通过的博士论文，题目是《论诈骗罪中针对未来事件的欺骗》。这里所谓针对未来事件的欺骗，是指利用未来可能出现的事件进行诈骗，这是推定诈骗的一种情形。这个问题我国还没有人研究，甚至还处于一种不知所云的状态。因此，德国所研究的前沿问题，在我国现在还未能成为一个问题：既没有文章也没有案例。这个题目也反映出我国和德国之间在刑法理论上的巨大差距。所以我国学生到外国去攻读学位，尤其攻读博士学位，对博士论文的选题有时候是两难的：要想写一个对中国有用的题目则可能在所在国通不过答辩，在所在国写一个能够通过答辩的题目则可能在中国没有现实意义。

选题不是随便确定的，它应该反映当前的一种学术状态。选题要小，小题大作，这是一个基本的考虑方向。选题虽小，对于科研的要求则是非常之高的，必须要以小见大。小题只是一个切入点，以此反映出作者对某一专题甚至整个学科的理论研究水平。而且我们不要觉得小题好做，小题小作，可能好做。小题大作，则不好做，因为对于小题展开论述，是要以整个学科知识作为背景来支撑的。例如，一位历史学的博士生要写一篇博士论文，其研究领域是古罗马的社会制度。如果以《论古罗马的社会制度》作为博士论文题目，题目太大了，根本就通不过，甚至作为专著的题目都对它无从下手。后来把题目缩小到《论古罗马的军事制度》，军事制度是社会制度的一部分，这个题目应该说稍微小一点，不像社会制度那么广泛。但这个题目还是太大，后来又把这个题目再缩小到《论古罗马的军衔制度》。军衔制度是军事制度的很小一部分。通过军衔制度的研究，实际上是对古罗马的军事制度的一种具体研究。军衔制度应该说是算较小的题目了，作者还是嫌大，最后把题目再进一步缩小到《论古罗马军队的徽章》。这个

题目小到不能再小了，就非常理想。徽章是军衔的标记，通过徽章不仅可以研究古罗马的军事制度，还可以研究古罗马的锻造工艺，研究古罗马的设计艺术，研究古罗马的等级制度等；而且徽章只是一个切入点，就像打开古罗马社会制度的一个窗户。透过徽章，可以对古罗马社会制度的各方面进行研究，这就是所谓以小见大。论文的题目应该较小，但也要小到能够把握的程度，并且具有学术价值。如果太小了，这样的题目可能没有现实意义。在"文化大革命"当中有部电影《春苗》，是"四人帮"主导下拍摄的，以歌颂劳动人民、贬低知识分子为主题。这个电影中葛存壮扮演那个农业大学教授，专门研究马尾巴的功能而被嘲笑。马尾巴的功能，这个研究题目确实有点小，而且好像也没有太多的实际意义。所以，这部电影的讽刺点还是找得挺准的。当然，即使是极小的题目，如果具有价值，也还是值得写的。例如，上述我提到的陕西师范大学孙灵霞的博士论文《八角茴香对卤鸡挥发性风味的影响及其作用机制》，这当然是一个小到不能再小的题目。但这个题目正如作者所言，对于实现传统卤制肉类食品的工业化生产具有现实意义。所以，这是一个好的选题。

选题除上面所讲的大题与小题以外，还可以分为理论性的选题与实践性的选题。理论性的选题要求处理较为复杂的理论问题，要有较高的学术含量，对于作者的写作能力要求也就比较高。学术型的学位论文，例如法学硕士或者法学博士的论文，当然是要求尽量写理论性的题目，解决一些理论问题。但应用型的学位论文，例如法律硕士的论文，最好还是写实践性的题目。尤其是政法法硕，学生来自政法实践部门，已经具有四年以上的司法工作经历，这些学生在选题的时候，更加应该写实践性的题目。写实践性的题目，容易收集到司法实际资料，便于写作，而且对将来的工作也会具有帮助。

论文写作存在如何处理资料与观点的问题。资料是论文的基本素材，也是写作的基础。而观点则是论文的灵魂，是作者学术思想的表达。正确处理好资料与观点的关系，对于论文写作来说是一种非常重要的技巧。首先，资料对于论文写作来说是十分重要的，没有资料就难以完成一篇论文。我们在平时所说的科研活动，其中一项重要内容就是收集资料；收集资料的过程本身就是在从事某项科研

活动。在一篇论文中,资料所占的比重是较大的;而一本著作,资料所占的比重更大。一篇论文上万字,不可能每句话都是作者自己的,实际上有大量的内容是他人的,是资料性的东西。过去中国有句老话,叫作"天下文章一大抄,看你会抄不会抄"。这句话容易引起误解,好像文章都是抄来的,好像写文章就是抄文章,会不会写文章,就看会不会抄。实际上,我们只要把这句话当中的"文章"解释为"资料",就可以消除这种误解。这句话的意思是说,在写文章的时候,要很好地处理资料,正确对待前人的研究成果。资料会处理了,文章就会写了。一篇论文有一大半是引用资料,如果一篇论文一点资料都不引用,那么这篇论文反而是不好的。因为论文首先要把在这个问题上以往研究的状况反映出来,学术研究是"接着说",所以首先要告诉我们前人是怎么说的,这个故事说到什么程度了,然后才能接着说。我们可以把写论文比喻为盖房子,在盖房子中,砖瓦、木材等建筑材料都是现成的。我们不可能先去种树,等树长大以后把树砍倒,再来盖房子。也不可能先去挖土烧砖制瓦,砖瓦烧制好以后再来盖房子。现在的建筑业分工已经很细致了,甚至有些房屋的架构都是在车间里面已经浇筑好的,只要拉到工地吊装起来就可以成为房屋。写论文也是一样,不可能做无米之炊。资料就是论文的原料,关键是要对其进行加工。资料不能简单堆砌,而是要对资料进行认真梳理,然后以适当的方式加以铺陈。资料的堆砌就像用砖砌墙,只是把砖块粗粗拉拉地叠放在一起,而没有在砖块之间进行黏合,也没有对砖缝进行勾缝,使墙变得坚固和美观。在一篇论文中,资料如果只是简单的堆砌,那么资料还是死的。只有对资料进行妥当的处理,使之成为论文的有机组成部分,资料才能变成活的。因此,对于资料的处理是写作的基本功。资料处理得好不好,直接关系到论文的质量。

　　对资料的处理往往采用一种综述的方法。这里所谓综述,是指对以往的研究资料进行专题性的或者系统性的整理。现在法学的各个学科都出版了资料综述的书籍,对于了解本学科的理论研究现状具有重要参考价值。综述是科研材料处理的一种较好的方法,对我们进入学科前沿是一个较好的途径。当然,综述是对原始资料的初步处理,还不能照搬到论文中去,论文中引用的资料还要进行加工,

并且对资料还要进行分析。

观点是从资料中提炼出来的，也是论文的灵魂。对于一篇论文来说，大量的资料是别人的，但观点必须是自己的。所谓科研就是要对某个问题提出个人独到的见解，这也就是要有作者自己的观点。科研的难处就表现为观点的出新，提出不同于前人的观点。对于一个初学者来说，要想对某一问题提出超越前人的观点，确实是强人所难。因此，写作的学习阶段，这是一个知识消费的阶段，这个时期汲取知识是主要的任务，还不可能在观点上出新。只有知识积累到一定程度，才能从学习向研究转变，从知识消费逐渐过渡到知识生产，这才有可能提出自己的观点。

我们都有这样的体会，刚开始接触某一学科的时候，感到书上说的一切都是对的，不可能有自己的想法，也不会有自己的想法。这个阶段就像爬山一样，刚起步从山脚往山顶上爬，这个时候一抬头是满山遮目不见天。爬了一半，到了半山腰，这时山就不那么压抑了，眼界也就慢慢开阔了。爬到山顶，才会有见天的感觉。如果这是一座高山，那么到了山顶你就会体会到"一览众山小"的诗意。科研也像爬山一样，只有对本学科知识熟练地掌握了，有了深刻的思考，才会提出自己的观点。当然在论文写作过程中，要对观点进行提炼。把个人的独到见解在论文当中表达出来，这里仍然存在一个写作技巧问题。

一篇论文要有论点，并且要对论点进行较为充分的论证。这里的论点也就是我在前面所说的观点，但仅仅提出观点是不够的，还要对观点进行有效的论证。对于一篇论文来说，论证是十分重要的，而论证的过程就是一个梳理的过程，也是一个说理的过程。没有论证的论点是武断的，而没有论点的论证是盲目的。

(本文原载《中外法学》，2015（1））

法律图书的历史演变

——以个人感受为线索

新中国成立以来，我国的法律图书经历了一个从无到有、从少到多、从次到好的发展阶段。20世纪80年代以前，我国法律图书行业呈现出一片萧索景象，法律图书主要是"文化大革命"前残存下来的对苏联法学作品的翻译，法学教材也是在立法进程开启以后才逐步出现的。

20世纪80年代以后，伴随着法律的制定和法治建设的推进，法学图书逐步完成了从无到有、从少到多的转变历程；目下，法律图书则正在经历着从数量竞争转向质量竞争的行业发展过程。在日益激烈的竞争环境下，法律图书市场上存在法律教科书、法学专著、法学译著、司法实务图书、司法考试辅导书、法学"闲书"等可堪培育的法学图书类型。可以想见，如果没有大规模出版的博士论文，我国法学界的学术专著出版将会是一片凋零的景象。学术专著还是应该主要由学者来写，这种情况可能会慢慢改变。至于专著的主要阅读者，也是博士生，为了博士论文写作收集整理资料，他们不得不去买专著、看专著。由此可见，我国还没有形成一个独立的学术市场，学术研究成为教育的附庸，这是十分可悲的。

在我国，教科书是人人可写的一种书籍，不会写论文的人，也会写教科书，

由此败坏了教科书的名声。如徐国栋教授所言，在中国，"教科书成了最陈腐的材料的代名词"。

我国目前的法律图书出版，可以用"繁荣"这个词来形容。走进任何一个大型书店，直观地看，法律图书在整个人文社会科学类图书中所占据的份额都是巨大的。法律图书出版业的这种兴旺景象，与我国法治建设进程紧密相关，法律图书出版业在很大程度上受惠于我国法治建设的发展。可以预见，随着依法治国作为国家治理基本方略的确立，法律图书还会继续保持繁荣兴旺态势。

尽管并非法律图书的业内人士，但作为一名法学研究者，同时是法律图书的创作者和阅读者，笔者亲身经历了我国法律图书的发展历程，见证了我国法律图书业从之前一片废墟的景象到当前在图书市场上一木独大的发展进程。以下，笔者想结合个人经历和体会，对法律图书业发表一个概观式的见解，供读者参考。

如前所述，自从1979年我国法制恢复重建以来，我国的法律图书业经历了一个翻天覆地的变化。对此，作为亲历者的笔者是最好见证人之一。笔者以为，我国的法律图书经历了以下三个发展阶段：

（1）从无到有；

（2）从少到多；

（3）从次到好。

20世纪80年代前法律图书呈凋敝景象。现在面对令人目不暇接的法律图书，已经很难想象当年法律图书出版业一片废墟的情形。笔者是1978年2月进入北京大学法律学系学习的，那是一个不知法律为何物的年代。在入学之前，笔者在家乡的县公安局工作，从堆在墙角的破麻袋里，笔者翻到了一些20世纪50年代翻译出版的苏联法律图书，这些图书在"文化大革命"中幸免于被焚毁之难，真是一个奇迹。其中，一本名为《苏维埃犯罪对策学》的教科书给笔者留下了深刻印象，后来，笔者才知道，它是中国人民大学法学院已故教授徐立根翻译的。当然，当时并没有想到这些图书与笔者从事的职业有什么关联。到北大以后，才知道北大图书馆是全国高校中最大的图书馆，甚至也是亚洲高校藏书量最大的图书馆，但其所藏法律图书却寥寥无几。我们所能看到的仍然是20世纪50

年代翻译出版的苏联法律教科书,其中,在刑法专业最有学术性的就是苏联刑法学家特拉伊宁的《犯罪构成的一般学说》。1982年,笔者到中国人民大学法律系学习刑法专业时,刑事诉讼法专业有位名叫孙飞的研究生,原系北大历史系考古专业的学生。我们很奇怪,考古专业的怎么考上了刑事诉讼法学的研究生,当时研究生是很难考的。他说,在北大图书馆看了特拉伊宁的《犯罪构成的一般学说》这本书,被其内容所吸引,就报考了中国人民大学的刑法专业研究生,只是因为分数稍差,被录取到了刑事诉讼法专业。

20世纪50年代,几乎没有我国学者自己编写的法律图书,即使有,也是政治挂帅,没有法律性和学术性。例如,中国人民大学法律系刑法教研室编写了《中华人民共和国刑法是无产阶级专政的工具》一书,于1958年由中国人民大学出版社出版,其封面表明该书系"科学研究跃进丛书"的一种,由此可知,此系"大跃进"的产物。从1978年2月到1982年2月,整个本科四年我们学了二三十门课,但连一本教科书也没有。《刑法》是在1979年7月1日颁布,1980年1月1日开始实施的,而我们的刑法课程是从1979年9月开始的。也就是说,当我们开始学习刑法这门课的时候,《刑法》还没有实施。当然,也就不可能有关于刚刚颁布的《刑法》的教科书。当时,发给我们的教学参考书是北京大学法律系刑法教研室编写的《刑事政策讲义(讨论稿)》,印行的时间是1976年12月,发到笔者手里的时间是1979年9月15日。笔者离开北大以后,刑法教科书才开始出版,刑法的参考书也出版了。到中国人民大学后,笔者购买了法律出版社1981年7月出版的高铭暄教授的《中华人民共和国刑法的孕育和诞生》,购买时间是1982年9月20日,价格是0.80元。30年后,这本书经过增订,以《中华人民共和国刑法的孕育诞生和发展完善》的书名在北京大学出版社出版,价格是88元,是原定价的110倍。当然,图书的篇幅也增加了好几倍。2012年9月20日,北京师范大学举办了该书的座谈会,会上,高铭暄教授为笔者30年前购买的旧书签名留念。笔者的签名时间是1982年9月20日,高铭暄教授的签名时间是2012年9月29日。整整30年,只多出9天。

当时,整个法律图书出版业都是百废待兴,出版图书十分有限。因此,凡是

有法律图书出版,我们都会购买,并且认真学习,而不是像现在这样书太多了,束之高阁,没有时间去读。例如,1981年5月23日,还在北大读书的笔者购买了群众出版社印刷出版的《法治与人治问题讨论集》一书,5月29日笔者即读完了该书,并在其扉页写下了一段读后感:"这是一部法学的'百科全书'。在法治与人治问题讨论的舞台上,各种观点竞相表演。内容涉及法学理论、政治学、中国法制史和思想史、西方法制史和思想史等等。乃了解当前中国法学界之现状的必读书也。"值得深思的是,依法治国的命题在当时就已经被提出来了,现在才开始付诸实施,可见从理想到现实的距离是多么遥远。

值得一提的是,20世纪80年代初期,我国法律图书出版业曾经有过一段影印出版我国台湾地区学者法学著作的历史。当然,影印出版的不止法学著作,也包括其他学科;也不止我国台湾地区著作,还包括外国书籍。当时,我们经常拜访苏州街上专卖影印图书的内部书店,记得当时买过一本大部头的《布莱克法律大辞典》。因为当时笔者已经在中国人民大学学习刑法,所以买的比较多的还是台湾地区的刑法书籍。例如,1982年3月5日,笔者购买了台湾地区学者陈朴生编著的《刑法总论》,此时,笔者刚到中国人民大学报到没几天。经影印出版的台湾地区学者的著作为我们的专业学习打开了一个窗户,让我们能够接受较新的知识。

20世纪80年代后法律图书的元气恢复。随着新法的实施,法律图书也慢慢开始出版。而且,法律图书出版的节奏是与法律颁布和修改的节奏合拍的。由于刑法是第一批被颁布的法律,所以最开始出版的主要是刑法著作;民法著作则是在1986年《民法通则》颁布后才开始出版。按照一般规律,最早出版的是解读性的、普法性的读物,而后是关于某一部法律的教科书,再之后则是专著。顾肖荣的《刑法中一罪与数罪问题》是最早的刑法专著之一,其系由上海学林出版社在1986年7月出版。该书作者于1986年8月2日将其赠送予我,现在已经破烂不堪的封面赫然可见笔者儿子所写的名字:陈博。陈博是1986年出生的,顾肖荣赠予笔者该书时,陈博方才出生六个月。当然,此时他还不会写字,这个名字应该是他上学以后所写。

从 1979 年到 1997 年,法律图书行业基本上完成了从无到有的转变。笔者的第一部专著是 1987 年在中国人民大学出版社出版的硕士论文《正当防卫论》,此后,中国社会科学出版社于 1992 年出版了笔者的博士论文《共同犯罪论》,中国政法大学出版社也于同年出版了笔者的《刑法哲学》一书。由此,笔者完成了从法律图书消费者向法律图书生产者的转变。

1997 年,《刑法》进行了第一次大规模的修订,其他法律也纷纷颁布,我国法治建设进入了一个新阶段。因此,从 1997 年开始,一直到今天,我国法律图书经历着从少到多的转变。少和多是一个数量概念,当然,少和多本身也是相对的。笔者手头没有法律图书的数量统计资料,因此,谈论多寡似乎非常武断。

在此,笔者所陈述的只是一种个人感受,属于主观判断。在客观的数量统计方面,两个数字能够反映法律图书的增长状态:一是法律图书的年出版量的增长数字,二是法律图书在整个人文社会科学图书市场所占份额的增长数字。如果有这两项数据,就可以非常清晰地描绘出法律图书从少到多的增长过程。当然,这需要法律图书出版业内人士根据资料和数据,撰写一本法律图书出版史。

当前,我国的法律图书竞争十分激烈,包括选题的竞争、作者的竞争和图书制作质量的竞争等。笔者认为,我国法律图书目前已经开始了从多到好的转变,这意味着从法律图书的数量竞争转向法律图书的质量竞争。选题的多元化与重版率的增加,都是这种竞争的结果。可以说,各种类型的法律图书都面临升级换代,唯有如此,才能适应法治建设和法学教育的需要。以下,笔者将从法律图书的类型入手对法律图书如何发展发表一己之见。

一、法律教科书

法律教科书在整个法律图书中占有较大份额,尤其是随着法学教育的迅猛发展,法律教科书的出版迎来了新的契机。法律教科书从主编制的统编教材到个性化的学术教科书,这是今后的一个发展方向。

最初的法律教科书是司法部法学教材编辑部的统编教材。当时,我国法学教

育刚刚恢复，各校师资力量单薄，难以独立编写法律教科书。在此情况下，以行政手段集中全国力量编写各部门法学的教科书，解除了法学教育急需教科书的燃眉之急，发挥了重要作用。例如，高铭暄教授主编的统编教材《刑法学》，于1982年出版，确实代表了当时刑法学研究的最高学术水平。各个学科的情况都大抵如此。可以说，这一代法学家主要是靠教科书成名的，并且无愧其名。在法学研究与法学教育发展以后，统编教材一统天下的局面逐渐被打破，各个学校的自编教材纷纷出版，这些教材虽然学术水平不是很高，但非市场化的推销方式使其分割了原先被统编教材所垄断的法律教科书市场。这种现象是在20世纪90年代以后伴随着法科招生大规模增加而出现的。以上两种类型的教科书都采用主编制，并以行政化手段推销，虽然具有其历史合理性，但同时存在其历史局限性。从21世纪初开始，个人独著的法律教科书开始出现，此类教科书打破了主编制下观点千篇一律的局面，具有学术个性，充分展示了学者个人的学术魅力，获得市场的好评。

以刑法学科为例，张明楷教授的《刑法学》已经出到第4版，篇幅宏大，内容充实；2003年，笔者也在中国政法大学出版社出版了个人教科书《规范刑法学》，目前由中国人民大学出版社出到了第3版。北京大学出版社出版的学术教科书，如陈瑞华教授的《刑事证据法学》等，也都有较大的影响力和美誉。

这里需要专门讨论教科书这种类型出版物的性质。我国的教科书是民国初年从国外引进的，旨在适应新式教育的需要。因此，早期的教科书具有讲义性质，是老师在课堂上的讲稿。

例如，时代文艺出版社就出版了"老北大讲义丛书"，从中可以窥见当时教科书之一斑。这种意义上的教科书，是与课堂紧密相连的。教科书的出版，可以减少学生记笔记的负担，而且可以供课堂外的有志青年自学，起到了传播知识的作用。但是，现在的教科书在功能上已经发生了很大的变化。除直接以教程命名的书籍以外，一般教科书的内容都已经远远超出了课堂教学需要的范畴。因此，教科书已经不再是讲义，而是某一学科知识的体系化叙述。其理论的广度和深度都不是讲义所能比拟的。在这种情况下，称其为"教科书"已经名不副实，日本

就称之为"刑法体系书",而不是"刑法教科书"。"体系书"具有学科知识的完整性、体系性和科学性,是一名学者毕生研究成果的结晶。因此,在日本,教授不到50岁是不敢出版教科书的。当一个教授可以出版教科书了,说明其已经在学界占有一席之地,在本学科范围内拥有了一定的学术地位。但是,在我国,教科书是人人可写的一种书籍,不会写论文的人,也会写教科书,由此败坏了教科书的名声。如徐国栋教授所言,在中国,"教科书成了最陈腐的材料的代名词"。这是一种可悲的现象。因此,教科书亟待正名,而个人独著的学术教科书,就是一种正名途径。

二、法学专著

法学专著是法学研究的产物,也是法学知识的主要载体,它代表了一个国家法学研究的最高水准。因此,法学专著的出版,对于提升出版社美誉度而言也十分重要。当然,法学专著存在曲高和寡的问题,市场份额小,书压库,不好卖。这也是不可避免的。

不过,中国大陆已经是一个很大的图书市场了,如果学术出版物还不能打开市场,真是有点说不过去。我国台湾地区的学术市场比我们大陆的小得多,他们的专著难道就不出版了?当然,这里也存在一个出版体制的问题。我国台湾地区出版自由,因此,作者可以自己出版。

笔者认为,法学专著还是要走"高大上"的路子,内容精细,制作精良。首先,对专著出版要在质量上把关,不是什么人都可以出版,最好要引入匿名评审制度。其次,制作的质量要提高,无论是版式设计还是封面设计都要一流。最后,价格可以昂贵,不必人人都买得起。内容精细、制作精良的法学专著,对于需要的人而言,再贵也会买,其精细优良的内容也值得花费昂贵的价钱;对于那些不想买的人来说,即使价格再便宜也不一定会去买;如果实在想买但买不起,那也可以去图书馆借阅。

总之,专著应该是一个高端市场。

笔者在这里还想说一下各种项目的结项成果，大多都是专著，而且基本上是主编制。例如，笔者就刚在北京大学出版社主编出版了一本《中国案例指导制度研究》，其系国家社科基金重大项目的最终成果。基本而言，各类项目的结项成果都是靠项目经费资助出版的。老实说，这些项目成果大多数是应付之作，没有一个项目成果能够成为经典著作。

现在哪些人在写专著？又有哪些人在读专著？写专著的除了少数学者，主要是博士生。在出版的专著中，博士论文占有较大比例。应该说，大多数博士论文的质量还是较高的。在诸多学者评上教授后放弃学术研究的氛围下，博士生成为我国学术研究的新生力量，博士论文则成为我国法学界的前沿性学术成果。这当然是不正常的，没有哪一个国家的学术专著主要是博士论文。可以想见，如果没有大规模出版的博士论文，我国法学界的学术专著出版将会是一片凋零的景象。学术专著还是应该主要由学者来写，这种情况可能会慢慢改变。至于专著的主要阅读者，也是博士生，为了博士论文写作收集整理资料，他们不得不去买专著、看专著。由此可见，我国还没有形成一个独立的学术市场，学术研究成为教育的附庸，这是十分可悲的。

三、法学译著

法学译著同以上两种类型图书的主要区别在于作者，就图书类型来说还是教科书和专著。如前所述，20世纪50年代，我国大规模地翻译出版了苏联的法学书籍，以至于到20世纪80年代还惠及吾辈学子。改革开放以后，我国的学术也开始对外开放，其表现包括国外学者法学著作的翻译出版，国外法学译著对我国法学研究和法学教育的发展起到了重要的窗口作用。

最初的译著，也是从教科书开始的，后来才有专著的翻译出版。1986年，辽宁人民出版社出版了日本刑法学教授福田平、大塚仁合编的《日本刑法总则讲义》，在笔者的印象中，这是改革开放后出版的第一部日本刑法译著。尽管只是一本小册子，但对于笔者而言却真是一个能够呼吸到学术新鲜空气的窗口。该书

的两位作者中,中国学者对大塚仁教授比较熟悉,中国人民大学的冯军教授翻译出版了大塚仁教授的《刑法概说》(总论)和《刑法概说》(各论)两部教科书,加起来应该有150万字。2007年,笔者同张明楷教授一起访问日本时,也拜访过福田平教授。这本小册子在他们的著作清单中也许是微不足道的,但对于我们来说却是启蒙读物,令人印象特别深刻。

笔者认为,国外的译著出版还应当加强,尤其是要出版那些名家的名著,包括教科书。这些专著在国际上是一流的,对于后发国家的学术发展应该能够起到重要的参考作用。当然,我们还是要坚持学术的自主性和本土化,但这并不妨碍我们从国外引进前沿性的学术成果。

意大利学者指出:"除国际法外,刑法是法律科学中对各国具体政治和社会文化特征方面的差别最不敏感的法律学科。"因此,刑法是有国界的,刑法学则是超越国界的。我们应该建立一种超越国界的刑法学。其实,学术只是一种工具,重要的是适合,适合的学术知识将可以为我所用。事实上,好的译著是具有生命力的,可以不断重版,图书市场也是可观的。

四、司法实务图书

法律图书的市场除学校以外,还有司法实务界。随着法治发展,司法的技术性大为提高,像过去那样仅凭政治素质和道德素养从事司法活动,已经不能满足更为复杂的司法过程对于法律知识的需求。因此,可以想见,各种以司法实务为对象的法律书籍是一个广阔的学术市场,对于法律出版界来说,是大有可为的。现在,各种司法实务的图书已经不少,但老实说,没有特别令人满意的。在此,笔者想重点讨论法律注释书和案例编纂书这两种司法实务图书类型。

法律注释书是以法条注释为内容的图书,直接面对司法实务人员。在德国,就有几种较为有名的法律注释书,规模浩大,达到几十卷,数以千万字。《德国刑法典》一共358条,对这358条的注释怎么可能写出千万字呢?以1 000万字计,除以358条,平均某个条文的字数是2.7万。重点条文还不止这个字数,据

说共犯的一个条文就写了30多万字。

因为法律经常修改,所以,法律注释书也要经常修订,有些学者一辈子就专门干这一件事,修订某一个法律条文,但这足以使他以此为业,名利双收。这些法律注释书在司法实务界影响极大,是重要的参考书,由此形成一个独特的法律图书市场。当然,竞争是很激烈的,真正著名的只有几种而已。日本也开始编写法律注释书,2012年我们到日本参加刑法学术交流会议,东京大学法学院的三位刑法学教授主持编写的《注释刑法(第1卷)》刚出版,送给我们每人一套。《注释刑法(第1卷)》是对《日本刑法典》第1—72条的注释,属于《日本刑法典》总则的条文注释。看起来,字数不算特别多。

在我国,虽然有些法律注释性的读物,但深度不够,质量不高。北京大学出版社出版了一套立法机关编写的条文注释书,写作者具有足够的权威性,但内容过于简单。这里需要指出的是,中国人民大学法学院冯军教授曾经主持编写了《中国刑法解释》一书,分为上下两卷,共计610万字,篇幅相当大。该书是中国社会科学出版社2005年出版的,至今已经十年,该书价格不菲,定价为750元,但鉴于其浩大的篇幅和巨大的工作量,仍然物有所值。该书从条例到内容,都十分科学,也是最为接近德国法律注释书的,可惜没有及时修订。

不过,修订的工作量想来十分巨大,如果没有一批献身于该书的作者,其也就很难逃脱人走茶凉的命运。这涉及这种卷帙浩繁的著作的编写、出版机制问题。该书的内容很好,不过,笔者个人感觉其在版式设计上存在问题,如果把这部书分为10本出版,每本书60万字左右,则既便于翻阅,又容易携带;相反,集中印制成两大本,翻阅都困难,只能束之高阁,有点可惜。

笔者在1997年编写出版了《刑法疏议》一书,至今没有再版,内容过时,也没有再出版的价值。但笔者想对其进行修订,至少要出版4卷,共计200万字以上,但由于写作量太大,望而却步,故迟迟没有动笔。也许,这是笔者此后学术生涯的唯一愿望了。

案例编纂书对于司法实务也有较大参考价值,尤其是随着我国案例指导制度的实行,指导性案例的参考作用越来越大,案例编纂书也可能对司法实务发挥越

来越大的参考作用。过去，比较多的是案例分析书，现在已经过时。案例分析书是较为低端的法律图书，对于司法实务的参考作用极为有限；案例编纂书并不仅仅是案例的汇编，而是对参考性案例，尤其是最高人民法院、最高人民检察院颁布的指导性案例进行加工，抽象、提炼出裁判规则，这些裁判规则对此后类似案件的裁判具有参考意义。笔者和张军、胡云腾主编的《人民法院刑事指导案例裁判要旨通纂》就是此类书籍，这是一种尝试，以后需要不断更新提高。

五、司考辅导书

随着司法考试的推行，在法律图书中，司法考试辅导书自成为一种具有较大市场的法律图书。笔者认为，司法考试辅导书具有较大市场，需要进行培育。当然，目前司法考试辅导书的写作者大多是年轻学者，知名学者似乎不屑于写。司考辅导书要将应试性、知识性和学术性有机地结合起来，提高其图书质量。

我国台湾地区学者蔡圣伟教授系德国法学博士，也是很有学术影响力的一位中青年学者，其曾经以"蔡律师"署名在我国台湾地区出版了一套司法考试刑法辅导书。笔者后来问蔡圣伟教授，为什么不署真名？他说，这种东西上不了台面，不好意思署名。其实，依笔者通读所见，该书虽然没有知识增长，但对于现有知识的梳理、归纳和分解都十分到位，可以说是图文并茂，谐趣横生。例如，该书总则篇分为起手式、第一式、第二式等，共计五式，采用了功夫的套路。笔者自己肯定编不出这样的书，十分羡慕。日本株式会社出版了3本刑法司法考试辅导书，分为总论和分论，奇怪的是，其总论有两本，是因为总论的内容篇幅大才分为两本吗？不是，两本总论所涉及的刑法条文内容是相同的。既然内容相同为什么要分为两本呢？实际上，一本是行为无价值版，另一本则是结果无价值版。日本刑法学界可以分为行为无价值论和结果无价值论两个学派，对诸多问题的观点各不相同。所有日本学者几乎都以此站队，无一例外。司法考试命题人中有的是行为无价值论者，有的是结果无价值论者，因此，备考学生就需要同时掌握行为无价值论和结果无价值论两套刑法话语。由此可见，日本的司法考试辅导

书与学术之间的紧密关系。

六、其他

这是一个兜底的类型,包括学术随笔、讲演集、论文集等法律图书的类型。这一类型的法律图书也具有较好的发展前景,这些书基本上都是所谓的闲书,以通俗易懂和修身养性为特点。法律图书大多枯燥难懂,但这些法律闲书却具有调节功能,使法律图书以一种平易近人、和蔼可亲的面目出现,笔者认为,是十分有意义的。

(本文原载《北大法律评论》,第 16 卷第 1 辑,北京,北京大学出版社,2015)

司法的逻辑与个案的公正

贵州习水嫖宿幼女案，经过法院审理，日前作出了一审判决：被告人袁荣会犯强迫卖淫罪，被判处无期徒刑；被告人冯支洋等7人（其中5人系公职人员）犯嫖宿幼女罪，被判处7年至14年不等的有期徒刑。上述判决未能对有关公职人员以强奸罪论处，因而也许与公众对本案判决结果的期许之间存在一定的落差。引起我关注的问题在于：这种落差是如何产生的？我以为这里存在一个司法的逻辑与个案的公正之间的关系问题，值得从法理上加以探究。

在贵州习水嫖宿幼女案被媒体披露以后，对于有关公职人员通过金钱交易与幼女发生性关系的行为到底应当如何定罪，是定嫖宿幼女罪还是定强奸罪？从一开始就指向了嫖宿幼女罪的立法合理性问题。换言之，从司法的逻辑来看，有关公职人员的行为具有嫖宿幼女的性质，这一点是不可否认的。我国刑法对以性交易为特征的卖淫行为与一般的性行为作了法律上的区分。对于采用暴力、威胁或者其他手段强迫妇女卖淫的，虽然其行为具有迫使妇女违背意志与他人发生性交的性质，但并不定强奸罪的教唆犯；对于明知妇女被强迫而与之嫖宿的行为，也不以强奸罪论处。同时，《刑法》第358条还把强迫不满14周岁的幼女卖淫，规定为强迫卖淫罪的加重处罚事由之一，而不是作为以奸淫幼女构成强奸罪的教唆

犯。与之对应,《刑法》第 359 条第 2 款又规定了引诱幼女卖淫罪,将引诱幼女卖淫的行为同引诱幼女与行为人或者其他特定人发生性交的行为加以区分:前者构成引诱幼女卖淫罪,后者构成强奸罪。此外,《刑法》第 360 条第 2 款规定了嫖宿幼女罪,这里的嫖宿幼女是指明知对方是不满 14 周岁的幼女而进行嫖宿的行为。在我国刑法中,在一般情况下卖淫嫖娼行为并不构成犯罪,只有在明知自己患有梅毒、淋病等严重性病的情况下卖淫嫖娼的,才构成传播性病罪。另外,就是嫖宿幼女的行为构成嫖宿幼女罪。嫖宿幼女可以分为三种情形:一是幼女主动卖淫,这种情况极为罕见。二是幼女被引诱而卖淫,行为人明知是被引诱卖淫的幼女而与之嫖宿的,构成嫖宿幼女罪。三是幼女被强迫卖淫,行为人虽然明知幼女被强迫卖淫,但只要没有实施当场的强迫行为,换言之,幼女同意行为人嫖宿的,也构成嫖宿幼女罪,当然,如果在特定场合卖淫的妇女或者幼女不同意,行为人使用暴力、胁迫或者其他手段强行与之发生性交的,则构成强奸罪。

在本案中,被告人袁荣会授意袁仕维、刘某某采用威胁等手段迫使多名幼女、少女卖淫,其行为构成强迫卖淫罪。而被告人冯支洋等 7 人在袁荣会的安排下,对幼女进行嫖宿并支付了对价,从判决认定的事实来看,尚无证据证明冯支洋等人具有当场的强迫行为,因而其行为属于嫖宿幼女,法院对冯支洋等人以嫖宿幼女罪论处,是司法逻辑演绎的必然结论。

现在的问题是:在刑法中把嫖宿幼女(包括强迫、引诱幼女卖淫)的行为从强奸罪及其共犯中分离出来,另设罪名,并且规定了较轻的法定刑,这一立法本身是否具有合理性?这实际上是一个立法论的问题,对此当然是可以展开讨论的。应当指出,在 1991 年 9 月 4 日全国人民代表大会常务委员会通过的《关于严禁卖淫嫖娼的决定》第 5 条第 2 款曾经规定:"嫖宿不满十四岁的幼女的,依照刑法关于强奸罪的规定处罚。"根据这一规定,嫖宿不满 14 周岁的幼女,应以强奸罪论处。但在 1997 年刑法修订中,考虑到在嫖宿幼女的情况下,幼女具有卖淫的目的,因而单设嫖宿幼女罪。在这种情况下,嫖宿幼女罪的行为不再以强奸罪论处,而是构成嫖宿幼女罪。无论这一修改是否合理,司法机关只能按照修改后的刑法规定处理嫖宿幼女案件,这是罪刑法定原则的应有之义。

司法是以现行法的存在为前提的逻辑演绎，它不能质疑法律，更不能指责法律，而只能将既定的法律适用于个案。如果司法不以法律为依归，而是以司法者的意志为处理个案的依据，定罪量刑出入于法律之外，那么刑事法治必将荡然无存。公民个人的权利与自由也必将因司法权的滥用而遭受侵害。在这个意义上，个案的公正只能是一种法律的公正。尤其是，在对个案进行法律上评判的时候，我们应当严格区分立法论与适用论，而不应把两者混为一谈。立法论是对法律的价值评判。在一个民主社会，法律当然是可以批评的，并且可以通过立法程序加以完善。在个案处理中，也会暴露出某些法律的缺陷，有待于从立法层面上加以解决。而适用论是一种司法活动，必须以法律规定为出发点，严格地遵循司法的逻辑进行演绎推理。尽管在司法活动中，可以通过法律解释等方法在一定限度内克服法律的缺陷，但受制于司法的本质，司法判决结论不可能完全超越法律规定，更不能置法律于不顾。就贵州习水嫖宿幼女案而言，冯支洋等人为满足个人性欲，采用性交易的方式嫖宿幼女，其行为的性质是极其恶劣的，贵州司法机关严格依照刑法规定，对冯支洋等人以嫖宿幼女罪论处，根据情节轻重，分别处以轻重不等的刑罚，并在法定刑幅度内予以从重处罚。这一判决结果是符合刑法规定的，也是在现行刑法条件下所能获得的个案公正。

（本文原载《贵州日报》，2009-07-27）

法系与推理

司法活动是通过推理而完成的，在某种意义上甚至可以说，司法活动本身就是推理活动。大陆法系与英美法系之间存在重大差别，其推理方式也有所不同。大陆法系实行的是成文法，因而其主导的推理方式是演绎推理，也就是所谓司法三段论。而英美法系实行的是判例法，在实行判例法的司法活动中，其推理又是采用何种方法呢？这是一个不甚了然的问题。美国学者迈尔文·艾隆·艾森伯格的《普通法的本质》（张曙光等译，法律出版社2004年版）一书对我理解这个问题给予了重要的启迪。

如前所述，大陆法系的司法活动采用演绎法：法律规定是大前提，案件事实是小前提，通过从大前提到小前提的演绎得出结论。当然，在大陆法系的司法活动中涉及一个类推的问题。一般认为，类推首先是一个法律解释问题，将法律没有明文规定的内容解释到法律中去，然后遵循司法三段论的方式进行演绎推理，这种演绎推理就是类推推理。在这个意义上说，类推推理只不过是在法律规则不完备情况下的一种特殊演绎推理。当然，在刑法中由于实行罪刑法定原则，类推是禁止的：既禁止类推解释更禁止类推适用。在英美法系国家的司法活动中，实行判例法，判例法被认为是建立在类比基础之上的，而类比推理在逻辑学上就是

一种类推推理。那么，难道判例法之下的司法活动就是以类推推理为内容的吗？我不禁产生了这样的疑问。然而，《普通法的本质》一书使我在一定程度上澄清了这个问题。该书第六章专门论述了法律推理模式，分别探讨了先例推理、原则推理、类推推理、专业推理和假设推理。在这五种推理中，我最感兴趣的是先例推理和类推推理。根据作者的观点，当法院进行先例推理时，通常是以一条已宣告的规则为起点，这条规则看似可以直接适用于手头上的案件。换言之，先例推理要使用宣告式技术作为起点（第86页）。在这个意义上说，先例推理仍然是从法律规则出发的，因而在逻辑上仍然属于演绎推理。它与成文法的演绎推理的不同仅仅在于：在成文法下，规则存在于法系之中，而在判例法下，规则存在于判例之中。那么，什么是英美法系中的类推推理呢？作者指出：在类推推理中，法院通常是以一项在先例中宣告的规则为开端的，而且这条规则明确不能地适用于手头的案件之中，然后（法院）就可以因为理由不充分而决定不给予手头的案件以不同的处理（结果）。这样，法院就可以用相同的处理方式来重新阐述这项已宣告的规则（或阐述一项新规则）（第113页）。概括这一论述，英美法系的类推推理是以先例不能提供处理本案的规则为前提，这与大陆法系的类推推理以法无明文规定为前提在性质上是相同的。就此而言，英美法系与大陆法系的司法推理方法并无根本区别，不同之处仅仅在于：大陆法系的司法活动是通过法律解释技术完成找法活动，在此基础上进行演绎推理的。而英美法系的司法活动则是通过区别技术与对比技术完成先例确定活动，在此基础上进行演绎推理的。

在《普通法的本质》一书中，作者还论及所谓例推法（reasoning example），指出：普通法中，类推推理有时会被认为就是比较一下案件之间的异同而已。如果这些观念准确地反映了现实，那么我们就可以认为类推推理与先例推理在性质上截然不同，因为后两者都归结到某些标准上来。然而，上述观念并不准确。类推推理与先例推理和原则推理之间的区别仅限于形式（第108页）。显然，作者认为类推推理与先例推理就归结到某些标准上来这一点是相同的，不同仅仅在于作为标准的规则是否能直接适用于某一案件而已。因此，作者为我们澄清了一个错误观念：普通法中的类推推理仅是比较案件之间异同。在英美法系的司法活动

中，类推同样意味着规则的一致性扩张（适用）(Consistent Extension)。行文至此，大陆法系与英美法系的司法推理在根本方式上的一致性已经是一个不争的事实。

  在法治社会，刑法实行罪刑法定原则。对罪刑法定原则，大陆法系在宪法或刑法中明文宣告，因而禁止类推。在英美法系实行判例法的情况下，是否实行罪刑法定原则以及是否允许类推？对于这个问题以往一直是有疑问的。实际上，在英美法系国家，在刑事法领域成文化的程度一点也不比大陆法系国家的低。2004年版的美国加州刑法典内容包括刑法、刑事诉讼法、刑事执行法等，共计1 976页，译成汉语约数百万言。实际上，英美法系国家在刑事司法中早已禁止通过判例设置罪名。至于类推推理在刑事司法中是否允许，对此美国大法官霍姆斯在1928年一个判决中指出："我们责成法官不能补充刑事法律之所缺这样的一般原则，但是并不存在任何禁止在解释法律过程中运用常识作为说明法律明显内含的规则。"我想，这一判词其实已经给了我们答案。

（本文原载《人民检察》，2005（7））

死刑存废的艰难抉择

罗贝尔·巴丹戴尔是法国著名律师和政治家，1981年至1986年曾经担任法国司法部长。正是在他的努力下，法国国民议会和参议院分别通过了废除死刑的法案，1981年10月9日第81—908号法律规定死刑应予废除。巴丹戴尔还专门写有《为废除死刑而战》（罗结珍、赵海峰译，法律出版社2003年版）一书，该书以纪实的手法为我们展示了法国政治人物在拥护死刑的民意汹涌的情况下，推动法国废除死刑的艰难历程，令人难忘。

法国的死刑废除不是一帆风顺的。在法国大革命胜利初期，法国大革命的领袖之一罗伯斯庇尔曾经是一个坚定的死刑废除论者。在法国议会关于死刑存废的辩论中，罗伯斯庇尔激烈地抨击死刑只不过是整个民族进行的隆重的谋杀行为而已。尤其是罗伯斯庇尔还从社会契约论出发，论证了死刑是非常不公正的，社会无权规定死刑。为什么社会无权规定死刑？罗伯斯庇尔认为对于这一问题不难解答：社会所能有的权利，只是原来属于每一个人的权利——争取为他蒙受的个别侮辱得到补偿。不论社会状态如何，行使这种权利都要受到禁止个人要求过分补偿和实行残酷复仇的自然法和理智法的限制。但在法国大革命爆发以后，在1792年年底审判路易十六的时候，他完全放弃了关于废除死刑的主张，坚决要

求议会立即审判国王，处以死刑。在雅各宾专政时期，罗伯斯庇尔采取了革命恐怖措施，在革命的名义下杀人，血流成河。最终，罗伯斯庇尔本人也走上了断头台，成为死刑的牺牲者。此后，近两百年过去了，1981年9月17日，罗贝尔·巴丹戴尔在国民议会上参加了废除死刑的讨论，作者以这样一种富有历史感的笔触描述了当时的心情：

> 然而，这一天，半圆形的议会大厅里笼罩着一股特别的气氛。是不是因为凡是触及死亡的事情都会引起情感上的共鸣？或者，是不是因为自1791年勒佩勒提耶·德·圣—弗尔戈（Le Peletier de Saint-Fargeau）第一个要求废除死刑以来，从制宪议会时期就已开始的斗争行将终结？我坐在自己的位子上，面对着国民议会的讲坛。拉马提纳（Lamartine）、雨果、饶勒斯、布里昂等人都在这个讲坛上支持过废除死刑的伟大事业。我激动的心情中伴有几分惊异。万里长征就要结束了。当我还是一个小青年的时候，当我还是一名年轻律师的时候，我做梦也没有奢望我会经历这样的时刻。

在此，巴丹戴尔没有提及罗伯斯庇尔，他在死刑存废问题上的出尔反尔，也许是出于革命的需要，但毕竟已经成为历史陈迹。巴丹戴尔作为一名政治家，全力推动废除死刑，是与他为死刑犯辩护的律师执业经历密切相关的。该书详细地描述了为帕特里克·亨利辩护的过程。亨利因为绑架并杀害一名儿童而被起诉，该案发生的时候，对杀人犯的仇恨狂潮席卷着整个法国。经过辩护，亨利最终免于一死，被判处无期徒刑。在这个案件中，我更感兴趣的还是"新闻媒体私刑处死帕特里克·亨利"这样一个标题，媒体直接反映民意，而汹涌的民意足以吞没一切。书中指出："民众的激动情绪与怒火太强烈了，最热忱的支持死刑的人不用费力就可以利用它。"引起我思考的是：在如此汹涌的民意面前，法院为什么会作出有悖于民意的判决？政治人物又为什么会去推动死刑的废除？这里有一个对民意的屈从与否问题，这并不是一个简单的问题，而是一种自然生命与政治生命的对决，或者说是一种博弈。书中令我难忘的是对法国前总统德斯坦的一段描写：一名叫拉努奇的被告人因绑架并杀害一位小姑娘而被法院判处死刑，案件送

到总统先生手中，以决定是否给予特赦。这时，受害人母亲的一封信放在了总统的办公桌上，她在信中对总统说：请求总统不要反对处决那个杀害她女儿的凶手，否则，她写道："我将永远不再相信司法。"于是，总统决定让司法走它的路子，拉努奇终于被处决。在1981年的总统大选中，死刑存废成为一个重要话题。总统候选人之一的德斯坦在死刑存废问题上表现出对民意的屈从，他说："在我担任总统的时间里，死刑得到适用，并且我认为，在目前政府不应当向议会提议废除死刑。我认为，这样的变化只能在一个平和的社会中发生，只要法国社会整体上没有感到这种平和，废除死刑就是有悖于法国人民的深层情感。我认为，人们没有权利违背他所代表并且管理着的人民的深层感情而采取行动。"而另一位总统候选人密特朗则明确主张废除死刑，他说："在我的意识中，在我的意识信条里，我反对死刑。我没有必要去拜读那些持相反意见的民意调查。大多数人的意见是赞成死刑，而我呢，我是共和国总统候选人。我说的是我所想的，我说的是我所认为的，我说的是我的精神契合，是我的信仰，是我对文明的关注。我不赞成死刑。"在法国当时超过60%的人赞成死刑的民意背景下，如果仅以死刑存废作为总统竞选的唯一选项，那么，密特朗必败无疑。好在总统竞选存在多个选项，最终密特朗赢得了大选。在这种情况下，尽管赞成保留死刑的民意居高不下，但废除死刑成为密特朗总统履行诺言的必然结果，法国终于打开了通向死刑废除之门。

巴丹戴尔的《为废除死刑而战》是如此生动而鲜活地描述了法国政治人物在法国死刑存废之战中的表现，使我感到死刑存废对于人类来说，确实是一个艰难的选择，而政治人物在这一选择中更须冒极大的风险。因此，选择废除死刑的政治家是需要胆识的。

(本文原载《检察日报》，2005-05-14)

论律师职业的定性

律师职业的发达程度可以看作是一个国家法制化程度的重要标志之一。随着我国走向民主与法制，尤其是市场经济的蓬勃发展，律师介入社会生活的广度与深度均有所提高，律师成为当前社会中最有吸引力的职业之一。在这种情况下，如何对律师职业定性成为一个值得思考的问题。

研究律师职业的定性，首先需要揭示律师职业的特点。律师作为法律工作者，其特点主要是相对于官方法律工作者（法官、检察官）而言的，表现在以下四个方面：（1）业务性。律师不同于官方法律职业，它具有业务性，即其所从事的是一种业务活动而非职务活动。职务活动表现为一定权力之行使，是代表国家对社会的管理活动。法官行使审判权，检察官行使检察权，其职务活动无不包含权力之蕴含。而律师所从事的业务活动，具有事务性的特征，是凭借本人的法律知识从事法律业务活动，而不具有行使权力的内容。（2）平等性。律师在从事业务活动中，不具有行使权力的内容，因而他与当事人之间具有一种平等的权利与义务的关系。这种权利与义务的关系通过契约（例如委托合同）加以确定，并成为从事职业活动的基本准则。这一点与官方法律职业也是全然不同的。官方法律职业由于是一定权力之行使，因而它与诉讼当事人之间的关系是不平等的，当事

人处于司法权力客体的从属地位。(3) 有偿性。律师向当事人提供法律服务是有偿的，表现为一种等价交换的关系。在这个意义上，律师与当事人之间是雇佣关系，因而律师机构具有营利冲动，是一种特殊的经营组织，而官方法律职业在一般情况下不具有这种有偿性，权力的行使是无偿的。当然，在特定条件下，例如民事诉讼中，法院根据诉讼标的收取一定的诉讼费用，似乎给人以有偿的感觉。但诉讼费用中，案件受理费具有国家税收的性质，其他费用的负担意义也主要在于减少讼累。(4) 自律性。律师职业管理不同于行政管理，主要是通过组成律师协会进行自治。随着律师行业管理的加强，律师职业的独立性也进一步加强，同时对律师职业提出了更高的自律要求。

根据律师职业的以上特点，我们认为将律师界定为社会自由职业是最恰当的，这一定性有益于律师职业的发展。应当指出，以往在我国理论上与实际生活中，对于自由职业存在一定的误解。在一些人看来，自由职业就是江湖游医式的职业，就是不受法律约束。其实，自由职业之所谓自由，并非不受任何管辖，自由职业者在从事业务活动的时候只能在法律范围内活动。应该说，自由职业是相对于官方职业（公职）而言的。律师职业作为自由职业，就是区别于法官、检察官这些官方职业的一种法律职业。律师职业定位为自由职业，表明律师职业具有不被官方干预的相对独立性，有利于提高律师职业的威信与地位，充分发挥律师在法制建设中的作用。在一个市民社会，官方权力的行使必然受到来自社会的制约。由于一般民众并不精通法律，需要通过律师介入个案的诉讼或者非讼活动，起到对官方权力的制约作用，从而保障当事人合法权益不受侵犯。而律师这一职能的实现，必然以职业的相对独立性为前提。如果律师职业不是自由职业，而是官方职业，受到行政权力的限制，成为权力的附庸，俗称之为御用律师，那么律师就无法取信于当事人，遑论对官方权力的制约。由于律师必须依法履行职责，因而它所具有的相对独立性不仅不会成为社会的离心因素，恰恰相反，通过律师的业务活动，求得社会公正，更有助于社会的稳定。

当前，我国律师事业的发展正处在一个关键时刻。由于律师职业的定性未明确化，因而律师业务活动的发展存在一些障碍。例如，将律师活动看作一种公务

性质的职务行为，因而个别地方出现了律师受贿的案例。其实律师作为自由职业者，其工作不具有公务性，而只具有业务性，没有职务上的便利可以利用，因而不可能成为职务犯罪（贪污、受贿罪）的主体。又如，律师的合伙或者个人开业还未能普及。现在的合作制律师事务所从实质上看就是合伙，但在性质上不够明确，有待于在法律上加以明确界定。在律师管理上也应当改变过去那种行政管理方式，而让位于律师行业管理，充分发挥律师协会作为律师自治机构的作用。此外，律师收费问题尚未得到合理解决，司法行政机构对律师收费作出了限制性规定，甚至律师收费还纳入了物价管理。而这些规定具有计划经济的特征，是一种限价性规定。但由于这些规定与实际情况相距甚远，因此并没有得到切实的执行。以上这些问题，只有从律师是自由职业这一定位出发，才能得到妥善的解决。值得欣慰的是我国《律师法》即将颁布，它的颁布使律师工作纳入法律调整的轨道，同时为律师职业提供了法律保障，必将极大地推进我国律师职业的发展。

（本文原载王丽、李贵方主编：《走有中国特色的律师之路》，北京，法律出版社，1997）

图书在版编目（CIP）数据

刑法研究. 第三卷，刑法绪论. Ⅲ / 陈兴良著. --北京：中国人民大学出版社，2021.3
（陈兴良刑法学）
ISBN 978-7-300-29098-0

Ⅰ. ①刑… Ⅱ. ①陈… Ⅲ. ①刑法－中国－文集 Ⅳ. ①D924.04-53

中国版本图书馆CIP数据核字（2021）第081885号

国家出版基金项目
陈兴良刑法学
刑法研究（第三卷）
刑法绪论Ⅲ
陈兴良　著
Xingfa Yanjiu

出版发行	中国人民大学出版社		
社　　址	北京中关村大街31号	邮政编码	100080
电　　话	010-62511242（总编室）		010-62511770（质管部）
	010-82501766（邮购部）		010-62514148（门市部）
	010-62515195（发行公司）		010-62515275（盗版举报）
网　　址	http://www.crup.com.cn		
经　　销	新华书店		
印　　刷	涿州市星河印刷有限公司		
规　　格	170 mm×228 mm　16开本	版　次	2021年3月第1版
印　　张	38.25 插页4	印　次	2021年3月第1次印刷
字　　数	569 000	定　价	2 980.00元（全十三册）

版权所有　侵权必究　印装差错　负责调换